The Ethiopic Version Of The Hebrew Book of Jubilees

R.H. Charles

Google Books

The Ethiopic Version Of The Hebrew Book of Jubilees
R.H. Charles

ISBN/EAN: 9783337315986

Printed in Europe, USA, Canada, Australia, Japan

Cover: Foto ©Lupo / pixelio.de

More available books at **www.hansebooks.com**

Anecdota Oxoniensia

መጽሐፈ፡ ኩፋሌ፡

OR

THE ETHIOPIC VERSION

OF THE

HEBREW BOOK OF JUBILEES

OTHERWISE KNOWN AMONG THE GREEKS AS

Η ΛΕΠΤΗ ΓΕΝΕΣΙΣ

EDITED FROM FOUR MANUSCRIPTS

And critically revised through a continuous comparison of the Massoretic and Samaritan Texts, and the Greek, Syriac, Vulgate and Ethiopic Versions of the Pentateuch, and further emended and restored in accordance with the Hebrew, Syriac, Greek and Latin Fragments of this Book, which are here published in full

BY

R. H. CHARLES, M.A.

TRINITY COLLEGE, DUBLIN, AND EXETER COLLEGE, OXFORD

Oxford

AT THE CLARENDON PRESS

1895

PREFACE

A new text of the Book of Jubilees has long been needed—a text based on the two great MSS. in the British Museum and the Bibliothèque Nationale, Paris, and occasionally supplemented by the two MSS. upon which Dillmann's Edition is founded. For the latter text, students in the past were rightly grateful, and yet grateful with limitations; for unhappily that great scholar contented himself in the main with reproducing the one or the other of his MSS., however frequent or obvious their corruptions, and did not in a single instance attempt to grapple with these by means of the abundant materials for criticism collected by Fabricius and Fürst, or the still more abundant aids to criticism that lay ready to hand in the Hebrew and Samaritan texts, and the various Versions of Genesis and Exodus. Thus his text teems with corruptions that would have yielded to even a cursory study of the critical problem before him. In two later publications, it is true, Dillmann sought in some degree to atone for the inadequacy of his former work.

But since the publication of Dillmann's text, these materials have, through happy discoveries, been largely increased, and of these the present editor has tried to avail himself fully. For a list of these the reader should consult the Introduction, pp xiv–xvi.

In the continuous comparison of the Ethiopic Version of Jubilees with the Hebrew and Samaritan texts and the various Versions of the Pentateuch, the editor has gradually come to recognise the immense value of the Book of Jubilees as a witness to the Hebrew text that was current in Palestine in the century immediately preceding the Christian era. For the Hebrew author of this book had before him a text that in scores of passages is at variance with the Massoretic, and in many passages is unquestionably earlier and purer. Of these various facts, account has been duly taken in the notes, and the results have been briefly summarised in the Introduction. An exhaustive treatment of this and other questions connected with the Book of Jubilees will be given in my Commentary on this book, which, I hope, will appear next year.

In conclusion, my best thanks are due to M. Delisle, Administrateur général of the Bibliothèque Nationale in Paris, for the ready courtesy with which he lent its splendid MS. to the Bodleian Library for my use.

R. H. CHARLES.

OXFORD:
November 10, 1894.

CONTENTS

INTRODUCTION:—	PAGE
I. The Book of Jubilees; its value: originally written in Hebrew: so Jerome and the Syriac Fragment testify, and the entire idiom and critical restoration of the text presuppose. This conclusion confirmed by transliterations and fragments of original text . . .	ix-x
II. The Versions. Greek—only preserved in fragments. Syriac. Ethiopic—accurate and trustworthy, yet in some passages corrected from the Ethiopic Version of Genesis. Latin—published by Ceriani, and edited later with much learning by Rönsch—has suffered much through careless transcription and correction from LXX and Vulgate	x-xii
III. The Ethiopic MSS. A—the Paris MS. preserves an ancient type of text, but corrected frequently from the Ethiopic Version. B—the British Museum MS. preserves the most ancient text, and is freest from corrections from without. C—the Tübingen MS. very corrupt, nearly allied to B as D is to A. D—belonging to M. d'Abbadie—is like C, remarkable for its additions and omissions. Text founded on A B, or A, or B, and only occasionally on C D, or C, or D	xii-xiv
IV. Further materials for the criticism and emendation of the text. Hebrew; Syriac; Greek; Latin; Ethiopic	xiv-xvi
V. The resultant Ethiopic text. In the process of criticism, corruptions owing to the Ethiopic Version as well as those native to the text successively removed, and the independent position of the original vindicated in relation to the Texts and Versions of Genesis . .	xvi-xvii
VI. Dillmann's Ethiopic text and its later revisions. Text of 1859 based on late and corrupt MSS.: all external critical materials ignored in its formation: resultant text arbitrary and subjective. Great advance towards a better text made in his Latin rendering of 1874, but corruptions still apparent on every page. A further stage reached in 1883: his aim being then, however,	

PAGE

not to purify his text, but to prove its independence in relation to the Mass. and LXX . . . . xvii-xx

VII. The affinities of the text of the Book of Jubilees. This text agrees in turn with the Mass., LXX, Syr., Vulg., Onk., Arab., against all the rest, but never so with Sam. Hence the theory of Samaritan authorship untenable. The affinities of the text with two or more of these authorities classified. Our text confirms Mass. and Sam. in ii (α) and (β), but its evidence in (γ) and (δ) forms an irrestible indictment against the Mass. . . . . . . xx-xxii

VIII. The value of the Book of Jubilees in the criticism of the Massoretic text. This latter text, only one of the phases through which the Hebrew text passed, in some instances preserves readings hardly older than the fourth century A.D. List of passages where the later and corrupt readings of the Massoretic are corrected by means of Jubilees and other ancient authorities . . . . xxiii-xxv

IX. Orthography of the text, and contributions to the Ethiopic Grammar and Lexicon. A B preserve ancient forms that are normalised, and ancient words that are either omitted or replaced by later ones in C D: the former reproduced in this edition. Criticisms on Dillmann's Grammar, and additions to be made to his Lexicon . xxv-xxvii

ABBREVIATIONS xxviii

THE ETHIOPIC TEXT, based on A B C D, and critically revised and restored by means of the Hebrew Texts and the Versions of the Pentateuch, and the Hebrew, Syriac, Greek, and Latin Fragments, the two latter of which are published in full in their appropriate places 1-177

APPENDIX I. THE HEBREW BOOK OF NOAH 179

II. THE MIDRASH WAJJISSAU 180-182

III. THE SYRIAC FRAGMENT 183

ADDENDA ET CORRIGENDA 184

INTRODUCTION.

I. The Book of Jubilees; its Value and Original Language.

The Book of Jubilees, which is really a haggadic commentary on Genesis, is important as being the chief and practically sole monument of legalistic Pharisaism, belonging to the century immediately preceding the Christian era. As we have the other side of Pharisaism—its apocalyptic and mystical side—represented in the Book of Enoch, so here we have its natural complement in the hard and inexorable legalism under whose yoke, according to the author, creation was subject from the beginning, and must be subject for evermore.

So sprung and conditioned, this book was naturally written in the sacred language of Palestine. Of this we have direct testimony in Jerome, *Ep.* lxxviii. *ad Fabiolam*, *mansione* 18, where he discusses a Hebrew word for which he could cite no authority save that of this book. The entire cast and idiom of the book confirms the statement of Jerome. We have further testimony to the same effect in the title of the Syriac fragment (printed in Appendix III), in which the present book is designated 'The Hebrew Book called Jubilees.' It is, furthermore, impossible to deal with the textual corruptions unless on this presupposition. In the case of many of these it is only necessary to retranslate them into Hebrew in order to discover the original misconception or misreading of the Greek translator. Thus በዐልየ፡ in xliii. 11 is absolutely unmeaning. If, however, we retranslate it by *ἐπ'* or *ἐν ἐμοί*, and this in turn by בִּי, the origin of the mistake is evident. בִּי here, as in Gen. xliv. 18, = *δέομαι*, pray; for the passage in Jubilees is almost a verbal reproduction of Gen. xliv. 18. See also vi. 5; xv. 26; xviii. 2; xxxi. 29; xxxix. 14; xlvii. 9.

Some interesting transliterations of Hebrew words, moreover, still survive in the text. Thus in iv. 4 we find ኒን፡ Dillmann not perceiving that this was a corrupt transliteration of נין naturally failed to find any meaning in it (*Lex. Aeth.* col. 674); but as the passage is a reproduction of Gen. iv. 14, the real origin and sense of ኑኅ are no longer open to doubt. For other instances see xxxiii. 1; xl. 7.

Finally, fragments of the Hebrew original have come down to us embedded in the Midrashim, which I have printed in Appendices I and II. In these at times an entire sentence survives, preserving not only the words, but actually their original order, as we can infer from the evidence of the Versions. These Midrashim have naturally been helpful in the criticism and restoration of the text (cf. x. 1; xxxviii. 2), as well as confirmatory of emendations already made on the strength of other evidence (cf. xxxviii. 10).

II. The Versions.

There were at least three, and there were probably four Versions of this book. These were—

i. The Greek.
ii. The Syriac.
iii. The Ethiopic.
iv. The Latin.

The earliest Version was the Greek, and from it are derived the Ethiopic and Latin Versions.

i. Of the Greek only some fragments have come down to us in Epiphanius, in the Catena of Nicephorus, in the Scholia in Lagarde's Greek MS. *r* of Genesis, and in such annalists as Syncellus, Cedrenus, and Glycas. All such fragments have been cited in full when in any way helpful to the criticism of the text. See pp. 5, 7, 9, 36, &c.

ii. The fragment printed in Appendix III points most probably to a Syriac Version as its source. That this Version was made directly from the Hebrew original would be not an unreasonable inference from the title of the fragment, 'the Names of the Wives of the Patriarchs according to the Hebrew Book called Jubilees.' The fact that we find the Greek word *στάδιον* transliterated ܐܣܛܕܝܘܢ, does not make against this conclusion. Many Greek words had already gained an entrance into Hebrew nearly two centuries before the composition of Jubilees, and the word in question was probably early naturalised in Syriac as it is a familiar word in that literature.

iii. The Ethiopic Version, which alone preserves the original in its entirety, or almost in its entirety, is made directly from the Greek Version. This was to be expected on other grounds, as well as to be inferred from the fact that many corruptions of the Ethiopic text are explicable only from the confusion of like Greek words by the Ethiopic translator, or from his misapprehending the meaning of the Greek word before him, or finally from an already existing corruption in the Greek Version. Cf. xiv. 12; xxiv. 3; xxxi. 18, 29; xxxii. 4, 26, 27; xxxiii. 20; xxxviii. 12; xlvii. 5.

From an exhaustive comparison of the best attainable text of the Ethiopic Version with all existing materials, it becomes clear that this Version is most accurate and trustworthy. It is indeed as a rule servilely literal. It has, of course, suffered from the corruptions naturally incident to transmission through MSS., but it is singularly free from the glosses and corrections of unscrupulous scribes, though the temptation must have been great to bring it into accord with the Ethiopic Version of Genesis. Only in the following instances did the temptation prove too great, and changes were introduced into the text in subservience to that Version: see notes on iii. 6; iv. 28; vii. 8 (add to note *in loc.* 'and Eth.Vers.' after 'except LXX'); xiv. 14 (see Addenda); xv. 12; xvii. 12; xxiv. 1 (see Addenda), 10 (see Addenda), 18 (see Addenda), 19; xxvi. 25, 31 (see Addenda); xxviii. 29 (see Addenda).

iv. The Latin Version, of which about one-fourth has been preserved, was first published by Ceriani in his *Monumenta sacra et profana*, Mediol. 1861, Tom. i. Fasc. 1, pp. 15–62. It was next edited with great learning by Rönsch in 1874, *Das Buch der Jubiläen unter Beifügung des revidirten Textes der . . . lateinischen Fragmente.* With enormous industry Rönsch accumulated materials from every quarter, and though he made but little critical use of these himself, he has undoubtedly lightened the labours of subsequent scholars. His Latin text is disfigured with many corruptions, which I have been at pains to remove so far as possible; and his work, however learned, is strangely wanting in reasonable order and method. It has no perspective; things, good, bad, and indifferent are thrust with equal emphasis on the attention of the weary and indignant student. He has, nevertheless, done much to merit our gratitude, and we may with safety accept his conclusions that this Version was made in Egypt or its neighbourhood by a Palestinian Jew, about the middle of the fifth century (pp. 459–460). When, however, he proceeds to maintain the superiority of the Latin to the Ethiopic Version, he labours under a misapprehension from which a more thorough knowledge of the relations of this Version to the LXX and Vulgate of Genesis would have saved him. For this Version has been corrected in conformity with the LXX in

xvii. 5; xix. 3; xxiv. 20; xxxii. 32; xlvi. 14: with the Vulgate in xviii. 15; xxiv. 20; xxix. 1-3; xliii. 11; xlvi. 13; xlvii. 7 (twice), 8; xlix. 9 (twice): with some text which is also the source of the Ethiopic Version of Genesis in the two following passages, xix. 14 (cf. Eth. Vers. Gen. xxv. 27); xxxix. 13 (cf. Eth. Vers. Gen. xxxix. 23). Besides labouring under numerous corruptions, this Version is often defective, and its frequent omissions through homeoteleuton are quite in keeping with the carelessness of its transcribers. It must be conceded in Dr. Rönsch's favour, that his criticism of the respective merits of the Ethiopic and Latin Versions is not so reprehensible when we reflect that for three-fourths of the former Version he had no better authority than a German translation of one corrupt MS. Despite its many defects, however, the Latin Version is of incalculable worth in the criticism and restoration of the Ethiopic Version, for its corruptions seldom coincide with those of that Version. For its value in this respect we must refer to Section IV. iv. on the *Materials for Criticism*.

We have given a critically revised text of these fragments on the pages facing their Ethiopic parallels.

III. The Ethiopic MSS.

These manuscripts are four in number, designated in the following pages as A B C D, and belong respectively to the National Library in Paris, the British Museum, the University Library at Tübingen, and to M. d'Abbadie.

A. The official description of this beautiful MS. in the Catalogue of the Bibliothèque Nationale is as follows: 'Vélin. 110 feuillets. 285 millimètres sur 210. Écriture sur deux colonnes, du xve siècle. 23 à 25 lignes par page.' Some of the folios have got transposed: le folio 19 doit être placé à la suite du folio 25; le folio 33 à la place du folio 40; et le folio 40 à la place du folio 33. Its official number in the Catalogue is Eth. 51.

This MS. preserves an ancient type of the text, which in a corrected and more corrupt form appears in D. It constantly combines with B against the later readings, interpolations, and omissions in C D. Unfortunately, however, its scribe toiled hard to bring it into harmony with the Ethiopic Version of Genesis. Thus in the following passages the readings of the Eth. Vers. of Genesis have replaced the original text against B C D:

iii. 4, 6, 7, 19, 29; iv. 4, 8; v. 3; vi. 9; xiv. 4, 18; xviii. 6, 10, 15 (where for በኩረ፡ A reads ፍቁረ፡ with Eth. Vers. Gen. xxii. 16); xlii. 18.

The orthography of A is of an ancient type as compared with the normalised texts of C D. But to this subject we shall return later.

B. This valuable MS., belonging to the British Museum, is written on vellum about 8⅜ inches by 7⅛. It contains 190 folios: each page has two columns of 23 or 24 lines. It belongs to the earlier part of the sixteenth century. Its official number in the British Museum Catalogue is Orient. 485.

This MS. is the most valuable of the four. As a rule it agrees with A against C D; C is more nearly related to it than D. Frequently it preserves the true reading against A C D, as for instance in xxxii. 12 and xxxiv. 11, where B gives words which are ἅπαξ λεγόμενα, A simply omits and C D attempt to replace them by commonplace terms. It is almost wholly free from corrections from without. I can only find two instances of this nature: in xv. 15, where it is corrected from the Eth. Vers. Gen. xvii. 15, and xxxiii. 20, where it seems to be influenced either by Rev. v. 10 or 1 Pet. ii. 9. The entire Version, however, was corrected from the Eth. Vers. in certain passages at an early date. See Section II. iii.

C. This MS., which is preserved in the University Library of Tübingen, is, according to Dillmann's description, 'chartaceus, formae quartae, lxxx foliorum, cura Rev. J. L. Krapff ab ejus amanuensi in Abyssinia neglegentius transscriptus.' It is more nearly allied to B than A, but is separated in point of worth from both by a tremendous interval. Where its readings are of real or possible value they are cited in the notes; in a few cases they have been followed in the text against A B.

D. This MS., belonging to M. d'Abbadie, is, according to Dillmann, 'membranaceus, formae quartae maximae clxiii foliorum, paginis in ternas columnas divisis, una manu eleganter exaratus . . . Hoc novissimo saeculo vix antiquior esse videtur.' As regards its value he continues: 'ingenti et vitiorum et mendorum numero laborat, et Tubingensi vix melius censendum est.' In this verdict we heartily concur, save that we must correct it by adding that D preserves an inferior type of text to C. In two or three instances D is followed against A B, and in a larger number C D against A B.

C and D labour under all the ills incident to MSS. Their omissions and additions are to be found on every page; they are emended from the Eth. Vers. of Genesis; their corrections are not unfrequently quite alien to the text: occasionally their additions result in conflate readings. Ancient linguistic forms are replaced by later; and the text is, so to speak, modernised and normalised.

I have arrived at these conclusions on C D after an exhaustive comparison of their readings with the Greek, Latin, and other fragmentary Versions of Jubilees; and as a result of this study, I have decided on recording their variants only occasionally. My knowledge of C and D is due to Dillmann's edition.

The text that follows is based on A B, A, or B, unless in occasional instances where C D, C, or D may be preferable. In all cases the readings of A and B are given either in the text or in the notes. Those of C D are always cited when they are of any value, and often when they are merely curious. To obviate possible misunderstanding, my method is as follows: when C is cited D is also cited, and vice versa. If a variant is given in a note followed by A, the reader is to understand that B is followed in the text. As a rule, account is not taken of C D; but should the variant in the note be followed by C, it would mean that A B D support the text, or by D that A B C support the text, or by C D that A B do so.

IV. Further Materials for the Criticism and Emendation of the Text.

The result of the comparison of the Ethiopic Version with the above materials has been frequently to confirm the genuineness of the text, where an editor would have been inclined to attribute its apparently erratic and isolated readings to corruption pure and simple, or else to the blunders or corrections of scribes or translators. But the more closely the text is studied, the more irresistibly the conviction dawns upon us that the original text of Jubilees possessed an independent value of its own, agreeing at times with the Mass. against the Sam., at times with the Sam. in conjunction with the LXX or other Versions against the Mass., frequently with the LXX, occasionally with the Syriac, Vulgate, and even Targum of Onkelos respectively against all else. But for a full discussion of its affinities we must refer to Section VII.

By means of the following materials I have been able frequently to see the true text underlying superficial and deep-seated corruptions. Of these, some are peculiar to the Ethiopic text, or to the Ethiopic translator; some are native to the Greek Version from which the Ethiopic was translated, or are owing to misconceptions of the Greek translator. At the end of the enumeration of each class of materials I have added a number of the emendations made on the strength of their evidence.

i. *Hebrew.* In Hebrew we have the following materials for the criticism and restoration of the text: the Mass. and Sam. texts of the Pentateuch; the Samaritan Version; the Targum of Onkelos; the Midrashim printed in Appendices I, II; a list of Hebrew names drawn from Jubilees in Algazi's *Hebrew Chronicle*.

By means of the received Massoretic text we have been enabled to emend corruptions in our text in the following passages: i. 3; iv. 28; vii. 9, 10, 18, 19; xiii. 5; xiv. 17; xv. 10; xix. 5; xxiii. 7; xxviii. 20, 27; xxxi. 2; xliii. 11; xliv. 21; xlvii. 9. By means of the Midrashim in x. 1; xxxviii. 2, 10. Algazi's Chronicle is quoted for critical purposes on pp. 18, 37, &c. The Targum of Onkelos is valuable in confirming readings of the text where it varies decidedly from the main authorities in conformity with this Targum; cf. xiii. 20, 25; xv. 17.

The following passages have been emended from the Massoretic text: ii. 21 from Deut. vii. 6; xx. 6 from Jer. xxix. 18; xxi. 8, 11 from Lev. iii. 10 and ii. 13 respectively; xxiii. 28 from Is. lxv. 20.

ii. *Syriac.* In Syriac we have the Syriac Version of the Pentateuch and the Syriac fragment printed in Appendix III. As regards the latter, we must refer the reader to this Appendix. In the following passages the text is substantiated by the Syriac Version in its divergence from the Mass., Sam., LXX, Vulg., and Onk.: xii. 15; xvi. 31; xxii. 13 (+Arab.), 30 (+Eth. Vers. Gen.); xxiv. 4, 9 (+Eth. Vers. Gen.); xliii. 21; xlv. 13; xlvii. 7.

iii. *Greek.* In Greek we have the LXX Pentateuch; the fragments of the Greek Version preserved in Epiphanius (printed on pp. 5, 7, 9); in the Catena of Nicephorus (on p. 36); in Syncellus, Cedrenus, Glycas; in the Scholia of the LXX MS. Lagarde *r*; the Test. xii Patriarchs.

By means of the LXX I have emended xiv. 12; xxiv. 3; by means of the fragments in Epiphanius, ii. 2 (four times), 7, 11; in Catena of Nicephorus, x. 21 (three times); by Syncellus, x. 1; by Cedrenus, xi. 2; by Schol. Lagarde *r*, viii. 5; by Test. xii Patriarchs, xli. 12.

This list gives a wholly inadequate idea of the value of the Greek materials, for these are of constant service in the determination and interpretation of the text.

iv. *Latin.* In Latin we have the Vulgate; the extensive Latin fragments which we have discussed above, II. iv; Jerome's *Ep. ad Fab.*; *Quaest. Hebr. in Gen.*

By means of the Latin fragments we have emended the text in the following passages: xiii. 15, 18; xv. 22, 24; xvi. 6, 16, 18, 23; xix. 5, 10, 11, 13; xx. 6, 9, 10, 13; xxii. 3, 14, 18; xxiii. 8, 10, 11, 14, 15, 21; xxiv. 19, 20, 26, 29, 31; xxvi. 10, 13, 21, 22; xxix. 11, 13, 20; xxx. 11, 15; xxxii. 4, 29; xxxiii. 3; xxxviii. 1; xxxix. 12; xli. 12, 14, 15; xlii. 4; xlv. 10, 12; xlvi. 13; xlviii. 1; xlix. 13.

v. *Ethiopic*. In Ethiopic we have the Ethiopic Version of Genesis and the Ethiopic text of Enoch. By means of the latter we have emended the text in vii. 24, and been enabled in other passages to single out the true reading when the MS. evidence was of a conflicting nature. The former is of value chiefly in determining the degree in which the Version as a whole and the different MSS. have preserved themselves from its influence. This question is discussed in Sections II. iii. and III.

V. The Resultant Ethiopic Text.

The text represented in the following pages is based mainly on A B, or on A or B, and on the latter more than the former, but in a few isolated passages on C D, or on C or D. The respective merits and defects of these MSS. have been determined by an exhaustive comparison of each with the rest, as well as with the various critical materials enumerated in Section IV. In the process of criticism we have succeeded in discovering and eliminating the various instances in which they have been prejudicially influenced by the Ethiopic Version of Genesis. In the case of B, we have found that this influence has hardly been at work at all as compared with A C D. By the further application of the critical process we have been able to eliminate those instances in which all the MSS. have been tampered with, owing to the influence of the Ethiopic Version of Genesis (Section II. iii). Having thus discounted this source of corruption, and having further been able, as we became more thoroughly saturated with the idioms and modes of thought in the work and its kindred literature, to remove successively a large proportion of the corruptions native to the Ethiopic Version, we arrived at a stage where a fresh comparison of the text thus attained with the various critical materials already mentioned, at once issued in the most fruitful results, both as regards the primitive text of our Version and the relations of its Hebrew original to the Mass. and Sam. texts, the LXX, Syriac and Vulgate Versions, and the Targum of Onkelos.

In this fresh application of criticism to our materials we advanced steadily upwards through the centuries towards the primitive text of the Ethiopic Version, removing successively on our way the main part of the corruptions that in our earlier progress had defied solution, till at last in the ultimate stages of this process we could pass confidently beyond the limits of the Ethiopic, Latin, and Greek Versions, and determine with tolerable certainty the position occupied by the Hebrew original of Jubilees in relation to the best Texts and Versions of Genesis. See Sections VII and VIII.

VI. Dillmann's Ethiopic Text and its later Revisions.

መጽሐፈ፡ ኩፋሌ፡ *sive Liber Jubilaeorum. Aethiopice ad duorum librorum manuscriptorum fidem primum edidit Dr. A. Dillmann.* 1859. To Dillmann belongs the honour of first editing the text from two MSS., i.e. C D, of which we have given the leading characteristics above. It will be obvious to the reader that it would be impossible to attain to any satisfactory result in a work based on such materials. So far, therefore, many shortcomings in his text are not only excusable but inevitable. But when we proceed from the question of materials to method, we cannot but regard him as most reprehensible. He acted emphatically therein as a scholar in a hurry. Dealing with a text which was explicitly and unmistakeably a commentary on Genesis, he has not—save in a single solitary instance—adduced the evidence of the Mass. or Sam. texts, or of the LXX, Syr., or Vulgate Versions in order to remove the blemishes that deface every page of the MSS. on which he worked. Furthermore, the Book of Jubilees, as every student of Fabricius should have known, did not leave itself without many witnesses among the Fathers and Byzantine writers (cf. Fabric. *Cod. Pseudepigr. Vet. Test.* i. 849–864, ii. 120 sq.), and yet not a single fragment of these has been laid under contribution for the criticism of the text. In fact, of all the long list of critical authorities enumerated in Section IV, only one, and that in a single instance (i.e. LXX Gen. xv. 2 on p. 55 of his text), is used for critical or other purposes. Of these authorities the Latin and Syriac fragments were still of course unknown, but there were sufficient materials available for the construction of a text that would have commanded the respect of later critics.

In the absence, therefore, of any objective critical standard, it is not strange that this text should constantly appear arbitrary and subjective; nor will it provoke surprise that the editor rejects the better reading almost as frequently as he follows it, and likewise edits, without remark, unintelligible passages where a reference to the text of Genesis would at once have explained the corruption. See xliii. 11 as compared with Gen. xliv. 8.

Possibly through inadvertence, Dillmann has left many ungrammatical passages untouched, as on pp. 33, 53, 60 (twice), 64, 65 (twice), 73, 76, 118, 134, 153, 154. The list of corrigenda might with advantage have easily been enlarged; but I do not press these defects in execution, as accuracy is a thing so difficult to attain. It is the wrongness of his method that constitutes 'the head and front of his offending.'

But in later years Dillmann sought to atone for the inadequacy of his Ethiopic text, and in 1874 he contributed to Rönsch's edition of the Latin fragments a Latin rendering of the Ethiopic text corresponding to these fragments. It is worthy of note that this Latin rendering of Dillmann was not made from the Ethiopic text of 1859, but in reality from a revised form of this text, the revision being in the main carried out on the lines suggested by the fragments of the Latin Version. It is not incumbent upon us here to deal with this contribution to the criticism of the text further than to refer to a Review in the *Jewish Quarterly*, July 1893, pp. 703–708, where the present editor criticised the contribution in question, and showed from a detailed examination 'that every page we examine of the revised Ethiopic text, presupposed by Dillmann's Latin translation, contains many corrupt readings where the demonstrably true reading is preserved by A B, or A, or B in agreement with the Latin Version; and that, in not a few cases, his revised text is disfigured by corruptions that admit of easy and at times demonstrably certain emendation.'

Once again Dillmann dealt with the criticism of the Ethiopic text in an Article entitled 'Beiträge aus dem Buch der Jubiläen zur Kritik des Pentateuch-Textes,' in the *Sitzungsberichte der königlich Preussischen Akademie der Wissenschaften zu Berlin*, 1883, pp. 323–340.

In this Article, which I purposely refrained from perusing till my entire text was in print, he cites some readings from the Ethiopic MS. B, of which he had procured a collation, and justly recognises its superiority within the limited field in which he uses it. For the first time in his study of Jubilees he proceeds here beyond the limits of the text itself in search of critical materials. First of all, he quotes a number of parallel passages from Jubilees, the Massoretic text, and the LXX, in order to show by the agreement of the first with the second and its disagreement with the third, that the author of the book had the Hebrew text and not the LXX before him. In the next place he rightly remarks that many of the passages, where Jubilees diverges from the Massoretic text and agrees with the LXX, may no doubt be consciously due to the Greek translator, who could not help at times rendering the text in the familiar language of the LXX; that others may be ascribed to the influence of the LXX, though in following it the translator did so unconsciously; and that others again may be attributed to the traditional exegesis of the time from the trammels of which the author could not easily disengage himself. But Dillmann had a grossly exaggerated view of the number of readings peculiar to the LXX and Jubilees; for many of these had been introduced into the Ethiopic texts of Jubilees from the Ethiopic Version, and many that he thought peculiar to the LXX and Jubilees are supported by other authorities, and others again are due to the corruptness of his MSS. C and D.

Dillmann next deals with those cases where Jubilees presupposes a text diverging from the Massoretic. In this connection he collates the Samaritan text and frequently the LXX, and makes some emendations in which I am glad to find a confirmation of my own judgment. But after all he merely touches on the fringe of the subject. Of multitudes of instances where our text shows special affinities with the various texts and Versions of the Pentateuch, or conversely where it exhibits strong lines of divergence from them, no account at all is taken, and even in the cases considered the critical treatment is inadequate. Thus he never cites for critical purposes the Syriac Version with which the Jubilees' text stands frequently in the closest relation, hardly ever the Vulgate, and never the Targum of Onkelos, though some of the apparent idiosyncrasies of our text are unintelligible apart from them.

To sum up. In this Article Dillmann's treatment of the independent value of the Ethiopic text is good as far as it goes, but very inadequate, while as regards the text itself no real advance is made by means of B towards recovering a purer tradition. Thus the text is left pretty much as it stands in his edition of 1859. Such a neglect of evidence must naturally have its nemesis, and so we find Dillmann tracing textual affinities and divergencies in relation to the texts and Versions of the Pentateuch where none such exist, save in the corrupt MSS. on which his text is based. In the rest of the Article he discusses in a masterly way the chronological questions arising out of the Book of Jubilees. With these I hope to deal in my Commentary later.

Thus, though to Dillmann belongs the credit of first calling attention to the importance of our text in the criticism of the Massoretic Pentateuch, we cannot help observing how inadequately he has supported this contention—in the first place by failing to discover the cases that make most strongly in his favour, and in the next by failing to substantiate such instances as he does advance by the collation of other authorities. In Section VIII I have tried to marshal the evidence with such a fulness and thoroughness as to beget the hope that I may escape the scope of such strictures.

VII. The Affinities of the Text of the Book of Jubilees.

We shall now summarise with sufficient fulness, though not exhaustively, the affinities of the Jubilees' text with the texts and Versions of the Pentateuch. Each of these texts and Versions, while agreeing in the main with the rest, exhibits from time to time a reading peculiar to itself and wanting in attestation from without. To these idiosyncrasies of the Pentateuch Texts and Versions we have paid particular attention, with a view to determining the affinities of the Jubilees' text, and the result has been most fruitful both in other respects as well as in settling an old controversy. For as a result of this continuous comparison, we find that our text agrees in turn with the Massoretic, LXX, Syriac, Vulgate, with Onkelos, and even once with the Arabic against all the rest, but never, strange to say, with the Samaritan save in the case of a single doubtful reading—and even here the balance of evidence is decidedly against the Samaritan affinity. See additional note on p. 184, beginning, 'On p. 97 add &c.' This fact in itself makes the theory of Samaritan authorship henceforth untenable, and thus closes another chapter of criticism.

In the rest of this Section no account will be taken of the many instances in which the text of Jubilees pursues a path peculiar to itself. We shall here confine ourselves to classifying its affinities, or points in common, with the main authorities on the Pentateuch. For details, the notes and Addenda must be consulted.

i. First, as to its agreement with individual authorities in opposition to the rest:

(a) It agrees with the Massoretic against the Sam., LXX, Syr., Vulg., Ps.-Jon. in iii. 7—Gen. ii. 24 (see Addenda).

(β) It agrees with the LXX against the Mass., Sam., Syr., Vulg. in v. 1—Gen. vi. 2; viii. 1—Gen. xi. 13; xiii. 1—Gen. xii. 6; xiv. 2, 12—Gen. xv. 2, 11; xvii. 6, 10—Gen. xxi. 12, 15; xxvi. 25—Gen. xxvii. 30; xxviii. 11—Gen. xxix. 32; xxix. 4—Gen. xxxi. 20; xlvi. 14—Exod. i. 11.

(γ) It agrees with the Syriac Version against the Mass., Sam., LXX, Vulg. in xii. 15—Gen. xi. 31; xvi. 31—Lev. xxiii. 40; xxii. 13—Gen. xlix. 26; xxiv. 4—Gen. xxv. 32; xxiv. 9—Gen. xxvi. 2; xliii. 21—Gen. xlv. 21; xlvii. 7—Exod. ii. 7; xlix. 9—Num. ix 13.

(δ) It agrees with the Vulgate against the Mass., Sam., LXX, Syr. in vii. 9—Gen. ix. 23; xiv. 1—Gen. xv. 1; xiv. 22—Gen. xvi. 2; xxiv. 3—Gen. xxv. 30; xxiv. 19—Gen. xxvi. 19; xxvi. 33—Gen. xxvi. 3.

(ε) It agrees with Targum of Onkelos against the Mass., Sam., LXX, Syr., Vulg. in xiii. 20—Gen. xiii. 16; xiii. 25—Gen. xiv. 14; xv. 17—Gen. xvii. 17.

(ζ) It agrees with the Arabic against the Mass., Sam., LXX, Syr., Vulg., Onk. in xxvii. 8—Gen. xxvii. 46.

ii. We shall next give its affinities with two or more of the above authorities in opposition to the rest:

(α) Its agreement with the Mass. and Sam.:

It agrees with the Mass. and Sam. against the LXX, Syr., Vulg. in iii. 9—Gen. ii. 20; iv. 8—Gen. iv. 25; vi. 7—Gen. ix. 4; xxvii. 22—Gen. xxviii. 13.

(β) Its agreement with Mass., Sam., Syr. or with these + Vulg. or + Vulg. and Onk.:

It agrees with the Mass., Sam., and Syr. against the LXX and Vulg. in iii. 25—Gen. iii. 17; v. 5—Gen. vi. 8; vi. 8—Gen. ix. 6; xviii. 11—Gen. xxii. 12; xxvi. 27, 29—Gen. xxvii. 32, 34; xxvii. 21—Gen. xxviii. 13.

It agrees with the Mass., Sam., Syr., Vulg. against the LXX in v. 27—Gen. vii. 24; xii. 15—Gen. xi. 31; xiv. 4, 5, 7, 12—Gen. xv. 4, 5, 7, 15; xv. 3—Gen. xvii. 1.

It agrees with the Mass., Sam., Syr., Vulg., and Onk. against the LXX in xxvi. 23—Gen. xxvii. 29 (twice).

It agrees with the Mass., Sam., Syr., Aq., Symm., Vulg., and Onk. against the LXX in xiii. 10—Gen. xii. 9.

(γ) Its agreement with the Sam. and LXX or with these + Syr. or + Syr. and Vulg. or + Vulg.:

It agrees with the Sam. and LXX against the Mass., Syr., Vulg. in xiv. 18—Gen. xv. 20; xv. 14—Gen. xvii. 14; xvii. 1, 7—Gen. xxi. 8, 13; xxvii. 11—Gen. xxviii. 4.

It agrees with the Sam., LXX, and Syr. against the Mass., Vulg., and Onk. in ii. 16—Gen. ii. 2.

It agrees with the Sam., LXX, Syr., and Vulg. against the Mass. and Onk. in xv. 16—Gen. xvii. 16; xv. 19—Gen. xvii. 19.

It agrees with the Sam., LXX, Syr., and Vulg. against Mass., Onk., and Ps.-Jon. in xii. 23—Gen. xii. 3; xvii. 7—Gen. xxi. 13; xxviii. 8—Gen. xxix. 27; xliii. 12—Gen. xliv. 31.

It agrees with the Sam., Syr., Ps.-Jon., Graec.-Ven. against the Mass., Vulg., and Itala in xviii. 12—Gen. xxii. 13. Onk. combines both readings.

It agrees with the Sam., LXX, and Vulg. against the Mass. and Syr. in xiv. 13—Gen. xv. 13.

(δ) Its agreement with Sam., Syr., Ps.-Jon.:

It agrees with the Sam., LXX, Syr., Vulg., Onk., and Arab. against Mass. in xliii. 12—Gen. xliv. 31; xliv. 17—Gen. xlvi. 13.

(ε) Its agreement with Sam. Vers., Syr., and Vulg.:

It agrees with Syr., Vulg., Sam. Vers., and possibly Sam. against Mass. and LXX in xviii. 13—Gen. xxii. 14.

(ζ) Its agreement with LXX and Syr. or with these + Vulg.:

It agrees with the LXX and Syr. against Mass., Sam., and Vulg. in iii. 24—Gen. iii. 16; xiv. 2—Gen. xv. 2; xxvi. 30—Gen. xxvii. 35; xli. 9—Gen. xxxviii. 14.

It agrees with the LXX, Syr., and Vulg. against the Mass. and Sam. in v. 8–vi. 3; xii. 23—Gen. xii. 2; xiv. 4—Gen. xv. 5; xxiv. 3—Gen. xxv. 31; xxvii. 22—Gen. xxviii. 13; xliii. 12—Gen. xliv. 30.

(η) Its agreement with LXX and Vulg. or with these + Onk.:

It agrees with the LXX and Vulg. against Mass., Sam., and Syr. in iv. 12—Gen. iv. 26; v. 32—Gen. viii. 19; xv. 24—Gen. xvii. 27; xvii. 4—Gen. xxi. 9; xxvii. 8—Gen. xxvii. 46; xxvii. 11—Gen. xxviii. 4; xxviii. 1—Gen. xxix. 1; xli. 14—Gen. xxxviii. 20.

It agrees with LXX, Vulg., and Onk. against Mass., Sam., Syr. in xv. 14—Gen. xvii. 14.

As for the passages in I, that in I (α), where the Mass. and Jub. agree in omitting the οἱ δύο of the LXX, is probably right, though the latter is supported by the Sam., Syr., Vulg. Many of the readings in I (β) are due to the Greek translator, who would at times give unconsciously renderings from the familiar text of the LXX; others would spring from the traditional exegesis of the time, and this source would go far to account for those in I (γ) and (ε).

VIII. The Value of the Book of Jubilees in the Criticism of the Massoretic Text of the Pentateuch.

From a study of the preceding Section it will be clear that both before and after the Christian era the Hebrew text did not possess any hard and fast tradition. It will further be obvious that the Massoretic form of this text, which has so long been generally assumed as conservative of the most ancient tradition and as therefore final, is after all only one of the many phases through which the text passed in the process of over 1,000 years, i.e. 400 B.C. till 600 A.D. or thereabouts.

As we pursue the examination of the materials just mentioned we shall see grounds for regarding the Massoretic text as the result partly of conscious recension and partly of unconscious change extending over many centuries. How this process affected the text in the centuries immediately preceding and subsequent to the Christian era, we have some means of determining in the Hebrew-Samaritan text which, however much it may have been tampered with on religious or polemical grounds, still preserves in many cases the older reading even as it preserves the older form of alphabet. Next we have the LXX Pentateuch, to which we may assign the date 200 B.C.; next the Book of Jubilees just before the Christian era; the Syriac Pentateuch before 100 A.D. (so Rendel Harris on good grounds); the Vulgate of the fourth century; the Targums of Onkelos and Ps.-Jon. in their present form 300–600 A.D.

We have above remarked that the evidence of Section VII shows that the Massoretic text is only one of the phases through which the Hebrew text has passed; and if we consider afresh the materials of evidence in that Section in connection with their dates, we shall discover that in some respects it is one of the latest phases of the Hebrew Pentateuch that has been stereotyped by Jewish scholars in the Massoretic text. This conclusion will tally perfectly with the tradition that all existing Massoretic MSS. are derived in the main from one archetype, i.e. the Hebrew Codex left behind him by Ben Asher, who lived in the tenth century, and whose family had lived at Tiberias in the eighth.

Before passing to our main object in this Section we might point out that some of the readings enumerated in ii (γ) in the last Section can hardly go back to an earlier date than the fourth century A.D.

We shall now proceed to give a list of readings in the Massoretic text which should be corrected into accord with the readings attested by such great authorities as the Sam., LXX, Jub., Syr., Vulg.:

In viii. 19 for כָּל־הַחַיָּה כָּל־הָרֶמֶשׂ וְכָל־הָעוֹף כֹּל רוֹמֵשׂ we should read כָּל־הַחַיָּה וְכָל־הָעוֹף וְכָל־הָרֶמֶשׂ הָרוֹמֵשׂ with the Sam., Sam. Vers., Jub., Vulg. (*omnia animantia jumenta et reptilia quae repiant super terram*), and Arabic. The LXX and Syr. confirm our emendation (see note 29, p. 21). Hence Onk. only supports the Massoretic. The restoration is confirmed by Gen. i. 26, where the very combination הָרֶמֶשׂ הָרֹמֵשׂ is actually found.

In xi. 8 after הָעִיר add וְהַמִּגְדָּל with Sam., LXX, and Jub. (x. 24) against Mass. and Vulg.

In xi. 31 וַיֵּצְאוּ אִתָּם we have a reading that should be emended in וַיֵּצֵא אֹתָם with Jub. (xii. 15) and Syr., or into וַיּוֹצֵא אֹתָם with the Sam., LXX, and Vulg. Only Onk. supports the Massoretic.

In xii. 3 for וּמְקַלֶּלְךָ read וּמְקַלְלֶיךָ with Sam., LXX, Jub. (xii. 23), Syr., Vulg. The reading of the Mass. is the first movement in the change of plurals into singulars, which is completed in Onk. and Ps.-Jon., where both the participles are in the singular.

In xv. 21 after וְאֶת־הַכְּנַעֲנִי add וְאֶת־הַחִוִּי with the Sam., LXX, and Jub. (xiv. 18) against Mass., Syr., and Vulg.

In xvii. 14 after עָרְלָתוֹ add בַּיּוֹם הַשְּׁמִינִי with Sam., LXX, and Jub. (xv. 14) against Mass., Syr., and Vulg.

In xvii. 16 for וּבֵרַכְתִּיהָ read וּבֵרַכְתִּיו with Sam., LXX, Jub. (xv. 16), Syr., and Vulg. Only Onk. supports the Mass. For וְהָיְתָה of Mass., Sam., and Onk. read וְהָיָה with LXX, Jub. (xv. 6), Syr., and Vulg. For מִמֶּנָּה of Mass., Sam., and Onk. read מִמֶּנּוּ with LXX, Jub., Syr., Vulg.

In xvii. 19 add ו before לְזַרְעוֹ with Sam., LXX, Jub. (xv. 19), Syr., Vulg., and Arab. Only Onk. supports the Mass.

In xxi. 8 after אֶת־יִצְחָק add בְּנוֹ with Sam., LXX, and Jub. (xvii. 1) against Mass., Syr., Vulg., Onk.

In xxi. 13 after הָאָמָה add הַזֹּאת with Sam., LXX, and Jub. (xvii. 6) against Mass., Syr., Vulg., and Onk.

In xxi. 13 after לְגוֹי add גָּדוֹל with Sam., LXX, Jub. (xvii. 6), Syr., Vulg., Arab. Only such late authorities as Mass., Onk., and Ps.-Jon. omit on religious and polemical grounds, the last giving quite a different turn in expression of national hatred, עם ליסטים 'nation of robbers.'

In xxii. 13 for אַחַר read אֶחָד with Sam., LXX, Jub. (xviii. 12), Syr., Ps.-Jon., Graec.-Ven. against Mass. and Vulg. Onk. combines both readings.

In xxii. 16 after אֶת־יְחִידְךָ add מִמֶּנִּי with Sam., LXX (δι' ἐμέ), Jub. (xviii. 15), Syr., Vulg. (*propter me*). Only the Targums support the Massoretic.

In xxv. 8 for וַיִּשְׂבַּע read וּשְׂבַע יָמִים, as in Gen. xxxv. 29, with Sam., LXX, Jub. (xxiii. 8, cf. xxi. 1; xxii. 7), Syr., Vulg., Arab. Onk. supports the Massoretic.

In xxvi. 18 for בִּימֵי of Mass. and Onk. read עַבְדֵי with Sam., LXX, Jub. (xxiv. 18), Vulg. Syr. combines both readings.

In xxvii. 27 after שָׂדֶה add מָלֵא with Sam., LXX, Jub. (xxvi. 22 Lat.), Syr. Vet. (*teste Diodoro*), Vulg. Onk. supports Mass. in omitting.

In xxviii. 4 after אַבְרָהָם add אָבִיךָ with Sam., LXX, Jub. (= אָבִי xxvii. 11). Mass., Syr., and Vulg. omit.

In xxix. 27 for וְנִתְּנָה of Mass. and Onk. read וְאֶתְּנָה with Sam., LXX, Jub. (xxviii. 8), Syr., Vulg., and Arab.

In xli. 56 for אֲשֶׁר בָּהֶם read אוֹצְרוֹת בַּר with Jub. (xlii. 3), LXX τοὺς σιτοβολῶνας. Syr. and Vulg. support אוֹצְרוֹת, while בַּר is actually found in the Sam., which reads אשר בהם בר.

In xliv. 31 after הַנַּעַר add אִתָּנוּ with Sam., LXX, Jub. (xliii. 12), Syr., Vulg., Arab. Mass. and Onk. stand here alone.

In xlv. 28 after רַב add לִי with LXX, Jub. (xliii. 24), Syr., Vulg., and Onk. against Mass. and Sam.

In xlvi. 13 for פֻּוָּה read פּוּאָה with Sam., LXX, Jub. (xliv. 17), Syr., Vulg., Onk. 1 Chron. vii. 1 confirms this emendation.

In xlvi. 13 for יוֹב of Mass., Vulg., and Onk. read יָשׁוּב with Sam., LXX, and Jub. (xliv. 17). 1 Chron. vii. 1 confirms this emendation.

In xlvi. 24 for שִׁלֵּם read שַׁלּוּם with Sam., Jub. (xliv. 30), and 1 Chron. vii. 13. The Syr. ܫܠܝܡ and LXX Συλλήμ point in this direction.

In xlvi. 28 for לְהוֹרֹת read לִקְרָאוֹת with Sam., LXX, Syr., or לִקְרָאת with Jub. (xliv. 9) and Onk.

IX. Orthography of the Text and Contributions to the Ethiopic Grammar and Lexicon.

In the following text I have reproduced as closely as possible, save in the case of manifest errors, the orthography of A B. As a rule there is a wide latitude in this respect; and of this, these MSS. fully avail themselves. In the case of the variants in the notes, on the other hand, I have given the readings of the MSS., however vicious they may be in orthography or grammar, in order to convey to the reader as true a conception as possible of the state of their text.

Much of the value of these MSS. lies in their preservation of ancient forms and words which have either omitted or normalised in such later MSS. as C D.

Thus they read ይሑር፡ as a rule instead of ይሖር፡ and ሑር፡ instead of ሖር፡ These forms are acknowledged in Dillmann's Lexicon, but the MSS. attest other ancient forms which have no recognition either in his Grammar or Lexicon. Thus more often than otherwise they write ኣ, and not አ, as the preformative in the 1st plural of the causative conjugation, and I have edited accordingly. Praetorius in his most valuable little Grammar does notice this other possible form (pp. 17, 51), but there is no hint of it in Dillmann's Grammar or Lexicon. Another form of inflection not acknowledged by Dillmann and given in brackets by Praetorius is found in አዘዝክኒ፡ in A (xxxv. 2) for the usual አዘዝከኒ፡ which I have edited.

Again, in xliii. 2, 10 I have edited with B ሰረቅክሙ፡ for the usual ሰረቅሙ፡ and with A B ወአእብሮሙ፡ for the usual ወአዶብሮሙ፡ in xli. 2. Like unusual forms are given in B xxv. 4; xxx. 4 (see notes). In addition to a few noted by Dillmann in the Pentateuch I have remarked two further cases in Bachmann's Ethiopic Edition of Mal. i. 10, 13.

Again, as regards the analysis of the conjugations of the verb, Dillmann's scheme is quite inadequate, and fails to take account of many forms of conjugation which I have edited in deference to A B, and for the justification of which I must refer the student to Praetorius' masterly work, which is as exhaustive in this respect as could be desired.

Dillmann's Grammar and Lexicon are based mainly on late and normalised MSS. In the case of the Lexicon—a work which, under the circumstances, is beyond all praise—this will not on the whole affect the advanced student, as he will be able to discount such shortcomings, but in the case of the Grammar it is a distinct evil.

Dillmann's statement (*Grammatik*, p. 363) in reference to the construct case—man kann darum kein anderes Wort zwischen die beiden im st. c.—Verhältniss stehenden einschieben—is not true if taken without qualification; for as a matter of fact demonstrative pronouns, the pronominal adjective ኵሉ፡ and numerals may intervene between the construct case and its dependent noun. Thus in the last instance the construct case may be separated from its dependent noun by half a dozen of numerals written in full. In his Chrestomathy xv–xvi Dillmann adduces two instances found in liturgical literature as exceptions to his rule, but they are not of the nature of the above.

Finally, among other additions and corrections that should be made in Dillmann's Lexicon we add the following :—

On col. 88 add ሕርዊ፡ = *hostia, victima*, Jub. xxi. 7.

On col. 312 expunge identification of ሩዝ፡ with oryza in the case of Jub. xxxvii. 23, where ሩዝ፡ = a white bird. ሩዝ፡ was never a transliteration of oryza. See Amharic Lexicons of Isenberg and Halévi in loc.

On col. 424 add ቍሩር፡=*frigidus*, Jub. viii. 29.

On col. 590 under ቀረፈ፡ = *collegit fructus*, which Dln. gives as an unused root, add Jub. xxxii. 12, where it is found in the infinitive.

On col. 936 under ወረፈ፡ which Dln. gives as an unused root, add Jub. ix. 3.

On col. 989 under መግዐትብ፡ in the sense of *brachiale*, for which Dln. can cite no authority but Ludolf's Lex., add Jub. xl. 7.

On col. 1050 under ዘበየ፡ add ii. 2 አዘበደዎ፡ = *vendiderunt eum*, Jub. xxxiv. 11. Cf. Tigre Vocabulary under ዘበ፡ This causative conjugation is not given in Dillmann's Lexicon.

On col. 1398 under ጋስ፡ to which Dillmann can assign no meaning, add ጋስ፡= διάφαντος, διάλευκος, Jub. xxviii. 28, 29.

ABBREVIATIONS.

Algazi's Chron.—I owe the facts cited from this work to Mr. Schechter's notice in the *Jewish Quarterly*, July 1890.

Aq. = Aquila's Greek Version.

Arab. = Arabic Version.

Cedrenus = Cedrenus' Σύνοψις Ἱστοριῶν, Ed. Bekker, 1838–39.

Din. = Dillmann.

em. = emended.

Eth. = Ethiopic Version of Jubilees.

Eth. Vers. = Ethiopic Version of Pentateuch.

Graec.-Ven. = Versio Veneta.

hmt. = homeoteleuton.

Jerome's Ep. ad Fab. = Epistula ad Fabiolam. Quaest. Hebr. = Quaestiones Hebraicae in libro Geneseos.

Jub. = Jubilees.

Lat. = Latin Version of Jubilees.

LXX = Swete's Edition of the Septuagint.

Mass. = The Massoretic text.

Midrash Wajjissau.—See Appendix II.

om. = omit, omits, or omitted.

Onk. = Targum of Onkelos.

Ps.-Jon. = Targum of Pseudo-Jonathan.

Sam. = Hebrew text in Samaritan characters.

Sam. Vers. = Samaritan Version.

Schol. Lagarde *r* = Scholion in MS. *r* in Lagarde's Genesis Graece.

Symm. = Symmachus' Greek Version.

Syncellus = Syncellus' Χρονογραφία, Ed. Dindorf, 1829.

Syr. = Peshiṭta Version, Edited by Lee.

Syr. Frag. = Syriac Fragment printed in Appendix III.

trans. = transpose, transposed.

Vulg. = Vulgate.

መጽሐፈ፡ ኩፋሌ፡

ዝንቱ፡ ነገረ፡ ኩፋሌ፡ *መዋዕላተ፡ ሕግ፡[1] ወለስምዕ፡ ለግብረ፡ ዓመታት፡ ለተሰብዖቶሙ፡[2] ለኢዮቤልዉሳቲሆሙ፡[3] ውስተ፡ ኵሉ፡ ዓመታተ፡ ዓለም፡ በከመ፡ ተናገሮ፡ እግዚእ፡[4] ለሙሴ፡ በደብረ፡ ሲና፡ አመ፡ ዐርገ፡ ይንሣእ፡ ጽላተ፡[5] ዘ[6]ሕግ፡ ወ[6]ዘ[6]ትእዛዝ፡ በቃለ፡ እግዚአብሔር፡ በከመ፡ ይቤሎ፡ ዕረግ፡[7] ውስተ፡ ርእሰ፡ ደብር።

ወኮነ፡ በቀዳሚ፡ ዓመት፡ በፀአቶሙ፡ ለደቂቀ፡ እስራኤል፡ እምነ፡ ግብጽ፡ በወርኅ፡ ሣልስ፡ ፲
አመ፡ ዐሡሩ፡ ወሰዱሱ፡ ለውእቱ፡ ወርኅ፡ ተናገሮ፡[8] እግዚአብሔር፡[9] ለሙሴ፡ እንዘ፡ ይብል፡
ዕረግ፡[10] ኀቤየ፡[11] ውስተ፡ ደብር፡ ወእሁበከ፡[12] ክልኤተ፡[13] ጽላተ፡ እብን፡[14] ዘሕግ፡ ወዘትእዛዝ፡
ዘ[15]መጠነ፡ ጸሐፍኩ፡[16] ታሰብዎሙ፡። ወዐርገ፡[17] ሙሴ፡ ውስተ፡ ደብረ፡ እግዚአብሔር፡ ወኀደረ፡[18] 2
ስብሐተ፡ እግዚአብሔር፡[19] ውስተ፡ *ደብረ፡ ሲና፡[20] ወጸለሎ፡ ደመና፡ ስዱሰ፡ ዕለተ፡። ወጸውዖ፡[21] 3
ለሙሴ፡ በ*ዕለት፡[22] ሳብዕት፡ እማእከሉ፡[23] ደመና፡ ወርአየ፡ ስብሐተ፡ እግዚአብሔር፡ ከመ፡ እሳት፡
ዘያነድድ፡[24] ውስተ፡ ርእሰ፡[14] ደብር። ወሀሎ፡ ሙሴ፡ ውስተ፡ ደብር፡ አርብዓ፡[25] ዕለተ፡ ወ*አርብዓ፡[25] 4
ሌሊተ፡ ወአመረ፡ እግዚአብሔር፡ ዘ[26]ቀዳሚ፡ ወዘኒ፡ ይመጽእ፡ ነገረ፡[27] ኩፋሌ፡ ኵሉ፡[28] *መዋዕላተ፡
ሕግ፡[29] ወለ[30]ስምዕ። ወይቤሎ፡* አንብር፡ ልበከ፡[31] ውስተ፡ ኵሉ፡ ነገር፡ ዘአነ፡ እነግረከ፡ በዝንቱ፡ 5

B prefaces with ይትባረክ፡ እግዚአብሔር፡ አምላክ፡ ለኵሉ፡ መንፈስ፡ ወለኵሉ፡ ዘሥጋ።
[1] መዋዕል፡ ለሕግ፡ A; መዋዕላት፡ ለሕግ፡ C. [2] ለትሰብዖቶሙ፡ B. [3] ለኢዮቤል ውሳቲሆሙ፡ B. [4] B C omit; እግዚአብሔር፡ D. [5] C D add እብን፡ [6] B omits. [7] ይዕርግ፡ B. [8] ወተናገሮ፡ C D. [9] እግዚእ፡ A. [10] ዕርግ፡ B. [11] C adds ዝየ፡ According to Exod. xxiv. 12, we should add ወሀሎ፡ ዝየ፡ after ደብር፡ [12] ወእሁብከ፡ C D. [13] ፪ A. [14] ዘእብን፡ A. [15] A omits. [16] A adds ለከ፡ [17] ወዓርገ፡ B. [18] ወኃደረ፡ A. [19] እግዚአብሔር፡ A (and so very frequently; occasionally so in B). [20] ደብር፡ ዘሲና፡ A. [21] C D add እግዚአብሔር፡ but Exod. xxiv. 16 supports A B. [22] ዕለት፡ A B. [23] Emended with Exod. xxiv. 16 מִתּוֹךְ and LXX ἐκ μέσου from በማእከለ፡ of MSS. [24] Emended with Exod. xxiv. 17 אֹכֶלֶת; cf. Jub. xxxvi. 9. LXX and Vulg. render wrongly by φλέγον, *ardens*. [25] ፵ A. [26] ለ B. [27] ነገር፡ A B C. [28] ኵሎ፡ A. [29] መዋዕላት፡ ወለሕግ፡ B; መዋዕለ፡ ሕግ፡ C; መዋዕላት፡ ወበሕግ፡ D. [30] ወ C. [31] ለከ፡ B; A omits. Is ልበከ፡ a conjecture of C D?

ደብር፡ ወ°ጸሐፎ፡[1] ውስተ፡ መጽሐፍ፡ ከመ፡ ይርአዩ፡ ትውልዶሙ፡ ከመ፡ ኢኀደግዎሙ፡[2] በእንተ፡
ኵሉ፡ እኩይ፡[3] ዘገብሩ፡ ለአስሕቶቱ፡[4] ሥርዐት፡[5] ዘ°አኪ፡[6] እሠርዕ፡ ማእከሌየ፡ ወማእከሌኪ፡
6 ዮም፡[7] ለትውልዶሙ፡ በደብረ፡ ሲና፡፡ ወይከውን፡ ከመዝ፡ ሶበ፡ ይመጽእ፡ ኵሉ፡ ዝነገር፡
ላዕሌሆሙ፡ ወያእምሩ፡[8] ከመ፡ ጻድቀ፡[9] እምኔሆሙ፡ በኵሉ፡ ፍትሖሙ፡ ወበኵሉ፡ ምግባሮሙ፡
7 ወያእምሩ፡ ከመ፡ ሀለውኩ፡ ኮንኩ፡[10] ምስሌሆሙ፡፡ ወአንተኒ፡[7] ጸሐፍ፡ ለከ፡[11] ኵሎ፡ ዘቃለ፡[12]
ዘአ፡ ዘአየድዐከ፡[13] ዮም፡ እስመ፡[14] አአምር፡ ምረቶሙ፡ ወ°ክሳዶሙ፡ ይቡሰ፡[15] ዘእንበለ፡ አብእኦሙ፡
ውስተ፡ ምድር፡ እንተ፡ መሐልኩ፡ ለአበዊሆሙ፡[16] ለአብርሃም፡ ወለይስሐቅ፡ ወለያዕቆብ፡ እንዘ፡
እብል፡ ለዘርእክሙ፡ እሁብ፡[17] ምድረ፡ እንተ፡ ትውሕዝ፡ ሐሊበ፡ ወመዓረ፡ ወይበልዑ፡ ወይጸግቡ፡፡
8 ወይትመየጡ፡ ኀበ፡ °አምላክ፡ ነኪር፡ ኀበ፡[18] እለ፡ ኢያድኅንዎሙ፡ እምኵሉ፡ ምንዳቤሆሙ፡
9 ወ°ትሰማዕ፡[19] °ዛቲ፡ ስምዕ፡ ለስምዕ፡ ሎሙ[20]፡፡ እስመ፡ ይረስዑ፡ ኵሉ፡ ትእዛዝየ፡ ኵሉ፡[21] ዘአዘ
እኤዝዞሙ፡[22] ወየሐውሩ፡ ድኅረ፡ አሕዛብ፡ ወድኅረ፡ ርኵሶሙ፡ ወድኅረ፡ ኀፍረቶሙ፡ ወይትቀነዩ፡
ለአማልክቲሆሙ፡ ወይከውንዎሙ፡ ማዕቀፈ፡[23] ወለ[24]ምንዳቤ፡ ወለሳዕር፡ ወለመሥገርት፡፡
10 ወይትሐጐሉ፡ ብዙኃን፡[7] ወይትአኀዙ፡ ወይወድቁ፡ ውስተ፡ እደ፡ ፀር፡[25] እስመ፡ ኀደጉ፡ ሥርዐትየ፡
ወ°ትእዛዝየ፡[26] ወበዓላተ፡[27] ኪዳንየ፡ ወሰንበታትየ፡ ወቅድሳትየ፡ ዘቀደስኩ፡ ሊተ፡ በማእከሎሙ፡
ወደብተራየ፡ ወመቅደስየ፡ ዘቀደስኩ፡[28] ሊተ፡ በማእከለ፡ ምድር፡ ከመ፡ እሢም፡ ስምየ፡ ላዕሌሁ፡
11 ወ°ይኅድር፡፡[29] ወይገብሩ፡[30] ሎሙ፡[7] °ፍሥሐታተ፡ ወአመ፡[31] ወገልፎ፡ ወ°ይሰግዱ፡[32] ዘዘ፡[33]
ዚአሆሙ፡ ለስሒት፡ ወይዘብሑ፡ ውሉዶሙ፡ ለአጋንንት፡ ወለኵሉ፡ ግብረ፡[7] ስሕተተ፡ ልቦሙ፡፡
12 ወእፌኑ፡ ኀቤሆሙ፡ ሰማዕተ፡ ከመ፡ እስምዕ፡[34] ሎሙ፡ ወኢ°ይሰምዑ፡[35] ወሰማዕተኒ፡ ይቀትሉ፡
ወለእለ°ሂ፡ የኀሥሥዎሙ፡ ሕገ፡[36] ይሰድድዎሙ፡ ወ°ኵሉ፡[37] ያፀርዑ፡ ወ°ይዌልጡ፡[38] ለገቢረ፡ እኩይ፡
13 በቅድመ፡ አዕይንትየ፡፡ ወ°አኀብእ፡[39] ገጽየ፡ እምኔሆሙ፡ ወእሜጥዎሙ፡ ውስተ፡ እደ፡ አሕዛብ፡
ለፄዋ፡ ወለኀብል፡ ወለተበልዖ፡ ወ°አሴስሎሙ፡[40] እማእከለ፡[41] ምድር፡ ወእዘርዎሙ፡ ማእከለ፡
14 አሕዛብ፡፡ ወይረስዑ፡ ኵሉ፡[7] ሕግየ፡ °ወኵሉ፡ ትእዛዝየ፡ ወኵሉ፡ ፍትሕየ፡[7] ወይስሕቱ፡ ሠርቀ፡
15 ወሰንበተ፡ ወበዓለ፡ ወ°ኢዮቤሌ፡[42] ወ°ሥርዐተ፡፡[43] ወእምዝ፡ ይትመየጡ፡ ኀቤየ፡ እማእከለ፡

---

[1] ጸሐፍ፡ B. [2] ኢይኅድግዎሙ፡ A D; ኀድግዎሙ፡ C. [3] A trans. after ዘገብሩ፡ and puts in acc. [4] Emended from ለአስሕቶ፡ B C D; ለአስሕቶሙ፡ A. D adds ወለአኀደግ፡ [5] ሥርዐት፡ A. [6] ከ፡ B. [7] A omits. [8] ወየአምሩ፡ B. [9] ጽድቅ፡ A; ጻድቅ፡ አነ፡ C D. [10] ኮንከ፡ A. [11] ሊተ፡ A. [12] ዝቃለ፡ B. [13] አየድዓከ፡ B. [14] A adds አነ፡ [15] A trans. [16] B C omit. [17] D adds ሁቱ፡ [18] አማልክት፡ ነኪር፡ C D. [19] ታስምዕ፡ A; ትሰማዕ፡ C D. D adds ላዕሌሆሙ፡ [20] B D omit. [21] C D omit. [22] እኤዝዘከ፡ A. [23] ማዕቀፈ፡ B. [24] ወዐቢይ፡ A; ለ C D. [25] ፀሮሙ፡ A. [26] ትእዛዛትየ፡ B. [27] ወዕለተ፡ A; ወበዓላትየ፡ C. [28] A adds ለስምየ፡ [29] የኃድር፡ B. [30] ወገብሩ፡ A B. [31] ፍትሐታተ፡ ወአመ፡ A. [32] ሰገዱ፡ A B. [33] ወዘዘ፡ A. [34] አስምዕ፡ C D. [35] ሰምዑ፡ A. [36] B C add ይቀትልዎሙ፡ ወ. [37] ኵሉ፡ A. [38] ይዌጥጡ፡ B. [39] አኃብእ፡ A. [40] ኣሌስሎሙ፡ C D. [41] እም፡ A. [42] B puts in nom. [43] ሥርዓት፡ B.

ለሕዝብ፡ በኵሉ፡ ልቦሙ፡ ወበኵሉ፡ ነፍሶሙ፡ ወበኵሉ፡ ኀይሎሙ፡ ወ*አስተጋብኦሙ፡[1] እማእከለ፡
ኵሉ፡[2] አሕዛብ፡ ወ*የኀሥሥኒ፡[3] ከመ፡ እትረከቦሙ፡[4] ወ[6]ሶበ፡ ኀሠሡኒ፡ በኵሉ፡ ልቦሙ፡ ወበኵሉ፡
ነፍሶሙ፡ አነ፡[5] እከሥት፡ ሎሙ፡ ብዙኀ፡ ሰላመ፡ በ[7]ጽድቅ። ወ*እፈልሶሙ፡[8] ተክለ፡ ርትዕ፡ 16
በኵሉ፡ ልብየ፡ ወበኵሉ፡ ነፍስየ፡ ወይከውኑ፡ ለበረከት፡ ወአኮ፡ ለመርገም፡ ወይከውኑ፡[9]
ርእሰ፡ ወአኮ፡ ዘነበ፡ ወእሐንጽ፡ መቅደስየ፡ ማእከሎሙ፡ ወ*እኅድር፡[10] ምስሌሆሙ፡ ወእከው- 17
ኖሙ፡ አምላኮሙ፡[11] ወእሙንቱሰ፡ ይከውኑኒ፡ ሕዝብየ፡[12] ዘበአማን፡ ወዘበጽድቅ። ወኢ*የኀድ 18
ጎሙ፡[13] ወኢይትናከረሙ፡ እስመ፡ አነ፡ እግዚአብሔር፡ አምላኮሙ። ወወድቀ፡ ሙሴ፡ በገጹ፡ 19
ወጸለየ፡ ወይቤ፡ እግዚኦ፡ አምላኪየ፡[14] ኢትኅድግ፡ ሕዝበከ፡ ወርስተከ፡ ለሐዊር፡ በስሕተተ፡
ልቦሙ፡ ወኢትመጥዎሙ፡ ውስተ፡ እደ፡ ፀሮሙ፡[15] አሕዛብ፡ ከመ፡ ኢይኰንንዎሙ፡ ወ*ከመ፡
ኢያገብርዎሙ፡[16] ከመ፡ ይኅጥኡ፡[17] ለከ። ይትበዐል፡[18] እግዚኦ፡[19] ምሕረትከ፡ ላዕለ፡ ሕዝብከ፡ 20
ወፍጥር፡ ሎሙ፡ መንፈሰ፡ ርቱዐ፡ ወኢ*ይኩንኖሙ፡[20] መንፈሰ፡ ቤልሆር፡ ለአስተዋድዮቶሙ፡
ቅድሜከ፡ ወለአዕቅፆቶሙ፡ እምኵሉ፡ ፍኖተ፡[21] ጽድቅ፡ ከመ፡ ይትሐጐሉ፡[22] እምቅድመ፡ ገጽከ።
ወእሙንቱ፡ ሕዝብከ፡[23] ወርስትከ፡ ዘባልሀከ፡ በኀይልከ፡ ዐቢይ፡ እምእደ፡ ግብጽ፡ ፍጥር፡[24] ሎሙ፡ 21
ልበ፡ ንጹሐ፡ ወመንፈሰ፡ ቅዱሰ፡ ወኢ*ይትዐቀጹ፡[25] በኀጢአቶሙ፡ እምይእዜ፡ ወእስከ፡ ለዓለም።

ወይቤሎ፡ እግዚአብሔር፡ ለሙሴ፡ አነ፡ አአምር፡[26] ተቃርኖቶሙ፡ ወሕሊናሆሙ፡ ወይቡሰ፡ 22
ክሳዶሙ፡ ወኢ*ይሰምዑ፡[27] እስከ፡ ሶበ፡ ያአምሩ፡[28] ኀጢአቶሙ፡ ወ*ኀጣውአ፡[29] አበዊሆሙ።
ወእምድኅረ፡ ዝንቱ፡ ይትመየጡ፡ ኀቤየ፡ በኵሉ፡ ርትዕ፡ *ወበኵሉ፡ ልብ፡[30] ወበኵሉ፡ ነፍስ፡ 23
ወ*እወቅፅ፡[31] ቍልፈተ፡ ልቦሙ፡ ወቍልፈተ፡ ልበ፡ ዘርኦሙ፡ ወእፈጥር፡ ሎሙ፡ መንፈሰ፡ ቅዱሰ፡
ወ*አነጽሖሙ፡[32] ከመ፡ ኢይትመየጡ፡ እምድኅሬየ፡ እምይእቲ፡ ዕለት፡ እስከ፡ ለዓለም። ወትተሉ፡ 24
ነፍሶሙ፡ ኀቤየ፡ ወበኵሉ፡[33] ትእዛዝየ፡ ወ*ይገብሩ፡[34] ሎሙ፡[35] ትእዛዝየ፡[36] ወእከውኖሙ፡ አበ፡[37]
ወእሙንቱ፡[38] ይከውኑኒ፡ ውሉደ። ወይሰመዩ፡[39] ኵሎሙ፡ ውሉደ፡ አምላክ፡ ሕያው፡ ወ*ያአምሩ፡[40] 25
ኵሉ፡ መልአክ፡ ወኵሉ፡ መንፈስ፡ ወያአምርዎሙ፡ ከመ፡ እሙንቱ፡ ውሉድየ፡ ወአነ፡ አቡሆሙ፡

---

1 አስተጋብአሙ፡ B. 2 A omits. 3 የኃሥሡ፡ B. 4 እትረከቦሙ፡ B. 5 B C D omit. 6 ወ B D. 7 ሰ A D. 8 እፌልሶሙ፡ B. 9 A D omit. 10 አኃድር፡ B. A adds ማእከሎሙ፡ 11 አምላኮሙ፡ C D. 12 ሕዝበ፡ A. 13 ይኃድጎሙ፡ B. 14 አምላክየ፡ A; ወአምላኪየ፡ D. 15 B D omit. 16 ኢይገብርዎሙ፡ B. 17 ኢይኅጥኡ፡ A. 18 ወይትሌዐል፡ A; ይትሌዓል፡ B. 19 A reads እግዚአብሔር፡ and trans. before ወይትሌዐል፡ 20 ይኵኖሙ፡ A. 21 ፍኖት፡ A. 22 ይትኃጐሉ፡ B. 23 ሕዝበከ፡ A B. 24 ወፍጥር፡ A D. 25 ይትዓቀጹ፡ B. 26 እአምር፡ C D. 27 ሰምዑ፡ A. 28 Cf. Neh. ix. 2 [illegible]. 29 ኀጢአት፡ A. 30 B omits. 31 እወቅ፡ B. 32 አነጽሖሙ፡ B. 33 Emended from በኵሉ፡ 34 ይገብአ፡ A D, apparently a conjecture. 35 A rare construction used for the sake of emphasis, cf. Dln. Lex. col. 24, or possibly a corruption of ለሊሆሙ፡ 36 ትእዛዛትየ፡ B. 37 አምላክ፡ A. 38 ወእሙንቱኒ፡ A. 39 ወይሰምዑ፡ B. 40 ያአምርዎሙ፡ A; የአምርዎሙ፡ B.

26 በርትዑ፡ ወበጽድቅ፡ ወ*አፈቅሮሙ፡[1] *ወአንተ ጸሐፍ፡[2] ለከ፡ ዙሉ፡ ዘንተ፡ ነገረ፡ ዘአነ፡ ኣየድዐከ፡[3]
በዝንቱ፡ ደብር፡ ዘቀዳሚ፡ ወዘደኃሪ፡ ዘይመጽእ፡ ሀሎ፡ በዙሉ፡ ኩፋሌ፡ መዋዕል፡ ዘበሕግ፡
ወዘበስምዕ፡ ወበ[4]ሱባዔሆሙ፡ ለኢዮቤሊዎን፡[5] እስከ፡ ለዓለም፡ እስከ፡ ሶበ፡ አወርድ፡ ወአኀድር፡
ምስሌሆሙ፡ በዙሉ፡ ዓለመ፡[6] ዓለም፡፡
27 ወይቤሎ፡ ለመልአከ፡ ገጽ፡ ጸሐፍ፡ ለሙሴ፡ እምቀዳሚ፡ ፍጥረት፡ እስከ፡ አመ፡ ይትሐነጽ፡[7]
28 መቅደስየ፡ በማእከሎሙ፡ ለዓለመ፡ ዓለማት፡፡ ወያስተርኢ፡ እግዚአብሔር፡ በዐይነ፡ ዙሉ፡
ወያእምር፡[8] ዙሉ፡ ከመ፡[9] አነ፡[10] አምላከ፡ እስራኤል፡ ወ*አቡ፡ ለዙሎሙ፡[11] ደቂቀ፡ ያዕቆብ፡[12]
ወንጉሥ፡ በደብረ፡ ጽዮን፡ ለዓለመ፡ ዓለም፡ ወትከውን፡ ጽዮን፡ ወኢየሩሳሌም፡ ቅድስተ፡፡'
29 ወነሥአ፡ መልአከ፡ ገጽ፡ ዘ*የሐውር፡[13] ቅድመ፡ ትዕይንቶሙ፡[14] ለእስራኤል፡' ጽላተ፡ ዘኩፋሌ፡
ዓመታት፡ እምአመ፡ ፍጥረት፡[15] ሕግ፡[16] ወለ[17]ስምዕ፡ ለሱባዔሆሙ፡[18] ለኢዮቤሊዎን፡[19] በበ፡
ዓመት፡ በዙሉ፡ ኍልቆሙ፡[20] ለኢዮቤሊዎን፡[21] በበዓመት፡[22] እምዕለተ፡ ፍጥረት፡[23] እስከ፡[24] አመ፡
ይትኀደስ፡[25] ሰማያት፡[26] ወምድር፡[26] ወዙሉ፡ ፍጥረቶሙ፡ በከመ፡ ኀይላቲሆሙ፡ ለሰማይ፡[26]
ወበከመ፡ ዙሉ፡ ፍጥረተ፡ ምድር፡ እስከ፡ አመ፡ ይትፈጠር፡ መቅደስ፡ እግዚአብሔር፡ በኢየሩሳሌም፡
በደብረ፡ ጽዮን፡ ወዙሉ፡ ብርሃናት፡ ይትኀደሱ፡[27] ለፈውስ፡ ወለሰላም፡ ወለበረከት፡ ለዙሎሙ፡
ኅሩያኒ፡ እስራኤል፡ ወከመ፡ ይኩን፡[28] ከማሁ፡ እምይእቲ፡ ዕለት፡ ወእስከ፡ ዙሉ፡ መዋዕለ፡ ምድር፡፡
II ወ*ይቤ፡[29] መልአከ፡ ገጽ፡ ለሙሴ፡ በቃለ፡ እግዚአብሔር፡ እንዘ፡ ይብል፡ ጸሐፍ፡ ዙሉ፡ ነገረ፡
ፍጥረት፡ ከመ፡ በስዱስ፡ ዕለት፡ ፈጸመ፡ እግዚአብሔር፡ አምላክ፡ ዙሉ፡ ግብር፡ ወዙሉ፡ ዘፈጠረ፡[30]
ወአሰንበተ፡ በ*ዕለት፡[31] ሳብዕት፡ ወቀደሳ፡ ለዙሉ፡ ዓለማት፡ ወአንበራ፡ ትእምርተ፡ ለዙሉ፡[32]
2 ግብሩ፡፡ እስመ፡ በዕለት፡ ቀዳሚት፡ ፈጠረ፡ ሰማያተ፡ እለ፡ *መልዕልት፡ ወምድረ፡[33] ወማያተ፡
ወዙሎ፡[34] መንፈስ፡[34] ዘይትለአክ፡ ቅድሜሁ፡ መላእክተ፡[35] *ገጽ፡ ወመላእክተ፡[36] ቅዳሴ፡[37] ወ[38]መ
ላእክተ፡ መንፈስ፡[39] እስትንፋስ፡[40] ወመላእክተ፡[41] መንፈስ፡[42] ደመናት፡ ወ[43]ለጽልመት፡ ወለሐመዳ፡[44]
ወለበረድ፡ ወለ*አስሐትያ፡[45] ወመላእክተ፡ ቃላት፡[46] ወ*ነጐድጓዳት፡[47] ወ[48]መባርቅት፡ ወመላእክተ፡[49]
መናፍስት፡[50] ለቍር፡ ወለመርቄ፡ ወ[51]ለክረምት፡ *ወለመጸው፡ ወለማእረር፡[52] *ወለሐጋይ፡ ወለዙሉ፡
መናፍስት፡ ተግባሩ፡[53] ዘበሰማያት፡ ወዘበምድር፡ ወቀላያት፡[54] *(ዘመትሕተ፡ ምድር፡ ወ)ማዕምቅ፡

---

[1] ኣፈቅሮሙ፡ C; D omits. [2] ወአንተ፡ ጸሐፍ፡ B C. [3] አየድዓከ፡ B. [4] ወ A; ወዘበ C D. [5] ዘኢዮቤልዎን፡ B. [6] A omits. [7] ይትኃነጽ፡ B. [8] ወያእምርዎ፡ A. [9] A D omit. [10] አንተ፡ A B C. [11] አበ፡ ለዙሉ፡ A. [12] እስራኤል፡ A. [13] የንድር፡ A. [14] ተንሥኢሆሙ፡ B. [15] ተፈጥረ፡ A; ፍጥረት፡ C. [16] ለሕግ፡ A. Text is here very uncertain. [17] ወ C. [18] ለሱባዔሁ፡ C; ወለሱባዔሁ፡ D. [19] ለኢዮቤልዎን፡ B; ወለኢዮቤልዮን፡ C D. [20] ኍልቆሙ፡ A. [21] ወኢዮቤልዎን፡ B. [22] B omits. [23] A B add ሐዳስ፡ C D transpose it before ፍጥረት፡ I have omitted ሐዳስ፡ as a corruption, possibly of እስከ፡ [24] Though A B C D omit, I have here added እስከ፡ according to the correction of a scribe in D. [25] ይትሐደስ፡ A; ይትሔደስ፡ C D. [26] A puts in acc. [27] ይትሐደሱ፡ A; ይትሔደሱ፡ C D. [28] ይኩኑ፡ A. [29] ይቤሎ፡ A.

Epiphanius.

Περὶ Μέτρων καὶ Σταθμῶν. *Chap. xxii, Dindorf's edition, vol. iv, pp. 27–28, whose text is here emended with the aid of MS. Marcianus (the variants of which are given by Dindorf, vol. iv, praef. xv–xvi) and the Ethiopic text.*

Τῇ μὲν γὰρ[1] πρώτῃ ἡμέρᾳ ἐποίησε[2] τοὺς οὐρανοὺς τοὺς ἀνωτέρους[3] (καὶ) τὴν γῆν (καὶ) τὰ ὕδατα. [ἐξ ὧν ἐστι χιὼν καὶ[1] κρύσταλλος καὶ χάλαζα καὶ παγετοὶ καὶ δρόσος[4]] τὰ πνεύματα τὰ λειτουργοῦντα ἐνώπιον αὐτοῦ, ⟨ἅτινά ἐστι τάδε[1]⟩ *ἄγγελοι πρὸ προσώπου, καὶ ἄγγελοι τῆς δόξης, καὶ[5] ἄγγελοι πνευμάτων πνεόντων, (καὶ) ἄγγελοι νεφελῶν καὶ γνόφων[6] (καὶ) χιόνος καὶ[1] χαλάζης καὶ πάγου, (καὶ) ἄγγελοι φωνῶν[1] (καὶ) βροντῶν καὶ[7] ἀστραπῶν, (καὶ) *ἄγγελοι ψύχους καὶ καύματος[8] (καὶ) χειμῶνος καὶ[7] φθινοπώρου καὶ[7] ἔαρος καὶ θέρους, καὶ πάντων τῶν πνευμάτων τῶν κτισμάτων αὐτοῦ τῶν ἐν οὐρανοῖς καὶ *ἐν τῇ γῇ[9], (καὶ) *τὰς ἀβύσσους[10], ⟨τήν τε II. 2

---

[1] MS. Marc. omits. [2] MS. Marc. adds ὁ Θεός. [3] Dindorf's text τοὺς ἀνωτέρους οὐρανούς. [4] MS. Marc. δρόσοι. [5] MS. Marc. omits. For ἄγγελοι τῆς δόξης, Ethiopic gives መላእክት፡ ቅዳሴ፡ = ἄγγελοι τῆς ἁγιωσύνης. The same Ethiopic phrase recurs in xv. 27, where the Latin equivalent is given as archangeli benedictionis. [6] MS. Marc. γνόφου. [7] Dindorf omits. [8] Dindorf ψύχους, καύματος. [9] MS. Marc. ἐπὶ γῆς. [10] MS. Marc. τάς τε ἐν ἀβύσσοις.

---

[20] ፈጠረ፡ A. [21] ዐቢተ፡ A B. [22] A adds ምድረ፡ በዘሰ፡ [23] መልዕልተ፡ ምድር፡ A D, but Epiphan. de Mensuris et Ponderibus, chap. xxii, supports B C. [24] A B put in nom. [25] B C D prefix ወ, but Epiph. ἄγγελοι supports A. [26] B omits through homeoteleuton. [27] τῆς δόξης, Epiph. [28] A omits. [29] B C D add እሳት፡ ወመላእክት፡ መንፈስ፡ but Epiph. omits with A. [30] For መንፈስ፡ እሳት" Epiph. gives πνευμάτων πνεόντων. [31] A adds ዘሰ፡ ዘይትኀወስ፡ [32] Epiph. omits, but cf. Enoch lx. 16–21, especially last verse. [33] Added with Epiph. καὶ γνόφων. [34] Emended with Epiph. χιόνος from ወበዘሰ፡ A B; C D omit. Χιόνος was possibly corrupted into πνεύματος. [35] አስኀትያ፡ B. [36] Emended with Epiph. φωνῶν from ቀላያት፡ [37] ነጐድጓድ፡ A D. [38] ወበ B. [39] ወመላእክት፡ B. [40] መንፈሳት፡ B; Epiph. omits. [41] Epiph. trans. [42] ወበዘሰ፡ መናፍስት፡ ወበዘሰ፡ ነፍስት፡ ወበሐጋይ፡ ትገብእ፡ A very corrupt; Epiph. agrees exactly with B our text. [43] Emended with Greek from ወዘበዘሰ፡ ቀላያት፡ where, as the order of the words is wholly lost in this context, ዘሰ፡ may be a corruption of ሌሊት፡ or ዘሰ፡ may be an attempt to compensate for the omission of the two abysses which originally followed in the text.

ወጽልመት፡[1] *ወምሴት፡ (ወሌሊት)፡ ወብርሃን፡ ወጎህ፡ ወጽባሕ፡[2] *ዘአስተዳለወ፡ በአእምሮቱ፡ ልቡ፡[3]
3 ወእሚዝ፡ ርኢነ፡ ምግባሮ፡ ወባረክናሁ፡ ወሰባሕነ፡ ቅድሜሁ፡ በእንተ፡ ኵሉ፡ ምግባሩ፡[4] እስመ፡
4 ሰብዐተ፡ ግብረ፡ ዐበይተ፡ ገብረ፡ በቀዳሚት፡ ዕለት። ወ*በዕለት፡[5] ሳኒታ፡ ገብረ፡ ምጽናዕተ፡
ማእከለ፡[6] ማይ፡ ወ*ተከፍለ፡ ማያት፡[7] በይእቲ፡ ዕለት፡ መንፈቆሙ፡ ዐርጉ፡ ላዕለ፡ ወመንፈቆሙ፡
ወረዱ፡ መትሕተ፡ ምጽናዕት፡ ማእከለ፡[8] ዲበ፡ ገጸ፡ ለ*ኵሉ፡[9] ምድር፡ ወ*ዝንቱ፡ ባሕቲቱ፡
5 ገብረ፡ ገብረ፡[10] በሳኒታ፡ ዕለት። ወ*በሣልስት፡ ዕለት፡[11] [ገብረ፡ በከመ፡][12] *ይኅሉ፡ ለማያት፡[13]
ይኅልፉ፡[14] እምቅድመ፡ ገጸ፡ ለኵሉ፡ ምድር፡ ውስተ፡ መካን፡ አሐዱ፡ ወያስተርኢ፡ የብስ።
6 ወገብሩ፡[15] ከማሁ፡ ማያት፡[16] በከመ፡ ይቤሎሙ፡ ወተገኅሡ፡ እምዲበ፡ *ገጸ፡ ለ[17]ምድር፡ ውስተ፡
7 መካን፡ አሐዱ፡ አፍአ፡ እምጽናዕትኒ፡ ወ*አስተርአየ፡[18] የብስ። ወበይእቲ፡ ዕለት፡ ፈጠረ፡ ሎቱ፡
ኵሎ፡[19] አብሕርተ፡ በበ፡ ምጉባኤሆሙ፡[20] ወኵሎሙ፡ አፍላገ፡[21] ወ*ምጉባኤሆሙ፡[22] ለማያት፡
ውስተ፡ አድባር፡[23] ወውስተ፡ ኵሉ፡ ምድር፡ ወኵሎሙ፡ ምዕቃላት፡[24] ወ*ኵሉ፡[25] ጠለ፡ ምድር፡
ወዘርአ፡[26] ዘይዘራእ፡[26] ወኵሎ፡ ዘይበቍል፡[27] ወዕፀወ፡[28] *እለ፡ ይፈርዩ፡[29] ወ*አግዓተ፡[30] ወገነተ፡
ኤዶም፡ በኤዶም፡[31] ለ[32]ተድላ፡ ወለኵሉ፡[33] ... አርባዕተ፡[34] ዘንተ፡ ዐበይተ፡ ትውልደ፡[35] ገብረ፡
8 እግዚአብሔር፡[36] በ*ዕለት፡[36] ሣልስት። ወበ*ዕለት፡[36] ራብዕት፡ ገብረ፡ ፀሐየ፡ ወወርኀ፡ ወከዋክብተ፡
ወአንበሮሙ፡ ውስተ፡ ምጽናዕት፡ ሰማይ፡ ከመ፡ ያብርሁ፡ ዲበ፡[37] ኵሉ፡[38] ምድር፡ ወይኩኑ፡
9 መዓልት፡[39] ወሌሊት፡[39] ወለፈሊጥ፡ ማዕከለ፡ ብርሃን፡ ወጽልመት። ወወሀበ፡ እግዚአብሔር፡[40]
ፀሐየ፡ *ለትእምርት፡ ዐቢይ፡[41] ዲበ፡ ምድር፡ ለመዋዕል፡ ወለሰንበታት፡ ወለ*አውራኅ፡[42]
ወለበዓላት፡ ወለዓመታት፡ ወለሰንበታተ፡ ዓመታት፡[43] ወለ*ኢዮቤልዉሳት፡[44] ወለኵሉ፡ ዘመነ፡
10 ለዓመታት። ወይፈልጥ፡ ማእከለ፡ ብርሃን፡ ወማእከለ፡ ጽልመት፡ ወለ*ጠዕዮ፡[45] *ከመ፡ ይጥዐይ፡[46]
ኵሉ፡[47] ዘይሠርፅ፡ ወይልህቅ፡ ዲበ፡ ምድር፡ ሠለስተ፡ ዘንተ፡ ዘመደ፡[48] ገብረ፡ በዕለት፡ ራብዕት።
11 ወበዕለት፡ ኃምስት፡ ፈጠረ፡ አናብርተ፡ ዐበይተ፡ ማእከለ፡ ቀላያተ፡ ማያት፡ እስመ፡ ዝንቱ፡ ተገብረ፡
ቀዳሚ፡ በእደዊሁ፡[49] ዘሥጋ፡[50] *ዓሣተ፡ ወኵሎ፡[50] ዘ*ይትሐወስ፡[51] ውስተ፡ ማያት፡ ወኵሎ፡[52] ዘይሰርር፡
12 አዕዋፈ፡[53] ወኵሎ፡[54] ዘመዶሙ። ወሠረቀ፡ ፀሐይ፡ ላዕሌሆሙ፡ ለ*ጥዒና፡[55] ወላዕለ፡ ኵሉ፡[56]
ዘሀሎ፡ ውስተ፡ ምድር፡ ኵሉ፡[57] ዘ*ይሠርፅ፡ እምድር፡[58] ወኵሉ፡[59] ዕፀው፡[60] ዘይፈሪ፡ ወ*ኵሉ፡[61]

---

[1] ወጽልመት፡ ዕመቅ፡ ጥቀ፡ A; ወጽልመት፡ B C D. I have emended and restored the text from A, and Greek τήν τε ὑποκάτω τῆς γῆς καὶ τοῦ χάους, (καὶ) τὸ σκότος, as above. [2] ወብርሃን፡ ወጎህ፡ ወጽባሕ፡ ወምሴት፡ A. So B C D, but omitting ወጽባሕ፡ MSS. confused and unintelligible save through Greek, which I have followed in emending and restoring text. For ጽባሕ፡ we should read ዕለት፡ with Greek. [3] Epiph. omits. [4] ምግባሮ፡ A. [5] ዕለት፡ A B. [6] A omits. [7] ተፈልጠ፡ ማይ፡ A. [8] So Epiph. ἐμμέσῳ; C D omit. [9] So Epiph.; A D omit. [10] C D give the passive construction against A B and Epiph. [11] በዕለት፡ ሣልስት፡ A. [12] Interpolated. [13] That ገብረ፡ በከመ፡ are interpolated is clear from በከመ፡ ይቤሎሙ፡ ver. 6. Otherwise ለ is here either a sign of the jussive contrary to rule, or it marks the object of ገብረ፡ [14] የኅልፉ፡ A.

ὑποκάτω τῆς *γῆς καὶ⟩ τοῦ χάους[1], (καὶ) τὸ σκότος[2], *ἑσπέραν καὶ νύκτα[3], (καὶ)
τὸ φῶς, *ἡμέραν τε καὶ ὄρθρον[4]... ...ταῦτα τὰ ἑπτὰ μέγιστα ἔργα ἐποίησεν 3
⟨ὁ Θεὸς⟩ ἐν τῇ πρώτῃ ἡμέρᾳ.
ἐν δὲ τῇ δευτέρᾳ τὸ στερέωμα τὸ ἐν μέσῳ τῶν ὑδάτων, *καὶ ἐν αὐτῇ τῇ ἡμέρᾳ 4
(δι)εμερίσθη τὰ ὕδατα, τὸ ἥμισυ αὐτῶν ἀνέβη ἐπάνω τοῦ στερεώματος (καὶ τὸ
ἥμισυ κατέβη ὑποκάτω τοῦ στερεώματος τοῦ) ἐμμέσῳ ἐπὶ προσώπου[5] πάσης τῆς
γῆς. τοῦτο μόνον *τὸ ἔργον[6] ἐποίησεν ⟨ὁ Θεὸς⟩ ἐν τῇ δευτέρᾳ ἡμέρᾳ. (τῇ) τρίτῃ 5
δὲ ἡμέρᾳ... τὰς θαλάσσας, ...τοὺς ποταμοὺς, τὰς πηγὰς..., καὶ λίμνας, ... 7
τὰ σπέρματα τοῦ σπόρου, καὶ τὰ βλαστήματα, (καὶ) τὰ ξύλα τὰ κάρπιμά ⟨τε καὶ
ἄκαρπα⟩ καὶ[6] τοὺς δρυμούς... *καὶ πάντα τὰ φυτὰ κατὰ γένος[8]. Ταῦτα τὰ τέσσαρα
ἔργα τὰ μέγιστα ἐποίησεν ὁ Θεὸς ἐν τῇ τρίτῃ ἡμέρᾳ.
Τῇ δὲ[7] τετάρτῃ τὸν ἥλιον (καὶ) τὴν σελήνην (καὶ) τοὺς ἀστέρας... 8
...ταῦτα τὰ τρία ἔργα[8] τὰ μέγαλα ἐποίησε ⟨ὁ Θεὸς⟩ ἐν τῇ τετάρτῃ ἡμέρᾳ. 10
Τῇ δὲ[7] πέμπτῃ τὰ κήτη τὰ μέγαλα, ... τοὺς ἰχθύας καὶ τὰ ἄλλα ἕρπετα *τὰ ἐν 11

---

[1] MS. Marc. ἀβύσσου τῶν ὑδάτων τῶν τε ἐπάνω τῆς γῆς, ἐξ οὗ ὑπὲρ σκότος ἐστί. καὶ τό. [2] MS. Marc. adds τό. [3] Emended from ἑσπέρα καὶ νύξ. [4] Emended from ἡμέρας τε καὶ ὄρθρου, Dindorf's text; ἡμέρα καὶ ὄρθρον, MS. Marc. [5] καὶ τὴν διαμέρισιν τῶν ἐπάνω τοῦ στερεώματος ὑδάτων καὶ τῶν ὑποκάτω τοῦ στερεώματος ἐπὶ πρόσωπον, Dindorf's text, very corrupt. This verse is quoted in Catena Niceph. i. col. 22 from Severus, ἐκούφισε τὸ ἥμισυ τοῦ ὕδατος ἄνω καὶ κατέλιπε τὸ ἥμισυ κάτω. [6] Dindorf omits. [7] MS. Marc. omits. [8] MS. Marc. adds σὺν ταῖς νεφέλαις.

---

[15] ወገብረ፤ A C D. [16] በማይት፤ A. [17] ገጸ፤ A. [18] አስተርአየት፤ B. [19] A omits; ልጉታት፤ C. [20] ጉባኤሆሙ፤ A, preceded by an erasure; ምጉባኤቲሆሙ፡ C; ምጉባኤሆሙ፤ D. [21] A B put in nom. [22] ምጉባኤሆሙ፤ A D; ምጉባኤቲሆሙ፡ C. [23] ምድር፡ B. [24] B puts in nom. [25] A puts in nom. [26] B adds በዘርእ፡ ወዘርእ፡ ጠሉ፤ ምድር፤ C adds በበዘርኩ፤ [27] Emended with Epiph. τὰ βλαστήματα from ዘይትበቈዕ፤ [28] A B put in nom. [29] ዘይፈፊ፡ A. [30] እማት፡ A; እሞት፡ B. [31] C omits; ሰኢያም፡ D. [32] ወሰ B D. [33] ወበዘርእ፤ A. Add እትአቲት፡ በበዘመዱ፤ with Greek. [34] ወእርባዕት፡ B. [35] A omits. [36] ዕበት፡ B. [37] ውስተ፡ B C. [38] D omits. [39] B puts in acc. [40] A D omit. [41] ትእምርት፡ ዐቢይ፡ A. [42] እውራኃት፡ B. [43] C D omit. [44] አየቤላት፤ A. [45] ጥኂይ፡ A; ጥዕየ፡ C; ኅዕኂይ፡ D. Text corrupt. [46] ወከመ፤ ይጥኂ፡ A D; ከመ፡ ይጥኂ፡ B. [47] A puts in acc. [48] B omits. [49] በእደዊሁ፡ B. [50] ዓማት፤ which MSS. transpose after ውስተ፤ ማይት፤ and give in nom. I have restored here with Greek. For ዘርእ፡ MSS. read ዘርእ፤ A omits ወ before ዘርእ፤ [51] ይትኃወስ፡ B. [52] ጤዲና፡ A. [53] ይሠርጽ፡ ውስተ፡ ምድር፡ A. [54] ዐፀወ፡ B; A adds ወዘርእ፤

13 ዘምጋ፡ ዘንቱ፡ *ሣልስት፡ ዘመዲ፡[1] ግብረ፡ አሙ፡ ዕለት፡[2] ኃምስት። ወበ*ዕለት፡[3] ሳድስት፡ ገብረ፡
14 ዙሉ፡ አራዊት፡ ምድር፡ ወዙሉ፡ እንስሳ፡ ወዙሉ፡ ዘይትሐወስ፡ ዲበ፡ ምድር። ወእምድኅረዝ፡
ዙሉ፡ ግብረ፡ ሰብአ፡[4] ብእሴ፡ ወብእሲተ፡ ገብሮሙ፡ ወ*አስለጦ፡ ላዕለ፡[5] ዙሉ፡[6] ዘዲበ፡ ምድር፡
ወዘ*ውስተ፡ አብሕርት፡[7] ወዲበ፡ ዙሉ፡[8] ዘይሰርር፡ ወዲበ፡[9] አራዊት፡ ወ*ዲበ፡[10] እንስሳ፡ ወዲበ፡
ዙሉ፡ ዘይትኀወስ፡[11] ዲበ፡ ምድር፡ *ወላዕለ፡ ዙሉ፡ ምድር፡[12] ወዲበ*ዝ፡[13] ዙሉ፡ አስለጦ፡[14]
15 ወአርባዕተ፡ ዘንተ፡ ዘመዲ፡ ገብረ፡ በዕለት፡[15] ሳድስት። *ወኮነ፡ ዙሉ፡ ዕሥራ፡ ወክልኤቱ፡ ዘመድ።
16 ወፈጸመ፡ ዙሉ፡ ግብሮ፡ በዕለት፡ ሳድስት፡[15] ዙሉ፡[16] ዘበሰማያት፡ ወዘበምድር፡ ወውስተ፡
17 አብሕርት፡ ወውስተ፡ ቀላያት፡ ወውስተ፡ *ብርሃን፡ ወውስተ፡ ጽልመት፡[17] ወውስተ፡ ዙሉ። ወ"ወሀበነ፡
ትእምርተ፡ ዐቢየ፡ ዕለተ፡ ሰንበታት፡[18] ከመ፡ ንኩን፡ እንዘ፡ ንገብር፡ ሰዱስ፡ ዕለተ፡ ግብረ፡
18 ወ*ናሰንብት፡[19] አመ፡ ዕለት፡[20] ሳብዕት፡ እምዙሉ፡ ግብር። ወዙሎሙ፡ መላእክተ፡ ገጽ፡ ወዙሎሙ፡
መላእክተ፡ ቅዳሴ፡[21] *ክልኤቱ፡ ዘመድ፡[22] ዐበይት፡ ዘንተ፡ ይቤለነ፡ *ናሰንብት፡ ምስሌሁ፡[23] በሰማይ፡
19 ወበምድር። ወይቤለነ፡ ናሁ፡ አነ፡[24] እፈልጥ፡ ሊተ፡ ሕዝበ፡[25] እምዙሉ፡[26] አሕዛብ፡[27] ወ*ያሰንብቱ፡[28]
እሙንቱኒ፡ ወ*እቄድሶሙ፡[29] ሊተ፡ ለሕዝብ*የ፡[30] ወ*እባርኮሙ፡[31] በከመ፡ ቀደስክዎ፡[32] ለዕለተ፡
ሰንበታት፡[33] ወ*እቄድሶ፡[34] ሊተ፡ ወከመዝ፡ እባርኮሙ፡[35] ወይከውኑኒ፡ ሕዝብየ፡ ወአነ፡ እከውኖሙ፡
20 እምላከ። ወኀረይኩ፡ *ዘርአ፡ ያዕቆብ፡ በዙሉ፡ እምዘርኢኩ፡[36] ወጸሐፍክዎ፡ ሊተ፡[37] ወልደ፡
በኩረ፡ ወቀደስክዎ፡ ሊተ፡ ለዓለመ፡ ዓለም፡ ወ*ዕለተ፡[38] ሰንበታት፡ እኤምሮሙ፡[39] ከመ፡ ያሰንብቱ፡
21 ባቲ፡ እምዙሉ፡ ግብር። ወገብረ፡ ሎቱ፡ ትእምርተ፡[38] ከማሁ፡ በዘያሰንብቱ፡ እሙንቱ*ኒ፡[39] ምስሌነ፡
በ*ዕለት፡[39] ሳብዕት፡ ለበሊዕ፡ ወለ*ሰትዮ፡[40] ወለባርኮ፡ ዘፈጠረ፡ ዙሎ፡[41] በከመ፡ ባረከ፡[42] ወ*ቀደሰ፡[43]
22 ሎቱ፡[20] ሕዝበ፡ ዘያጠሪ፡[44] እምዙሉ፡ አሕዛብ፡[45] ወከመ፡ ያሰንብቱ፡ ኅቡረ፡ ምስሌነ። ወገብረ፡
23 ፈቃዳቲሁ፡ ይዕርግ፡ መዐዛ፡ ሠናይ፡ ዘ*ይትዌከፍ፡[46] ቅድሜሁ፡ ዙሎ፡ መዋዕለ። ዕሥራ፡ ወክልኤ፡
ርእስተ፡ ሰብእ፡ እምአዳም፡ *እስከ፡ ያዕቆብ፡[47] ወ[20]ዕሥራ፡ ወክልኤ፡[48] ዘመድ፡ *ግብር፡
ተገብረ፡[49] እስከ፡ ዕለት፡[50] ሳብዕት፡ ዝንቱ፡ ቡሩክ፡ ወቅዱስ፡ *ወውእቱኒ፡ ቡሩክ፡ ወቅዱስ፡[51]
24 ወዝንቱ፡ ምስለ፡ ዝንቱ፡ ኮነ፡ ለቅዳሴ፡[52] ወለበረከት። ወተውህበ፡ ለዝንቱ፡ ከመ፡ ይኩን፡[53] ዙሎ፡
*መዋዕሊሁ፡ ቡሩካነ፡ ወቅዱሳነ፡[54] ዘስምዕ፡ ወሕግ፡ ቀዳሚ፡ በከመ፡ ተቀደሰ፡[55] ወ*ተባረከ፡[56]
25 በ*ዕለት፡[30] ሳብዕት። *ፈጠረ፡ ሰማየ፡ ወምድረ፡[57] ወዙሎ፡ ዘ*ፈጠረ፡[58] በሰዱስ፡ ዕለት፡ ወ*ወሀበ፡[59]
እግዚአብሔር፡ ዕለተ፡ *ሳብዕተ፡ ቅድስተ፡[60] ለ"ዙሉ፡ ምግባሩ፡[61] በእንተዝ፡ አዘዘ፡ በእንቲአሃ፡
26 ዙሉ፡[62] ዘይገብር፡ ባቲ፡ ዙሎ፡[63] ግብረ፡ ይሙት፡ ወዘኒ፡[64] ያረኵሳ፡[65] *ሞተ፡ ሊሙት።[66] ወአንተ፡
አዝዝ፡ ለደቂቀ፡ እስራኤል፡ ወይዕቀቡ፡ ዕለተ፡ ዘንተ፡[67] ከመ፡[68] ይቀድስዋ፡ ወከመ፡ ኢይግበሩ፡
27 ባቲ፡ ዙሎ፡[69] ግብረ፡ ወከመ፡ ኢያርኵስዋ፡ እስመ፡ ቅድስት፡ ይእቲ፡ እምዙሉ፡ መዋዕል። ወ"ዙሉ፡
ዘይጌምና፡ ሞተ፡ ለ"ይሙት፡ ወዙሉ፡[70] ዘይገብር፡ ባቲ፡ ዙሎ፡ ግብረ፡ ሞተ፡ ለ"ይሙት፡ ለዓለም፡
ከመ፡ ይዕቀቡ፡ ደቂቀ፡[71] እስራኤል፡ *ዘተ፡ ዕለተ፡[72] በትውልዶሙ፡ ወኢይሠረው፡ እምድር፡
28 እስመ፡[73] ዕለት፡ ቅድስት፡ ይእቲ፡ ወዕለት፡ ቡርክት፡ ይእቲ። ወዙሉ፡ ሰብእ፡ ዘ*የዐቅባ፡[74] ወያሰንብት፡

---

[1] ዙሉ፡ ግብረ፡ ሠለስት፡ ግብረ፡ ወዘንቱ፡ ዘመዲ፡ A. [2] ዕለት፡ A B. [3] ዕለት፡ A.

τοῖς ὕδασι, (καὶ) τὰ πέτεινα, τὰ πτερωτά[1] . . . . . . ταῦτα τὰ τρία ἔργα ⟨τὰ μέγαλα⟩ 12
ἐποίησεν ⟨ὁ Θεὸς⟩ ἐν τῇ πέμπτῃ ἡμέρᾳ. τῇ δὲ[1] ἕκτῃ ἡμέρᾳ τὰ θηρία . . . τὰ κτήνη 13
(καὶ) τὰ ἕρπετα τῆς γῆς. (καὶ μετὰ ταῦτα ἐποίησε) τὸν ἄνθρωπον . . . ταῦτα τὰ 14
τέσσαρα μεγάλα ἔργα ἐποίησεν ⟨ὁ Θεὸς⟩ ἐν τῇ ἕκτῃ ἡμέρᾳ. Καὶ ἐγένετο πάντα 15
*εἴκοσι δύο γένη ἐν ταῖς ἓξ ἡμέραις[2]. Καὶ συνετέλεσεν[3] πάντα *τὰ ἔργα αὐτοῦ[4] 16
ἐν τῇ ἕκτῃ ἡμέρᾳ, ὅσα ἐν τοῖς οὐρανοῖς καὶ *ὅσα ἐπὶ τῆς γῆς[5], (καὶ) ἐν ταῖς
θαλάσσαις καὶ ἐν ταῖς ἀβύσσοις, (καὶ) ἐν τῷ φωτὶ καὶ ἐν τῷ σκότει καὶ ἐν πᾶσι . . .
[Καὶ ἐδήλωσε δι' ἀγγέλου τῷ Μωυσεῖ ὅτι] καὶ εἴκοσι δύο *κεφάλαια ἀπὸ 'Αδὰμ ἄχρι 23
τοῦ 'Ιακώβ[6]. . . . καὶ ἐκλέξομαι ἐμαυτῷ ἐκ τοῦ σπέρματος αὐτοῦ . . . . . . λαὸν 20, 21
περιούσιον ἀπὸ πάντων τῶν ἐθνῶν[7].

---

[1] MS. Marc. omits. [2] τὰ ἐν ταῖς ἓξ ἡμέραις παρὰ τοῦ Θεοῦ ποιηθέντα ἔργα κϛ, Dindorf. [3] Dindorf adds ὁ Θεός. [4] Dindorf omits. [5] ἐν τῇ γῇ, Dindorf. [6] ἔσονται κεφαλαὶ μέχρι τοῦ 'Ιακὼβ καὶ 'Ισραὴλ ἐπικληθέντες, MS. Marc. [7] Text of verses 20, 21, 23 abbreviated and transposed. Even the Ethiopic text is defective. Cf. Syncellus, Chronographia i. p. 5, ὁμοῦ τὰ πάντα ἔργα εἴκοσι δύο ἰσάριθμα τοῖς εἴκοσι δύο 'Εβραϊκοῖς γράμμασι καὶ τοῖς 'Εβραϊκαῖς βίβλοις καὶ τοῖς ἀπὸ 'Αδὰμ ἕως 'Ιακὼβ εἴκοσι δύο γεναρχίαις, ὡς ἐν λεπτῇ φέρεται Γενέσει.

---

[4] B adds አሕዱ፤ C አሐዱ፤ [5] አስሰጠ፤ ለ B. [6] A puts in acc. [7] ዴበ፡ ባሕር፤ A. [8] B omits. [9] C D add ዘሎ፤ [10] C D omit. [11] ይትኃወስ፡ B. [12] A omits. [13] አስሰጠ፡ B. [14] በዐለታ፡ ወበዐለት፡ A; በዐለት፤ B. [15] A omits through homeoteleuton. Here LXX τῇ ἕκτῃ, Syr. and Jubilees agree against Heb. of Gen. ii. 2 הַשְּׁבִיעִי [16] A puts in nom. [17] ጽልመት፡ ወውስተ፤ ብርሃን፡ A. [18] A puts in acc. [19] ኖዐርፍ፡ A; ናሰንበት፡ B. [20] A omits. [21] ቅድሳት፡ B. [22] ክልኤ፡ ዘመደ፤ A. [23] ኖዐርፍ፡ ምስሌሆሙ፤ A. [24] ሕዝብየ፡ A. [25] A omits; እማእከለ፡ B C. [26] A omits; አሕዛብየ፡ B. [27] ያዐርፉ፡ A. [28] እቄድስ፡ B. [29] B C D omit. [30] እባርኮ፡ B C D. [31] ቀደስኩዎ፤ A D. [32] ሰንበታተ፡ A; ሰንበት፤ B. [33] ቀደስክዎ፤ A C. [34] እባርኮ፡ B. [35] For ዘርአ፡ A B read በዘርአ፡ በዙሉ፡ እምዘርአሆሙ is corrupt, possibly from እምዙሉ፤ ዘርአሁ፡ So Greek. [36] ዐሰታተ፡ B. [37] አእምርሙ፤ A. [38] B puts in nom. [39] ዐለት፤ A B. [40] ሰቲይ፡ A. [41] B omits; A adds ወዙሎ፡ [42] ባረኮ፡ B. [43] ቀደሶ፡ B. [44] Emended with Deut. vii. 6 עַם סְגֻלָּה from ዘያስተርአ፤ Perhaps ዘይጠረይ፤ stood originally. [45] ሕዝብ፡ A. [46] ይትወከፍ፡ B. [47] እስከኒሁ፤ A B D. Text corrupt and defective, especially ver. 22. See citation from Syncellus above. [48] ፳ወ፪ A. [49] ግብረ፤ ግብረ፤ A. [50] ዐለት፤ B. [51] ወዝንቱ፡ A. [52] ቀዳሲሆሙ፤ A. [53] ይኩኑ፤ B C D. [54] A puts in nom. [55] ቀደሶ፤ C D. [56] ባረከ፡ A; ባረኩ፤ C D. C D add ለዐለት፤ ሰንበት፤ [57] ዘፈጠረሰ፤ ሰማይ፤ ወምድር፡ B. [58] ተፈጥረ፡ B. [59] ወሀበ፤ B. [60] በዓል፤ ቅድስት፤ B; በዓል፤ ቅዱስ፤ C D. [61] በ A. [62] ምግባራት፡ A. [63] ዙሉ፤ A B. [64] A omits; አርኩሶ፤ C D. [65] ዛቲ፤ B; C D read ዛተ፤ and trans. before ዐለት፤ [66] ወ B. [67] B C D omit. [68] B omits. [69] A puts in acc. [70] B adds እግዚአብሔር፤ [71] ዛቲ፡ ዐለት፡ ለ A. [72] እስከ፡ A. [73] የዓቅብ፡ B.

29 ባቲ፡ እምዙሉ፡ ግብሩ፡ ቅዱስ፡ ወቡሩክ፡ ይከውን፡ በዙሉ፡ መዋዕል፡ ከማሁ፡ አይድዕ፡ ወንግር፡
ለደቂቀ፡ እስራኤል፡ ዙነኒ፡ ለዛቲ፡ ዕለት፡ ወያሰንብቱ፡ ባቲ፡ ወ[1]ከመ፡[1] ኢይኅድግዋ፡ በስሕተተ፡
ልቦሙ፡ ከመ፡ ኢይኩን፡ ለ[2]ገቢረ፡ ግብር፡ ባቲ፡ ዘኢይከውን፡ [3]ዘያስተርኢ፡ ለገቢር፡ ባቲ፡ ፈቃዶሙ፡[3]
ወከመ፡ ኢ[5]ያስተዳልዉ፡ ባቲ፡ [4]ዙሉ፡ ዘይትበላዕ፡ ወዘይሰተይ፡ ወለቀዲሕ፡ ማይ፡ ወለአብኦ፡
ወለአውፅኦ፡ ባቲ፡ ዙሉ፡ ዘይጸውር፡ በአናቅጺሆሙ፡ ዘኢያስተዳለውዎ፡[6] ሎሙ፡[7] እመንቱ፡[7] በሰዱስ፡
30 ዕለት፡ ግብረ፡ ውስተ፡ መኃድሪሆሙ፡፡ [8]ወኢያብኡ፡ ወኢያውፅኡ፡[8] እምቤት፡ ቤተ፡ በዛቲ፡ ዕለት፡
እስመ፡ ቅድስት፡ ይእቲ፡ [7]ወቡርክት፡ ይእቲ፡[7] እምዙሉ፡ ዕለት፡[9] ኢዮቤል፡[10] ዘኢዮቤልውሳት፡[11]
በዛቲ፡ አሰንበትነ፡ በሰማያት፡ ዘእንበለ፡ ይትአመር፡ ለዙሉ፡ ዘሥጋ፡ ለአሰንብቶ፡ ባቲ፡ በ[7]ዲበ፡[7]
31 ምድር፡፡ ወ[12]ባረከ፡[12] ፈጣሪ፡ ዙሉ፡ ወኢቀደሰ፡ ዙሉ፡ [9]ሕዝበ፡ ወአሕዛበ፡[9] ለአሰንብቶ፡ ባቲ፡
ዘእንበለ፡ እስራኤል፡ ባሕቲቶ፡[13] ሎቱ፡[14] ለባሕቲቶ፡ ወሀበ፡[15] ይብላዕ፡[16] ወ[17]ይስተይ፡[17] ወለአሰንብቶ፡
32 [18]ባቲ፡ በ[18]ዲበ፡ ምድር፡፡ ወባረኮ፡ ፈጣሪ፡ ዙሉ፡ ዘፈጠረ፡ [18]ዛተ፡ ዕለተ፡[18] ለበረከት፡ ወለቅድሳት፡
33 ወለስብሐት፡ እምዙሉ፡ መዋዕል፡፡ ዝንቱ፡ ሕግ፡ ወስምዕ፡ ተውህበ፡ ለደቂቀ፡ እስራኤል፡ ሕገ፡[18]
ዘለዓለም፡ ለ[19]ትውልዶሙ፡፡[19]

፫ ወበሰዱስ፡ መዋዕል፡[20] ዘሰንበት፡ ካልእት፡[21] አምጻእነ፡ በቃለ፡ እግዚአብሔር፡ ኀበ፡ አዳም፡
ዙሉ፡[22] አራዊተ፡ ወ[22]ዙሉ፡[22] እንስሳ፡ ወ[22]ዙሉ፡ አዕዋፈ፡[22] ወ[22]ዙሉ፡[22] ዘይትኀወስ፡[23] ውስተ፡
ምድር፡ ወ[22]ዙሉ፡[22] ዘይትኀወስ፡[23] ውስተ፡ ማይ፡[24] በበ፡ ዘመዶሙ፡ ወበበ፡ አምሳሊሆሙ፡
ወአራዊተ፡[25] በቀዳሚት፡ ዕለት፡ ወእንስሳ፡ በሳኒታ፡ ዕለት፡[26] ወ[27]አዕዋፈ፡[27] በ[26]ዕለት፡[26] ሣልስት፡
ወ[27]ዙሉ፡[27] ዘይትሐወስ፡[23] ዲበ፡[28] ምድር፡ በ[29]ዕለት፡[29] ራብዕት፡ ወ[27]ዘይትሐወስ፡[23] ውስተ፡[30]
2 ማይ፡ በ[29]ዕለት፡[29] ኃምስት፡፡ ወሰመዮሙ፡ አዳም፡ ለዙሎሙ፡ [31]በበ፡ አስማቲሆሙ፡[31] ወበከመ፡
3 ጸውዖሙ፡ ከማሁ፡ ኮነ፡ ስሞሙ፡፡ ወበኀምስ፡ እላ፡ መዋዕል፡ ሀሎ፡[32] አዳም፡ እንዘ፡ ይሬኢ፡
ዘንተ፡ ዙሉ፡ ተባዕተ፡ ወአንስተ፡ በዙሉ፡ ዘመድ፡ ዘበምድር፡ ወ[33]ውእቱሰ፡ ሀሎ፡[33] ባሕቲቱ፡
4 ወአልቦ፡ ዘ[34]ረከበ፡[34] ሎቱ፡[35] ዘይረድኦ፡[36] ዘከማሁ፡፡ ወይቤለነ፡ እግዚአብሔር፡ ለነ፡[37] አኮ፡

---

[1] A B omit. [2] B omits. [3] In ዘያስተርኢ፡ I have omitted ኢ after ዘ. For this clause which D omits, C gives ፈቃዶሙ፡ [4] ወዙሉ፡ A. [5] ያስተዳለዉ፡ B. [6] ባቲ፡ A. [7] A omits. [8] A trans. [9] A puts in nom. [10] ኢዮቤላት፡ C; D omits. [11] ዘኢዮቤላት፡ A. [12] በረከ፡ A, and so frequently. [13] ባሕቲቶሙ፡ A; ባሕቲቱ፡ B. [14] ለሊ፡ A. [15] ወሀቦ፡ C; ወወሀበ፡ D. [16] ይብልዑ፡ B; ከመ፡ ይብላዕ፡ C D. [17] ይስተዩ፡ B. [18] B puts in nom. [19] ውሉዶሙ፡ A. [20] ዕለት፡ A. [21] ዘካልእ፡ B. [22] A puts in nom. [23] ዘይትኃወስ፡ B. [24] ማያት፡ A. [25] A puts in acc. [26] ዕለተ፡ B; A trans. after ሣልስት፡ [27] A B put in nom. [28] ውስተ፡ A. [29] ዕለተ፡ B. [30] ዲበ፡ B. [31] ወጸውዖሙ፡ A. [32] ሀለው፡ B. [33] A omits. [34] ይረክብ፡ B. Here text agrees with Gen. ii. 20 מָצָא more closely than LXX εὑρέθη, Syr. and Vulg. [35] A omits; ሊሁ፡ D. [36] A trans. before ዘረከበ፡ [37] C D omit; A adds እግዚእ፡ before ለነ፡

ሠናይ፡[1] የሀሉ፡ *ብእሲ፡ ባሕቲቶ፡[2] *ንግበር፡ ሎቱ፡ መርድአ፡[3] ዘከማሁ። ወወደየ፡ እግዚአብሔር፡ 5
አምላክ*ነ[4] ህድመተ፡[5] ላዕሌሁ፡ ወኖመ፡ ወነሥአ፡ ለብእሲት፡ እማእከሉ፡[6] አዕጽምቲሁ፡ ዐጽመ፡
አሐደ፡ ወይእቲ፡ ገቦ፡ ፍጥረታ፡ ለብእሲት፡ እማእከለ፡ አዕፅምቲሁ፡ ወሐነጸ፡ ሥጋ፡ ህየንቴሃ፡[7]
ወሐነጸ፡ ብእሲተ።
ወአንቅሆ፡ ለአዳም፡ እምንዋሙ፡ ወነቂሆ፡[8] ተንሥአ፡ በ*ዕለት፡[9] ሳድስት፡ ወ*አብጽሓ፡[10] ኀቤሁ፡[11] 6
ወአእመራ፡ ወይቤላ፡ ዝንቱ፡ ይእዜ፡ *ዐጽም፡ እምዐጽምየ፡[12] ወሥጋ፡ እም*ሥጋየ፡[13] ዛቲ፡
ትሰመይ፡ ብእሲትየ፡[14] እስመ፡ እም[15]ብእሲሃ፡ ተነሥአት፡[16] ይእቲ።[17] በእንተዝ፡ *ይኩኑ፡ ብእሲ፡ 7
ወብእሲት፡ አሐዱ፡ ወበእንተዝ፡[18] ይኩን፡ *ብእሲ፡ ዘ[19]የኀድግ፡ *አባሁ፡ ወእሞ፡[20] ወይዴመር፡
ምስለ፡ ብእሲቱ፡ ወ*ይከውኑ፡[21] *ሥጋ፡ አሐደ።[22] በሳብዕት፡ ቀዳሚት፡ ተፈጥረ፡ አዳም፡ ወገቦ፡ 8
ብእሲቱ፡[23] ወሳብዕት፡[24] ክልኤተ፡[25] አርአዮ፡ ኪያሃ፡ ሎቱ፡ ወበእንተ፡ ዝንቱ፡ ተውህበ፡ *ትእዛዝ፡
ለዐቂብ፡[26] ሰቡዐ፡[27] መዋዕለ፡ ለተባዕት፡ ወለአንስት፡ ክልኤ፡ ሰቡዐ፡[27] መዋዕሊ፡[28] ውስተ፡ ርኵሶን።[29]
ወእምድኅረ፡ ተፈጸመ፡ ለአዳም፡[30] አርብዓ፡[31] መዋዕል፡[32] በምድር፡ *ኀበ፡ ተፈጥረ፡[33] አባእናሁ፡ 9
ውስተ፡ *ገነተ፡ ኤዶም፡[34] ከመ፡ ይትቀነይ፡[35] ወይዕቀባ፡ ወ*ብእሲቱሰ፡[36] አብእዋ፡[37] በሰማንያ፡[38]
መዋዕል፡ ወ[39]እምድኅረ፡ ዝንቱ፡ ቦአት፡[40] ውስተ፡ ገነት፡ ኤዶም።[41] ወ[42]በእንተ፡ ዝንቱ፡ ተጽሕፈ፡ 10
ትእዛዝ፡[42] ውስተ፡ ጽላተ፡ ሰማይ፡ ለእንተ፡ ትወልድ፡ ለእመ፡[43] ተባዕተ፡ ወለደት፡ ሰቡዐ፡ መዋዕለ፡
ትነብር፡[44] ውስተ፡ ርኵሳ፡[45] በከመ፡ ሰቡዑ፡[46] *መዋዕል፡ ቀዳሚት፡[47] *ወ፴መዋዕለ፡ ወሰሱሰ፡
ዕለተ፡[48] ትነብር፡[44] ውስተ፡ ደመ፡ ንጽሕ፡[49] ወዘኵሉ፡ ቅዱሰ፡ ኢትገስስ፡ ወውስተ፡ መቅደስ፡ ኢትባእ፡

---

[1] A adds ከመ፡ [2] በባሕቲቱ፡ ብእሲ፡ A. [3] ንግበርኬ፡ ሎቱ፡ ቢጸ፡ ወመርድአ፡ ዘይረድኦ፡ A. Difference due to Eth. Vers. Gen. ii. 18. [4] A omits. [5] Gen. ii. 21 (LXX) ἔκστασιν, Mass. תַּרְדֵּמָה. [6] ማእከለ፡ A B. [7] ህየንቴሃ፡ B. [8] A C add አዳም፡ [9] ዕለተ፡ A B. [10] መጽአ፡ A D; አምጽኣ፡ C. [11] ኀቤሃ፡ A D. [12] ዓጽም፡ እምዓጽምየ፡ B. A adds ይእቲ፡ [13] ዘሥጋየ፡ B. [14] This should be ብእሲት፡ as in Gen. ii. 23. Same corruption is found in Eth. Vers. Gen. ii. 23. [15] እም፡ B. [16] ወፅአት፡ A; this points to influence of Eth. Vers. Gen. ii. 23, where against לֻקְּחָה and ἐλήφθη (LXX) it gives ወጽአት፡ C supports B; D combines A B. [17] A B C omit. [18] B omits through homeoteleuton. For ይኩኑ፡ A reads ይኩን፡ [19] A C omit. [20] አቡሁ፡ ወእሙ፡ A. [21] ይኩን፡ B. A adds ክልኤሆሙ፡ under influence of Eth. Vers. of Gen. ii. 24. So LXX, Syr., and Vulg. [22] A trans. [23] ብእሲት፡ A. [24] ወበሳብዕት፡ B. [25] B C omit; ክልኤት፡ D. [26] A trans. [27] B puts in nom. For መዋዕለ፡ A reads ዕለተ፡ [28] A puts in nom. [29] ርኵሰሙ፡ A. [30] A trans. before እምድኅረ፡ and reads እም for ለ. [31] ፵ A. [32] መዋዕለ፡ B. [33] እንተ፡ ተፈጥረት፡ A. [34] ኤዶም፡ ገነት፡ A. [35] ይትቀነይ፡ D; C omits. [36] ብእሲቱኒ፡ A; ለብእሲቱኒ፡ C D. [37] አብእዎ፡ A C D. [38] ፹ A. [39] B omits. [40] B trans. after ኤዶም፡ [41] ኤዶም፡ B. [42] A C omit. [43] ወእመ፡ A. [44] ትነብር፡ B. [45] ርኵሳቲሃ፡ A C. [46] ሰቡዐ፡ C D. [47] ቀዳሚት፡ A; መዋዕል፡ B; መዋዕል፡ ቀዳሚ፡ C D. [48] ወማኅሳ፡ መዋዕለ፡ ወሰሱሰ፡ መዋዕለ፡ B. [49] ነጽሐ፡ A B.

11 እስከ፡ ትፈጽም፡ ዘንተ፡ መዋዕለ፡ ዘበተባዕት። ወዘ°በአንስት፡ ክልኤ፡ ሰቡዓተ፡[2] °በክመ፡ ክልኤ፡
ሰቡዓት፡[1] ቀዳምያት፡[3] በ°ርኵሳ፡[4] ወስሳ፡[5] መዋዕሊ፡ ወሰዱሳ፡ ዕለተ፡ ትንበር፡[6] በደመ፡ ንጽሓ፡[7]
12 ወይከውና፡ ኵሎን፡ ሰማንያ፡[8] መዋዕሊ። ወፈጺማ፡ እላንተ፡[9] ሰማንያ፡[8] መዋዕሊ፡ አብአናሃ፡[10]
ውስተ፡ ገነት፡[11] ኤዶም፡ እስመ፡ ቅድስት፡ ይእቲ፡ እም[12]ኵሉ፡ ምድር፡ ወኵሉ፡ ዕፀ፡ °ዘተከሉ፡
13 ውስቴታ፡ ቅዱስ።[13] በእንተዝ፡ ተሠርዐ፡ ለእንተ፡ ትወልድ፡ ለተባዕት፡ ወለአንስት፡[14] ፍትሖን፡[15]
ለአላንቱ፡[16] መዋዕል፡ ኵሉ፡ ቅዱሰ፡ ኢ°ትልክፍ፡[17] ወ[18]ውስተ፡[19] መቅደስ፡ ኢትባእ፡ እስከ፡ አመ፡
14 °ይትፈጸማ፡ እላንቱ፡ መዋዕል፡[20] ለተባዕት፡ ወለአንስት። ዝንቱ፡ ሕግ፡ ወስምዕ፡ ዘተጽሕፈ፡
15 ለ[21]እስራኤል፡ ይዕቀቡ፡ ኵሎ፡ መዋዕለ። ወበሱባኤ፡ ቀዳማዊ፡ ዘ°ኢዮቤሌው፡ ቀዳማዊ፡[22] ወሀለዉ፡[23]
አዳም፡ ወብእሲቱ፡ ሰብዐተ፡ ዓመተ፡ ውስተ፡ ገነት፡[11] ኤዶም፡ እንዘ፡ ይትቀነዩ፡ ወ°የዐቅቡ፡[24]
16 ወምግባረ፡ ወሀብናሁ፡ ወ°ሀለዉ፡[25] እንዘ፡ ንሜህር፡ °ገቢርተ፡ ኵሉ፡[26] ዘያስተርኢ፡ ለቅኔ። ወሀሎ፡
እንዘ፡ ይትቀነይ፡ ወውእቱሰ፡ ዕራቁ፡[27] ወኢያአምር፡ ወኢየኀፍር፡ ወየዐቅብ፡ ገነተ፡[11] እምአዕዋፍ፡
ወእምአራዊት፡ ወእምእንስሳ፡ ወያስተጋብእ፡ ፍሬሁ፡ ወይበልዕ፡ ወያነብር፡ ትረፈ፡[28] ሎቱ፡
17 ወለብእሲቱ፡ ወያነብር፡ ዘይትዐቀብ። ወኀሊቆ፡ ፍጻሜሁ፡ ለሰብዓቱ፡[29] ዓመት፡ እሉ፡ ፈጸመ፡
በሀየ፡ °ሰብዓተ፡ ዓመተ፡[30] ጥንቁቀ፡ ወበካልእ፡ ወርኅ፡ አመ፡ °ዐሡሩ፡ ወሰቡዑ፡[31] መጽአ፡ አርዌ፡
ምድር፡ ወቀርበ፡ ኀበ፡ ብእሲት፡ ወይቤላ፡ አርዌ፡ ምድር፡ ለብእሲት፡ እምኵሉ፡[32] ዕፀ፡[33] ዘውስተ፡
18 ገነት፡ አዘዘክሙ፡ እግዚአብሔር፡ °እንዘ፡ ይብል፡[34] ኢትብልዑ፡ እምኔሁ። ወትቤሎ፡ እም°ኵሉ፡[35]
ፍሬ፡ ዕፀ፡ ዘውስተ፡ ገነት፡[11] ይቤለነ፡ እግዚአብሔር፡ ብልዑ፡ ወእምነ፡ ፍሬ፡ ዕፀ፡ ዘማእከለ፡ ገነት፡[11]
19 °ይቤለነ፡ እግዚአብሔር፡[36] ኢትብልዑ፡ እምኔሁ፡ ወኢትልክፍዎ፡ ከመ፡ ኢትሙቱ። ወይቤላ፡
አርዌ፡ ምድር፡ ለብእሲት፡ አኮ፡ ሞተ፡ ዘትመውቱ፡ እስመ፡ ያአምር፡ እግዚአብሔር፡ አመ፡ ዕለተ፡[1]
ትበልዑ፡ እምኔሁ፡ ይትረኀዋ፡[37] አዕይንቲክሙ፡ ወትከውኑ፡ ከመ፡ አማልክት፡[38] ወታአምሩ፡ ሠናየ፡
20 ወእኩየ። ወርእየት፡ ብእሲት፡ ዕፀ፡ ከመ፡[39] አዳም፡ ውእቱ፡ ወያሠምር፡ ለዐይን፡ ወሠናይ፡ ፍሬሁ፡
21 ለበሊዕ፡ ወነሥአት፡ እምኔሁ፡ ወበልዐት። ወከደነት፡ ኅፍረታ፡ በቈጽለ፡ በለስ፡ ዘቀዳሚ፡ ወወሀበቶ፡
22 ለአዳም፡ ወበልዐ፡ ወተረኅወ፡ አዕይንቲሁ፡ ወርእየ፡ ከመ፡ ዕራቁ፡ ውእቱ። ወነሥአ፡ ቈጽለ፡ በለስ፡

---

[1] A omits. [2] B adds መዋዕለ፡ [3] ቀዳሚት፡ A; ቀዳሚያት፡ B. [4] ርኵስ፡ A. [5] ፰ A. [6] ትነብር፡ B. [7] ንጽሕ፡ A. [8] ፹ A. [9] እላንቱ፡ A; እሉ፡ B. [10] ቦእት፡ A. [11] A puts in nom. [12] በውስተ፡ B. [13] ዘሀሎ፡ ውስቴታ፡ ትኩል፡ ቅዱስ፡ ውእቱ፡ A. [14] D adds ዝንቱ፡ [15] ፍቶሖን፡ A. [16] በእማንቱ፡ A. [17] ትገስስ፡ B. [18] A D omit. [19] C D add ቤተ፡ [20] ትፈጽም፡ ዘንተ፡ መዋዕለ፡ A. [21] ለደቂቀ፡ C D. [22] ኢዮቤልው፡ ቀዳሚ፡ B. [23] ሀለው፡ B. [24] የዐቅቡ፡ B. [25] ሀለው፡ B. [26] ገቢሮተ፡ ኵሉ፡ C D. [27] ዕራቂ፡ A; B omits. [28] ትራፌ፡ B. [29] ሱባዕ፡ A. [30] ሱባዔ፡ ዓመት፡ A. [31] ፲ወ፯ A. [32] B C add ፍሬ፡ [33] ዕፀው፡ B C D. [34] C D omit. [35] Gen. iii. 2 omits. [36] D omits; Gen. iii. 3 supports text. [37] ይትፈታሕ፡ A, due to Eth. Vers. Gen. iii. 5; ይትረኃዋ፡ B. [38] እምላክ፡ A. [39] A adds ሠናይ፡ ወ.

ወጠቀበ፡ ወገብረ፡ ሎቱ[1] ሞርአ፡[2] ወከደኖ፡ ኀፍረቶ፡፡ ወረገሞ፡ እግዚአብሔር፡ ለአርዌ፡ ምድር፡ 23
ወተምዕዖ፡ ለዓለም፡ ወለብእሲት[3]ሂ[3] ተምዕዓ፡[4] እስመ፡ ሰምዐት፡ ቃለ፡ አርዌ፡ ምድር፡ ወበልዐት፡
ወይቤላ፡፡ አብዝኆ፡ ኣበዝኆ፡ ለ[5]ኀዘንኪ፡ ወለ[6]ዓፀርኪ፡[5] በሐዘን፡[7] ለዲ፡ ውሉደ፡ ወኀበ፡ ምትኪ፡ 24
ምግባእኪ፡[8] ወውእቱ፡ ይኴንነኪ፡፡ ወለአዳምኒ፡ ይቤሎ፡ እስመ፡ ሰማዕከ፡ ቃለ፡ ብእሲትከ፡ 25
ወበላዕከ፡ እምውእቱ፡[9] ዕፅ፡ ዘአዘዝኩከ፡[10] ከመ፡ ኢትብላዕ፡ እምኔሁ፡ ርግምተ፡ ትኩን፡ ምድር፡
በእንቲአከ፡[11] አስዋከ፡[12] ወአሜከላ፡ ይብቁልከ፡[13] ወብላዕ፡ ኅብስተከ፡ በሐፈ፡[14] ገጽከ፡ እስከ፡ አመ፡
ትገብእ፡ ውስተ፡ ምድር፡[15] እንተ፡ እምኔሃ፡[16] ተነሣእከ፡ እስመ፡ ምድር፡[17] አንተ፡ ወውስተ፡
ምድር፡[18] ትገብእ፡፡[19] ወገብረ፡ ሎሙ፡ አልባሰ፡ ዘማዕስ፡ ወአልበሶሙ፡ ወፈነዎሙ፡ እምገነተ፡ 26
ኤዶም፡፡ ወበይእቲ፡ ዕለት፡ እንተ፡ ወፅአ፡ እምገነት፡ አዳም፡[20] ዐጠነ፡ ለመዐዛ፡ ሠናይ፡ ዕጣነ፡ 27
ስኂነ፡ ወቀንአት፡[21] ወማየ፡ ልብን፡[22] ወሰንበሌ፡[23] በጽባሕ፡ ምስለ፡ ትንሣኤ፡ ፀሐይ፡ እምዕለተ፡[24]
ከደነ፡ ኀፍረቶ፡፡ ወበይእቲ፡ ዕለት፡ ተፈጸመ፡ አፈ፡ ኵሉ፡ አራዊት፡ ወዘእንስሳ፡ ወዘአዕዋፍ፡ 28
ወዘያንሶሱ፡ ወዘ[25]ይትሐወስ፡ እምነቢብ፡ እስመ፡ ኵሎሙ፡ ይትናገሩ፡ ዝንቱ፡ ምስለ፡ ዝንቱ፡
ከንፈረ፡[26] አሐደ፡[27] ወልሳነ፡ አሐደ፡፡[27] ወፈነወ፡[28] እምገነት፡[29] ኤዶም፡ ለኵሉ፡[30] ዘሥጋ፡ ዘሀሎ፡ 29
ውስተ፡ ገነት፡[31] ኤዶም፡ ወተዘርዉ፡ ኵሉ፡ ዘሥጋ፡ በበ፡ ዘመዶሙ፡ ወበበ፡ ፍጥረቶሙ፡[32] ውስተ፡
መካን፡ ዘተፈጥረ፡ ሎሙ፡፡ ወለአዳም፡ ባሕቲቱ፡ ወሀቦ፡ ይክድን፡ ኀፍረቶ፡ እምኵሉ፡ አራዊት፡ 30
ወእንስሳ፡፡ በእንተ፡ ዝንቱ፡[33] ተአዘዘ፡[34] ውስተ፡ ጽላት፡ ሰማይ፡[35] ላዕለ፡ ኵሎሙ፡ እለ፡ ያአምሩ፡ 31
ፍትሐ፡ ሕግ፡ ይክድኑ፡ ኀፍረቶሙ፡ ወኢይትከሠቱ፡ ከመ፡ አሕዛብ፡ ይትከሠቱ፡፡[36] ወአመ፡ 32
ሠርቀ፡ ወርኅ፡ ራብዕ፡ ወፅአ፡ አዳም፡ ወብእሲቱ፡ እምገነት፡ ኤዶም፡ ወነደሩ፡ ውስተ፡ ምድረ፡[37]

---

[1] A omits. [2] ሞሬአ፡ C D. [3] ሂ፡ B. [4] ተምዕዐ፡ ላዕሌሃ፡ A. [5] A B omit. [6] ወበ A; ወ B. [7] ወበሐዘን፡ A. [8] ምግባእኪ፡ A C D. [9] እምውስተ፡ B; እምውስተ፡ ውእቱ፡ C D—a conflate reading. [10] B adds ውእቱ፡. [11] በተግባርከ፡ D, owing to Eth. Vers. of Gen. iii. 17, which agrees with LXX ἐν τοῖς ἔργοις σου. Thus A B C agree with Mass. בַּעֲבוּרֶךָ, Sam., and Syr. LXX implies בעבדך, which it took apparently for בַּעֲבֹדָתֶךָ, and so Vulg. [12] አስዋከ፡ C D. [13] Here to be taken transitively. Cf. Gen. iii. 18 תַּצְמִיחַ ἀνατελεῖ. [14] በሃፌ፡ A B. [15] መሬት፡ A. [16] Here כִּי מִמֶּנָּה Gen. iii. 19 is taken as in LXX ἐξ ἧς. [17] We should expect መሬት፡ here, but LXX has γῆ alike for אֲדָמָה and עָפָר. [18] A has መሬት፡ twice in this verse against B C D, owing to Eth. Vers. of Gen. iii. 19. [19] A trans. before ውስተ፡ [20] ገነተ፡ ኤዶም፡ A D; ገነት፡ ኤዶም፡ አዳም፡ C—a conflate reading of B and A. [21] ቀንአት፡ A. [22] ልብነ፡ A. [23] ሰንበላት፡ B; ሰንበልት፡ C D. [24] አመ፡ B. [25] ወዘኵሉ፡ A. [26] ከናፍር፡ A. [27] A puts in nom. [28] ፈነዎሙ፡ ወአውፅኦሙ፡ A—a conflate reading. Here again the influence of Eth. Vers. of Gen. iii. 23 ወአውፅኦ፡ seems evident. [29] ገነት፡ B. [30] ኵሉ፡ B; ኵሎ፡ C D. [31] ገነት፡ B; A omits. [32] ፍጥረታ፡ B. [33] በእንተዝ፡ B. [34] አዘዘ፡ A C. [35] ጽላት፡ B C. [36] ወይትከሠቱ፡ A. [37] B omits.

33, 34 ሕልቈ፡ ውስተ፡ ምድረ፡ ፍጥረቶሙ። ወ*ሰመየ፡[1] አዳም፡ ስመ፡ ብእሲቱ፡ ሔዋ።[2] ወ*ኢነሥአ[3]
35 ምስሌሁ ወልደ፡ እስከ፡ ቀዳሚ፡ ኢዮቤሌው፡[4] ወእምድኅረ፡ ዝንቱ፡ አእመራ። ወውእቱሰ
ይትጌበራ፡ ለምድር፡ በከመ፡ ተምህረ፡ በ[5]*ገነት፡[6] ኤዶም።
IV ወበግልስ፡ ሱባኤ፡ በካልእ፡ ኢዮቤሌው፡[7] ወለደቶ፡ ለ*ቃየን፡[8] ወበራብዕ፡ ወለደቶ፡ ለአቤል፡
2 ወበኃምስ፡ *ወለደታ፡ ለአዋን፡[9] ወለቱ። ወበ*ቀዳሚሁ፡[10] ለኢዮቤሌው፡[7] ግልስ፡ ቀተሎ፡ ቃየን፡
ለአቤል፡ እስመ፡ ተወክፈ፡[11] *ቍርባኖ፡ ለአቤል፡[12] ወ[13]*ሊቃየልሰ፡[14] ኢ*ተወክፈ፡[11] መሥዋዕቶ።[15]
3 ወቀተሎ*፡[16] በገዳም፡ ወ*ጸርኀ፡[17] ደሙ፡ እምድር፡ ውስተ፡ ሰማይ፡ እንዘ፡ ይሰኪ፡[18] በእንተ፡
4 ዘ*ቀተሎ።[19] ወ*ዘለፎ፡[20] እግዚአብሔር፡ ለ*ቃየን፡[8] *በእንተ፡ አቤል፡ በእንተ፡ ዘቀተሎ፡[21] ወገብረ፡
5 ሎቱ፡ ኑን፡[22] ዲበ፡ ምድር፡ *በእንተ፡ ደሙ፡ እኁሁ፡ ወረገሞ፡ በዲበ፡ ምድር።[23] ወ[13]በእንተ፡ ዝንቱ፡
ተጽሕፈ፡ ውስተ፡ ጽላተ፡ ሰማይ፡ ርጉም፡[24] ዘይዘብጥ፡ ካልአ፡ በ*እኪይ፡[25] ወ*ይብሉ፡[26] ኵሎሙ፡
እለ፡ ርእዩ፡[27] ወሰምዑ፡[28] ይኩን፡ ወሰብእ፡ ዘርእየ፡ ወኢነገረ፡ ይኩን፡[29] ርጉመ፡[30] ከማሁ።
6 ወበእንተዝ፡[31] ንሕነ፡ *ናየድዕ፡ መጺአነ፡[32] ቅድመ፡ እግዚአብሔር፡ አምላክነ፡ ኵሎ፡[33] ኃጢአተ፡[34]
7 ዘይከውን፡ ውስተ፡ ሰማይ፡ ወምድር፡ ወዘበብርሃን፡ ወ*ዘበ[35]ጽልመት፡ ወዘበኵሉ።[34] ወሀለዉ፡
አዳም፡ ወብእሲቱ፡ እንዘ፡ ይላህዉ፡ በእንተ፡ አቤል፡ አርባዕተ፡ ሱባኤ፡ ዓመተ፡ ወበራብዕ፡ ዓመተ፡
*ዘሱባኤ ኃምስ፡[36] ተፈሥሑ፡ ወአእመራ፡ አዳም፡[37] ዳግመ፡ ለብእሲቱ፡ ወወለደት፡ ሎቱ፡ ወልደ፡
ወሰመየ፡ ስሞ፡ ሴት፡ እስመ፡ ይቤ፡ አንሥአ፡ ለነ፡ እግዚአብሔር፡ ዘርአ፡ ውስተ፡ ምድር፡ ካልአ፡

---

[1] ሰመዮ፡ B. [2] ሔዋ፡ B. LXX (Gen. iii. 20) has here Ζωή, and in iv. 1 Εὔαν. Vulg. has here *Heva*. [3] ኮነ፡ A. [4] ኢዮቤልው፡ B. [5] በውስተ፡ A. [6] ገነት፡ B. [7] ኢዮቤልው፡ B. [8] ቃይል፡ A. [9] ወለደት፡ ሔዋን፡ A. [10] ቀዳሜሁ፡ A. [11] ተወክፎ፡ B D. [12] እምአደዊሁ፡ ቍርባኖ፡ B; እምአደዊሁ፡ ቍርባን፡ C D. [13] B omits. [14] እምአደ፡ ቃየልሰ፡ B C D. [15] B D omit. If መሥዋዕቶ፡ belongs to the text, it agrees with the twofold translation of מִנְחָה, which LXX gives in Gen. iv. 4, 5 δῶρα and θυσίαι. Eth. Vers., like the Vulg., rightly gives the same rendering both times መሥዋዕት፡ and *munera*. [16] A adds ለእኁሁ፡ [17] ይጸርሕ፡ B. [18] ዘይሰኪ፡ A; ይብል፡ B; ይሰኪ፡ C D, but A is clearly right. Cf. Enoch xxii. 5, 6, where it says of Abel's voice ይበጽሕ፡ እስከ፡ ሰማይ፡ ወይሰኪ፡ [19] ተቀትለ፡ B. [20] ተዘለፎ፡ A. [21] A omits; C D omit the second በእንተ፡ [22] Explicable only as a corrupt transliteration of נָע Gen. iv. 14. [23] ርዑደ፡ ወድንጉፀ፡ A. This reading is borrowed exactly from Eth. Vers. of Gen. iv. 12, as the scribe did not understand ኑን፡ ርዑደ፡ ወድንጉፀ፡ is a rendering of στένων καὶ τρέμων (LXX). [24] A adds ዘቀተለ፡ [25] እኩይ፡ A. [26] ይቤሎ፡ B. [27] እርእዩ፡ B; D omits. [28] B C omit; ሰምዐ፡ D. [29] A omits. [30] A puts in nom. [31] C D add ሰሚዐነ፡ [32] A trans.; መጺአነ፡ ናየድዕ፡ C D. [33] ወኵሎ፡ A. [34] ወኃጢአቶሙ፡ ዘበኵሎሙ፡ A. [35] B omits.

ህየንተ፡ አቤል፡[1] እስመ፡ ቀተሎ፡ ቃየን፡፡[2] ወ°በሱባዔ፡ ሳድስ፡ ወለዱ፡ ለአዘራ፡ ወለተ፡፡ ወነሥአ፡ 8, 9
ቃየን፡[4] ለ°ኣዋን፡[5] እኅቶ፡[6] ሎቱ፡ ብእሲተ፡ ወወለደት፡ ሎቱ፡ ሄኖሕሃ፡[7] በፍጻሜ፡ ራብዕ፡[8] ኢዮቤልዉ፡፡[9]
ወ[10]በቀዳሚሁ፡[11] ዓመት፡ ዘሱባዔ፡ ቀዳሚ፡ ዘ[12]ኃምስ፡ ኢዮቤልዉ፡[13] ተሐንጸ፡ አብያት፡ ውስተ፡
ምድር፡ ወሐነጸ፡ ቃየን፡ ሀገረ፡ ወሰመያ፡ ስማ፡ በስመ፡ ወልዱ፡ ሄኖሕ፡፡[14] ወአዳም፡ አእመራ፡ 10
ለሔዋ፡ ብእሲቱ፡ ወወለደት፡ ዓዲ፡ ተስዓተ፡[15] ደቂቀ፡፡[16] ወበ°ሱባዔ፡ ኃምስ፡[17] ዘኃምስ፡ ኢዮቤልዉ፡ 11
ነሥአ፡ ሴት፡ ለ°አዙራ፡[18] እኅቶ፡[6] ሎቱ፡ ብእሲተ፡ ወበ°ራብዑ፡[19] ወለደት፡ ሎቱ፡ ሄኖስሃ፡፡[20]
ውእቱ፡[21] ቀደመ፡[22] ጸውዖ፡ ስመ፡ እግዚአብሔር፡ በዲበ፡ ምድር፡፡ ወበሳብዕ፡ ኢዮቤልው፡[13] 12, 13
በሱባዔ፡ ሣልስ፡ ነሥአ፡ ሄኖስ፡[23] ኖኤምሃ፡[24] እኅቶ፡ ሎቱ፡ ብእሲተ፡ ወወለደት፡ ሎቱ፡[25] ወልደ፡
በሣልስ፡ ዓመት፡ ዘኃምስ፡ ሱባዔ፡ ወ°ሰመዮ፡[26] ስሞ፡ ቃይናን፡፡ ወበ°ፍጻሜ፡[1] ሳምን፡ ኢዮቤልዉ፡[13] 14
ነሥአ፡[27] ሎቱ፡ ቃይናን፡ ብእሲተ፡ ሙአሌሌትሃ፡[28] እኅቶ፡[29] ወወለደት፡ ሎቱ፡ ወልደ፡ በታስዕ፡
ኢዮቤልዉ፡ በሱባዔ፡ ቀዳሚ፡ በሣልስ፡ ዓመት፡ በሱባዔሁ፡ ለዝ፡ ወ°ጸውዐ፡[30] ስሞ፡ መላልኤል፡፡
ወበካልእ፡ ሱባዔ፡ ዘዐሥር፡[31] ኢዮቤልው፡[13] ነሥአ፡ ሎቱ፡ መላልኤል፡ ብእሲተ፡ °ዲናሃ፡ ወለተ፡ 15
በራኪኤል፡ ወለተ፡ እኅተ፡ አቡሁ፡[32] [ሎቱ፡ ብእሲተ፡][33] ወወለደት፡ ሎቱ፡ ወልደ፡ በሱባዔ፡ ሣልስ፡[34]
በሳድስ፡ ዓመቱ፡ ወጸውዖ፡[30] ስሞ፡ ያሬድ፡፡[7] እስመ፡ በመዋዕሊሁ፡ ወረዱ፡ መላእክተ፡ እግዚአብሔር፡

---

[1] A adds ዘቀተሎ፡ a duplicate rendering, which it borrows from Eth. Vers. of Gen. iv. 25, being in its turn a rendering of LXX *ὃν ἀπέκτεινε*. But B C D render Massoretic text כִּי הֲרָגוֹ קָיִן more exactly. [2] ቃየል፡ ለአቤል፡ A. [3] B omits. [4] ቃየል፡ A. [5] አዋን፡ A; Syr. Frag. ܐܘܢ. Epiph. vol. ii. p. 284, Σαυή, cf. Schol. Lagarde r on Gen. iv. 17 *ἡ γυνὴ Κάϊν Ἀσαούλ*. አዋን፡ probably corrupt for አሰዋን፡ [6] እኅተ፡ A. [7] ሄኖኅሃ፡ A. [8] ራብዑ C D. [9] ኢዮቤል፡ A. [10] A omits. [11] ፩ A. [12] በ A; B omits. [13] ኢዮቤሌው፡ A. [14] ሄኖኅ፡ A. [15] ብዙኃ፡ A. [16] ደቂ፡ B. [17] A trans. [18] አዙራ፡ B. [19] ራብዕ፡ A. [20] ሔኖስሃ፡ B. [21] So LXX (Gen. iv. 26) *οὗτος* and Vulg. *iste*. Hence for אָז in Massoretic text we should probably read זֶה. ወውእቱ፡ A C D. [22] ወጠነ፡ ቀዳሚ፡ A C D, but this seems a conflate reading of which B represents one constituent. ቀደመ፡ or ወጠነ፡ would imply הֵחֵל So also Vulg. *coepit*. LXX *ἤλπισεν* points to הוֹחִיל. Both this and הוּחַל = Aq. *ἤρχθη* may have arisen from הֵחֵל. [23] ሄኖስ፡ A. [24] ኖኤምን፡ A; Syr. Frag. ܢܥܡ. Cf. Schol. Lagarde r on Gen. v. 9 *γυνὴ ἐνὼς νοεα* (corrupt for *νοεμ*) *ἡ ἀδελφὴ αὐτοῦ*. [25] B adds ሔኖስ፡ [26] ሰመየ፡ B. [27] ነሥአ፡ A. [28] ሙአሌት፡ A; ሙአሌሊትሃ፡ C; ሙአሌትሃ፡ D; Syr. Frag. ܡܘܠܠܝܬ. Cf. Schol. Lagarde r on Gen. v. 9 *γυνὴ Καϊνᾶν μαουλιθ ἀδελφὴ αὐτοῦ*, and Syncellus, p. 18, *Μαλέθ*. [29] ሎቱ፡ ብእሲተ፡ B. [30] ጸውዓ፡ B. [31] በ፲ A. [32] For ዲናሃ፡ A reads ዲናንሃ፡ For በራ" B reads በራኪኢልሃ፡ Cf. Schol. Lagarde r on Gen. v. 15 *γυνὴ μαλελεὴλ δινα θυγάτηρ βαραχιὴλ πατραδέλφου αὐτοῦ*. Syr. Frag. ܕܕܗ ܒܪܬ ܒܪܟܝܐܝܠ. It would be better in all cases to read እኅዉ፡ with Greek *πατραδέλφου* and Syr. ܕܕܗ instead of እኅተ፡ Ethiopic in all cases reads እኅት፡ except in viii. 6 and xi. 7, where it agrees with Greek and Syr. [33] Seems a corrupt addition. [34] ሳድስ፡ A.

ውስተ፡ ምድር፡ እለ፡ ተሰምዩ፡ ትጉሃን፡ ከመ፡ ይምሀርዎሙ፡ ለደቂቀ፡ እጓለ፡ እመሕያው፡
16 ወይግበሩ፡[1] *ፍትሐ፡ ወርትዐ፡[2] በ[3]ዲበ፡ ምድር፡፡ ወበ*ዓሥር፡ ወአሐዱ፡[4] ኢዮቤልዉ፡[5] ነሥአ፡[6]
ሎቱ፡ ያሬድ፡[7] ብእሲተ፡ ወስማ፡ *ባረካ፡ ወለተ፡ ራሱያል፡ ወለተ፡ እኅተ፡ አቡሁ፡[8] [ሎቱ፡ ብእሲተ፡][9]
በሱባዔ፡ ራብዕ፡ ዘኢዮቤልዉ፡[5] *ዝንቱ፡ ወወለደት፡[5] ሎቱ፡ ወልደ፡ በ[10]ሱባዔ፡ ኃምስ፡ በራብዕ፡
17 ዓመት፡[11] ዘ*ኢዮቤልዉ፡[5] ወ*ጸውዐ፡[12] ስሞ፡ ሄኖክ፡፡ ውእቱ፡ *እንከ፡ ቀዳሚ፡ ዘተምህረ፡[13]
መጽሐፈ፡[14] ወትምህርተ፡[14] ወጥበበ፡ እም*እጓለ፡ እመሕያው፡ እምእለ፡ ተወልዱ፡ ዲበ፡ ምድር፡
ወዘጸሐፈ፡ ትእምረ፡ ሰማይ፡ በከመ፡ ሥርዐተ፡ አውራኂሆሙ፡ ውስተ፡ መጽሐፍ፡ ከመ፡ ያእምሩ፡
18 እጓለ፡ እመሕያው፡ ጊዜ፡ ዓመታት፡ በከመ፡ ሥርዐታቲሆሙ፡ ለለ፡ ወርኆሙ፡፡ ውእቱ፡ ቀዳሚ፡[5]
ጸሐፈ፡ *ስምዐ፡ ወአስምዐ፡[15] ለደቂቀ፡ እጓለ፡ እመሕያው፡ ውስተ፡ ትዝምደ፡ ምድር፡
ወሱባዔሆሙ፡[16] ለኢዮቤልውሳት፡[5] ነገረ፡ *ወመዋዕለ፡ ዓመታት፡[17] አይድዐ፡[18] ወአውራኀ፡ ሰርዐ፡[19]
19 ወሰንበታተ፡ ዓመታት፡[5] ነገረ፡ በከመ፡ አይዳዕናሁ፡፡ *ወዘኮነ፡ ወዘይከውን፡[20] ርእየ፡ *በራእየ፡
ንዋሙ፡[21] ዘከመ፡ ይከውን፡ ዲበ፡ ደቂቀ፡ እጓለ፡ እመሕያው፡ በ[22]ትውልዶሙ፡ እስከ፡ አመ፡[5] ዕለተ፡
ደይን፡ ኵሉ፡ ርእየ፡ ወ*አእመረ፡[23] ወ*ጸሐፈ፡ ስምዖ፡[24] ወአንበሮ፡ ለስምዕ፡[25] ዲበ፡ ምድር፡ ላዕለ፡
20 ኵሉ፡[26] ደቂቀ፡ እጓለ፡ እመሕያው፡ ወለ[27]ትውልዶሙ፡፡ ወበአሠርቱ፡ ወክልኤቱ፡[28] ኢዮቤልው፡[5]
በሳብዕ፡ ሱባዔ*ሁ፡[5] ነሥአ፡ ሎቱ፡ ብእሲተ፡ ወስማ፡ *ኤድኒ፡ ወለተ፡ ዳንኤል፡ ወለተ፡ እኅተ፡ አቡሁ፡[29]
[ሎቱ፡ ብእሲተ፡][9] ወበሳድስ፡ ዓመት፡ በሱባዔሁ፡ ለዝ፡ ወለደት፡ ሎቱ፡ ወልደ፡ ወ*ጸውዐ፡[30] ስሞ፡
21 ማቱሳላ፡፡ ወሀሎ፡ እንከ፡ ምስለ፡ መላእክት፡ አምላክ፡ ስድስተ፡[31] *ዘኢዮቤልውሳት፡ ዓመታት፡[32]
ወ*አርአይዎ፡[33] ኵሎ፡ ዘውስተ፡ ምድር፡ ወዘበሰማያት፡ ሥልጣኖ፡ ለፀሐይ፡[34] ወጸሐፈ፡ ኵሎ፡፡
22 ወአስምዐ፡ ለትጉሃን፡ ለእለ፡ አበሱ፡ ምስለ፡ አዋልደ፡ ሰብእ፡ እስመ፡[5] *አኀዙ፡ እሉ፡[35] ይደመሩ፡

---

[1] ይግበሩ፡ C; ወይገብሩ፡ D. [2] ፍትሓ፡ ወርትዕ፡ B. [3] A omits. [4] አሐዱ፡ ወዓሥር፡ B. [5] ኢዮቤሌው፡ A. [6] ነሥአ፡ A. [7] ያርድ፡ B. [8] For ባረካ፡ A reads ባረኪ፡ and for ራሱያል፡ B reads ራሱኤል፡ Syr. Frag. ܐܢܬܬܐ ܕܝܪܕ ܒܪܟܐ. Cf. Schol. Lagarde r on Gen. v. 18 γυνὴ Ἰάρεδ Βαραχα θυγάτηρ Ἀσουὴλ πατραδέλφου αὐτοῦ. For Ἀσουὴλ we should read Ρασουήλ. On እኅተ፡ see p. 15, note 32. [9] Seems a corrupt addition. [10] ወበ A. [11] ዓመቱ፡ B. [12] See p. 15, note 32. [13] ቀዳሚ፡ ተምህረ፡ B. [14] A puts in nom. [15] ስምዓ፡ ወአስምዓ፡ B. [16] ሱባዔያቲሆሙ፡ C D. [17] ዓመታተ፡ መዋዕለ፡ A. [18] አይድዓ፡ B. [19] ሠርዓ፡ B. [20] A trans. [21] በራእየ፡ ንዋም፡ A; በሕልሙ፡ C; በራእየ፡ ሌሊት፡ በንዋም፡ D. [22] በበ A. [23] አንከረ፡ A. [24] ጸሐፈ፡ ስምዓ፡ B. [25] ስምዐ፡ A; B omits. [26] ዙሉ፡ A. [27] A adds ትውልደ፡ [28] ፲ወ፪፡ A. [29] For ኤድኒ፡ A C read ኢድኒ፡ D ኢድና፡ Syr. Frag. ܐܢܬܬܐ ܕܚܢܘܟ. Cf. Schol. Lagarde r on Gen. v. 21 γυνη ενωχ εανι θυγάτηρ δανιὴλ πατραδέλφου αὐτοῦ. Here εανι is corrupt for εδνι. On እኅተ፡ see p. 15, note 32. [30] ጸውዖ፡ A. [31] ፮ A. [32] ዘእዮቤሌው፡ (ዘኢዮቤልዩ፡ C) ውስተ፡ ዓመታት፡ A C, which seem a corruption of ዘኢዮቤልውሳት፡ ዓመታት፡ and so practically reads D ዘኢዮቤሳት፡ ዓመታት፡ [33] አርአዩ፡ A. [34] A adds ወለወርኅ፡

ከመ፡ ይርከቡ፡ ምስለ፡ አዋልደ፡ ሰብእ[1] ወ*አስምዐ፡ ሄኖክ፡[2] ላዕለ፡ ኵሎሙ፡፡ ወተገሥአ፡ እማእከለ፡ 23
ደቂቀ፡ እጓለ፡ እመሕያው፡ ወወሰድናሁ፡ ውስተ፡ ገነት፡[3] ኤዶም፡ ለ[4]ዕበይ፡ ወለ[5]ክብር፡ ወናሁ፡
ውእቱ፡ *በህየ፡ ይጽሕፍ፡[6] ደይኖ፡ ወዘነኔ፡ ዓለም፡ ወኵሎ፡ እከዮሙ፡ ለደቂቀ፡ እጓለ፡ እመሕያው፡፡
ወበእንቲአሁ፡[7] አምጽአ፡ ማየ፡ አይኅ፡[8] ዲበ፡[9] ኵሉ፡ ምድረ፡ ኤዶም፡ እስመ፡ ህየ፡ ተውህበ፡ *ውእቱ፡ 24
ለትእምርት፡[6] ወከመ፡[10] ያስምዕ፡ ላዕለ፡ ኵሉ፡ ደቂቀ፡ ሰብእ፡[11] ከመ፡ ይንግር፡ ኵሎ፡ ግብረ፡ ትውልድ፡
እስከ፡ አመ፡[12] ዕለተ፡ ደይን፡፡ ወውእቱ፡ ዐጠነ፡ ዕጣነ፡ ቤተ፡[13] መቅደስ፡ ዘይሰጠው፡ ቅድመ፡ እግዚ 25
አብሔር፡ *በደብረ፡ ቀትር፡፡[14] እስመ፡ አርባዕቱ፡ መካን፡[15] በዲበ፡ ምድር፡ ለእግዚአብሔር፡ ገነት፡[3] 26
ኤዶም፡ ወደብረ፡ ጽባሕ፡ ወዝደብር፡ ዘሀለውከ፡[16] አንተ፡ ውስቴቱ፡ የም፡[17] ደብረ፡ ሲና፡ ወደብረ፡
ጽዮን፡ ይትቄደስ፡ በፍጥረት፡ ሐዲስ፡ ለቅዳሴ፡ ምድር፡ *በእንተዝ፡ ትትቄደስ፡ ምድር፡[13] እምኵሉ፡
*አበሳ፡ ወእምርኵሳ፡[18] *በትውልደ፡ ዓለም፡፡[19] ወበ*ኢዮቤልው፡[20] ዘውእቱ፡ ዓሥር፡ ወራብዕ፡ 27
ነሥአ፡[21] ማቱሳላ፡ ብእሲተ፡ እድናሃ፡[22] ወለተ፡ ዳዝዕኤል፡ ወለተ፡ እኅተ፡ አቡሁ፡ [ብእሲተ፡ ሎቱ፡][23]
በሠልሱ፡ ግልስ፡ በዓመተ፡ ሰሐዱ፡[24] ዘውእቱ፡ ሱባኤ፡[25] ወወለደ፡ ወልደ፡ ወ*ጸውዐ፡[26] ስሞ፡ ላሜክ፡፡
ወበ*ዓሥር፡ ወኃምስ፡[27] ኢዮቤልዉ፡[28] በሠልሱ፡ ግልስ፡ ነሥአ፡ ሎቱ፡[28] ላሜክ፡ ብእሲተ፡ ወስማ፡[29] 28
*ቤቴናስ፡ ወለተ፡ ባራኪኤል፡ ወለተ፡ እኅተ፡ አቡሁ፡[29] [ሎቱ፡ ብእሲተ፡][30] ወበዝ፡ ሱባዔ፡ ወለደት፡
ሎቱ፡ ወልደ፡ ወ*ጸውዐ፡[26] ስሞ፡ ኖኅ፡ እንዘ፡ ይብል፡ ዝ[31]ይናዝዘኒ፡[32] *እምሐዘንየ፡ ወ[33]እምኵሉ፡
ግብር*የ፡[34] ወእም[35]ድር*ሂ፡[35] እንተ፡ ረገመ፡[36] እግዚአብሔር፡፡ ወበፍጻሜሁ፡ ለዓሥር፡ ወታስዕ፡ 29

---

[1] ምድር፡ A C D; but Enoch ix. 8 አዋልደ፡ ሰብእ፡ supports text. Cf. also Enoch x. 11.
[2] አስምዐ፡ ሄኖክ፡ B. [3] ገነተ፡ B. [4] በ A. [5] ወ A. [6] A trans. [7] A adds ወረደ፡ ወ. [8] B adds እምኵሉ፡ [9] ውስተ፡ A. [10] ከመ፡ A. [11] እጓለ፡ እመሕያው፡ C D. [12] A omits. [13] B omits; ምሉእ፡ C D. [14] በደብር፡ A. [15] መካናት፡ A.
[16] ዘሀሎከ፡ A. [17] B trans. after ሲና፡ [18] አበሳ፡ ወእምርኵስ፡ A; ርኵሳ፡ ወእምአበሳ፡ B.
[19] ምድር፡ በትውልደ፡ ዓለም፡ A. [20] ኢዮቤሌው፡ A. [21] ወነሥአ፡ A. B C D add ኢዮቤልዉ፡ before ነሥአ፡ [22] For እድናሃ፡ A reads እድናሃ፡ For ዳዝ″ A reads ዳዝራኤል፡ Cf. Schol. Lagarde r on Gen. v. 25 γυνὴ μαθουσάλα ἐδνὰ θυγάτηρ ἐζριὴλ πατραδέλφου αὐτοῦ; see p. 15, note 32. [23] Seems an interpolation. A omits ብእሲተ፡
[24] ፯ [25] Emended by Dln. from ዓመተ፡ [26] ጸውዓ፡ B. [27] ኃምስ፡ ወዓሥር፡ B.
[28] B omits. [29] For ቤቴ″ B reads ቤትናስ፡ For ባራ″ A reads ባራኪኤል፡ Cf. Schol. Lagarde r on Gen. v. 28 γυνὴ λάμεχ βεθενως θυγατηρ βαραχιὴλ πατ͵ιαδέλφου αὐτου; see p. 15, note 32. [30] Seems a corrupt addition. [31] Emended with Gen. v. 29 from ዘ. [32] = יְנַחֲמֵנִי instead of Mass. Gen. v. 29 יְנַחֲמֵנוּ. LXX διαναπαύσει ἡμᾶς implies יְנִיחֵנוּ. A reads ናዝዘነ፡ እግዚአብሔር፡ ወ. [33] A C D omit, but Gen. v. 29 וּמֵעִצְּבוֹן supports text. [34] For የ we should expect ነ. Similarly in ሐዘንየ፡ and likewise ነ for ኒ in ይናዝዘኒ፡ as in Mass., Syr., LXX, and Vulg. of Gen. v. 29. Yet Eth. Vers. agrees with text. [35] ወለ A. Gen. v. 29, Mass., Sam., Syr., and Vulg. omit ወ, but LXX and Eth. Vers. agree with text. [36] ረገማ፡ B.

ኢዮቤልዉ፡[1] በሱባኤ፡ ሳብዕ፡[2] በሳድስ፡ ዓመቱ፡[3] ሞተ፡ አዳም፡ ወቀበርዎ፡ ዙሉሙ፡ ደቂቁ፡ ውስተ
30 ምድረ፡[4] ፍጥረቱ፡[5] ወውእቱ፡ መቅድመ፡ ተቀብረ፡ ውስተ፡ ምድር። ወ[6]ሰብዓ፡ ዓመተ፡[7] አሕጸጸ፡
እም[8]ዓሠርቱ፡ ምእት፡ ዓም፡[9] እስመ፡ [10]ዓሠርቱ፡ ምእት፡ ዓመት፡ ከመ፡[10] አሐቲ፡ ዕለት፡ ውስተ
ስምዕ፡[11] ሰማያት፡ ወ[12]በእንተ፡ ዝንቱ፡ ተጽሕፈ፡ በእንተ፡[13] ዕፀ፡ አእምሮ፡ እስመ፡ በዕለተ፡
ትበልዑ፡ እምኔሁ፡ ትመውቱ፡ በእንተ[14]ዝ፡[14] ኢፈጸመ፡ ዓመታተ፡ ዛቲ፡ ዕለት፡ እስመ፡ ባቲ፡ ሞተ።
31 በተፍጻሜቱ፡ ለ[15]ዝ፡[15] ኢዮቤልዉ፡[1] ተቀትለ፡ ቃየን፡ እምድኅሬሁ፡ በ[16]አሐዱ፡ ዓም፡[16] ወ[17]ወድቀ፡
ቤቱ፡ ላዕሌሁ፡ ወሞተ፡ በማእከለ፡ ቤቱ፡ ወተቀትለ፡ በእበኒሁ፡ እስመ፡ በእብን፡ ቀተሎ፡ ለአቤል፡
32 ወበእብን፡ ተቀትለ፡ በዙነኔ፡ ጽድቅ። በእንተዝ፡ ተሠርዐ፡[18] ውስተ፡ ጽላተ፡ ሰማይ፡ በንዋይ፡
33 ዘ[19]ቀተለ፡[19] ብእሲ፡ ቢጾ፡ ቦቱ፡ ይትቀተል፡ በከመ፡ አቍሰሎ፡ ከማሁ፡ ይገብሩ፡ ሎቱ። ወበ[20]ዕሥራ
ወኃምስ፡[20] ኢዮቤልዉ፡[1] ነሥአ፡ ሎቱ፡ ኖኅ፡ ብእሲተ፡ ወስማ፡ [21]ዕምዝራ፡ ወለተ፡ ራኬኤል፡ ወለተ፡
እኅተ፡ አቡሁ፡[21] [ሎቱ፡ ብእሲተ፡][22] በቀዳሚ፡ ዓመተ፡ በ[23]ሱባኤ፡ ኃምስ፡ ወበሣልስ፡ ዓመቱ፡[24]
ወለደት፡ ሎቱ፡ ሴምሃ፡ ወበኃምስ፡ ዓመቱ፡[25] ወለደት፡[26] ሎቱ፡ ካምሃ፡ ወበዓመተ፡ ቀዳሚ፡ በሱባኤ፡
ሳድስ፡ ወለደት፡[27] ሎቱ፡ ያፌትሃ።[28]

ጀ ወኮነ፡ አመ፡ ወጠኑ፡ ደቂቀ፡ እጓለ፡ እመሕያው፡[29] ይብዝኁ፡ ዲበ፡ [30]ገጸ፡ ለ[30]ምድር፡ ወ[31]አዋልድ፡[31]
ተወልዳ፡ ሎሙ፡ ወርእይዎን፡ መላእክተ፡[32] እግዚአብሔር፡ በአሐቲ፡ ዓመት፡[33] ዘ[34]ኢዮቤልዉ፡[34]
ዝንቱ፡[35] እስመ፡ ሠናያት፡[36] ለርእይ፡ እማንቱ፡ ወነሥእዎን፡[37] ሎሙ፡ አንስቲያ፡[38] እምኵሎን፡ እለ፡
2 ኀረዩ፡ ወወለዳ፡ ሎሙ፡ ውሉደ፡ [39]ወእሙንቱ፡ ረዐይት።[39] ወ[40]ልህቀት፡[40] ዐመፃ፡ ዲበ፡ ምድር፡
ወዙሉ፡ ዘሥጋ፡ [41]አማሰነ፡ ፍኖቶ፡[41] እምሰብእ፡ እስከ፡ እንስሳ፡ ወእስከ፡ አራዊት፡ ወእስከ፡ አዕዋፍ፡
ወእስከ፡ ዙሉ፡ ዘያንሶሱ፡ ውስተ፡ ምድር፡ ዙሎሙ፡[42] አማሰኑ፡ ፍኖቶሙ፡ ወሥርዐቶሙ፡ ወአኀዙ፡

---

[1] ኢዮቤሌው፡ A. [2] ሣልስ፡ A. [3] B adds ሎቱ፡ ወ. [4] ምድር፡ B. [5] C D add ለአዳም፡ [6] ሳብዕ፡ ዓም፡ A. [7] ፲፻ ዓመት፡ A. [8] ፲፻ A. [9] ዓመት፡ B. [10] B D omit. [11] ስምዓ፡ B. [12] B omits. [13] ወበእንተ፡ A. [14] ዝንቱ፡ A. [15] ዝንቱ፡ B. [16] ፩ ዓመት፡ A. [17] A omits. [18] ተሠርዐ፡ B. [19] ተቀትለ፡ A. [20] ፳ወ፭ A. [21] For ራኬኤል፡ A reads ራኩኤል፡ B C D omit አቡሁ፡ and for እኅተ፡ read እኅቱ፡ Syr. Frag. ܐܢܬܬܗ ܕܢܘܚ ܥܡܙܪܐ. Cf. Schol. Lagarde r on Gen. v. 32 γυνὴ Νῶε Ἐμζάρα θυγάτηρ Βαρακιὴλ πατραδέλφου αὐτοῦ; see p. 15, note 32. Also Algazi's Chronicle אמורע בת ברכיאל, where the ו is corrupt for ז. [22] Seems a corrupt addition. [23] ዘ B. [24] B adds ሎቱ፡ [25] ዓመት፡ B. [26] ተወልደ፡ A. [27] ወለደ፡ B. [28] ያፌድሃ፡ A; ኢያፌትሃ፡ B. [29] A adds ከመ፡ [30] ገጸ፡ ዙሉ፡ B over erasure. Gen. vi. 1 עַל־פְּנֵי הָאֲדָמָה supports A. LXX ἐπὶ τῆς γῆς less literal. [31] A trans. after ሎሙ፡ [32] Gen. vi. 2 בְּנֵי; LXX ἄγγελοι. [33] A B D omit, and perhaps rightly, በአሐቲ፡ would then = *semel*. [34] ኢዮቤሌው፡ A. [35] ለዝንቱ፡ A. [36] ሠናያን፡ A. [37] B adds ሎ . . . ትን፡ [38] አንስቲያሆሙ፡ A. [39] ረዐይት፡ እሙንቱ፡ A. [40] ልህቀ፡ B. [41] አማሰነት፡ ፍኖታ፡ B. [42] ዙሉ፡ B.

ይትባልዑ፡ በበይናቲሆሙ፡ ወዐመፃ፡ ልህቀ፡ ዲበ፡ ምድር፡ ወኵሉ፡ ሕሊና፡ አእምሮ፡ ለኵሎሙ፡
እጓለ፡ እመሕያው፡ ከመዝ፡[1] እኩይ፡ *ኵሉ፡ መዋዕለ፡፡[2] ወርእየ፡ እግዚአብሔር፡ ለምድር፡ 3
ወናሁ፡ ማሰነት፡ ወ*አማሰነት፡[4] *ኵሉ፡ ዘ[5]ሥጋ፡ ሥርዓታ፡[6] ወ*አእከዩ፡ ኵሎ፡[7] ቅድመ፡ አዕይንቲሁ፡[8]
ኵሎ፡[9] ዘሀሎ፡ ውስተ፡ ምድር፡፡ ወይቤ፡ እደመስሶ፡[10] ለሰብእ፡ ወለኵሉ፡ ዘሥጋ፡ በመልዕልተ፡[11] ገጸ፡ 4
ምድር፡ ዘፈጠርኩ፡፡[12] ወኖኅ፡ ባሕቲቱ፡ ረከበ፡[13] ሞገሰ፡ በቅድመ፡ *አዕይንቲሁ፡ ለእግዚአብሔር፡፡[14] 5
ወዲበ፡ መላእክቲሁ፡ እለ፡ ፈነወ፡[15] ውስተ፡ ምድር፡ ተምዐ፡ ፈድፋደ፡ ይሠርዎሙ፡[16] እምኵሉ፡ 6
ሥልጣኖሙ፡ ወይቤለነ፡ ከመ፡ ንእስሮሙ፡ ውስተ፡ *መዓምቅቲሃ፡ ለ[17]ምድር፡ ወናሁ፡ እሙንቱ፡
እሡራን፡ ማእከሎሙ፡ ወ*ብሕትዋን፡፡[18] ወዲበ፡ ውሉዶሙ፡ ወፅአ፡ ቃል፡ እምቅድመ፡ ገጹ፡ ከመ፡ 7
ይምሐጾሙ፡ በሰይፍ፡ ወያሰስሎሙ፡ እምታሕተ፡ ሰማይ፡፡[19] ወይቤ፡ ኢ*ይነብር፡[20] መንፈስየ፡ 8
*ዲበ፡ ሰብእ፡[21] ለዓለም፡ እስመ፡ እሙንቱ፡*ሂ፡ ሥጋ፡[22] ወይኩን፡ መዋዕሊሆሙ፡ *ምእት፡ ወዕሥራ፡[23]
ዓመት፡፡ ወፈነወ፡ ሰይፎ፡[24] ማእከሎሙ፡ ከመ፡ *ይቅትል፡ ፩፩ቢጾ፡[25] ወወጠኑ፡ ይቅትሉ፡ *ዝንቱ፡ 9
ዘንተ፡ እስከ፡[26] ወድቁ፡ ኵሎሙ፡ ውስተ፡ ሰይፍ፡ ወተደምሰሱ፡ *እም፡ ምድር፡፡[27] ወአበዊሆሙሰ፡ 10
ይኔጽሩ፡ ወ*እምድኅረዝ፡[28] ተአሰሩ፡ ውስተ፡ መዓምቅቲሃ፡ ለምድር፡ *እስከ፡ ለዓለም፡[29] እስከ፡
ዕለተ፡ ደይን፡ ዐባይ፡ ለከዊነ፡ ኵነኔ፡[30] ዲበ፡ ኵሎሙ፡ እለ፡ አማሰኑ፡ ፍናዊሆሙ፡ ወ*ምግባሪሆሙ፡[31]
ቅድመ፡[32] እግዚአብሔር፡፡ ወደምሰሰ፡ ኵሎ፡[33] እመካኖሙ፡ ወኢ*ተርፈ፡ አሐዱ፡ እምኔሆሙ፡[34] 11
ዘኢኰነነ፡ በኵሉ፡ እከዮሙ፡፡[35] ወገብረ፡ *ለኵሉ፡ ግብሩ፡ ፍጥረተ፡ ሐዳሰ፡ ወጻድቀ፡[36] ከመ፡ 12

---

[1] Should be a rendering of רק Gen. vi. 5, but translators often omitted or mistranslated this word. LXX renders ἐπιμελῶς. [2] መዋዕሊሆሙ፡ A. [3] A omits. [4] አማሰኑ፡ A, so Eth. Vers. Gen. vi. 12; አማሰነ፡ C D. [5] ኵሉ፡ B. [6] ሥርዐቶሙ፡ A; ሥርዐተ፡ C D. [7] አብዝኁ፡ እከየ፡ A; እከየ፡ ኵሎ፡ B; አእከዩ፡ ኵሎሙ፡ C D. [8] A adds ለእግዚአብሔር፡ [9] ኵሎ፡ D. [10] ይደመስሶ፡ B C, but Gen. vi. 7 supports A D. [11] ዘመልዕልተ፡ B. We should expect እምላዕለ፡ cf. Gen. vi. 7 מֵעַל. [12] Emended with Gen. vi. 7, from ፈጠረ፡ A B; ተፈጥረ፡ C D. [13] ዘረከበ፡ A. [14] So D and Gen. vi. 8, Mass., Sam., Syr.; እግዚአብሔር፡ ወበቅድመ፡ አዕይንቲሁ፡ A; አዕይንቲሁ፡ B C. LXX incorrectly Κυρίου τοῦ Θεοῦ. [15] A omits. [16] ወእምዝ፡ ይእሰርዎሙ፡ A. [17] መዓምቅት፡ B. [18] በሕታውያን፡ D. [19] ምድር፡ A. [20] So LXX καταμείνῃ, Syr., Itala, Onk., Vulg., Arabic of Gen. vi. 3 implying ידור or ילן instead of Mass. ידון, Symm. οὐ κρινεῖ. [21] ዲቤሆሙ፡ ለሰብእ፡ A. Text agrees with Gen. vi. 3, against LXX ἐν τοῖς ἀνθρώποις τούτοις. [22] ዘሥጋ፡ ወይእዜ፡ እሙንቱ፡ A. [23] ፻ወ፳ A. [24] ሰይፈ፡ A D. [25] ይቅትሉ፡ አሐዱ፡ አሐዱ፡ ቢጾሙ፡ B. [26] እንከ፡ ዝንቱ፡ ወ A; ዝንቱ፡ እስከ፡ B; ዝንቱ፡ ለዝንቱ፡ እስከ፡ D. [27] እምድር፡ A. [28] A trans. after ተአሰሩ፡ [29] B omits. [30] A adds ዐባይ፡ ዲበ፡ ኵሉ፡ እለ፡ ይነብሩ፡ ዲበ፡ ምድር፡ ወ. [31] ምክሮሙ፡ A; ምክሮሙኒ፡ D. [32] እምቅድመ፡ A. [33] A adds እምድር፡ ወ. [34] ተረፈ፡ እምኔሆሙ፡ ወኢአሐዱ፡ A. [35] A adds ወገብሩ፡ ለኵሉ፡ እከዮሙ፡ [36] ግብረ፡ ሐዳሰ፡ ወጽድቀ፡ A.

ኢየአብሱ፡ በዙሉ፡ ፍጥረቶሙ፡ እስከ፡ ለዓለም፡ ወ*ይጽድቁ፡[1] ዙሉ፡ *በበ፡ ትዝምዱ፡ ዙሉ፡
13 መዋዕሊሁ። ወኵነኔ፡ ዙሉሙ፡[2] ተሠርዐ፡[3] ወተጽሕፈ፡ ውስተ፡ ጽላተ፡ ሰማይ፡ ወ*አልቦ፡[4] ዐመፃ፡
ወዙሉሙ፡ እለ፡[5] ተዐደዉ፡[6] እምፍኖቶሙ፡[7] ለእንተ፡[8] ተሠርዐት፡ ሎሙ፡ ከመ፡ ይሖሩ፡ ባቲ፡
14 ወ*ለ*እመ፡ ኢሖሩ፡ ባቲ፡[9] ተጽሕፈ፡ ኵነኔ፡ ለዙሉ፡ ፍጥረት፡ ወለዙሉ፡ ትዝምድ። ወአልቦ፡
ምንትኒ፡ ዘበሰማይ፡ ወዘበምድር፡ ወ*ዘ*ውስተ፡ ብርሃን፡ ወ*ዘ*ውስተ፡ ጽልመት፡ ወ*በ[10]ሲኦል፡
ወውስተ፡ ቀላይ፡ ወውስተ፡ መጽልም፡ ወዙሉ፡ ኵነኔሆሙ፡ *ሥሩዕ፡ ወጽሑፍ፡[11] ወቅሩጽ።
15 በእንተ፡ ዙሉ፡ ለዐቢይ፡ በከመ፡[12] ዐቢዩ፡ ወለንኡስ፡*ሂ*፡ በከመ፡ ንእሱ፡ ወለለ፡ እሐዱ፡ በከመ፡[13]
16 ፍኖቱ፡ ይኴንኖ።[14] ወኢኮነ፡ ውእቱ፡ ዘይነሥእ፡ *ገጸ፡ ወኢኮነ፡ ውእቱ፡ ዘይነሥእ፡[15] ሕልያነ፡
እመ፡[16] ይቤ፡ ይገብር፡ ኵነኔ፡ ለለ፩፩፡[17] እመ፡[16] ወሀበ፡ ዙሉ፡ ዘውስተ፡ ምድር፡ ኢይነሥእ፡ *ሕልያነ፡
17 ወኢገጸ፡[18] ወኢይትሜጠው፡ እምእዴሁ፡[19] እስመ፡ መኰንነ፡ ጽድቅ። ወዲበ፡ ደቂቀ፡ እስራኤል፡
ተጽሕፈ፡ ወተሠርዐ፡ እመ፡[16] ተመይጡ፡ ኀቤሁ፡ በጽድቅ፡ የኀድግ፡[20] ዙሉ፡ አበሳሆሙ፡ ወ*ይሰሪ፡[21]
18 ዙሉ፡[22] ኀጢአቶሙ። ተጽሕፈ፡ ወተሠርዐ፡ ይትመሐር፡ ለዙሉ፡ እለ፡ ተመይጡ፡ እም*ዙሉ፡
19 ጌጋዮሙ፡ ምዕረ፡ ለ*ለ፡ ዓመት። ወ*ዲበ፡[22] ዙሉሙ፡ እለ፡ አማሰኑ፡ ፍናዊሆሙ፡ ወምክሮሙ፡
*እምቅድመ፡ አይኅ፡[23] ኢ*ተነሥአ፡[24] ገጾሙ፡ ዘእንበለ፡ ለኖኅ፡ ባሕቲቱ፡ እስመ፡ ተነሥአ፡[24] *ሎቱ፡
ገጾ፡[25] በእንተ፡ ውሉዱ፡ እለ፡ አድኅኖሙ፡ እማየ፡[26] አይኅ፡ በእንቲአሁ፡[27] እስመ፡ ጻድቅ፡[28]
ይእቲ፡ *ልቡ፡ በዙሉ፡ ፍናዊሁ፡[29] በከመ፡ አዘዞ፡ በእንቲአሁ፡[30] ወኢ*ተዐደወ፡[31] እምዙሉ፡
20 ዘሥሩዕ፡ ሎቱ።[32] ወይቤ፡ እግዚአብሔር፡ *ይደመስስ፡ ዙሉ፡[33] ዘ*ዲበ፡[34] የብስ፡ እመሰብእ፡
*እስከ፡ እንስሳ፡ እስከ፡[35] አራዊት፡ ወእስከ፡ *አዕዋፈ፡ ሰማይ፡[36] ወእስከ፡ ዘይትሐወስ፡ ውስተ፡
21 ምድር። ወአዘዞ፡ ለኖኅ፡ ይግበር፡ ሎቱ፡[37] ታቦተ፡ ከመ፡ *ያድኅኖ፡ እም፡ ማየ፡[38] አይኅ።
22 ወገብረ፡ ኖኅ፡ ታቦተ፡ በዙሉ፡ በከመ፡ አዘዞ፡ በ*ዕሥራ፡ ወሰመንቱ፡[39] *ኢዮቤልዉ፡ ዓመታት፡[40]
23 በኃምስ፡ ሱባኤ፡[41] በኃምስ፡ ዓመት። ወቦአ፡ በሳድስ፡ ሎቱ፡ በካልእ፡ ወርኅ፡ *በሠርቅ፡ ለካልእ፡

---

[1] ይጸድቁ፡ A B. [2] ለትዝምዱ፡ ዙሉ፡ መዋዕሊሁ፡ ወኵነኔ፡ ለኵሎሙ፡ A. [3] ተሠርዐ፡ B. [4] መልእ፡ A. [5] A omits. [6] ይትዓደዉ፡ B. [7] እምፍኖቶሙ፡ A B C. [8] በእንተ፡ A; በእንተ፡ ዝንቱ፡ B; በእንቲአ፡ D. Text of this line very doubtful. [9] A B omit. [10] ውስተ፡ A. [11] ጽሑፍ፡ ወሥሩዕ፡ B. [12] በእንቲ፡ B. [13] A adds ዐበዩ፡ ወ. [14] ይኴንኖሙ፡ B. [15] A C omit. [16] ወእመ፡ A. [17] ለእሐዱ፡ A; ለእሐዱ፡ ወእሐዱ፡ B. [18] ገጸ፡ B; ገጸ፡ C D. [19] እምኔሁ፡ B. [20] A adds ሎሙ፡ [21] ይስረይ፡ B. [22] ለ A. [23] እምቅድም፡ A. [24] ተንሥአ፡ A B C. [25] ሎሙ፡ A. [26] እም፡ ማየ፡ B. [27] በእንቲአሆሙ፡ A D. [28] ጻድቅት፡ A C D. [29] ልቦሙ፡ በዙሉ፡ ፍናዊሆሙ፡ A D. [30] በእንቲአሆሙ፡ D. [31] ተዐደዉ፡ ሎቱ፡ A; ተዐደዉ፡ D. [32] ሎሙ፡ A. [33] ለይደምስስ፡ ዙሉ፡ A. [34] ውስተ፡ A. [35] ወእንስሳ፡ ወ A. Observe that בְּהֵמָה is expanded into እንስሳ፡ and አራዊት፡ [36] አዕዋፍ፡ B. [37] A B omit, but Gen. vi. 14 supports C D. [38] ይድኅን፡ እማየ፡ A. [39] Emended from ክልኤ፡ A; ክልኤቱ፡ B. [40] ኢዮቤልዉ፡ (ኢዮቤሌው፡ A) ዓመታት፡ A B. [41] ብዙኅ፡ A.

ወርኀ፡[1] እስከ፡ አመ፡ ዐሠሩ፡ ወሰዱሱ፡ ወ[2]ቦአ፡ ውእቱ፡ ወዙሉ፡ ዘአብአ፡ ሎቱ፡[2] ውስተ፡ ታቦት፡
ወዐጸዋ፡ እግዚአብሔር፡ እንተ፡[3] አፍኣሁ፡[4] በዐሠሩ፡ ወሰቡዑ፡ ምሴት። ወአርኀወ፡ እግዚአብሔር፡ 24
ሰብዐተ፡ መንባሕብሒተ፡[5] ሰማይ፡[6] ወአፈወ፡[7] አንቅዕተ፡ ቀላይ፡ ዐቢይ፡[8] *በሰብዑ፡ አፈው፡[8]
በ*ኍልቈሙ።[9] ወአኀዙ፡ መንባሕብሓት፡[10] ያውርዱ፡ ማየ፡ እምሰማይ፡ ፵መዋዕለ፡ ወ፵ለያልየ፡ 25
ወአንቅዕተ፡ ቀላይኒ፡ ያዐርጉ፡ ማያተ፡ እስከ፡ ሶበ፡ መልአ፡ [11]ዙሉ፡ ዓለም፡[11] ማየ። ወልህቀ፡ ማያት፡ 26
ዲበ፡ ምድር፡ [12]ዐሠርቱ፡ ወኃምስቱ፡[12] በእመት፡ [13]ተለዐሉ፡ ማያት፡ ዲበ፡ ዙሉ፡ ደብር፡ ነዋኅ፡[13]
ወተለዐለት፡ ታቦት፡ እምዲበ፡[14] ምድር፡ ወታንሶሱ፡ ዲበ፡ ገጸ፡ ማያት። ወሀሉ፡ ማያት፡ ይቀውም፡[15] 27
ዲበ፡ ገጸ፡[16] ምድር፡ ኃምስቱ፡[17] አውራኀ፡ *ምእተ፡ ወኃምሳ፡[18] ዕለተ። ወሖረት፡ ታቦት፡ ወአዕረፈት፡ 28
*ዲበ፡ ርእሰ፡ ሉባር፡ አሐዱ፡[19] እምአድባረ፡ አራራት። ወበወርኀ፡ ራብዕ፡ ተፈጸመ፡ አንቅዕተ፡ 29
ቀላይ፡ ዐቢይ፡ ወመንባሕብሒተ፡ ሰማይ፡[20] ተአኀዘ፡ ወበሠርቀ፡ *ወርኀ፡ ሳብዕ፡[21] ተርኀወ፡ ኵሉ፡[22]
አፈወ፡ መዓምቅተ፡ ምድር፡ ወ*አኀዘ፡ ማያት፡ ይረድ፡ ውስተ፡ ቀላይ፡ ታሕቲት።[23] ወበ*ሠርቀ፡ 30
ወርኀ፡ ዓሥር፡ አስተርአየ፡ አርእስት፡[24] አድባር፡ ወበሠርቀ፡ ለ*ወርኀ፡ ቀዳሚ፡ *አስተርአየት፡
ምድር።[25] ወነጽፈ፡ ማያት፡ እመልዕልተ፡ ምድር፡ በሱባዔ፡ ኃምስ፡ በሳብዕ፡ ዓመቱ፡ ሎቱ፡ 31
ወአመ፡ *ዐሠሩ፡ ወሰቡዑ፡ ዕለት፡[26] በካልእ፡ ወርኀ፡ የብሰት፡ ምድር። ወአመ፡ *ዕሥራ፡ ወሰቡዑ፡[27] 32
ሎቱ፡ አርኀዋ፡ ለታቦት፡ ወፈነወ፡[28] እምውስቴታ፡ አራዊተ፡ ወእንስሳ፡[29] ወአዕዋፈ፡ ወዘይትሐወስ።

---

[1] A omits. For ወርኀ፡ B reads ውርኁ፡ [2] B omits. [3] A omits. [4] አፍኣየ፡ B. So also LXX Gen. vii. 16 *ἔξωθεν αὐτοῦ* and Vulg. *deforis* render בַּעֲדוֹ. [5] መንበኅብሕተ፡ B. [6] ማይ፡ A. [7] ወአርኀወ፡ A. [8] ሰብዓ፡ አፈወ፡ A. [9] ኍልቍ፡ A B. [10] መንበኅብሕት፡ B. [11] ዙሉ፡ ዓለመ፡ A. [12] ፲ወ፭ A. [13] ዲበ፡ ዙሉ፡ አድባር፡ ወአውግር፡ ነዋኃት፡ ተላዐሉ፡ ማይ፡ A. I have followed B save that for ተላዐሉ፡ I have given ተለዐሉ፡ [14] So Gen. vii. 17 מֵעַל. A reads እም; C D ዲበ፡ LXX *ἀπό*. [15] ይቀውሙ፡ A. LXX incorrectly gives *ὑψώθη* for וַיִּגְבְּרוּ Gen. vii. 24. [16] Gen. vii. 24 omits. [17] ፭ A. [18] ፻ወ፶ A. [19] ውስተ፡ አድባረ፡ ወዲበ፡ ርእሰ፡ ሰአሐዱ፡ ደብር፡ A. [20] ሰማይ፡ B. [21] A trans. [22] ዙሉ፡ A. [23] አርኀወ፡ እግዚአብሔር፡ ዙሉ፡ አንቅዕተ፡ መዓምቅት፡ ምድር፡ ምስለ፡ ቀላያት፡ ታሕቲት፡ A, against B C D, which I have followed. [24] አርእስቲሆሙ፡ ለ A. [25] አስተርአየ፡ የብስ፡ A. [26] ፲ወ፯ ዕለት፡ A. [27] ፳ወ፯ A. With this date and the preceding Rönsch cf. LXX Zittav. Complut. *ἐν τῷ δευτέρῳ μηνὶ ἑπτὰ καὶ δεκάτῃ ἡμέρᾳ ἐξηράνθη ἡ γῆ καὶ ἑβδόμῃ καὶ εἰκάδι τοῦ μηνὸς ἀνέῳξε τὴν κιβωτόν.* Gen. viii. 14 Mass., LXX, and Vulg. give 'In the second month on the seven and twentieth day of the month was the earth dry.' [28] A adds ሎቱ፡ [29] A B C omit, but it is possibly original; cf. LXX Gen. viii. 19 *πάντα τὰ θηρία καὶ πάντα τὰ κτήνη καὶ πᾶν πετεινὸν καὶ πᾶν ἑρπετὸν κινούμενον*; Syr. ܘܟܠܗ̇ ܚܝܘܬܐ ܘܟܠܗ̇ ܒܥܝܪܐ ܘܟܠܗ̇ ܦܪܚܬܐ ܘܟܠ ܪܚܫܐ ܕܪܚܫ. Hence Mass. text is corrupt, and for כָּל־הַחַיָּה כָּל־הָרֶמֶשׂ וְכָל־הָעוֹף כֹּל רוֹמֵשׂ we should read with A B C כָּל־הַחַיָּה וְכָל־הָעוֹף וְכָל־הָרֶמֶשׂ הָרֹמֵשׂ. D, Syr., and LXX add הַבְּהֵמָה after הַחַיָּה. In MSS. D E of LXX text is harmonized with Mass. Sam. (=omnes bestiae et omnia volatilia et omnia reptilia repentia) supports our correction of Mass. So likewise do the Vulgate and Arabic.

6 ወ[1]አመ፡ ሠርቀ፡[2] ለወርኀ፡ ሣልስ፡ ወፅአ፡ እምነ፡ ታቦት፡ ወሐነጸ፡ ምሥዋዐ፡ ውስተ፡ *ውእቱ፡
2 ደብር፡፡[3] ወ*አስተስረየ፡[4] ዲበ፡ ምድር፡ ወነሥአ፡ *መሐስአ፡ ጠሊ፡[5] ወአስተስረየ፡ በደሙ፡[6] በእንተ፡
ኵሉ፡ አበሳ፡ ምድር፡ እስመ፡ ተደምሰሰ፡ ኵሉ፡ ዘሀሎ፡ ውስቴታ፡ ዘእንበለ፡ እለ፡ ሀለዉ፡ ውስተ፡
3 ታቦት፡[7] *ምስሌሁ፡ ኖኅ፡፡[8] ወአዕረገ፡ *ሥብሖ፡ ዲበ፡[9] ምሥዋዕ፡ ወነሥአ፡ ላህመ፡ ወበሐኰ፡ ወበግዐ፡
ወ*አጣሌ፡[10] ወጼወ፡ ወ*መንጢጠ፡[11] ወ*እጕሉ፡ ርግብ፡[12] ወአዕረገ፡ ጽንሓሐ፡ ውስተ፡[13] ምሥዋዕ፡[14]
ወ*ሦጠ፡[15] ላዕሌሆን፡ መሥዋዕተ፡ ልውሰ፡ በቅብዕ፡ ወነዝኀ፡ ወይነ፡[16] ወወደየ፡ ላዕለ፡ ኵሉ፡ ስኂነ፡
4 ወአዕረገ፡ መዐዛ፡ ሠናየ፡ ዘ*ያሠምር፡[17] ቅድመ፡ እግዚአብሔር፡፡ *ወአጼነወ፡ እግዚአብሔር፡[18]
መዐዛ፡ ሠናየ፡[19] ወተካየደ፡ ምስሌሁ፡ ኪዳነ፡ ከመ፡ ኢይኩን፡ ማየ፡ አይኅ፡ ዘያማስና፡ ለምድረ፡[18]
ኵሎ፡ መዋዕለ፡ ምድር፡ ዘርእ፡[20] ወማእረር፡[20] *ኢይትኀደግ፡[21] ደይክ፡ ወ[22]መርቄ፡ ወ[22]*ሐ
ጋይ፡[22] ወክረምት፡[22] ወ[22]*መዓልት፡[22] ወሌሊት፡[22] ኢይወልጡ፡ ሥርዐቶሙ፡ ወኢ*ይትኀለፉ፡[23]
5 ለዓለም፡፡ ወአንትሙሰ፡[24] ልሀቁ፡ ወተባዝኁ፡ *ውስተ፡ ምድር፡[24] ወብዝኁ፡[25] ላዕሌሃ፡ *ወኩኑ፡
ለበረከት፡[28] ላዕሌሃ፡[27] ፍርሀትክሙ፡ ወ*ረዓድ[29]ክሙ፡ እሁብ፡ ዲበ፡ ኵሉ፡ ዘውስተ፡ ምድር፡
6 ወዘውስተ፡ ባሕር፡፡ ወናሁ፡ ወሀብኩክሙ፡ ኵሎ፡ አራዊተ፡ ወኵሎ፡[30] ዘይሰርር፡[16] ወኵሎ፡
ዘይትሐወስ፡ ውስተ፡ ምድር፡ ወውስተ፡ ማያት፡ ዓሣት፡ ወ*ኵሎ፡[30] ለሲሲት፡ *ከመ፡ ሐምለ፡
7 ሣዕር፡[31] ወሀብኩክሙ፡ ኵሎ፡ ትብልዑ፡፡[32] ወባሕቱ፡ ሥጋ፡ ዘምስለ፡ *መንፈሱ፡ ምስለ፡[33] ደሙ፡[33]
ኢትብልዑ፡ እስመ፡ ነፍሱ፡[34] ኵሉ፡ ዘሥጋ፡ ውስተ፡ ደም፡ ውእቱ፡ ከመ፡ ኢይትኀሠሥ፡ ደምክሙ፡
ውስተ፡[35] ነፍሳቲክሙ፡፡ እም[36]ውስተ፡ እደ፡[37] ኵሉ፡[38] ሰብእ፡ እም*እደ፡[37] ኵሉ፡[39] እትኀሠሥ፡[40]
8 በደመ፡ ሰብእ፡፡ ዘ*ይክዑ፡[41] ደመ፡ ሰብእ፡ በሰብእ፡[42] ደሙ፡ ይትከዐው፡ እስመ፡ በ[42]መልክዐ፡

---

[1] C D omit. [2] ፀሠሩ፡ A. From present text LXX Zittav. Complut. has drawn *ἐν μιᾷ τοῦ μηνὸς τοῦ τρίτου* (Rönsch). [3] ዝንቱ፡ ምድር፡ A. [4] አስተርአየ፡ A C D. [5] A trans. [6] B omits. [7] ታቦቱ፡ A. [8] A trans. before ውስተ፡ [9] ደመ፡ ምሥዋዕ፡ A. [10] ጠሊ፡ A. [11] መንጢጢ፡ A. [12] እጓለ፡ ርግብ፡ A. [13] ዲበ፡ B. [14] ምድር፡ ወይሠውዕ፡ መሥዋዕተ፡ A. [15] ይሠውጥ፡ A B; ይሰውጥ፡ C. [16] ደመ፡ A; ደመ፡ ወወይነ፡ C. [17] Emended from ይሠምር፡ [18] A omits. [19] ሠናይ፡ A. [20] A B put in acc. [21] ወኢይትኀደግ፡ A; ኢይትኀደግ፡ D. [22] A B omit. [23] ይትኀለፉ፡ B; ያኀልፉ፡ C; ይትኀለፉ፡ D. [24] D omits. [25] ወእንዘዙ፡ A; Gen. ix. 1 וּמִלְאוּ. [26] This implies וּבָרְכוּ, possibly a corruption of וּרְדוּ, the text implied by *καὶ κατακυριεύσατε* of LXX Gen. ix. 7 (so also Ver. Sam.) or of וּדְרכוּ implied by Vulg. *et ingredimini* (so Arabic). At any rate Mass. and Sam. וּרְבוּ are wrong. [27] Emended from ማእከለ፡ [28] ረዐይ፡ A. [29] A adds እንበለ፡ C D እንበለ፡ ወኵሎ፡ against Gen. ix. 2. [30] ኵሉ፡ A. [31] በከመ፡ ሐምለ፡ ምድር፡ ሣዕረ፡ A. [32] Gen. ix. 3 omits. [33] Text agrees closely with Gen. ix. 4 בְּנַפְשׁוֹ דָמוֹ, against LXX *ἐν αἵματι ψυχῆς*. [34] መንፈሱ፡ A. [35] በውስተ፡ A. This is a misleading rendering of לְ in לְנַפְשֹׁתֵיכֶם; hence we should read ለነፍሳቲክሙ፡ [36] ወእም A. [37] ደመ፡ A. [38] Gen. ix. 5 omits. [39] Gen. ix. 5 אִישׁ אָחִיו; LXX less close to Mass. *ἐκ χειρὸς ἀνθρώπου ἀδελφοῦ*. [40] ይትኀሠሥ፡ A; እኀሠሥ፡ B. [41] ይትከዐው፡ A. [42] LXX Gen. ix. 6 *ἀντὶ τοῦ αἵματος αὐτοῦ* through confusing באדם and בדם; text agrees with Mass.

እግዚአብሔር፡ ገብሮ፡ ለአዳም። ወአንትሙ፡ ለሀቁ፡ ወ*ብዝኁ፡ ዲበ፡[1] ምድር። ወመሐለ፡ 9, 10
ኖኅ፡ ወ*ደቂቁ፡[2] ከመ፡ ኢይብልዑ፡ ዘሉ፡[3] ደመ፡ ዘበ[4]ዘሉ፡ ሥጋ፡[5] ወተካየደ፡ ኪዳነ፡ ቅድመ፡[6]
እግዚአብሔር፡ አምላክ፡ ለ[7]ዓለም፡ በዘሉ፡ ትውልደ፡ ምድር፡ በዝንቱ፡ ወርኅ። በእንተ፡ ዝንቱ፡ 11
ተናገረከ፡ ትትካየድ፡ ኪዳነ፡ አንተኒ፡[8] ምስለ፡ ደቂቀ፡ እስራኤል፡ በዝ፡ ወርኅ፡ በዲበ፡ ደብር፡[9] ምስለ፡
ማሕላ፡[10] ወ*ትነዝኅ፡[11] ላዕሌሆሙ፡ ደመ፡° በእንተ፡ ዘሉ፡ ነገረ፡ ኪዳን፡ ዘ*ተካየደ፡[12] *እግዚአብሔር፡
ምስሌሆሙ፡[13] ለዘሉ፡ መዋዕል። ወ*ጽሕፍት፡[14] ዛቲ፡ ስምዕ፡ ላዕሌክሙ፡ ከመ፡ ትዕቀብዋ፡ 12
ዘሉ፡ መዋዕለ፡ ከመ፡ ኢትብልዑ፡ በዘሉ፡ መዋዕል፡ ዘሉ፡ ደመ፡ አራዊት፡ ወአዕዋፍ፡ ወእንስሳ፡[15]
በዘሉ፡[16] መዋዕለ፡ ምድር፡ ወሰብእ፡ ዘ*በልዐ፡ ደመ፡ አርዌ፡[17] ወዘእንስሳ፡ ወዘአዕዋፍ፡ በዘሉ፡
መዋዕለ፡ ምድር፡ ይሰሮ፡[18] ውእቱ፡ ወዘርኡ፡ እምድር። ወአንተ፡ አዝዞሙ፡ ለደቂቀ፡ እስራኤል፡ 13
ኢይብልዑ፡ *ዘሉ፡ ደመ፡ ከመ፡[19] የሀሉ፡ ስሞሙ፡ ወዘርኦሙ፡ ቅድመ፡ እግዚአብሔር፡ አምላክነ፡
ዘሉ፡ መዋዕለ። ወአልቦ፡ ለዝ፡ ሕግ፡ ዐቅመ፡ መዋዕል፡ እስመ፡ ለዓለም፡ ውእቱ፡ ይዕቀብዎ፡ 14
ለትውልዶሙ፡[20] ከመ፡ ይኩኑ፡[21] እንዘ፡ ይትመሀለሉ፡ *በእንቲአክሙ፡ በደም፡[22] በቅድመ፡ ምሥዋዕ፡
በዘሉ፡ ዕለት፡ ወ*ሰዓተ፡[23] ነግህ፡ ወ*ሰርክ፡[24] ያስተሰርዩ፡ በእንቲአሁ፡[25] ወትረ፡[26] ቅድመ፡
እግዚአብሔር፡ ከመ፡ ይዕቀብዎ፡ ወኢ*ይሠረዉ።[27] ወወሀቦ፡ ለኖኅ፡ ወለ*ደቂቁ፡[28] ትእምርተ፡[29] 15
ከመ፡ ኢ*ይኩን፡[30] ዳግመ፡ አይኅ፡[31] ዲበ፡ ምድር። ቀስቶ፡ ወሀበ፡[32] ውስተ፡ ደመና፡ ለትእምርተ፡ 16
ኪዳን፡[33] ዘ"ለዓለም፡ ከመ፡ ኢይኩን፡ እንከ፡ ማየ፡ አይኅ፡ ዲበ፡ ምድር፡ ለአማስኖታ፡ ዘሉ፡ መዋዕለ፡[34]
ምድር። በእንተዝ፡ *ተሠርዐ፡ ወ*ተጽሕፈ፡ ውስተ፡ ጽላት፡ ሰማይ፡ ከመ፡ ይኩኑ፡ ገበርተ፡ በዓል፡ 17
ዘ*ሱባዔ፡[35] በዝ፡[36] ወርኅ፡ ምዕረ፡ ለዓመት፡ ለሐዲስ፡ ኪዳን፡ በ*ዘሉ፡ ዓም፡ ወ[37]ዓመት። ወ[38]ኮነ፡ 18
ዘሉ፡ *ዛቲ፡ በዓል፡[39] እንዘ፡ ትትገበር፡ በሰማይ፡ እምዕለተ፡ ፍጥረት፡ እስከ፡ መዋዕለ፡ ኖኅ፡
*ዕሥራ፡ ወሰድስቱ፡ ኢዮቤልዉ፡[40] ወሱባዔ፡ ዓመት፡ ኃምስቱ፡[41] ወዐቀብዋ፡ ኖኅ፡ ወ*ደቂቁ፡ ሰብዓቱ፡
ኢዮቤልዉ፡[42] ወሱባዔ፡ ዓመታት፡[43] ሰሐተ፡° እስከ፡ ሰመ፡° ዕለተ፡ ሞቱ፡[44] ለኖኅ፡ ወ*እምዕለተ፡

---

[1] ተባዝኁ፡ ወምልእዋ፡ ለ A. Here A has drawn ወምልእዋ፡ ለ from Eth. Vers. of Gen. ix. 7, and agrees with LXX καὶ πληρώσατε τὴν γῆν against Mass. [2] ደቂ፡ A. [3] ዘሉ፡ A; B omits. [4] ዘበቱ፡ A. [5] ዘሥጋ፡ B. [6] B adds እግዚአ፡ [7] ዘለ A. [8] A omits. [9] ምድር፡ A. [10] ማኅላ፡ B. [11] ትበዝኅ፡ B. [12] ይትካየድ፡ B D. [13] A trans. [14] ጽሕፈት፡ A. [15] A B omit. [16] ዘሉ፡ B. [17] ይበልዕ፡ ደመ፡ ሰብእ፡ ወአራዊት፡ A. [18] ይሠሮ፡ B. [19] ዘሉ፡ ደም፡ A. [20] ለትውልድ፡ B. [21] B omits. [22] በእንቲአሆሙ፡ ለደም፡ በእንተዝ፡ ለደም፡ A. [23] Em. from ሰዓት፡ ወ B; በዕለት፡ A; ዕለት፡ C D. We ought perhaps to read በዓል፡ [24] ሰርክ፡ A. [25] በእንቲአሆሙ፡ B C; በእንቲአክሙ፡ D. [26] A trans. after እግዚአብሔር፡ [27] ይሰጠዉ፡ A. [28] ደቂ፡ A. [29] ትድምርት፡ A. [30] ይከውን፡ A. [31] በዘሉ፡ መዋዕል፡ አይኅ፡ በ A; አይኅ፡ ዳግመ፡ B. [32] ወሀቦ፡ A. [33] ኪዳኒ፡ A. [34] A adds ዲበ፡ [35] ሱባዔያት፡ B. [36] በዘ A. [37] ለ A. [38] ወዘሉ፡ A. [39] ይእቲ፡ በዓለ፡ A. [40] ፳ወ፮ ኢዮቤሌዎን፡ A. [41] ፭ A. [42] ደቂቀ፡ ፯ ኢዮቤሊው፡ A. [43] ዓመት፡ A; ዓመታት፡ B. [44] A illegible.

ሞቱ፡ ለኖኅ፡[1] አማሰኑ፡[2] ውሉዱ፡[3] እስከ፡ አመ፡[4] መዋዕሊ፡ አብርሃም፡ *ወይበልዑ፡ ደመ።[4]
19 ወ*አብርሃም፡[4] ባሕቲቱ፡[5] ዐቀበ፡ ወ[6]ይስሐቅ፡ ወያዕቆብ፡ ወ[6]ውሉዱ፡ ዐቀብዎ፡ እስከ፡ መዋዕሊከ፡
ወበመዋዕሊከ፡ ረስዑ፡ ውሉደ፡[7] እስራኤል፡ እስከ፡[4] አመ፡ ኀደስኩዎሙ፡[8] በኀበዝ፡ ደብር።
20 ወአንተኒ፡ አዝዞሙ፡ ለ*ደቂቀ፡[9] እስራኤል፡ ይዕቀብዎ፡[10] ለዝንቱ፡ በዓል፡ በኵሉ፡ ትውልዶሙ፡
21 ለትእዛዝ፡ ሎሙ፡ ዕለተ፡[11] አሐተ፡ ለዓመት፡[12] በዝ፡[13] ወርኅ፡ ይግበሩ፡ በዓለ፡ ባቲ። እስመ፡ በዓለ፡
ሱባዔያት፡ *ይእቲ፡ ወበዓለ፡[4] *ቀዳሚ፡ ፍሬ፡[14] ይእቲ፡ ክልኤ፡[4] ዕጽፍት፡[15] ይእቲ፡ ወለክልኤ፡
22 ዘመድ፡[16] ዛቲ፡ *በዓል፡ በከመ፡[17] ጽሑፍ፡ ወ*ቍሩጽ፡[18] በእንቲአሃ፡ ግብራ። እስመ፡ ጸሐፍኩ፡
ውስተ፡ መጽሐፈ፡ ሕግ፡ ዘ[19]ቀዳሚ፡ ውስተ፡ ዘጸሐፍኩ፡ ለከ፡ ትግበራ፡ በበጊዜሃ፡ ዕለተ፡[20] አሐተ፡
ለ[21]ዓመት፡ ወቍርባኒሃ፡ ነገርኩከ፡ ከመ፡ ይኩኑ፡ ዝኩራነ፡ ወይግበርዋ፡ ደቂቀ፡ እስራኤል፡ ውስተ፡
23 ትውልዶሙ፡ በዝ፡ ወርኅ፡ ዕለተ፡ አሐተ፡ ለለ*አሐዱ፡[22] ዓመት። *ወበሠርቀ፡ ወርኅ፡ ቀዳሚ፡[4]
ወበሠርቀ፡ ወርኅ፡ ራብዕ፡ ወበሠርቀ፡ ወርኅ፡ ሳብዕ፡ ወበሠርቀ፡ ወርኅ፡ ዓሥር፡ ዕለታት፡ ተዝካር፡
እማንቱ፡ ወዕለታት፡ ጊዜ፡ እማንቱ፡ ውስተ፡ *አርባዕቱ፡ መክፈልት፡[23] ዓመት፡ ጽሑፋት፡[24] እማንቱ፡
24 ወ*ሥሩዓት፡[25] ለ*ስምዕ፡ ለ[26]ዓለም።[27] ወኖኅ፡ ሠርዖን፡[28] ሎቱ፡ ለበዓላት፡ ለትውልድ፡ ዘለዓለም፡
25 እስከ፡[29] ኮነ፡ *ሎቱ፡ ቦቶን፡ ተዝካረ።[30] ወ[4]በሠርቀ፡ ወርኅ፡ ቀዳሚ፡ ተብህለ፡ ሎቱ፡ ይግበር፡ ታቦተ፡
26 ወባቲ፡ የብሰት፡ ምድር፡ ወአርኀወ፡ ወርአየ፡ ምድረ።[4] ወበሠርቀ፡ ወርኅ፡ ራብዕ፡[31] ተፈጸመ፡
አፈ፡ መዓምቅቲሃ፡[32] ለቀላይ፡[33] ታሕቲት። *ወበሠርቀ፡ ወርኅ፡ ሳብዕ፡ ተርኅወ፡ ኵሉ፡ አፈ፡
27 መዓምቅት፡ ምድር፡[34] ወአኀዘ፡ *ማያት፡ ይረድ፡[35] ውስቴቱ። ወበሠርቀ፡ ወርኅ፡ ዓሥር፡
28 አስተርአዩ፡ *አርእስት፡[36] አድባር፡ ወተፈሥሐ፡ ኖኅ። ወ[37]በእንተዝ፡ ሠርዖን፡ ኪያሆን፡ ሎቱ፡
29 ለበዓላት፡ ለ[38]ተዝካር፡ *እስከ፡[39] ለዓለም፡ ወከመዝ፡ *እማንቱ፡ ሥሩዓት።[40] ወያዐርግዎን፡ ውስተ፡
ጽላት፡ ሰማይ፡ ዓሥሩ፡ ወሠላስ፡ ሰንበታት፡[41] *አሐቲ፡ አሐቲ፡[42] እምኔሆን፡ እምዝቲ፡ ውስተ፡
ዛቲ፡ ተዝካርን፡ እምቀዳሚት፡ እስከ፡ ካልእት፡ ወእምካልእት፡ እስከ፡ ሣልስት፡ ወእምሣልስት፡

---

[1] A C D omit. [2] A adds እንከ፡ [3] A adds ወደቂቆ፡ [4] A omits. [5] ባሕቲቶ፡ A D. [6] B omits. [7] ደቂቅከ፡ A. [8] ኀደስክዎሙ፡ A. [9] ውሉደ፡ B. [10] ወይዕቀብዎ፡ A B. [11] A omits. [12] Emended from ዓመት፡ A; በዓመት፡ B C D. See note 21 below. [13] ለዝ፡ B. [14] ወቀዳሚ፡ ፍሬ፡ A. [15] ዕፀፈት፡ B. [16] ዘመን፡ A. [17] በዓለም፡ ከመ፡ A. [18] ቍፁር፡ A. [19] ለ B. [20] D omits. [21] ለ C D. [22] አሐቲ፡ A. [23] ፬ መክፈልታት፡ B. [24] ጽሑፋት፡ A. [25] ሥሩዓት፡ A. [26] ሰምዕ፡ A B C. [27] ዓመት፡ C. [28] ወሠርዖን፡ B. [29] እስከ፡ አመ፡ B; እስመ፡ C D. [30] ተዝካሩ፡ ሎቱ፡ A. [31] ራብዕት፡ A. [32] መዓምቅት፡ A. [33] A C omit. [34] A B omit, but wrongly, for text requires some such words. Cf. Enoch lxxxix. 7, 8, መዓምቃት፡ ካልኣት፡ ተፈትሑ። ወአኀዘ፡ ማይ፡ ይረድ፡ ውስቴቶሙ፡ For አፈ፡ መዓ"፡ ምድር፡ C reads አፈሙ፡ ወማዕምቅቲሃ፡ ለቀላይ፡ [35] ይረድ፡ ማይ፡ A. [36] አርእስቲሆሙ፡ ለ A. [37] A B omit. [38] ወለ B. [39] ዘ A. [40] A trans. [41] ሰንበታት፡ A. [42] አሐት፡ B D; አሐቲ፡ C.

እስከ፡ ራብዕት፡፡ ወይከውና፡ ኵሎን፡ መዋዕል፡ ዘ[1]ትእዛዛት፡ *ኀምሳ፡ ወክልኤ፡[2] *ሰንበታት፡ 30
መዋዕል፡[3] ወ*ኵሎን፡[4] *ዓመት፡ ፍጹም፡፡[5] ከመዝ፡ *ተቀርጸ፡ ወተሠርዐ፡[6] ውስተ፡ ጽላተ፡ 31
ሰማይ፡ ወአልቦ፡ ተዐድዎ፡ አሐተ፡ ዓመተ፡ *ወዓመ፡ እምዓም፡፡[7] ወአንተኒ፡ አዝዞሙ፡ ለደቂቀ፡ 32
እስራኤል፡ ይዕቀቡ፡[8] ዓመታተ፡ በዝ፡ ኍልቈ፡ *ሠለስቱ፡ ምእት፡ ወስሳ፡ ወረቡዕ፡[9] መዋዕለ፡
ወ[10]*ይከውን፡[11] *ፍጹመ፡ ዓመት፡[12] ወኢ*ያማስን፡[13] ጊዜሁ፡ እመዋዕሊሁ፡ ወ[14]እምበዓላቲሁ፡
እስመ፡ ኵሉ፡ ይበጽሕ፡ ቦሙ፡[14] በከመ፡ ስምዖሙ፡ ወኢ*የኀልፉ፡[15] ዕለተ፡ ወኢያማስኑ፡ በዓለ፡፡
ወለእመ፡ ተዐደዉ፡ ወኢገብርዎ*ን፡[14] በከመ፡ *ትእዛዙ፡ ሶቱ፡[16] አሜሃ፡[17] *ኵሎሙ፡ ያማስኑ፡[18] 33
ጊዜያቲሆሙ፡ ወዓመታት*ኒ፡[18] ይትሐወሱ፡[19] እም[20]ውስተዝ፡ [ወጊዜያቲሆሙ፡ ያማስኑ፡[21] ወዓመታቲሆሙ፡
*ይትሐወሱ፡] ወ[22]ይትዐደዉ፡ ሥርዐቶሙ፡፡ ወኵሎሙ፡ ውሉደ፡ እስራኤል፡ ይረስዑ፡ ወኢይረክቡ፡ 34
ፍኖተ፡ ዓመታት፡ ወ*ይረስዑ፡[23] ሠርቀ፡ ወጊዜ፡ ወሰንበተ፡ ወ*ኵሉ፡[24] ሥርዐተ፡ ዘዓመታት፡ ይጌግዩ፡፡[25]
እስመ፡ ኣአምር፡ አነ፡ ወ*እም ይእዜ፡ አነ፡ አየድዐከ፡[26] ወአኮ፡ እም[27]ልብየ፡ እስመ፡[28] መጽሐፍ፡ 35
ጽሑፍ፡[29] በቅድሜየ፡ ወተሠርዐ፡ ውስተ፡ ጽላተ፡ ሰማይ፡ ኩፋሌ*ሁ፡ ለመዋዕል፡ ከመ፡ ኢይርስዑ፡
በዓላተ፡ ኪዳን፡[30] ወየሐውሩ፡ በበዓላተ፡ አሕዛብ፡ ድኅረ፡ ስሕተቶሙ፡ ወድኅረ፡ ኢያእምሮቶሙ፡፡
ወይከውኑ፡ እለ፡ ያስተሐይጹ፡ ወርኀ፡[31] በሒያጹ፡[32] እስመ፡ ታማስን፡[33] ይእቲ፡ ጊዜያተ፡[34] 36
ወ*ትቀድም፡[35] እምዓመታት፡ ለ*ዓመት፡[36] ዐሡረ፡ ዕለተ፡፡ በእንተዝ፡ ይመጽእ፡ ዓመታት፡ ሎሙ፡ 37
እንዘ፡ ያማስኑ፡ ወይገብሩ፡ *ዕለተ፡ ስምዕ፡[37] ምንንተ፡ ወዕለተ፡ ርኵስተ፡ በዓለ፡ ወ*ኵሉ፡[38]
ይደምሩ፡[39] መዋዕለ፡[40] ቅዱሳተ፡[41] ርኩሳተ፡[42] ወዕለተ፡[43] ርኵስተ፡ ለዕለት፡[44] ቅድስት፡[45] እስመ፡
ይስሕቱ፡ አውራኀ፡ ወ*ሰንበታተ፡[46] ወበዓላተ፡ ወ*ኢዮቤልወ፡፡[47] በእንተዝ፡ አነ፡ እኤዝዘከ፡ ወአሰምዐ፡ 38

---

[1] ለ A. [2] ፳ወ፪ A. [3] ሰንበታት፡ መዋዕለ፡ A. [4] ኵሉ፡ B; ኵሎሙ፡ C D. [5] ዓመት፡ ፍጹመ፡ A B. Text most uncertain. [6] ተሠርዐ፡ ወተጽሕፈ፡ A; ተሐረጸ፡ ወተሠርዐ፡ D. [7] Emended from ወዐመ፡ ወዓመት፡ B; ለመ፡ ወዓመት፡ C; ወዓም፡ D; A omits. [8] ወይዕቀቡ፡ A. [9] So B, but that it reads ሠ'' ም'' in nom.; ፫፻ወ፷ወ፬ A. [10] B omits. [11] ይከውና፡ A. [12] A trans. [13] ይማስን፡ C; ያማስኑ፡ D. [14] A omits. [15] ያዐርፉ፡ A; ያኅርፉ፡ B; ያዐርፉ፡ D. I have followed C though it seems an emendation. [16] ትእዛዛት፡ ሶሙ፡ A. [17] አሚሃ፡ A. [18] ኢ A. [19] ይትሐወሱ፡ A; ይትኃወሱ፡ B. [20] ዘእም'' A; ዝእም'' B. Perhaps we should take ይትሐወሱ፡ from ሖሠ and reading ዘእምውስተዝ፡ with A, render 'will be in part confused.' Cf. Prov. xxix. 11, where ዘእምውስቴቶሙ፡=κατὰ μέρος. [21] D omits. [22] A D omit. [23] ይሬስዑ፡ A. [24] ኵሉ፡ B. [25] ወይጌግዩ፡ A. [26] ኢያየድዐከ፡ B. [27] ዘእም'' B. [28] C D add ከመዝ፡ [29] A adds ዘተጽሕፈ፡ [30] ኪዳንየ፡ C D. [31] D omits. [32] B C add ወር'ኀ፡ [33] ትማስን፡ A B. [34] ጊዜያት፡ B. [35] ትቀድም፡ A. [36] ዓመታት፡ A. [37] ሎቱ፡ ስምዐ፡ A. [38] ኵሉ፡ B D. [39] ይደመር፡ A; ይደምር፡ B C. [40] ወመዋዕለ፡ B. [41] ቅዱሳት፡ A. [42] ርኩስ፡ A; ርኩስ፡ B. [43] ዕለት፡ A; ወዕለት፡ B. [44] ለዕለት፡ A; ላዕለ፡ C; ዕለት፡ D. [45] ቅድሳት፡ A C; ቅዱሳን፡ D. [46] ሰንበት፡ A. [47] ኢዮቤሌው፡ A.

ለዝ፡ ከመ፡ ታስምዕ፡ ሎሙ፡ እስመ፡ እምድኅሬ፡ ሞትከ፡ ያማስኑ፡ ውሉድከ፡ ከመ፡ ኢይግበሩ፡[1]
ዓመተ፡ *ሠብስተ፡ ምእተ፡ ወስሳ፡[2] ወረቡዐ፡[3] መዋዕለ፡[4] ባሕቲቶን፡ ወ[5]በእንተ*ዝ፡[6] ይስሕቱ፡
ሠርቀ፡[7] ወጊዜ፡ ወ*ሰንበተ፡[8] ወበዓላተ፡ ወይበልዑ፡ ኵሎ፡ ደመ፡ ምስለ፡ ኵሉ፡[9] ዘሥጋ።

፯ ወበሱባዔ፡ ሳብዕ፡ በቀዳሚ፡ ዓመቱ፡[10] በዝ፡ ኢዮቤልዉ፡ ተከለ፡ ኖኅ፡ ወይነ፡ ነበ፡ ደብር፡ እንተ፡
ዲቤ*ሁ፡[11] አዕረፈት፡ ታቦት፡ ዘስሙ፡ ሉባር፡[12] እምአድባረ፡ አራራት፡ ወገብረ፡ ፍሬ፡ በራብዕ፡
2 ዓመት፡ ወዐቀበ፡ ፍሬሁ፡ ወቀሰሞ፡ በውእቱ፡ ዓመት፡ በወርኀ፡ ሳብዕ። ወገብረ፡ እም*ውስቴቱ፡[13]
ወይነ፡ ወወደዮ፡ ውስተ፡ ንዋይ፡[14] ወዐቀቦ፡ እስከ፡ ዓመት፡ ኃምስ፡[15] እስከ፡ ዕለት፡[16] ቀዳሚት፡[17]
3 በ[18]ሠርቀ፡ ወርኅ፡ ቀዳሚት።[19] ወ*ገብረ፡ *ዕለተ፡ ዘቲ፡ በዓለ፡[21] በፍሥሓ፡ ወገብረ፡ ጽንሓሐ፡
ለእግዚአብሔር፡ ጠዐየ፡[22] እምአልህምት፡ አሐደ፡ ወበሐኰ፡ አሐደ፡ ወ*አባግዐ፡[23] ዘዘ፡ ዓመቱ፡
ሰብዐቱ፡ ወ*መሐስአ፡[24] ጠሌ፡ አሐደ፡ ከመ፡ ያስተስሪ፡ *ቦቱ፡ ለ[25]ርእሱ፡ ወበእንተ፡ ውሉዱ።
4 ወገብረ፡ ማሕስአ፡ ቅድመ፡[26] ወአንበረ፡ እምኔ፡ ደመ፡ ዲበ፡ ሥጋ፡ ዘምሥዋዕ፡ ዘገብረ፡ *ወኵሎ፡
ስብሖ፡[27] አዕረገ፡ ውስተ፡ ምሥዋዕ፡ ዘነበ፡ ገብረ፡ ጽንሓሐ፡ ወላህመ፡ ወ*በሐኰ፡[27] ወ*አባግዐ፡[28]
5 ወአዕረገ፡ *ኵሎ፡ ሥጋሆሙ፡[29] ዲበ፡ ምሥዋዕ። ወአንበረ፡[30] ኵሎ፡ መሥዋዕቶሙ፡ ልዉሰ፡ በቅብዕ፡
ላዕሌሆሙ፡[31] ወ*እምዝ፡[32] ነዝሐ፡ ወይነ፡ ውስተ፡ እሳት፡ ዘዲበ፡ ምሥዋዕ፡ *አንበረ፡ ወአቅደመ፡[33]
ስኂነ፡ ዲበ፡ ምሥዋዕ፡ ወአዕረገ፡[34] መዐዛ፡ ሠናየ፡[35] ዘ*ያሠምር፡[36] ቅድመ፡[37] እግዚአብሔር፡ አምላኩ።
6, 7 ወተፈሥሐ፡ ወሰትየ፡ እም*ዝ፡[38] ወይነ፡ ውእቱ፡ ወውሉዱ፡ በፍሥሓ። ወኮነ፡ ምሴተ፡ ወቦአ፡
ውስተ፡ ሰቀላሁ፡ ወሰከበ፡ ስኩሩ፡[39] ወኖመ፡ *ወተከሥተ፡ በውስተ፡ ሰቀላሁ፡ እንዘ፡ ይነውም።[40]
8, 9 ወርእየ፡ ካም፡ ለኖኅ፡ አቡሁ፡ ዕራቆ፡ ወወፅአ፡[41] ወነገረ፡ ለክልኤ፡ አኅዊሁ፡ በአፍአ። ወ*ነሥአ፡[42]
ሴም፡ ልብሰ፡[43] ወተንሥአ፡ ውእቱ፡ ወ*ያፌት፡[44] ወአንበሩ፡ ልብሰ፡ ዲበ፡ መታክፍቲሆሙ፡[45]
10 ወ*ገቢኦሙ፡[46] ድኅሬተ፡ ከደኑ፡[47] *ኀፍረተ፡ አቡሆሙ፡[47] *ወገጾሙ፡ ድኅሬት።[48] ወነቅሀ፡[49]

---

[1] A B C omit ኢ. and D reads ኢይገብሩ፡ [2] ፫፻፷፬ A. [3] ወራብዐ፡ B. [4] A B omit. [5] B omits. [6] ዝንቱ፡ B. [7] ሠርቀ፡ B. [8] ሰናብተ፡ B. [9] A adds ደም፡ [10] B adds ሎቱ፡ [11] ፺፡ A. [12] ሉቦር፡ A. [13] ውእቱ፡ B. [14] Corrupt in A. [15] ፮ A. [16] ዕለተ፡ C D. [17] ቀዳማይሁ፡ A. [18] ወበ A; ዘ C D. [19] ቀዳሚ፡ A. [20] A omits. [21] በዓለ፡ ዘቲ፡ A; ዕለተ፡ ዘተ፡ C D. [22] ጠዐየ፡ B. [23] በገዐ፡ A. [24] ማሕስአ፡ A. [25] በእንተ፡ A. [26] B omits. [27] አብሐኰ፡ A. [28] በገዐ፡ B. [29] A trans. after ምሥዋዕ፡ [30] A adds ዲበ፡ ምሥዋዕ፡ [31] A omits; ላዕሌሆሙ፡ C. [32] Emended from እምዝ፡ B C D; እምድኅሬዝ፡ A. [33] አንበረ፡ A; አቅደመ፡ ወአንበረ፡ C D. [34] ዐርገ፡ A. [35] ሠናይ፡ B D. [36] Emended from ይሠምር፡ B C add ወዐርገ፡ [37] A omits. [38] ውእቱ፡ A. [39] ስኩር፡ A; ሰኪረ፡ C D. [40] ውስተ፡ ሰቀላሁ፡ እንዘ፡ ይነውም፡ ተከሥተ፡ A. [41] Gen. ix. 22 Mass., Sam., and all versions omit, except LXX, which reads ἐξελθὼν ἀνήγγειλεν as text. [42] ነሥአ፡ B. [43] ልብሰ፡ B. [44] ኢያፌት፡ B. [45] Gen. ix. 23 Mass., Sam., Syr., LXX add שְׁנֵיהֶם, but Vulg. and Arabic omit with Jub. [46] Emended with Gen. ix. 23 from ገጾሙ፡ [47] Emended from ወከደኑ፡ B C D; A omits. [48] A D omit. [49] ነቅሀ፡ A.

ኖኅ፡ እምወይኑ፡[1] ወአእመረ፡ ኵሎ፡ ዘገብረ፡ ላዕሌሁ፡ ወልዱ፡ ዘይንእስ፡ ወረገሞ፡ ለወልዱ፡
ወይቤ፡ ርጉም፡ ከናአን፡ *ቍልዔ፡ ገብረ፡[2] ይኩን፡ ለአኀዊሁ፡፡ ወባረኮ፡ ለሴም፡ ወይቤ፡[3] 11
ይትባረክ፡ እግዚአብሔር፡ አምላኩ፡ ለሴም፡ ወይኩን፡ ከናአን፡ ገብሮ፡፡ ያስፍሖ፡[4] እግዚአብሔር፡[5] 12
ለያፌት፡ ወይኅድር፡ እግዚአብሔር፡[6] ውስተ፡ ማኅደረ፡ ሴም፡ ወይኩን፡ ከናአን፡ ገብሮ፡፡[7]
ወአእመረ፡ ካም፡[8] ከመ፡ ረገሞ፡ አቡሁ፡[9] ለወልዱ፡ ዘይንእስ፡ *ወሕሡመ፡ ኮነ፡ ሎቱ፡ እስመ፡ ረገሞ፡ 13
ለወልዱ፡[9] ወተፈልጠ፡ እምአቡሁ፡ ውእቱ፡ ወውሉዱ፡ ምስሌሁ፡ ኵሱ፡[10] ወ*መስጠሬም፡[11]
ወ*ፉድ፡[12] ወከናአን፡፡ ወ*ሐነጸ፡[13] ሎቱ፡[14] ሀገረ፡ ወጸውዐ፡ ስማ፡[15] በስመ፡ ብእሲቱ፡ ኔኤላተማኡክ፡፡[16] 14
ወርእየ፡ ያፌት፡[17] ወቀንአ፡ ለእኁሁ፡ ወሐነጸ፡ ሎቱ፡[18] ውእቱሂ፡ ሀገረ፡ ወ*ሰመየ፡ ስማ፡[19] በስመ፡ 15
ብእሲቱ፡ አዳተኔሴስ፡፡[20] ወሴምሰ፡ ነበረ፡ ምስለ፡ አቡሁ፡ ኖኅ፡ ወሐነጸ፡ ሀገረ፡ በአጸ፡ አቡሁ፡ ኀበ፡ 16
ደብር፡ ወጸውዐ፡ ስማ፡ ውእቱሂ፡ በስመ፡ ብእሲቱ፡ ሴዴቴቴልባብ፡፡[21] ወናሁ፡ ለሀገር፡ እላንቱ፡ 17
*ሠላስ፡ ቅሩብ፡ ሉባር፡[22] ደብር፡[23] ሴዴቃቴልባብ፡[24] ቅድመ፡ ገጹ፡ ደብር፡ በጽባሒሁ፡ ወ*ነኤልተ
ማኡክ፡[25] ገጸ፡ ሰሜን፡[26] አደተኔሴስ፡[27] መንገለ፡ ባሕር፡፡ ወ*እሉ፡ ውሉደ፡ ሴም፡ ኤላም፡ ወአሱር፡ 18
ወአርፋክስድ፡ ዝንቱ፡ ተወልደ፡[28] ክልኤ፡ ዓም፡ እምድኅረ፡[29] አይኅ፡[30] *ወሉድ፡ ወአራም፡፡[31] ውሉደ፡ 19
ያፌት፡[32] ጎሜር፡[33] ወ*ማጉግ፡[34] ወማዳይ፡[35] ወ*ኢዮአያ፡ ቶቤል፡[36] ወ[37]ምስክ፡[38] ወ*ቴራስ፡[39]

---

[1] Emended with Gen. ix. 24 מִיֵּינוֹ from እምንዋሙ፡ [2] This implies עֶבֶד עֲבָדִים; so LXX Gen. ix. 25 παῖς οἰκέτης and Onk. עֲבֵד פְּלַח. Mass. reads עֶבֶד עֲבָדִים. [3] C D omit. [4] ወያስፍሖ፡ A C D, but Gen. ix. 27 supports B. [5] A adds ምድር፡ [6] Gen. ix. 27 omits. [7] ገብሮሙ፡ A. [8] A omits. [9] A omits; B omits ኮነ፡ C omits ለወልዱ፡ [10] Gen. x. 6 כּוּשׁ Χούς. [11] ምስጠሬም፡ A; ምስጥሬም፡ C D; Gen. x. 6 מִצְרַיִם Μεσραΐν. [12] Gen. x. 6 פּוּט Φούδ. [13] ሐነጸ፡ A. [14] A adds ውእቱ፡ [15] ስሞ፡ B. [16] ኔኤላተ፡ ማኡክ፡ C D; cf. Eutychius of Alex., Annales, p. 35, Nahlat; Syr. Frag. [Syriac]; A omits ኔኤላተማኡክ፡ .... ሰመየ፡ ስማ፡ በስመ፡ ብእሲቱ፡ through homeoteleuton. [17] ያፌት፡ A C D. [18] A C D omit. [19] ጸውዐ፡ B. [20] አደተኔሴስ፡ A; አዶታኔሴስ፡ C; አዳቴንሴስ፡ D; Syr. Frag. ܐܕܬܢܣܣ. [21] ሴዴቃቴል፡ ባብ፡ B; ሴዴቃቴልባብ፡ C; ስይቃቴልባብ፡ D; Syr. Frag. [Syriac]. [22] ሠለስቱ፡ ቅሩብ፡ ሉቦር፡ A. [23] ደብረ፡ A B. [24] ሴዴቄቴ፡ ልባብ፡ A; ሴዴቃቴልባብ፡ C; ስዴቀቱሰባብ፡ D. [25] ናት ኤል፡ ተማኡክ፡ A; ናኤልተማኡክ፡ D. [26] ሰሜኑ፡ B. [27] ወአዳታኔሴስ፡ C D. [28] Emended with Gen. xi. 10 (cf. x. 1) from ቶውልድ፡ [29] I have transposed እምድኅረ፡ after ዓም፡ from before ክልኤ፡ with Gen. xi. 10. [30] ዘአይኅ፡ A B C D. [31] Emended with Gen. x. 22 from አራም፡ ወልዱ፡ B; አራም፡ ወሉድ፡ C; A D read defectively አራም፡ [32] ያፌድ፡ A; ኢያፌትሃ፡ B C; ያፌት፡ D. [33] ሖሜርሃ፡ A; ወጎሜርሃ፡ B C D. [34] ማጉጎሃ፡ A B; ማጎጎሃ፡ C D. [35] MSS. add ሃ. [36] Emended with Gen. x. 2 from ኢዮአያትቤል፡ A; ኢዮአያትቤሃ፡ B; ኢዮአያ፡ ቶቤልሃ፡ C D. Before ቶቤል፡ LXX add Ἐλισά against Mass. and text. [37] B C D omit. [38] ስምስክሃ፡ A; ምስካሃ፡ B D; ምስክሃ፡ C; LXX Μοσόχ. [39] ቴራስሃ፡ A; ቲራስሃ፡ B; ቴራስሃ፡ C; ወቴራውስሃ፡ D; LXX Θείρας.

20 እሉ፡ ውሉደ፡ ኖኅ። ወ[1]በ*ዕሥራ፡ ወሰማኒቱ፡[2] ኢዮቤልዉሳት፡[3] እንዘ፡[4] ኖኅ፡ የአዝዞሙ፡[5] ሥርዐተ፡
ወ*ትእዛዛተ፡[6] ለ*ውሉደ፡ ውሉዱ፡[7] ወዙሉ፡[8] ዘያእምር፡ ፍትሐ፡[9] ወአስምዐ፡ ላዕለ፡ ውሉዱ፡
ከመ፡ ይግበሩ፡ ጽድቀ፡ ወከመ፡ ይክድኑ፡ ኃፍረተ፡ ሥጋሆሙ፡ ወከመ፡ ይባርክዎ፡ ለዘፈጠሮሙ፡
ወያክብሩ፡ አበ፡ ወእመ፡ ወያፍቅሩ፡[10] አሐዱ፡ አሐዱ፡ ቢጾ፡[11] ወይዕቀቡ፡ ነፍሶሙ፡[12] እምዝሙት፡
21 ወርኩስ፡ ወእምዙሉ፡ ዐመፃ። እስመ፡ በእንተ፡ *ዝንቱ፡ ሠለስቱ፡[13] ኮነ፡ አይኅ፡ ላዕለ፡[14] ምድር፡
እስመ፡ በእንተ፡ ዝሙት፡ ዘዘመዉ፡ ትጉሃን፡[15] እምትእዛዘ፡ ዙኔሆሙ፡ *በድኅረ፡ አዋልደ፡
ሰብእ፡[16] ወነሥኡ፡ ሎሙ፡ አንስተ፡[1] እም*ዙሉ፡[1] እለ፡ ኅረዩ፡ ወ[17]ገብሩ፡ መቅድመ፡ ርኩስ።
22 ወወለዱ፡ ውሉደ፡ ናፊሊም፡[18] ወዙሎሙ፡ ኢይትማሰሉ፡ ወይበልዕ፡ አሐዱ፡ አሐዱ፡ ካልአ፡[19]
ወቀተሎ፡ ይርባሕ፡[20] ለናፊል፡ ወናፊል፡ ቀተሎ፡ ለ*ኤልዮ፡[21] ወኤልዮ፡[21] ለ[17]እጓለ፡ እመሕያው፡
23 ወሰብእ፡ ቢጾ። ወዙሉ፡ ተሰይጠ፡[22] ይገብር፡[23] ዐመፃ፡ ወከመ፡ ይክዐው፡[24] ደመ፡ ብዙኀ፡[25]
24 ወመልአት፡ ምድር፡ ዐመፃ። ወእምድኅረ፡ *አበሱ፡ ሎሙ፡ ለ[26]አራዊት፡ ወለአዕዋፍ፡ ወ*ዙሉ፡[27]
ዘይትሐወስ፡[28] ወዘያንሶሱ፡[29] ዲበ፡ ምድር፡ ወተከዕወ፡ ደም፡ ብዙኅ፡ *ዲበ፡ ምድር፡[26] ወዙሉ፡
25 ሕሊናሆሙ፡ ወፈቃዱ፡ ለሰብእ፡ ይኄሊ፡[30] ከንቶ፡ ወ*እኩየ፡[31] በዙሉ፡ መዋዕል። ወ*ደምሰሰ፡[32]
እግዚአብሔር፡ ዙሉ፡[33] እም፡[34] ገጸ፡ ምድር፡ በእንተ፡ እኪየ፡[35] ምግባሮሙ፡ ወበእንተ፡ ደም፡
26 ዘከዕዉ፡ ማእከለ፡[36] ምድር፡ *ደምሰሰ፡ ዙሉ።[37] ወተረፍነ፡ አነ፡ ወአንትሙ፡ ደቂቅየ፡ ወ*ዙሉ፡[38]
ዘቦአ፡ ምስሌነ፡ ውስተ፡ ታቦት፡ ወናሁ፡ አነ፡ እሬኢ፡ ቅድሜየ፡[39] ምግባሪክሙ፡ ከመ፡ ዘኢኮንክሙ፡[1]
ዘተሐውሩ፡[40] በ[41]ጽድቅ፡ እስመ፡ በ[41]ፍኖት፡ ሙስና፡ ወጠንክሙ፡ ትሑሩ፡ ወ*ትትፋለጡ፡ አሐዱ፡
አሐዱ፡[42] እም፡ ቢጹ፡ ወትትቃንኡ፡ ዝንቱ፡ ምስለ፡ ዝንቱ፡ ወከመ፡ ኢትኄልዉ፡[43] ኅቡረ፡[16]
27 *እውሉድየ፡ አሐዱ፡[44] ምስለ፡ እኁሁ። እስመ፡ እሬኢ፡ አነ፡ ወናሁ፡ አጋንንት፡ አስሕቶ፡ *ወጠኑ፡

---

[1] B omits. [2] ፳ወ፰ A. [3] ኢዮቤሌው፡ A. [4] ወእንዘ፡ A; አሐዜ፡ B.
[5] A adds ለውሉዱ፡ [6] ትእዛዛተ፡ B. [7] A C D trans. before ሥርዐተ፡ [8] A reads ዙሉ፡ and trans. after ዘያእምር፡ ወዙሉ፡ B; ዙሉ፡ C D. [9] ወፍትሐ፡ A C D.
[10] ያፈቅሩ፡ A. [11] ቢጾሙ፡ A. [12] ነፍሶ፡ B. [13] እሉ፡ ሠለስቱ፡ A. [14] ዲበ፡ A.
[15] ትጉሃኒ፡ ሰማይ፡ A. [16] A omits. [17] A B omit. [18] ነፊሊም፡ A. [19] ካልአ፡ A.
[20] ያርብሕ፡ A C. [21] ኢሊዮ፡ B. [22] ተሠየጠ፡ B. [23] ይገብር፡ A. [24] ይክዕዉ፡ D.
[25] በዝኃ፡ A; ንጹሐ፡ B C; but D is right, cf. Enoch ix. 1 ብዙኃ፡ ደመ፡ ዘይትከዐው፡
[26] Emended with Enoch vii. 5 የአብሱ … ዲበ፡ አራዊት፡ from እሉ፡ ዙሎሙ፡ C D. For ዙሎሙ፡ A reads ዙሉ፡ and B ወዙሎሙ፡ [27] B C D omit. [28] ዘይትሐወስ፡ so Enoch vii. 5 = *ἑρπετά*: it may however stand for *ἰχθύες* and ዘያንሶሱ፡ for *ἑρπετά*.
[29] = *ἑρπετά* probably; see Enoch vii. 5. [30] ይሔሊ፡ A. [31] እኩየ፡ A.
[32] ይደምስስ፡ B. [33] MSS. add ፯. [34] እምዙሉ፡ B. [35] A D omit; እኪየሙ፡ C.
[36] ዲበ፡ A. [37] A D omit. [38] ዙሉ፡ A. [39] ቀዳሜ፡ B C D. [40] ኢተሐውሩ፡ B; አንትሙ፡ ዘተሐውሩ፡ C D. [41] በዙሉ፡ B. [42] ተፈልጡ፡ ፩፡ ፩ A. [43] ኢትሀልዉ፡ C D.
[44] ውሉድየ፡ ፩ A.

ላዕሌክሙ፡[1] *ወላዕለ፡ ውሉድክሙ፡[2] ወይእዜኒ *እፈርህ፡ አነ፡[3] በእንቲአክሙ፡ ከመ፡ እምድኅረ፡
ሞትየ፡ ትክዕዉ፡[4] ደመ፡ ሰብእ፡ ውስተ፡[5] ምድር፡ ወትደመሰሱ፡ አንትሙሂ፡ እም*ገጸ፡ ምድር፡፡[6]
እስመ፡ ኵሉ፡ ዘይክዑ፡ ደመ፡ ሰብእ፡ ወኵሉ፡ *ዘይበልዕ፡ ደመ፡ ዘኵሉ፡[7] ዘሥጋ፡ ይደመሰሱ፡ 28
ኵሎሙ፡ እምድር፡፡[7] ወኢይተርፍ፡ ኵሉ፡ ሰብእ፡ ዘይበልዕ፡ ደመ፡[7] ወዘይክዑ፡ ደመ፡ ሰብእ፡[8] 29
ዲበ፡ ምድር፡ ወኢይተርፍ፡ ሎቱ፡ ዘርእ፡[9] ወደኃሪት፡[10] በታሕተ፡ ሰማይ፡ ሕያው፡ እስመ፡ ውስተ፡
ሲኦል፡ የሐውሩ፡ ወውስተ፡ *መካን፡ ዘ[11]ደይን፡ ይወርዱ፡[12] ወ[13]ውስተ፡ ጽልመት፡[14] *ማዕምቅ፡
የአትቱ፡ ኵሎሙ፡[15] በሞት፡ ጸዋግ፡፡ *ኵሉ፡ ደም፡[16] ኢያስተርኢ፡ እምኵሉ፡ ደም፡ ላዕሌክሙ፡ 30
ዘውእቱ፡ በኵሉ፡ መዋዕል፡ ዘጠባሕክሙ፡ ኵሎ፡ አርዌ፡[7] ወእንስሳ፡ ወዘይሰርር፡ ዲበ፡ ምድር፡
ወግበሩ፡ ምጽዋተ፡ ላዕለ፡ ነፍስክሙ፡ በደፈናቱ፡ ዘ*ይትክዐው፡[17] ዲበ፡ ገጸ፡ ምድር፡፡ ወኢትኩኑ፡ 31
ከመ፡[18] ዘይበልዕ፡ ምስለ፡ ደም፡ ወአጽንዑ፡ ከመ፡ ኢይብልዑ፡ ደመ፡ በቅድሜክሙ፡ ድፍኑ፡
ደመ፡ እስመ፡ ከመዝ፡ ተአዘዝኩ፡ እስምዕ፡ ለክሙሂ፡[19] ወለውሉድክሙ፡*ሂ፡[20] ምስለ፡ ኵሉ፡
ዘሥጋ፡፡ ወ*ኢ*ታብልዕዋ፡[21] ለነፍስ፡ ምስለ፡ ሥጋ፡ ከመ፡ ኢይኩን፡[22] ዘ[23]ይትኃሠሥ፡[24] *ደምክሙ፡ 32
ዘነፍስክሙ፡[25] እምእደ፡[26] ኵሉ፡ ዘሥጋ፡ ዘይክዑ፡ ዲበ፡ ምድር፡፡ እስመ፡ ምድር፡ ኢትነጽሕ፡ 33
እም፡ ደም፡ ዘ[27]ተክዕወ፡ *ላዕሌሃ፡ እስመ፡ በደመ፡ ዘክዐዋ፡[28] ትነጽሕ፡ ምድር፡ በኵሉ፡[29]
ትዝምዳ፡፡[30] ወ[31]ይእዜ*ኒ[32] ውሉድየ፡[33] ስምዑ፡ ግበሩ፡ ፍትሐ፡[34] ወጽድቀ፡ ከመ፡ ትትከሉ፡[35] 34
በጽድቅ፡ ውስተ፡ ገጸ፡ ኵሉ፡ ምድር፡ ወይትሌዐል፡ ክብርክሙ፡ በቅድመ፡ አምላኪየ፡[36] ዘአድኀነ*ኒ፡[37]
እማየ፡ ማየ፡ አይኅ፡፡ ወናሁ፡ አንትሙ፡ ተሐውሩ፡ ወ*ተሐንጹ፡ ለክሙ፡[38] አህጉረ፡ ወትተክሉ፡ 35
ውስቴቶን፡ ኵሎ፡[39] ተክለ፡ ዘዲበ፡ ምድር፡ ወኵሎሙ፡ ዕፀ፡[40] ዘይፈሪ፡፡ ሠለስተ፡[41] ዓመተ፡ ይከውን፡ 36
ፍሬሁ፡ ዘኢ*ይትቀሠም፡[42] እምኵሉ፡ ዘይትበላዕ፡[43] ወበዓመት፡ ራብዕ፡[44] ይትቄደስ፡[45] ፍሬሁ፡
*ወያዐርግዎ፡ ቀዳሜ፡ ፍሬ፡[46] ዘይሠጠው፡ ቅድመ፡ እግዚአብሔር፡ ልዑል፡ *ዘፈጠረ፡ ሰማየ፡[47]

---

[1] A trans. [2] ውሉድየ፡ A D. [3] እፈርህ፡ አነ፡ እፈርህክሙ፡ አፈድፋደ፡ A. [4] ኢትክዐዉ፡ A. [5] ዲበ፡ A. [6] ገጸ፡ B; ገጸ፡ C D. [7] A omits. [8] B C D omit. [9] ዘርአ፡ A B. [10] ደኃሪት፡ A. [11] መካነ፡ A C D. [12] ይወርደ፡ A. [13] A C D omit. [14] ጽልመት፡ B. [15] ወመዓምቅት፡ ወየአትቱ፡ ኵሎሙ A. [16] ወኵሉ፡ ደመ፡ A. [17] ይትክዑን፡ A; ይትካዉ፡ በደፈናቱ፡ B. [18] A B C omit. [19] ላዕሌክሙ፡ A. [20] A B omit. [21] ትብልዕዋ፡ B; ትብልዕዋ፡ C D. [22] A omits; ኢይኩኑ፡ C D. [23] ኢ A. [24] ይትኃሠሥ፡ A; ይትኃሠሡ፡ B; ይትኀሠሡ፡ C. [25] እምነክሙ፡ ደመክሙ፡ እምነፍስክሙ፡ A. [26] እም፡ A; እምደ፡ B. [27] እምዘ፡ B C D. [28] A omits. For በደመ፡ ዘክዐዋ፡ C reads በደመ፡ ዘክዐወ፡ and D በደም፡ ዘተክዕወ፡ [29] ኵሉ፡ A. [30] ትዝምደ፡ A; ትዝምደ፡ ምድር፡ C D. [31] B omits. [32] ሂ፡ B. [33] ደቂቅየ፡ A. [34] ርትዐ፡ A D. [35] Emended by Dln. from ትትከሉ፡ [36] አምላክየ፡ A. [37] ፡ A. [38] ተኃንጹ፡ B. [39] ኵሉ፡ A. [40] ዕፀ፡ A. [41] ፫ A. [42] ይትቄሰም፡ A. [43] ለበሊዖቱ፡ B. [44] ራብዕት፡ A. [45] ይትቄደስ፡ B C; ይትቀሠም፡ D. [46] A omits; ወየዐርግ፡ ቀዳሜ፡ ፍሬ፡ C D. [47] ፈጠረ፡ ሰማይ፡ B.

ወ*ምድረ፡[1] ወዘለ፡[2] ከመ፡ ያዐርጉ፡ በጥሉል፡ ቀዳሜ፡[3] ወይን፡ ወቅብእ፡ ቀዳሜ፡[4] ፍሬ፡ ውስተ፡
*ምሥዋዐ፡[5] እግዚአብሔር፡ ዘይትወከፍ፡ ወዘተርፈ፡ ይብልዑ፡ ላእካነ፡ ቤተ፡[6] እግዚአብሔር፡
37 በቅድመ፡ ምሥዋዕ፡ ዘይትወከፍ። ወበ*ዓመት፡ ኃምስ፡[7] ገበሩ፡ ኅድገተ፡ ከመ፡ ታሕድግዎ፡[8]
38 አንትሙ፡ በጽድቅ፡ ወበርትዕ፡[9] ወትጸድቁ፡ ወይረትዑ፡ ዙሉ፡ ተክልክሙ። እስመ፡ *ከመዝ፡
አዘዘ፡[10] ሄኖክ፡[11] አቡሁ፡ ለአቡክሙ፡ ለማቱሳላ፡ ወልዱ፡ ወማቱሳላ፡ ለላሜክ፡ ወልዱ፡ ወላሜክ፡
39 አዘዘኒ፡ ዙሉ፡ ዘ*አዘዝዎ፡ አበዊሁ። ወአነኒ፡ እኤዝዘክሙ፡ ውሉድየ፡[12] በከመ፡ አዘዘ፡[13] ሄኖክ፡[14]
ለወልዱ፡ *በቀዳሚ፡ ኢዮቤልውሳት፡[15] እንዘ፡ ሕያው፡ ውእቱ፡ ውስተ፡ ትዝምዱ፡[16] ሳብዕ፡[17]
አዘዘ፡ ወአስምዐ፡[18] ለ*ወልዱ፡[19] ወለውሉደ፡ ውሉዱ፡ እስከ፡ አመ፡ ዕለተ፡ ሞቱ።
፰ ወበ*ዕሥራ፡ ወተስዐቱ፡[20] ኢዮቤልው፡[21] በሱባኤ፡ ቀዳሚ፡ በቀዳሚሁ፡ ነሥአ፡ ሎቱ፡ አርፋክስድ፡[22]
ብእሲተ፡ ወስማ፡ ራሱእያ፡[23] *ወለተ፡ ሱሳን፡[24] ወለተ፡ ኤላም፡ [ሎቱ፡ ብእሲተ፡][25] ወወለደት፡ ሎቱ፡
2 ወልደ፡ በ*ዓመት፡ ሣልስ፡[26] በሱባኤ፡ ዝንቱ፡ ወጸውዐ፡ ስሞ፡ ቃይናም።[27] ወልህቀ፡ ወልደ፡[28]
3 ወመሀሮ፡ አቡሁ፡ መጽሐፈ፡ ወሖረ፡ ይኅሥሥ፡ ሎቱ፡ መካነ፡ ኀበ፡ ይእኅዝ፡ ሎቱ፡ ሀገረ። ወረከበ፡
መጽሐፈ፡ ዘቈረጹ፡ ቀደምት፡ ውስተ፡ ኰኵሕ፡ ወአንበበ፡ ዘ*ውስቴታ፡[29] ወ*አዕለዎ፡[30] ወ*ረስዐ፡
እም*ውስቴታ፡[31] ከመ፡ ሀለወ፡ ውስቴታ፡ ትምህርተ፡[32] ትጉሃን፡ በዘ፡ ይሬእዩ፡[33] ሰገለ፡[34] *ፀሓይ፡
4 ወወርኅ፡ ወከዋክብት፡[35] ውስተ፡[36] ኵሉ፡ ትእምርተ፡ ሰማይ። ወ*ጸሐፋ፡[37] ወኢነገረ፡ በእንቲአሃ፡
5 እስመ፡ ይፈርሆ፡ ለኖኅ፡ ከመ፡ ኢይትመዐዕ፡ ላዕሌሁ፡ በእንቲአሃ። ወአመ፡ ፴[38]
ኢዮቤልው፡ በሱባኤ፡ ካልእ፡ በ*ቀዳሚ፡ ዓመቱ፡ ነሥአ፡ ሎቱ፡ ብእሲተ፡ ወስማ፡ *ሜልካ፡[39] ወለተ፡
አመዳይ፡[40] ወልደ፡ ያፌት፡ ወበዓመት፡ ራብዑ፡ ሎቱ፡ ወለደ፡[41] ወልደ፡ ወጸውዐ፡ ስሞ፡[42] ሳላ፡
6 እስመ፡ ይቤ፡ *ተፈነውኩ፡ ተፈነውኩ።[43] ወበዓመት፡ ራብዕ፡ ተወልደ፡[44] ወልህቀ፡ ሳላ፡ ወነሥአ፡

---

[1] ምድርሰ፡ A B. [2] A adds ዘውስቴቱ፡ [3] ቀዳሚ፡ A C D. [4] ወቀዳሜ፡ B; ቀዳሚ፡ C D. [5] ምሥዋዕ፡ H A. [6] A omits. [7] ኃምስ፡ ዓመት፡ A. If the context refers to the same subject as Deut. xv. 1, 9, then we should expect ሳብዕ፡ instead of ኃምስ፡ [8] ትሕድጉ፡ B; ትኅድግዎ፡ C D. [9] A D omit. [10] ከመሁ፡ አዘዘ፡ A. [11] ለኖኅ፡ A; ኖኅ፡ D. [12] B omits. [13] አዘዘ፡ A. [14] ኖኅ፡ A D; ሄኖኅ፡ B. [15] በቀዳሚያን፡ ኢዮቤሌውስት፡ A. [16] ትዝምደ፡ A D. [17] ሳብእ፡ A; ሰብእ፡ D. [18] A adds ላዕሌሆሙ፡ [19] ውሉዱ፡ A. [20] ፳ወ፱ A. [21] ኢዮቤሌው፡ A. [22] አርፋክሲድ፡ B. [23] ራሱኢያ፡ B; Syr. Frag. [illegible]. [24] ወሱተ፡ ሰሰን፡ B. [25] Seems a corrupt addition. [26] B trans. [27] Not found in Sam., Mass., Syr., Vulg. of Gen. xi. 13, but LXX and Luke iii. 36 agree with text. [28] ወልደ፡ A. [29] ውስቴቱ፡ A. [30] Emended from አዐለዎ፡ [31] Cf. Cedrenus i. 27 ἐν αὐτοῖς ἐξημάρτανε; A om. እም″. [32] ትምህርት፡ H B C. [33] Em. from ኢይሬእዩ፡ A; ይሬእዩ፡ B C D. [34] ሰረገላ፡ C. [35] ፀሓየ፡ ወወርኀ፡ ወከዋክብተ፡ A D. [36] ወውስተ፡ B D. [37] ጸሐፈ፡ A C D. [38] ማልስ፡ A B; ማልስት፡ D. [39] ሜልካ፡ A. [40] Em. from አበዳይ፡ B; አብድያ፡ A; with Schol. Lagarde r on Gen. x. 24 γυνη καιναν μελχα θυγατηρ μαδαι υιου ιαφεθ; Syr. Frag. [illegible]. [41] ወልደ፡ A; ወለደት፡ C D. [42] ስማ፡ A. [43] A trans. [44] ወለደ፡ ወለደ፡ A.

ሎቱ፡ ብእሲተ፡ ወስማ፡ *ሙአክ፡ ወለተ፡ ኬሴድ፡ እኁሁ፡ ለአቡሁ፡[1] [ሎቱ፡ ብእሲተ፡][2] በቀዳሚሁ፡[3]
ወበሠላሳ፡[4] ኢዮቤልዉ፡[5] በሱባኤ፡ ኃምስ፡ በቀዳሚ፡ ዓመቱ። ወ[6]ወለደት፡ ሎቱ፡ ወልደ፡ በኃምስ፡ 7
ዓመቱ፡ ወጸውዐ፡ ስሞ፡ እቤር፡[7] ወነሥአ፡ ሎቱ፡ ብእሲተ፡ ወስማ፡ አዙራድ፡[8] ወለተ፡ ኔብሮድ፡
በ*ሠላሳ፡ ወክልኤቱ፡[9] *ኢዮቤልዉ፡[5] በሱባኤ፡ ሳብዕ፡ በ*ሣልስ፡ ዓመቱ።[10] ወበሳድስ፡ ዓመቱ፡[11] 8
ወለደት፡ ሎቱ፡[6] ወልደ፡ ወጸውዐ፡ ስሞ፡ ፋሌክ፡ እስመ፡ በ*መዋዕሊሁ፡[12] ዘተወልደ፡ አንዘ፡[6] ደቂቀ፡
ኖኅ፡ ይትካፈሉ፡[13] ሎሙ፡[6] ምድረ፡ በእንተዝ፡[14] ጸውዐ፡ ስሞ፡ ፋሌክ። ወተካፈሉ፡ በእኩይ፡[15] 9
በበይናቲሆሙ፡ ወነገርዎ፡ ለኖኅ። ወኮነ፡ በቀዳሚሁ፡ *ሠላሳ፡ ወሠለስቱ፡[16] ኢዮቤልዉ፡[5] 10
ወከፈልዋ፡ ለምድር፡ ሠለስተ፡[17] መክፈልተ፡ ለሴም፡ ወለካም፡ ወለያፌት፡ በበ፡ ርስት፡ በቀዳሚ፡
ዓመት፡[18] በአሐዱ፡[19] ሱባኤ፡ እንዘ፡ ይነብር፡ አሐዱ፡[20] እምኔነ፡ እለ፡ ተፈነውነ፡[21] ኀቤሆሙ።[22]
ወ[23]ጸውዐ፡ ደቂቆ፡ ወቀርቡ፡[24] ኀቤሁ፡ እሙንቱ፡ ወደቂቆሙ፡[25] ወ*ከፈለ፡[26] ምድረ፡ በዕፃዊ፡ 11
ዘይእኅዙ፡ ሠለስቲሆሙ፡[27] ውሉዱ፡[6] ወሰፍሑ፡ እደዊሆሙ፡ ወነሥኡ፡ መጽሐፈ፡ እም*ኀፅኑ፡[28]
*ኖኅ፡ አቡሆሙ።[29] ወወጽአ፡ *በመጽሐፍ፡ ዕፃሁ፡[30] ለሴም፡ ማእከለ፡ ምድር፡ ዘይእኅዝ፡ 12
ለርስቱ፡ ወለውሉዱ፡ ለትውልደ፡ ዘለዓለም፡ እማእከሉ፡[31] ደብረ፡[32] ራፋ፡[33] እመውፅአ፡ ማይ፡
እምፈለገ፡ ጢና፡ ወየሐውር፡ መክፈልቱ፡ መንገለ፡ ዐረብ፡ እንተ፡[34] ማእከሉ፡ ለዝ፡ ፈለግ፡
ወ*የሐውር፡[35] እስከ፡[36] ሶበ፡ ይቀርብ፡[37] ኀበ፡ ማየ፡ ቀላያት፡ እም*ኀበ፡[38] ይወፅእ፡ ዝንቱ፡
ፈለግ፡[39] ወይከዑ፡ *ማያቲሁ፡ ውስተ፡ ባሕረ፡[40] ሜአት፡[41] ወ*የሐውር፡[42] ዝንቱ፡[43] ፈለግ፡
ውስተ፡[44] ባሕር፡ ዐቢይ፡ ወዙሉ፡ ዘመንገለ፡ ደቡብ፡ ለያፌት፡ ወዙሉ፡ ዘመንገለ፡ ገጸ፡ ሰሜን፡
ለሴም። ወ*የሐውር፡ እስከ፡ ሶበ፡[6] ይቀርብ፡ ካራሶ፡[45] ዝውእቱ፡ ውስተ፡ ሕፅነ፡ ልሳን፡ እንተ፡ 13
ትኔጽር፡[46] መንገለ፡ ሰሜን። ወየሐውር፡ መክፈልቱ፡ እንተ፡ መንገለ፡ ባሕር፡ ዐቢይ፡ ወየሐውር፡ 14
ርቶዕ፡ እስከ፡ ይቀርብ፡[47] መንገለ፡ ዐረቢሆ፡ ለልሳን፡ እንተ፡ ትኔጽር፡ መንገለ፡ ሰሜን፡ እስመ፡

---

[1] Cf. Schol. Lagarde *r* on Gen. x. 24 *γυνη σαλα μωαχα θυγατηρ χεσεδαμ πατραδελφου αυτου*; Syr. Frag. ܐܢܬܬܗ ܫܡܗ ܡܥܟܐ. [2] Seems a corrupt addition. [3] Emended by Dln. from በዓመቱ፡ [4] ፴ A. [5] ኢዮቤሌው፡ A. [6] A omits. [7] ኤቦር፡ B. [8] Cf. Schol. Lagarde *r* on Gen. x. 24 *γυνη εβερ αζουρα θυγατηρ νεβρωδ*; Syr. Frag. ܐܙܘܪܐ ܒܪܬ ܢܡܪܘܕ. [9] ፴ A. [10] ሠላስ፡ ዓመት፡ ዓመቱ፡ B. [11] ዓመት፡ B. [12] መዋዕል፡ A. [13] A reads ተካፈሉ፡ and trans. before ደቂቀ፡ [14] ወበእንተዝ፡ A C D. [15] በእኩይ፡ B. [16] ፴ወ፫ A. [17] ፫ A. [18] ዓመቱ፡ A. [19] ዘ፩ A. [20] ፩ A. [21] ተፈኖኩ፡ A B. [22] ኃቤሆሙ፡ A B. [23] B omits. [24] ቀረቡ፡ B. [25] ውሉዶ፡ A. [26] ከፈሉ፡ B D. [27] ለሠለስቲሆሙ፡ B. [28] ሕጽኑ፡ B; ኅፅኑ፡ C. [29] A trans. [30] መጽሐፈ፡ ዕፃ፡ A; በመጽሐፈ፡ ዕፃሁ፡ C; መጽሐፈ፡ ዕፃዊ፡ D. [31] ወእማእከሉ፡ A. [32] ደብር፡ B. [33] ራፍ፡ A D. [34] A adds መንገለ፡ [35] Emended from የሐውሩ፡ [36] እስመ፡ B. [37] Emended from ይቀርቡ፡ [38] ውእቱ፡ B. [39] B C add እምኔሃ፡ ወ (B omits) ይወፅእ፡ ዝንቱ፡ ፈለግ፡ [40] ማያት፡ እስከ፡ ባሕር፡ A. [41] ሚአት፡ C D. [42] ያሐውሩ፡ A. [43] ውእቱ፡ A. [44] እስከ፡ B. [45] ካራኝ፡ A. [46] ትነጽር፡ B. [47] ይቅርብ፡ A.

15 ዛቲ፡ ባሕር፡ ስማ፡[1] ልሳነ፡ ባሕረ፡ ግብጽ። ወትገብእ፡ እምህየ፡ መንገለ፡ ሰሜን፡ መንገለ፡
አፉሃ፡ ለባሕር፡ ዐቢይ፡[2] ውስተ፡ ክናፍረ፡[3] ማያት፡ ወትሐውር፡ መንገለ፡ ዐረብ፡[4] ዐፍራ፡[5]
ወ*ተሐውር፡[6] እስከ፡ ትቀርብ፡ ኀበ፡ ማየ፡[7] ጊዮን፡[8] ፈለግ፡ ወመንገለ፡ ሰሜኑ፡[9] ለማየ፡ ጊዮን፡[8]
16 መንገለ፡ ደንጋጌ፡ ለዝ፡ ፈለግ። ወትሐውር፡ መንገለ፡[1] ጽባሕ፡ እስከ፡ ሶበ፡ ትቀርብ፡ ኀበ፡ *ገነተ፡
ዘ[10]ኤዶም፡ መንገለ፡ ሰሜኑ፡ ለሰሜን፡ ወእም*ጽባሒሃ፡ ለዙላ፡ ምድረ፡[11] ኤዶም፡ ወ*ለ'ዙሉ፡ ጽባሕ፡
ወይትመየጥ፡ ውስተ፡ ጽባሕ፡ ወይመጽእ፡ እስከ፡ ይቀርብ፡ መንገለ፡ ጽባሒሁ፡[12] ለደብር፡ ዘስሙ፡
17 ራፋ፡[13] ወይወርድ፡ መንገለ፡ ጽንፉ፡[14] ለሙፃእ፡[15] ጢና፡ ፈለግ። ዛቲ፡ መክፈልት፡ ወፅአት፡ በ[16]ዕፁ፡
18 ለሴም፡ ወለውሉዱ፡ ለእኂዛታ፡ ለዓለም፡ ለ[17]ትውልዱ፡ እስከ፡ ለዓለም። ወተፈሥሐ፡ ኖኅ፡
እስመ፡ ወፅአ፡ ዝንቱ፡ መክፈልት፡[18] ለ*ሴም፡ ወለ[19]ውሉዱ፡ ወተዘከረ፡ ዙሉ፡[20] ዘነበበ፡ በአፉሁ፡
በ*ትንቢቱ፡[21] እስመ፡ ይቤ፡ ይትባረክ፡ እግዚአብሔር፡ *አምላኩ፡ ለ[22]ሴም፡ ወይኅድር፡
19 እግዚአብሔር፡ ውስተ፡ መኃድሪሁ፡ ለሴም። ወአእመረ፡ ከመ፡ ገነተ፡[23] ኤዶም፡ ቅድስተ፡
ቅዱሳን፡ ወማኅደሩ፡ ለእግዚአብሔር፡ ውእቱ፡[24] ወደብረ፡ ሲና፡ ማእከለ፡ ገዳም፡[25] ወደብረ፡
ጽዮን፡ ማእከለ፡ ሕንብርታ፡[1] ለምድር፡ ሠለስቲሆሙ፡ ዝንቱ፡ *መንጸረ፡ ዝንቱ፡[1] ለ*ቅድስት፡[26]
20 ተፈጥሩ። ወባረኮ[27] ለአምላከ፡ አማልክት፡ ዘወደየ፡ ውስተ፡ አፉሁ፡ ነገረ፡ እግዚአብሔር፡
21 ወእግዚአብሔር፡[28] እስከ፡ ለዓለም። ወአእመረ፡ ከመ፡ መክፈልት፡ በረከት፡ ወ*ቡሩኬ፡[29] በጽሐ፡[1]
ለሴም፡ ወለ*ውሉዱ፡ ለትውልድ፡ ዘለዓለም፡[30] ዙላ፡[31] ምድረ፡ ኤዶም፡ ወዙላ፡[31] ምድረ፡
ባሕረ፡[32] ኤርትራ፡ ወዙላ፡ ምድረ፡[1] ጽባሕ፡ ወህንደኬ፡ ወበኤርትራ፡ ወአድባሪሁ፡ ወዙሉ፡ ምድረ፡
ባሳ፡[33] ወዙላ፡[31] ምድረ፡ ሊባኖስ፡ ወደሰያተ፡ ክፍቶር፡[34] ወ*ዙሉ፡[35] ደብረ፡ ሰኔር፡[36] ወአማና፡
ወደብረ፡ አሱር፡ ዘደቡብ፡ ወ*ዙላ፡[35] ምድረ፡ ኤላም፡ አሱር፡ ወባቤል፡ ወሱሳን፡ ወ*ማዕዳይ፡[37]
ወ*ዙሉ፡[38] አድባረ፡ አራራ*ት፡[1] ወ*ዙሉ፡[38] ማዕዶተ፡ ባሕር፡ ዘማዕዶተ፡ ደብረ፡[39] አሱር፡ ዘመንገለ፡
22 ደቡብ፡ ምድር፡ ቡርክት፡ ወ[40]ስፍሕት፡ ወዙሉ፡ ዘ[41]ውስቴታ፡[42] ጥቀ፡ ሠናይ።[43] ወለካም፡

---

[1] A omits. [2] ወዐቢይ፡ A; ዐብይ፡ B. So B also in vers. 12, 14. [3] ክንፈረ፡ A.
[4] ዐረብ፡ C D. [5] ወፋራ፡ A; ዓፈራ፡ C; ዓረፋ፡ D. [6] የሐውር፡ A. [7] ማያ፡ A.
[8] ግዮን፡ B C D. [9] ሰሜን፡ A. [10] ገነት፡ B. [11] ጽባሒሁ፡ ለዙሉ፡ ምድር፡ ዘ A.
[12] ጽባሕቲሁ፡ B. [13] ሬፋ፡ A. [14] ጽንፋ፡ A. [15] C D add ማየ፡ [16] ወ B.
[17] ወለ C D. [18] መክፈልቱ፡ B. [19] ሰሜ፡ B. [20] ቃሉ፡ A D. [21] ትንቢት፡ B.
[22] አምላኩ፡ B. [23] ገነት፡ B. [24] ይእቲኬ፡ A, which it trans. before ለእግ"; ውስቴቱ፡ B;
D trans. after ወደብረ፡ [25] ለገዳም፡ B. [26] ቅድስት፡ A; ቅድስት፡ B. [27] A adds
ለእግዚአብሔር፡ [28] A D omit. For ወእግዚአብሔር፡ እስከ፡ C reads ወእስከ፡ እግዚእ፡
[29] ቡሩክ፡ A B; መክፈልት፡ ቡርክት፡ D. [30] ወልዱ፡ እስከ፡ ለዓለም፡ B. [31] ወዙሉ፡ A.
[32] ባሕር፡ A. [33] ባላ፡ C; ባሶር፡ D. [34] ክብቶር፡ A B C, but כַּפְתֹּר, see Jer. xlvii. 4,
supports D. [35] ዙሉ፡ B. [36] ባጌር፡ A; ሰኔር፡ C; ሰነር፡ D. [37] መዐዳይ፡ B.
[38] ዙላ፡ B. [39] ባሕረ፡ A. [40] ወዙሉ፡ A. [41] B omits. [42] A adds ሀሎ፡
[43] ሠናይት፡ B.

ወጠቀበ፡ ወገብረ፡ ሎቱ፡[1] ሞርአ፡[2] ወከደነ፡ ኅፍረቶ፡፡ ወረገሞ፡ እግዚአብሔር፡ ለአርዌ፡ ምድር፡ 23
ወተምዕዖ፡ ለዓለም፡ ወለብእሲት[3]ኒ፡ ተምዕዓ፡[4] እስመ፡ ሰምዐት፡ ቃለ፡ አርዌ፡ ምድር፡ ወበልዐት፡
ወይቤላ፡፡ አብዝኆ፡ አበዝኆ፡ ለ[5]ኀዘንኪ፡ ወለ[6]ጻዕርኪ፡[5] በሐዘን፡[7] ለዲ፡ ውሉደ፡ ወኀበ፡ ምትኪ፡ 24
ምግባእኪ፡[8] ወውእቱ፡ ይኴንነኪ፡፡ ወለአዳምኒ፡ ይቤሎ፡ እስመ፡ ሰማዕከ፡ ቃለ፡ ብእሲትከ፡ 25
ወበላዕከ፡ እምውእቱ፡[9] ዕፅ፡ ዘአዘዝኩከ፡[10] ከመ፡ ኢትብላዕ፡ እምኔሁ፡ ርግምተ፡ ትኩን፡ ምድር፡
በእንቲአከ፡[11] አስዋከ፡[12] ወአሜከላ፡ ይብቊል፡ ለከ፡[13] ወብላዕ፡ ኅብስተከ፡ በሐፈ፡[14] ገጽከ፡ እስከ፡ አመ፡
ትገብእ፡ ውስተ፡ ምድር፡[15] *እንተ፡ እምኔሃ፡[16] ተነሣእከ፡ እስመ፡ ምድር፡[17] አንተ፡ ወውስተ፡
ምድር፡[18] ትገብእ፡፡[19] ወገብረ፡ ሎሙ፡ አልባሰ፡ ዘማዕስ፡ ወአልበሶሙ፡ ወፈነዎሙ፡ እምገነተ፡ 26
ኤዶም፡፡ ወበይእቲ፡ ዕለት፡ እንተ፡ ወፅአ፡ እም*ገነት፡ አዳም፡[20] ዐጠነ፡ ስመዐዛ፡ ሠናየ፡ ዕጣነ፡ 27
ስኂነ፡ ወ*ቀንአተ፡[21] ወማየ፡ ልብን፡[22] ወ*ስንበለ፡[23] በጽባሕ፡ ምስለ፡ ትንሣኤ፡ ፀሐይ፡ እምዕለተ፡[21]
ከደነ፡ ኅፍረቶ፡፡ ወበይእቲ፡ ዕለት፡ ተፈጸመ፡ አፈ፡ ኵሉ፡ አራዊት፡ ወዘእንስሳ፡ ወዘአዕዋፍ፡ 28
ወዘያንሶሱ፡ ወዘ[24]ይትሐወስ፡ እምነቢብ፡ እስመ፡ ኵሎሙ፡ ይትናገሩ፡ ዝንቱ፡ *ምስለ፡ ዝንቱ፡[25]
ከንፈረ፡[26] አሐደ፡[27] ወልሳነ፡ አሐደ፡፡[27] ወ*ፈነወ፡[28] እም*ገነት፡[29] ኤዶም፡ ለኵሉ፡[30] ዘሥጋ፡ ዘሀሎ፡ 29
ውስተ፡ ገነት፡[31] ኤዶም፡ ወተዘርዉ፡ ኵሉ፡ ዘሥጋ፡ በበ፡ ዘመዶሙ፡ ወበበ፡ ፍጥረቶሙ፡[32] ውስተ፡
መካን፡ ዘተፈጥረ፡ ሎሙ፡፡ ወለአዳም፡ ባሕቲቱ፡ ወሀቦ፡ ይክድን፡ ኅፍረቶ፡ እምኵሉ፡ አራዊት፡ 30
ወእንስሳ፡፡ *በእንተ፡ ዝንቱ፡[33] ተአዘዘ፡[34] ውስተ፡ *ጽላት፡ ሰማይ፡[35] ላዕለ፡ ኵሎሙ፡ እለ፡ ያአምሩ፡ 31
ፍትሐ፡ ሕግ፡ ይክድኑ፡ ኅፍረቶሙ፡ ወኢይትከሠቱ፡ ከመ፡ አሕዛብ፡ ይትከሠቱ፡፡[36] ወአመ፡ 32
ሠርቀ፡ ወርኅ፡ ራብዕ፡ ወፅአ፡ አዳም፡ ወብእሲቱ፡ እምገነት፡ ኤዶም፡ ወነበሩ፡ ውስተ፡ ምድረ፡[37]

---

[1] A omits. [2] ሞሬአ፡ C D. [3] ኒ፡ B. [4] ተምዐዐ፡ ላዕሌሃ፡ A. [5] A B omit. [6] ወበ A; ወ B. [7] ወበሐዘን፡ A. [8] ምግባኢኪ፡ A C D. [9] እምውስቴቱ፡ B; እምውስቴቱ፡ ውእቱ፡ C D—a conflate reading. [10] B adds ውእቱ፡ [11] በተግባርከ፡ D, owing to Eth. Vers. of Gen. iii. 17, which agrees with LXX ἐν τοῖς ἔργοις σου. Thus A B C agree with Mass. בַּעֲבוּרֶךָ, Sam., and Syr. LXX implies בעבדך, which it took apparently for בַּעֲבֹדָתֶךָ, and so Vulg. [12] አስዋከ፡ C D. [13] Here to be taken transitively. Cf. Gen. iii. 18 תַּצְמִיחַ ἀνατελεῖ. [14] በሃፈ፡ A B. [15] መሬት፡ A. [16] Here כִּי מִמֶּנָּה Gen. iii. 19 is taken as in LXX ἐξ ἧς. [17] We should expect መሬት፡ here, but LXX has γῆ alike for אֲדָמָה and עָפָר. [18] A has መሬት፡ twice in this verse against B C D, owing to Eth. Vers. of Gen. iii. 19. [19] A trans. before ውስተ፡ [20] ገነተ፡ ኤዶም፡ A D; ገነተ፡ ኤዶም፡ አዳም፡ C—a conflate reading of B and A. [21] ቀንአት፡ A. [22] ልብነ፡ A. [23] ሰንበላት፡ B; ሰንበልት፡ C D. [24] አመ፡ B. [25] ወዘዘሐሉ፡ A. [26] ከናፍር፡ A. [27] A puts in nom. [28] ፈነዎሙ፡ ወአውፅኦሙ፡ A—a conflate reading. Here again the influence of Eth. Vers. of Gen. iii. 23 ወአውፅኦ፡ seems evident. [29] ገነት፡ B. [30] ኵሉ፡ B; ኵሎ፡ C D. [31] ገነት፡ B; A omits. [32] ፍጥረታ፡ B. [33] በእንተዝ፡ B. [34] አዘዘ፡ A C. [35] ጽላት፡ B C. [36] ወይትከሠቱ፡ A. [37] B omits.

33. 34 ሕሊጸ፤ ውስተ፡ ምድረ፡ ፍጥረቶሙ። ወ°ሰመየ፡[1] አዳም፡ ስመ፡ ብእሲቱ፡ ሔዋ።[2] ወ°አኮኑ[3]
35 ምስሌሁ፡ ወልድ፡ እስከ፡ ቀዳሚ፡ ኢዮቤሌው፡[4] ወእምድኅረ፡ ዝንቱ፡ አእመራ። ወውእቱሰ፡
ይትጌበራ፡ ለምድር፡ በከመ፡ ተምሀረ፡ በ[5]°ገነት፡[6] ኤዶም።

IV ወበሣልስ፡ ሱባዔ፡ በካልእ፡ ኢዮቤሌው፡[7] ወለደት፡ ለ°ቃየን፡[8] ወበራብዕ፡ ወለደት፡ ለአቤል፡
2 ወበኃምስ፡ °ወለደታ፡ ለአዋን፡[9] ወለቱ። ወበ°ቀዳሚሁ፡[10] ለኢዮቤሌው፡[7] ሣልስ፡ ቀተሎ፡ ቃየን፡
ለአቤል፡ እስመ፡ ተወክፈ፡[11] °ቍርባኖ፡ ለአቤል፡[12] ወ[13]°ለቃየልሰ፡[14] ኢ°ተወክፈ፡[11] መሥዋዕቶ።[15]
3 ወቀተሎ°፡[16] በገዳም፡ ወ°ጸርኀ፡[17] ደሙ፡ እምድር፡ ውስተ፡ ሰማይ፡ እንዘ፡ ይሰኪ፡[18] በእንተ፡
4 ዘ°ቀተሎ።[19] ወ°ዘለፎ፡[20] እግዚአብሔር፡ ለ°ቃየን፡[8] °በእንተ፡ አቤል፡ በእንተ፡ ዘቀተሎ፡[21] ወገብረ፡
5 ሎቱ፡ ኑኀ፡[22] ዲበ፡ ምድር፡ °በእንተ፡ ደሙ፡ እኁሁ፡ ወረገሞ፡ በዲበ፡ ምድር።[23] ወ[23]በእንተ፡ ዝንቱ፡
ተጽሕፈ፡ ውስተ፡ ጽላተ፡ ሰማይ፡ ርጉም፡[24] ዘይዘብጥ፡ ካልኦ፡ በ°እኪይ፡[25] ወ°ይብሉ፡[26] ኵሎሙ፡
እለ፡ ርእዩ፡[27] ወሰምዑ፡[28] ይኩን፡ ወሰብእ፡ ዘርእየ፡ ወኢነገረ፡ ይኩን፡[29] ርጉመ፡[30] ከማሁ።
6 ወበእንተዝ፡[31] ንሕነ፡ °ናየድዕ፡ መጺአነ፡[32] ቅድመ፡ እግዚአብሔር፡ አምላክነ፡ ኵሎ፡[33] ኃጢአተ፡[34]
7 ዘይከውን፡ ውስተ፡ ሰማይ፡ ወምድር፡ ወዘበብርሃን፡ ወ°ዘበ[34]ጽልመት፡ ወዘበኵሉ።[34] ወሀሰዉ፡
አዳም፡ ወብእሲቱ፡ እንዘ፡ ይላህውዋ፡ በእንተ፡ አቤል፡ አርባዕተ፡ ሱባዔ፡ ዓመት፡ ወበራብዕ፡ ዓመት፡
°ዘሱባዔ፡ ኃምስ፡[35] ተፈሥሑ፡ ወአእመራ፡ አዳም፡[35] ዳግመ፡ ለብእሲቱ፡ ወወለደት፡ ሎቱ፡ ወልደ፡
ወሰመዮ፡ ስሞ፡ ሴት፡ እስመ፡ ይቤ፡ አንሥአ፡ ለነ፡ እግዚአብሔር፡ ዘርአ፡ ውስተ፡ ምድር፡ ካልአ፡

---

[1] ሰመዩ፡ B. [2] ሔዋ፡ B. LXX (Gen. iii. 20) has here Ζωή, and in iv. 1 Εὔαν. Vulg. has here *Heva*. [3] ኮነ፡ A. [4] ኢዮቤልው፡ B. [5] በውስተ፡ A. [6] ገነት፡ B. [7] ኢዮቤልው፡ B. [8] ቃይል፡ A. [9] ወለደት፡ አዋን፡ A. [10] ቀዳሚሁ፡ A. [11] ተወክፎ፡ B D. [12] እምአደዊሁ፡ ቍርባኖ፡ B; እምአደዊሁ፡ ቍርባነ፡ C D. [13] B omits. [14] እምአደ፡ ቃየንሰ፡ B C D. [15] B D omit. If መሥዋዕቶ፡ belongs to the text, it agrees with the twofold translation of מִנְחָה, which LXX gives in Gen. iv. 4, 5 δῶρα and θυσίαι. Eth. Vers., like the Vulg., rightly gives the same rendering both times መሥዋዕቱ፡ and *munera*. [16] A adds ለእኁሁ፡ [17] ይጸርኅ፡ B. [18] ዘይሰኪ፡ A; ይብል፡ B; ይሰኪ፡ C D, but A is clearly right. Cf. Enoch xxii. 5, 6, where it says of Abel's voice ይበጽሕ፡ እስከ፡ ሰማይ፡ ወይሰኪ፡ [19] ተቀትለ፡ B. [20] ተዘለፈ፡ A. [21] A omits; C D omit the second በእንተ፡ [22] Explicable only as a corrupt transliteration of נָד Gen. iv. 14. [23] ርዑደ፡ ወድንጉፀ፡ A. This reading is borrowed exactly from Eth. Vers. of Gen. iv. 12, as the scribe did not understand ኑኀ፡ ርዑደ፡ ወድንጉፀ፡ is a rendering of στένων καὶ τρέμων (LXX). [24] A adds ዘኵሉ፡ [25] እኩይ፡ A. [26] ይቤሉ፡ B. [27] አርአዩ፡ B; D omits. [28] B C omit; ሰምዖ፡ D. [29] A omits. [30] A puts in nom. [31] C D add ሰማዕት፡ [32] A trans.; መጺአ፡ ናየድዕ፡ C D. [33] ወዘኵሉ፡ A. [34] ወንጹሐ፡ ዘበዘኵሎሙ፡ A. [35] B omits.

ህየንተ፡ አቤል፡[1] እስመ፡ ቀተሎ፡ ቃየን፡፡[2] ወ[3]በሱባዔ፡ ሳድስ፡ ወለደ፡ ለአዙራ፡ ወለቱ፡፡ ወነሥአ፡ 8, 9
ቃየን፡[4] ለ[5]አዋን፡[5] እኅቶ፡[6] ሎቱ፡ ብእሲተ፡ ወወለደት፡ ሎቱ፡ ሄኖሕሃ፡[7] በፍጻሜ፡ ራብዕ፡[8] ኢዮቤልዉ፡፡[9]
ወ[10]በአሐዱ፡[11] ዓመት፡ ዘሱባዔ፡ ቀዳሚ፡ ዘ[12]ኃምስ፡ ኢዮቤልዉ፡[13] ተሐንጹ፡ አብያት፡ ውስተ፡
ምድር፡ ወሐነጸ፡ ቃየን፡ ሀገረ፡ ወሰመያ፡ ስማ፡ በስመ፡ ወልዱ፡ ሄኖሕ፡፡[14] ወአዳም፡ አእመራ፡ 10
ለሔዋ፡ ብእሲቱ፡ ወወለደት፡ ዓዲ፡ ተስዓተ፡[15] ደቂቀ፡፡[16] ወበ[17]ሱባዔ፡ ኃምስ፡[17] ዘኃምስ፡ ኢዮቤልዉ፡ 11
ነሥአ፡ ሴት፡ ለ[18]አዙራ፡[18] እኅቶ፡[6] ሎቱ፡ ብእሲተ፡ ወበ[19]ራብዑ፡[19] ወለደት፡ ሎቱ፡ ሄኖስሃ፡፡[20]
ውእቱ፡[21] ቀደመ፡[22] ጸውዖ፡ ስመ፡ እግዚአብሔር፡ በዲበ፡ ምድር፡፡ ወበሳብዕ፡ ኢዮቤልው፡[13] 12, 13
በሱባዔ፡ ሣልስ፡ ነሥአ፡ ሄኖስ፡[23] ኖኤምሃ፡[24] እኅቶ፡ ሎቱ፡ ብእሲተ፡ ወወለደት፡ ሎቱ፡[25] ወልደ፡
በሣልስ፡ ዓመት፡ ዘኃምስ፡ ሱባዔ፡ ወ[26]ሰመዮ፡[26] ስሞ፡ ቃይናን፡፡ ወበ[3]ፍጻሜ፡[3] ሳምን፡ ኢዮቤልዉ፡[13] 14
ነሥአ፡[27] ሎቱ፡ ቃይናን፡ ብእሲተ፡ ሙአሌሌትሃ፡[28] እኅቶ፡[29] ወወለደት፡ ሎቱ፡ ወልደ፡ በታስዕ፡
ኢዮቤልዉ፡ በሱባዔ፡ ቀዳሚ፡ በሣልስ፡ ዓመት፡ በሱባዔሁ፡ ለዝ፡ ወ[30]ጸውዖ፡[30] ስሞ፡ መላልኤል፡፡
ወበካልእ፡ ሱባዔ፡ ዘዓሥር፡[31] ኢዮቤልው፡[13] ነሥአ፡ ሎቱ፡ መላልኤል፡ ብእሲተ፡ [32]ዲናሃ፡ ወለተ፡ 15
በራኪኤል፡ ወለተ፡ እኅተ፡ አቡሁ፡[33] [ሎቱ፡ ብእሲተ፡][33] ወወለደት፡ ሎቱ፡ ወልደ፡ በሱባዔ፡ ሣልስ፡[34]
በሳድስ፡ ዓመቱ፡ ወጸውዖ፡[30] ስሞ፡ ያሬድ፡፡[1] እስመ፡ በመዋዕሊሁ፡ ወረዱ፡ መላእክተ፡ እግዚአብሔር፡

---

[1] A adds ዘቀተሎ፡ a duplicate rendering, which it borrows from Eth. Vers. of Gen. iv. 25, being in its turn a rendering of LXX *ὃν ἀπέκτεινε*. But B C D render Massoretic text כִּי הֲרָגוֹ קָיִן more exactly. [2] ቃየል፡ ለአቤል፡ A. [3] B omits. [4] ቃየል፡ A. [5] አዋን፡ A; Syr. Frag. ܐܘܢ. Epiph. vol. ii. p. 284, Σαυή, cf. Schol. Lagarde *r* on Gen. iv. 17 ἡ γυνὴ Κάϊν Ἀσαούλ. አዋን፡ probably corrupt for አስዋን፡ [6] እኅተ፡ A. [7] ሄኖኅሃ፡ A. [8] ራብዑ፡ C D. [9] ኢዮቤል፡ A. [10] A omits. [11] ፩ A. [12] በ A; B omits. [13] ኢዮቤሌው፡ A. [14] ሄኖኅ፡ A. [15] ብዙኃ፡ A. [16] ደቂ፡ B. [17] A trans. [18] አዙራ፡ B. [19] ራብዕ፡ A. [20] ሔኖስሃ፡ B. [21] So LXX (Gen. iv. 26) οὗτος and Vulg. *iste*. Hence for אָז in Massoretic text we should probably read זֶה. ወውእቱ፡ A C D. [22] ወጠነ፡ ቀዳሚ፡ A C D, but this seems a conflate reading of which B represents one constituent. ቀደመ፡ or ወጠነ፡ would imply הֵחֵל So also Vulg. *coepit*. LXX ἤλπισεν points to הוֹחִיל. Both this and הוּחַל = Aq. ἤρχθη may have arisen from הֵחֵל. [23] ሄኖስ፡ A. [24] ኖአምን፡ A; Syr. Frag. ܢܘܡ. Cf. Schol. Lagarde *r* on Gen. v. 9 γυνὴ ἐνὼς νωα (corrupt for νωαμ) ἡ ἀδελφη αὐτου. [25] B adds ሔኖስ፡ [26] ሰመየ፡ B. [27] ነሥአ፡ A. [28] ሙአሌት፡ A; ሙአሌሌትሃ፡ C; ሙአሌትሃ፡ D; Syr. Frag. ܡܘܐܠܠܝܬ. Cf. Schol. Lagarde *r* on Gen. v. 9 γυνὴ Καϊνᾶν μαωλιθ ἀδελφὴ αὐτου, and Syncellus, p. 18, Μαλίθ. [29] ሎቱ፡ ብእሲተ፡ B. [30] ጸውዓ፡ B. [31] በ፲ A. [32] For ዲናሃ፡ A reads ዲናንሃ፡ For በራ'' B reads በራኪኤልሃ፡ Cf. Schol. Lagarde *r* on Gen. v. 15 γυνὴ μαλελεὴλ δινα θυγάτηρ βαραχιὴλ πατραδελφου αὐτοῦ. Syr. Frag. ܕܐܒܘܗܝ ܐܚܘܗ̇ ܒܪܬ. It would be better in all cases to read አኀወ፡ with Greek πατραδέλφου and Syr. ܕܐܒܘܗܝ instead of እኅተ፡ Ethiopic in all cases reads እኅተ፡ except in viii. 6 and xi. 7, where it agrees with Greek and Syr. [33] Seems a corrupt addition. [34] ሳድስ፡ A.

ውስተ፡ ምድር፡ እስ፡ ተሰምዩ፡ ትጉሃ፡ ከመ፡ ይምሀርዎሙ፡ ለደቂቀ፡ እጓለ፡ እመሕያው፡
16 ወይግበሩ፡[1] °ፍትሐ፡ ወርትዐ፡[2] በ°ዲበ፡ ምድር። ወበ°ኀምር፡ ወእሐዱ፡[4] ኢዮቤልዉ፡[5] ነሥአ፡[6]
ሎቱ፡ ያሬድ፡[7] ብእሲተ፡ ወስማ፡ °ባረካ፡ ወለተ፡ ራሱያል፡ ወለተ፡ እኅተ፡ አቡሁ፡[8] [ሎቱ፡ ብእሲተ፡][9]
በሱባዔ፡ ራብዕ፡ ዘኢዮቤልው፡[5] °ዝንቱ፡ ወወለደት፡ ሎቱ፡ ወልደ፡ በ[10]ሱባዔ፡ ኃምስ፡ በራብዕ፡
17 ዓመት፡[11] ዘ°ኢዮቤልዉ፡[5] ወ°ጸውዐ፡[12] ስሞ፡ ሄኖክ። ውእቱ፡ °እንከ፡ ቀዳሚ፡ ዘተምህረ፡[13]
መጽሐፈ፡[14] ወትምህርተ፡[14] ወጥበበ፡ እም°እጓለ፡ እመሕያው፡ እምእለ፡ ተወልዱ፡ ዲበ፡ ምድር፡
ወዘጸሐፈ፡ ተአምረ፡ ሰማይ፡ በከመ፡ ሥርዐተ፡ አውራኂሆሙ፡ ውስተ፡ መጽሐፍ፡ ከመ፡ ያእምሩ፡
18 እጓለ፡ እመሕያው፡ ጊዜ፡ ዓመታት፡ በከመ፡ ሥርዐታቲሆሙ፡ ለለ፡ ወርኆሙ። ውእቱ፡ ቀዳሚ፡
ጸሐፈ፡ °ስምዐ፡ ወአስምዐ፡[15] ለደቂቀ፡ እጓለ፡ እመሕያው፡ ውስተ፡ ትዝምደ፡ ምድር፡
ወሱባዔሆሙ፡[16] ለኢዮቤልውሳት፡ ነገረ፡ °ወመዋዕለ፡ ዓመታት፡[17] አይድዐ፡[18] ወአውራኂ፡ ሰርዐ፡[19]
19 ወሰንበታተ፡ ዓመታት፡ ነገረ፡ በከመ፡ አይዳዕናሁ። °ወዘኮነ፡ ወዘይከውን፡[20] ርእየ፡ °በራእየ፡
ንዋሙ፡[21] ዘከመ፡ ይከውን፡ ዲበ፡ ደቂቀ፡ እጓለ፡ እመሕያው፡ በ[22]ትውልዶሙ፡ እስከ፡ አመ፡ ዕለተ፡
ደይን፡ ኵሉ፡ ርእየ፡ ወ°አእመረ፡[23] ወ°ጸሐፈ፡ ስምዖ፡[24] ወአንበሮ፡ ለስምዕ፡[25] ዲበ፡ ምድር፡ ላዕለ፡
20 ኵሉ፡[26] ደቂቀ፡ እጓለ፡ እመሕያው፡ ወለ[27]ትውልዶሙ። ወበአሠርቱ፡ ወክልኤቱ፡[28] ኢዮቤልው፡
በሳብዕ፡ ሱባዔ°ሁ፡ ነሥአ፡ ሎቱ፡ ብእሲተ፡ ወስማ፡ °ኤድኒ፡ ወለተ፡ ዳንኤል፡ ወለተ፡ እኅተ፡ አቡሁ፡[29]
[ሎቱ፡ ብእሲተ፡] ወበሳድስ፡ ዓመት፡ በሱባዔሁ፡ ለዝ፡ ወለደት፡ ሎቱ፡ ወልደ፡ ወ°ጸውዐ፡[30] ስሞ፡
21 ማቱሳላ። ወሀሎ፡ እንከ፡ ምስለ፡ መላእክት፡ አምላክ፡ ስድስተ፡[31] °ዘኢዮቤልውሳት፡ ዓመታት፡[32]
ወ°አርአይዎ፡[33] ኵሎ፡ ዘውስተ፡ ምድር፡ ወዘበሰማያት፡ ሥልጣኖ፡ ለፀሐይ፡[34] ወጸሐፈ፡ ኵሎ።
22 ወአስምዐ፡ ለትጉሃን፡ ለእለ፡ አበሱ፡ ምስለ፡ አዋልደ፡ ሰብእ፡ እስመ፡ °አኀዙ፡ እሉ፡[35] ይደመሩ፡

---

[1] ይግበሩ፡ C; ወይግብሩ፡ D. [2] ፍትሐ፡ ወርትዕ፡ B. [3] A omits. [4] እሐዱ፡ ወነሥር፡ B. [5] ኢዮቤሌው፡ A. [6] ነሥአ፡ A. [7] ያሬድ፡ B. [8] For ባረከ፡ A reads ባረካ፡ and for ራሱያል፡ B reads ራሱኤል፡ Syr. Frag. ... Cf. Schol. Lagarde r on Gen. v. 18 γυνὴ Ἰάρεδ Βαραχα θυγάτηρ ἀσουὴλ πατραδέλφου αὐτοῦ. For ἀσουὴλ we should read ῥασουήλ. On እኅተ፡ see p. 15, note 32. [9] Seems a corrupt addition. [10] ወበ A. [11] ዓመቱ፡ B. [12] See p. 15, note 32. [13] ቀዳሚ፡ ተምህረ፡ B. [14] A puts in nom. [15] ስምዖ፡ ወአስምዖ፡ B. [16] ሱባዔያቲሆሙ፡ C D. [17] ዓመታት፡ መዋዕል፡ A. [18] አይድዖ፡ B. [19] ሥርዖ፡ B. [20] A trans. [21] በራእየ፡ ንዋም፡ A; በሕልሙ፡ C; በራእየ፡ ሌሊት፡ በንዋም፡ D. [22] በበ A. [23] አንከረ፡ A. [24] ጸሐፈ፡ ስምዖ፡ B. [25] ስምዐ፡ A; B omits. [26] ኵሎ፡ A. [27] A adds ትውልድ፡ [28] ፲ወ፪፡ A. [29] For ኤድኒ፡ A C read ኤድኒ፡ D ኤድና፡ Syr. Frag. ... Cf. Schol. Lagarde r on Gen. v. 21 γυνη ενωχ εανι θυγάτηρ δανιὴλ πατραδέλφου αὐτοῦ. Here εανι is corrupt for εδνι. On እኅተ፡ see p. 15, note 32. [30] ጸውዖ፡ A. [31] ፮ A. [32] ዘኢዮቤሌው፡ (ዘኢዮቤልዩ፡ C) ውስተ፡ ዓመታት፡ A C, which seem a corruption of ዘኢዮቤልውሳት፡ ዓመታት፡ and so practically reads D ዘኢዮቤሳት፡ ዓመታት፡ [33] አርአዩ፡ A. [34] A adds ወበወርኅ፡

ከመ፡ ይርከሱ፡ ምስለ፡ አዋልደ፡ ሰብእ፡[1] ወ*አስምዐ፡ ሄኖክ፡[2] ላዕለ፡ ዙሎሙ፡፡ ወተገሠአ፡ እማእከለ፡ 23
ደቂቀ፡ እጓለ፡ እመሕያው፡ ወወሰድናሁ፡ ውስተ፡ ገነተ፡[3] ኤዶም፡ ለ[4]ዕበይ፡ ወለ[5]ክብር፡ ወናሁ፡
ውእቱ፡ *በህየ፡ ይጽሕፍ፡[6] ደይኖ፡ ወዙነኔ፡ ዓለም፡ ወዙሉ፡ እከየሙ፡ ለደቂቀ፡ እጓለ፡ እመሕያው፡፡
ወበእንቲአሁ፡[7] አምጽአ፡ ማየ፡ አይኅ፡[8] ዲበ፡[9] ዙሉ፡ ምድረ፡ ኤዶም፡ እስመ፡ ህየ፡ ተውህበ፡ *ውእቱ፡ 24
ለትእምርት፡ ወከመ፡[10] ያስምዕ፡ ላዕለ፡ ዙሉ፡ ደቂቀ፡ ሰብእ፡[11] ከመ፡ ይንግር፡ ዙሉ፡ ግብረ፡ ትውልድ፡
እስከ፡ አመ፡[12] ዕለተ፡ ደይን፡፡ ወውእቱ፡ ዐጠነ፡ ዕጣነ፡ ቤተ፡[13] መቅደስ፡ ዘይሰጠው፡ ቅድመ፡ እግዚ 25
አብሔር፡ *በደብረ፡ ቀትር፡፡[14] እስመ፡ አርባዕቱ፡ መካን፡[15] በዲበ፡ ምድር፡ ለእግዚአብሔር፡ ገነተ፡ 26
ኤዶም፡ ወደብረ፡ ጽባሕ፡ ወዝደብር፡ ዘሀለውከ፡[16] አንተ፡ ውስቴቱ፡ የም፡[17] ደብረ፡ ሲና፡ ወደብረ፡
ጽዮን፡ ይትቄደስ፡ በፍጥረት፡ ሐዳስ፡ ለቅዳሴ፡ ምድር፡ *በእንተዝ፡ ትትቄደስ፡ ምድር፡ እምዙሉ፡
*አበሳ፡ ወእምርኩሳ፡[18] *በትውልደ፡ ዓለም፡፡[19] ወበ*ኢዮቤልው፡[20] ዘውእቱ፡ ዓሥር፡ ወራብዕ፡ 27
ነሥአ፡[21] ማቱሳላ፡ ብእሲተ፡ እድናሃ፡[22] ወለተ፡ ኣዝራኤል፡ ወለተ፡ እኅተ፡ አቡሁ፡ [ብእሲተ፡ ሎቱ፡][23]
በሱባዔ፡ ሣልስ፡ በዓመት፡ አሐዱ፡[24] ዘውእቱ፡ ሱባኤ፡[25] ወወለደ፡ ወልደ፡ ወ*ጸውዐ፡[26] ስሞ፡ ላሜክ፡፡
ወበ*ዓሥር፡ ወኃምስ፡[27] ኢዮቤልዉ፡[28] በሱባዔ፡ ሣልስ፡ ነሥአ፡ ሎቱ፡[29] ላሜክ፡ ብእሲተ፡ ወስማ፡ 28
*ቤቴኖስ፡ ወለተ፡ ባራኪኤል፡ ወለተ፡ እኅተ፡ አቡሁ፡[29] [ሎቱ፡ ብእሲተ፡][30] ወበዝ፡ ሱባዔ፡ ወለደ፡
ሎቱ፡ ወልደ፡ ወ*ጸውዐ፡[26] ስሞ፡ ኖኅ፡ እንዘ፡ ይብል፡ ዝ[31]ይናዝዘኒ፡[32] *እምሐዘንየ፡ ወ[33]እምዙሉ፡
ግብር*የ፡[34] ወእም[35]ድር*ሂ፡[35] እንተ፡ ረገመ፡[36] እግዚአብሔር፡፡ ወበፍጻሜሁ፡ ለዓሥር፡ ወታስዕ፡ 29

---

[1] ምድር፡ A C D; but Enoch ix. 8 አዋልደ፡ ሰብእ፡ supports text. Cf. also Enoch x. 11. [2] አስምዓ፡ ሄኖክ፡ B. [3] ገነት፡ B. [4] በ A. [5] ወ A. [6] A trans. [7] A adds ወረደ፡ ወ. [8] B adds እምዙሉ፡ [9] ውስተ፡ A. [10] ከመ፡ A. [11] እጓለ፡ እመሕያው፡ C D. [12] A omits. [13] B omits; ምሴተ፡ C D. [14] በደብር፡ A. [15] መካናት፡ A. [16] ዘሀለውከ፡ A. [17] B trans. after ሲና፡ [18] አበሳ፡ ወእምርኩሳ፡ A; ርኩሳ፡ ወእምአበሳ፡ B. [19] ምድር፡ በትውልደሙ፡ ለዓለም፡ A. [20] ኢዮቤሌው፡ A. [21] ወነሥአ፡ A. B C D add ኢዮቤልዉ፡ before ነሥአ፡ [22] For እድናሃ፡ A reads እድናሃ፡ For ኣዝ'' A reads ኣዝራኤል፡ Cf. Schol. Lagarde *r* on Gen. v. 25 *γυνὴ μαθουσάλα ἐδνὰ θυγάτηρ ἐζριὴλ πατραδέλφου αὐτοῦ*; see p. 15, note 32. [23] Seems an interpolation. A omits ብእሲተ፡ [24] ፩ [25] Emended by Dln. from ዓመት፡ [26] ጸውዓ፡ B. [27] ኃምስ፡ ወዓሥር፡ B. [28] B omits. [29] For ቤቴ'' B reads ቤተኖስ፡ For ባራ'' A reads ባራኩኤል፡ Cf. Schol. Lagarde *r* on Gen. v. 28 *γυνὴ λάμεχ βεθενως θυγατηρ βαραχιὴλ πατραδέλφου αὐτου*; see p. 15, note 32. [30] Seems a corrupt addition. [31] Emended with Gen. v. 29 from H. [32] = יְנַחֲמֵנִי instead of Mass. Gen. v. 29 יְנַחֲמֵנוּ. LXX *διαναπαύσει ἡμᾶς* implies יְנִיחֵנוּ. A reads ናዝዘኒ፡ እግዚአብሔር፡ ወ. [33] A C D omit, but Gen. v. 29 וּמֵעִצְּבוֹן supports text. [34] For የ we should expect ዩ. Similarly in ሐዘንየ፡ and likewise ዩ for ኒ in ይናዝዘኒ፡ as in Mass., Syr., LXX, and Vulg. of Gen. v. 29. Yet Eth. Vers. agrees with text. [35] ወለ A. Gen. v. 29, Mass., Sam., Syr., and Vulg. omit ወ, but LXX and Eth. Vers. agree with text. [36] ረገማ፡ B.

ኢዮቤልዉ[1] በሱባኤ ሳብዕ[2] በሳድስ ዓመቱ[3] ሞተ አዳም ወቀበርዎ ኵሎሙ ደቂቁ ውስተ
30 ምድረ[4] ፍጥረቱ[5] ወውእቱ መቅድመ ተቀብረ ውስተ ምድር። ወ[6]ሰብዓ ዓመተ[7] እሐጸጸ
እም[8]ነሠርቱ ምእት ዓም[9] እስመ [*]ነሠርቱ ምእት[8] ዓመተ[9] ከመ[10] እሐቲ ዕለት ውስተ
ስምዕ[11] ሰማያት[12] ወ[13]በእንተ ዝንቱ ተጽሕፈ በእንተ[14] ዕፀ አእምሮ እስመ በዕለት
ትበልዑ እምኔሁ ትመውቱ በእንተ[*]ዝ[15] ኢፈጸመ ዓመታተ ዛቲ ዕለት እስመ ባቲ ሞተ።
31 በተፍጻሜቱ ለ[*]ዝ[16] ኢዮቤልዉ[1] ተቀትለ ቃየን እምድኅሬሁ በ[*]እሐዱ ዓም[16] ወ[17]ወድቀ
ቤቱ ላዕሌሁ ወሞተ በማእከለ ቤቱ ወተቀትለ በእበኒሁ እስመ በእብን ቀተሎ ለአቤል
32 ወበእብን ተቀትለ በኵነኔ ጽድቅ። በእንተዝ ተሠርዐ[18] ውስተ ጽላተ ሰማይ በንዋይ
33 ዘ[*]ቀተለ[19] ብእሲ ቢጸ ቦቱ ይትቀተል በከመ አቍሰሎ ከማሁ ይገብሩ ሎቱ። ወበ[*]ዕሥራ
ወኃምስ[20] ኢዮቤልዉ[1] ነሥአ ሎቱ ኖኅ ብእሲተ ወስማ [*]ዕምዝራ ወለተ ራኬኤል ወለተ
እኅተ አቡሁ[21] [ሎቱ ብእሲተ][22] በቀዳሚ ዓመት በ[23]ሱባዔ ኃምስ ወበሣልስ ዓመቱ[24]
ወለደት ሎቱ ሴምሃ ወበኃምስ ዓመቱ[25] ወለደት[26] ሎቱ ካምሃ ወበዓመት ቀዳሚ በሱባኤ
ሳድስ ወለደት[27] ሎቱ ያፌትሃ።[28]

፭ ወኮነ እመ ወጠኑ ደቂቀ እጓለ እመሕያው[29] ይብዝኁ ዲበ [*]ገጸ ለ[30]ምድር ወ[*]አዋልድ[31]
ተወልዳ ሎሙ ወርእይዎን መላእክተ[32] እግዚአብሔር በአሐቲ ዓመት[33] ዘ[*]ኢዮቤልዉ[34]
ዝንቱ[35] እስመ ሠናያት[36] ለርእይ እማንቱ ወነሥእዎን[37] ሎሙ አንስቲያ[38] እምኵሎን እለ
2 ኀረዩ ወወለዳ ሎሙ ውሉደ [*]ወእሙንቱ ረዐይት።[39] ወ[*]ልህቀት[40] ዐመፃ ዲበ ምድር
ወኵሉ ዘሥጋ [*]አማሰነ ፍኖቶ[41] እምሰብእ እስከ እንስሳ ወእስከ አራዊት ወእስከ አዕዋፍ
ወእስከ ኵሉ ዘያንሶሱ ውስተ ምድር ኵሎሙ[42] አማሰኑ ፍኖቶሙ ወሥርዐቶሙ ወአኀዙ

---

[1] ኢዮቤሌው A. [2] ሣልስ A. [3] B adds ሎቱ ወ. [4] ምድር B. [5] C D add ለአዳም [6] ሰብዕ ዓም A. [7] ፲፻ ዓመት A. [8] ፲፻ A. [9] ዓመቱ B. [10] B D omit. [11] ስምዓ B. [12] B omits. [13] ወበእንተ A. [14] ዝንቱ A. [15] ዝንቱ B. [16] ፩ ዓመት A. [17] A omits. [18] ተሠርዓ B. [19] ተቀትለ A. [20] ፳ወ፭ A. [21] For ራኬኤል A reads ራኩኤል B C D omit አቡሁ and for እኅተ read እኅቱ Syr. Frag. ܐܡܙܪܥ ܒܪܬ ܒܪܟܐܝܠ. Cf. Schol. Lagarde *r* on Gen. v. 32 γυνὴ Νῶε Ἐμζάρα θυγάτηρ Βαρακιὴλ πατραδέλφου αὐτοῦ; see p. 15, note 32. Also Algazi's Chronicle אמורע בת ברכיאל, where the ו is corrupt for ז. [22] Seems a corrupt addition. [23] ፪ B. [24] B adds ሎቱ [25] ዓመት B. [26] ተወልደ A. [27] ወለደ B. [28] ያፌድሃ A; ኢያፌትሃ B. [29] A adds ከመ [30] ገጸ ዙሉ B over erasure. Gen. vi. 1 עַל־פְּנֵי הָאֲדָמָה supports A. LXX ἐπὶ τῆς γῆς less literal. [31] A trans. after ሎሙ [32] Gen. vi. 2 בְּנֵי; LXX ἄγγελοι. [33] A B D omit, and perhaps rightly, በአሐቲ would then = *semel*. [34] ኢዮቤሌው A. [35] በዝንቱ A. [36] ሠናያን A. [37] B adds ሎ...ቱን [38] አንስቲያሆሙ A. [39] ረዐይት እሙንቱ A. [40] ልህቀ B. [41] አማሰነት ፍኖታ B. [42] ዙሉ B.

ይትባልዑ፡ በበይናቲሆሙ፡ ወዐመፃ፡ ልህቀ፡ ዲበ፡ ምድር፡ ወኵሉ፡ ሕሊና፡ አእምሮ፡ ለኵሎሙ፡
እጓለ፡ እመሕያው፡ ከመዝ፡[1] እኩይ፡ *ኵሉ፡ መዋዕለ፡፡[2] ወርእየ፡ እግዚአብሔር፡ ለምድር፡ 3
ወ[3]ናሁ፡ ማሰነት፡ ወ*አማሰነት፡[4] *ኵሉ፡ ዘ[5]ሥጋ፡ ሥርዓታ፡[6] ወ*አእከዩ፡ ኵሉ፡[7] ቅድመ፡ አዕይንቲሁ፡[8]
ኵሉ፡[9] ዘሀሉ፡ ውስተ፡ ምድር፡፡ ወይቤ፡ አደመስሶ፡[10] ለሰብእ፡ ወለኵሉ፡ ዘሥጋ፡ በመልዕልተ፡[11] ገጸ፡ 4
ምድር፡ ዘፈጠርኩ፡፡[12] ወኖኅ፡ ባሕቲቱ፡ ረከበ፡[13] ሞገሰ፡ በቅድመ፡ *አዕይንቲሁ፡ ለእግዚአብሔር፡፡[14] 5
ወዲበ፡ መላእክቲሁ፡ እለ፡ ፈነወ፡[15] ውስተ፡ ምድር፡ ተምዕ፡ ፈድፋደ፡ ይሠርዎሙ፡[16] እምኵሉ፡ 6
ሥልጣኖሙ፡ ወይቤለነ፡ ከመ፡ ንእስሮሙ፡ ውስተ፡ *መዓምቅቲሃ፡[17] ለ*ምድር፡ ወናሁ፡ እሙንቱ፡
እሱራን፡ ማእከሎሙ፡ ወ*ብሕትዋን፡፡[18] ወዲበ፡ ውሉዶሙ፡ ወፅአ፡ ቃል፡ እምቅድመ፡ ገጹ፡ ከመ፡ 7
ይምሕጸሙ፡ በሰይፍ፡ ወያሰስሎሙ፡ እምታሕተ፡ ሰማይ፡፡[19] ወይቤ፡ ኢ*ይነብር፡[20] መንፈስየ፡ 8
ዲበ፡ ሰብእ፡[21] ለዓለም፡ እስመ፡ እሙንቱ፡ ሥጋ፡[22] ወይኩኑ፡ መዋዕሊሆሙ፡ *ምእት፡ ወዕሥራ፡[23]
ዓመት፡፡ ወፈነወ፡ ሰይፈ፡[24] ማእከሎሙ፡ ከመ፡ *ይቅትል፡ ፩፩ቢጾ፡[25] ወወጠኑ፡ ይቅትሉ፡ *ዝንቱ፡ 9
ዘንተ፡ እስከ፡[26] ወድቁ፡ ኵሎሙ፡ ውስተ፡ ሰይፍ፡ ወተደምሰሱ፡ *እም፡ ምድር፡፡[27] ወአበዊሆሙሰ፡ 10
ይሬእዩ፡ ወ*እምድኅረዝ፡[28] ተአሰሩ፡ ውስተ፡ መዓምቅቲሃ፡ ለምድር፡ *እስከ፡ ለዓለም፡[29] እስከ፡
ዕለተ፡ ደይን፡ ዐባይ፡ ለከዊነ፡ ኵነኔ፡[30] ዲበ፡ ኵሎሙ፡ እለ፡ አማሰኑ፡ ፍናዊሆሙ፡ ወ*ምግባሪሆሙ፡[31]
ቅድመ፡[32] እግዚአብሔር፡፡ ወደምሰሰ፡ ኵሉ፡[33] እመካናቲሆሙ፡ ወኢ*ተርፈ፡ አሐዱ፡ እምኔሆሙ፡[34] 11
ዘኢኰነነ፡ በኵሉ፡ እኩዮሙ፡፡[35] ወገብረ፡ *ለኵሉ፡ ግብሩ፡ ፍጥረተ፡ ሐዳሰ፡ ወጻድቅተ፡[36] ከመ፡ 12

---

[1] Should be a rendering of רַק Gen. vi. 5, but translators often omitted or mistranslated this word. LXX renders ἐπιμελῶς. [2] መዋዕሊሆሙ፡ A. [3] A omits. [4] አማሰኑ፡ A, so Eth. Vers. Gen. vi. 12; አማሰኑ፡ C D. [5] ኵሎ፡ B. [6] ሥርዐቶሙ፡ A; ሥርዐታ፡ C D. [7] አብዝኁ፡ እከየ፡ A; እከየ፡ ኵሉ፡ B; አእከዩ፡ ኵሎሙ፡ C D. [8] A adds ለእግዚአብሔር፡ [9] ኵሉ፡ D. [10] ይደመስሶ፡ B C, but Gen. vi. 7 supports A D. [11] ዘመልዕልተ፡ B. We should expect እምላዕለ፡ cf. Gen. vi. 7 מֵעַל. [12] Emended with Gen. vi. 7, from ፈጠረ፡ A B; ተፈጥረ፡ C D. [13] ዘረከበ፡ A. [14] So D and Gen. vi. 8, Mass., Sam., Syr.; እግዚአብሔር፡ ወበቅድመ፡ አዕይንቲሁ፡ A; አዕይንቲሁ፡ B C. LXX incorrectly Κυρίου τοῦ Θεοῦ. [15] A omits. [16] ወአዘዘ፡ ይእስርዎሙ፡ A. [17] መዓምቅት፡ B. [18] ባሕታውያን፡ D. [19] ምድር፡ A. [20] So LXX καταμείνῃ, Syr., Itala, Onk., Vulg., Arabic of Gen. vi. 3 implying ידור or ילן instead of Mass. ידון, Symm. οὐ κρινεῖ. [21] ዲቤሆሙ፡ ለሰብእ፡ A. Text agrees with Gen. vi. 3, against LXX ἐν τοῖς ἀνθρώποις τούτοις. [22] ዘሥጋ፡ ወይኩን፡ እሙንቱ፡ A. [23] ፻ወ፳ A. [24] ሰይፈ፡ A D. [25] ይቅትሉ፡ አሐዱ፡ አሐዱ፡ ቢጾሙ፡ B. [26] እንከ፡ ዝንቱ፡ ወ A; ዝንቱ፡ እስከ፡ B; ዝንቱ፡ ለዝንቱ፡ እስከ፡ D. [27] እምድር፡ A. [28] A trans. after ተአሰሩ፡ [29] B omits. [30] A adds ዐበይ፡ ዲበ፡ ኵሉ፡ እለ፡ ይነብሩ፡ ዲበ፡ ምድር፡ ወ. [31] ምክሮሙ፡ A; ምክሮሙ፡ D. [32] እምቅድመ፡ A. [33] A adds እምድር፡ ወ. [34] ተረፈ፡ እምኔሆሙ፡ ወአሐዱ፡ A. [35] A adds ወገብሩ፡ ለኵሉ፡ እከዮሙ፡ [36] ግብረ፡ ሐዳሰ፡ ወጽድቀ፡ A.

ኢየአብሱ፡ በኵሉ፡ ፍጥረቶሙ፡ እስከ፡ ለዓለም፡ ወ*ይጸድቁ፡[1] ኵሉ፡ *በበ፡ ትዝምዱ፡ ኵሎ፡
13 መዋዕለ። ወኵነኔ፡ ኵሎሙ፡[2] ትሥርዐ፡[3] ወተጽሕፈ፡ ውስተ፡ ጽላተ፡ ሰማይ፡ ወ*አልቦ፡[4] ዐመፃ፡
ወኵሎሙ፡ እለ፡[5] ተዐደዉ፡[6] እምፍኖቶሙ፡[7] በእንተ፡[8] ትሥርዐተ፡ ሎሙ፡ ከመ፡ ይሑሩ፡ ባቲ፡
14 ወ*ለ*እመ፡ ኢሖሩ፡ ባቲ፡[9] ተጽሕፈ፡ ኵነኔ፡ ለኵሉ፡ ፍጥረት፡ ወለኵሉ፡ ትዝምድ። ወአልቦ፡
ምንትኒ፡ ዘበሰማይ፡ ወዘበምድር፡ ወ*ዘ*ውስተ፡ ብርሃን፡ ወ*ዘ*ውስተ፡ ጽልመት፡ ወ*በ[10]ሲኦል፡
ወውስተ፡ ቀላይ፡ ወውስተ፡ መጽልም፡ ወኵሉ፡ ኵነኔሆሙ፡ *ሥሩዕ፡ ወጽሑፍ፡[11] ወቅሩጽ።
15 በእንተ፡ ኵሉ፡ ለዐቢይ፡ በከመ፡[12] ዐበዩ፡ ወለንኡስ*፡[13] በከመ፡ ንእሱ፡ ወለለ፡ እሑዱ፡ በከመ፡[12]
16 ፍኖቱ፡ ይኴንኖ።[14] ወኢኮነ፡ ውእቱ፡ ዘይነሥእ፡ *ገጸ፡ ወኢኮነ፡ ውእቱ፡ ዘይነሥእ፡[15] ሕልያነ፡
እመ፡[16] ይቤ፡ ይግበር፡ ኵነኔ፡ ለለ፩፩፡[17] እመ፡[16] ወሀበ፡ ኵሉ፡ ዘውስተ፡ ምድር፡ ኢይነሥእ፡ *ሕልያነ፡
17 ወኢገጸ፡[18] ወኢይትሜጠዉ፡ እምእዴሁ፡[19] እስመ፡ መኰንን፡ ጽድቅ። ወደቂቀ፡ እስራኤል፡
ተጽሕፈ፡ ወትሥርዐ፡ እመ፡[16] ተመይጡ፡ ኀቤሁ፡ በጽድቅ፡ የኀድግ፡[20] ኵሉ፡ አበሳሆሙ፡ ወ*ይሰሪ፡[21]
18 ኵሉ፡ ኀጢአቶሙ። ተጽሕፈ፡ ወትሥርዐ፡ ይትመሐር፡ ለኵሉ፡ እለ፡ ተመይጡ፡ እም*ኵሉ፡
19 ጌጋዮሙ፡ ምዕረ፡ ለ*ሰ፡ ዓመት። ወ*ዲበ፡[22] ኵሎሙ፡ እለ፡ አማሰኑ፡ ፍኖቶሙ፡ ወምክሮሙ፡
*እምቅድመ፡ አይኅ፡[23] ኢ*ተነሥአ፡[24] ገጸሙ፡ ዘእንበለ፡ ለኖኅ፡ ባሕቲቱ፡ እስመ፡ ተነሥአ፡[24] *ሎቱ፡
ገጹ፡[25] በእንተ፡ ውሉዱ፡ እለ፡ አድኀኖሙ፡ እማየ፡[26] አይኅ፡ በእንቲአሁ፡[27] እስመ፡ ጻድቅ፡[28]
ይእቲ፡ *ልቡ፡ በኵሉ፡ ፍናዊሁ፡[29] በከመ፡ አዘዞ፡ በእንቲአሁ፡[30] ወኢ*ተዐደወ፡[31] እምኵሉ፡
20 ዘሥሩዕ፡ ሎቱ።[32] ወይቤ፡ እግዚአብሔር፡ *ይደመስስ፡ ኵሎ፡[33] ዘ*ዲበ፡[34] የብስ፡ እመሰብእ፡
*እስከ፡ እንስሳ፡ እስከ፡[35] አራዊት፡ ወእስከ፡ *አዕዋፈ፡ ሰማይ፡[36] ወእስከ፡ ዘይትሐወስ፡ ውስተ፡
21 ምድር። ወአዘዞ፡ ለኖኅ፡ ይግበር፡ ሎቱ፡[37] ታቦተ፡ ከመ፡ *ያድኅኖ፡ እም፡ ማየ፡[38] አይኅ።
22 ወገብራ፡ ኖኅ፡ ታቦተ፡ በኵሉ፡ በከመ፡ አዘዞ፡ በ*ዕሥራ፡ ወሰብዐቱ፡[39] *ኢዮቤልወ፡ ዓመታት፡[40]
23 በኃምስ፡ ሱባዔ፡[41] በኃምስ፡ ዓመቱ። ወቦአ፡ በሳድስ፡ ሎቱ፡ በካልእ፡ ወርኅ፡ *በሠርቀ፡ ለካልእ፡

---

[1] ይጸድቁ፡ A B. [2] በትዝምዱ፡ ኵሉ፡ መዋዕሊ፡ ወኵነኔ፡ ለኵሎሙ፡ A. [3] ትሥርዓ፡ B.
[4] መልአ፡ A. [5] A omits. [6] ይትኀደጉ፡ B. [7] እምፍኖቶሙ፡ A B C.
[8] በእንተ፡ A; በእንተ፡ ዝንቱ፡ B; በእንተዝ፡ D. Text of this line very doubtful. [9] A B omit. [10] ውስተ፡ A. [11] ጽሑፍ፡ ወሥሩዕ፡ B. [12] በእንቱ፡ B. [13] A adds ዐባዩ፡ ወ.
[14] ይኴንኖሙ፡ B. [15] A C omit. [16] ወእመ፡ A. [17] ለአሐዱ፡ A; ለአሐዱ፡ ወአሐዱ፡ B. [18] ገጸ፡ B; ገጸ፡ C D. [19] እምኔሁ፡ B. [20] A adds ሎሙ፡
[21] ይስረይ፡ B. [22] ለ A. [23] እምቅድም፡ A. [24] ተንሥአ፡ A B C. [25] ሎሙ፡ A.
[26] እም፡ ማየ፡ B. [27] በእንቲአሆሙ፡ A D. [28] ጻድቃነ፡ A C D. [29] ልቦሙ፡ በኵሉ፡ ፍናዊሆሙ፡ A D. [30] በእንቲአሆሙ፡ D. [31] ተዐደዉ፡ ሎቱ፡ A; ተዐደዉ፡ D.
[32] ሎሙ፡ A. [33] ለይደምስስ፡ ኵሉ፡ A. [34] ውስተ፡ A. [35] ወእንስሳ፡ ወ A. Observe that עַד־בְּהֵמָה is expanded into እንስሳ፡ and አራዊት፡ [36] አዕዋፍ፡ B. [37] A B omit, but Gen. vi. 14 supports C D. [38] ይድኅን፡ እማየ፡ A. [39] Emended from ከልኤ፡ A; ከልኤቱ፡ B. [40] ኢዮቤልዉ፡ (ኢዮቤሌው፡ A) ዓመታት፡ A B. [41] ብዙኅ፡ A.

ወርኃ፡[1] እስከ፡ እመ፡ ዐሠርቱ፡ ወሰዱሱ፡ ወቦኡ፡ ውስቴቱ፡ ወዙሉ፡ ዘአብኦ፡ ሎቱ፡[2] ውስተ፡ ታቦት፡
ወዐጸዎ፡ እግዚአብሔር፡ እንተ፡[3] አፍኣሁ፡[4] በዐሠሩ፡ ወሰቡዑ፡ ምሴተ፡፡ ወአርኃወ፡ እግዚአብሔር፡ 24
ሰብዐቱ፡ መንባሕባሕተ፡[5] ሰማይ፡[6] ወአፈወ፡[7] አንቅዕተ፡ ቀላይ፡ ዐቢይ፡[8] *በሰብዑ፡ አፈው፡*
በ*ኍልቍ፡፡[9] ወአኀዙ፡ መንባሕባሓት፡[10] ያውርዱ፡ ማየ፡ እምሰማይ፡ ፵መዋዕለ፡ ወ፵ለያልየ፡ 25
ወአንቅዕት፡ ቀላይኒ፡ ያዐርጉ፡ ማያተ፡ እስከ፡ ሶበ፡ መልአ፡ *ዙሉ፡ ዓለም፡[11] ማየ፡፡ ወልህቀ፡ ማያት፡ 26
ዲበ፡ ምድር፡ *ዐሠርቱ፡ ወኃምስቱ፡[12] በእመት፡ *ተለዐሉ፡ ማያት፡ ዲበ፡ ዙሉ፡ ደብር፡ ነዋኅ፡[13]
ወተለዐለት፡ ታቦት፡ እምዲበ፡[14] ምድር፡ ወታንሶሱ፡ ዲበ፡ ገጸ፡ ማያት፡፡ ወሀሎ፡ ማይ፡ ይቀውም፡[15] 27
ዲበ፡ ገጸ፡[16] ምድር፡ ኃምስቱ፡[17] አውራኀ፡ *ምእተ፡ ወኃምሳ፡[18] ዕለተ፡፡ ወሖረት፡ ታቦት፡ ወአዕረፈት፡ 28
*ዲበ፡ ርእሰ፡ ሉባር፡ አሐዱ፡[19] እምአድባረ፡ አራራት፡፡ ወበወርኀ፡ ራብዕ፡ ተፈጸመ፡ አንቅዕተ፡ 29
ቀላይ፡ ዐቢይ፡ ወመንባሕባሕት፡ ሰማይ፡[20] ተእኅዘ፡ ወበሠርቀ፡ *ወርኃ፡ ሳብዕ፡[21] ተርኅወ፡ ኵሉ፡[22]
አፈወ፡ መዓምቅት፡ ምድር፡ ወ*አኀዘ፡ ማያት፡ ይረድ፡ ውስተ፡ ቀላይ፡ ታሕቲት፡፡[23] ወበ*ሠርቀ፡ 30
ወርኃ፡ ዓሥር፡ አስተርአየ፡ አርእስቲሁ፡[24] አድባር፡ ወበሠርቀ፡ ለ*ወርኃ፡ ቀዳሚ፡ *አስተርአየት፡
ምድር፡፡[25] ወነጽፈ፡ ማያት፡ እመልዕልተ፡ ምድር፡ በሱባዔ፡ ኃምስ፡ በሳብዕ፡ ዓመቱ፡ ሎቱ፡ 31
ወአመ፡ *ዐሠሩ፡ ወሰቡዑ፡ ዕለት፡[26] በካልእ፡ ወርኃ፡ የብሰት፡ ምድር፡፡ ወአመ፡ *ዕሥራ፡ ወሰቡዑ፡[27] 32
ሎቱ፡ አርኃዋ፡ ለታቦት፡ ወፈነወ፡[28] እምውስቴታ፡ አራዊተ፡ ወእንስሳ፡[29] ወአዕዋፈ፡ ወዘይትኃወስ፡፡

---

[1] A omits. For ወርኃ፡ B reads ውርኁ፡ [2] B omits. [3] A omits. [4] አፍኣሃ፡ B. So also LXX Gen. vii. 16 *ἔξωθεν αὐτοῦ* and Vulg. *deforis* render בַּעֲדוֹ. [5] መንበሓብሕት፡ B. [6] ማይ፡ A. [7] ወአርኃወ፡ A. [8] ሰብዓ፡ አፈወ፡ A. [9] ኍልቍ፡ A B. [10] መንበሓብሕት፡ B. [11] ዙሉ፡ ዓለመ፡ A. [12] ፲ወ፭ A. [13] ዲበ፡ ዙሉ፡ አድባር፡ ወአውግር፡ ነዋኃት፡ ተላዐሉ፡ ማይ፡ A. I have followed B save that for ተላዓሉ፡ I have given ተለዐሉ፡ [14] So Gen. vii. 17 מֵעַל. A reads እም; C D ዲበ፡ LXX ἀπό. [15] ይቀውሙ፡ A. LXX incorrectly gives *ὑψώθη* for וַיִּגְבְּרוּ Gen. vii. 24. [16] Gen. vii. 24 omits. [17] ፭ A. [18] ፻ወ፶ A. [19] ውስተ፡ አድባረ፡ ወዲበ፡ ርእሱ፡ ለአሐዱ፡ ደብር፡ A. [20] ሰማይ፡ B. [21] A trans. [22] ዙሉ፡ A. [23] አርኃወ፡ እግዚአብሔር፡ ዙሉ፡ አንቅዕተ፡ መዓምቅት፡ ም.ድር፡ ምስለ፡ ቀላያት፡ ታሕቲት፡ A, against B C D, which I have followed. [24] አርእስቲሆሙ፡ ለ A. [25] አስተርአየ፡ የብስ፡ A. [26] ፲ወ፯ ዕለት፡ A. [27] ፳ወ፯ A. With this date and the preceding Rönsch cf. LXX Zittav. Complut. *ἐν τῷ δευτέρῳ μηνὶ ἑπτὰ καὶ δεκάτῃ ἡμέρᾳ ἐξηράνθη ἡ γῆ καὶ ἑβδόμῃ καὶ εἰκάδι τοῦ μηνὸς ἀνέῳξε τὴν κιβωτόν.* Gen. viii. 14 Mass., LXX, and Vulg. give 'In the second month on the seven and twentieth day of the month was the earth dry.' [28] A adds ሎቱ፡ [29] A B C omit, but it is possibly original; cf. LXX Gen. viii. 19 *πάντα τὰ θηρία καὶ πάντα τὰ κτήνη καὶ πᾶν πετεινὸν καὶ πᾶν ἑρπετὸν κινούμενον*; Syr. ܘܟܠܗ ܚܝܘܬܐ ܘܟܠܗ ܒܥܝܪܐ ܘܟܠܗ ܦܪܚܬܐ ܘܟܠ ܪܚܫܐ ܕܪܚܫ. Hence Mass. text is corrupt, and for כָּל־הַחַיָּה כָּל־הָרֶמֶשׂ וְכָל־הָעוֹף כֹּל רוֹמֵשׂ we should read with A B C כָּל־הַחַיָּה וְכָל־הָעוֹף וְכָל־הָרֶמֶשׂ הָרוֹמֵשׂ. D, Syr., and LXX add הַבְּהֵמָה after הַחַיָּה. In MSS. D E of LXX text is harmonized with Mass. Sam. (=omnes bestiae et omnia volatilia et omnia reptilia repentia) supports our correction of Mass. So likewise do the Vulgate and Arabic.

፮ ወ[1]አመ፡ ሠርቀ፡[2] ለወርኅ፡ ሣልስ፡ ወፅአ፡ እምነ፡ ታቦት፡ ወሐነጸ፡ ምሥዋዐ፡ ውስተ፡ *ውእቱ፡
2 ደብር።[3] ወ*አስተስረየ፡[4] ዲበ፡ ምድር፡ ወነሥአ፡ *መሐስአ፡ ጠሊ፡[5] ወአስተስረየ፡ በደሙ፡[6] በእንተ፡
ኵሉ፡ አበሳ፡ ምድር፡ እስመ፡ ተደምሰሰ፡ ኵሉ፡ ዘሀሎ፡ ውስቴታ፡ ዘእንበለ፡ እለ፡ ሀለዉ፡ ውስተ፡
3 ታቦት፡[7] *ምስለ፡ ኖኅ።[8] ወአዕረገ፡ *ሥብሖ፡ ዲበ፡[9] ምሥዋዕ፡ ወነሥአ፡ ላህመ፡ ወበሐኰ፡ ወበግዐ፡
ወ*አጣሌ፡[10] ወጼወ፡ ወ*መንጢጠ፡[11] ወ*እጐለ፡ ርግብ፡[12] ወአዕረገ፡ ጽንሓሐ፡ ውስተ፡[13] ምሥዋዕ፡[14]
ወ*ሦጠ፡[15] ላዕሌሆን፡ መሥዋዕተ፡ ልውሰ፡ በቅብዕ፡ ወነዝኀ፡ ወይነ፡[16] ወወደየ፡ ላዕለ፡ ኵሉ፡ ስኂነ፡
4 ወአዕረገ፡ መዐዛ፡ ሠናየ፡ ዘ*ያሠምሮ፡[17] ቅድመ፡ እግዚአብሔር። *ወአጼነወ፡ እግዚአብሔር፡[18]
መዐዛ፡ ሠናየ፡[19] ወተካየደ፡ ምስሌሁ፡ ኪዳነ፡ ከመ፡ ኢይኩን፡ ማየ፡ አይኅ፡ ዘያማስና፡ ምድረ፡[18]
ኵሎ፡ መዋዕለ፡ ምድር፡ ዘርእ፡[20] ወማእረር፡[20] *ኢይትነተግ፡[21] ደደክ፡ ወ[22]መርቄ፡ ወ[22]*ሐ
ጋይ፡[20] ወክረምት፡[20] ወ*መዓልት፡[20] ወሌሊት፡[20] ኢይወልጡ፡ ሥርዐቶሙ፡ ወኢ*ይነትጉ፡[23]
5 ለዓለም። ወአንትሙ*ሰ፡[24] ለሀቁ፡ ወተባዝኁ፡ *ውስተ፡ ምድር፡[24] ወብዝኁ፡[25] ላዕሌሃ፡ *ወኩኑ፡
ለበረከት፡[26] ላዕሌሃ፡[27] ፍርሀትክሙ፡ ወ*ረዓድ[28]ክሙ፡ እሁብ፡ ዲበ፡ ኵሉ፡ ዘውስተ፡ ምድር፡
6 ወዘውስተ፡ ባሕር። ወናሁ፡ ወሀብኩክሙ፡ ኵሎ፡ አራዊተ፡ ወኵሎ[29] ዘይሰርር፡[16] ወኵሎ
ዘይትሐወስ፡ ውስተ፡ ምድር፡ ወውስተ፡ ማያት፡ ዓሣት፡ ወ*ኵሎ፡[30] ለሲሲት፡ *ከመ፡ ሐምለ፡
7 ማዕር፡[31] ወሀብኩክሙ፡ ኵሎ፡ ትብልዑ።[32] ወባሕቱ፡ ሥጋ፡ ዘምስለ፡ *መንፈሱ፡ ምስለ፡[33] ደሙ፡[33]
ኢትብልዑ፡ እስመ፡ ነፍስ፡[34] ኵሉ፡ ዘሥጋ፡ ውስተ፡ ደም፡ ውእቱ፡ ከመ፡ ኢይትኀሠሥ፡ ደምክሙ፡
ውስተ፡[35] ነፍሳቲክሙ። እም[36]ውስተ፡ እደ፡[37] ኵሉ፡[38] ሰብእ፡ እም*እደ፡[37] ኵሉ፡[39] እትኀሠሥ፡[40]
8 ለደመ፡ ሰብእ። ዘ*ይከዑ፡[41] ደመ፡ ሰብእ፡ በሰብእ፡[42] ደሙ፡ ይትከዐው፡ እስመ፡ በ[43]መልክዐ፡

---

[1] C D omit. [2] ፀሠሩ፡ A. From present text LXX Zittav. Complut. has drawn *ἐν μιᾷ τοῦ μηνὸς τοῦ τρίτου* (Rönsch). [3] ዝንቱ፡ ምድር፡ A. [4] አስተርአየ፡ A C D. [5] A trans. [6] B omits. [7] ታቦት፡ A. [8] A trans. before ውስተ፡ [9] ደሙ፡ ምሥዋዕ፡ A. [10] ጠሊ፡ A. [11] መንጢጢ፡ A. [12] እጓለ፡ ርግበ፡ A. [13] ዲበ፡ B. [14] ምድር፡ ወይሠውዕ፡ መሥዋዕተ፡ A. [15] ይሠውጥ፡ A B; ይሰውጥ፡ C. [16] ደመ፡ A; ደመ፡ ወወይነ፡ C. [17] Emended from ይሠምር፡ [18] A omits. [19] ሠናዩ፡ A. [20] A B put in acc. [21] ወኢይትነተግ፡ A; ኢይትነተግ፡ D. [22] A B omit. [23] ይነትጉ፡ B; ያነትጉ፡ C; ይነትጉ፡ D. [24] D omits. [25] ወእዝዙ፡ A; Gen. ix. 1 וּמִלְאוּ. [26] This implies וּבִרְכוּ, possibly a corruption of ורדו, the text implied by *καὶ κατακυριεύσατε* of LXX Gen. ix. 7 (so also Ver. Sam.) or of ורכבו implied by Vulg. *et ingredimini* (so Arabic). At any rate Mass. and Sam. ורבו are wrong. [27] Emended from ማእከሉ፡ [28] ረዐደ፡ A. [29] A adds እንስሳ፡ C D እንስሳ፡ ወኵሎ against Gen. ix. 2. [30] ኵሉ፡ A. [31] በከመ፡ ሐምለ፡ ምድር፡ ማዕረ፡ A. [32] Gen. ix. 3 omits. [33] Text agrees closely with Gen. ix. 4 בְּנַפְשׁוֹ דָמוֹ, against LXX *ἐν αἵματι ψυχῆς*. [34] መንፈስ፡ A. [35] በውስተ፡ A. This is a misleading rendering of לְ in לְנַפְשֹׁתֵיכֶם; hence we should read ለነፍሳቲክሙ [36] ወእም A. [37] ደመ፡ A. [38] Gen. ix. 5 omits. [39] Gen. ix. 5 אִישׁ אָחִיו; LXX less close to Mass. *ἐκ χειρὸς ἀνθρώπου ἀδελφοῦ*. [40] ይትኀሠሥ፡ A; እትኀሥሥ፡ B. [41] ይትከዑ፡ A. [42] LXX Gen. ix. 6 *ἀντὶ τοῦ αἵματος αὐτοῦ* through confusing באדם and בדם; text agrees with Mass.

እግዚአብሔር፡ ገብረ፡ ለአዳም። ወአንትሙሂ፡ ልህቁ፡ ወ°ብዝኁ፡ ዲበ፡[1] ምድር። ወመሐሉ፡ 9, 10
ኖኅ፡ ወ°ደቂቁ፡[2] ከመ፡ ኢይብልዑ፡ ኵሉ፡[3] ደመ፡ ዘበ[4]ኵሉ፡ ሥጋ፡[5] ወተካየዱ፡ ኪዳነ፡ ቅድመ፡[6]
እግዚአብሔር፡ አምላክ፡ ለ[7]ዓለም፡ በኵሉ፡ ትውልደ፡ ምድር፡ በዝንቱ፡ ወርኅ። በእንተ፡ ዝንቱ፡ 11
ተናገረከ፡ ትትካየድ፡ ኪዳነ፡ አንተኒ፡[8] ምስለ፡ ደቂቀ፡ እስራኤል፡ በዝ፡ ወርኅ፡ በዲበ፡ ደብር፡[9] ምስለ፡
ማሕላ፡[10] ወ°ትነዝኅ፡[11] ላዕሌሆሙ፡ ደመ፡° በእንተ፡ ኵሉ፡ ነገረ፡ ኪዳን፡ ዘ°ተካየደ፡[12] °እግዚአብሔር፡
ምስሌሆሙ፡[13] ለኵሉ፡ መዋዕል። ወ°ጽሕፍት፡[14] ዛቲ፡ ስምዕ፡ ላዕሌክሙ፡ ከመ፡ ትዕቀብዋ፡ 12
ኵሉ፡ መዋዕለ፡ ከመ፡ ኢትብልዑ፡ በኵሉ፡ መዋዕል፡ ኵሉ፡ ደመ፡ አራዊት፡ ወአዕዋፍ፡ ወእንስሳ፡[15]
በኵሉ፡[16] መዋዕለ፡ ምድር፡ ወሰብእ፡ ዘ°በልዐ፡ ደመ፡ አርዌ፡[17] ወዘእንስሳ፡ ወዘአዕዋፍ፡ በኵሉ፡
መዋዕለ፡ ምድር፡ ይሰረ፡[18] ውእቱ፡ ወዘርኡ፡ እምድር። ወአንተ፡ አዝዞሙ፡ ለደቂቀ፡ እስራኤል፡ 13
ኢይብልዑ፡ °ኵሉ፡ ደመ፡ ከመ፡[19] የሀሉ፡ ስሞሙ፡ ወዘርአሙ፡ ቅድመ፡ እግዚአብሔር፡ አምላክነ፡
ኵሉ፡ መዋዕለ። ወአልቦ፡ ለዝ፡ ሕግ፡ ዐቅመ፡ መዋዕል፡ እስመ፡ ለዓለም፡ ውእቱ፡ ይዕቀብዎ፡ 14
ለትውልደሙ፡[20] ከመ፡ ይኩኑ፡[21] እንዘ፡ ይትመሀለሉ፡ °በእንቲአክሙ፡ በደም፡[22] በቅድመ፡ ምሥዋዕ፡
በኵሉ፡ ዕለት፡ ወ°ሰዓት፡[23] ነግህ፡ ወ°ሰርክ፡[24] ያስተስርዩ፡ በእንቲአሁ፡[25] ወትረ፡[26] ቅድመ፡
እግዚአብሔር፡ ከመ፡ ይዕቀብዎ፡ ወኢ°ይሥረዉ።[27] ወወሀቦ፡ ለኖኅ፡ ወለ°ደቂቁ፡[28] ትእምርተ፡[29] 15
ከመ፡ ኢ°ይኩን፡[30] ዳግመ፡ አይኅ፡[31] ዲበ፡ ምድር። ቀስቶ፡ ወሀበ፡[32] ውስተ፡ ደመና፡ ለትእምርተ፡ 16
ኪዳን፡[33] ዘ°ለዓለም፡ ከመ፡ ኢይኩን፡ እንከ፡ ማየ፡ አይኅ፡ ዲበ፡ ምድር፡ ለአማስኖታ፡ ኵሉ፡ መዋዕለ፡[34]
ምድር። በእንተዝ፡ °ተሠርዐ፡ ወ°ተጽሕፈ፡ ውስተ፡ ጽላት፡ ሰማይ፡ ከመ፡ ይኩኑ፡ ገበርተ፡ በዓል፡ 17
ዘ°ሱባዔ፡[35] በዝ፡[36] ወርኅ፡ ምዕረ፡ ለዓመት፡ ለሐዲስ፡ ኪዳን፡ በ[37]ኵሉ፡ ዓም፡ ወ[38]ዓመት። ወ°ኮነት፡ 18
ኵላ፡ °ዛቲ፡ በዓል፡[39] እንዘ፡ ትትገበር፡ በሰማይ፡ እምዕለተ፡ ፍጥረት፡ እስከ፡ መዋዕለ፡ ኖኅ፡
°ዕሥራ፡ ወስድስቱ፡ ኢዮቤልዉ፡[40] ወሱባዔ፡ ዓመት፡ ኃምስቱ፡[41] ወዐቀብዋ፡ ኖኅ፡ ወ°ደቂቁ፡ ሰብዓተ፡
ኢዮቤልዉ፡[42] ወሱባዔ፡ ዓመታት፡[43] አሐተ፡° እስከ፡ አመ፡° ዕለተ፡ ሞቱ፡[44] ለኖኅ፡ ወ°እምዕለተ፡

[1] ተባዝኁ፡ ወምልእዋ፡ ለ A. Here A has drawn ወምልእዋ፡ ለ from Eth. Vers. of Gen. ix. 7, and agrees with LXX καὶ πληρώσατε τὴν γῆν against Mass. [2] ደቂ፡ A. [3] ኵሉ፡ A; B omits. [4] ዘባቲ፡ A. [5] ዘሥጋ፡ B. [6] B adds እግዚአ፡ [7] ዘለ A. [8] A omits. [9] ምድር፡ A. [10] ማኅላ፡ B. [11] ትበዝኅ፡ B. [12] ይትካየድ፡ B D. [13] A trans. [14] ጽሕፈት፡ A. [15] A B omit. [16] ኵሉ፡ B. [17] ይበልዕ፡ ደመ፡ ሰብእ፡ ወአራዊት፡ A. [18] ይሠር፡ B. [19] ኵሉ፡ ደም፡ A. [20] ለትውልድ፡ B. [21] B omits. [22] በእንቲአሆሙ፡ ለደም፡ በእንተዝ፡ ለደም፡ A. [23] Em. from ሰዓት፡ ወ B; በዕለት፡ A; ዕለት፡ C D. We ought perhaps to read በዓል፡ [24] ሰርክ፡ A. [25] በእንቲአሆሙ፡ B C; በእንቲአክሙ፡ D. [26] A trans. after እግዚአብሔር፡ [27] ይሰጠዉ፡ A. [28] ደቂ፡ A. [29] ትድምርተ፡ A. [30] ይከውን፡ A. [31] በኵሉ፡ መዋዕል፡ አይኅ፡ በ A; አይኅ፡ ዳግመ፡ B. [32] ወሀቦ፡ A. [33] ኪዳነ፡ A. [34] A adds ዲበ፡ [35] ሱባኤያት፡ B. [36] በዘ A. [37] ለ A. [38] ወኵሉ፡ A. [39] ይእቲ፡ በዓለ፡ A. [40] ፳ወ፮ ኢዮቤልያተ፡ A. [41] ፭ A. [42] ደቂቁ፡ ፯ ኢዮቤሌው፡ A. [43] ዓመት፡ A; ዓመታተ፡ B. [44] A illegible.

ሞቱ፡ ለኖኅ፡[1] አማሰኑ፡[2] ውሉዱ፡[3] እስከ፡ አመ፡[4] መዋዕሊሁ፡ ለአብርሃም፡ *ወይበልዕዎ፡ ደመ።[4]
19 ወ*አብርሃም፡[4] ባሕቲቱ፡[5] ዐቀቦ፡ ወ[6]ይስሐቅ፡ ወያዕቆብ፡ ወ[6]ውሉዱ፡ ዐቀብዋ፡ እስከ፡ መዋዕሊከ፡
ወበመዋዕሊከ፡ ረስዕዎ፡ ውሉደ፡[7] እስራኤል፡ እስከ፡[4] አመ፡ ኀደስክዎሙ፡[8] በነገር፡ ደብር።
20 ወአንተኒ፡ አዝዞሙ፡ ለ*ደቂቀ፡[9] እስራኤል፡ ይዕቀብዋ፡[10] ለዛቲ፡ በዓል፡ በኵሉ፡ ትዝምዶሙ
21 ለትእዛዝ፡ ሎሙ፡ ዕለተ፡[11] አሐተ፡ ለዓመት፡[12] በዝ፡[13] ወርኅ፡ ይገብሩ፡ በዓለ፡ ባቲ። እስመ፡ በዓለ፡
ሱባዔያት፡ *ይእቲ፡ ወበዓለ፡[4] *ቀዳሚ፡ ፍሬ፡[14] ይእቲ፡ ክልኤ፡[4] ዕጽፍት፡[15] ይእቲ፡ ወለክልኤ፡
22 ዘመድ፡[16] ዛቲ፡ *በዓል፡ በከመ፡[17] ጽሑፍ፡ ወ*ቀሩጽ፡[18] በእንቲአሃ፡ ግብራ። እስመ፡ ጸሐፍኩ፡
ውስተ፡ መጽሐፈ፡ ሕግ፡ ዘ[19]ቀዳሚ፡ ውስቴቱ፡ ዘጸሐፍኩ፡ ለከ፡ ትግበራ፡ በበጊዜሃ፡ ዕለተ፡[20] አሐተ፡
ለ[21]ዓመት፡ ወቍርባኒሃ፡ ነገርኩከ፡ ከመ፡ ይኩኑ፡ ዝኩራነ፡ ወይግበርዋ፡ ደቂቀ፡ እስራኤል፡ ውስተ፡
23 ትዝምዶሙ፡ በዝ፡ ወርኅ፡ ዕለተ፡ አሐተ፡ ለለ*አሐዱ፡[22] ዓመት። *ወበሠርቀ፡ ወርኅ፡ ቀዳሚ፡[4]
ወበሠርቀ፡ ወርኅ፡ ራብዕ፡ ወበሠርቀ፡ ወርኅ፡ ሳብዕ፡ ወበሠርቀ፡ ወርኅ፡ ዓሥር፡ ዕለታተ፡ ተዝካር፡
እማንቱ፡ ወዕለታተ፡ ጊዜ፡ እማንቱ፡ ውስተ፡ *አርባዕቱ፡ መክፈልተ፡[23] ዓመት፡ ጽሑፋት፡[24] እማንቱ፡
24 ወ*ሥሩዓት፡[25] ለ*ስምዕ፡ ለ[26]ዓለም።[27] ወኖኅ፡ ሠርዖን፡[28] ሎቱ፡ ለበዓላት፡ ለትውልድ፡ ዘለዓለም፡
25 እስከ፡[29] ኮነ፡ *ሎቱ፡ ቦቱን፡ ተዝካረ።[30] ወ[6]በሠርቀ፡ ወርኅ፡ ቀዳሚ፡ ተብህለ፡ ሎቱ፡ ይግበር፡ ታቦተ፡
26 ወቦቱ፡ የብሰት፡ ምድር፡ ወአርኀወ፡ ወርአየ፡ ምድረ።[4] ወበሠርቀ፡ ወርኅ፡ ራብዕ፡[31] ተፈጸመ፡
አፈ፡ መዓምቅቲሃ፡[32] ለቀላይ፡[33] ታሕቲት። *ወበሠርቀ፡ ወርኅ፡ ሳብዕ፡ ተርኅወ፡ ዙሉ፡ አፈ፡
27 መዓምቅት፡ ምድር፡[34] ወአኀዘ፡ *ማያት፡ ይረድ፡[35] ውስቴቱ። ወበሠርቀ፡ ወርኅ፡ ዓሥር፡
28 አስተርአዩ፡ *አርእስት፡[36] አድባር፡ ወተፈሥሐ፡ ኖኅ። ወ[37]በእንተዝ፡ ሠርዖን፡ ኪያሆን፡ ሎቱ፡
29 ለበዓላት፡ ለ[38]ተዝካር፡ *እስከ፡[39] ለዓለም፡ ወከመዝ፡ *እማንቱ፡ ሥሩዓት።[40] ወያዐርግዎን፡ ውስተ፡
ጽላት፡ ሰማይ፡ ዓሥሩ፡ ወሠላሰ፡ ሰንበታት፡[41] *አሐቲ፡ አሐቲ፡[42] እምኔሆን፡ እምዛቲ፡ ውስተ፡
ዛቲ፡ ተዝካርን፡ እምቀዳሚት፡ እስከ፡ ካልእት፡ ወእምካልእት፡ እስከ፡ ሣልስት፡ ወእምሣልስት፡

---

[1] A C D omit. [2] A adds እንከ፡ [3] A adds ወደቂቁ፡ [4] A omits. [5] ባሕቲቱ፡ A D. [6] B omits. [7] ደቂቅከ፡ A. [8] ኀደስክዎሙ፡ A. [9] ውሉደ፡ B. [10] ወይዕቀብዋ፡ A B. [11] A omits. [12] Emended from ዓመት፡ A; በዓመት፡ B C D. See note 21 below. [13] ለዝ፡ B. [14] ወቀዳሚ፡ ፍሬ፡ A. [15] ዕፀፈት፡ B. [16] ዘመን፡ A. [17] በዓለም፡ ከመ፡ A. [18] ቀሩር፡ A. [19] በ B. [20] D omits. [21] በ C D. [22] አሐቲ፡ A. [23] ፬ መክፈልታት፡ B. [24] ጽሑፋት፡ A. [25] ሥሩዓት፡ A. [26] ስምዐ፡ A B C. [27] ዓመት፡ C. [28] ወሠርዖ፡ B. [29] እስከ፡ አመ፡ B; እስመ፡ C D. [30] ተዝካሩ፡ ሎቱ፡ A. [31] ራብዕት፡ A. [32] መዓምቅት፡ A. [33] A C omit. [34] A B omit, but wrongly, for text requires some such words. Cf. Enoch lxxxix. 7, 8, መዓምቃት፡ ካልኣት፡ ተፈትሑ። ወአኀዘ፡ ማይ፡ ይረድ፡ ውስቴቶሙ። For አፈ፡ መዓ''፡ ምድር፡ C reads አፈው፡ ወማዕምቅቲሃ፡ ለቀላይ፡ [35] ይረድ፡ ማይ፡ A. [36] አርእስቲሆሙ፡ ለ A. [37] A B omit. [38] ወለ B. [39] ዘ A. [40] A trans. [41] ሰንበታት፡ A. [42] አሐተ፡ B D; አሐቲ፡ C.

እስከ፡ ራብዕትየ። ወይከውና፡ ኵሎን፡ መዋዕል፡ ዘ[1]ትእዛዛት፡ *ኀምሳ፡ ወክልኤ፡[2] *ሰንበታት፡ 30
መዋዕል፡[3] ወ*ኵሎን፡[4] *ዓመት፡ ፍጹም፡፡[5] ከመዝ፡ *ተቀርጸ፡ ወትሠርዐ፡[6] ውስተ፡ ጽላት፡ 31
ሰማይ፡ ወአልቦ፡ ተዐድዎ፡ እሐተ፡ ዓመት፡ *ወዓመ፡ እምዓም፡፡[7] ወአንተኒ፡ አዝዞሙ፡ ለደቂቀ፡ 32
እስራኤል፡ ይዕቀቡ፡[8] ዓመታተ፡ በዝ፡ ኍልቍ፡ *ሠለስቱ፡ ምእት፡ ወስሳ፡ ወረቡዕ፡[9] መዋዕለ፡
ወ[10]*ይከውን፡[11] *ፍጹመ፡ ዓመት፡[12] ወኢ*ያማስን፡[13] ጊዜሁ፡ እመዋዕሊሁ፡ ወ[14]እምበዓላቲሁ፡
እስመ፡ ኵሉ፡ ይበጽሕ፡ ቦሙ፡[14] በከመ፡ ስምዖሙ፡ ወኢ*የኀልፉ፡[15] ዕለተ፡ ወኢያማስኑ፡ በዓለ፡፡
ወለእመ፡ ተዐደዉ፡ ወኢገብርዎ*ን፡[14] በከመ፡ *ትእዛዙ፡ ሎቱ፡[16] እሜሃ፡[17] *ኵሎሙ፡ ያማስኑ፡[17] 33
ጊዜያቲሆሙ፡ ወዓመታት*ኒ፡[18] ይትሐወሱ፡[19] እም[20]ውስተዝ፡ [ወጊዜያትኒ፡ ያማስኑ፡[21] ወዓመታትኒ፡
*ይትሐወሱ፡] ወ[22]ይትዐደዉ፡ ሥርዐቶሙ፡፡ ወኵሎሙ፡ ውሉደ፡ እስራኤል፡ ይረስዑ፡ ወኢይረክቡ፡ 34
ፍኖተ፡ ዓመታት፡ ወ*ይረስዑ፡[23] ሠርቀ፡ ወጊዜ፡ ወሰንበተ፡ ወ*ኵሉ፡[24] ሥርዐተ፡ ዘዓመታት፡ ይጌግዩ፡፡[25]
እስመ፡ አአምር፡ አነ፡ ወ*እም[20] ይእዜ፡ አነ፡[14] አየድዐከ፡[26] ወአኮ፡ እም[27] ልብየ፡ እስመ፡[28] መጽሐፍ፡ 35
ጽሑፍ፡[29] በቅድሜየ፡ ወትሠርዐ፡ ውስተ፡ ጽላተ፡ ሰማይ፡ ኩፋሌ*ሁ፡[14] ለመዋዕል፡ ከመ፡ ኢይርስዑ፡
በዓላተ፡ ኪዳን፡[30] ወየሐውሩ፡ በበዓላተ፡ አሕዛብ፡ ድኅረ፡ ስሕተቶሙ፡ ወድኅረ፡ ኢያእምሮቶሙ፡፡
ወይከውኑ፡ እለ፡ ያስተሐይጹ፡ ወርኀ፡[31] በሑያጼ፡[32] እስመ፡ ታማስን፡[33] ይእቲ፡ ጊዜያተ፡[34] 36
ወ*ትቀድም፡[35] እምዓመታት፡ ለ*ዓመት፡[36] ዐሠሩ፡ ዕለተ፡፡ በእንተዝ፡ ይመጽእ፡ ዓመታት፡ ሎሙ፡ 37
እንዘ፡ ያማስኑ፡ ወይገብሩ፡ *ዕለተ፡ ስምዕ፡[37] ምንኑተ፡ ወዕለተ፡ ርኩስተ፡ በዓለ፡[14] ወ*ኵሉ፡[38]
ይደምሩ፡[39] መዋዕለ፡[40] ቅዱሳተ፡[41] ርኩሳተ፡[42] ወዕለተ፡[43] ርኩስተ፡ ለዕለት፡[44] ቅድስት፡[45] እስመ፡
ይስሕቱ፡ አውራኀ፡ ወ*ሰንበታተ፡[46] ወበዓላተ፡ ወ*ኢዮቤልወ፡፡[47] በእንተዝ፡ አነ፡ እኤዝዘከ፡ ወእሰምዕ፡ 38

---

[1] ለ A. [2] ፯ወ፯ A. [3] ሰንበታት፡ መዋዕሊ፡ A. [4] ኵሉ፡ B; ኵሎሙ፡ C D.
[5] ዓመት፡ ፍጹመ፡ A B. Text most uncertain. [6] ተሠርዐ፡ ወተጽሕፈ፡ A; ተሐረጸ፡ ወተሠርዐ፡ D. [7] Emended from ወዐመ፡ ወዓመት፡ B; እመ፡ ወዓመት፡ C; ወዓም፡ D; A omits. [8] ወይዕቀቡ፡ A. [9] So B, but that it reads ሠ" ም" in nom.; ፫፻ወ፷ወ፬ A.
[10] B omits. [11] ይከውና፡ A. [12] A trans. [13] ይማስን፡ C; ያማስኑ፡ D. [14] A omits.
[15] ያዐርፉ፡ A; ያኀርፉ፡ B; ያዐርፉ፡ D. I have followed C though it seems an emendation.
[16] ትእዛዙ፡ ሎሙ፡ A. [17] እሚሃ፡ A. [18] ፤ A. [19] ይትሐወሱ፡ A; ይትኃወሱ፡ B.
[20] ዘእም" A; ዝእም" B. Perhaps we should take ይትሐወሱ፡ from ሖሠ and reading ዘእምውስተዝ፡ with A, render 'will be in part confused.' Cf. Prov. xxix. 11, where ዘእምውስቴቶሙ፡ = κατὰ μέρος. [21] D omits. [22] A D omit. [23] ይሬስዑ፡ A.
[24] ኵሉ፡ B. [25] ወይጌግዩ፡ A. [26] ኢያየድዐከ፡ B. [27] ዘእም" B. [28] C D add ከመዝ፡
[29] A adds ዘተጽሕፈ፡ [30] ኪዳኒየ፡ C D. [31] D omits. [32] B C add ወርኀ፡
[33] ትማስን፡ A B. [34] ጊዜያት፡ B. [35] ትቀድም፡ A. [36] ዓመታት፡ A. [37] ሎቱ፡ ስምዐ፡ A. [38] ኵሉ፡ B D. [39] ይደመሩ፡ A; ይደምሩ፡ B C. [40] ወመዋዕለ፡ B.
[41] ቅዱሳት፡ A. [42] ርኩስ፡ A; ርኩሰ፡ B. [43] ዕለት፡ A; ወዕለት፡ B. [44] ለዕለት፡ A; ላዕሌ፡ C; ዕለት፡ D. [45] ቅድሳት፡ A C; ቅዱሳን፡ D. [46] ሰንበት፡ A. [47] ኢዮቤሌው፡ A.

ሰከ ፡ ከመ ፡ ታስምዕ ፡ ሎሙ ፡ እስመ ፡ እምድኅረ ፡ ሞትከ ፡ ያማስኑ ፡ ውሉድከ ፡ ከመ ፡ ኢይግበሩ ፡[1]
ዓመተ ፡ *ሠለስተ ፡ ምእተ ፡ ወስሳ ፡[2] ወረቡዐ ፡[3] መዋዕለ ፡[4] ባሕቲቶሙ ፡ ወ[5]በእንተ[6]ዝ ፡[5] ይስሕቱ ፡
ሠርቀ ፡[7] ወጊዜ ፡ ወ*ሰንበተ ፡[8] ወበዓላተ ፡ ወይበልዑ ፡ ኵሎ ፡ ደመ ፡ ምስለ ፡ ኵሉ ፡[9] ዘሥጋ ፡፡

፯ ወበሱባዔ ፡ ሳብዕ ፡ በቀዳሚ ፡ ዓመት ፡[10] በዝ ፡ ኢዮቤልዉ ፡ ተከለ ፡ ኖኅ ፡ ወይነ ፡ ኀበ ፡ ደብር ፡ እንተ ፡
ዲቤ*ሁ ፡[11] አዕረፈት ፡ ታቦት ፡ ዘስሙ ፡ ሉባር ፡[12] እምአድባረ ፡ አራራት ፡ ወገብረ ፡ ፍሬ ፡ በራብዕ ፡
2 ዓመት ፡ ወዐቀበ ፡ ፍሬሁ ፡ ወቀሰሞ ፡ በውእቱ ፡ ዓመት ፡ በወርኅ ፡ ሳብዕ ፡፡ ወገብረ ፡ እም*ውስቴቱ ፡[13]
ወይነ ፡ ወወደዮ ፡ ውስተ ፡ ንዋይ ፡[14] ወዐቀቦ ፡ እስከ ፡ ዓመት ፡ ኃምስቱ ፡[15] እስከ ፡ ዕለት ፡[16] ቀዳሚት ፡[17]
3 በ[18]ሠርቀ ፡ ወርኅ ፡ ቀዳሚት ፡፡[19] ወ[20]ገብረ ፡ *ዕለተ ፡ ዛቲ ፡ በዓለ ፡[21] በፍሥሓ ፡ ወገብረ ፡ ጽንሓሐ ፡
ለእግዚአብሔር ፡ ጠዐሞ ፡[22] እምእልህምት ፡ አሐደ ፡ ወበሐኰ ፡ አሐደ ፡ ወ*አባግዐ ፡[23] ዘዘ ፡ ዓመት ፡
ሰብዐተ ፡ ወ*መሐስአ ፡[24] ጠሌ ፡ አሐደ ፡ ከመ ፡ ያስተስሪ ፡ *ቦቱ ፡ ለ[25]ርእሱ ፡ ወበእንተ ፡ ውሉዱ ፡፡
4 ወገብረ ፡ ማሕስአ ፡ ቅድመ ፡[26] ወአንበረ ፡ እምኔሁ ፡ ደመ ፡ ዲበ ፡ ሥጋ ፡ ዘምሥዋዕ ፡ ዘገብረ ፡ *ወኵሎ ፡
ስብሐ ፡[27] አዕረገ ፡ ውስተ ፡ ምሥዋዕ ፡ ዘኀበ ፡ ገብረ ፡ ጽንሓሐ ፡ ወላህመ ፡ ወ*በሐኰ ፡[28] ወ*አባግዐ ፡[29]
5 ወአዕረገ ፡ *ኵሎ ፡ ሥጋሆሙ ፡[30] ዲበ ፡ ምሥዋዕ ፡፡ ወአንበረ ፡[31] ኵሎ ፡ መሥዋዕቶሙ ፡ ልዉስ ፡ በቅብዕ ፡
ላዕሌሁ ፡[31] ወ*እምዝ ፡[32] ነዝኃ ፡ ወይነ ፡ ውስተ ፡ እሳት ፡ ዘዲበ ፡ ምሥዋዕ ፡ *አንበረ ፡ ወአቅደመ ፡[33]
ስኂነ ፡ ዲበ ፡ ምሥዋዕ ፡ ወአዕረገ ፡[34] መዐዛ ፡ ሠናየ ፡[35] ዘ*ያሠምር ፡[36] ቅድመ ፡[37] እግዚአብሔር ፡ አምላኩ ፡፡
6, 7 ወተፈሥሐ ፡ ወሰትየ ፡ እም*ዝ ፡[38] ወይነ ፡ ውእቱ ፡ ወውሉዱ ፡ በፍሥሓ ፡፡ ወኮነ ፡ ምሴተ ፡ ወቦአ ፡
ውስተ ፡ ሰቀላሁ ፡ ወሰከበ ፡ ስኩረ ፡[39] ወኖመ ፡ *ወተከሥተ ፡ በውስተ ፡ ሰቀላሁ ፡ እንዘ ፡ ይነውም ፡፡[40]
8, 9 ወርእዮ ፡ ካም ፡ ለኖኅ ፡ አቡሁ ፡ ዕራቆ ፡ ወወፅአ ፡[41] ወነገረ ፡ ለክልኤ ፡ አኀዊሁ ፡ በአፍአ ፡፡ ወ*ነሥአ ፡[42]
ሴም ፡ ልብሶ ፡[43] ወተንሥአ ፡ ውእቱ ፡ ወ*ያፌት ፡[44] ወአንበሩ ፡ ልብሰ ፡ ዲበ ፡ መታከፍቲሆሙ ፡[45]
10 ወ*ገቢአሙ ፡[46] ድኅሬተ ፡ ከደኑ ፡[47] *ኅፍረተ ፡ አቡሆሙ ፡[48] *ወገጾሙ ፡ ድኅሬት ፡፡[49] ወነቅሀ ፡[50]

---

[1] A B C omit ኢ and D reads ኢይገብሩ ፡ [2] ፫፻፷፬ A. [3] ወራብዐ ፡ B. [4] A B omit. [5] B omits. [6] ዝንቱ ፡ B. [7] ሠርቀ ፡ B. [8] ሰናብተ ፡ B. [9] A adds ደም ፡ [10] B adds ሎቱ ፡ [11] ፶ ፡ A. [12] ሉቦር ፡ A. [13] ውእቱ ፡ B. [14] Corrupt in A. [15] ፭ A. [16] ዕለት ፡ C D. [17] ቀዳማዊሁ ፡ A. [18] ወበ A; ዘ C D. [19] ቀዳሚ ፡ A. [20] A omits. [21] በዓለ ፡ ዛቲ ፡ A; ዕለተ ፡ ዛተ ፡ C D. [22] ጠዐሞ ፡ B. [23] በግዐ ፡ A. [24] ማሕስአ ፡ A. [25] በእንተ ፡ A. [26] B omits. [27] አብሐኰ ፡ A. [28] በግዐ ፡ B. [29] A trans. after ምሥዋዕ ፡ [30] A adds ዲበ ፡ ምሥዋዕ ፡ [31] A omits; ላዕሌሆሙ ፡ C. [32] Emended from እምዝ ፡ B C D; እምድኅረዝ ፡ A. [33] አንበረ ፡ A; አቅደመ ፡ ወአንበረ ፡ C D. [34] ዐርገ ፡ A. [35] ሠናይ ፡ B D. [36] Emended from ይሠምር ፡ B C add ወዐርገ ፡ [37] A omits. [38] ውእቱ ፡ A. [39] ስኩር ፡ A; ሰኪር ፡ C D. [40] ውስተ ፡ ሰቀላሁ ፡ እንዘ ፡ ይነውም ፡ ተከሥተ ፡ A. [41] Gen. ix. 22 Mass., Sam., and all versions omit, except LXX, which reads ἐξελθὼν ἀνήγγειλεν as text. [42] ነሥአ ፡ B. [43] ልብሰ ፡ B. [44] ኢያፌት ፡ B. [45] Gen. ix. 23 Mass., Sam., Syr., LXX add שְׁנֵיהֶם, but Vulg. and Arabic omit with Jub. [46] Emended with Gen. ix. 23 from ገጾሙ ፡ [47] Emended from ወከደኑ ፡ B C D; A omits. [48] A D omit. [49] ነቅሀ ፡ A.

ኖኅ፡ እምወይኑ፡[1] ወአእመረ፡ ዙሉ፡ ዘገብረ፡ ላዕሌሁ፡ ወልዱ፡ ዘይንእስ፡ ወረገሞ፡ ለወልዱ፡
ወይቤ፡ ርጉም፡ ከናአን፡ [2]ቅኑየ፡ ገብረ፡[2] ይኩን፡ ለአኀዊሁ። ወባረኮ፡ ለሴም፡ ወይቤ፡[3] 11
ይትባረክ፡ እግዚአብሔር፡ አምላኩ፡ ለሴም፡ ወይኩን፡ ከናአን፡ ገብር። ያስፍሕ፡[4] እግዚአብሔር፡[5] 12
ለያፌት፡ ወይኅድር፡ እግዚአብሔር፡[6] ውስተ፡ ማኅደረ፡ ሴም፡ ወይኩን፡ ከናአን፡ ገብር፡፡[7]
ወአእመረ፡ ካም፡[8] ከመ፡ ረገሞ፡ አቡሁ፡[8] ለወልዱ፡ ዘይንእስ፡ [9]ወሐሰሙ፡ ኮነ፡ ሎቱ፡ እስመ፡ ረገሞ፡ 13
ለወልዱ፡[9] ወተፈልጠ፡ እምአቡሁ፡ ውእቱ፡ ወውሉዱ፡ ምስሌሁ፡ ኩስ፡[10] ወ[11]መስጠሬም፡[11]
ወ[12]ፉድ፡[12] ወከናአን፡፡ ወ[13]ሐነጸ፡[13] ሎቱ፡[14] ሀገረ፡ ወጸውዐ፡ ስማ፡[15] በስመ፡ ብእሲቱ፡ ኔኤላተማኡክ፡፡[16] 14
ወርእየ፡ ለያፌት፡[17] ወቀንአ፡ ለእኁሁ፡ ወሐነጸ፡ ሎቱ፡[18] ውእቱኒ፡ ሀገረ፡ ወ[19]ሰመያ፡ ስማ፡[19] በስመ፡ 15
ብእሲቱ፡ አዳተኔሴስ፡፡[20] ወሴምሰ፡ ነበረ፡ ምስለ፡ አቡሁ፡ ኖኅ፡ ወሐነጸ፡ ሀገረ፡ በኢደ፡ አቡሁ፡ ኀበ፡ 16
ደብር፡ ወጸውዐ፡ ስማ፡ ውእቱኒ፡ በስመ፡ ብእሲቱ፡ ሴዴቴቴልባብ፡፡[21] ወናሁ፡ አህጉር፡ አላንቱ፡ 17
[22]ሠላስ፡ ቅሩብ፡ ሉባር፡[22] ደብር፡[23] ሴዴቃቴልባብ፡[24] ቅድመ፡ ገጹ፡ ደብር፡ በጽባሒሁ፡ ወ[25]ናኤልተ
ማኡክ፡[25] ገጹ፡ ሰሜን፡[26] አደተኔሴስ፡[27] መንገለ፡ ባሕር፡፡ ወእሉ፡ ውሉደ፡ ሴም፡ ኤላም፡ ወአሱር፡ 18
ወአርፋክስድ፡ ዘነቱ፡ ተወልደ፡[28] ክልኤ፡ ዓም፡ እምድኅረ፡[29] አይኅ፡[30] [31]ወሉድ፡ ወአራም፡፡[31] ውሉደ፡ 19
ለያፌት፡[32] ጎሜር፡[33] ወ[34]ማጐግ፡[34] ወማዳይ፡[35] ወ[36]ኢዮአያ፡ ቶቤል፡[36] ወ[37]ምስክ፡[38] ወ[39]ቴራስ፡[39]

---

[1] Emended with Gen. ix. 24 מִיֵּינוֹ from እምንዋመ፡ [2] This implies עֶבֶד עֶבֶד; so LXX Gen. ix. 25 παῖς οἰκέτης and Onk. עֲבַד פְּלַח. Mass. reads עֶבֶד עֲבָדִים. [3] C D omit. [4] ወያስፍሕ፡ A C D, but Gen. ix. 27 supports B. [5] A adds ምድረ፡ [6] Gen. ix. 27 omits. [7] ገብሮሙ፡ A. [8] A omits. [9] A omits; B omits ኮነ፡ C omits ለወልዱ፡ [10] Gen. x. 6 כּוּשׁ Χούς. [11] ምስጠሬም፡ A; ምስጥሬም፡ C D; Gen. x. 6 מִצְרַיִם Μεσραΐν. [12] Gen. x. 6 פּוּט Φούδ. [13] ሐነጸ፡ A. [14] A adds ውእቱኒ፡ [15] ስሞ፡ B. [16] ኔኤላተ፡ ማኡክ፡ C D; cf. Eutychius of Alex., Annales, p. 35, Nahlat; Syr. Frag. ܢܚܠܬܡܐܘܟ; A omits ኔኤላተማኡክ፡ . . . . ሰመየ፡ ስማ፡ በስመ፡ ብእሲቱ፡ through homeoteleuton. [17] ያፌት፡ A C D. [18] A C D omit. [19] ጸውዐ፡ B. [20] አደተኔሴስ፡ A; አዶታኔሴስ፡ C; አዳቴኔሴስ፡ D; Syr. Frag. ܐܕܬܢܣܣ. [21] ሴዴቃቴል፡ ባብ፡ B; ሴዴቃቴልባብ፡ C; ስደቃቲቤልባብ፡ D; Syr. Frag. ܨܕܩܬܠܒܒ. [22] ሠለስቱ፡ ቅሩብ፡ ሉባር፡ A. [23] ደብረ፡ A B. [24] ሴዴቄቲ፡ ልባብ፡ A; ሴዴቃቴልባብ፡ C; ስዴቀቴሰባብ፡ D. [25] ናት ኤል፡ ተማኡክ፡ A; ናኤልተማኡክ፡ D. [26] ሰሜኑ፡ B. [27] ወአዳታኔሴስ፡ C D. [28] Emended with Gen. xi. 10 (cf. x. 1) from ትውልድ፡ [29] I have transposed እምድኅረ፡ after ዓም፡ from before ክልኤ፡ with Gen. xi. 10. [30] ዘአይኅ፡ A B C D. [31] Emended with Gen. x. 22 from አራም፡ ወልደ፡ B; አራም፡ ወሰደ፡ C; A D read defectively አራም፡ [32] ያፌድ፡ A; ለያፌትሃ፡ B C; ያፌት፡ D. [33] ጎሜርሃ፡ A; ወጎሜርሃ፡ B C D. [34] ማጐግሃ፡ A B; ማጎግሃ፡ C D. [35] MSS. add ሃ. [36] Emended with Gen. x. 2 from ኢዮአያቶቤል፡ A; ኢዮአያቶቤሃ፡ B; ኢዮአያ፡ ቶቤልሃ፡ C D. Before ቶቤል፡ LXX add Ἐλισά against Mass. and text. [37] B C D omit. [38] ስምስክሃ፡ A; ምስካሃ፡ B D; ምስክሃ፡ C; LXX Μοσόχ. [39] ቴራስሃ፡ A; ቲራስሃ፡ B; ቲራስሃ፡ C; ወቲራውሳሃ፡ D; LXX Θειράς.

20 እሉ፡ ውሉደ፡ ኖኅ። ወ[1]በ*ዕሥራ፡ ወስምንቱ፡[2] ኢዮቤልዉሳት፡[3] አኀዘ፡[4] ኖኅ፡ የአዝዞሙ፡[5] ሥርዐተ፡
ወ*ትእዛዘ፡[6] ለ*ውሉደ፡ ውሉዱ፡[7] ወኵሎ፡[8] ዘያእምር፡ ፍትሐ፡[9] ወአስምዐ፡ ላዕለ፡ ውሉዱ፡
ከመ፡ ይግበሩ፡ ጽድቀ፡ ወከመ፡ ይክድኑ፡ ኃፍረተ፡ ሥጋሆሙ፡ ወከመ፡ ይባርክዎ፡ ለዘፈጠሮሙ፡
ወያክብሩ፡ አበ፡ ወእመ፡ ወያፍቅሩ፡[10] አሐዱ፡ አሐዱ፡ ቢጾ፡[11] ወይዕቀቡ፡ ነፍሶሙ፡[12] እምዝሙት፡
21 ወርኵስ፡ ወእምኵሉ፡ ዐመፃ። እስመ፡ በእንተ፡ *ዝንቱ፡ ሠለስቱ፡[13] ኮነ፡ አይኅ፡ ላዕለ፡[14] ምድር፡
እስመ፡ በእንተ፡ ዝሙት፡ ዘዘመዉ፡ ትጉሃን፡[15] እምትእዛዘ፡ ሥልጣኖሙ፡ *ቢድኅረ፡ አዋልደ፡
ሰብእ፡[16] ወነሥኡ፡ ሎሙ፡ አንስተ፡ እም*ኵሉ፡ እለ፡ ኀረዩ፡ ወ[17]ገብሩ፡ መቅድመ፡ ርኵስ።
22 ወወለዱ፡ ውሉደ፡ ናፊሊም፡[18] ወኵሎሙ፡ ኢይትማሰሉ፡ ወይበልዑ፡ አሐዱ፡ አሐዱ፡ ካልአ፡[19]
ወቀተሉ፡ ይርቢሕ፡[20] ናፊልያ፡ ወናፊልያ፡ ቀተሉ፡ ለ*ኤልዮ፡[21] ወኤልዮ፡[21] ለ[17]እጓለ፡ እመሕያው፡
23 ወሰብእ፡ ቢጾ። ወኵሉ፡ ተሠይጡ፡[22] ይግበሩ፡[23] ዐመፃ፡ ወከመ፡ ይክዐዉ፡[24] ደመ፡ ብዙኀ፡[25]
24 ወመልአት፡ ምድር፡ ዐመፃ። ወእምድኅረ፡ *አበሱ፡ ኵሎሙ፡ ለ[26]አራዊት፡ ወአዕዋፍ፡ ወ*ኵሉ፡[27]
ዘይትሐወስ፡[28] ወዘያንሶሱ፡[29] ዲበ፡ ምድር፡ ወተክዕወ፡ ደም፡ ብዙኅ፡ *ዲበ፡ ምድር፡[26] ወኵሉ፡
25 ሕሊናሆሙ፡ ወፈቃዶሙ፡ ለሰብእ፡ ይኄሊ፡[30] ከንቶ፡ ወ*እኩየ፡[31] በኵሉ፡ መዋዕል። ወ*ደምሰሰ፡[32]
እግዚአብሔር፡ ኵሎ፡[33] እም፡[34] ገጸ፡ ምድር፡ በእንተ፡ እከየ፡[35] ምግባሮሙ፡ ወበእንተ፡ ደም፡
26 ዘክዐዉ፡ ማእከለ፡[36] ምድር፡ *ደምሰሰ፡ ኵሎ።[37] ወተረፍነ፡ እነ፡ ወአንትሙ፡ ደቂቅየ፡ ወ*ኵሉ፡[38]
ዘቦአ፡ ምስሌነ፡ ውስተ፡ ታቦት፡ ወነሁ፡ እነ፡ እሬኢ፡ ቅድሜየ፡[39] ምግባሪክሙ፡ ከመ፡ ዘኢኮንክሙ፡
ዘተሐውሩ፡[40] በ[41]ጽድቅ፡ እስመ፡ በ[41]ፍኖተ፡ ሙስና፡ ወጠንክሙ፡ ትሖሩ፡ ወ*ትትፋለጡ፡ አሐዱ፡
አሐዱ፡[42] እም፡ ቢጹ፡ ወትትቃንኡ፡ ዝንቱ፡ ምስለ፡ ዝንቱ፡ ወከመ፡ ኢትኄልዉ፡[43] ኅቡረ፡[16]
27 *ኦውሉድየ፡ አሐዱ፡[44] ምስለ፡ እኁሁ። እስመ፡ እሬኢ፡ እነ፡ ወነሁ፡ አጋንንተ፡ አስሕቶ፡ *ወጠኑ፡

---

[1] B omits. [2] ፳ወ፰ A. [3] ኢዮቤሌዉ A. [4] ወአኀዘ A; አኀዘ B.
[5] A adds ለውሉዱ [6] ትእዛዛተ B. [7] A C D trans. before ሥርዐተ [8] A reads
ኵሎ and trans. after ዘያእምር ወኵሎ B; ኵሎ C D. [9] ወፍትሐ A C D.
[10] ያፈቅሩ A. [11] ቢጾሙ A. [12] ነፍሶ B. [13] እሉ ሠለስቱ A. [14] ዲበ A.
[15] ትጉሃነ ሰማይ A. [16] A omits. [17] A B omit. [18] ነፊሊም A. [19] ካልአ A.
[20] ያርብሕ A C. [21] ኤሊዮ B. [22] ተሠየጡ B. [23] ይገብሩ A. [24] ይክዐዉ B.
[25] በዝንቱ A; ንጹሐ B C; but D is right, cf. Enoch ix. 1 ብዙኀ ደመ ዘይትክዐው
[26] Emended with Enoch vii. 5 የአብሱ ... ዲበ አራዊት from እሉ ኵሎሙ C D. For
ኵሎሙ A reads ኵሉ and B ወኵሎሙ [27] B C D omit. [28] ዘይትሐወስ so
Enoch vii. 5 = ἑρπετά: it may however stand for ἰχθύς and ዘያንሶሱ for ἑρπετά.
[29] = ἑρπετά probably; see Enoch vii. 5. [30] ይሕሊ A. [31] እከየ A.
[32] ይደምሰሱ B. [33] MSS. add ፯. [34] እምኵሉ B. [35] A D omit; እከየሙ C.
[36] ዲበ A. [37] A D omit. [38] ኵሎ A. [39] ቀዳሚ B C D. [40] ኢተሐውሩ B;
እንትሙ ዘተሐውሩ C D. [41] በኵሉ B. [42] ተፈልጡ ፩ ፩ A. [43] ኢትህልዉ C D.
[44] ውሉድየ ፩ A.

ላዕሌክሙ[1] *ወላዕለ፡ ውሉድክሙ[1] ወይእዜኒ *እሬኢ፡ አነ[3] በእንቲአክሙ ከመ፡ እምድኅረ፡
ሞትየ፡ ትክዕዉ፡[4] ደመ፡ ሰብእ፡ ውስተ፡[5] ምድር፡ ወትደመሰሱ አንትሙሂ፡ እም[6]ገጸ፡ ምድር።[6]
እስመ፡ ኵሉ፡ ዘይክዑ ደመ፡ ሰብእ፡ ወኵሉ *ዘይበልዕ፡ ደመ፡ ዘኵሉ፡[7] ዘሥጋ፡ ይደመሰሱ፡ 28
ኵሎሙ እምድር።[7] ወኢይተርፍ፡ ኵሉ፡ ሰብእ፡ ዘይበልዕ፡ ደመ፡[7] ወዘይክዑ፡ ደመ፡ ሰብእ፡[8] 29
ዲበ፡ ምድር፡ ወኢይተርፍ፡ ሎቱ፡ ዘርእ፡[9] ወደኃሪት፡[10] በታሕተ፡ ሰማይ፡ ሕያው፡ እስመ፡ ውስተ፡
ሲኦል፡ የሐውሩ፡ ወውስተ፡ *መካን፡ ዘ[11]ደይን፡ ይወርዱ፡[12] ወ[13]ውስተ፡ ጽልመት፡[14] *ማዕምቅ፡
የአትቶ፡ ኵሎሙ[15] በሞት፡ ጸዋግ። *ኵሉ፡ ደም፡[16] ኢያስተርኢ እምኵሉ፡ ደም፡ ላዕሌክሙ፡ 30
ዘውእቱ፡ በኵሉ፡ መዋዕል፡ ዘጠባሕክሙ ኵሉ፡ እርዌ፡[7] ወእንስሳ፡ ወዘይሰርር፡ ዲበ፡ ምድር፡
ወግበሩ፡ ምጽዋተ፡ ላዕለ፡ ነፍስክሙ፡ በደፊኖቶ፡ ዘ*ይትክዐው፡[17] ዲበ፡ ገጸ፡ ምድር። ወኢትኩኑ፡ 31
ከመ፡[18] ዘይበልዕ፡ ምስለ፡ ደም፡ ወአጽንዑ፡ ከመ፡ ኢይብልዑ፡ ደመ፡ በቅድሜክሙ፡ ድፍኑ፡
ደመ፡ እስመ፡ ከመዝ፡ ተአዘዝኩ፡ አስምዕ፡ ለክሙሂ፡[19] ወለውሉድክሙ*ሂ፡[20] ምስለ፡ ኵሉ፡
ዘሥጋ። ወ*ኢ[7]*ታብልዕዎ፡[21] ለነፍስ፡ ምስለ፡ ሥጋ፡ ከመ፡ ኢይኩን፡[22] ዘ[23]ይትኃሠሥ፡[24] *ደምክሙ፡ 32
ዘነፍስክሙ[25] እምእደ፡[26] ኵሉ፡ ዘሥጋ፡ ዘይክዑ ዲበ፡ ምድር። እስመ፡ ምድር፡ ኢትነጽሕ፡ 33
እምዘ፡ ደም፡ ዘ[27]ተክዕወ፡ *ላዕሌሃ፡ እስመ፡ በደመ፡ ዘከዐዎ፡[28] ትነጽሕ፡ ምድር፡ በኵሉ፡[29]
ትዝምዳ።[30] ወ[31]ይእዜ*ኒ[32] ውሉድየ፡[33] ስምዑ፡ ግበሩ፡ ፍትሐ፡[34] ወጽድቀ፡ ከመ፡ ትትከሉ፡[35] 34
በጽድቅ፡ ውስተ፡ ገጸ፡ ኵሉ፡ ምድር፡ ወይትሌዐል፡ ክብርክሙ፡ በቅድመ፡ አምላኪየ፡[36] ዘአድኀነ*ኒ፡[37]
እማየ፡ ማየ፡ አይኅ። ወናሁ፡ አንትሙ፡ ትሐውሩ፡ ወ*ተሐንጹ፡ ለክሙ፡[38] አህጉረ፡ ወትተክሉ፡ 35
ውስቴቶን፡ ኵሎ፡[39] ተክለ፡[21] ዘዲበ፡ ምድር፡ ወኵሎኬ፡ ዕፀ፡[40] ዘይፈሪ። ሠለስተ፡[41] ዓመተ፡ ይኩን፡ 36
ፍሬሁ፡ ዘኢ*ይትቀሠም፡[42] እምኵሉ፡ ዘይትበላዕ፡[43] ወበዓመት፡ ራብዕ፡[44] ይትቄሰም፡[45] ፍሬሁ፡
*ወያዐርግዎ፡ ቀዳሜ፡ ፍሬ፡[46] ዘይሠጠው፡ ቅድመ፡ እግዚአብሔር፡ ልዑል፡ *ዘፈጠረ፡ ሰማየ፡[47]

---

[1] A trans. [2] ውሉድየ፡ A D. [3] እሬኢ፡ አነ፡ እሬኢክሙ፡ አፈድፋደየ፡ A.
[4] ኢትክዕዉ፡ A. [5] ዲበ፡ A. [6] ገጸ፡ B; ገጻ፡ C D. [7] A omits. [8] B C D omit.
[9] ዘርአ፡ A B. [10] ደኃሪት፡ A. [11] መካኑ፡ A C D. [12] ይወርዱ፡ A. [13] A C D omit. [14] ጽልመት፡ B. [15] ወመዓምቅት፡ ወየአትቶ፡ ኵሉ A. [16] ወኵሉ፡ ደመ፡ A.
[17] ይትክውን፡ A; ይትካው፡ በረፋቶ፡ B. [18] A B C omit. [19] ላዕሌክሙ A.
[20] A B omit. [21] ተብልዕዎ፡ B; ትብልዕዎ፡ C D. [22] A omits; ኢይኩኑ፡ C D.
[23] ኢ A. [24] ይትኃሠሥ፡ A; ይትኃሠሡ፡ B; ይትኀሠሡ፡ C. [25] እምነክሙ፡ ደመክሙ፡ እምነፍስክሙ A. [26] እምዘ፡ A; እምእደ፡ B. [27] እምዘ፡ B C D. [28] A omits.
For በደመ፡ ዘከዐዎ፡ C reads በደመ፡ ዘከዐወ፡ and D በደም፡ ዘተከዕወ፡ [29] ኵሉ፡ A.
[30] ትዝምደ፡ A; ትዝምደ፡ ምድር፡ C D. [31] B omits. [32] ሂ፡ B. [33] ደቂቅየ፡ A.
[34] ርትዐ፡ A D. [35] Emended by Dln. from ትትከሉ፡ [36] አምላክየ፡ A. [37] ኒ፡ A.
[38] ተኃንጹ፡ B. [39] ኵሉ፡ A. [40] ዕፀ፡ A. [41] ፫ A. [42] ይትቄሰም፡ A.
[43] ለበሊዖቶ፡ B. [44] ራብዐት፡ A. [45] ይትቄደስ፡ B C; ይትቀሠም፡ D. [46] A omits; ወየዐርግ፡ ቀዳሜ፡ ፍሬ፡ C D. [47] ፈጠሬ፡ ሰማይ፡ B.

ወ*ምድረ፡[1] ወዘሰ[2] ከመ፡ ያዐርጉ፡ በጥሉል፡ ቀዳሜ፡[3] ወይን፡ ወቅብእ፡ ቀዳሜ፡[4] ፍሬ፡ ውስተ፡
*ምሥዋዐ፡[5] እግዚአብሔር፡ ዘይትወከፍ፡ ወዘተርፈ፡ ይብልዑ፡ ላእካነ፡ ቤተ፡[6] እግዚአብሔር፡
37 በቅድመ፡ ምሥዋዕ፡ ዘይትወከፍ። ወበ*ኃምስ፡ ዓመት፡[7] ግበሩ፡ ኅድገተ፡ ከመ፡ ታሕድግዎ፡[8]
38 እንከመ፡ በጽድቅ፡ ወበርትዕ፡[9] ወትጸድቁ፡ ወይረትዑ፡ ኵሉ፡ ተክልክሙ። እስመ፡ *ከመዝ፡
አዘዘ፡[10] ሄኖክ፡[11] አቡሁ፡ ለአቡክሙ፡ ለማቱሳላ፡ ወልዱ፡ ወማቱሳላ፡ ለላሜክ፡ ወልዱ፡ ወላሜክ፡
39 አዘዘኒ፡ ኵሎ፡ ዘ*አዘዝዎ፡ አበዊሁ። ወአነኒ፡ እኤዝዘክሙ፡ ውሉድየ፡[12] በከመ፡ አዘዘ፡[13] ሄኖክ፡[14]
ለወልዱ፡ *በቀዳሚ፡ ኢዮቤልውሳት፡[15] እንዘ፡ ሕያው፡ ውእቱ፡ ውስተ፡ ትዝምዱ፡[16] ሳብዕ፡[17]
አዘዘ፡ ወአስምዐ፡[18] ለ*ወልዱ፡[19] ወለውሉደ፡ ውሉዱ፡ እስከ፡ አመ፡ ዕለተ፡ ሞቱ።

፰ ወበ*ዕሥራ፡ ወተስዐቱ፡[20] ኢዮቤልው፡[21] በሱባዔ፡ ቀዳሚ፡ በቀዳሚሁ፡ ነሥአ፡ ሎቱ፡ አርፋክስድ፡[22]
ብእሲተ፡ ወስማ፡ ራሱእያ፡[23] *ወለተ፡ ሱሳን፡[24] ወለተ፡ ኤላም፡ [ሎቱ፡ ብእሲተ፡][25] ወወለደት፡ ሎቱ፡
2 ወልደ፡ በ*ዓመት፡ ግልስ፡[26] በሱባዔ፡ ዝንቱ፡ ወጸውዐ፡ ስሞ፡ ቃይናም።[27] ወልሀቀ፡ ወልድ፡[28]
3 ወመሀሮ፡ አቡሁ፡ መጽሐፈ፡ ወሖረ፡ ይኅሥሥ፡ ሎቱ፡ መካነ፡ ኀበ፡ ይእኅዝ፡ ሎቱ፡ ሀገረ። ወረከበ፡
መጽሐፈ፡ ዘቀረጹ፡ ቀደምት፡ ውስተ፡ ኰኵሕ፡ ወአንበበ፡ ዘ*ውስቴታ፡[29] ወ*አዕለዋ፡[30] ወ*ረስዐ፡
እምውስቴታ፡[31] ከመ፡ ሀሎ፡ ውስቴታ፡ ትምህርተ፡[32] ትጉሃን፡ በዘ፡ ይሬእዩ፡[33] ሰገለ፡[34] *ፀሓይ፡
4 ወወርኅ፡ ወከዋክብት፡[35] ውስተ፡[36] ኵሉ፡ ተአምረ፡ ሰማይ። ወ*ጸሐፈ፡[37] ወኢነገረ፡ በእንቲአሃ፡
5 እስመ፡ ይፈርሆ፡ ለኖኅ፡ ነገረ፡ በእንቲአሃ፡ ከመ፡ ኢይትመዐዕ፡ ላዕሌሁ፡ በእንቲአሃ። ወአመ፡ ፴
ኢዮቤልው፡ በሱባዔ፡ ካልእ፡ በ*ቀዳሚ፡[38] ዓመቱ፡ ነሥአ፡ ሎቱ፡ ብእሲተ፡ ወስማ፡ *ሜልካ፡[39] ወለተ፡
አመዳይ፡[40] ወልደ፡ ያፌት፡ ወበዓመት፡ ራብዕ፡ ሎቱ፡ ወለደ፡[41] ወልደ፡ ወጸውዐ፡ ስሞ፡[42] ሳላ፡
6 እስመ፡ ይቤ፡ *ተፈነውኩ፡ ተፈነውኩ።[43] ወበዓመት፡ ራብዕ፡ ተወልደ፡[44] ወልሀቀ፡ ሳላ፡ ወነሥአ፡

---

[1] ምድር፡ A B. [2] A adds ዘውስቴቱ፡ [3] ቀዳሚ፡ A C D. [4] ወቀዳሜ፡ B; ቀዳሚ፡ C D. [5] ምሥዋዐ፡ ዘ A. [6] A omits. [7] ኃምስ፡ ዓመት፡ A. If the context refers to the same subject as Deut. xv. 1, 9, then we should expect ሳብዕ፡ instead of ኃምስ፡ [8] ትሕድጉ፡ B; ትኅድግዎ፡ C D. [9] A D omit. [10] ከመሁ፡ አዘዘ፡ A. [11] ሰኖኅ፡ A; ኖኅ፡ D. [12] B omits. [13] አዘዘ፡ A. [14] ኖኅ፡ A D; ሄኖኅ፡ B. [15] በቀዳሚሆን፡ ኢዮቤሌውስት፡ A. [16] ትዝምዱ፡ A D. [17] ሳብእ፡ A; ሰብእ፡ D. [18] A adds ላዕሌሆሙ፡ [19] ውሉዱ፡ A. [20] ፳ወ፱ A. [21] ኢዮቤሌው፡ A. [22] አርፋክስድ፡ B. [23] ራሱኤያ፡ B; Syr. Frag. ܪܣܘܝܐ ܒܪܬ ܫܘܫܢ. [24] ወለተ፡ ሶሳን፡ B. [25] Seems a corrupt addition. [26] B trans. [27] Not found in Sam., Mass., Syr., Vulg. of Gen. xi. 13, but LXX and Luke iii. 36 agree with text. [28] ወልደ፡ A. [29] ውስቴቱ፡ A. [30] Emended from አዐለዋ፡ [31] Cf. Cedrenus i. 27 *ἐν αὐτοῖς ἐξημάρτανε*; A om. እም". [32] ትምህርት፡ ዘ B C. [33] Em. from ኢይሬእዩ፡ A; ይሬእዩ፡ B C D. [34] ሰረገላ፡ C. [35] ፀሓየ፡ ወወርኀ፡ ወከዋክብተ፡ A D. [36] ወውስተ፡ B D. [37] ጸሐፈ፡ A C D. [38] ግልስ፡ A B; ግልስት፡ D. [39] ሜልኪ፡ A. [40] Em. from አበዳይ፡ B; አብድያ፡ A; with Schol. Lagarde *r* on Gen. x. 24 *γυνη καιναν μελχα θυγατηρ μαδαι υιου ιαφεθ*; Syr. Frag. ܡܠܟܐ ܒܪܬ ܡܕܝ. [41] ወልደ፡ A; ወለደት፡ C D. [42] ስማ፡ A. [43] A trans. [44] ወለደ፡ ወለደ፡ A.

ሎቱ፡ ብእሲተ፡ ወስማ፡ *ሙአክ፡ ወለተ፡ ኬሴድ፡ እኁሁ፡ ለአቡሁ፡[1] [ሎቱ፡ ብእሲተ፡][2] በቀዳሚ፡[3]
ወበሣልስ፡[4] ኢዮቤልውሁ፡[5] በሱባዔ፡ ኃምስ፡ በቀዳሚ፡ ዓመቱ፡፡ ወ[6]ወለደት፡ ሎቱ፡ ወልደ፡ በኃምስ፡ 7
ዓመቱ፡ ወጸውዐ፡ ስሞ፡ እቤር፡[7] ወነሥአ፡ ሎቱ፡ ብእሲተ፡ ወስማ፡ አዙራድ፡[8] ወለተ፡ ነብሮድ፡
በ*ሣልስ፡ ወኅልእቱ፡[9] *ኢዮቤልው፡[9] በሱባዔ፡ ሳብዕ፡ በ*ሣልስ፡ ዓመቱ፡፡[10] ወበሳድስ፡ ዓመቱ፡[11] 8
ወለደት፡ ሎቱ፡[6] ወልደ፡ ወጸውዐ፡ ስሞ፡ ፋሌክ፡ እስመ፡ በ*መዋዕሊ፡[12] ዘተወልደ፡ አኀዙ፡[6] ደቂቀ፡
ኖኅ፡ ይትካፈሉ፡[13] ሎሙ፡[6] ምድረ፡ በእንተዝ፡[14] ጸውዐ፡ ስሞ፡ ፋሌክ፡፡ ወተካፈሉ፡ በእኩይ፡[15] 9
በበይናቲሆሙ፡ ወነገርዎ፡ ለኖኅ፡፡ ወኮነ፡ በቀዳሚሁ፡ *ሣልስ፡ ወሠለስቱ፡[16] ኢዮቤልው፡[5] 10
ወከፈልዋ፡ ለምድር፡ ሠለስተ፡[17] መክፈልተ፡ ለሴም፡ ወለካም፡ ወለያፌት፡ በበ፡ ርስቱ፡ በቀዳሚ፡
ዓመት፡[18] በአሐዱ፡[19] ሱባዔ፡ እንዘ፡ ይነብር፡ አሐዱ፡[20] እምኔነ፡ እለ፡ ተፈነውነ፡[21] ኀቤሆሙ፡፡[22]
ወ[23]ጸውዐ፡ ደቂቆ፡ ወቀርቡ፡[24] ኀቤሁ፡ እሙንቱ፡ ወደቂቆሙ፡[25] ወ*ከፈለ፡[26] ምድረ፡ በዐፃዊ፡ 11
ዘይእኀዙ፡ ሠለስቲሆሙ፡[27] ውሉዱ፡[6] ወሰፍሑ፡ እደዊሆሙ፡ ወነሥኡ፡ መጽሐፈ፡ እም*ኅፅነ፡[28]
*ኖኅ፡ አቡሆሙ፡፡[29] ወወጽአ፡ *በመጽሐፍ፡ ዕፃሁ፡[30] ለሴም፡ ማእከላ፡ ምድር፡ ዘይእኀዝ፡ 12
ለርስቱ፡ ወለውሉዱ፡ ለትውልድ፡ ዘለዓለም፡ እማእከሉ፡[31] ደብረ፡[32] ሬፋ፡[33] እሙፃአ፡ ማይ፡
እምፈለገ፡ ጢና፡ ወየሐውር፡ መክፈልቱ፡ መንገለ፡ ዐረብ፡ እንተ፡[34] ማእከሉ፡ ለዝ፡ ፈለግ፡
ወ*የሐውር፡[35] እስከ፡[36] ሶበ፡ ይቀርብ፡[37] ኀበ፡ ማየ፡ ቀላያት፡ እም*ኀበ፡[38] ይወፅእ፡ ዝንቱ፡
ፈለግ፡[39] ወይክዑ፡ *ማያቲሁ፡ ውስተ፡ ባሕረ፡[40] ሜአት፡[41] ወ*የሐውር፡[42] ዝንቱ፡[43] ፈለግ፡
ውስተ፡[44] ባሕር፡ ዐቢይ፡ ወኵሉ፡ ዘመንገለ፡ ደቡብ፡ ለያፌት፡ ወኵሉ፡ ዘመንገለ፡ ገጸ፡ ሰሜን፡
ለሴም፡፡ ወ[6]የሐውር፡ እስከ፡ ሶበ፡[6] ይቀርብ፡ ካራሶ፡[45] ዘውእቱ፡ ውስተ፡ ሕፅነ፡ ልሳኑ፡ እንተ፡ 13
ትነጽር፡[46] መንገለ፡ ሰሜን፡፡ ወየሐውር፡ መክፈልቱ፡ እንተ፡[46] መንገለ፡ ባሕር፡ ዐቢይ፡ ወየሐውር፡ 14
ርቶዕ፡ እስከ፡ ይቀርብ፡[47] መንገለ፡ ዐረቢ፡ ለልሳኑ፡ እንተ፡ ትነጽር፡ መንገለ፡ ሰሜን፡ እስመ፡

---

[1] Cf. Schol. Lagarde *r* on Gen. x. 24 *γυνη σαλα μωαχα θυγατηρ χεσδαμ πατραδελφου αυτου*; Syr. Frag. ܘܫܡܗ ܡܥܟܐ. [2] Seems a corrupt addition. [3] Emended by Dln. from በዓመቱ፡ [4] ፴ A. [5] ኢዮቤሌው፡ A. [6] A omits. [7] ኤቦር፡ B. [8] Cf. Schol. Lagarde *r* on Gen. x. 24 *γυνη εβερ αζουρα θυγατηρ νεβρωδ*; Syr. Frag. ܐܙܘܪܐ ܫܡܗ ܕܥܒܪ. [9] ፶ A. [10] ሣልስ፡ ዓመቱ፡ ዓመቱ፡ B. [11] ዓመት፡ B. [12] መዋዕለ፡ A. [13] A reads ተካፈሉ፡ and trans. before ደቂቀ፡ [14] ወበእንተዝ፡ A C D. [15] በእከይ፡ B. [16] ፴ወ፫ A. [17] ፫ A. [18] ዓመቱ፡ A. [19] ዘ፩ A. [20] ፩ A. [21] ተፈናዉ፡ A B. [22] ኃቤሆሙ፡ A B. [23] B omits. [24] ቀረቡ፡ B. [25] ውሉዱ፡ A. [26] ከፈሉ፡ B D. [27] ለሠለስቲሆሙ፡ B. [28] ሕጸነ፡ B; ኅፀነ፡ C. [29] A trans. [30] መጽሐፈ፡ ዕፃ፡ A; በመጽሐፈ፡ ዕፃሁ፡ C; መጽሐፈ፡ ዐፃዊ፡ D. [31] ወእማእከሉ፡ A. [32] ደብር፡ B. [33] ሬፍ፡ A D. [34] A adds መንገለ፡ [35] Emended from የሐውሩ፡ [36] እስመ፡ B. [37] Emended from ይቀርቡ፡ [38] ውእደ፡ B. [39] B C add እምኔሃ፡ ወ (B omits) ይወፅእ፡ ዝንቱ፡ ፈለግ፡ [40] ማያት፡ እስከ፡ ባሕር፡ A. [41] ሜአት፡ C D. [42] ያሐውሩ፡ A. [43] ውእቱ፡ A. [44] እስከ፡ B. [45] ካሬን፡ A. [46] ትነጽር፡ B. [47] ይቀርብ፡ A.

15 ዝኒ፡ ባሕር፡ ስሙ፡[1] ሐሳዕ፡ ባሕረ፡ ግብጽ፡፡ ወትገይጽ፡ እምህየ፡ መንገለ፡ ሰሜን፡ መንገለ፡
አፉሃ፡ ለባሕር፡ ዐቢይ፡[2] ውስተ፡ ክናፍረ፡[3] ማያት፡ ወትሐውር፡ መንገለ፡ ዐረበ፡[4] ዕፍራ፡[5]
ወ*ትሐውር፡[6] እስከ፡ ትቀርብ፡ ኀበ፡ ማየ፡[7] ጊዮን፡[8] ፈለግ፡ ወመንገለ፡ ሰሜኑ፡[9] ለማየ፡ ጊዮን፡[8]
16 መንገለ፡ ድንጋጉ፡ ለዝ፡ ፈለግ፡፡ ወትሐውር፡ መንገለ፡[1] ጽባሕ፡ እስከ፡ ሶበ፡ ትቀርብ፡ ኀበ፡ *ገነት፡
ዘ[10]ኤዶም፡ መንገለ፡ ሰሜኑ፡ ለሰሜን፡ ወእም*ጽባሒሃ፡ ለኵሉ፡ ምድረ፡[11] ኤዶም፡ ወ*ለ[1]ኵሉ፡ ጽባሕ፡
ወይትመየጥ፡ ውስተ፡ ጽባሕ፡ ወይመጽእ፡ እስከ፡ ይቀርብ፡ መንገለ፡ ጽባሒሁ፡[12] ለደብር፡ ዘስሙ፡
17 ራፋ፡[13] ወይወርድ፡ መንገለ፡ ጽንፉ፡[14] ለሙፃአ፡[15] ጤና፡ ፈለግ፡፡ ዝኒ፡ መክፈልት፡ ወፅአት፡ በ[16]ዕፀ፡
18 ለሴም፡ ወለውሉዱ፡ ለእኂዞታ፡ ለዓለም፡ ለ[17]ትውልዱ፡ እስከ፡ ለዓለም፡፡ ወተፈሥሐ፡ ኖኅ፡
እስመ፡ ወፅአ፡ ዝንቱ፡ መክፈልት፡[18] ለ*ሴም፡ ወለ[19]ውሉዱ፡ ወተዘከረ፡ ኵሎ፡[20] ዘነበበ፡ በአፉሁ፡
በ*ትንቢቱ፡[21] እስመ፡ ይቤ፡ ይትባረክ፡ እግዚአብሔር፡ *አምላኩ፡ ለ[22]ሴም፡ ወይኅድር፡
19 እግዚአብሔር፡ ውስተ፡ መኃድሪሁ፡ ለሴም፡፡ ወአእመረ፡ ከመ፡ ገነት፡[23] ኤዶም፡ ቅድስተ፡
ቅዱሳን፡ ወማኅደሩ፡ ለእግዚአብሔር፡ ውእቱ፡[24] ወደብረ፡ ሲና፡ ማእከለ፡ ገዳም፡[25] ወደብረ፡
ጽዮን፡ ማእከለ፡ ሕንብርታ፡[1] ለምድር፡ ሠለስቲሆሙ፡ ዝንቱ፡ *መንጸረ፡ ዝንቱ፡[1] ለ*ቅድሳት፡[26]
20 ተፈጥሩ፡፡ ወባረኮ፡[27] ለአምላከ፡ አማልክት፡ ዘወደየ፡ ውስተ፡ አፉሁ፡ ንባበ፡ እግዚአብሔር፡
21 ወእግዚአብሔር፡[28] እስከ፡ ለዓለም፡፡ ወአእመረ፡ ከመ፡ መክፈልት፡ በረከት፡ ወ*ቡራኬ፡[29] በጽሐ፡[1]
ለሴም፡ ወለ*ውሉዱ፡ ለትውልድ፡ ዘለዓለም፡[30] ኵሉ፡[31] ምድረ፡ ኤዶም፡ ወኵሉ፡[31] ምድረ፡
ባሕረ፡[32] ኤርትራ፡ ወኵሉ፡ ምድረ፡[1] ጽባሕ፡ ወህንደኬ፡ ወበኤርትራ፡ ወአድባሪሁ፡ ወኵሉ፡ ምድረ፡
ባሳ፡[33] ወኵሉ፡[31] ምድረ፡ ሊባኖስ፡ ወደሰያተ፡ ክፍቶር፡[34] ወ*ኵሉ፡[35] ደብረ፡ ሰኔር፡[36] ወአማና፡
ወደብረ፡ አሱር፡ ዘደቡብ፡ ወ*ኵሉ፡[38] ምድረ፡ ኤላም፡ አሱር፡ ወባቤል፡ ወሱሳን፡ ወ*ማዕዳይ፡[37]
ወ*ኵሉ፡[35] አድባረ፡ አራራ*ት፡[1] ወ*ኵሉ፡[38] ማዕዶተ፡ ባሕር፡ ዘማዕዶተ፡ ደብረ፡[39] አሱር፡ ዘመንገለ፡
22 ደቡብ፡ ምድር፡ ቡርክት፡ ወ[40]ስፍሕት፡ ወኵሉ፡ ዘ[41]ውስቴታ፡[42] ጥቀ፡ ሠናይ፡፡[43] ወለካም፡

---

[1] A omits. [2] ወዐቢይ፡ A; ዐብይ፡ B. So B also in vers. 12, 14. [3] ክንፈረ፡ A.
[4] ዐረብ፡ C D. [5] ወፋራ፡ A; ዓፈራ፡ C; ዓረፋ፡ D. [6] የሐውር፡ A. [7] ማያ፡ A.
[8] ገዮን፡ B C D. [9] ሰሜን፡ A. [10] ገነት፡ B. [11] ጽባሒሁ፡ ለኵሉ፡ ምድር፡ H A.
[12] ጽባሒቲሁ፡ B. [13] ሬፋ፡ A. [14] ጽንፋ፡ A. [15] C D add ማየ፡ [16] ወ B.
[17] ወለ C D. [18] መክፈልቱ፡ B. [19] ሰሜ፡ B. [20] ቃሎ፡ A D. [21] ትንቢት፡ B.
[22] አምላክ፡ B. [23] ገነት፡ B. [24] ይእቲኬ፡ A, which it trans. before ለእግ"; ውስቴቱ፡ B; D trans. after ወደብረ፡ [25] ለገዳም፡ B. [26] ቅድስት፡ A; ቅድስተ፡ B. [27] A adds ለእግዚአብሔር፡ [28] A D omit. For ወእግዚአብሔር፡ እስከ፡ C reads ወእስከ፡ እግዚእ፡
[29] ቡሩክ፡ A B; መክፈልት፡ ቡርክት፡ D. [30] ወልዱ፡ እስከ፡ ለዓለም፡ B. [31] ወኵሉ፡ A.
[32] ባሕር፡ A. [33] ባሳ፡ C; ባሶር፡ D. [34] ክብቶር፡ A B C, but כַּפְתֹּר, see Jer. xlvii. 4, supports D. [35] ኵሎ፡ B. [36] ባኒር፡ A; ሰኔር፡ C; ሰነር፡ D. [37] መዐዳይ፡ B.
[38] ኵላ፡ B. [39] ባሕረ፡ A. [40] ወኵሉ፡ A. [41] B omits. [42] A adds ሀሎ፡
[43] ሠናይት፡ B.

ከመ፡ ይርከሱ፡ ምስለ፡ አዋልደ፡ ሰብእ፡[1] ወ*አስምዐ፡ ሄኖክ፡[2] ላዕለ፡ ኵሎሙ፡፡ ወተንሥአ፡ እማእከለ፡ 23
ደቂቀ፡ እጓለ፡ እመሕያው፡ ወወሰድናሁ፡ ውስተ፡ ገነተ፡[3] ኤዶም፡ ለ[4]ዕበይ፡ ወለ[5]ክብር፡ ወናሁ፡
ውእቱ፡ *በህየ፡ ይጽሕፍ፡[6] ደይኖ፡ ወኵነኔ፡ ዓለም፡ ወኵሉ፡ እከየሙ፡ ለደቂቀ፡ እጓለ፡ እመሕያው፡፡
ወበእንቲአሁ፡[7] አምጽአ፡ ማየ፡ አይኅ፡[8] ዲበ፡[9] ኵሉ፡ ምድረ፡ ኤዶም፡ እስመ፡ ህየ፡ ተውህበ፡ *ውእቱ፡ 24
ለትእምርት፡[6] ወከመ፡[10] ያስምዕ፡ ላዕለ፡ ኵሉ፡ ደቂቀ፡ ሰብእ፡[11] ከመ፡ ይንግር፡ ኵሉ፡ ግብረ፡ ትውልድ፡
እስከ፡ አመ፡[12] ዕለተ፡ ደይን፡፡ ወውእቱ፡ ዐጠነ፡ ዕጣነ፡ ቤተ፡[13] መቅደስ፡ ዘይሰጠው፡ ቅድመ፡ እግዚ 25
አብሔር፡ *በደብረ፡ ቀትር፡፡[14] እስመ፡ አርባዕቱ፡ መካን፡[15] በዲበ፡ ምድር፡ ለእግዚአብሔር፡ ገነት፡ 26
ኤዶም፡ ወደብረ፡ ጽባሕ፡ ወዝደብር፡ ዘሀለውከ፡[16] አንተ፡ ውስቴቱ፡ ዮም፡[17] ደብረ፡ ሲና፡ ወደብረ፡
ጽዮን፡ ይትቄደስ፡ በፍጥረት፡ ሐዳስ፡ ለቅዳሴ፡ ምድር፡ *በእንተዝ፡ ትትቄደስ፡ ምድር፡[19] እምኵሉ፡
*አበሳ፡ ወእምርኵሳ፡[18] *በትውልደ፡ ዓለም፡፡[19] ወበ*ኢዮቤልው፡[20] ዘውእቱ፡ ዓሥር፡ ወራብዕ፡ 27
ነሥአ፡[21] ማቱሳላ፡ ብእሲተ፡ እድናሃ፡[22] ወለተ፡ ዳዝራኤል፡ ወለተ፡ እኅተ፡ አቡሁ፡ [ብእሲተ፡ ሎቱ፡][23]
በሱባዔ፡ ሣልስ፡ በዓመተ፡ አሐዱ፡[24] ዘውእቱ፡ ሱባኤ፡[25] ወወለደ፡ ወልደ፡ ወ*ጸውዐ፡[26] ስሞ፡ ላሜክ፡፡
ወበ*ዓሥር፡ ወኃምስ፡[27] ኢዮቤልዉ፡[20] በሱባዔ፡ ሣልስ፡ ነሥአ፡ ሎቱ፡[28] ላሜክ፡ ብእሲተ፡ ወስማ፡[29] 28
*ቤቴኖስ፡ ወለተ፡ ባራኪኤል፡ ወለተ፡ እኅተ፡ አቡሁ፡[29] [ሎቱ፡ ብእሲተ፡][30] ወበዝ፡ ሱባዔ፡ ወለደት፡
ሎቱ፡ ወልደ፡ ወ*ጸውዐ፡[26] ስሞ፡ ኖኅ፡ እንዘ፡ ይብል፡ ዝ[31]ይናዝዘኒ፡[32] *እምሐዘንየ፡ ወ[33]እምኵሉ፡
ግብር*የ፡[34] ወእም[35]ድር*ኒ፡[35] እንተ፡ ረገመ፡[36] እግዚአብሔር፡፡ ወበፍጻሜሁ፡ ለዓሥር፡ ወታስዐ፡ 29

---

[1] ምድር፡ A C D; but Enoch ix. 8 አዋልደ፡ ሰብእ፡ supports text. Cf. also Enoch x. 11. [2] አስምዓ፡ ሄኖክ፡ B. [3] ገነተ፡ B. [4] በ A. [5] ወ A. [6] A trans. [7] A adds ወረደ፡ ወ. [8] B adds እምኵሉ፡ [9] ውስተ፡ A. [10] ከመ፡ A. [11] እጓለ፡ እመሕያው፡ C D. [12] A omits. [13] B omits; ምሴተ፡ C D. [14] በደብር፡ A. [15] መካናት፡ A. [16] ዘሀሎከ፡ A. [17] B trans. after ሲና፡ [18] አበሳ፡ ወእምርኵስ፡ A; ርኵሳ፡ ወእምአበሳ፡ B. [19] ምድር፡ በትውልደሙ፡ ለዓለም፡ A. [20] ኢዮቤሌው፡ A. [21] ወነሥአ፡ A. B C D add ኢዮቤልዉ፡ before ነሥአ፡ [22] For እድናሃ፡ A reads እድናሃ፡ For ዳዝ'' A reads ዳዝሬኤል፡ Cf. Schol. Lagarde r on Gen. v. 25 γυνὴ μαθουσάλα ἐδνὰ θυγάτηρ ἐζριὴλ πατραδέλφου αὐτοῦ; see p. 15, note 32. [23] Seems an interpolation. A omits ብእሲተ፡ [24] ፩. [25] Emended by Dln. from ዓመት፡ [26] ጸውዓ፡ B. [27] ኃምስ፡ ወዓሥር፡ B. [28] B omits. [29] For ቤቴ'' B reads ቤቴኖስ፡ For ባራ'' A reads በራኩኤል፡ Cf. Schol. Lagarde r on Gen. v. 28 γυνὴ λάμεχ βεθενως θυγατηρ βαραχιὴλ πατραδέλφου αὐτου; see p. 15, note 32. [30] Seems a corrupt addition. [31] Emended with Gen. v. 29 from ዘ. [32] = יְנַחֲמֵנִי instead of Mass. Gen. v. 29 יְנַחֲמֵנוּ. LXX διαναπαύσει ἡμᾶς implies יְנִיחֵנוּ. A reads ናዘዘኒ፡ እግዚአብሔር፡ ወ. [33] A C D omit, but Gen. v. 29 וּמֵעִצְּבוֹן supports text. [34] For የ we should expect ነ. Similarly in ሐዘንየ፡ and likewise ኒ for ኒ in ይናዝዘኒ፡ as in Mass., Syr., LXX, and Vulg. of Gen. v. 29. Yet Eth. Vers. agrees with text. [35] ወለ A. Gen. v. 29, Mass., Sam., Syr., and Vulg. omit ወ, but LXX and Eth. Vers. agree with text. [36] ረገማ፡ B.

ኢዮቤልዉ፡[1] በሱባዔ፡ ሳብዕ፡[2] በሳድስ፡ ዓመቱ፡[3] ሞተ፡ አዳም፡ ወቀበርዎ፡ ኵሎሙ፡ ደቂቁ፡ ውስተ፡
30 ምድረ፡[4] ፍጥረቱ፡[5] ወውእቱ፡ መቅድመ፡ ተቀብረ፡ ውስተ፡ ምድር። ወ[6]ሰብዓ፡ ዓመተ፡[7] አሕጸጸ፡
እም[8]ዓሠርቱ፡ ምእት፡ ዓም፡[9] እስመ፡ [10]ዓሠርቱ፡ ምእት፡ ዓመት፡ ከመ፡[10] አሐቲ፡ ዕለት፡ ውስተ፡
ስምዕ፡[11] ሰማያት፡ ወ[12]በእንተ፡ ዝንቱ፡ ተጽሕፈ፡ በእንተ፡[13] ዕፀ፡ አእምሮ፡ እስመ፡ በዕለተ፡
ትበልዑ፡ እምኔሁ፡ ትመውቱ፡ በእንተ[14]ዝ፡[14] ኢፈጸመ፡ ዓመታተ፡ ዛቲ፡ ዕለት፡ እስመ፡ ባቲ፡ ሞተ።
31 በተፍጻሜቱ፡ ለ[15]ዝ፡[15] ኢዮቤልዉ፡[1] ተቀትለ፡ ቃየን፡ እምድኅሬሁ፡ በ[16]አሐዱ፡ ዓም፡[16] ወ[17]ወድቀ፡
ቤቱ፡ ላዕሌሁ፡ ወሞተ፡ በማእከለ፡ ቤቱ፡ ወተቀትለ፡ በእበኒሁ፡ እስመ፡ በእብን፡ ቀተሎ፡ ለአቤል፡
32 ወበእብን፡ ተቀትለ፡ በኰነኔ፡ ጽድቅ። በእንተዝ፡ ተሠርዐ፡[18] ውስተ፡ ጽላተ፡ ሰማይ፡ በንዋይ፡
33 ዘ[19]ቀተለ፡[19] ብእሲ፡ ቢጾ፡ ቦቱ፡ ይትቀተል፡ በከመ፡ አቍሰሎ፡ ከማሁ፡ ይገብሩ፡ ሎቱ። ወበ[20]ዕሥራ፡
ወኃምስ፡[20] ኢዮቤልዉ፡[1] ነሥአ፡ ሎቱ፡ ኖኅ፡ ብእሲተ፡ ወስማ፡ [21]ዕምዛራ፡ ወለተ፡ ራኬኤል፡ ወለተ፡
እኁሁ፡ ለአቡሁ፡[21] [ሎቱ፡ ብእሲተ፡][22] በቀዳሚ፡ ዓመት፡ በ[23]ሱባዔ፡ ኃምስ፡ ወበሣልስ፡ ዓመቱ፡[24]
ወለደት፡ ሎቱ፡ ሴምሃ፡ ወበኃምስ፡ ዓመት፡[25] ወለደት፡[26] ሎቱ፡ ካምሃ፡ ወበዓመት፡ ቀዳሚ፡ በሱባዔ፡
ሳድስ፡ ወለደት፡[27] ሎቱ፡ ያፌትሃ።[28]

፭ ወኮነ፡ አመ፡ ወጠኑ፡ ደቂቀ፡ እጓለ፡ እመሕያው፡[29] ይብዝኁ፡ ዲበ፡ [30]ገጸ፡ ለ[30]ምድር፡ ወ[31]አዋልድ፡[31]
ተወልዳ፡ ሎሙ፡ ወርእይዎን፡ መላእክተ፡[32] እግዚአብሔር፡ በአሐቲ፡ ዓመት፡[33] ዘ[34]ኢዮቤልዉ፡[34]
ዝንቱ፡[35] እስመ፡ ሠናያት፡[36] ለርኢይ፡ እማንቱ፡ ወነሥእዎን፡[37] ሎሙ፡ አንስቲያ፡[38] እምኵሎን፡ እለ፡
2 ኅረዩ፡ ወወለዳ፡ ሎሙ፡ ውሉደ፡ [39]ወእሙንቱ፡ ረዐይት።[39] ወ[40]ልህቀት፡[40] ዐመፃ፡ ዲበ፡ ምድር፡
ወኵሉ፡ ዘሥጋ፡ [41]አማሰነ፡ ፍኖቶ፡[41] እምሰብእ፡ እስከ፡ እንስሳ፡ ወእስከ፡ አራዊት፡ ወእስከ፡ አዕዋፍ፡
ወእስከ፡ ኵሉ፡ ዘያንሶሱ፡ ውስተ፡ ምድር፡ ኵሎሙ፡[42] አማሰኑ፡ ፍኖቶሙ፡ ወሥርዐቶሙ፡ ወአኀዙ፡

---

[1] ኢዮቤሌው፡ A. [2] ሣልስ፡ A. [3] B adds ሎቱ፡ ወ. [4] ምድር፡ B. [5] C D add ለአዳም፡ [6] ሳብዕ፡ ዓም፡ A. [7] ፲፻ ዓመት፡ A. [8] ፲፻ A. [9] ዓመቱ፡ B. [10] B D omit. [11] ስምዕ፡ B. [12] B omits. [13] ወበእንተ፡ A. [14] ዝንቱ፡ A. [15] ዝንቱ፡ B. [16] ፩ ዓመት፡ A. [17] A omits. [18] ተሠርዓ፡ B. [19] ተቀትለ፡ A. [20] ፳ወ፭ A. [21] For ራኬኤል፡ A reads ራኩኤል፡ B C D omit አቡሁ፡ and for እኁሁ፡ read እኁቱ፡ Syr. Frag. ܒܪܬ ܕܕܗ ܐܡܙܪܐ. Cf. Schol. Lagarde r on Gen. v. 32 γυνὴ Νῶε ἐμζαρα θυγάτηρ Βαραχιὴλ πατραδέλφου αὐτοῦ; see p. 15, note 32. Also Algazi's Chronicle אמורע בת ברכיאל, where the ו is corrupt for ז. [22] Seems a corrupt addition. [23] ፫ B. [24] B adds ሎቱ፡ [25] ዓመት፡ B. [26] ተወልደ፡ A. [27] ወለደ፡ B. [28] ያፌድሃ፡ A; ኢያፌትሃ፡ B. [29] A adds ከመ፡ [30] ገጸ፡ ኵሉ፡ B over erasure. Gen. vi. 1 עַל־פְּנֵי הָאֲדָמָה supports A. LXX ἐπὶ τῆς γῆς less literal. [31] A trans. after ሎሙ፡ [32] Gen. vi. 2 בְּנֵי; LXX ἄγγελοι. [33] A B D omit, and perhaps rightly, በአሐቲ፡ would then = *semel*. [34] ኢዮቤሌው፡ A. [35] ለዝንቱ፡ A. [36] ሠናያን፡ A. [37] B adds ሎ . . . ትን፡ [38] አንስቲያሆሙ፡ A. [39] ረዐይት፡ እሙንቱ፡ A. [40] ልህቀ፡ B. [41] አማሰኑ፡ ፍኖቶሙ፡ B. [42] ኵሉ፡ B.

ይትባልዑ በበይናቲሆሙ ወዐመፃ፡ ልህቀ ዲበ፡ ምድር፡ ወኵሉ፡ ሕሊና፡ ለእእምሮ፡ ለኵሎሙ፡
እጓለ እመሕያው ከመዝ፡[1] እኩይ *ኵሎ መዋዕለ።[2] ወርእየ እግዚአብሔር፡ ለምድር፡ 3
ወናሁ ማሰነት፡ ወ*አማሰነት[4] *ኵሉ ዘ*ሥጋ፡[5] ሥርዓታ፡[6] ወ*አእከዩ ኵሎ[7] ቅድመ አዕይንቲሁ፡[8]
ኵሉ[9] ዘሀሎ፡ ውስተ፡ ምድር። ወይቤ፡ እደመስሶ፡[10] ለሰብእ፡ ወለኵሉ፡ ዘሥጋ፡ በመልዕልተ፡[11] ገጸ፡ 4
ምድር፡ ዘፈጠርኩ።[12] ወኖኅ፡ ባሕቲቱ፡ ረከበ፡[13] ሞገሰ፡ በቅድመ፡ *አዕይንቲሁ፡ ለእግዚአብሔር።[14] 5
ወዲበ፡ መላእክቲሁ እለ፡ ፈነወ፡[15] ውስተ፡ ምድር፡ ተምዐ፡ ፈድፋደ፡ ይሠርዎሙ[16] እምኵሉ፡ 6
ሥልጣኖሙ ወይቤለነ ከመ፡ ንእስሮሙ ውስተ፡ *መዓምቅቲሃ፡ ለ[17]ምድር፡ ወናሁ፡ እሙንቱ፡
እሱራን፡ ማእከሎሙ፡ ወ*ብሕትዋን።[18] ወዲበ፡ ውሉዶሙ ወፅአ፡ ቃል፡ እምቅድመ፡ ገጹ፡ ከመ፡ 7
ይምሐጾሙ በሰይፍ፡ ወያሰስሎሙ እምታሕተ፡ ሰማይ።[19] ወይቤ፡ ኢ*ይነብር፡[20] መንፈስየ፡ 8
*ዲበ፡ ሰብእ፡[21] ለዓለም፡ እስመ፡ እሙንቱ*ኒ፡ ሥጋ፡[22] ወይኩን፡ መዋዕሊሆሙ *ምእት፡ ወዕሥራ፡[23]
ዓመተ። ወፈነወ፡ ሰይፎ፡[24] ማእከሎሙ፡ ከመ፡ *ይቅትል፡ ብእሴ፡ ቢጾ፡[25] ወወጠኑ፡ ይቅትሉ፡ *ዝንቱ፡ 9
ዘንተ፡ እስከ፡[26] ወድቁ፡ ኵሎሙ ውስተ፡ ሰይፍ፡ ወተደምሰሱ *እምነ፡ ምድር።[27] ወአበዊሆሙ፡ 10
ይኔጽሩ፡ ወ*እምድኅረዝ፡[28] ተአሰሩ፡ ውስተ፡ መዓምቅቲሃ፡ ለምድር፡ *እስከ፡ ለዓለም፡[29] እስከ፡
ዕለተ፡ ደይን፡ ዐባይ፡ ለከዊነ፡ ኵነኔ፡[30] ዲበ፡ ኵሎሙ፡ እለ፡ አማሰኑ፡ ፍናዊሆሙ፡ ወ*ምግባሪሆሙ፡[31]
ቅድመ፡[32] እግዚአብሔር። ወደምሰሰ፡ ኵሎ[33] እምካናቲሆሙ፡ ወኢ*ተርፈ፡ አሐዱ፡ እምኔሆሙ፡[34] 11
ዘኢኰነኖ፡ በኵሉ፡ እከዮሙ።[35] ወገብረ፡ *ለኵሉ፡ ግብሩ፡ ፍጥረተ፡ ሐዳሰ፡ ወጻድቀ፡[36] ከመ፡ 12

---

[1] Should be a rendering of רק Gen. vi. 5, but translators often omitted or mistranslated this word. LXX renders ἐπιμελῶς. [2] መዋዕሊሆሙ A. [3] A omits. [4] አማሰኑ A, so Eth. Vers. Gen. vi. 12; አማሰነ C D. [5] ኵሉ B. [6] ሥርዐቶሙ A; ሥርዐቶ C D. [7] አብዝኁ እከየ A; እከየ ኵሉ B; አእከዩ ኵሎሙ C D. [8] A adds ለእግዚአብሔር [9] ኵሉ D. [10] ይደመስሶ B C, but Gen. vi. 7 supports A D. [11] ዘመልዕልተ B. We should expect እምላዕለ cf. Gen. vi. 7 מֵעַל. [12] Emended with Gen. vi. 7, from ፈጠረ A B; ተፈጥረ C D. [13] ዘረከበ A. [14] So D and Gen. vi. 8, Mass., Sam., Syr.; እግዚአብሔር ወበቅድመ አዕይንቲሁ A; አዕይንቲሁ B C. LXX incorrectly Κυρίου τοῦ Θεοῦ. [15] A omits. [16] ወአዘዘ ይእስርዎሙ A. [17] መዓምቅት B. [18] በሕታውያን D. [19] ምድር A. [20] So LXX καταμείνῃ, Syr., Itala, Onk., Vulg., Arabic of Gen. vi. 3 implying ידור or ילן instead of Mass. ידון, Symm. οὐ κρινεῖ. [21] ዲቤሆሙ ለሰብእ A. Text agrees with Gen. vi. 3, against LXX ἐν τοῖς ἀνθρώποις τούτοις. [22] ዘሥጋ ወደም እሙንቱ A. [23] ፻ወ፳ A. [24] ሰይፈ A D. [25] ይቅትሉ አሐዱ አሐዱ ቢጾሙ B. [26] እንከ ዝንቱ ወ A; ዝንቱ እስከ B; ዝንቱ ለዝንቱ እስከ D. [27] እምድር A. [28] A trans. after ተአሰሩ [29] B omits. [30] A adds ዐባይ ዲበ ኵሉ እለ ይነብሩ ዲበ ምድር ወ. [31] ምክሮሙ A; ምክሮሙኒ D. [32] እምቅድመ A. [33] A adds እምድር ወ. [34] ተረፈ እምኔሆሙ ወኢአሐዱ A. [35] A adds ወገብሩ ለኵሉ እከዮሙ [36] ግብረ ሐዳሰ ወጽድቀ A.

ኢየአብሱ፡ በኵሉ፡ ፍጥረቶሙ፡ እስከ፡ ለዓለም፡ ወ*ይጽድቁ፡[1] ኵሉ፡ *በበ፡ ትዝምዱ፡ ኵሉ፡
13 መዋዕሊ። ወኵነኔ፡ ኵሎሙ፡[2] ተሠርዐ፡[3] ወተጽሕፈ፡ ውስተ፡ ጽላተ፡ ሰማይ፡ ወ*አልቦ፡[4] ዐመፃ፡
ወኵሎሙ፡ እለ፡[5] ተዐደዉ፡[6] እምፍኖቶሙ፡[7] ለአንተ፡[8] ተሠርዐት፡ ሎሙ፡ ከመ፡ ይሖሩ፡ ባቲ፡
14 ወ*ለ*እመ፡ ኢሖሩ፡ ባቲ፡[9] ተጽሕፈ፡ ኵነኔ፡ ለኵሉ፡ ፍጥረት፡ ወለኵሉ፡ ትዝምድ። ወአልቦ፡
ምንትኒ፡ ዘበሰማይ፡ ወዘበምድር፡ ወ*ዘ*ውስተ፡ ብርሃን፡ ወ*ዘ*ውስተ፡ ጽልመት፡ ወ*በ[10]ሲኦል፡
ወውስተ፡ ቀላይ፡ ወውስተ፡ መጽልም፡ ወኵሉ፡ ኵነኔሆሙ፡ *ሥሩዕ፡ ወጽሑፍ፡[11] ወቅሩጽ።
15 በእንተ፡ ኵሉ፡ ለዐቢይ፡ በከመ፡[12] ዐበዩ፡ ወለንኡስ*ሂ*፡ በከመ፡ ንእሱ፡ ወለለ፡ እሐዱ፡ በከመ፡[13]
16 ፍኖቱ፡ ይኴንኖ።[14] ወኢኮነ፡ ውእቱ፡ ዘይነሥእ፡ *ገጸ፡ ወኢኮነ፡ ውእቱ፡ ዘይነሥእ፡[15] ሕልያነ፡
እመ፡[16] ይቤ፡ ይግበር፡ ኵነኔ፡ ለለ፬፡[17] እመ፡[16] ወሀበ፡ ኵሉ፡ ዘውስተ፡ ምድር፡ ኢይነሥእ፡ *ሕልያነ፡
17 ወኢገጸ፡[18] ወኢይትሜጠዉ፡ እምእዴሁ፡[19] እስመ፡ መኰንን፡ ጽድቅ። ወዲበ፡ ደቂቀ፡ እስራኤል፡
ተጽሕፈ፡ ወተሠርዐ፡ እመ፡[16] ተመይጡ፡ ኀቤሁ፡ በጽድቅ፡ የኀድግ፡[20] ኵሉ፡ አበሳሆሙ፡ ወ*ይሰሪ፡[21]
18 ኵሎ፡[22] ኀጢአቶሙ። ተጽሕፈ፡ ወተሠርዐ፡ ይትመሐር፡ ለኵሉ፡ እለ፡ ተመይጡ፡ እም*ኵሉ፡[5]
19 ጌጋዮሙ፡ ምዕረ፡ ለ*ለ፡[9] ዓመት። ወ*ዲበ፡[22] ኵሎሙ፡ እለ፡ አማሰኑ፡ ፍናዊሆሙ፡ ወምክሮሙ፡
*እምቅድመ፡ አይኅ፡[23] ኢ*ተነሥአ፡[21] ገጾሙ፡ ዘእንበለ፡ ለኖኅ፡ ባሕቲቱ፡ እስመ፡ ተነሥአ፡[24] *ሎቱ፡
ገጹ፡[25] በእንተ፡ ውሉዱ፡ እለ፡ አድኀኖሙ፡ እማየ፡[26] አይኅ፡ በእንቲአሁ፡[27] እስመ፡ ጻድቅ፡[28]
ይእቲ፡[5] *ልቡ፡ በኵሉ፡ ፍናዊሁ፡[29] በከመ፡ አዘዘ፡ በእንቲአሁ፡[30] ወኢ*ተዐደወ፡[31] እምኵሉ፡
20 ዘሥሩዕ፡ ሎቱ።[32] ወይቤ፡ እግዚአብሔር፡ *ይደመስስ፡ ኵሉ፡[33] ዘ*ዲበ፡[34] የብስ፡ እመሰብእ፡
*እስከ፡ እንስሳ፡ እስከ፡[35] አራዊት፡ ወእስከ፡ *አዕዋፈ፡ ሰማይ፡[36] ወእስከ፡ ዘይትሐወስ፡ ውስተ፡
21 ምድር። ወአዘዞ፡ ለኖኅ፡ ይግበር፡ ሎቱ፡[37] ታቦተ፡ ከመ፡ *ያድኅኖ፡ እም፡ ማየ፡[38] አይኅ።
22 ወገብረ፡ ኖኅ፡ ታቦተ፡ በኵሉ፡ በከመ፡ አዘዞ፡ በ*ዕሥራ፡ ወሰብዑ፡[39] *ኢዮቤልዉ፡ ዓመታት፡[40]
23 በኃምስ፡[5] ሱባዔ፡[41] በኃምስ፡ ዓመት። ወቦአ፡ በሳድስ፡ ሎቱ፡ በካልእ፡ ወርኅ፡ *በሠርቀ፡ ለካልእ፡

---

[1] ይጸድቁ፡ A B. [2] ለትዝምዱ፡ ኵሉ፡ መዋዕሊ፡ ወኵነኔ፡ ለኵሎሙ፡ A. [3] ተሠርዓ፡ B.
[4] መልእ፡ A. [5] A omits. [6] ይትዓደዉ፡ B. [7] እምፍናዊሆሙ፡ A B C.
[8] በእንተ፡ A; በእንተ፡ ዝንቱ፡ B; በእንተዝ፡ D. Text of this line very doubtful. [9] A B omit. [10] ውስተ፡ A. [11] ጽሑፍ፡ ወሥሩዕ፡ B. [12] በእንተ፡ B. [13] A adds ዐቢዩ፡ ወ.
[14] ይኴንኖሙ፡ B. [15] A C omit. [16] ወእመ፡ A. [17] ለእሐዱ፡ A; ለእሐዱ፡ ወእሐዱ፡ B. [18] ገጸ፡ B; ገጸ፡ C D. [19] እምኔሁ፡ B. [20] A adds ሎሙ፡
[21] ይስረይ፡ B. [22] ለ A. [23] እምቅድም፡ A. [24] ተነሥአ፡ A B C. [25] ሎሙ፡ A.
[26] እም፡ ማየ፡ B. [27] በእንቲአሆሙ፡ A D. [28] ጻድቅት፡ A C D. [29] ልቦሙ፡ በኵሉ፡ ፍናዊሆሙ፡ A D. [30] በእንቲአሆሙ፡ D. [31] ተዐደዉ፡ ሎቱ፡ A; ተዐደዉ፡ D.
[32] ሎሙ፡ A. [33] ለይደምስስ፡ ኵሉ፡ A. [34] ውስተ፡ A. [35] ወእንስሳ፡ ወ A. Observe that בהמה is expanded into እንስሳ፡ and አራዊት፡ [36] አዕዋፍ፡ B. [37] A B omit, but Gen. vi. 14 supports C D. [38] ይድኅን፡ እማየ፡ A. [39] Emended from ክልኤ፡ A; ክልኤቱ፡ B. [40] ኢዮቤልዉ፡ (ኢዮቤሌው፡ A) ዓመታት፡ A B. [41] ብዙኅ፡ A.

ወርኀ፤[1] እስከ፡ ሰዐተ፡ ዐሠርቱ፡ ወሰዱሱ፡ ወ[2]ቦኡ፡ ውስቴቱ፡ ወዙሉ፡ ዘአብአ፡ ሎቱ፡[3] ውስተ፡ ታቦት፡
ወዐጸዎ፡ እግዚአብሔር፡ እንተ፡[3] አፍአሁ፡[4] በዐሠሩ፡ ወሰቡዑ፡ ምሴተ። ወአርኀወ፡ እግዚአብሔር፡ 24
ሰብዐተ፡ መንባሕብሒተ፡[5] ሰማይ፡[6] ወአፈወ፡[7] አንቅዕተ፡ ቀላይ፡ ዐቢይ፡[8] *በሰብዑ፡ አፈው፡[8]
በ*ኍልቍ።[9] ወአኅዙ፡ መንባሕብሓት፡[10] ያውርዱ፡ ማየ፡ እምሰማይ፡ ፵መዋዕለ፡ ወ፵ለያልየ፡ 25
ወአንቅዕት፡ ቀላይኒ፡ ያዐርጉ፡ ማያተ፡ እስከ፡ ሶበ፡ መልአ፡ *ዙሉ፡ ዓለም፡[11] ማየ። ወልህቀ፡ ማያት፡ 26
ዲበ፡ ምድር፡ *ዐሠርተ፡ ወኃምስተ፡[12] በእመት፡ *ተለዐለ፡ ማያት፡ ዲበ፡ ዙሉ፡ ደብር፡ ነዋኅ፡[13]
ወተለዐለት፡ ታቦት፡ እምዲበ፡[14] ምድር፡ ወታንሶሱ፡ ዲበ፡ ገጸ፡ ማያት። ወሀሎ፡ ማያትኒ፡ ይቀውም፡[15] 27
ዲበ፡ ገጸ፡[16] ምድር፡ ኃምስተ፡[17] አውራኀ፡ *ምእተ፡ ወኃምሳ፡[18] ዕለተ። ወሖረት፡ ታቦት፡ ወአዕረፈት፡ 28
*ዲበ፡ ርእሰ፡ ሉባር፡ አሐዱ፡[19] እምአድባረ፡ አራራት። ወበወርኀ፡ ራብዕ፡ ተፈጸመ፡ አንቅዕተ፡ 29
ቀላይ፡ ዐቢይ፡ ወመንባሕብሒት፡[5] ሰማይ፡[20] ተአኅዘ፡ ወበሠርቀ፡ *ወርኀ፡ ሳብዕ፡[21] ተርኀወ፡ ኵሉ፡[22]
አፈወ፡ መዓምቅተ፡ ምድር፡ ወ*አኀዘ፡ ማያት፡ ይረድ፡ ውስተ፡ ቀላይ፡ ታሕቲት።[23] ወበ*ሠርቀ፡[3] 30
ወርኀ፡ ዓሥር፡ አስተርአየ፡ አርእስተ፡[24] አድባር፡ ወበሠርቀ፡ ለ*ወርኀ፡[3] ቀዳሚ፡ *አስተርአየት፡
ምድር።[25] ወነጽፈ፡ ማያት፡ እመልዕልተ፡ ምድር፡ በሱባዔ፡ ኃምስ፡ በሳብዕ፡ ዓመቱ፡ ሎቱ፡ 31
ወአመ፡ *ዐሡሩ፡ ወሰቡዑ፡ ዕለት፡[26] በካልእ፡ ወርኅ፡ የብሰት፡ ምድር። ወአመ፡ *ዕሥራ፡ ወሰቡዑ፡[27] 32
ሎቱ፡ አርኀዋ፡ ለታቦት፡ ወፈነወ፡[28] እምውስቴታ፡ አራዊተ፡ ወእንስሳ፡[29] ወአዕዋፈ፡ ወዘይትሐወስ።

---

[1] A omits. For ወርኀ፡ B reads ውርኁ፡ [2] B omits. [3] A omits. [4] አፍአሆ፡ B. So also LXX Gen. vii. 16 *ἔξωθεν αὐτοῦ* and Vulg. *deforis* render בַּעֲדוֹ. [5] መንበሓብሕት፡ B. [6] ማይ፡ A. [7] ወአርኀው፡ A. [8] ሰብዓ፡ አፈወ፡ A. [9] ኆልቍ፡ A B. [10] መንበሓብሕት፡ B. [11] ዙሉ፡ ዓለመ፡ A. [12] ፲ወ፭ A. [13] ዲበ፡ ዙሉ፡ አድባር፡ ወአውግር፡ ነዋኃት፡ ተላዐለ፡ ማይ፡ A. I have followed B save that for ተላዓለ፡ I have given ተለዐለ፡ [14] So Gen. vii. 17 מֵעַל. A reads እም; C D ዲበ፡ LXX *ἀπό*. [15] ይቀውሙ፡ A. LXX incorrectly gives *ὑψώθη* for יִגְבְּרוּ Gen. vii. 24. [16] Gen. vii. 24 omits. [17] ፭ A. [18] ፻ወ፶ A. [19] ውስተ፡ አድባረ፡ ወዲበ፡ ርእሱ፡ ለአሐዱ፡ ደብር፡ A. [20] ሰማይ፡፡ B. [21] A trans. [22] ዙሉ፡ A. [23] አርኀወ፡ እግዚአብሔር፡ ዙሉ፡ አንቅዕተ፡ መዓምቅተ፡ ምድር፡ ምስሉ፡ ቀላያት፡ ታሕቲት፡ A, against B C D, which I have followed. [24] አርእስቲሆሙ፡ ለ A. [25] አስተርአየ፡ የብስ፡ A. [26] ፳ወ፯ ዕለተ፡ A. [27] ፳ወ፯ A. With this date and the preceding Rönsch cf. LXX Zittav. Complut. *ἐν τῷ δευτέρῳ μηνὶ ἑπτὰ καὶ δεκάτῃ ἡμέρᾳ ἐξηράνθη ἡ γῆ καὶ ἑβδόμῃ καὶ εἰκάδι τοῦ μηνὸς ἀνέῳξε τὴν κιβωτόν.* Gen. viii. 14 Mass., LXX, and Vulg. give 'In the second month on the seven and twentieth day of the month was the earth dry.' [28] A adds ሎቱ፡ [29] A B C omit, but it is possibly original; cf. LXX Gen. viii. 19 *πάντα τὰ θηρία καὶ πάντα τὰ κτήνη καὶ πᾶν πετεινὸν καὶ πᾶν ἑρπετὸν κινούμενον*; Syr. ܘܟܠܗ̇ ܚܝܘܬܐ ܘܟܠܗ̇ ܒܥܝܪܐ ܘܟܠܗ̇ ܦܪܚܬܐ ܘܟܠ ܪܚܫܐ. Hence Mass. text is corrupt, and for כָּל־הַחַיָּה כָּל־הָרֶמֶשׂ וְכָל־הָעוֹף כֹּל רוֹמֵשׂ we should read with A B C כָּל־הַחַיָּה וְכָל־הָעוֹף וְכָל־הָרֶמֶשׂ הָרוֹמֵשׂ. D, Syr., and LXX add הַבְּהֵמָה after הַחַיָּה. In MSS. D E of LXX text is harmonized with Mass. Sam. (= omnes bestiae et omnia volatilia et omnia reptilia repentia) supports our correction of Mass. So likewise do the Vulgate and Arabic.

VI ወ¹አመ፡ ሠርቀ፡¹ ለወርኅ፡ ሣልስ፡ ወፅአ፡ እምነ፡ ታቦት፡ ወሐነጸ፡ ምሥዋዐ፡ ውስተ፡ *ውእቱ፡
2 ደብር፡፡² ወ*አስተስረየ፡⁴ ዲበ፡ ምድር፡ ወነሥአ፡ *መሐስአ፡ ጠሊ፡⁵ ወአስተስረየ፡ በደሙ፡⁶ በእንተ፡
ኵሉ፡ አበሳ፡ ምድር፡ እስመ፡ ተደምሰሰ፡ ኵሉ፡ ዘሀሎ፡ ውስቴታ፡ ዘእንበለ፡ እለ፡ ሀለዉ፡ ውስተ፡
3 ታቦት፡⁷ *ምስለ፡ ኖኅ፡፡⁸ ወአዕረገ፡ *ሥብሖ፡ ዲበ፡⁹ ምሥዋዕ፡ ወነሥአ፡ ላህመ፡ ወበሐኰ፡ ወበግዐ፡
ወ*አጣሌ፡¹⁰ ወጼዉ፡ ወ*መንጢጠ፡¹¹ ወ*እጕሌ፡ ርግብ፡¹² ወአዕረገ፡ ጽንሖሖ፡ ውስተ፡¹³ ምሥዋዕ፡¹⁴
ወ*ሦጠ፡¹⁵ ላዕሌሆን፡ መሥዋዕተ፡ ልውሰ፡ በቅብዕ፡ ወነዝኀ፡ ወይነ፡¹⁶ ወወደየ፡ ላዕለ፡ ኵሉ፡ ስኂነ
4 ወአዕረገ፡ መዐዛ፡ ሠናየ፡ ዘ*ያሠምር፡¹⁷ ቅድመ፡ እግዚአብሔር፡፡ *ወአጼነዎ፡ እግዚአብሔር፡¹⁸
መዐዛ፡ ሠናየ፡¹⁹ ወተካየደ፡ ምስሌሁ፡ ኪዳነ፡ ከመ፡ ኢይኩን፡ ማየ፡ አይኅ፡ ዘያማስን፡ ምድረ፡²⁰
ኵሎ፡ መዋዕለ፡ ምድር፡ ዘርእ፡²⁰ ወማእረር፡²⁰ *ኢይትኀደግ፡²¹ ደይክ፡ ወ²²መርቄ፡ ወ²²*ሐ
ጋይ፡²⁰ ወክረምት፡²⁰ ወ**መዓልት፡²⁰ ወሌሊት፡²⁰ ኢይወልጡ፡ ሥርዐቶሙ፡ ወኢ*ይትኀጐጉ፡²³
5 ለዓለም፡፡ ወአንትሙ*ኒ፡²⁴ ለሀቁ፡ ወተባዝኁ፡ *ውስተ፡ ምድር፡²⁴ ወብዝኁ፡²⁵ ላዕሌሃ፡ *ወኩኑ፡
ለበረከት፡²⁶ ላዕሌሃ፡²⁷ ፍርሀትክሙ፡ ወ*ረዓድ²⁸ክሙ፡ እሁብ፡ ዲበ፡ ኵሉ፡ ዘውስተ፡ ምድር፡
6 ወዘውስተ፡ ባሕር፡፡ ወናሁ፡ ወሀብኩክሙ፡ ኵሎ፡ አራዊተ፡ ወኵሎ፡²⁹ ዘይሰርር፡²⁹ ወኵሎ፡
ዘይትሐወስ፡ ውስተ፡ ምድር፡ ወውስተ፡ ማያት፡ ዓሣት፡ ወ*ኵሎ፡³⁰ ለሲሲት፡ *ከመ፡ ሐምለ፡
7 ሣዕር፡³¹ ወሀብኩክሙ፡ ኵሎ፡ ትብልዑ፡፡³² ወባሕቱ፡ ሥጋ፡ ዘምስለ፡ *መንፈሱ፡ ምስለ፡³⁴ ደም፡³³
ኢትብልዑ፡ እስመ፡ ነፍስ፡³³ ኵሉ፡ ዘሥጋ፡ ውስተ፡ ደም፡ ውእቱ፡ ከመ፡ ኢይትኀሠሥ፡ ደምክሙ፡
ውስተ፡³⁵ ነፍሳቲክሙ፡፡ እም³⁶ውስተ፡ እደ፡³⁷ ኵሉ፡³⁸ ሰብእ፡ እም*እደ፡³⁷ ኵሉ፡³⁹ አትኀሥሥ፡⁴⁰
8 ለደም፡ ሰብእ፡፡ ዘ*ይከዑ፡⁴¹ ደመ፡ ሰብእ፡ በሰብእ፡⁴² ደሙ፡ ይትከዐው፡ እስመ፡ በ⁴³መልክዐ፡

---

¹ C D omit. ² ፀሠፋ፡ A. From present text LXX Zittav. Complut. has drawn ἐν μιᾷ τοῦ μηνὸς τοῦ τρίτου (Rönsch). ³ ዝንቱ፡ ምድር፡ A. ⁴ አስተርአየ፡ A C D. ⁵ A trans. ⁶ B omits. ⁷ ታቦት፡ A. ⁸ A trans. before ውስተ፡ ⁹ ደመ፡ ምሥዋዕ፡ A. ¹⁰ ጠሊ፡ A. ¹¹ መንጢጠ፡ A. ¹² እጓለ፡ ርግብ፡ A. ¹³ ዲበ፡ B. ¹⁴ ምድር፡ ወይሠውዕ፡ መሥዋዕተ፡ A. ¹⁵ ይሠውጥ፡ A B; ይሰውጥ፡ C. ¹⁶ ደመ፡ A; ደመ፡ ወወይነ፡ C. ¹⁷ Emended from ይሠምር፡ ¹⁸ A omits. ¹⁹ ሠናይ፡ A. ²⁰ A B put in acc. ²¹ ወኢይትኀደግ፡ A; ኢይገኅግ፡ D. ²² A B omit. ²³ ይኀዝጉ፡ B; ያኀዝጉ፡ C; ይኀትጉ፡ D. ²⁴ D omits. ²⁵ ወእዝዙ፡ A; Gen. ix. 1 וּמִלְאוּ. ²⁶ This implies וּבָרְכוּ, possibly a corruption of וּרְדוּ, the text implied by καὶ κατακυριεύσατε of LXX Gen. ix. 7 (so also Ver. Sam.) or of ודרכו implied by Vulg. *et ingredimini* (so Arabic). At any rate Mass. and Sam. ורבו are wrong. ²⁷ Emended from ማእከለ፡ ²⁸ ረዐደ፡ A. ²⁹ A adds እንስሳ፡ C D እንስሳ፡ ወኵሎ፡ against Gen. ix. 2. ³⁰ ኵሉ፡ A. ³¹ በከመ፡ ሐምለ፡ ምድር፡ ማዕረረ፡ A. ³² Gen. ix. 3 omits. ³³ Text agrees closely with Gen. ix. 4 בְּנַפְשׁוֹ דָמוֹ, against LXX ἐν αἵματι ψυχῆς. ³⁴ መንፈሱ፡ A. ³⁵ በውስተ፡ A. This is a misleading rendering of לְ in לְנַפְשֹׁתֵיכֶם; hence we should read ለነፍሳቲክሙ ³⁶ ወእም A. ³⁷ ደመ፡ A. ³⁸ Gen. ix. 5 omits. ³⁹ Gen. ix. 5 אִישׁ אָחִיו; LXX less close to Mass. ἐκ χειρὸς ἀνθρώπου ἀδελφοῦ. ⁴⁰ ይትኀሠሥ፡ A; እኀሥሥ፡ B. ⁴¹ ይትከዐው፡ A. ⁴² LXX Gen. ix. 6 ἀντὶ τοῦ αἵματος αὐτοῦ through confusing באדם and בדם; text agrees with Mass.

እግዚአብሔር፡ ገብረ፡ ለአዳም፡፡ ወአንትሙሰ፡ ለህቁ፡ ወ*ብዝኁ፡ ዲበ፡[1] ምድር፡፡ ወመሐለ፡ 9, 10
ኖኅ፡ ወ*ደቂቁ፡[2] ከመ፡ ኢይብልዑ፡ ዙሉ፡[3] ደመ፡ ዘበ[4]ዙሉ፡ ሥጋ፡[5] ወተካየዱ፡ ኪዳነ፡ ቅድመ፡[6]
እግዚአብሔር፡ እምላክ፡ ለ[7]ዓለም፡ በዙሉ፡ ትውልደ፡ ምድር፡ በዝንቱ፡ ወርኅ፡፡ በእንተ፡ ዝንቱ፡ 11
ተናገረከ፡ ትትካየድ፡ ኪዳነ፡ አንተኒ፡[8] ምስሌ፡ ደቂቀ፡ እስራኤል፡ በዝ፡ ወርኅ፡ በዲበ፡ ደብር፡[9] ምስሌ፡
ማሕላ፡[10] ወ*ትነዝኅ፡[11] ላዕሌሆሙ፡ ደመ፡[8] በእንተ፡ ዙሉ፡ ነገረ፡ ኪዳን፡ ዘ*ተካየደ፡[12] *እግዚአብሔር፡
ምስሌሆሙ፡[13] ለዙሉ፡ መዋዕል፡፡ ወ*ጽሕፍት፡[14] ዛቲ፡ ስምዕ፡ ላዕሌክሙ፡ ከመ፡ ትዕቀብዋ፡ 12
ዙሉ፡ መዋዕሊ፡ ከመ፡ ኢትብልዑ፡ በዙሉ፡ መዋዕል፡ ዙሉ፡ ደመ፡ አራዊት፡ ወአዕዋፍ፡ ወእንስሳ፡[15]
በዙሉ፡[16] መዋዕሊ፡ ምድር፡ ወሰብእ፡ ዘ*በልዐ፡ ደመ፡ አርዌ፡[17] ወዘእንስሳ፡ ወዘአዕዋፍ፡ በዙሉ፡
መዋዕሊ፡ ምድር፡ ይሰረ፡[18] ውእቱ፡ ወዘርኡ፡ እምድር፡፡ ወአንተ፡ አዝዞሙ፡ ለደቂቀ፡ እስራኤል፡ 13
ኢይብልዑ፡ *ዙሉ፡ ደመ፡ ከመ፡[19] የሀሉ፡ ስሞሙ፡ ወዘርአሙ፡ ቅድመ፡ እግዚአብሔር፡ አምላክነ፡
ዙሉ፡ መዋዕሊ፡፡ ወአልቦ፡ ለዝ፡ ሕግ፡ ዐቅመ፡ መዋዕል፡ እስመ፡ ለዓለም፡ ውእቱ፡ ይዕቀብዎ፡ 14
ለትውልዶሙ፡[20] ከመ፡ ይኩኑ፡[21] እንዘ፡ ይትመሀለሉ፡ *በእንቲአከሙ፡ በደም፡[22] በቅድመ፡ ምሥዋዕ፡
በዙሉ፡ ዕለት፡ ወ*ሰዓት፡[23] ነግህ፡ ወ*ሰርክ፡[24] ያስተሰርዩ፡ በእንቲአሁ፡[25] ውትረ፡[26] ቅድመ፡
እግዚአብሔር፡ ከመ፡ ይዕቀብዎ፡ ወኢ*ይሥረዉ፡፡[27] ወወሀቦ፡ ለኖኅ፡ ወለ*ደቂቁ፡[28] ትእምርተ፡[29] 15
ከመ፡ ኢ*ይኩን፡[30] ዳግመ፡ አይኅ፡[31] ዲበ፡ ምድር፡፡ ቀስተ፡ ወሀበ፡[32] ውስተ፡ ደመና፡ ለትእምርተ፡ 16
ኪዳን፡[33] ዘ[33]ለዓለም፡ ከመ፡ ኢይኩን፡ እንከ፡ ማየ፡ አይኅ፡ ዲበ፡ ምድር፡ ለአማስኖታ፡ ዙሉ፡ መዋዕሊ፡[34]
ምድር፡፡ በእንተዝ፡ **ተሠርዐ፡ ወ*ተጽሕፈ፡ ውስተ፡ ጽላተ፡ ሰማይ፡ ከመ፡ ይኩኑ፡ ገበርተ፡ በዓል፡ 17
ዘ*ሱባዔ፡[35] በዝ፡[36] ወርኅ፡ ምዕረ፡ ለዓመት፡ ለሐዲስ፡ ኪዳን፡ በ[37]ዙሉ፡ ዓም፡ ወ[37]ዓመት፡፡ ወ[38]ኮነት፡ 18
ዙላ፡ *ዛቲ፡ በዓል፡[39] እንዘ፡ ትትገበር፡ በሰማይ፡ እምዕለተ፡ ፍጥረት፡ እስከ፡ መዋዕለ፡ ኖኅ፡
*ዕሥራ፡ ወስድስተ፡ ኢዮቤልዉ፡[40] ወሱባዔ፡ ዓመት፡ ኃምስተ፡[41] ወዐቀብዋ፡ ኖኅ፡ ወ*ደቂቁ፡ ሰብዓተ፡
ኢዮቤልዉ፡[42] ወሱባዔ፡ ዓመታት፡[43] አሐተ፡* እስከ፡ አመ፡* ዕለተ፡ ሞቱ፡[44] ለኖኅ፡ ወ*እምዕለተ፡

---

[1] ተባዝኁ፡ ወምልእዋ፡ ለ A. Here A has drawn ወምልእዋ፡ ለ from Eth. Vers. of Gen. ix. 7, and agrees with LXX καὶ πληρώσατε τὴν γῆν against Mass. [2] ደቂ፡ A. [3] ዙሉ፡ A; B omits. [4] ዘባቱ፡ A. [5] ዘሥጋ፡ B. [6] B adds እግዚእ፡ [7] ዘለ A. [8] A omits. [9] ምድር፡ A. [10] ማሓላ፡ B. [11] ትበዝኅ፡ B. [12] ይትካየድ፡ B D. [13] A trans. [14] ጽሕፈት፡ A. [15] A B omit. [16] ዙሉ፡ B. [17] ይበልዐ፡ ደመ፡ ሰብእ፡ ወአራዊት፡ A. [18] ይሠር፡ B. [19] ዙሉ፡ ደም፡ A. [20] ለትውልድ፡ B. [21] B omits. [22] በእንቲአሆሙ፡ ለደም፡ በእንተዝ፡ ለደም፡ A. [23] Em. from ሰዓት፡ ወ B; በዕለት፡ A; ዕለት፡ C D. We ought perhaps to read በዓል፡ [24] ሰርከ፡ A. [25] በእንቲአሆሙ፡ B C; በእንቲአክሙ፡ D. [26] A trans. after እግዚአብሔር፡ [27] ይሰጠዉ፡ A. [28] ደቂ፡ A. [29] ትድምርት፡ A. [30] ይከውን፡ A. [31] በዙሉ፡ መዋዕል፡ አይኅ፡ በ A; አይኅ፡ ዳግመ፡ B. [32] ወሀቦ፡ A. [33] ኪዳ፡ A. [34] A adds ዲበ፡ [35] ሱብዔያት፡ B. [36] በዘ A. [37] ለ A. [38] ወዙሉ፡ A. [39] ይእቲ፡ በዓለ፡ A. [40] ፳ወ፮ ኢዮቤሌዎን፡ A. [41] ፮ A. [42] ደቂቁ፡ ፯ ኢዮቤሌው፡ A. [43] ዓመት፡ A; ዓመታት፡ B. [44] A illegible.

ሞቱ፡ ለኖኅ፡[1] አማሰኑ፡[2] ውሉዱ፡[3] እስከ፡ አመ፡[4] መዋዕሊሁ፡ ለአብርሃም፡ *ወይበልዑ ደመ፡፡[4]
19 ወ*አብርሃም፡[4] ባሕቲቱ፡[5] ዐቀበ፡ ወ[6]ይስሐቅ፡ ወያዕቆብ፡ ወ[6]ውሉዱ፡ ዐቀብዋ፡ እስከ፡ መዋዕሊከ፡
ወበመዋዕሊከ፡ ረስዕዋ፡ ውሉደ፡[7] እስራኤል፡ እስከ፡[4] አመ፡ *ኀደስክዎሙ፡[8] በዝንቱ፡ ደብር፡፡
20 ወአንተሂ፡ አዝዞሙ፡ ለ*ደቂቀ፡[9] እስራኤል፡ ይዕቀብዋ፡[10] ለዛቲ፡ በዓል፡ በኵሉ፡ ትውልዶሙ፡
21 ለትእዛዝ፡ ሎሙ፡ ዕለተ፡[11] አሐተ፡ ለዓመት፡[12] በዝ፡[13] ወርኅ፡ ይግበሩ፡ በዓለ፡ ባቲ፡፡ እስመ፡ በዓለ፡
ሱባዔያት፡ *ይእቲ፡ ወበዓለ፡[4] *ቀዳሚ፡ ፍሬ፡[14] ይእቲ፡ ክልኤ፡[4] ዕጽፍት፡[15] ይእቲ፡ ወለክልኤ፡
22 ዘመድ፡[16] ዛቲ፡ *በዓል፡ በከመ፡[17] ጽሑፍ፡ ወ*ቍሩጽ፡[18] በእንቲአሃ፡ ግብራ፡፡ እስመ፡ ጸሐፍኩ፡
ውስተ፡ መጽሐፈ፡ ሕግ፡ ዘ[19]ቀዳሚ፡ ውስተ፡ ዘጸሐፍኩ፡ ለከ፡ ትግበራ፡ በበጊዜሃ፡ ዕለተ፡[20] አሐተ፡
ለ[21]ዓመት፡ ወቍርባኒሃ፡ ነገርኩከ፡ ከመ፡ ይኩኑ፡ ዝኩራነ፡ ወይግበርዋ፡ ደቂቀ፡ እስራኤል፡ ውስተ፡
23 ትውልዶሙ፡ በዝ፡ ወርኅ፡ ዕለተ፡ አሐተ፡ ለለ*አሐዱ፡[22] ዓመት፡፡ *ወበሠርቀ፡ ወርኅ፡ ቀዳሚ፡[4]
ወበሠርቀ፡ ወርኅ፡ ራብዕ፡ ወበሠርቀ፡ ወርኅ፡ ሳብዕ፡ ወበሠርቀ፡ ወርኅ፡ ዓሥር፡ ዕለታት፡ ተዝካር፡
እማንቱ፡ ወዕለታተ፡ ጊዜ፡ እማንቱ፡ ውስተ፡ *አርባዕቱ፡ መክፈልት፡[23] ዓመት፡ ጽሑፋት፡[24] እማንቱ፡
24 ወ*ሥሩዓት፡[25] ለ*ስምዕ፡ ለ[26]ዓለም፡፡[27] ወኖኅ፡ ሠርዖን፡[28] ሎቱ፡ ለበዓላት፡ ለትውልድ፡ ዘለዓለም፡
25 እስከ፡[29] ኮነ፡ *ሎቱ፡ ቦቱን፡ ተዝካረ፡፡[30] ወ[6]በሠርቀ፡ ወርኅ፡ ቀዳሚ፡ ተብህለ፡ ሎቱ፡ ይግበር፡ ታቦተ፡
26 ወባቲ፡ የብሰት፡ ምድር፡ ወአርኀወ፡ ወርአየ፡ ምድረ፡፡[4] ወበሠርቀ፡ ወርኅ፡ ራብዕ፡[31] ተፈጸመ፡
አፈ፡ መዓምቅቲሃ፡[32] ለቀላይ፡[33] ታሕቲት፡፡ *ወበሠርቀ፡ ወርኅ፡ ሳብዕ፡ ተርኅወ፡ ኵሉ፡ አፈ፡
27 መዓምቅተ፡ ምድር፡[34] ወአኀዘ፡ *ማያት፡ ይረድ፡[35] ውስቴቱ፡፡ ወበሠርቀ፡ ወርኅ፡ ዓሥር፡
28 አስተርአዩ፡ *አርእስተ፡[36] አድባር፡ ወተፈሥሐ፡ ኖኅ፡፡ ወ[37]በእንተዝ፡ ሠርዖን፡ ኪያሆን፡ ሎቱ፡
29 ለበዓላት፡ ለ[38]ተዝካር፡ *እስከ፡[39] ለዓለም፡ ወከመዝ፡ *እማንቱ፡ ሥሩዓት፡፡[40] ወያዐርግዎን፡ ውስተ፡
ጽላት፡ ሰማይ፡ ዓሥሩ፡ ወሠላስ፡ ሰንበታት፡[41] *አሐቲ፡ አሐቲ፡[42] እምኔሆን፡ እምዛቲ፡ ውስተ፡
ዛቲ፡ ተዝካርን፡ እምቀዳሚት፡ እስከ፡ ካልእት፡ ወእምካልእት፡ እስከ፡ ሣልስት፡ ወእምሣልስት፡

---

[1] A C D omit. [2] A adds እንከ፡ [3] A adds ወደቂቁ፡ [4] A omits. [5] ባሕቲቱ፡ A D. [6] B omits. [7] ደቂቅከ፡ A. [8] ኀደስክምዎ፡ A. [9] ውሉደ፡ B. [10] ወይዕቀብዋ፡ A B. [11] A omits. [12] Emended from ዓመት፡ A; በዓመት፡ B C D. See note 21 below. [13] ለዝ፡ B. [14] ወቀዳሚ፡ ፍሬ፡ A. [15] ዕፀፈት፡ B. [16] ዘመን፡ A. [17] በዓለም፡ ከመ፡ A. [18] ቍፁር፡ A. [19] በ B. [20] D omits. [21] በ C D. [22] አሐቲ፡ A. [23] ፬ መክፈልታት፡ B. [24] ጽሑፋት፡ A. [25] ሥሩዓት፡ A. [26] ስምዕ፡ A B C. [27] ዓመት፡ C. [28] ወሠርዖን፡ B. [29] እስከ፡ አመ፡ B; እስመ፡ C D. [30] ተዝካሩ፡ ሎቱ፡ A. [31] ራብዕት፡ A. [32] መዓምቅት፡ A. [33] A C omit. [34] A B omit, but wrongly, for text requires some such words. Cf. Enoch lxxxix. 7, 8, መዓምቃት፡ ካልኣት፡ ተፈትሑ፡፡ ወአኀዘ፡ ማይ፡ ይረድ፡ ውስቴቶሙ፡ For አፈ፡ መዓ"፡ ምድር፡ C reads አፈው፡ መማዕምቅቲሃ፡ ለቀላይ፡ [35] ይረድ፡ ማይ፡ A. [36] አርእስቲሆሙ፡ ለ A. [37] A B omit. [38] ወለ B. [39] ዘ A. [40] A trans. [41] ሰንበታት፡ A. [42] አሐተ፡ B D; አሐቲ፡ C.

እስከ፡ ራብዕት፡፡ ወይከውና፡ ኵሎን፡ መዋዕል፡ ዘ[1]ትእዛዛት፡ *ኀምሳ፡ ወክልኤ፡[2] *ሰንበታት፡ 30
መዋዕል፡[3] ወ*ኵሎን[4] *ዓመት፡ ፍጹም፡፡[5] ከመዝ፡ *ትቀርጾ፡ ወትሠርዕ፡[6] ውስተ፡ ጽላተ፡ 31
ሰማይ፡ ወአልቦ፡ ተዐድዎ፡ አሐተ፡ ዓመተ፡ *ወዓመ፡ እምዓም፡፡[7] ወአንተኒ፡ እዝዞሙ፡ ለደቂቀ፡ 32
እስራኤል፡ ይዕቀቡ፡[8] ዓመታተ፡ በዝ፡ ኍልቍ፡ *ሠለስተ፡ ምእት፡ ወስሳ፡ ወረቡዕ፡[9] መዋዕለ፡
ወ[10]*ይከውን፡[11] *ፍጹመ፡ ዓመተ፡[12] ወኢ*ያማስን፡[13] ጊዜሁ፡ እመዋዕሊሁ፡ ወ[14]እምበዓላቲሁ፡
እስመ፡ ኵሉ፡ ይበጽሕ፡ ቦሙ፡[14] በከመ፡ ስምዖሙ፡ ወኢ*የኅልፉ፡[15] ዕለተ፡ ወኢያማስኑ፡ በዓለ፡፡
ወለእመ፡ ተዐደዉ፡ ወኢገብርዎ*ን፡[14] በከመ፡ *ትእዛዙ፡ ሎቱ፡[16] እማንቱ፡[17] *ኵሎሙ፡ ያማስኑ፡[17] 33
ጊዜያቲሆሙ፡ ወዓመታተ*ሂ፡[18] ይትሐወሱ፡[19] እም[20]ውስተዝ፡ [ወጊዜያቲሆሙ፡ ያማስኑ፡[21] ወዓመታቲሆሙ፡
*ይትሐወሱ፡] ወ[22]ይትዐደዉ፡ ሥርዐቶሙ፡፡ ወኵሎሙ፡ ውሉደ፡ እስራኤል፡ ይረስዑ፡ ወኢይረክቡ፡ 34
ፍኖተ፡ ዓመታት፡ ወ*ይረስዑ፡[23] ሠርቀ፡ ወጊዜ፡ ወሰንበተ፡ ወ*ኵሉ፡[24] ሥርዐተ፡ ዘዓመታት፡ ይጌግዩ፡፡[25]
እስመ፡ አአምር፡ አነ፡ ወ*እም[10]ይእዜ፡ አነ፡[14] አየድዐከ፡[26] ወአኮ፡ እም[27]ልብየ፡ እስመ፡[28] መጽሐፍ፡ 35
ጽሑፍ፡[29] በቅድሜየ፡ ወተሠርዐ፡ ውስተ፡ ጽላተ፡ ሰማይ፡ ኩፋሌ*ሁ፡[14] ለመዋዕል፡ ከመ፡ ኢይርስዑ፡
በዓላተ፡ ኪዳን፡[30] ወየሐውሩ፡ በበዓላተ፡ አሕዛብ፡ ድኅረ፡ ስሕተቶሙ፡ ወድኅረ፡ አያእምሮቶሙ፡፡
ወይከውኑ፡ እለ፡ ያስተሐይጹ፡ ወርኀ፡[31] በሑያጼ፡[32] እስመ፡ ታማስን፡[33] ይእቲ፡ ጊዜያተ፡[34] 36
ወ*ትቀድም፡[35] እምዓመታት፡ ለ*ዓመት፡[36] ዐሡረ፡ ዕለተ፡፡ በእንተዝ፡ ይመጽእ፡ ዓመታት፡ ሎሙ፡ 37
እንዘ፡ ያማስኑ፡ ወይገብሩ፡ *ዕለተ፡ ስምዕ፡[37] ምንንተ፡ ወዕለተ፡ ርኩስተ፡ በዓለ፡[14] ወ*ኵሉ፡[38]
ይደምሩ፡[39] መዋዕለ፡[40] ቅዱሳተ፡[41] ርኩሳተ፡[42] ወዕለተ፡[43] ርኩስተ፡ ለዕለት፡[44] ቅድስት፡[45] እስመ፡
ይስሕቱ፡ አውራኀ፡ ወ*ሰንበታተ፡[46] ወበዓላተ፡ ወ*ኢዮቤል፡፡[47] በእንተዝ፡ አነ፡ እኤዝዘከ፡ ወእሰምዕ፡ 38

---

[1] ለ A. [2] ፱ወ፪ A. [3] ሰንበታት፡ መዋዕሉ፡ A. [4] ኵሉ፡ B; ኵሎሙ፡ C D. [5] ዓመት፡ ፍጹመ፡ A B. Text most uncertain. [6] ተሠርዐ፡ ወተጽሕፈ፡ A; ተሐረጸ፡ ወተሠርዐ፡ D. [7] Emended from ወዐመ፡ ወዓመት፡ B; ለመ፡ ወዓመት፡ C; ወዓም፡ D; A omits. [8] ወይዕቀቡ፡ A. [9] So B, but that it reads ሠ″ ም″ in nom.; ፫፻ወ፷ወ፬ A. [10] B omits. [11] ይከውና፡ A. [12] A trans. [13] ይማስን፡ C; ያማስኑ፡ D. [14] A omits. [15] ያዐርፊ፡ A; ያኅርፉ፡ B; ያዐርፊ፡ D. I have followed C though it seems an emendation. [16] ትእዛዛተ፡ ሎሙ፡ A. [17] አሚሃ፡ A. [18] ፤ A. [19] ይትሐወሱ፡ A; ይትኃወሱ፡ B. [20] ዘእም″ A; ዝእም″ B. Perhaps we should take ይትሐወሱ፡ from ሐውሠ and reading ዘእምውስተዝ፡ with A, render 'will be in part confused.' Cf. Prov. xxix. 11, where ዘእምውስቴቱ፡ = κατὰ μέρος. [21] D omits. [22] A D omit. [23] ይረሰዑ፡ A. [24] ኵሉ፡ B. [25] ወይጌግዩ፡ A. [26] ኢያየድዕኩ፡ B. [27] ዘእም″ B. [28] C D add ከመዝ፡ [29] A adds ዘተጽሕፈ፡ [30] ኪዳኒ፡ C D. [31] D omits. [32] B C add ወርኀ፡ [33] ትማስን፡ A B. [34] ጊዜያተ፡ B. [35] ትቄድም፡ A. [36] ዓመታት፡ A. [37] ሰዱ፡ ስምዐ፡ A. [38] ኵሉ፡ B D. [39] ይደመር፡ A; ይደምር፡ B C. [40] ወመዋዕለ፡ B. [41] ቅዱሳት፡ A. [42] ርኩስ፡ A; ርኩስ፡ B. [43] ዕለተ፡ A; ወዕለተ፡ B. [44] ለዕለተ፡ A; ላዕለ፡ C; ዕለተ፡ D. [45] ቅድሳት፡ A C; ቅዱሳን፡ D. [46] ሰንበት፡ A. [47] ኢየቡሌው፡ A.

ሰኩ፡ ከመ፡ ታስምዖ፡ ሎሙ፡ እስመ፡ እምድኅረ፡ ሞትየ፡ ያማስኑ፡ ውሉደከ፡ ከመ፡ ኢይግበሩ፡[1]
ዓመተ፡ *ሠሉስተ፡ ምእተ፡ ወስሳ፡[2] ወረቡዐ፡[3] መዋዕለ፡[4] ባሕቲቶን፡ ወ[5]በእንተ*ዝ፡[6] ይስሕቱ
ሠርቀ፡[7] ወጊዜ፡ ወ*ሰንበተ፡[8] ወበዓላተ፡ ወይበልዑ፡ ኵሎ፡ ደመ፡ ምስለ፡ ኵሉ፡[9] ዘሥጋ፡፡
፯ ወበሱባኤ፡ ሳብዕ፡ በቀዳሚሁ፡ ዓመቱ፡[10] በዝ፡ ኢዮቤሌዉ፡ ተከለ፡ ኖኅ፡ ወይነ፡ ኀበ፡ ደብር፡ እንተ፡
ዲቤ*ሁ፡[11] አዕረፈት፡ ታቦት፡ ዘስሙ፡ ሉባር፡[12] እምአድባረ፡ አራራት፡ ወገብረ፡ ፍሬ፡ በራብዕ፡
2 ዓመት፡ ወዐቀበ፡ ፍሬሁ፡ ወቀሰሞ፡ በውእቱ፡ ዓመት፡ በወርኅ፡ ሳብዕ፡፡ ወገብረ፡ እም*ውስቴቱ፡[13]
ወይነ፡ ወወደዮ፡ ውስተ፡ ንዋይ፡[14] ወዐቀቦ፡ እስከ፡ ዓመት፡ ኃምስቱ፡[15] እስከ፡ ዕለት፡[16] ቀዳሚት፡[17]
3 በ[18]ሠርቀ፡ ወርኅ፡ ቀዳሚት፡፡[19] ወ[20]ገብረ፡ *ዕለተ፡ ዛቲ፡ በዓለ፡[21] በፍሥሓ፡ ወገብረ፡ ጽንሓሐ፡
ለእግዚአብሔር፡ ጣዕመ፡[22] እምእልህምት፡ አሐደ፡ ወበሐኰ፡ አሐደ፡ ወ*እባግዐ፡[23] ዘዘ፡ ዓመት፡
ሰብዐተ፡ ወ*መሐስአ፡[24] ጠሊ፡ አሐደ፡ ከመ፡ ያስተስሪ፡ *ቦቱ፡ ለ[25]ርእሱ፡ ወበእንተ፡ ውሉዱ፡፡
4 ወገብረ፡ ማሕስአ፡ ቅድመ፡[26] ወአንበረ፡ እምኔ፡ ደሙ፡ ዲበ፡ ሥጋ፡ ዘምሥዋዕ፡ ዘገብረ፡ *ወኵሎ፡
ሰብሖ፡[26] አዕረገ፡ ውስተ፡ ምሥዋዕ፡ ዘኀበ፡ ገብረ፡ ጽንሓሐ፡ ወላህመ፡ ወ*በሐኰ፡[27] ወ*እባግዐ፡[28]
5 ወአዕረገ፡ *ኵሎ፡ ምጋሆሙ፡[29] ዲበ፡ ምሥዋዕ፡፡ ወአንበረ፡[30] ኵሎ፡ መሥዋዕቶሙ፡ ልዉሰ፡ በቅብዕ፡
ላዕሌሆሙ፡[31] ወ*እምዝ፡[32] ነዝኀ፡ ወይነ፡ ውስተ፡ እሳት፡ ዘዲበ፡ ምሥዋዕ፡ *አንበረ፡ ወአቅደመ፡[33]
ስኂነ፡ ዲበ፡ ምሥዋዕ፡ ወአዕረገ፡[34] መዐዛ፡ ሠናየ፡[35] ዘ*ያሠምር፡[36] ቅድመ፡[37] እግዚአብሔር፡ አምላኩ፡፡
6, 7 ወተፈሥሐ፡ ወሰትየ፡ እም*ዝ፡[38] ወይነ፡ ውእቱ፡ ወውሉዱ፡ በፍሥሓ፡፡ ወኮነ፡ ምሴተ፡ ወቦአ፡
ውስተ፡ ሰቀላሁ፡ ወሰከበ፡ ስኩሩ፡[39] ወኖመ፡ *ወተከሥተ፡ በውስተ፡ ሰቀላሁ፡ እንዘ፡ ይነውም፡፡[40]
8, 9 ወርእየ፡ ካም፡ ለኖኅ፡ አቡሁ፡ ዕራቆ፡ ወወፅአ፡[41] ወነገረ፡ ለክልኤ፡ አኃዊሁ፡ በአፍአ፡፡ ወ*ነሥአ፡[42]
ሴም፡ ልብሶ፡[43] ወተንሥአ፡ ውእቱ፡ ወ*ያፌት፡[44] ወአንበሩ፡ ልብሰ፡ ዲበ፡ መታክፍቲሆሙ፡[45]
10 ወ*ገቢአሙ፡[46] ድኅሬተ፡ ከደኑ፡[47] *ኅፍረተ፡ አቡሆሙ፡[47] *ወገጾሙ፡ ድኅሬተ፡፡[48] ወነቅሀ፡[49]

---

[1] A B C omit ኢ and D reads ኢይገብሩ፡ [2] ፫፻ወ፷ A. [3] ወራብዐ፡ B. [4] A B omit. [5] B omits. [6] ዝንቱ፡ B. [7] ሠርቅ፡ B. [8] ሰናብተ፡ B. [9] A adds ደም፡ [10] B adds ሎቱ፡ [11] ሃ፡ A. [12] ሉቦር፡ A. [13] ውእቱ፡ B. [14] Corrupt in A. [15] ፭ A. [16] ዕለተ፡ C D. [17] ቀዳማዊት፡ A. [18] ወበ A; ዘ C D. [19] ቀዳሚ፡ A. [20] A omits. [21] በዓለ፡ ዛቲ፡ A; ዕለተ፡ ዛተ፡ C D. [22] ጠዐመ፡ B. [23] በግዐ፡ A. [24] ማሕስአ፡ A. [25] በእንተ፡ A. [26] B omits. [27] አብሐኰ፡ A. [28] በገዐ፡ B. [29] A trans. after ምሥዋዕ፡ [30] A adds ዲበ፡ ምሥዋዕ፡ [31] A omits; ላዕሌሆሙ፡ C. [32] Emended from እምዝ፡ B C D; እምድኅረዝ፡ A. [33] አንበረ፡ A; አቅደመ፡ ወአንበረ፡ C D. [34] ዐርገ፡ A. [35] ሠናይ፡ B D. [36] Emended from ይሠምር፡ B C add ወዐርገ፡ [37] A omits. [38] ውእቱ፡ A. [39] ስኩር፡ A; ሰከረ፡ C D. [40] ውስተ፡ ሰቀላሁ፡ እንዘ፡ ይነውም፡ ተከሢቶ፡ A. [41] Gen. ix. 22 Mass., Sam., and all versions omit, except LXX, which reads ἐξελθὼν ἀνήγγειλεν as text. [42] ነሥአ፡ B. [43] ልብሰ፡ B. [44] ኢያፌት፡ B. [45] Gen. ix. 23 Mass., Sam., Syr., LXX add שְׁנֵיהֶם, but Vulg. and Arabic omit with Jub. [46] Emended with Gen. ix. 23 from ገጾሙ፡ [47] Emended from ወከደኑ፡ B C D; A omits. [48] A D omit. [49] ነቂሆ፡ A.

ኖኅ፡ እምወይኑ፡[1] ወአእመረ፡ ኵሎ፡ ዘገብረ፡ ላዕሌሁ፡ ወልዱ፡ ዘይንእስ፡ ወረገሞ፡ ለወልዱ፡
ወይቤ፡ ርጉም፡ ከናአን፡ *ቅኑየ፡ ገብረ፡[2] ይኩን፡ ለአኃዊሁ፡ ወባረኮ፡ ለሴም፡ ወይቤ፡[3] 11
ይትባረክ፡ እግዚአብሔር፡ አምላኩ፡ ለሴም፡ ወይኩን፡ ከናአን፡ ገብሮ፡፡ ያስፍሖ፡[4] እግዚአብሔር፡[5] 12
ለያፌት፡ ወይኅድር፡ እግዚአብሔር፡[6] ውስተ፡ ማኅደሩ፡ ለሴም፡ ወይኩኑ፡ ከናአን፡ ገብሮ፡፡[7]
ወአእመረ፡ ካም፡[8] ከመ፡ ረገሞ፡ አቡሁ፡[9] ለወልዱ፡ ዘይንእስ፡ *ወሕሡመ፡ ኮነ፡ ሎቱ፡ እስመ፡ ረገሞ፡ 13
ለወልዱ፡[9] ወተፈልጠ፡ እምአቡሁ፡ ውእቱ፡ ወውሉዱ፡ ምስሌሁ፡ ኩስ፡[10] ወ*መስጠሬም፡[11]
ወ*ፉድ፡[12] ወከናአን፡፡ ወ*ሐነጸ፡[13] ሎቱ፡[14] ሀገረ፡ ወጸውዐ፡ ስማ፡[15] በስመ፡ ብእሲቱ፡ ኔኤላተማኡክ፡፡[16] 14
ወርእየ፡ ኢያፌት፡[17] ወቀንአ፡ ለእኁሁ፡ ወሐነጸ፡ ሎቱ፡[18] ውእቱኒ፡ ሀገረ፡ ወ*ሰመየ፡ ስማ፡[19] በስመ፡ 15
ብእሲቱ፡ አዳተኔሴስ፡፡[20] ወሴምሰ፡ ነበረ፡ ምስለ፡ አቡሁ፡ ኖኅ፡ ወሐነጸ፡ ሀገረ፡ በአደ፡ አቡሁ፡ ኀበ፡ 16
ደብር፡ ወጸውዐ፡ ስማ፡ ውእቱኒ፡ በስመ፡ ብእሲቱ፡ ሴዴቄቴልባብ፡፡[21] ወናሁ፡ አህጉር፡ እላንቱ፡ 17
*ሠለስ፡ ቅሩበ፡ ሉባር፡[22] ደብር፡[23] ሴዴቃቴልባብ፡[24] ቅድመ፡ ገጹ፡ ደብር፡ በጽባሒሁ፡ ወ*ነኤልተ
ማኡክ፡[25] ገጹ፡ ሰሜን፡[26] አደተኔሴስ፡[27] መንገለ፡ ባሕር፡፡ ወ*እሉ፡ ውሉደ፡ ሴም፡ ኤላም፡ ወአሱር፡ 18
ወአርፋክስድ፡ ዘንቱ፡ ተወልደ፡[28] ክልኤ፡ ዓም፡ እምድኅረ፡[29] አይኅ፡[30] *ወሉድ፡ ወአራም፡፡[31] ውሉደ፡ 19
ኢያፌት፡[32] ጎሜር፡[33] ወ*ማጎግ፡[34] ወማዳይ፡[35] ወ*ኢዩአያ፡ ተቤል፡[36] ወ[37]ምስክ፡[38] ወ*ቴራስ፡[39]

---

[1] Emended with Gen. ix. 24 מִיֵּינוֹ from እምንዋመ፡ [2] This implies עֶבֶד עֲבָד; so LXX Gen. ix. 25 παῖς οἰκέτης and Onk. עֲבֵד פָּלַח. Mass. reads עֶבֶד עֲבָדִים. [3] C D omit. [4] ወያስፍሖ፡ A C D, but Gen. ix. 27 supports B. [5] A adds ምድረ፡ [6] Gen. ix. 27 omits. [7] ገብሮሙ፡ A. [8] A omits. [9] A omits; B omits ኮነ፡ C omits ለወልዱ፡ [10] Gen. x. 6 כּוּשׁ Χούς. [11] ምስጠሬም፡ A; ምስጥሬም፡ C D; Gen. x. 6 מִצְרַיִם Μεσραΐν. [12] Gen. x. 6 פּוּט Φούδ. [13] ሐነጸ፡ A. [14] A adds ውእቱኒ፡ [15] ስሞ፡ B. [16] ኔኤላት፡ ማኡክ፡ C D; cf. Eutychius of Alex., Annales, p. 35, Nahlat; Syr. Frag. [illegible]; A omits ኔኤላተማኡክ፡ . . . . ሰመየ፡ ስማ፡ በስመ፡ ብእሲቱ፡ through homeoteleuton. [17] ያፌት፡ A C D. [18] A C D omit. [19] ጸውዐ፡ B. [20] አዴተኔሴስ፡ A; አዶታኔሴስ፡ C; አዳቴኔሴስ፡ D; Syr. Frag. [illegible]. [21] ሴዴቃቴል፡ ባብ፡ B; ሴዴቃቴልባብ፡ C; ስዴቃነባልባብ፡ D; Syr. Frag. [illegible]. [22] ሠለስቱ፡ ቅሩባ፡ ሉባር፡ A. [23] ደብረ፡ A B. [24] ሴዴቄቴ፡ ልባብ፡ A; ሴዴቃቴልባብ፡ C; ስዴቀቴባባብ፡ D. [25] ናት ኤል፡ ተማኡክ፡ A; ናኤልትማኡክ፡ D. [26] ሰሜኑ፡ B. [27] ወአዳታኔሴስ፡ C D. [28] Emended with Gen. xi. 10 (cf. x. 1) from ትወልደ፡ [29] I have transposed እምድኅረ፡ after ዓም፡ from before ክልኤ፡ with Gen. xi. 10. [30] ዘአይኅ፡ A B C D. [31] Emended with Gen. x. 22 from አራም፡ ወሊደ፡ B; አራም፡ ወሰደ፡ C; A D read defectively አራም፡ [32] ያፌድ፡ A; ኢያፌትን፡ B C; ያፌት፡ D. [33] ሖሜርን፡ A; ወጎሜርን፡ B C D. [34] ማጉጎን፡ A B; ማጎጎን፡ C D. [35] MSS. add ን. [36] Emended with Gen. x. 2 from ኢዮኢያቶቤል፡ A; ኢዩአያቶቤን፡ B; ኢዩአያ፡ ቶቤልን፡ C D. Before ቶቤል፡ LXX add Ἐλισά against Mass. and text. [37] B C D omit. [38] ስምስክን፡ A; ምስክን፡ B D; ምስክን፡ C; LXX Μοσόχ. [39] ቴራስን፡ A; ቲራስን፡ B; ቲራስን፡ C; ወቲራውስን፡ D; LXX Θίρας.

20 እሉ፡ ውሉደ፡ ኖኅ፡ ወ[1]በ*ዕሥራ፡ ወሰማንቱ፡[2] ኢዮቤልውሳት፡[3] አኀዘ፡[4] ኖኅ፡ የአዝዞ፡[5] ሥርዐተ፡
ወ*ትእዛዛተ፡[6] ለ*ውሉደ፡ ውሉዱ፡[7] ወኵሎ፡[8] ዘያእምር፡ ፍትሐ፡[9] ወአስምዐ፡ ላዕለ፡ ውሉዱ፡
ከመ፡ ይግበሩ፡ ጽድቀ፡ ወከመ፡ ይክድኑ፡ ኀፍረተ፡ ሥጋሆሙ፡ ወከመ፡ ይባርክዎ፡ ለዘፈጠሮሙ፡
ወያክብሩ፡ አበ፡ ወእመ፡ ወያፍቅሩ፡[10] አሐዱ፡ አሐዱ፡ ቢጾ፡[11] ወይዕቀቡ፡ ነፍሶሙ፡[12] እምዝሙት፡
21 ወርኵስ፡ ወእምኵሉ፡ ዐመፃ፡፡ እስመ፡ በእንተ፡ *ዝንቱ፡ ሠለስቱ፡[13] ኮነ፡ አይኅ፡ ላዕለ፡[14] ምድር፡
እስመ፡ በእንተ፡ ዝሙት፡ ዘዘመዉ፡ ትጉሃን፡[15] እምትእዛዘ፡ ሥልጣኖሙ፡ *ቢድኅሪ፡ አዋልደ፡
ሰብእ፡[16] ወነሥኡ፡ ሎሙ፡ አንስተ፡ እም*ኵሉ፡ እለ፡ ኀረዩ፡ ወ[17]ገብሩ፡ መቅድመ፡ ርኵስ፡፡
22 ወወለዱ፡ ውሉደ፡ ናፊሊም፡[18] ወኵሎሙ፡ ኢይትማሰሉ፡ ወይበልዑ፡ አሐዱ፡ አሐዱ፡ ካልኦ፡[19]
ወቀተሎ፡ ይርብሕ፡[20] ለናፊል፡ ወናፊል፡ ቀተሎ፡ ለ*ኤልዮ፡[21] ወኤልዮ፡[21] ለ[17]እጓለ፡ እመሕያው፡
23 ወሰብእ፡ ቢጾ፡፡ ወኵሉ፡ ተሠይጠ፡[22] ይገብር፡[23] ዐመፃ፡ ወከመ፡ ይክዐዉ፡[24] ደመ፡ ብዙኀ፡[25]
24 ወመልአት፡ ምድር፡ ዐመፃ፡፡ ወእምድኅረ፡ *አበሱ፡ ሎሙ፡ ለ[26]አራዊት፡ ወአዕዋፍ፡ ወ*ኵሉ፡[27]
ዘይትሐወስ፡[28] ወዘያንሶሱ፡[28] ዲበ፡ ምድር፡ ወተከዕወ፡ ደም፡ ብዙኅ፡ *ዲበ፡ ምድር፡[29] ወኵሉ፡
25 ሕሊናሆሙ፡ ወፈቃዱ፡ ለሰብእ፡ ይኄሊ፡[30] ከንቶ፡ ወ*እኩየ፡[31] በኵሉ፡ መዋዕሊ፡ ወ*ደምሰሰ፡[32]
እግዚአብሔር፡ ኵሎ፡[33] እምነ፡[34] ገጸ፡ ምድር፡ በእንተ፡ እከየ፡[35] ምግባሮሙ፡ ወበእንተ፡ ደም፡
26 ዘከዐዉ፡ ማእከለ፡[36] ምድር፡ *ደምሰሰ፡ ኵሎ፡፡[37] ወተረፍነ፡ አነ፡ ወአንትሙ፡ ደቂቅየ፡ ወ*ኵሉ፡[38]
ዘቦአ፡ ምስሌነ፡ ውስተ፡ ታቦት፡ ወናሁ፡ አነ፡ እሬኢ፡ ቅድሜየ፡[39] ምግባሪክሙ፡ ከመ፡ ዘኢኮንክሙ፡
ዘተሐውሩ፡[40] በ[41]ጽድቅ፡ እስመ፡ በ[41]ፍኖተ፡ ሙስና፡ ወጠንክሙ፡ ትሖሩ፡ ወ*ትትፈለጡ፡ አሐዱ፡
አሐዱ፡[42] እምነ፡ ቢጹ፡ ወትትቃንኡ፡ ዝንቱ፡ ምስለ፡ ዝንቱ፡ ወከመ፡ ኢትሄልዉ፡[43] ኅቡረ፡[42]
27 *እውሉድየ፡ አሐዱ፡[44] ምስለ፡ እኁሁ፡፡ እስመ፡ እሬኢ፡ አነ፡ ወናሁ፡ አጋንንት፡ አስሕቱ፡ *ወጠኑ፡

---

[1] B omits. [2] ፳ወ፰ A. [3] ኢዮቤሌውም A. [4] ወአኀዘ፡ A; አሐዘ፡ B.
[5] A adds ለውሉዱ፡ [6] ትእዛዛተ፡ B. [7] A C D trans. before ሥርዐተ፡ [8] A reads ኵሎ፡ and trans. after ዘያእምር፡ ወኵሎ፡ B; ኵሎ፡ C D. [9] ወፍትሐ፡ A C D.
[10] ያፈቅሩ፡ A. [11] ቢጾሙ፡ A. [12] ነፍሶ፡ B. [13] እሉ፡ ሠለስቱ፡ A. [14] ዲበ፡ A.
[15] ትጉሃን፡ ሰማይ፡ A. [16] A omits. [17] A B omit. [18] ነፊድም፡ A. [19] ካልአ፡ A.
[20] ያርብሖ፡ A C. [21] ኢሊዮ፡ B. [22] ተሠየጠ፡ B. [23] ይገብር፡ A. [24] ይክዕዉ፡ B.
[25] በዝኀ፡ A; ንጹሐ፡ B C; but D is right, cf. Enoch ix. 1 ብዙኃ፡ ደመ፡ ዘይትከዐው፡
[26] Emended with Enoch vii. 5 የአብሱ፡ . . . ዲበ፡ አራዊት፡ from እሉ፡ ኵሎሙ፡ C D. For ኵሎሙ፡ A reads ኵሉ፡ and B ወኵሎሙ፡ [27] B C D omit. [28] ዘይትሐወስ፡ so Enoch vii. 5 = ἑρπετά: it may however stand for ἰχθῦς and ዘያንሶሱ፡ for ἑρπετά.
[29] = ἑρπετά probably; see Enoch vii. 5. [30] ይሔሊ፡ A. [31] እኩየ፡ A.
[32] ደምሰሰ፡ B. [33] MSS. add ፯. [34] እምኵሉ፡ B. [35] A D omit; እኩዮሙ፡ C.
[36] ዲበ፡ A. [37] A D omit. [38] ኵሉ፡ A. [39] ቅዳሜሁ፡ B C D. [40] ኢተሐውሩ፡ B; አንትሙ፡ ዘተሐውሩ፡ C D. [41] በኵሉ፡ B. [42] ተፈልጦ፡ ፩፡ ፩ A. [43] ኢትሀልዉ፡ C D.
[44] ውሉድየ፡ ፩ A.

ኀዐሌክሙ፡[1] *ወኀዐሉ፡ ውሉድክሙ፡[2] ወይእዜኒ *እፈርሀ፡ አነ[3] በእንቲአክሙ፡ ከመ፡ እምድኅረ፡
ሞትየ፡ ትክዐዉ፡[4] ደመ፡ ሰብእ፡ ውስተ፡[5] ምድር፡ ወትደመሰሱ፡ አንትሙሂ፡ እምገጸ፡ ምድር፡፡[6]
እስመ፡ ኵሉ፡ ዘይክዕዉ፡ ደመ፡ ሰብእ፡ ወኵሉ፡ *ዘይበልዕ፡ ደመ፡ ዘኵሉ፡[7] ዘሥጋ፡ ይደመሰሱ፡ 28
ኵሎሙ፡ እምድር፡፡[7] ወኢይተርፍ፡ ኵሉ፡ ሰብእ፡ ዘይበልዕ፡ ደመ፡[7] ወዘይክዑ፡ ደመ፡ ሰብእ፡[8] 29
ዲበ፡ ምድር፡ ወኢይተርፍ፡ ሎቱ፡ ዘርእ፡[9] ወደኃሪት፡[10] በታሕተ፡ ሰማይ፡ ሕያው፡ እስመ፡ ውስተ፡
ሲኦል፡ የሐውሩ፡ ወውስተ፡ *መካን፡ ዘ[11] ደይን፡ ይወርዱ፡[12] ወ[13]ውስተ፡ ጽልመት፡[14] *ማዕምቅ፡
የአትቱ፡ ኵሎሙ፡[15] በሞት፡ ጸዋግ፡፡ *ኵሉ፡ ደም፡[16] ኢያስተርኢ፡ እምኵሉ፡ ደም፡ ኀዐሌክሙ፡ 30
ዘውእቱ፡ በኵሉ፡ መዋዕል፡ ዘጠባሕክሙ፡ ኵሉ፡ አርዌ፡[7] ወእንስሳ፡ ወዘይሰርር፡ ዲበ፡ ምድር፡
ወግበሩ፡ ምጽዋተ፡ ኀዐሉ፡ ነፍስክሙ፡ በደፈኖቱ፡ ዘ*ይትክዐው፡[17] ዲበ፡ ገጸ፡ ምድር፡፡ ወኢትኩኑ፡ 31
ከመ፡[18] ዘይበልዕ፡ ምስሉ፡ ደም፡ ወአጽንዑ፡ ከመ፡ ኢይብልዑ፡ ደመ፡ በቅድሜክሙ፡ ድፍኑ፡
ደመ፡ እስመ፡ ከመዝ፡ ተአዘዝኩ፡ አስምዕ፡ ለክሙሂ፡[19] ወለውሉድክሙ፡*ሂ፡[20] ምስለ፡ ኵሉ፡
ዘሥጋ፡፡ ወ*ኢ[7]*ታብልዑ፡[21] ለነፍስ፡ ምስለ፡ ሥጋ፡ ከመ፡ ኢይኩን፡[22] ዘ[23] ይትኀሠሥ፡[24] *ደምክሙ፡ 32
ዘነፍስክሙ፡[25] እምእደ፡[26] ኵሉ፡ ዘሥጋ፡ ዘይክዑ፡ ዲበ፡ ምድር፡፡ እስመ፡ ምድር፡ ኢትነጽሕ፡ 33
እምዘ፡ ደም፡ ዘ[27]ተክዕወ፡ *ኀዐሌሃ፡ እስመ፡ በደመ፡ ዘከዐዎ፡[28] ትነጽሕ፡ ምድር፡ በኵሉ፡[29]
ትዝምዳ፡፡[30] ወ[31]ይእዜ፡ኒ፡[32] ውሉድየ፡[33] ስምዑ፡ ግበሩ፡ ፍትሐ፡[34] ወጽድቀ፡ ከመ፡ ትትከሉ፡[35] 34
በጽድቅ፡ ውስተ፡ ገጸ፡ ኵሉ፡ ምድር፡ ወይትሌዐል፡ ክብርክሙ፡ በቅድመ፡ አምላኪየ፡[36] ዘአድኀነ፡*ኒ፡[37]
እማየ፡ አይኅ፡፡ ወናሁ፡ አንትሙ፡ ተሐውሩ፡ ወ*ተሐንጹ፡ ለክሙ፡[38] አህጉረ፡ ወትተክሉ፡ 35
ውስቴቶን፡ ኵሎ፡[39] ተክለ፡[39] ዘዲበ፡ ምድር፡ ወኵሎኬ፡ ዕፀ፡[40] ዘይፈሪ፡፡ ሠለስተ፡[41] ዓመተ፡ ይኩን፡ 36
ፍሬሁ፡ ዘኢ*ይትቀሠም፡[42] እምኵሉ፡ ዘይትበላዕ፡[43] ወበዓመት፡ ራብዕ፡[44] ይትቄሰም፡[45] ፍሬሁ፡
*ወያዐርግ፡ ቀዳሜ፡ ፍሬ፡[46] ዘይሠጠው፡ ቅድመ፡ እግዚአብሔር፡ ልዑል፡ *ዘፈጠረ፡ ሰማየ፡[47]

---

[1] A trans. [2] ውሉድየ፡ A D. [3] እፈርሀ፡ አነ፡ እፈርሀኒ፡ አፈድፋደየ፡ A. [4] ኢትክዐዉ፡ A. [5] ዲበ፡ A. [6] ገጸ፡ B; ገጸ፡ C D. [7] A omits. [8] B C D omit. [9] ዘርእ፡ A B. [10] ደኃሪት፡ A. [11] መካነ፡ A C D. [12] ይወርዱ፡ A. [13] A C D omit. [14] ጽልመት፡ B. [15] ወመዓምቅት፡ ወየአትቱ፡ ኵሉ፡ A. [16] ወኵሉ፡ ደመ፡ A. [17] ይትክውን፡ A; ይትካው፡ በደፈኖቱ፡ B. [18] A B C omit. [19] ኀዐሌክሙ፡ A. [20] A B omit. [21] ተብልዑ፡ B; ትብልዑ፡ C D. [22] A omits; ኢይኩኑ፡ C D. [23] ኢ A. [24] ይትኃሠሥ፡ A; ይትኃሠሡ፡ B; ይትኀሠሡ፡ C. [25] እምነክሙ፡ ደመክሙ፡ እምነፍስክሙ፡ A. [26] እምነ፡ A; እምደ፡ B. [27] እምዘ፡ B C D. [28] A omits. For በደመ፡ ዘከዐዎ፡ C reads በደመ፡ ዘከዐወ፡ and D በደም፡ ዘተከዐወ፡ [29] ኵሉ፡ A. [30] ትዝምደ፡ A; ትዝምደ፡ ምድር፡ C D. [31] B omits. [32] ሂ፡ B. [33] ደቂቅየ፡ A. [34] ርትዐ፡ A D. [35] Emended by Dln. from ትትከሉ፡ [36] አምላክየ፡ A. [37] ነ፡ A. [38] ትኃንጹ፡ B. [39] ኵሉ፡ A. [40] ዕፀ፡ A. [41] ፯ A. [42] ይትቄሰም፡ A. [43] ሰበሊያት፡ B. [44] ራብዕት፡ A. [45] ይትቄደስ፡ B C; ይትቀሠም፡ D. [46] A omits; ወየዐርግ፡ ቀዳሜ፡ ፍሬ፡ C D. [47] ፈጠሬ፡ ሰማይ፡ B.

ወ*ምድረ፡[1] ወኵሉ፡[2] ከመ፡ ያዐርጉ፡ በጥሉል፡ ቀዳሜ፡[3] ወይን፡ ወቅብእ፡ ቀዳሜ፡[4] ፍሬ፡ ውስተ፡
*ምሥዋዐ፡[5] እግዚአብሔር፡ ዘይትወከፍ፡ ወዘተርፈ፡ ይብልዕዎ፡ ላእካነ፡ ቤተ፡[6] እግዚአብሔር፡
37 በቅድመ፡ ምሥዋዕ፡ ዘይትወከፍ፡፡ ወበ*ዓመት፡ ኃምስ፡[7] ግበሩ፡ ኅድገተ፡ ከመ፡ ታሕድግዎ፡[8]
38 እንተ፡ በጽድቅ፡ ወበርትዕ፡[9] ወትጸድቁ፡ ወይረትዑ፡ ኵሉ፡ ተክልክሙ፡፡ እስመ፡ *ከመዝ፡
አዘዘ፡[10] ሄኖክ፡[11] አቡሁ፡ ለአቡክሙ፡ ለማቱሳላ፡ ወልዱ፡ ወማቱሳላ፡ ለላሜክ፡ ወልዱ፡ ወላሜክ፡
39 አዘዘኒ፡ ኵሉ፡ ዘ*አዘዝዎ፡[9] አበዊሁ፡፡ ወአነሂ፡ እኤዝዘክሙ፡ ውሉድየ፡[12] በከመ፡ አዘዘ፡[13] ሄኖክ፡[14]
ለወልዱ፡ *በቀዳሚ፡ ኢዮቤልውሳት፡[15] እንዘ፡ ሕያው፡ ውእቱ፡[9] ውስተ፡ ትውልዱ፡[16] ሳብዕ፡[17]
አዘዘ፡ ወአስምዐ፡[18] ለ*ወልዱ፡[19] ወለውሉደ፡ ውሉዱ፡ እስከ፡ አመ፡[6] ዕለተ፡ ሞቱ፡፡
፰ ወበ*ዕሥራ፡ ወተስዐቱ፡[20] ኢዮቤልው፡[21] በሱባዔ፡ ቀዳሚ፡ በቀዳሚሁ፡ ነሥአ፡ ሎቱ፡ አርፋክስድ፡[22]
ብእሲተ፡ ወስማ፡ ራሱእያ፡[23] *ወለተ፡ ሱሳን፡[24] ወለተ፡ ኤላም፡ [ሎቱ፡ ብእሲተ፡][25] ወወለደት፡ ሎቱ፡
2 ወልደ፡ በ*ዓመት፡ ሣልስ፡[26] በሱባዔ፡ ዝንቱ፡ ወጸውዐ፡ ስሞ፡ ቃይናም፡፡[27] ወልህቀ፡ ወልድ፡[28]
3 ወመሀሮ፡ አቡሁ፡ መጽሐፈ፡ ወሖረ፡ ይኅሥሥ፡ ሎቱ፡ መካነ፡ ኀበ፡ ይእኅዝ፡ ሎቱ፡ ሀገረ፡፡ ወረከበ፡
መጽሐፈ፡ ዘቈረጹ፡ ቀደምት፡ ውስተ፡ ኰኵሕ፡ ወአንበበ፡ ዘ*ውስቴታ፡[29] ወ*አዕሰዎ፡[30] ወ*ረስዐ፡
እምውስቴታ፡[31] ከመ፡ ሀሎ፡ ውስቴታ፡ ትምህርት፡[32] ትጉሃን፡ በዘ፡ ይሬእዩ፡[33] ሰገለ፡[34] *ፀሓይ፡
4 ወወርኅ፡ ወከዋክብት፡[35] ውስተ፡[36] ኵሉ፡ ትእምረ፡ ሰማይ፡፡ ወ*ጸሐፋ፡[37] ወኢነገረ፡ በእንቲአሃ፡
5 እስመ፡ ይፈርህ፡ ለኖኅ፡ ነጊረ፡ በእንቲአሃ፡ ከመ፡ ኢይትመዓዕ፡ ላዕሌሁ፡ በእንቲአሃ፡፡ ወአመ፡ ፴[38]
ኢዮቤልው፡ በሱባዔ፡ ሣልስ፡ በ*ቀዳሚ፡[6] ዓመቱ፡ ነሥአ፡ ሎቱ፡ ብእሲተ፡ ወስማ፡ *ሜልካ፡[39] ወለተ፡
አመዳይ፡[40] ወልደ፡ ያፌት፡ ወበዓመት፡ ራብዕ፡ ሎቱ፡ ወለደ፡[41] ወልደ፡ ወጸውዐ፡ ስሞ፡[42] ሳላ፡
6 እስመ፡ ይቤ፡[6] *ተፈነውኩ፡ ተፈነውኩ፡፡[43] ወበዓመት፡ ራብዕ፡ ተወልደ፡[44] ወልህቀ፡ ሳላ፡ ወነሥአ፡

---

[1] ምድር፡ A B. [2] A adds ዘውስቴቱ፡ [3] ቀዳሚ፡ A C D. [4] ወቀዳሜ፡ B; ቀዳሚ፡ C D. [5] ምሥዋዕ፡ H A. [6] A omits. [7] ኃምስ፡ ዓመት፡ A. If the context refers to the same subject as Deut. xv. 1, 9, then we should expect ሳብዕ፡ instead of ኃምስ፡ [8] ትሕድጉ፡ B; ትኅድግዎ፡ C D. [9] A D omit. [10] ከመሁ፡ አዘዘ፡ A. [11] ለኖኅ፡ A; ኖኅ፡ D. [12] B omits. [13] አዘዘ፡ A. [14] ኖኅ፡ A D; ሄኖኅ፡ B. [15] በቀዳሚያን፡ ኢዮቤሌውስት፡ A. [16] ትዝምዱ፡ A D. [17] ሳብእ፡ A; ሱብእ፡ D. [18] A adds ላዕሌሆሙ፡ [19] ውሉዱ፡ A. [20] ፳ወ፱ A. [21] ኢዮቤሌው፡ A. [22] አርፋክስድ፡ B. [23] ራሱእያ፡ B; Syr. Frag. ܪܣܘܝ ܒܪܬ ܣܘܣܢ. [24] ወለተ፡ ሶሳን፡ B. [25] Seems a corrupt addition. [26] B trans. [27] Not found in Sam., Mass., Syr., Vulg. of Gen. xi. 13, but LXX and Luke iii. 36 agree with text. [28] ወልደ፡ A. [29] ውስቴቱ፡ A. [30] Emended from አዕበዎ፡ [31] Cf. Cedrenus i. 27 ἐν αὐτοῖς ἐξημάρτανε; A om. እም''. [32] ትምህርተ፡ H B C. [33] Em. from ኢይሬእዩ፡ A; ይሬእዩ፡ B C D. [34] ሰረገላ፡ C. [35] ፀሓየ፡ ወወርኀ፡ ወከዋክብተ፡ A D. [36] ወውስተ፡ B D. [37] ጸሐፈ፡ A C D. [38] ማልስ፡ A B; ማልስት፡ D. [39] ሜልካ፡ A. [40] Em. from አበዳይ፡ B; አብድያ፡ A; with Schol. Lagarde r on Gen. x. 24 γυνη καιναν μελχα θυγατηρ μαδαι υιου ιαφεθ; Syr. Frag. ܡܠܟܐ ܒܪܬ ܡܕܝ. [41] ወልደ፡ A; ወለደት፡ C D. [42] ስማ፡ A. [43] A trans. [44] ወለደ፡ ወለደ፡ A.

ሎቱ፡ ብእሲተ፡ ወስማ፡ *ሙእክ፡ ወለተ፡ ኬሴድ፡ እኁሁ፡ ለአቡሁ፡[1] [ሎቱ፡ ብእሲተ፡][2] በቀዳሚ፡[3]
ወበሠላሳ፡[4] ኢዮቤልዉ፡[5] በሱባዔ፡ ኃምስ፡ በቀዳሚ፡ ዓመቱ፡፡ ወ[6]ወለደት፡ ሎቱ፡ ወልደ፡ በኃምስ፡ 7
ዓመቱ፡ ወጸውዐ፡ ስሞ፡ ኢቤር፡[7] ወነሥአ፡ ሎቱ፡ ብእሲተ፡ ወስማ፡ አዙራድ፡[8] ወለተ፡ ኔብሮድ፡
በ*ሠላሳ፡ ወክልኤቱ፡[9] *ኢዮቤልዉ፡[5] በሱባዔ፡ ሳብዕ፡ በ*ሣልስ፡ ዓመቱ፡፡[10] ወበሳድስ፡ ዓመቱ፡[11] 8
ወለደት፡ ሎቱ፡[6] ወልደ፡ ወጸውዐ፡ ስሞ፡ ፋሌክ፡ እስመ፡ በ*መዋዕል፡[12] ዘተወልደ፡ አኀዙ፡[6] ደቂቀ፡
ኖኅ፡ ይትካፈሉ፡[13] ሎሙ፡[6] ምድረ፡ በእንተዝ፡[14] ጸውዐ፡ ስሞ፡ ፋሌክ፡፡ ወተካፈሉ፡ በእኩይ፡[15] 9
በበይናቲሆሙ፡ ወነገርዎ፡ ለኖኅ፡፡ ወኮነ፡ በቀዳሚሁ፡ *ሠላሳ፡ ወሠለስቱ፡[16] ኢዮቤልዉ፡[5] 10
ወከፈልዋ፡ ለምድር፡ ሠለስተ፡[17] መክፈልተ፡ ለሴም፡ ወለካም፡ ወለያፌት፡ በበ፡ ርስቶ፡ በቀዳሚ፡
ዓመት፡[18] በአሐዱ፡[19] ሱባዔ፡ እንዘ፡ ይነብር፡ አሐዱ፡[20] እምኔነ፡ እለ፡ ተፈነውነ፡[21] ኀቤሆሙ፡፡[22]
ወ[23]ጸውዐ፡ ደቂቆ፡ ወቀርቡ፡[24] ኀቤሁ፡ እሙንቱ፡ ወደቂቆሙ፡[25] ወ*ከፈለ፡[26] ምድረ፡ በዐፃዊ፡ 11
ዘይእኅዙ፡ ሠለስቲሆሙ፡[27] ውሉዱ፡[6] ወሰፍሑ፡ እደዊሆሙ፡ ወነሥኡ፡ መጽሐፈ፡ እም*ኅፅነ፡[28]
*ኖኅ፡ አቡሆሙ፡፡[29] ወወጽአ፡ *በመጽሐፍ፡ ዕፃሁ፡[30] ለሴም፡ ማእከለ፡ ምድር፡ ዘይእኅዝ፡ 12
ለርስቱ፡ ወለውሉዱ፡ ለትውልደ፡ ዘለዓለም፡ እማእከለ፡[31] ደብረ፡[32] ራፋ፡[33] እመፃእ፡ ማይ፡
እምፈለገ፡ ጢና፡ ወየሐውር፡ መክፈልቱ፡ መንገለ፡ ዐረብ፡ እንተ፡[34] ማእከሉ፡ ለዝ፡ ፈለግ፡
ወ*የሐውር፡[35] እስከ፡[36] ሶበ፡ ይቀርብ፡[37] ኀበ፡ ማየ፡ ቀላያት፡ እም*ኀበ፡[38] ይወፅእ፡ ዝንቱ፡
ፈለግ፡[39] ወይከዑ፡ *ማያቲሁ፡ ውስተ፡ ባሕረ፡[40] ሜአት፡[41] ወ*የሐውር፡[42] ዝንቱ፡[43] ፈለግ፡
ውስተ፡[44] ባሕር፡ ዐቢይ፡ ወኵሉ፡ ዘመንገለ፡ ደቡብ፡ ለያፌት፡ ወኵሉ፡ ዘመንገለ፡ ገጹ፡ ሰሜን፡
ለሴም፡፡ ወ*የሐውር፡ እስከ፡ ሶበ፡[6] ይቀርብ፡ ካራስ፡[45] ዝውእቱ፡ ውስተ፡ ሕፅነ፡ ልሳን፡ እንተ፡ 13
ትኔጽር፡[46] መንገለ፡ ሰሜን፡፡ ወየሐውር፡ መክፈልቱ፡ እንተ፡[45] መንገለ፡ ባሕር፡ ዐቢይ፡ ወየሐውር፡ 14
ርቱዐ፡ እስከ፡ ይቀርብ፡[47] መንገለ፡ ዐረቢሃ፡ ለልሳን፡ እንተ፡ ትኔጽር፡ መንገለ፡ ሰሜን፡ እስመ፡

---

[1] Cf. Schol. Lagarde r on Gen. x. 24 γυνη σαλα μωαχα θυγατηρ χεσδαμ πατραδελφου αυτου; Syr. Frag. ܡܥܟ ܒܪܬ ܟܣܕܡ. [2] Seems a corrupt addition. [3] Emended by Dln. from በዓመት፡ [4] ፴ A. [5] ኢዮቤሌዉ A. [6] A omits. [7] ኤቤር፡ B. [8] Cf. Schol. Lagarde r on Gen. x. 24 γυνη εβερ αζουρα θυγατηρ νεβρωδ; Syr. Frag. ܐܙܘܪܐ ܒܪܬ ܢܡܪܘܕ. [9] ፴፪ A. [10] ሣልስ፡ ዓመት፡ ዓመት፡ B. [11] ዓመት፡ B. [12] መዋዕል፡ A. [13] A reads ተካፈሉ፡ and trans. before ደቂቀ፡ [14] ወበእንተዝ፡ A C D. [15] በእከይ፡ B. [16] ፴ወ፫ A. [17] ፫ A. [18] ዓመቱ፡ A. [19] ዘ፩ A. [20] ፩ A. [21] ተፈናዉ፡ A B. [22] ኃቤሆሙ፡ A B. [23] B omits. [24] ቀረቡ፡ B. [25] ውሉዱ፡ A. [26] ከፈሉ፡ B D. [27] ለሠለስቲሆሙ፡ B. [28] ሕጽኑ፡ B; ኅፅነ፡ C. [29] A trans. [30] መጽሐፈ፡ ዕፃ፡ A; በመጽሐፈ፡ ዕፃሁ፡ C; መጽሐፈ፡ ዐፃዊ፡ D. [31] ወእማእከለ፡ A. [32] ደብር፡ B. [33] ራፍ፡ A D. [34] A adds መንገለ፡ [35] Emended from የሐውሩ፡ [36] እስመ፡ B. [37] Emended from ይቀርቡ፡ [38] ውእቱ፡ B. [39] B C add እምኔሃ፡ ወ (B omits) ይወፅእ፡ ዝንቱ፡ ፈለግ፡ [40] ማያት፡ እስከ፡ ባሕር፡ A. [41] ሜአት፡ C D. [42] ያሐውሩ፡ A. [43] ውእቱ፡ A. [44] እስከ፡ B. [45] ካራን፡ A. [46] ትንጽር፡ B. [47] ይቄርብ፡ A.

15 ዘቲ፡ ባሕር፡ ስሙ፡[1] ልሳነ፡ ባሕረ፡ ግብጽ፡፡ ወትገይሥ፡ እምህየ፡ መንገለ፡ ሰሜን፡ መንገለ፡
አፉሃ፡ ለባሕር፡ ዐቢይ፡[2] ውስተ፡ ክናፍሪ፡[3] ማያት፡ ወትሐውር፡ መንገለ፡ ዐረብ፡[4] ዐፍራ፡[5]
ወ*ትሐውር፡[6] እስከ፡ ትቀርብ፡ ኀበ፡ ማየ፡[7] ፒሶን፡[8] ፈለግ፡ ወመንገለ፡ ሰሜኑ፡[9] ለማየ፡ ፒሶን፡
16 መንገለ፡ ድንጋጌ፡ ለዝ፡ ፈለግ፡፡ ወትሐውር፡ መንገለ፡ ጽባሕ፡ እስከ፡ ሶበ፡ ትቀርብ፡ ኀበ፡ *ገነት፡
ዘ[10]ኤዶም፡ መንገለ፡ ሰሜኑ፡ ለሰሜን፡ ወእም*ጽባሒሃ፡ ለዙላ፡ ምድረ፡[11] ኤዶም፡ ወ*ለ[1]ዙሉ፡ ጽባሕ፡
ወይትመየጥ፡ ውስተ፡ ጽባሕ፡ ወይመጽእ፡ እስከ፡ ይቀርብ፡ መንገለ፡ ጽባሒሁ፡[12] ለደብር፡ ዘስሙ፡
17 ራፋ፡[13] ወይወርድ፡ መንገለ፡ ጽንፋ፡[14] ለሙፃአ፡[15] ጢና፡ ፈለግ፡፡ ዘቲ፡ መክፈልት፡ ወፅአት፡ በ[16]ዕፃ
18 ለሴም፡ ወለውሉዱ፡ ለእኂዛታ፡ ለዓለም፡ ለ[17]ትውልዱ፡ እስከ፡ ለዓለም፡፡ ወተፈሥሐ፡ ኖኅ፡
እስመ፡ ወፅአ፡ ዝንቱ፡ መክፈልት፡[18] ለ*ሴም፡ ወለ[19]ውሉዱ፡ ወተዘከረ፡ ዙሉ፡[20] ዘነበበ፡ በአፉሁ፡
በ*ትንቢቱ፡[21] እስመ፡ ይቤ፡ ይትባረክ፡ እግዚአብሔር፡ *አምላኩ፡ ለ[22]ሴም፡ ወይኅድር፡
19 እግዚአብሔር፡ ውስተ፡ መኃድሪሁ፡ ለሴም፡፡ ወአእመረ፡ ከመ፡ ገነት፡[23] ኤዶም፡ ቅድስተ፡
ቅዱሳን፡ ወማኅደሩ፡ ለእግዚአብሔር፡ ውእቱ፡[24] ወደብረ፡ ሲና፡ ማእከለ፡ ገዳም፡[25] ወደብረ፡
ጽዮን፡ ማእከለ፡ ሕንብርታ፡[1] ለምድር፡ ሠለስቲሆሙ፡ ዝንቱ፡ *መንጸረ፡ ዝንቱ፡[1] ለ*ቅድስት፡[26]
20 ተፈጥሩ፡፡ ወባረኮ፡[27] ለአምላከ፡ አማልክት፡ ዘወደየ፡ ውስተ፡ አፉሁ፡ ነገረ፡ እግዚአብሔር፡
21 ወእግዚአብሔር፡[28] እስከ፡ ለዓለም፡፡ ወአእመረ፡ ከመ፡ መክፈልት፡ በረከት፡ ወ*ቡራኬ፡[29] በጽሐ፡[1]
ለሴም፡ ወለ*ውሉዱ፡ ለትውልድ፡ ዘለዓለም፡[30] ዙላ፡[31] ምድረ፡ ኤዶም፡ ወዙላ፡[31] ምድረ፡
ባሕረ፡[32] ኤርትራ፡ ወዙላ፡ ምድረ፡[1] ጽባሕ፡ ወህንደኬ፡ ወበኤርትራ፡ ወአድባሪሁ፡ ወዙሉ፡ ምድረ፡
ባሳ፡[33] ወዙላ፡[31] ምድረ፡ ሊባኖስ፡ ወደሰያት፡ ክፍቱር፡[34] ወ*ዙሉ፡[35] ደብረ፡ ሰኒር፡[36] ወአማና፡
ወደብረ፡ አሱር፡ ዘደቡብ፡ ወ*ዙላ፡[35] ምድረ፡ ኤላም፡ አሱር፡ ወባቤል፡ ወሱሳን፡ ወ*ማዕዳይ፡[37]
ወ*ዙሉ፡[38] አድባረ፡ አራራ*ት፡[1] ወ*ዙሉ፡[38] ማዕዶት፡ ባሕር፡ ዘማዕዶት፡ ደብረ፡[39] አሱር፡ ዘመንገለ፡
22 ደቡብ፡ ምድር፡ ቡርክት፡ ወ[40]ስፍሕት፡ ወዙሉ፡ ዘ[41]ውስቴታ፡[42] ጥቀ፡ ሠናይ፡፡[43] ወለካም፡

---

[1] A omits. [2] ወዐቢይ፡ A; ዐብይ፡ B. So B also in vers. 12, 14. [3] ክኒፌረ፡ A.
[4] ዐረብ፡ C D. [5] ወፋፊራ A; ዓፈራ፡ C; ዓረፋ፡ D. [6] የሐውር፡ A. [7] ማያ፡ A.
[8] ግዮን፡ B C D. [9] ሰሜን፡ A. [10] ገነት፡ B. [11] ጽባሒሁ፡ ለዙሉ፡ ምድር፡ H A.
[12] ጽባሒቲሆሙ B. [13] ሬፋ፡ A. [14] ጽንፋ፡ A. [15] C D add ማየ፡ [16] ወ B.
[17] ወለ C D. [18] መክፈልቱ፡ B. [19] ሰሜ፡ B. [20] ቃሎ፡ A D. [21] ትንቢት፡ B.
[22] አምላኩ፡ B. [23] ገነት፡ B: [24] ይእቲኬ፡ A, which it trans. before ለእግ"; ውስቴቱ፡ B; D trans. after ወደብረ፡ [25] ለገዳም፡ B. [26] ቅድስት፡ A; ቅድስት፡ B. [27] A adds ለእግዚአብሔር፡ [28] A D omit. For ወእግዚአብሔር፡ እስከ፡ C reads ወእስከ፡ እግዚአ፡
[29] ቡሩክ፡ A B; መክፈልት፡ ቡርክት፡ D. [30] ወልዱ፡ እስከ፡ ለዓለም፡ B. [31] ወዙሉ፡ A.
[32] ባሕር፡ A. [33] ባላ፡ C; ባሶር፡ D. [34] ክብቱር፡ A B C, but כפתר, see Jer. xlvii. 4, supports D. [35] ዙሎ፡ B. [36] ባፒር፡ A; ሰኔር፡ C; ሰነር፡ D. [37] መዐዳይ፡ B.
[38] ዙላ፡ B. [39] ባሕረ፡ A. [40] ወዙሉ፡ A. [41] B omits. [42] A adds ሀሎ፡
[43] ሠናይት፡ B.

ወፅአ፡ መክፈልቶ፡[1] ዘዳግም፡ መንገለ፡[2] ማዕዶተ፡ ጊዮን፡ መንገለ፡ ሰሜን፡ በየማነ፡ ገነት፡ ወየሐውር፡
መንገለ፡ ሰሜን፡ ወየሐውር፡ ዙሉ፡[3] አድባረ፡ እሳት፡ ወየሐውር፡ መንገለ፡ ዐረብ፡ *መንገለ፡ ባሕረ፡
አጤል፡ ወየሐውር፡ ዐረብ፡[2] እስከ፡ ይቀርብ፡ ኀበ፡ *ባሕረ፡ ማኡክ፡[4] እንተ፡ ይእቲ፡ ዘ*ዙሉ፡[5]
ይወርድ፡ ውስቴታ፡ ዘ*ኢ[6]ይትሐጐል፡፡ ወይመጽእ፡ ውስተ፡ ደቡብ፡ ውስተ፡[7] ጽንፈ፡ ጋዲር፡[8] 23
ወይመጽእ፡ ውስተ፡ ክንፈረ፡ ማየ፡ ባሕር፡ ውስተ፡ ማያተ፡[9] ባሕር፡ ዐቢይ፡ እስከ፡ ሶበ፡ ይቀርብ፡
ፈለገ፡ ጊዮን፡ ወ*የሐውር፡ ግዮን፡ ፈለግ፡[9] እስከ፡ ሶበ፡ ይቀርብ፡ በ*የማነ፡ ገነት፡ ኤዶም፡፡[10] ወዛቲ፡ 24
*ምድር፡ እንተ፡[11] ወፅአት፡ ለካም፡ በመክፈልት፡ ዘይእኅዝ፡ ለዓለም፡[3] ሎቱ፡ ወለውሉዱ፡
ለትዝምደሙ፡ እስከ፡ ለዓለም፡፡ ወሰያፌት፡ ወፅአ፡ መክፈልት፡ ግልስ፡ ማዕዶተ፡ ጤና፡ ፈለግ፡ 25
መንገለ፡ ደቡባቲሁ፡ ለሙፃአ፡ ማያቲሁ፡[12] ወየሐውር፡ መንገለ፡ ጽባሒ፡[13] ደቡብ፡ ዙሉ፡ ደወሉ፡
ጎግ፡ ወዙሉ፡ ዘ[14]ጽባሓቲሁ፡፡[15] ወየሐውር፡ መንገለ፡ ደቡብ፡ *ለደቡብ፡ ወየሐውር፡[16] መንገለ፡ 26
አድባረ፡[17] ቁልጥ፡ መንገለ፡ ደቡብ፡[18] ወመንገለ፡ ባሕረ፡[19] ማኡቅ፡ ወይመጽእ፡ መንገለ፡ ጽባሑ፡[20]
ለጋዲር፡ እስከ፡[21] መንገለ፡ እደ፡ ማየ፡ ባሕር፡፡ ወየሐውር፡[2] እስከ፡ ሶበ፡ ይቀርብ፡ መንገለ፡ ዐረበ፡[22] 27
ፍሬግ፡[23] ወይገብእ፡ *መንገለ፡ አፈራግ፡[24] ወየሐውር፡ መንገለ፡ ጽባሕ፡ መንገለ፡ ማየ፡[25] ባሕረ፡
ሜአት፡፡[26] ወየሐውር፡ መንገለ፡ እደ፡[2] ጤና፡ ፈለግ፡ መንገለ፡ ጽባሐ፡ ደቡብ፡ እስከ፡ ሶበ፡ 28
ይቀርብ፡ እስከ፡ ጽንፈ፡ ማያቲሁ፡ መንገለ፡ ደብረ፡ ራፋ፡ ወ*የዐውድ፡[27] ለደቡብ፡፡ ዛቲ፡ ምድር፡ 29
እንተ፡ ወፅአ*ት፡[2] ለ*ያፌት፡[28] ወለውሉዱ፡ በ*መክፈልት፡[29] ርስቱ፡ ዘይእኅዝ፡ ሎቱ፡[30] ወለውሉዱ፡
ለትዝምደሙ፡ እስከ፡ ለዓለም፡ *ደሰያት፡ ዐበይት፡[31] ኀምስቱ፡ ወ*ምድር፡ ዐባይ፡[32] በደቡብ፡፡
ወባሕቱ፡ ቍሩር፡[33] ይእቲ፡ ወምድረ፡ ካም፡*ሂ፡ መርቁ፡ ይእቲ፡[34] ወምድረ፡ ሴም፡ ኢመርቁ፡ 30
ወኢደይቅ፡ እስመ፡ ቱስሕት፡ *ይእቲ፡ በቍር፡[35] ወበምውቅ፡፡

ወ*ከፈለ፡ ካም፡ ማእከለ፡[36] ውሉዱ፡ ወወፅአ፡ *ቀዳሚ፡ መክፈልት፡ ለኵሽ፡[37] መንገለ፡ ጽባሕ፡ IX
ወዐረቢሁ፡ *ለሜጽሬም፡ ወዐረቢሁ፡[38] ሎቱ፡ ለፉድ፡ ወዐረቢሁ፡ ሎቱ፡ ለከናአን፡ ወ*መንገለ፡
*ዐረቢሁ፡ በባሕር፡፡[39] ወሲም*ሂ፡[40] ከፈለ፡ ውእቱ*ሂ፡[2] ማእከለ፡ ውሉዱ፡ ወወፅአ፡ መክፈልት፡[41] 2
ቀዳሚ፡ ለኤላም፡ ወለውሉዱ፡ መንገለ፡ ጽባሑ፡ ለ*ጤግሪስ፡[42] ፈለግ፡ እስከ፡ ሶበ፡ ይቀርብ፡

---

[1] መክፈልት፡ B. [2] A omits. [3] ዙሉ፡ A. [4] ባሕር፡ ማእክ፡ A. [5] ዙሉ፡ A. [6] C omits. [7] ወውስተ፡ A. [8] ገዲር፡ B. [9] ማዕዶተ፡ C; D omits. [10] ይምን፡ ኤዶም፡ ገነት፡ B. [11] መክፈልት፡ A. [12] ማያቲሆሙ፡ B C D. [13] ጽባሕ፡ B C D. [14] A C D omit. [15] ጽባሒሆሙ፡ A. [16] ወመንገለ፡ ደቡብ፡ ለደቡብ፡ ወ B. [17] ደብረ፡ A D. [18] ደቡበ፡ A. [19] ባሕር፡ A. [20] ጽባሒሁ፡ A. [21] እስመ፡ A. [22] ዐረብ፡ A D. [23] ፍሬ፡ B; ፋሬ፡ C D. [24] ማእከለ፡ አፍሬግ፡ A. [25] ማይ፡ A. [26] ሜአት፡ A. [27] የአውዳ፡ B. [28] ያፈድ፡ A. [29] መክፈልቱ፡ ወ A. [30] ለዓለም፡ A. [31] ደሰያት፡ ዐበይት፡ A. [32] ዐቢየ፡ A. [33] ቈሪር፡ C D. [34] B omits. [35] በመርቁ፡ A. [36] ከፈላ፡ ለ A. [37] ቀደሚ፡ መክፈልቱ፡ ለኵሲ፡ A. [38] C D omit. [39] ዐረቡ፡ ባሕር፡፡ B; ዐረበ፡ ባሕር፡ C D. [40] ሂ፡ A. [41] መክፈልቱ፡ A. [42] ጤግርስ፡ A.

መንገለ፡[1] ጽባሒ፡[2] ዙሉ፡ ምድረ፡ ህንደኬ፡[3] ወበ*ኤርትራ፡[4] በእደው፡ ወማያት፡ ደዳን፡ ወዙሉ፡
ኤድባር፡ ዘ*ምብፋ፡[5] ወ*ኤላ፡[6] ወዙሉ፡ ምድረ፡ ሱሳን፡ ወዙሉ፡ ዘበእዴ፡ *ፌርናክ፡[7] እስከ፡ ባሕረ፡
3 ኤርትራ፡[8] ወእስከ፡ ጤና፡ ፈለግ። ወለአሱር*ኒ[9] ወፅአ፡ መክፈልት፡[10] ካልእ፡ ዙሉ፡[11] ምድረ፡
አሱር፡ ወ*ኒኔዊ፡[12] ወሲናኦር፡[13] ወእስከ፡[14] ቅሩበ፡ ህንደኬ፡[15] ወ*የዐርግ፡[16] *ወወደፈ፡ ፈለግ።[17]
4 ወለአርፋክስድ፡ ወፅአ፡ መክፈልት[10] ሣልስ፡ ዙሉ፡ ምድር፡[18] ዘደወለ፡ ከለዳውያን፡[19] መንገለ፡ ጽባሑ፡
ለኤውፍራጤስ፡ ዘቅሩብ፡ ለባሕረ፡ ኤርትራ፡[8] ወዙሉ፡ ማያተ፡ ገዳም፡ እስከ፡ ቅሩበ፡[9] ውስተ፡ ልሳነ፡
ባሕር፡ እንተ፡ ትኔጽር፡ መንገለ፡ ግብጽ፡ ዙሉ፡ ምድረ፡ ሊባኖስ፡ ወሰኔር፡[20] ወ*አማና፡[21] እስከ፡
5 ቅሩበ፡[22] ኤውፍራጤስ።[23] ወለአራም፡ ወፅአ፡ መክፈልት፡[10] ራብዕ፡ ዙሉ፡[24] ምድረ፡ *ሜስጶጦምያ፡
ማእከለ፡ ጤግሬስ፡[25] ወ*ኤፍራጤስ፡[26] መንገለ፡[27] ደቡበ፡[28] ከለዳውያን፡[29] እስከ፡ ቅሩበ፡ ደብረ፡
6 አሱር፡ ወምድረ፡ አራራ። ወለሉድ፡ ወፅአ፡ መክፈልት፡[10] ኃምስ፡ ደብረ፡[30] አሱር፡ ወዙሉ፡
7 ዘዚኣሁ፡ እስከ፡ ይቀርብ፡ *ባሕረ፡ ዐቢየ፡[31] ወይቀርብ፡ መንገለ፡ ጽባሒ፡ አሱር፡[32] እኁሁ። ወያፌት፡[33]
8 ውእቱሂ፡[9] ከፈሉ፡ ምድረ፡ ርስቶ፡ ማእከለ፡ ውሉዱ። ወወፅአ፡ መክፈልት፡[10] ቀዳሚ፡ ለጎሜር፡[34]
መንገለ፡ ጽባሕ፡ እምገጸ፡ ደቡብ፡ እስከ፡ ጤና፡ ፈለግ። ወበደቡብ፡ ለማጎግ፡ ወፅአ፡ ዙሉ፡
9 ውሳጥያቲሁ፡[35] ለደቡብ፡ እስከ፡ ይቀርብ፡ መንገለ፡ ባሕረ፡ ሜኦት።[36] ወለማዳይ፡ ወፅአ፡
መክፈልቱ፡[37] ከመ፡ የአኀዝ፡ እምዐረብ፡ ለክልኤሆሙ፡ አኅዊሁ፡ እስከ፡ ደሴያት፡ ወእስከ፡ ጽንፈሆን፡
10 ለደሴያት። ወለ*ኢዮአቦን፡[38] ወፅአ፡ መክፈልት፡[10] ራብዕ፡ ዙሉ፡[39] ደሴት፡[40] ወደሴያት፡ ዘመንገለ፡
11 እደ፡ ሉድ። ወለተቤልሂ፡ ወፅአ፡ መክፈልት፡[10] ኃምስ፡ ማእከለ፡ ልሳን፡ እንተ፡ ትቀርብ፡ መንገለ፡[41]
እደ፡ መክፈልተ፡ ሉድ፡ እስከ፡ ልሳን፡ ካልእት፡ *ውስተ፡ ማዕዶተ፡[42] ልሳን፡ ካልእት፡ ውስተ፡[43]
12 ልሳን፡[44] ሣልስት። ወለምስክ፡ ወፅአ፡ መክፈልት፡[10] ሳድስ፡[45] ዙሉ፡[46] ማዕዶተ፡ ልሳን፡ ዘሣልስት፡
13 እስከ፡ ይቀርብ፡ ጽባሒሁ፡[47] ለጋዲር። ወለቲራስ፡ ወፅአ፡ መክፈልት፡[10] ሳብዕ፡ *አርባዕቱ፡

---

[1] እስከ፡ B. [2] ጽባሕ፡ C D. [3] እንደኬ፡ B. [4] ተራ፡ A; ኤርትራ፡ B.
[5] መዝባረ፡ A; C omits. [6] ኤላም፡ A. [7] ፌርናክ፡ C; ፍርርናክ፡ D. [8] ኤርትራ፡ B; ኤርትራ፡ C D. [9] A omits. [10] መክፈልቱ፡ A. [11] ዙሉ፡ A B. [12] ዘኔ፡ A.
[13] ሲናኦር፡ A. [14] ወስኩ፡ A; ወስከ፡ B. [15] እንደኬ፡ B. [16] ያዐርግ፡ A.
[17] Emended from ወደፋ፡ ፈለግ፡ A B D; C gives a bad conjecture ውስተ፡ ፈለግ፡
[18] ምድረ፡ B. [19] ከልዳውያን፡ B. [20] A D omit; ወሳኔር፡ C. [21] የማና፡ A.
[22] ኀበ፡ ይቀርብ፡ A. [23] ኢየፍራጤስ፡ A. [24] ዙሉ፡ A. [25] ሜስጦምያ፡ ጤግራስ፡ A.
[26] ኦውፍራጤስ፡ B. [27] ወመንገለ፡ A. [28] ደቡብ፡ A C D. [29] ከልዳውያን፡ B; ለከለዳውያን፡ C D. [30] በደብረ፡ A. [31] ባሕር፡ ዐቢይ፡ A. [32] አሶር፡ B.
[33] ኢያፌት፡ B. [34] ሉሜር፡ A. [35] ውማጥጥያቲሁ፡ B. [36] ሜኦት፡ B.
[37] መክፈልት፡ B. [38] ኢዮአዋን፡ A. [39] ዙሉ፡ A B. [40] ደሴት፡ A; ደሰያት፡ D.
[41] ለመንገለ፡ B. [42] ወማዕዶታ፡ ለ A. [43] ወውስተ፡ B. [44] ልሳኑ፡ A. [45] ሳድስት፡ A.
[46] ወዙሉ፡ B C D. [47] ጽባሒሁ፡ A.

ደሰያት፡[1] ዐበይት፡ በማእከሉ፡ ባሕር፡ እሉ፡[2] ይቀርቡ፡[3] ለ°መክፈልት፡[4] ኪም፡ ወ°ደሰያት፡[5]
ዘክመ°ቶሙ፡ ለውሉደ፡ አርፋክስድ፡ ወፀአ፡ በዐዋዲ፡ ርስት፡ ሎቱ፡፡[6] ወከመዝ፡ ከፈሉ፡ ውሉደ፡ 14
ኖኅ፡ ለደቂቆሙ፡ በቅድሜሁ፡ °ኖኅ፡ አቡሆሙ፡[7] ወ°አምሐሎሙ፡ ለኵሎሙ፡[8] በመርገም፡ ረጊሞ፡
ለኵሉ፡ በበ[9]°እሐዱ፡ እሐዱ፡[10] ዘፈቀደ፡ የአኀዝ፡ መክፈልተ፡ ዘኢወፅአ፡ በዐዋዲሁ፡፡[11] ወይቤሉ፡ 15
ኵሎሙ፡ ሊይኩን፡ ወለ[12]ይኩን፡ ሎሙ፡ ወ°ለውሉዶሙ፡ እስከ፡ ለዓለም፡ በትዝምዶሙ፡ እስከ፡ አመ፡[13]
ዕለተ፡ ደይን፡ በ°ዘ፡° ይኴንኖሙ፡ እግዚአብሔር፡ አምላክ፡ በሰይፍ፡ ወበእሳት፡ በእንተ፡ ኵሉ፡
እኩይ፡[14] ዘ°ርኩስ፡[15] ዘኄጋዮሙ፡ ዘመልእዋ፡ ለምድር፡ አበሳ፡ ወርኵስ፡ ወዝሙት፡ ወኀጢአት፡፡

ወበሱባዔ፡ ሣልስ፡ ዘ°ኢዮቤልው፡[16] ዝንቱ፡ አኀዙ፡ አጋንንት፡ ርኩሳን፡ °ያዕብድዎሙ፡ ወያስሕ X
ቶሙ፡ ወያሕጕልዎሙ፡ ወያድቅቁ፡ ለውሉደ፡ ኖኅ፡፡[17-19] ወመጽኡ፡ °ውሉደ፡ ኖኅ፡[20] ኀበ፡ ኖኅ፡ 2
አቡሆሙ፡ ወነገርዎ፡ በእንተ፡ አጋንንት፡ እሉ፡ ያስሕቱ፡ ወይጼልሉ፡ ወይቀትሉ፡ ውሉደ፡ ውሉዱ፡፡
ወጸለየ፡[21] ቅድመ፡ እግዚአብሔር፡ አምላኩ፡ ወይቤ፡ አምላክ፡ መናፍስት፡ ዘውስተ፡ ኵሉ፡ ዘሥጋ፡ 3
ዘገበርከ፡ ምስሌየ፡[22] ምሕረተ፡ ወአድኀንከኒ፡ ወውሉድ°የ፡ እም፡ ማየ፡[23] አይኅ፡ ወኢ°ገበርከኒ፡[24]
ከመ፡ እኅልቅ፡[25] በ[26]ከመ፡ ገበርከ፡[27] ለውሉደ፡ ሐጕል፡ እስመ፡ ዐቢይ፡ ማህለከ፡[28] ላዕሌየ፡
ወ°ዐብየት፡ ምሕረትከ፡[29] ላዕለ፡ ነፍስየ፡ ይትለዐል፡[30] ማህለከ፡[28] ላዕለ፡ ውሉድየ፡[31] ወኢይመውኡ፡
መናፍስት፡ እኩያን፡ ላዕሌሆሙ፡ ከመ፡ ኢያማስንዎሙ፡ እም፡ ምድር፡፡ ወአንተ፡ ባርከኒ፡[32] 4
ኪያየ፡ ወውሉድየ፡ °ንልሀቅ፡ ወንብዛኅ፡[33] ወ°ንምላእ፡[34] ለምድር፡፡ ወአንተ፡ ታአምር፡ ዘከመ፡ 5
°ገብሩ፡ ትጉሃኒከ፡[35] አበዊሆሙ፡ ለእሉ፡ መንፈስ፡[36] በመዋዕልየ፡ ወዝኒ፡ መናፍስት፡ እሉ፡ ሀለዉ፡
በሕይወት፡[37] ዕፅዎሙ፡ ወአኀዞሙ፡ ውስተ፡ መካነ፡ ደይን፡ ወኢያማስኑ፡ ውስተ፡[38] ውሉደ፡[39]
ገብርከ፡ አምላኪየ፡ እስመ፡ ጸዋጋን፡ እሙንቱ፡ ወለአማስኖ፡ ተፈጥሩ፡፡ ወኢይመውኡ፡ በመንፈሰ፡ 6
ሕያዋን፡ እስመ፡ አንተ፡ ባሕቲትከ፡[40] ታአምር፡ ኵነኔሆሙ፡፡ ወኢይትበውሑ፡ ላዕለ፡ ውሉደ፡
ጻድቃን፡[41] እምይእዜ፡ ወእስከ፡ ለዓለም፡፡ ወይቤሎ፡ እግዚአብሔር፡[42] አምላክ፡ ከመ፡ ንእስር፡ 7

---

[1] ደሰያት፡ አርባዕቱ፡ A. [2] እስከ፡ A. [3] ይቀርብ፡ A; ይቀርቡ፡ D; C omits. [4] መክፈልት፡ A. [5] ደሰያት፡ A. [6] ሎሙ፡ A. [7] A trans. [8] አምሐሉ፡ B C D. [9] A omits. [10] ፳፮ A. [11] በዕዋሁ፡ A D. [12] ከመዝ፡ ወ A. [13] B omits. [14] እክዩ፡ A. [15] ርኩሱ፡ A. [16] ኢዮቤሌው፡ A. [17-19] Em. with Book of Noah (Jellinek's Bet ha-Midrasch iii. p. 155) החלו רחות הממזרים להתגרות בבני נח להשטות ולטעות ולחבל ולחכות from B ያስሕትዎሙ፡ ለደቂቀ፡ ውሉደ፡ (ለውሉደ፡ ደቂቀ፡ A; C D omit ደቂቀ፡) ኖኅ፡ ወያዕብድዎሙ፡ ወያሕጕልዎሙ፡ (ያሓጕልዎሙ፡ A). From Book of Noah (l. c.) and Syncellus i. 49 ἐπλάνησαν τοὺς υἱοὺς Νῶε we see that ደቂቀ፡ is corrupt, and that we should read ያድቅቁ፡ [20] ውሉዱ፡ C D. [21] A adds ኖኅ፡ [22] B C omit. [23] የኒ፡ እማየ፡ B. [24] ረሰይከኒ፡ A; ገበርከ፡ B. [25] እኅለቅ፡ B. [26] B omits. [27] ረሰይኮ፡ A. [28] ማህለክ፡ A. [29] አዕባይከ፡ ምሕረትከ፡ A. [30] ይትሌዐል፡ A B. [31] ውሉደ፡ ውሉድከ፡ B D; ውሉድከ፡ C. [32] ባርክ፡ A. [33] ንብዛሕ፡ ወንልሃቅ፡ B. [34] ንምልእ፡ A B. [35] ይገብሩ፡ ትጉሃን፡ A. [36] መናፍስት፡ A; ትጉሃኒከ፡ መንፈስ፡ B. [37] በሕይወትየ፡ A. [38] D omits. [39] መከነ፡ A; ውሉደ፡ ውሉደ፡ B. [40] ባሕቲትከ፡ A. [41] ጽድቅ፡ A. [42] B C D omit.

8 ዘርእ፡፡ ወመጽአ፡ መልአከ፡ መናፍስት፡ መስቴማ፡ ወይቤ፡ እግዚኦ፡[1] ፈጣሬ፡ አትርፍ፡ እምኔሆሙ፡
ቅድሜየ፡ ወይስምዑ፡ ቃልየ፡ ወይግበሩ፡ ዘኵሎ፡ ዘእቤሎሙ፡ እስመ፡ እመ፡ ኢ*ተርፉ፡[2] ሊተ፡
እምውስቴቶሙ፡ ኢይክል፡ ገቢረ፡ *ስልጣነ፡ ፈቃድየ፡ ውስተ፡[3] ውሉደ፡ ሰብእ፡ እስመ፡ *እሙንቱ፡
ውእቶሙ፡[4] ለአማስኖ፡[5] ወለአስሕቶ፡ ቅድመ፡ ኵነኔየ፡ እስመ፡ ዐቢይ፡ እከዮሙ፡[6] ለውሉደ፡
9 ሰብእ፡፡ ወይቤ፡ ይትረፉ፡[7] ቅድሜሁ፡[8] ዓሥራቶሙ፡[9] ወተስዓቱ፡[10] መክፈልት፡ ያውርድ፡ ውስተ፡
10 መካነ፡ ደይን፡፡[11] ወለአሐዱ፡[12] እምኔነ፡ ይቤ፡ ከመ፡ ንምሀር፡ ለኖኅ፡ ኵሎ፡[13] ፈውሶሙ፡ እስመ፡
11 ያአምር፡ ከመ፡ አኮ፡ በርትዕ፡ ዘየሐውሩ፡ ወአኮ፡ በ[14]ጽድቅ፡ ዘይትበአሱ፡፡ ወገበርነ፡ በከመ፡
ኵሉ፡[15] ቃሉ፡ ኵሎ፡[16] እኩያነ፡ እለ፡ ይጸውጉ፡ አሰርነ፡[17] ውስተ፡ መካነ፡ ደይን፡ ወ*ዓሥራቶሙ፡[18]
12 አትረፍነ፡ ከመ፡ ይትኰነኑ፡[19] ቅድመ፡ ሰይጣን፡ ዲበ፡ ምድር፡፡ ወፈውስ፡ ደዌሆሙ፡ ኵሎ፡
13 ነገርናሁ፡ ለኖኅ፡ ምስለ፡ አስሕቶቶሙ፡[20] ከመ፡ ይፈውስ፡[21] በዕፀወ፡[22] ምድር፡፡ ወጸሐፈ፡ ኖኅ፡
ኵሎ፡ ዘ*ከመ፡[18] መሀርናሁ፡ በመጽሐፍ፡ በኵሉ፡ ትዝምደ፡ ፈውሳት፡[23] ወተዐጽዉ፡ መናፍስት፡
14 እኩያን፡ እምድኅሬሆሙ፡ ለውሉደ፡ ኖኅ፡፡ ወወሀበ፡ ኵሎ፡ ዘጸሐፈ፡[24] ለሴም፡ ወልዱ፡ ዘይልህቅ፡
15 እስመ፡ ኪያሁ፡ ያፈቅር፡ ፈድፋደ፡ እምኵሉ፡ ውሉዱ፡፡ ወ*ኖመ፡ ኖኅ፡[25] ምስለ፡ አበዊሁ፡
16 ወተቀብረ፡ *ውስተ፡ ሉባር፡[26] ደብር፡ በምድረ፡ አራራት፡፡ ፱፻[27]ወ፶ዓመተ፡ ፈጸመ፡ በሕይወቱ፡
17 *፲ወ፱[28] *ኢዮቤልዉ፡[29] ወክልኤ፡ ሱባዔ፡ ወ*፭[30]ዓመት፡፡ ዘአፈድፈደ፡ ሐዩወ፡[31] *ዲበ፡ ምድር፡[32]
እምውሉደ፡ ሰብእ፡ በእንተ፡ ጽድቅ፡[32] ዘበቱ፡ *ፍጹመ፡ ኮነ፡[33] ዘእንበለ፡ ሄኖክ፡፡[34] እስመ፡ ግብሩ፡
ለሄኖክ፡ ተፈጥረት፡[35] ለስምዕ፡ ለትዝምደ፡ ዓለም፡ ከመ፡ ይንግር፡ ኵሎ፡ ግብረ፡ ለ[36]ትውልደ፡
18 ትውልድ፡ ለ[36]ዕለተ፡ ደይን፡፡ ወበ*ሠላሳ፡ ወሰለስቱ፡[37] ኢዮቤልው፡[38] በዓመተ፡ አሐዱ፡[39] በዘ[39]ካልእ፡
ሱባዔ፡ ነሥአ፡ ሎቱ፡[41] ፋሌክ፡ ብእሲተ፡ እንተ፡ ስማ፡ *ሎምና፡ ወለተ፡ ሲናአር፡[39] ወወለደት፡ ሎቱ፡
ወልደ፡ በዓመተ፡ ራብዕ፡ ዘሱባዔ፡ ዝንቱ፡፡ ወጸውዐ፡ ስሞ፡ ራግው፡[40] እስመ፡ ይቤ፡ ናሁ፡ ውሉደ፡
ሰብእ፡ ኮኑ፡ እኩያነ፡ በ*ምክረ፡[41] ዐማ፡ ከመ፡ ይሕንፁ፡ ሎሙ፡ ሀገረ፡ ወማኅፈደ፡ ውስተ፡ ምድረ፡
19 ሲናአር፡፡[42] እስመ፡ ፈለሱ፡ እምድረ፡[43] አራራት፡ መንገለ፡ ጽባሕ፡ ውስተ፡ ሰናአር፡[44] እስመ፡
በ[45]መዋዕሊሁ፡ ሐነጽዋ፡ ለሀገር፡ ወ*ለ[46]ማኅፈድ፡ እንዘ፡ ይብሉ፡ ንዑ፡ ንዕርግ፡ ቦቱ፡ ውስተ፡
20 ሰማይ፡፡ ወአኀዙ፡ ይሕንጹ፡ ወበሱባዔ፡ ራብዕ፡ ገንፈሉ፡[47] በእሳት፡ ወኮኖሙ፡ ግንፋል፡ ከመ፡
እብን፡ ወፀቡር፡ በዘይመርጉ፡ ሎቱ፡ አስፋሊጦስ፡[48] ዘይወፅእ፡ እምነ፡ ባሕር፡ ወእም[49]አንቅዕተ፡
21 ማያት፡ በምድረ፡ ሰናአር፡፡[50] ወሐነጽዋ፡ *አርብዓ፡ ዓመተ፡ ወሠለስተ፡ ዓመተ፡[51] ሀለዉ፡ የሐንጽዋ፡
ግንፋለ፡ ጽፍሑ፡[52] ፲፫ወ፲[53] ውስቴቱ፡ ወግልስቱ፡[54] አሐቲ፡ ኑኁ፡[55] *ሐምሳ፡ ምእት፡ ወአርባዕቱ፡
ምእት፡ ወሰላሳ፡ ወሰለስቱ፡[56] በእመት፡ ዐርገ፡ ኑኁ፡ *ወክልኤ፡ ስዝር፡[57] ወ*፲ወ፫[58] ምዕራፍ፡፡[59]

This verse is found in the Catena of Nicephorus i. col. 175 as a comment on Gen. xi. 4. It supplies defects of and gives a better order than the Ethiopic. The Book of Jubilees is here called ἡ διαθήκη, i.e. of Moses—a designation found elsewhere.

X. 21 Ἡ διαθήκη· ἐπὶ (επει MS.) μγ. ἔτη ἔμειναν οἰκοδομοῦντες. τὸ ὕψος ‚ευλγ. πήχεις, καὶ δύω παλαισταί (παλεσταί MS.). τὸ πλάτος ἐπὶ σγ΄. πλίνθους. τῆς πλίνθου τὸ ὕψος, τρίτον μιᾶς πλίνθου. ⟨τὸ ἔκταμα τοῦ ἑνὸς τοίχου⟩ στάδιοι ιγ΄ ⟨καὶ τοῦ ἄλλου⟩ (τὸ ἄλλο MS.) λ΄.

---

[1] እግዚኦ፡ A; እግዚእ፡ C D. [2] ተርፉ፡ A. [3] ስልጣንየ፡ ለዕለ፡ B. [4] A trans.

ወይቤሎ፡ እግዚአብሔር፡ እምላክነ፡ ለነ፡ ናሁ፡ ሕዝብ፡[55] እለክዱ፡ ወ[56]ወጠነ፡ ይግበር፡[57] ወይእዜ፡ 22
ኢይትኀለቅ፡[58] እምኔሆሙ፡ ንዑ፡ [59]ንረድ፡ ወ[60]ንክዐው፡[61] ልሳናቲሆሙ፡ ወኢይስማዕ፡ [62]እሐዱ፡ ቃለ፡
ካልኡ፡[63] ወይዘረዉ፡ ውስተ፡ አህጉር፡ ወውስተ፡ አሕዛብ፡ ወ[64]ኢትነብር፡ እንከ፡[65] እሐቲ፡ ምክር፡
ላዕሌሆሙ፡ እስከ፡ አመ፡ ዕለተ፡ ደይን፡፡ ወወረደ፡ እግዚአብሔር፡ ወወረድነ፡ ምስሌሁ፡ ንርአይ፡ 23
ሀገረ፡ ወማኅፈደ፡ ዘሐነጹ፡ ውሉደ፡ ሰብእ፡፡ ወሠጠ[66]፡[67] ልሳናቲሆሙ፡ ወኢሰምዐ፡ እንከ፡ 24
አሐዱ፡[68] ቃለ፡ ካልኡ፡ ወአንተጉ፡ እንከ፡ ሐኒጸ፡ ሀገር፡ ወማኅፈድ፡፡[69] በእንተዝ፡ ተሰምየት፡ ኵላ፡ 25
ምድረ፡ ሲናአር፡[70] ባቤል፡ እስመ፡ በህየ፡ ሰወጠ፡[71] እግዚአብሔር፡[72] ዙሉ[73] ልሳናቲሆሙ፡ ለውሉደ፡

---

[5] D adds ወለእሕጉለ [6] ዘነኒሆሙ A. [7] ይትርፍ፡ C D. [8] ቅድሜሃ፡ A C.
[9] ፲ A. [10] ፬ A. [11] B omits. [12] ፰ A. [13] A omits. [14] ሰ A. [15] A C omit.
[16] ወዘሎ B. [17] አሰረ፡ A. [18] ዓሥራቲሆሙ፡ A. [19] ይኩኑ፡ A; ይኩንኑ፡ B C.
Syncellus' summary of this passage, i. p. 49, would lead us to regard the present text to be defective: τὸ δέκατον αὐτῶν κατὰ πρόσταξιν θείαν ὥστε πειράζειν τοὺς ἀνθρώπους πρὸς δοκιμὴν τῆς ἑκάστου πρὸς θεὸν προαιρέσεως. [20] አሕሰሞቶሙ፡ B over erasure. This verse is found almost word for word in the Book of Noah l.c. ואת רפואות נגעי בני ארם . . . הגיד המלאך לרפא בעצי הארץ. [21] ይፈውሱ A. [22] በዕፀ፡ A. ዕፀው፡ here = βοτάνοι. cf. Enoch vii. 1 Greek and Eth. Vers. [23] ለፈውስ A. [24] መጸሕፍት A; መጸሐፍት፡ ዘጸሐፈ C D—a conflate reading. [25] ዋኅ፡ ሰከበ፡ A. [26] ሉቦር A. [27] ተሰንት፡ ፲ B. [28] ዓሠርቱ፡ ወክልኤቱ፡ B; ፲ወ፪ C. [29] ለዮቤሌው A. [30] ኀያመ፡ B. [31] Em. from ሐዋው፡ A B. [32] ጽድቅ፡ B C D. [33] ፍጹም፡ በጽድቅ፡ B C D. [34] ሄኖክ፡ A. [35] ፍጥረት፡ ውእቱ፡ B C D. [36] Em. with iv. 24 from ሰ. [37] ፴ወሰባ፡ A. [38] በዝ A B.
[39] Syr. Frag. ܠܘܡܢܐ ܒܪܬ ܫܢܥܪ. In Algazi's Chronicle we find לבנה בת שׁער as the wife of Phâlĕk. Here לבנה is correct, but שׁער seems corrupt; cf. Schol. Lagarde r on Gen. x. 24 γυνη φαλεχ δυμνα θυγατηρ σεννααρ. For δυμνα we should read λυμνα; cf. Onom. Sacr. p. 194, 54 Λόμνα = λευκασμός. [40] ራጋው A; cf. Gen. xi. 20 'Ραγαύ, רְעוּ. [41] ምድረ፡ A.
[42] ሰናኦር፡ A B. [43] ውስተ፡ ምድረ፡ A. [44] ወ B. [45] Emended from ፈሰጠ፡ A; ወፈሰጠ፡ B C; ወፈጠጠ D. Cf. Joseph. Antt. i. 3, 4 φκοδόμητο δ' ἐκ πλίνθου ὀπτῆς, ἀσφάλτῳ συνδεδεμένης. [46] አስፈልጢስ፡ B. [47] ወእምኑ፡ A. [48] ሴናአር፡ A; ሴናአር፡ B.
[49] ፵ ዓመተ፡ ወ፫ ዓመተ፡ A. [50] Em. with Greek τὸ πλάτος from ፍጹመ፡ B C D, but omitted by A. [51] Em. with Greek σγ' from ፲ወ፫ A; ሠለስቱ፡ ወዓሠርቱ፡ B. [52] ሠለስቱ፡ A.
[53] Emended with Greek from ሰኡኑ፡ D adds እሐቲ፡ [54] ፶፫ወ፻፫፻ ወማእስ፡ A.
[55] ዓሠለስቱ፡ B—probably a corruption of ዓሠርቱ፡ ወሠለስቱ፡ [56] ምዕራፉ A. Text defective here as we see from Greek. [57] ይገብር፡ A. [58] ኢየሐልቅ፡ B; Gen. xi. 6 לֹא־יִבָּצֵר; LXX οὐκ ἐκλείψει. [59] A B omit, but Gen. xi. 7 supports C D. [60] ንክዑ፡ A.
[61] እሐዱ፡ ካልእ፡ A; እሐዱ፡ ካልእ፡ B C. I have followed D, but its reading may be due to Eth. Vers., or rather to ver. 24. [62] እንከ፡ ኢትነብር፡ B. [63] Obs. that whereas LXX uses συγχέω for נבל Gen. xi. 7 and בלל xi. 9, Eth. uses two words, ከዐው፡ and ሠጠ፡
[64] A C D add ዙሉ፡ ቃለ፡ [65] ፶፭ A. [66] So Sam. xi. 8 and LXX, but Mass. and Vulg. omit. [67] ሰናአር፡ B C D. [68] ሠጠ፡ B; ሰጠጠ፡ C. [69] እምላክ፡ B C D.

ሰብእ፡ ወእምህየ፡ ተዘርዉ፡ ውስተ፡ አህጉሪሆሙ፡ በበ፡ ልሳናቲሆሙ፡ ወበበ፡ ሕዘቢሆሙ።
26 ወፈነወ፡ እግዚአብሔር፡ ነፋሰ፡ ዐቢየ፡[1] ውስተ፡ ማኅፈድ፡ ወ*ገፍትአ፡[2] ውስተ፡ ምድር፡ ወናሁ፡
27 ውእቱ፡ ማእከለ፡ አሱር፡ ወባቢሎን፡ ውስተ፡ ምድረ፡ ሰናአር፡[3] ወጸውዑ፡ ስሞ፡ ድቀት።[4] በ*ሱባዔ፡
ራብዕ፡ በአሐዱ፡[5] ዓመት፡ በመቅደሙ፡[7] ዚአሁ፡ በ**ሠላሳ፡ ወአርባዕቱ፡[9] ኢዮቤልው፡[10] ተዘርዉ፡
28 እምድረ፡ ሰናአር።[11] ወሖሩ፡ ካም፡ ወውሉዱ፡ ውስተ፡ ምድር፡ እንተ፡ እኅዘት፡[12] ሎቱ፡ ዘረከበ፡
29 በመክፈልቱ፡ ውስተ፡ ምድረ፡[13] ደቡብ። ወርእየ፡ ከናአን፡[14] ምድረ፡ ሊባኖስ፡ እስከ፡ ሙሐዘ፡
ግብጽ፡ *ከመ፡ ሠናይ፡ ይእቲ፡[15] ጥቀ፡ ወኢሖረ፡[16] ውስተ፡ ምድረ፡ ርስቱ፡ መንገለ፡ ዐረብ፡[17] ባሕር፡
ወኀደረ፡ ውስተ፡ ምድረ፡ ሊባኖስ፡ እምጽባሕ፡ ወእምዐረብ፡ እምአድ፡ ዮርዳኖስ፡[18] ውእም[19]አድ፡
30 ባሕር። ወይቤሎ፡ ካም፡ አቡሁ፡ ወ*ኩሽ፡[20] ወመጽራይም፡ እኁዊሁ፡[21] እስመ፡ ኀደርከ፡ ውስተ፡
ምድር፡ እንተ፡ ኢኮነት፡ እንቲአከ፡ ወኢወፅአ፡ ለነ፡ በ*ዐፀሁ፡[22] ኢትግበር፡ ከመዝ፡ *እስመ፡ ለ[23]እመ፡
ከመዝ፡ ገበርከ፡ አንተሂ፡ ወደቂቅከሂ፡ ትወድቁ፡ ውስተ፡ ምድር፡ ወርጉማን፡ በ*ሀከክ፡[24] *እስመ፡
31 በሀከክ፡[25] ኀደርከሙ፡ ወበ*ሀከክ፡[24] ይወድቁ፡ ደቂቅከ፡ ወ*ትሴሮ፡[26] ለዓለም። ኢ[27]ትኅድር፡
32 ውስተ፡ ማኅደረ፡ ሴም፡ *እስመ፡[28] ለሴም፡ ወለውሉዱ፡ ወፅአ፡ በ*ዐፃሆሙ።[29] ርጉም፡ አንተ፡
ወርጉመ፡ ትከውን፡ እምኵሎሙ፡ ውሉደ፡ ኖኅ፡ በመርገም፡ እንተ፡ ተማራዐ፡[30] በ*መሐላ፡[31]
33 በቅድሜሁ፡ ለመኰንን፡ ቅዱስ፡ ወበቅድመ፡ ኖኅ፡ አቡነ። ወኢሰምዖሙ፡ ወኀደረ፡ ምድረ፡
34 ሊባኖስ፡ እም*ኤማት፡[32] እስከ፡ ምብዋአ፡ ግብጽ፡ ውእቱ፡ ወውሉዱ፡ እስከ፡ ዛቲ፡ ዕለት። ወበእንተዝ፡
35 ተሰምየት፡ ይእቲ፡ ምድር፡[33] ከናአን። ወያፌትሰ፡ ወውሉዱ፡ ሖሩ፡ መንገለ፡ ባሕር፡ ወኀደሩ፡
ውስተ፡ ምድረ፡[34] መክፈልቶሙ፡ ወርእየ፡ ማዳይ፡[35] ምድረ፡[36] ባሕር፡ ወ*ኢ[36]አደመቶ፡ በቅድሜሁ፡
ወ*አስተብቍዖ፡[37] እምኀበ፡ ኤላም፡ ወአሱር፡ ወአርፋክስድ፡ እምኀበ፡ እኁወ፡ ብእሲቱ፡ ወኀደረ፡
36 ውስተ፡ ምድረ፡ ሜድቂን፡[38] ቅሩብ፡[39] ኀበ፡ እኁወ፡ ብእሲቱ፡ እስከ፡ ዛቲ፡ ዕለት። ወሰመዮ፡
ምንባሪሁ፡ ወምንባረ፡ ውሉዱ፡ ሜዲቂን፡[38] በስመ፡ ማዳይ፡ አቡሆሙ።
XI. ወበ*ሠላሳ፡ ወኃምስቱ፡[40] ኢዮቤልው፡[10] በሱባዔ፡ ሣልስ፡ በአሐዱ፡[41] *ዓመት፡ ሎቱ፡[42] ነሥአ፡ ሎቱ፡

---

[1] B omits. [2] ገፍትአ፡ B. [3] ሲናአር፡ C D. [4] This disagrees with Gen. xi. 9 בָּלַל; LXX σύγχυσις; Eth. Vers. ዝርወት፡ = διασπορά. [5] ወበ B. [6] ፬ A.
[7] Emended from በቅድመ፡ cf. xi. 2, where the words are confused in MSS. [8] ዘ B.
[9] ፴ወ፬ A C D. [10] ኢዮቤሌው፡ A. [11] ሰናአር፡ B. [12] ተእኅዘት፡ A; እኅት፡ C; ኀዝአት፡ D. [13] ምድር፡ A. [14] ከናአን፡ A. [15] ይእቲ፡ ከመ፡ ሠናይት፡ B.
[16] A adds ውእቱ፡ [17] ዐረበ፡ B. [18] ሊባኖስ፡ B C. [19] ወበ B C. [20] ኩሲ፡ A.
[21] ወእኁዊሁ፡ C; D omits. [22] ዕፃዊ፡ D. [23] ወ A. [24] ሃከክ፡ B. [25] A D omit.
[26] ትሴሮ፡ C D. [27] ወኢ፡ A. [28] ወ B. [29] ዕፃሁ፡ A. [30] ሠራዐ፡ A; ተሠራዐ፡ C D.
[31] ማእከለ፡ A. [32] ኤሜት፡ A. [33] B adds ምድረ፡ [34] C D omit. [35] ሙዳዩ፡ A.
[36] A omits. [37] አስተብቍዖ፡ A. [38] ሜድቂም፡ A. [39] ቅሩብ፡ A. [40] ፴ወ፭ A.
[41] ፩ A. [42] ዓመቱ፡ A.

ራገው፡[1] ብእሲተ፡ ወስማ፡ አራ፡[2] ወለተ፡ ኡር፡[3] ወልደ፡[4] ኬሴድ፡ ወወለደት፡ ሎቱ፡ ወልደ፡
ወ*ጸውዐ፡[5] ስሞ፡ ሴሮኅ፡[6] *በሳብዐ፡ ዓመቲ፡[7] ለዝ፡ ሱባዔ፡ በ*ዝ፡ ኢዮቤልው፡፡[9] ወ[10]ወጠኑ፡ ውሉደ፡[11] 2
ኖኅ፡ ይትቃተሉ፡ ለ[12]ዔውዎ፡ ወለቀቲል፡ ፩፩*እኁሆሙ፡[13] ወለክዒው፡ ደመ፡ ሰብእ፡ ዲበ፡ ምድር፡
ወለበሊዐ፡ ደም፡ ወለሐኒጸ፡ አህጉር፡ ጽኑዓት፡ ወጥቅም፡ ወማኅፈድ፡ ወለ*አልዕሎ፡[14] ብእሲ፡
ላዕለ፡ ሕዝብ፡ ወለ*ሰይሞ፡[15] መቅድመ፡[16] መንግሥት፡[17] ወለ*ሐዊረ፡[18] ፀብእ፡[19] ሕዝብ፡ ቅድመ፡
ሕዝብ፡ *ወአሕዛብ፡ ቅድመ፡ አሕዛብ፡[20] ወሀገር፡ ቅድመ፡ ሀገር፡ ወ*ዘሉ፡[21] ለአእኩዮ፡ ወለአጥርዮ፡
ንዋየ፡ ሐቅል፡ ወለምህር፡ ውሉዶሙ፡[22] ፀብአ፡ ወ*እንዘ፡ ይዔውዉ፡ ሀገረ፡[23] ወለ*ሠዪጦ፡[24] ገብር፡
ወአመት፡፡[25] ወሐነጸ፡ ኡር፡[26] ወልደ፡ ኬሴድ፡[27] ሀገረ፡[28] ኦራ፡[29] እንተ፡ ከልዴዎን፡[30] ወ*ሰመያ፡ 3
ስማ፡[31] በስመ፡ ዚአሁ፡ ወ*በ[10]ስመ፡ አቡሁ፡፡ ወገብሩ፡ ሎሙ፡[32] ስብከቶተ፡ ወይሰግዱ፡ ፩፩[33]ለጣዖት፡ 4
ዘገብሩ፡ ለርእሶሙ፡ ስብከ፡ ወወጠኑ፡ ይግበሩ፡ ግልፈ፡[33] ወምስለ፡ ርኩስ፡[34] ወመናፍስት፡[35] ጸዋጋን፡[36]
ይረድኡ፡ ወ[36]ያስሕቱ፡ ከመ፡ ይግበሩ፡ አበሳ፡[37] ወርኩሰ፡፡[38] ወመኰንን፡ መስቴማ፡ ይጸንዕ፡ 5
ለ*ገቢረ፡[39] ዝንቱ፡ ዙሉ፡ ወይፌኑ፡ *በዕደ፡ መናፍስት፡[40] ለእለ፡ ተውህቡ፡[41] ታሕተ፡ እዴሁ፡[42]
ለገቢረ፡ ዙሉ፡ ጌጋይ፡ ወኀጢአት፡ ወዙሉ፡ አበሳ፡ ለአማስኖ፡ ወለአኅጉሎ፡ ወለክዒው፡ ደም፡ ዲበ፡[43]
ምድር፡፡ በ[44]እንተዝ፡ *ጸውዐ፡ ስሞ፡[45] ለሴሮኅ፡[46] ሴሩክ፡[47] እስመ፡[48] ተመይጠ፡ ዙሉ፡ ለገቢረ፡ 6
ዙሉ፡ ኀጢአት፡ ወአበሳ፡፡[49] ወልሀቀ፡ ወኀደረ፡ ውስተ፡ ኡር፡ ዘ*ከለዳዊያን፡[50] ቅሩብ፡[51] አበ፡ 7
እሙ፡ ብእሲቱ፡ ወኮነ፡ ያመልክ፡ ጣዖተ፡፡ ወነሥአ፡ ሎቱ፡ ብእሲተ፡ አመ፡ *ሰላሳ፡ ወስድስቱ፡[52]
ኢዮቤልው፡[53] በሱባዔ፡ ኃምስ፡ ለ*ዓመት፡[10] ቀዳሚሁ፡ ሎቱ፡ ወስማ፡ *ጰልካ፡[54] ወለተ፡

---

[1] ራገው፡ A. [2] አራ፡ A B. [3] አር፡ D: cf. Algazi's Chronicle אורה בת חור; also Schol. Lagarde *r* on Gen. xi. 20 *γυνη ραγαυ ωρα θυγατηρ ὀῦρ υιου χεζα.* Syr. Frag. ܐܘܪ ܒܪܬ ܟܣܕ. [4] ወለተ፡ A; ወለተ፡ ወልደ፡ C—a conflate reading of A and B; ወለተ፡ እኅተ፡ D—a bad conjecture. [5] ጸወዐት፡ B. [6] ሴሩግ፡ B C. [7] Em. by Dln. from በሳብዕ፡ ሱባኤ፡ A; በሳብዕ፡ ሱባዔሁ፡ B C; በሱባዔሁ፡ D. [8] ወበ B. [9] ኢዮቤሌው፡ A. [10] B omits. [11] ደቂቀ፡ A. [12] ወ A. [13] እኁሁ፡ A. [14] Em. from ተልዕሎ፡ Cf. Cedrenus i. 47 *ἐπὶ τούτου (Σηροὺχ) οἱ ἄνθρωποι . . . ἑαυτοῖς κατεστήσαντο . . . βασιλεῖς.* [15] ሥዩም፡ A; ሠይሞ፡ C D. [16] በቅድመ፡ A; C trans. after መንግሥት፡ [17] መንግሥት፡ B; D omits. [18] ፀዊረ፡ C. [19] ፀብአ፡ A. [20] A omits. [21] ዙሉ፡ C D. [22] ወለውሉዶሙ፡ A; ወሎሙ፡ B. [23] እንዘ፡ ይዔወዉ፡ ሀገር፡ ለሀገር፡ B. [24] ሠይጦ፡ C D. [25] ለገብርና፡ ወለእምታት፡ B; ለገብርናት፡ ወለዓመት፡ C. [26] ኡድ፡ B; ዑድ፡ C; A omits. [27] ኬሲድ፡ A. [28] A D omit. [29] አራሃ፡ B C D. [30] ከላዴዎን፡ A. [31] ሰመዩ፡ A. [32] ኡሑዱ፡ B. [33] ስብኩ፡ B. [34] ወርዙስ፡ B; ወርኩሱ፡ C; ርኩሱ፡ D. [35] መናፍስት፡ B. [36] ርኩሳን፡ B C. [37] አበሳት፡ B. [38] B adds ወአበሳ፡ [39] ገቢረ፡ C. [40] Em. from በእደ፡ መናፍስት፡ [41] ተውህቦ፡ A. [42] እደዊሁ፡ C D. [43] በዲበ፡ A. [44] ወበ A. [45] ተጸውዐ፡ ስሙ፡ C D. [46] ለሴሩክ፡ B; ለሴሩኅ፡ C D. [47] ሴሩግ፡ D; C omits. [48] A adds በመዋዕሊሁ፡ [49] B D omit. [50] ከልዴዎን፡ B. [51] ቅሩብ፡ A. [52] ፴ወ፮ A. [53] ኢዮቤሌው፡ A. [54] ማልካ፡ B.

8 ካቤር፡[1] ወለቱ፡ እኅተ፡ አቡሁ፡፡ ወወለደት፡ ሎቱ፡ ናኮርሃ፡ በ°ዓመት፡[2] ቀዳሚት፡[3] ለዝ፡ ሱባኤ፡
ወልሀቀ፡ ወነበረ፡ °ውስተ፡ ኡር፡ በከለዳውያን፡[4] ወመሀሮ፡ አቡሁ፡ ትምህርቶሙ፡ ለ°ከለዳውያን፡[5]
9 ለ°ተማርሮ፡[6] ወለተሰግሎ፡ በ°ተአምረ፡[7] ሰማይ፡፡ ወበ፴ወ፯ ኢዮቤልዉ፡[8] በሱባኤ፡ ሳድስ፡
በ°ዓመት፡ እሑዱ፡[9] ሎቱ፡ ነሥአ፡ ብእሲተ፡ ወስማ፡ ኢያስካ፡[10] ወለቱ፡ ነስታግ፡[11] ዘ°ከለዳውያን፡፡°
10, 11 ወወለደት፡ ሎቱ፡ ታራሃ፡ በዓመት፡ ሳብዕ፡ ለዝ፡ ሱባኤ፡፡ ወፈነወ፡ መኰንን፡ መስቴማ፡ ቋዓተ፡
ወ°አዕዋፈ፡[12] ከመ፡ ይብልዑ፡ °ዘርአ፡ ዘይዘርኡ፡[13] ውስተ፡ ምድር፡ ለ[14]አማስኖ፡ ምድር፡ ከመ፡
ይሂድዎሙ፡ ለ°እጓለ፡[15] ሰብእ፡ ተግባሮሙ፡[16] ዘእንበለ፡ ይኅርሱ፡ ዘርአ፡ ይእርዩ፡[17] ቋዓት፡ እምገጸ፡
12 ምድር፡፡ ወ[18]በእንተዝ፡ ጸውዐ፡ ስሞ፡ ታራ፡ እስመ፡ ያስተጸንስዎሙ፡ ቋዓት፡[19] ወአዕዋፍ፡[20]
13 ወይበልዑ፡ ሎሙ፡ ዘርአሙ፡፡ ወአኀዙ፡ ዓመታት፡ ይዕበሩ፡ እምቅድመ፡ ገጸሙ፡ ለአዕዋፍ፡
ወ°ዘሎ፡[21] ፍሬ፡ ዕፀ፡ ይበልዑ፡ እምአዕዋፍ፡ በኀይል፡ ዐቢይ፡ እመ፡[22] ክሀሉ፡ አድኅኖ፡[23] ኅዳጠ፡
14 እምዘሎ፡ ፍሬ፡ ምድር፡ በመዋዕሊሆሙ፡፡ ወበዝ[24]፴°ወ[25]፱፡ ኢዮቤልዉ፡[8] በሱባኤ፡ ካልእ፡
በቀዳሚ፡ ዓመት፡[23] ነሥአ፡[24] ሎቱ፡ °ታራ፡ ብእሲተ፡[25] ወስማ፡ ኤድና፡ ወለተ፡ አብራም፡[26] ወለተ፡
15 እኅቱ፡[27] አቡሁ፡ [ሎቱ፡ ብእሲተ]፡፡[28] ወበ°ሳብዕ፡ ዓመቱ፡[29] ለዝሱባኤ፡ ወለደት፡ ሎቱ፡ ወልደ፡
ወጸውዐ፡ ስሞ፡ አብራም፡ በስመ፡ አቡሃ፡ ለእሙ፡ እስመ፡ ሞተ፡[27] ዘእንበለ፡ ትፅንስ፡[30] ወልደ፡
16 ወለቱ፡፡ ወ[27]አንዘ፡ °ሕፃን፡ ያእምር፡[31] ስሕተተ፡ ምድር፡ ከመ፡ °ዙሉ፡ ይስሕት፡[32] በድኅሬሆሙ፡
ለ°ግልፎ፡[33] ወድኅረ፡ ርኩስ፡ ወመሀሮ፡ አቡሁ፡ መጽሐፈ፡ ወወልደ፡ ክልኤ፡ ሱባኤ፡ ዓመት፡ ውእቱ፡
17 ወተፈልጠ፡ እምድኅሬሁ፡ ለአቡሁ፡ ከመ፡ ኢይስግድ፡ ምስሌሁ፡ ለጣዖት፡፡ ወአንዘ፡ ይጸሊ፡ ኀበ፡
ፈጣሬ፡ ዙሉ፡ ከመ፡ °ያድኅኖ፡ እምስሕተተ፡ ውሉደ፡ ሰብእ፡[33] ወ°ከመ፡[27] ኢይረድ፡ °መክፈልቱ፡
18 ውስተ፡ ስሕትት፡[34] ድኅረ፡ ርኩስ፡ ወምናኔ፡፡ ወበጽሐ፡ ጊዜ፡ ዘርአ፡ ለዘራእ፡ ውስተ፡ ምድር፡

---

[1] So Schol. Lagarde *r* on Gen. xi. 22 *γυνη σερουχ μελχα θυγατηρ χαβερ πατραδελφου αυτου*; Syr. Frag. [illegible]; Algazi's Chron. somewhat corrupt מלכה בת נהר. [2] ዓመት፡ B. [3] ቀዳሚሁ፡ ሎቱ፡ A. [4] ውስተ፡ ዘአለ፡ ኡር፡ ከልዴዎያን፡ B. [5] ከልዴዎያን፡ B. [6] ተመርሮ፡ A D. [7] ተአምረ፡ C D. [8] ኢዮቤሌው፡ A. [9] ፩ ዓመት፡ A. [10] ኢያስኪ፡ A. [11] ነስታግ፡ A; Syr. Frag. [illegible]. Cf. Schol. Lagarde *r* on Gen. xi. 24 *γυνη ναχωρ ιεσθα θυγατηρ νεσθα του χαλδαιου*; for *ιεσθα* we should read *ιεσχα*. Algazi's Chron. ישנב בת ישרוב is very corrupt. [12] አዕዋፍ፡ A. [13] ዘርአ፡ ዘይዘይሬእ፡ A. [14] ወለ A. [15] ዙሉ፡ A; ውሉደ፡ B. [16] B omits. [17] የአርእዩ፡ A; ይአርዩ፡ B; ዘየአርዩ፡ C. [18] A puts in acc. [19] ዙሉ፡ A. [20] ወአ፡ A. [21] A adds ዘርአሙ፡ [22] A adds ሱባኤ፡ በ. [23] ዓመቱ፡ A. [24] ወነሥአ፡ B. [25] A trans. [26] አብራሂ፡ B; Syr. Frag. [illegible]. Cf. Algazi's Chron. עדנה בת אברנתו. [27] A omits. [28] Seems a gloss. [29] ዓመት፡ ሳብዕ፡ B; A D omit ሳብዕ፡ [30] ይፀነስ፡ A B. [31] B trans. [32] ግልፍዎት፡ B. [33] እመስተተ፡ ውሉደ፡ ሰብእ፡ ይድኅኖ፡ A; B supports text, but for እምስ" reads እምስሕተ፡ [34] ውስተ፡ ስሕት፡ ወመክፈልቱ፡ ወ A; D supports text, but adds ውእቱ፡ before መክ"; B supports text, but adds ውስተ፡ before መክ" and for ስሕት፡ reads ድኅነ፡ hence text is uncertain.

ወወፅኡ፡ ኵሎሙ፡ ኅቡረ፡ ከመ፡ ይዕቀቡ፡ ዘርአሙ፡[1] እምገጸ፡ ቋዓት፡ ወወፅአ፡ አብራም፡ ምስለ፡
እለ፡ ወፅኡ፡ ወ[2]*ሕፃን፡ ወልደ፡ ፲ወ፬ዓመት፡፡[3] ወደመና፡ ቋዓት፡ መጽኡ፡ ከመ፡ ይብልዑ፡ ዘርአ፡[4] 19
ወ[5]*አብራም፡[6] ይረውጽ፡ በአንጻሪሆሙ፡ ዘእንበለ፡ ይንበሩ፡[7] ውስተ፡ ምድር፡ *ወይኬልሕ፡
ላዕሌሆሙ፡ ዘእንበለ፡ ይንበሩ፡ ዲበ፡ ምድር፡[8] ለበሊዐ፡ ዘርእ፡ ወይብል፡ ኢትረዱ፡ ግብኡ፡ ውስተ፡
መካን፡ ኀበ፡ ወፃእክሙ፡ ወይትመየጡ፡፡ ወ*ገብረ፡[9] ለደመና፡ ቋዓት፡ ሰብዓ፡ *በይእቲ፡ ዕለት፡[9] 20
ወኢ*ነበረ፡[10] እም*ኵሉ፡[11] ቋዓት፡ ውስተ፡ ኵሉ፡ ገራውሀ፡ ኀበ፡ ሀሎ፡ አብራም፡[12] ህየ፡ ወኢ*አሐዱ፡፡[13]
ወይሬእዩ፡ ኵሎሙ፡ እለ፡[14] ምስሌሁ፡ ውስተ፡ ኵሉ፡ ገራውሀ፡ እንዘ፡[15] ይኬልሕ፡ ወ*ኵሉ፡ 21
ቋዓት፡ ተመይጠ፡ ወዐቢይ፡ ስሙ፡ በኵሉ፡ ምድረ፡[16] ከላዴዎን፡፡[17] ወመጽኡ፡ ኀቤሁ፡ በዓመት፡ 22
ዝንቱ፡ ኵሎሙ፡ እለ፡ ይዘርኡ፡ ወሀሎ፡ የሐውር፡ ምስሌሆሙ፡ እስከ፡ ለመ፡ የሐልቅ፡ ጊዜ፡ ዘርአ፡[18]
ወዘርኡ፡ ምድሮሙ፡ ወአብልኡ፡ በውእቱ፡ ዓመት፡ እክለ፡ እኩለ፡[19] ወበልዑ፡[20] ወጸገቡ፡፡ ወ*በዓመት፡ 23
አሐዱ፡ ዘሱባዔ፡ ኃምስ፡ መሀረ፡ አብራም፡[21] ለእለ፡ ይገብሩ፡ ንዋየ፡ እልህምት፡ ለ*ኪነት፡ ዕፀ፡[22]
ወገብሩ፡ ንዋየ፡ በመልዕልተ፡ ምድር፡ በአንጻረ፡ *ድጉረ፡ ዕርፍ፡[23] ከመ፡ ያንብሩ፡[24] ላዕሌሁ፡
ዘርአ፡ ወይወርድ፡ እምውስቴቱ፡ ዘርእ፡[25] ውስተ፡ ክተማ፡ ዕርፍ፡[26] ወይትኀባእ፡ ውስተ፡ ምድር፡
ወኢይፈርህዎ፡ እንከ፡ እም*ገጸ፡ ቋዓት፡፡[27] ወገብሩ፡ ከመዝ፡ ላዕለ፡ ኵሉ፡ *ድጉረ፡ ዕርፍ፡[28] 24
መልዕልተ፡ ምድር፡ ወዘርኡ፡ ወ*ገብሩ፡[29] *ኵሉ፡ ምድረ፡[30] ዘከመ፡[31] አዘዞሙ፡ አብራም፡
ወኢይፈርህዎ፡ እንከ፡ እም*አዕዋፍ፡፡[32]

ወኮነ፡ በሱባዔ፡ ሳድስ፡ በሳብዕ፡ ዓመቱ፡ ሎቱ፡ ይቤ፡ አብራም፡[33] ለታራ፡ አቡሁ፡ *እንዘ፡ ይብል፡ XII
አባ፡ ወይቤ፡ ነየ፡ አነ፡ ወልድየ፡፡ ወይቤ፡ ምንተ፡ ረድኤት፡ ወ[34]ተድላ፡ ለነ፡ እምእሉ፡ ጣዖት፡[35] 2
ዘአንተ፡ ታመልክ፡ ወትሰግድ፡ ቅድሜሆሙ፡፡ እስመ፡ አልቦ፡ ላዕሌሆሙ፡ ምንትኒ፡ መንፈስ፡ 3
እስመ፡ ስግመት፡ እሙንቱ፡ ወስሕተተ፡ ልብ፡ እሙንቱ፡ ኢ[36]ታምልክዎሙ፡፡ አምልክዎ፡ ለአምላከ፡ 4
ሰማይ፡ ዘያወርድ፡ ዝናመ፡ ወጠለ፡ ላዕለ፡ ምድር፡ *ወይገብር፡ ኵሎ፡ በላዕለ፡ ምድር፡ ወኵሎ፡
ፈጠረ፡[37] በቃሉ፡ ወኵሉ፡ ሕይወት፡ እምቅድመ፡ ገጹ፡፡ በ[38]ምንት፡ አንትሙ፡ ታመልክዎ፡ ለእለ፡ 5

---

[1] ዘርአ፡ B. [2] B omits. [3] ሕፃናት፡ ወወልደ፡ ፲ወ፬ዓመት፡ ውእቱ፡ A. [4] A adds ምድር፡ [5] አብርሃም፡ B. [6] A omits. [7] ይነብሩ፡ A. [8] ገብሩ፡ C; ገብኦ፡ D. [9] B trans. before ለደመና፡ [10] ነበሩ፡ A; ይነብሩ፡ C D. [11] ደመና፡ B. [12] C D add ወኢተርፈ፡ [13] አሐዱሂ፡ A. [14] A adds ሀለዉ፡ [15] ወእንዘ፡ B. [16] ምድር፡ A. [17] ከልዴዎን፡ B. [18] ዘርአ፡ ዘርአ፡ C; ዘርኦ፡ ምድር፡ D. [19] A C omit. [20] B adds በውእቱ፡ [21] አብራም፡ B. [22] ኪነት፡ ዕፀ፡ A; ኪንየ፡ ዕፀ፡ B. [23] ድጉር፡ ወዕርፍ፡ A; ድጉር፡ ዕርፍ፡ B; ድጉር፡ ዕርፈ፡ D. [24] ያንብር፡ A B. [25] ዘርኡ፡ A. [26] ዘርአ፡ ዕርፍ፡ B; ዘርአ፡ C. [27] A adds ፈድፋደ፡ [28] ድጉር፡ ወዕርፍ፡ A; ድጉረ፡ ዕርፍ፡ B. [29] ገብረ፡ B. [30] ኵሉ፡ ምድር፡ B C; A omits; C D add ኵሉ፡ before ዘከመ፡ [31] በከመ፡ A. [32] ቆዓት፡ B; ቋዓት፡ C; ገጸ፡ አዕዋፍ፡ D. [33] አብርሃም፡ B. [34] ወምንት፡ A. [35] ጣዖታት፡ B. [36] ወኢ B. [37] ገብረ፡ A. [38] ለ A.

አልቦሙ፡ መንፈስ፡ ላዕሌሆሙ፡[1] እስመ፡ ግብረ፡ እደው፡ እሙንቱ፡ ወዲበ፡ መታክፍቲክሙ፡[2]
አንትሙ፡ ትጸውርዎሙ፡ ወአልቦ፡ እምኔሆሙ፡ ለክሙ፡ ረድኤት፡ ዘእንበለ፡ ኀሳር፡[3] ዐቢይ፡
6 ለእለ፡ ይገብርዎሙ፡[4] [5]ወስሕተተ፡ ልብ፡ ለእለ፡ ያመልክዎሙ፡[5] ኢታምልክዎሙ፡[6] ወ[7]ይቤሎ፡[7]
አቡሁ፡[8] አነኒ፡[9] አአምር፡ ወልድየ፡ ወ[10]ምንተ፡ እሬሲ፡ ለ[11]ሕዝብ፡ እሉ፡ ረሰዩኒ፡[11] እትለአክ፡
7 ቅድሜሆሙ። ወእመ፡ ነገርክዎሙ፡ ጽድቀ፡ ይቀትሉኒ፡ እስመ፡ ተለወት፡ ነፍሶሙ፡ ኀቤሆሙ፡
8 ከመ፡ ያምልክዎሙ፡ ወይሰብሕዎሙ፡ አርምም፡ ወልድየ፡ ከመ፡[12] ኢይቅትሉከ።[13] ወነገረ፡
9 ዘንተ፡ ነገረ፡ ለክልኤ፡ አኀዊሁ፡ ወተምዑ፡[14] ላዕሌሁ፡ ወአርመሙ። ወበአርብዓ፡ ኢዮቤልዉ፡[15]
በሱባኤ፡ ካልእ፡ በሳብዕ፡ ዓመቱ፡[16] ሎቱ፡ ነሥአ፡ ሎቱ፡ አብራም፡ ብእሲተ፡ ወስማ፡ ሶራ፡ ወለተ፡
10 አቡሁ፡ ወ[17]ኮነት፡[17] ሎቱ፡ ብእሲተ። ወአራን፡ እኁሁ፡[18] ነሥአ፡ ሎቱ፡ ብእሲተ፡[19] በ[20]ዓመት፡[20]
ሣልስ፡[21] ዘ[22]ሱባኤ፡ ሣልስ፡ ወወለደት፡ ሎቱ፡ ወልደ፡ በዓመት፡ ሳብዕ፡ ዘሱባኤ፡ ዝንቱ፡ ወጸውዐ፡
11, 12 ስሞ፡[23] ሎጥ። ወናኮር፡ እኁሁ፡ ነሥአ፡ ሎቱ፡ ብእሲተ።[24] ወ[25]በዓመት፡ ዘስሳ፡[25] ዘ[26]ሕይወተ፡[26]
አብራም፡[27] ውእቱ፡ ሱባኤ፡ ራብዕ፡ በዓመት፡ ራብዕ፡[28] ሎቱ፡[29] ተንሥአ፡[29] አብራም፡[30] በሌሊት፡
ወአውዐየ፡ ቤተ፡ ጣዖታት፡ ወአውዐየ፡ ዘሎ፡ በውስተ፡ ቤት፡ ወሰብእ፡ አልቦ፡ ዘ[31]አእመረ።[31]
13, 14 ወተንሥኡ፡ በሌሊት፡[32] ወፈቀዱ፡ ያድኅኑ፡ አማልክቲሆሙ፡ እማእከለ፡ እሳት። ወሰረረ፡ አራን፡
ከመ፡ ያድኅኖሙ፡ ወነደደ፡ እሳት፡ ላዕሌሁ፡ ወውዕየ፡ በእሳት፡ ወሞተ፡ በ[33]ኡር፡[33] ዘ[34]ከለዳውያን፡[34]
15 በቅድመ፡ ታራ፡ አቡሁ፡ ወቀበርዎ፡ በኡር፡ ዘ[34]ከለዳውያን።[34] ወወፅአ፡[35] ታራ፡ እምኡር፡[36]
ዘከለዳውያን፡ ውእቱ፡ ወውሉዱ፡ ከመ፡ ይምጽኡ፡ ውስተ፡ ምድረ፡[37] ሊባኖስ፡ ወውስተ፡ ምድረ፡
ከናአን፡ ወኀደረ፡ ውስተ፡ ምድረ፡ ካራን፡ ወኀደረ፡ አብራም፡ ምስለ፡ ታራ፡ አቡሁ፡ ውስተ፡ ካራን፡
16 ክልኤ፡ ሱባኤ፡ ዓመታት።[38] ወበሳድስ፡ ሱባኤ፡ በዓመት፡ ኃምሱ፡ ሎቱ፡ [39]ነበረ፡ አብራም፡[39]
በሌሊት፡ በሠርቀ፡ ወርኅ፡ ሳብዕ፡ ከመ፡ ያብይን፡ ከዋክብተ፡ [40]እምሰርክ፡ እስከ፡ ነግህ፡[40] ከመ፡
ይርአይ፡ ምንተ፡ ይከውን፡[41] ግብረ፡ ዓመት፡[42] በዝናማት፡ ወሀሎ፡ ውእቱ፡ ባሕቲቱ፡ ይነብር፡

---

[1] በላዕሌሆሙ፡ A. [2] መታክፍትክሙ፡ A. [3] ኀሰር፡ A. [4] B omits. [5] ወያመልክዎሙ፡ ስሕተተ፡ ልብ፡ እሙንቱ፡ A. [6] A omits. [7] ይቤ፡ C D. [8] Erased in A; ታራ፡ D. [9] ወአነኒ፡ B C. [10] A B omit. [11] ለዝ፡ C D. [12] አዘዙኒ፡ A D. [13] ኢይቀትሉከ፡ A. [14] ተምዕዑ፡ B. [15] ኢዮቤሌው፡ A. [16] ዓመት፡ A. [17] ኮነት፡ A. [18] አቡሁ፡ A. [19] B C D omit. [20] መዓት፡ B. [21] C D omit. [22] በ B. [23] C D add ሎቱ፡ [24] ብእሲቶ፡ B. [25] ክልእ፡ C; ዘሠላስ፡ D. Cedrenus, p. 48, supports A B; Syncellus, p. 185, slightly differs. [26] ሕይወት፡ A. [27] አብርሃም፡ B. [28] ራብዕ፡ A C; D omits. [29] ወተንሥአ፡ A. [30] አብርሃም፡ B; A adds ወልደ፡ ናኮር፡ [31] አእመሩ፡ A. [32] ሌሊተ፡ B. [33] ኡኑር፡ B. [34] ከለደዎን፡ B. [35] This supposes ויצא in Gen. xi. 31, and so nearly Syr. ܘܢܦܩܘ ܥܡܗܘܢ; LXX (ἐξήγαγε), Sam., and Vulg. read ויוצא אתם, while the Mass. gives the difficult reading ויצאו אתם. [36] Agrees with Mass. against LXX Gen. xi. 31 τῆς χώρας. [37] ምድር፡ A. [38] ዓመታተ፡ B. [39] ተንሥአ፡ አብራም፡ ወነበረ፡ C. [40] ለማይ፡ እምነግህ፡ እስከ፡ ሰርክ፡ A. [41] A D omit. [42] ዓመታት፡ A.

ወ°ያቤይን፡[1] ወመጽአ፡ ውስተ፡ ልቡ፡ ቃል፡[2] ወይቤ፡ ኵሉ፡ ተአምራ፡[3] ከዋክብት፡ ወ°ተአምራቲሁ፡[4] 17
°ለፀሓይ፡ ወለወርኅ፡[6] ኵሉ፡[7] በእዴሁ፡ እግዚአብሔር፡ ለምንት፡ አነ፡[8] እትኀሠሥ፡፡ ለእመ፡ ፈቀደ፡ 18
ያዘንም፡ °ነግሀ፡ ወሰርከ፡[9] ወእመ፡ ፈቀደ፡ ኢያወርድ፡[10] ወኵሉ፡ ውስተ፡ እዴሁ፡፡ ወጸለየ፡ 19
በ°ይእቲ፡[11] ሌሊት፡ ወይቤ፡ አምላኪየ፡[12] አምላክ፡[13] ልዑል፡ አንተ፡ ባሕቲትከ፡ ሊተ፡° አምላክ፡
ወአንተ፡ ኵሉ፡ ፈጠርከ፡ ወግብረ፡ እደዊከ፡ ኵሉ፡° ኮነ፡ ዘ[14]ሀሎ፡ ወኪያከ፡ ወ°መሰኮትከ፡[15]
ኀረይኩ፡፡ አድኅነኒ፡ °እምእደ፡ መናፍስት፡[16] እኩያን፡ እለ፡ ይሴለጡ፡ ውስተ፡ ሕሊና፡ ልበ፡ 20
ሰብእ፡ ወኢያስሕቱኒ፡ እምድኅሬከ፡ አምላኪ°የ፡[17] ወ°ትረስየኒ፡[18] ኪያየ፡ ወዘርእየ፡ አንተ፡° ለዓለም፡
ወኢንስሐት፡ እምይእዜ፡ ወ°እስከ፡ ለዓለም፡፡ ወይቤ፡[19] እመ፡ እገብእሁ፡ ውስተ፡ ኡር፡ ዘከለዳውያን፡ 21
እለ፡ እሙንቱ፡ የኀሥሡኒ፡[20] ገጽየ፡ ከመ፡ እግባእ፡ ኀቤሆሙ፡ ወሚመ፡ እንበር፡[21] ዝየ፡ በዝ፡ መካን፡
ፍኖተ፡ ርትዕ፡ በ°ቅድሜከ፡ ኪያየ፡ ሠርኅ፡ በእደ፡ ገብርከ፡ ይግበር፡[22] ወኢይሖር፡ በ°ስሕተተ፡[23]
ልብየ፡ አምላኪየ፡፡[24] ወውእቱ፡[25] ፈጸመ፡ ተናግሮ፡[26] ወጸለየ፡ ወናሁ፡ ተፈነወ፡[27] ቃለ፡ እግዚአብሔር፡ 22
ኀቤሁ፡ በእዴየ፡ እንዘ፡ ይብል፡ ነዓ፡[28] አንተ፡ እምድርከ፡ ወእምዘ፡ ትዝምድከ፡[29] ወእም፡ ቤተ፡
አቡከ፡ ውስተ፡ ምድር፡ እንተ፡ አርእየከ፡ ወእሬስየከ፡ ሕዝበ፡ ዐቢየ፡ ወብዙኀ፡፡ ወእባርከከ፡ 23
ወ°አዐቢ፡[30] ስመከ፡ ወ°ትከውን፡ ቡሩከ፡[31] ውስተ፡ ምድር፡ ወይትባረኩ፡ ብከ፡ ኵሎሙ፡[32]
አሕዛበ፡[33] ምድር፡ ወለእለ፡ ይባርኩከ፡ እባርኮሙ፡ °ወለእለ፡ ይረግሙከ፡[34] እረግሞሙ፡፡
ወእከውነከ፡ ለከ፡ ወለ°ወልድከ፡[35] ወለወልደ፡ ወልድከ፡ ወለ°ኵሉ፡ ዘርእከ፡[36] አምላከ፡[37] 24
ኢትፍራህ፡ እምይእዜ፡ ወእስከ፡[38] ኵሉ፡ ትዝምደ፡ ምድር፡ አነ፡ አምላክከ፡፡ ወይቤለኒ፡ 25
እግዚአብሔር፡ አምላክ፡ ፍታሕ፡ አፉሁ፡ ወእዘኒሁ፡ ይስማዕ፡ ወይንብብ፡ በአፉሁ፡[39] በልሳን፡
እንተ፡ ታስተርኢ፡ እስመ፡ አዕረፈ፡ እምአፈ፡ ኵሉ፡ ውሉደ፡° ሰብእ፡ እምዕለተ፡ ድቀት፡፡[40]
ወፈታሕኩ፡ አፉሁ፡ ወእዘኒሁ፡ ወከናፍሪሁ፡ ወአኀዝኩ፡ እትናገር፡ ምስሌሁ፡ በ[41]ዕብራይስጥ፡ በልሳን፡ 26

---

[1] ያበይን፡ B. [2] ቃለ፡ B; A trans. before ውስተ፡ [3] ተአምራ፡ C D.
[4] ተአምራ፡ C D. [5] ያ፡ A. [6] ለወርኅ፡ ወለፀሓይ፡ A B. [7] ኵሎ፡ B. [8] A omits.
[9] ሰርከ፡ ወነግሀ፡ A C D. [10] ያውርድ፡ A; ያወርድ፡ C. [11] ዛቲ፡ A. [12] አምላክየ፡ A;
አምላኪየ፡ አምላኪየ፡ B. [13] አምላከ፡ B. [14] ወ A. [15] መሰኰትከ፡ A B.
[16] እመናፍስት፡ B. [17] B omits. [18] ረሰየኒ፡ አንተ፡ C; ትረስየኒ፡ አንተ፡ D. [19] Emended
from ወእቤ፡ [20] ይኀሥሡ፡ A. [21] A adds ኀቤሆሙ፡ [22] ይግበር፡ A. [23] ስሕተት፡ A;
በስሕት፡ B. [24] አምላክየ፡ A. [25] B adds ወውእቱ፡ ሰበ፡ [26] ተናግሮ፡ A.
[27] A trans. after እግዚአብሔር፡ [28] ነዐ፡ A. [29] አዝማዲከ፡ B. [30] አዐቢየከ፡ A;
አዓቢ፡ B. [31] So LXX Gen. xii. 2 *ἔσῃ εὐλογημένος*, Syr., and Vulg. against Mass. and
Sam. הְיֵה בְּרָכָה. [32] ወኵሎሙ፡ A. [33] አበው፡ A B D. [34] Thus our text, with
Sam., LXX, Syr., Vulg., implies וּמְקַלְלֶיךָ in Gen. xii. 3, instead of Mass. וּמְקַלֶּלְךָ.
[35] ውሉድከ፡ A. [36] ዘርእከ፡ ወለኵሉ፡ ዘዘርእከ፡ A. [37] አምላክ፡ A. [38] A adds
ለዓለም፡ ወእስከ፡ [39] በልሳኑ፡ A. [40] ቅድስት፡ A; ድቀቀ፡ D; C omits. See x. 26.
[41] A B omit.

27 ፍጥረት።[1] ወነሥአ፡ መጻሕፍተ፡ *አበዊሁ፡ ወጽሑፋት፡ እማንቱ፡ ዕብራይስጢ፡[2] ወደገሞን፡
ወአኀዘ፡ ይትመሀርን፡ እምአሜሃ፡ ወአነ፡ አየድዖ፡ ዙሉ፡ ዘይስአኖ፡ ወ*ተምሀርን፡[3] ስድስተ፡ ወርኀ፡
28 ዝናም። ወኮነ፡ በ*ዓመተ፡ ሳብዕ፡ ዘሱባዔ፡ ሳድስ፡[6] ወ*ተናገረ፡ ምስለ፡ አቡሁ፡[7] ወአየድዖ፡
ከመ፡ የሐውር፡ ውእቱ፡[8] እምካራን፡ ለሐዊረ፡ ምድረ፡[9] ከናአን፡ ይርአያ፡ ወይገባእ፡ ኀቤሁ።
29 ወይቤሎ፡ ታራ፡ አቡሁ፡ ሖር፡ በሰላም፡ አምላከ፡ ዓለም፡ ያርትዕ፡ ፍኖተከ፡ ወእግዚአብሔር፡
ምስሌከ፡ ወይትማኀፀንከ፡ እምዙሉ፡ እኩይ፡ ወየሀብ፡[10] ላዕሌከ፡ ሣህለ፡ ወምሕረተ፡ ወ*ሞገሰ፡[11]
በቅድመ፡ እለ፡ ይሬእዩከ፡ ወኢ*ይኩንንከ፡[12] ዙሉ፡ ውሉደ፡[13] ሰብእ፡ ለአእክዮ፡ ዲቤከ፡ ሖር፡
30 በሰላም። ወእመ፡ ርኢከ፡ ምድረ፡ አዳመ፡[14] ለአዕይንቲከ፡ ለሐዲር፡ ውስቴታ፡ ነዓ፡[15] ወንሥአኒ፡
ኀቤከ፡ ወንሥእ፡ ለሎጥ፡ ምስሌከ፡[16] ወልደ፡[17] አራን፡ እኁከ፡ ለከ፡ ለወልድ፡[18] *እግዚአብሔር፡
31 ምስሌከ።[4] ወናኮርሃ፡ *እኁከ፡ ኅድግ፡[19] ኀቤየ፡[20] እስከ፡ ትገብእ፡ በሰላም፡ ወነሐውር፡ ዙልነ፡
ኅቡረ፡ ምስሌከ።

፲፫ ወሖረ፡ አብራም፡ እምካራን፡ ወነሥአ፡ ሶራይሃ፡[21] ብእሲቶ፡ ወ*ሎጥሃ፡[22] ወልደ፡ አራን፡ እኁሁ፡
ውስተ፡ ምድረ፡ ከናአን፡ ወመጽአ፡ ውስተ፡ *አሱር፡ ወአንሶሰወ፡ እስከ፡ ሴቄምን፡[23] ወኀደረ፡ *ኀበ፡
2 ድርስ፡ ነዋኀ።[24] ወርእየ፡ ወናሁ፡ ምድር፡[25] አዳም፡ ጥቀ፡ እምብዋአ፡ ኤማት፡[26] እስከ፡ ኀበ፡
3.4 ድርስ፡[27] ነዋኀ። ወይቤሎ፡ እግዚአብሔር፡ *ለከ፡ ወ*ለዘርእከ፡ እሁብ፡ *ዛተ፡ ምድረ።[28] ወሐነጸ፡
5 በህየ፡ ምሥዋዐ፡ ወአዕረገ፡ ዲቤሁ፡ ጽንሓሐ፡ ለእግዚአብሔር፡ ዘአስተርአዮ። ወ*አንሥአ፡[29]
እምህየ፡ ውስተ፡ ደብር፡[30] *ምስለ፡ ቤቴል፡[31] ዘመንገለ፡ ባሕር፡ ወ*አጌ፡[32] መንገለ፡ ጽባሕ፡
6 ወተከለ፡[33] ደብተራሁ፡ ህየ። ወ*ርእየ፡ ወናሁ፡ ምድር፡ ስፍሕት፡ ወኄርት፡[34] ጥቀ፡ ወዙሉ፡
ይሠርፅ፡ ላዕሌሃ፡ አውያን፡ ወ*በለስ፡ ወሮማን፡ ዕፀ፡ ባላን፡ ወ*ድርስ፡[35] ወ*ጠርቤንቶስ፡[36] ወዕፀወ፡
ዘይት፡ ወ*ቄድርስ፡[37] ወቄጲፊሮስ፡ ወ*ቤሊናስ፡[38] ወዙሉ፡ ዕፀወ፡ ገዳም፡ ወማይ፡ ዲበ፡ አድባር።
7 ወባረኮ፡ ለእግዚአብሔር፡ ዘአውፅኦ፡ እምኡ፡ ኡር፡ ዘ*ከላዴዎን፡[39] ወአምጽኦ፡ ውስተዝ፡ ምድር።[40]
8 ወኮነ፡ *በአሐዱ፡ ዓመት፡[41] በሱባዔ፡ ሳብዕ፡ በሠርቀ፡ ወርኀ፡ በዘ፡[42] *ቀዳሚ፡ ሐነጸ፡[43] ምሥዋዐ፡[44] በዝ፡[45]
9 ደብር፡ ወ*ጸውዐ፡ ስመ፡[46] እግዚአብሔር፡ አንተ፡[47] አምላኪየ፡ አምላክ፡ ዘለዓለም። ወአዕረገ፡ ዲበ፡
ምሥዋዕ፡ ጽንሓሐ፡[48] ለእግዚአብሔር፡ ከመ፡ የሀሉ፡ ምስሌሁ፡ ወኢ*ይኅድጎ፡[49] ዙሉ፡ መዋዕለ፡
10 ሕይወቱ።[50] ወ*አንሥአ፡[51] እምህየ፡ ወሖረ፡ *መንገለ፡ ደቡብ፡[52] ወበጽሐ፡ እስከ፡ ኬብሮን፡
ወኬብሮን፡ አሜሃ፡ ተሐንጸት፡ ወነበረ፡ ህየ፡ *ዓመተ፡ ክልኤተ፡[53] ወሖረ፡[54] ውስተ፡ ምድረ፡[55] ደቡብ፡
11 እስከ፡ ቦአ፡ ሎጥ፡ ወኮነ፡ ዓባር፡ ዲበ፡ ምድር። ወሖረ፡ አብራም፡ ውስተ፡ ግብጽ፡ በሣልስ፡ ዓመት፡
ዘሱባዔ፡ ወኀደረ፡ ውስተ፡ ግብጽ፡[56] ኃምስተ፡ ዓመተ፡ ዘእንበለ፡ ትትሀየድ፡ ብእሲቱ፡ እምኔሁ።
12,13 ወ*ጠናይስ፡[57] ዘግብጽ፡ አሜሃ፡ ተሐንጸት፡ በሰብዐቱ፡ ክረምት፡ እምድኅረ፡ ኬብሮን። ወኮነ፡
አመ፡[58] ሄዳ፡[59] ፈርዖን፡ ሶራይ፡[60] ብእሲተ፡ ለአብራም፡ ቀሠፎ፡ እግዚአብሔር፡ ፈርዖንሃ፡ ወቤቶ፡[61]
14 በመቅሠፍት፡ ዐቢይ፡ በእንተ፡ ሶራ፡[62] *ብእሲቱ፡ ለ**አብራም። ወአብራም፡ ክቡር፡[63] በጥሪት፡
ጥቀ፡[64] በአባግዕ፡ ወበአልህምት፡ ወበአዕዱግ፡ *ወበአፍራስ፡ ወበአግማል፡[65] ወበአግብርት፡

---

[1] ፍጥረቱ፡ A C. [2] አቡሁ፡ ወጽሕፍት፡ በዕብራይስጥ፡ A. [3] ተመሃርኩ፡ A;

. . . et inhabitavit illic annis duobus, et promovit inde in austrum usque XIII. 10
Bahalot, et facta est famis super terram. Et abiit Abram in Aegyptum 11
anno tertio septimanae[1] et inhabitavit in [terram] Aegypti quinque annis,
priusquam raperetur uxor ipsius ab eo. Et Taneos [civitas][2] Aegypti tunc 12
aedificata est annis septem post Cebron. Et factum est cum rapuisset 13
Farao Saram uxorem Abram, quaestionavit Dominus Faraonem et domum
ejus quaestionibus magnis propter Saram uxorem Abram. Et tunc Abram 14
glorificatus[3] divitiis valde [omnibus] ovibus et bubus et asinis et camelis

---

[1] MS. septimani. [2] Eth. and Num. xiii. 22 omit. [3] MS. glorificavit.

ተማሀርን፡ B. [4] A omits. [5] ዘሰዶስ፡ A. [6] B omits. [7] አበሁ፡ A. [8] A trans. before ከመ፡ [9] ምድር፡ A. [10] ወየሀቡከ፡ እግዚአብሔር፡ A. [11] ምግሥ፡ A. [12] ይኩንከ፡ A; ይኩንኩከ፡ C D. [13] ውሉድ፡ A. [14] እዳም፡ A; እዳም፡ ሰርአይ፡ B; እዳም፡ C D. [15] ፲፡ A. [16] ኀቤከ፡ B. [17] ሰወለደ፡ A. [18] በወለደ፡ A; ወሰወለደ፡ B; ወለደ፡ C D. [19] እኅዋከ፡ ኀድር፡ B. [20] ምስሌየ፡ A. [21] ሰሬገየ፡ B; ሰርደየ፡ C; ሰሰሬ፡ D. [22] ሎጥ፡ A C D. [23] ሱር፡ ወእንሰሰው፡ ውስተ፡ ሠቀማን፡ A. [24] ኢብድርስ፡ ነዋን፡ A; ነቤድርሰ፡ ነዋኅ፡ B; Gen. (Mass.) xii. 6 עַד אֵלוֹן מוֹרֶה. Hence text agrees with LXX ἐπὶ τὴν δρῦν τὴν ὑψηλήν and possibly read רוֹמָה for מוֹרֶה, or else we must suppose a confusion of מַרְאֶה and מוֹרֶה and that *illustrem* in Vulg. *ad convallem illustrem* is thus to be explained. Syr. and Arab. imply מַמְרֵא. [25] ምድረ፡ A. [26] ሊመት፡ B. [27] ድርሰ፡ B. [28] Gen. xii. 7 omits. [29] ለዘርእ፡ ምድር፡ A. [30] ተንሥአ፡ A. [31] ይበሪ፡ B C D. [32] Em. with Gen. xii. 8 from ቤቴል፡ ዘበሰሙ፡ A; B C D read ቤቴል፡ [33] ጌሠመ፡ A; Mass. xii. 8 הָעָי; LXX 'Αγγαί. [34] A adds ህየ፡ [35] ናሁ፡ ርእየ፡ ምድር፡ ስፍሕት፡ ወሠናይ፡ A. [36] ድርሰ፡ A; ደርሰ፡ B. [37] ጠሬቢንተስ፡ B. [38] ቀድርሰ፡ B. [39] Em. from ቤበሮስ፡ A; ቤብሮስ፡ C D; B omits. [40] ከሊዴዊያን፡ B. [41] ደበር፡ A C D. [42] እሐዲ፡ ዓመት፡ A. [43] C D omit. [44] ቀደመ፡ ኀጺጸ፡ A. [45] ምሥዋዕ፡ A; ምሥዋዓ፡ B. [46] በዘ፡ A. [47] ጸውዐ፡ በስመ፡ B C D. [48] ወይቤ፡ A. [49] ጽንኀሕ፡ A. [50] ይንጽን፡ A. [51] ሐይወት፡ A. [52] እንስ፡ B; ተንሥአ፡ C D. [53] Agrees with Mass. xii. 9 הַנֶּגְבָּה, Sam., Syr., Aq. (νότονδε), Symm. (εἰς νότον), Vulg. against LXX ἐν τῇ ἐρήμῳ, Itala *in desertum*. [54] B trans. [55] C D omit; Lat. *et promovit inde*. [56] Lat. omits. [57] Lat. *terram Aegypti*. [58] Num. xiii. 22 צֹעַן; LXX Τανίν. [59] እማን፡ A. [60] All MSS. read ሂደ፡ except B, which is doubtful. [61] ሰሬይ፡ B. [62] B C D add ዘሎቱ፡ against A and Lat. [63] ስሬይ፡ A; ሰሬይ፡ B. [64] ብእሲት፡ A. [65] Lat. *glorificavit* I have with Eth. emended into *glorificatus*. [66] A transposes before በጥሪት፡ Lat. adds *omnibus*. [67] Lat. trans.; A omits ወ before በእግማል፡ For እፍራስ፡ Mass. Gen. xii. 16 has וַאֲתֹנֹת and LXX ἡμίονοι.

ወበእእማት፡ ወበብሩር፡ ወበወርቅ፡ ፈድፋደ፡ ወለሎጥ፡[1] ወልደ፡ እኁሁ፡ ቦጥሪት፡[2]
15 ወአግብኣ፡ ፈርዖን፡ ሶራሃ፡[3] ብእሲቶ፡ ለአብራም፡[4] ወፈነዎ፡ እምድረ፡[5] ግብጽ፡ ወሖረ፡
ውስተ፡[6] መካን፡ [7]ኀበ፡[7] ተከለ፡ ደብተራሁ፡ እንተ፡ ቀዳሚ፡ ውስተ፡ መካነ፡ ምሥዋዕ፡
ዓይ፡[8] እምጽባሒሁ፡[9] ወቤቴል፡[10] እምባሕር፡[11] *ወባረኮ፡[12] ለእግዚአብሔር፡ አምላኩ፡ ዘሜጦ፡
16 በሰላም፡፡ ወኮነ፡ በዘአርብዓ፡ *ወአሐዱ፡ ኢዮቤልዎን፡ በግልስ፡[13] ዓም፡[14] ዘሱባዔ፡ ቀዳሜ፡
ገብአ፡ ውስተ[15]ዝ፡ መካን፡ *ወአዐረገ፡ በዲቤሁ፡[16] ጽንሓሐ፡ ወጸውዐ፡ በስመ፡ እግዚአብሔር፡
17 ወይቤ፡[16] አንተ፡[17] አምላክ፡ ልዑል፡[18] አምላኪየ፡ ለዓለመ፡[19] ዓለም፡፡ ወበራብዕ፡ ዓመት፡
ዘዝሱባዔ፡ ተፈልጠ፡ ሎጥ፡ እምኔሁ፡ ወኀደረ፡ ሎጥ፡[19] ውስተ፡ ሰዶም፡ *ወሰብአ፡ ሰዶም፡[20]
18 ኃጥኣን፡ ጥቀ፡፡ *ወእእከየ፡[20] በልቡ፡[21] እስመ፡ ተፈልጠ፡ ወልደ፡ እኁሁ፡ እምኔሁ፡ እስመ፡
19 አልቦ፡ ውሉደ፡፡ በውእቱ፡ ዓመት፡ አመ፡ ተፄወወ፡ ሎጥ፡ ወይቤሎ፡ እግዚአብሔር፡ ለአብራም፡
እምድኅረ፡ ተፈልጠ፡ እምኔሁ፡ ሎጥ፡ በራብዕ፡ ዓመት፡ ዘዝሱባዔ፡[22] አንሥእ፡ አዕይንቲከ፡[23]
እመካን፡ *ውእቱ፡ ሀለውከ፡ ትነብር፡[24] ሀየ፡ መንገለ፡ ሰሜን፡ *ወሊባ፡[25] ወባሕር፡ ወጽባሕ፡፡[26]
20 እስመ፡ ኵላ፡ ምድር፡ *እንተ፡ ትሬኢ፡[26] ለከ፡ ወለዘርእከ፡ እሁብ፡ እስከ፡ ለዓለም፡ ወእሬሲ፡
ዘርአከ፡ ከመ፡ ኖፃ፡ ባሕር፡[27] እመ፡ ይክል፡ ሰብእ፡ ኈልቆ፡[28] ኖፃ፡ ምድር፡[29] ወዘርአከኒ፡
21 ኢ[30]*ይትኌለቍ፡፡[31] ተንሥእ፡ አንሶሱ፡[32] ውስተ፡ *ምድር፡ ውስተ፡[33] ኑኃ፡ ወርኅባ፡ *ወርኢ፡ ኵሎ፡[34]
22 እስመ፡ ለዘርአከ፡[35] እሁብ፡ ወሖረ፡ አብራም፡ ኬብሮን፡ ወኀደረ፡ ሀየ፡፡ ወበዝ፡ ዓመት፡ መጽአ፡
ኮዶሎጎሞር፡[36] ንጉሠ፡ ኤላም፡ ወአማርፍል፡[37] ንጉሠ፡ ሲናአር፡[38] ወ*አሪዮክ፡[39] ንጉሠ፡ ሴላሰር፡[40]

---

[1] ወሎጥኒ፡ A; ወለሎጥኒ፡ ለ B. [2] በጥሪት፡ B; A omits. [3] ሶራሄ፡ A; ለሶራይሃ፡ B. [4] Lat. adds *viro suo.* [5] እምነ፡ ምድረ፡ A. [6] ኀበ፡ A. [7] ዘ A. [8] ዓጌ፡ A. [9] እምጽባሒሁ፡ C D; A omits. [10] Emended with Lat. *et Betel* from ዘቤቴል፡ A; ቤቴል፡ B C D. [11] Emended with Lat. *a mare* from ወባሕር፡ B; ወሖረ፡ D; A C omit. [12] ባረኮ፡ B. [13] ኢዮቤሌዎን፡ በሳብዕ፡ A. [14] ዓመት፡ B. [15] B omits. [16] A omits. [17] A C add እግዚአብሔር፡ against B D and Lat. [18] ለዓለም፡ ወለ፡ A. [19] B omits through hmt. For ሰዶም፡ C D read ሰዶምስ፡ [20] Emended from ወእኪየ፡ A; ወእከየ፡ B; ወእእከየ፡ D; C reads ወኀዘነ፡ a conjecture right as to sense. It is possible that we ought to read ወእኩያን፡ ወእእከየ፡ Cf. Lat. *et iniqui in cordibus suis*, which, though corrupt and defective, points in this direction. [21] በልቦሙ፡ D. [22] MSS. add ወይቤሎ፡ against Lat. and Gen. xiii. 14. [23] Gen. xiii. 14 adds וּרְאֵה. [24] ዘሀሎከ፡ ትነብር፡ A. [25] ሊባ፡ A. [26] B omits; Mass., Sam., and all versions of Gen. xiii. 14 trans. before ወባሕር፡ order of Lat. confused. [27] ምድር፡ A over an erasure; cf. Gen. xiii. 16 כַּעֲפַר הָאָרֶץ. Hence Lat. *harenam maris* and B C D on which the text is based may be wrong. [28] ኈልቆቶ፡ ለ A; Lat. omits እመ፡ . . . ምድር፡ [29] ባሕር፡ D; C omits. [30] C D and Gen. xiii. 16 omit, but Lat. and Onk. support A B. [31] ይትኌለቍ፡ A B. [32] ወአንሶሱ፡ B. [33] I have added ምድር፡ ውስተ፡ with Gen. xiii. 17 as the text ውስተ፡ ኑኃ፡ presupposes them. [34] Gen. xiii. 17 omits.

et equis et servis et ancillis argento et auro[1] valde; etenim et Loth filio
fratris sui erant divitiae. Et reddidit Farao Saram uxorem Abram[2] et 15
ejecit eum de terra Aegypti, et pervenit in locum ubi fixerat tabernaculum
suum in primis, in locum altarii Agge ad orientis partem et Betel a mare,
et benedixit Dominum Deum suum qui revocavit eum in pace. Et factum 16
est in quadragensimo et primo jubeleo, anno tertio *ebdomadae primae[3]
reversus est in locum hunc et obtulit (super eo) olocaustomata et invocavit
in nomine Domini (et dixit): 'Tu es Deus excelsus, Deus meus in saecula
saeculorum.' Et in anno[4] quarto septimanae[5] hujus separatus Loth ab 17
ipso et inhabitavit Sodomis: et homines Sodomitae erant valde et iniqui...
in cordibus suis[6], propter quod separatus est [Loth] filius fratris sui ab eo, 18
eo quod non erant illi filii. *In quarto autem anno septimanae hujus 19
jubelei ipsius, quo captivatus est Loth, dixit Deus ad Abram (postquam
separatus est Loth ab ipso)[7]: Eleva oculos tuos de loco, ubi sedes, ad
occasum et Africum et orientem et septentrionem. Quoniam omnem terram 20
quam[8] tu vides, tibi et semini tuo dabo eam in saecula, et ponam semen
tuum sicut harenam[9] maris (si poterit homo enumerare harenam terrae),
attamen[10] semen tuum non enumerabitur. [Et tu][11] exsurgens perambula 21
(terram in longitudine et)[12] latitudine[13] ejus et vide universa, quia semini
tuo dabo eam. Et abiit Abram in Cebron et inhabitavit...

---

[1] MS. aro. [2] MS. adds viro suo. [3] MS. ebdomadarum primi. [4] MS. no. [5] MS. septimanarum. [6] Defective and corrupt; see note 20 on Eth. text. [7] In MS. confused and defective as follows: captivatus est Loth ab ipso. In quarto autem anno septimani hujus jubelei ipsius dixit deus ad Abram ab ipso. [8] MS. quan. [9] MS. harena. [10] MS. etenim. [11] Eth. and Gen. xiii. 17 omit. [12] See note 33 on Eth. text. [13] MS. latitudinem.

---

[33] Text here stands alone. Gen. Mass. xiii. 17 לְךָ, and so Sam., Syr., Eth. Vers. and Vulg.; LXX *σοι . . . καὶ τῷ σπέρματί σου εἰς τὸν αἰῶνα.* [34] ከዶሉ፡ ጎሞር፡ A. According to Del. in Baer's Ausg. der fünf Megilloth, 1886, p. v, written originally as a double word כְּדָר־לָעֹמֶר. In Gen. xiv. 1 (Mass.) we find כְּדָרְלָעֹמֶר; LXX Χοδολλογόμορ. [35] አምፓልፍር፡ A; LXX Gen. xiv. 1 Ἀμαρφάλ supports punctuation of text rather than Mass. אַמְרָפֶל, a shortened form of Amarmuballit (Del. on Gen. xiv. 1). [36] ሰናአር፡ A. [37] ፊለክ፡ A; እፊለእ፡ B. [38] ሊሰሰር፡ A. Eth. text agrees with Targ. Ps.-Jon. in identifying אֶלָּסָר with תְּלַשָּׂר Is. xxxvii. 12; but in modern times it is identified with Larsam.

ወ*ቱርጋል፡[1] ንጉሠ፡ አሕዛብ፡ ወ*ቀተልዎ፡[2] ለንጉሠ፡ ገሞር፡[3] ወጐየ፡ ንጉሠ፡ ሰዶም፡ ወብዙኃን፡
23 ወድቁ፡ በቍስል፡[4] *በቈላ፡ ሰዲማው፡[5] በ*ባሕረ፡[6] ጼው፡፡ ወጼወዉ፡ ሰዶም፡ ወአደማ፡
ወሴቦኢም፡ ወጼወውዎ፡ ለሎጥ፡[7] ወልደ፡ እኁሁ፡ ለአብራም፡ ወኵሎ፡ ጥሪቶ፡ ወሖሩ፡ እስከ፡
24, 25 ዳን፡፡ ወመጽአ፡ ዘድኅነ፡ ወነገሮ፡[8] ለአብራም፡ ከመ፡ ተጼወወ፡ ወልደ፡ እኁሁ፡፡ ወ*አስተረሰየ፡[9]
ሊደ፡ ቤቶ፡...ዴበ፡ አብራም፡ ወዴበ፡ ዘርኡ፡ ዐሥራተ፡ ቀዳሜ፡ ለእግዚአብሔር፡ ወእግዚአብ
ሔር፡ ሠርዖ፡ ሥርዐተ፡ ለዓለም፡[7] ከመ፡[10] የሀብዎ፡ ለካህናት፡ ለእለ፡ ይትቀነዩ፡ ቅድሜሁ፡ ከመ፡
26 የእግዝዎ፡ ለዓለም፡፡ ወአልቦ፡ ለዝ፡ ሕግ፡ ወሰን፡ መዋዕል፡ እስመ፡ ለትውልድ፡ ዘለዓለም፡
ሠርዖ፡ ከመ፡ የሀቡ፡ ዓሥራተ፡ እምኵሉ፡[10] ለእግዚአብሔር፡ እምዘርእ፡ ወእምወይን፡ ወእምቅብእ፡
27 ወእምአልህምት፡ ወእምአባግዕ፡፡ ወሙአቶ፡ ወሀበ፡ ለካህናቲሁ፡ ለበሊዕ፡ ወለ*ሰቲይ፡[11] በፍሥሓ፡
28 በቅድሜሁ፡፡[12] ወበጽሖ፡ ኀቤሁ፡ ንጉሠ፡ ሰዶም፡ ወሰገደ፡ ቅድሜሁ፡ ወይቤ፡ እግዚእነ፡ አብራም፡
29 ጸገወነ፡ ነፍሰ፡ እለ፡ ባላሕከ፡ ወምህርካሁሰ፡ ይኩንከ፡ ለከ፡፡[13] ወይቤሎ፡ አብራም፡ ሎቱ፡ አነሥእ፡[14]
አደዊየ፡ ኀበ፡ አምላክ፡ ልዑል፡ እምፈትል፡[15] እስከ፡ ቶታነ፡[16] አሣእን፡ *እመ፡ አነሥእ፡ እምኵሉ፡
ዘዚአከ፡ ከመ፡ ኢትኩን፡ በሃሌ፡[17] አነ፡ አብዐልክዎ፡ ለአብራም፡ ዘእንበለ፡ *ዳእሙ፡ ዘበልዑ፡
ወራዙት፡[18] ወመክፈልቶሙ፡ ለ*ዕደው፡[19] እለ፡ ሖሩ፡ ምስሌየ፡ አውናን፡[19] ወ[19]*ኤስኮል፡ ወመምሬ፡[20]
እሙንቱ፡ ይነሥኡ፡ መክፈልቶሙ፡፡

XIV ወእምድኅረዝ፡ ነገር፡ በራብዕ፡ ዓመት፡ ዘዝሱባዔ፡ በሠርቀ፡ ግልስ፡ ወርኅ፡ ኮነ፡ ቃለ፡
እግዚአብሔር፡ ኀበ፡ አብራም፡ በሕልም፡ እንዘ፡ ይብል፡ ኢትፍራህ፡ አብራም፡ አነ፡ ውእቱ፡
2 ቃውምከ፡[21] ወ[22]ዐስብከ፡ ይፈደፍድ፡[23] ጥቀ፡፡ ወይቤ፡ *እግዚኦ፡ እግዚኦ፡[24] *ምንተ፡ ትሁበኒ፡[25]
ወአንሰ፡ አሐውር፡ ዘእንበለ፡ ውሉድ፡ ወወልደ፡ ማሴቅ፡[26] ወልደ፡ አመትየ፡[27] ውእቱ፡[28] ደማስቆስ፡[29]
3 ኤሊኤዜር፡[30] ውእቱ፡ ይወርሰኒ፡ ወሊተ፡ ኢወሀብከኒ፡ ዘርአ፡፡[31] ወይቤሎ፡ ኢይወርሰከዝ፡

---

[1] ቱልጋር፡ A. Cf. LXX xiv. 1 Θαλγά (Θαργάλ E); Syr. ܬܪܓܠ; Mass. תִּדְעָל less good if word is from tar-gal (Lenormant). [2] ተቃተልዎ፡ B. [3] ገመር፡ A. [4] ቀትል፡ A. [5] Em. with Gen. xiv. 3 from በሰሰለሰዲማው፡ B; በሰለሰዲማው፡ A; በሴዲማው፡ C; በሰለሰዲማጠ፡ D. [6] ብሔር፡ B C D. [7] A omits. [8] ነገርዎ፡ A. [9] አስተሰረየ፡ C; Onk. וְזָרֵיז supports text; Sam. reads וַיָּדֶק = LXX ἠρίθμησε; Mass. וַיָּרֶק. There is a lacuna after ቤቶ፡ [10] C D omit. [11] ሰቲይ፡ A. [12] በቅድሜሆሙ፡ A. [13] B omits. For ምህ" LXX xiv. 21 reads ἵππον. [14] አንሥእ፡ B; አነሥእ፡ C D. [15] እመፍትል፡ A. [16] ቶታነ፡ A. [17] ኢይነሥእ፡ እምኔከ፡ ከመ፡ ኢትበል፡ A. [18] ዘበልዑ፡ ደቂቅየ፡ ዳእሙ፡ A. [19] Mass. xiv. 24 עָנֵר; LXX Αὐνάν; Sam. ענין. [20] ኤሳክል፡ ወማምሬ፡ A; ኤስክል፡ ወማሬ፡ B; LXX xiv. 24 Ἐσχώλ, Αὐνάν, Μαμβρή. [21] ቀዋምከ፡ A. [22] Gen. xv. 1 Mass. and LXX omit; Vulg. supports text. [23] So LXX xv. 1 πολὺς ἔσται, the true rendering of Hebrew text. [24] Gen. xv. 2 אֲדֹנָי יֱהוִה; LXX Δέσποτα Κύριε. [25] ምንተ፡ ትሁበኒ፡ B. [26] ማሴቃ፡ A; Jub. agrees with LXX xv. 2 ὁ δὲ υἱὸς Μάσεκ. [27] So B and LXX xv. 2 τῆς οἰκογενοῦς μου, Syr., and Itala implying בֶּן־בֵּיתִי instead of Mass. בֵּיתִי; አመቲየ፡ A; አመቲየ፡ C; አመቱ፡ D. [28] ደማስቆናዊ፡ A. [29] A omits. [30] B adds ሀበኒ፡ ዘርአ፡

ዘአንበሰ፡ ዘይወፅእ፡[1] እምከርሥከ፡[2] ውእቱ፡ ይወርሰከ፡፡ ወአውፅኦ፡ አፍአ፡ ወ*ይቤሎ፡[3] ነጽር፡ 4
ውስተ፡ ሰማይ፡ ወ*ኈልቆ፡[4] ከዋክብተ፡[5] እመ፡ ትክል፡ ኈልቆቶሙ፡፡ *ወነጸረ፡ ሰማየ፡[6] ወርእየ፡ 5
ከዋክብተ፡ ወይቤ*ሎ፡[7] ከመዝ፡ ይኩን፡[8] ዘርእከ፡፡ ወአምነ፡ ለእግዚአብሔር፡[9] ወተኈለቆ፡ ጽድቀ፡፡ 6
ወይቤሎ፡ አነ፡ እግዚአብሔር፡[10] ዘአውፃእኩከ፡ እምኡር፡[11] ዘከለዳዊያን፡ ከመ፡ እሁብከ፡ ምድረ፡ 7
ከናናዊያን፡[12] ለአኂዝ፡ ለዓለም፡ ወ*ሰክዊ፡[13] ለከ፡ አምላከ፡ ወለዘርእከ፡ እምድኅሬከ፡፡ ወይቤ፡ 8
*እግዚኦ፡ እግዚኦ፡[14] በምንት፡ ኣአምር፡ ከመ፡ እወርሶ፡፡ ወይቤሎ፡ ንሣእ፡ ሊተ፡[15] ጣዕዋ፡ 9
ዘሠለስቱ፡ ዓመት፡ ወጠሌ፡ ዘሠለስቱ፡ ዓመት፡[16] *ወበግዐ፡ ዘሠለስቱ፡[17] ዓመት፡[18] ወ*መን
ጢጠ፡[18] ወ*ርግበ፡፡[19] ወነሥአ፡[20] ዘንተ፡ ኵሎ፡ በ*መንፈቀ፡ ወርኅ፡ ወውእቱ፡ ይነብር፡ ኀበ፡ 10
ድሩይ፡ ዘ*ማምሬ፡[21] እንተ፡ ይእቲ፡ ቅሩበ፡[22] ኬብሮን፡፡ ወሐነጸ፡ ምሥዋዐ፡ ህየ፡ ወዘብሖ፡ 11
ዘንተ፡ ኵሎ፡ ወከዐወ፡ ደሞሙ፡ ውስተ፡ ምሥዋዕ፡ ወ*ነፈቆሙ፡[23] እማእከል፡ ወ*አንበሮሙ፡[24]
*አንጻሬ፡ ቲሆሙ፡ በበገጾሙ፡[25] ወአዕዋፈሰ፡ ኢ*ነተፈ፡፡[26] ወይወርዱ፡ አዕዋፍ፡[27] ዲበ፡ ክፍል፡[28] 12
ወ*ይከልኦሙ፡[29] አብራም፡ ወኢየኀድግ፡ አዕዋፍ፡ ይልክፍዎሙ፡፡[30] ወኮነ፡ ሶበ፡ ዐርበተ፡ ፀሓይ፡ 13
ድንጋፄ፡[31] ወድቀ፡ ላዕለ፡ አብራም፡ ወናሁ፡ *ግርማ፡ ዐቢይ፡ ጽልመት፡[32] ወድቀ፡ ላዕሌሁ፡ ወተ
ብህለ፡[33] ለአብራም፡ አእምር፡ አእምር፡ ከመ፡ ፈላሴ፡ ይከውን፡ ዘርእከ፡ ውስተ፡ ምድረ፡[34] ነኪር፡

---

[1] A adds through influence of Eth. Vers. እምኔከ፡ and thus gives a duplicate rendering of Hebrew text. [2] Agrees with Mass. xv. 4, Sam., Syr., Vulg. against LXX ἐκ σοῦ, which may imply מִמְּךָ instead of מִמֵּעֶיךָ. [3] So LXX εἶπεν πρὸς αὐτόν, Syr., and Vulg. against Mass. and Sam. xv. 5, which omit לו after וַיֹּאמֶר. [4] ኈልቈ፡ A B; ኈልቆ፡ C; ርእይ፡ D. [5] A B D add ሰማይ፡ but Mass. and LXX support C. [6] A omits. [7] So Mass. xv. 5; LXX alone omits. [8] ይከውን፡ B. [9] So Mass. xv. 6 against LXX τῷ Θεῷ. [10] So Mass. against LXX xv. 7 ὁ Θεός. [11] A repeats and LXX alone gives χώρας; text agrees with Mass. [12] ከናዓን፡ C D; Mass., Sam. xv. 7, and all versions give 'this land.' [13] ሰከዊናተ፡ B; እከውኑከ፡ C D. [14] See note on ver. 2. [15] ለከ፡ A D. [16] ዓመቶ፡ B. [17] B omits. [18] A B omit. [19] A puts in nom. [20] Text omits ሎቱ after ነሥአ፡ against Gen. xv. 10. [21] መምሬ፡ B. [22] ቅሩብ፡ A. [23] ነፈቆን፡ A C D. [24] አንበሮን፡ A. [25] So LXX xv. 10 ἀντιπρόσωπα ἀλλήλοις; but Mass. slightly different אִישׁ־בִּתְרוֹ לִקְרַאת רֵעֵהוּ. [26] ተነትፈ፡ A. [27] Like ὄρνεα of LXX an imperfect rendering of הָעַיִט. [28] MSS. have here ስፍሕ፡ = *expansum*, what is spread out, whereas Mass. xv. 11 has הַפְּגָרִים; LXX τὰ σώματα, τὰ διχοτομήματα αὐτῶν—a duplicate rendering. Hence Eth. translator confused τὰ τμηθέντα = that which is divided, with τὰ ταθέντα = what is spread out, i. e. ስፍሕ፡ Hence for ስፍሕ፡ I have restored ክፍል፡ = τὰ διχοτομήματα or τμηθέντα. [29] So Mass. xv. 11; LXX (followed by Itala) gives συνεκάθισεν αὐτοῖς by punctuating וַיַּשֵּׁב אֹתָם as וַיֵּשֶׁב אִתָּם. [30] ይልክፍዎን፡ B. [31] So LXX ἔκστασις; Mass. תַּרְדֵּמָה. [32] A literal rendering of אֵימָה חֲשֵׁכָה גְדֹלָה; LXX φόβος σκοτεινὸς μέγας inaccurate. [33] So Sam. וַיֵּאָמֵר, LXX xv. 13 καὶ ἐρρέθη, and Vulg. instead of וַיֹּאמֶר of Mass. and Syr. [34] ምድር፡ A D.

14 ወ°ይቀንይዎሙ[1] ወያሐምምዎሙ[2] አርባዕተ፡ ምእተ፡[3] ዓመተ፡፡ ወለሕዝብ°ኒ[4] እለ፡ ይትቀነይዎሙ[5]
15 ሊቲ፡ አፈትሖሙ[6] ሎሙ፡ ወእምድኅረዝ፡ ይወፅኡ፡ እምህየ፡[7] ምስለ፡ ጥሪት፡ ብዙኅ፡፡ ወአንተ፡
16 ትሐውር፡ ኀበ፡ አበዊከ፡ በሰላም፡ ወ[8]ትትቀበር፡[9] በርስእ፡ ሠናይ፡፡ ወበትውልድ፡ ራብዕ፡
17 ይትመየጡ፡ ዝየ፡ እስመ፡ ኢተፈጸመ፡ ኃጢአቶሙ፡ ለአሞሬዎን፡ እስከ፡ ይእዜ፡፡ ወነቅሐ፡
እምንዋሙ፡ ወተንሥአ፡ ወፀሐይ፡ ዐረበ፡ ወነደ፡ ኮነ፡ ወናሁ፡ እቶን፡ ይጠይስ፡ ወነበልባለ፡ እሳት፡
18 ኀለፈ፡ ማእከለ፡ ክፍል፡፡[10] ወ[11]በይእቲ፡ ዕለት፡ ተካየደ፡ ኪዳነ፡[12] እግዚአብሔር፡ ምስለ፡ አብራም፡
እንዘ፡ ይብል፡ ለዘርእከ፡ °እሁብ፡ ዛተ፡ ምድረ፡[13] እምፈለገ፡ ግብጽ፡ እስከ፡ ፈለግ፡ ዐቢይ፡
ፈለገ፡[14] ኤውፍራጦስ፡[15] ለቄኔዎስ፡[16] ወለ°ቄኔዜዎስ፡[17] ወለቅድሞናውያን፡[18] ወለ°ፌሬዜዎስ፡[19]
ወለ°ራፋኢያን፡[20] ወለ°ፌኬሬዎስ፡[21] ወለ°ኤዌዎስ፡[22] ወለአሞሬዎስ፡ ወለ°ከናኔዎስ፡[23] ወለ°ገር
19 ጌሴዎስ፡[24] ወለኢየቡሴዎስ፡፡[25] ወኀለፈ፡ °ይእቲ፡ ዕለት፡[26] ወአዕረገ፡ አብራም፡ ክፍላተ፡[27] ወአዕዋፈ፡
20 ወመሥዋዕቶሙ፡ ወሞጻሕቶሙ፡[28] ወበልዐቶሙ፡[29] እሳት፡፡ ወበዛቲ፡ ዕለት፡[30] ተካየድነ፡ ኪዳነ፡[31]
ምስለ፡ አብራም፡ በከመ፡[32] ተካየድነ፡ በዛቲ፡ ወርኅ፡ ምስለ፡ ኖኅ፡ ወአብራም፡ ሐደሰ፡[33] በዓለ፡
21 ወለ°ሥርዓተ፡[34] ለቶ፡ እስከ፡ ለዓለም፡፡ ወ°ተፈሥሐ፡ አብራም፡ ወ°አይድዖ፡ ዘንተ፡ ነገረ፡[35]
22 ለ°ሶራ፡[36] ብእሲቱ፡ ዘሎ፡ ወአምነ፡ ከመ፡ ይከውኖ፡ ዘርእ፡[37] ወይእቲሰ፡ ኢትወልድ፡፡ ወአምከረት፡
ሶራ፡[38] ለአብራም፡ ምክረ፡ ወትቤሎ፡ ባእ፡ ኀበ፡ አጋር፡ ለአኪጠኛ፡[39] ገብርትየ፡ እመቦ፡ ከመ፡ እሕንጽ፡[40]

---

[1] So LXX xv. 13 δουλώσουσιν αὐτούς, Vulg. *subjicient eos servituti*, Arabic, and Acts vii. 7. This implies הֶעֱבִידוּם or rather עָבְדוּ בָם instead of Mass., Sam., and Syr. עֲבָדוּם. [2] LXX adds καὶ ταπεινώσουσιν αὐτούς. [3] ፬ B. [4] A omits. [5] ይቀንይዎሙ፡ A. [6] አፈትሖ፡ B. [7] LXX xv. 14 ὧδε; Mass. omits. [8] Gen. xv. 15 omits. [9] LXX xv. 15 gives τραφείς a corruption of ταφείς. [10] Em. with Gen. xv. 17 from ሰ-ፋሉ፡ A B; ስፍሕ፡ C D. Text of MSS. may indeed point to same corruption as in ver. 12. This would imply הַבְּקָרִים instead of הַגְּזָרִים. [11] Gen. xv. 18 omits. [12] B trans. after አብራም፡ [13] እሁብ፡ ለዛቲ፡ ምድር፡ A. [14] So Mass., Sam., Syr. xv. 18, and Eth. Vers., but as B C D and also LXX and Vulg. omit, this may be another instance of the influence of Eth. Vers. on A. [15] ኤውፍራጦስ፡ A. [16] ለቄኔዎስ፡ A. [17] ቄኔዜዎስ፡ A; ቀንዜዎስ፡ B. [18] በቅድመ፡ ኔዎስ፡ A; ወለቄደምኔዎስ፡ D; C omits. [19] ፌርዜዎስ፡ A. [20] ረፋእያን፡ A. [21] ፍኬሬዎስ፡ B; ፈኬሬዎስ፡ C; ፈከሬዎስ፡ D. [22] So Sam. xv. 20 חוי; LXX τοὺς Εὐαίους. Mass., Syr., Vulg. omit. [23] ናኔዎስ፡ A; ከናኔዎስ፡ C D. [24] ጌርጌሴዎስ፡ B. [25] A C D omit. [26] B C D omit. [27] Emended from ስፍላተ፡ B C D; ስፋላተ፡ A; see note 10 above. [28] B omits. [29] በልዖ፡ A B. [30] ሌሊተ፡ B. [31] B trans. after አብራም፡ [32] C D add ኪዳነ፡ ዘ. [33] ሐደሰ፡ B. [34] መሥዋዕተ፡ A; መሥዋዕት፡ D. [35] አይድዓ፡ A. [36] ሰሬይ፡ B. [37] ዘርአየ፡ A. [38] ሰሬይ፡ B. [39] ለአኪጠኛ፡ A; ልአኪጥኛ፡ B; ላአኪጠኛ፡ C. [40] አሕንጽ፡ B. Does this imply אֶבָּנֶה instead of אִבָּנֶה in Gen. xvi. 2? LXX gives τεκνοποιήσεις (τεκνοποιησω D); so also Eth. Vers.; Vulg. supports text.

ለከ፡ ዘርእ፡[1] እምኔየ። ወሰምዐ፡ አብራም፡ ቃለ፡ ሶራ፡[2] ብእሲቱ፡ ወይቤላ፡ ግበሪ፡ ወ[3]ነሥአታ፡ 23
ሶራ፡ ለአጋር፡[3] ለአመታ፡[4] ግብጻዊት፡ ወወሀበታ፡ ለአብራም፡ ለምታ፡ ትኩኖ፡ ብእሲተ። ወቦአ፡ ኀቤሃ፡ 24
ወፀንሰት፡[5] ወወለደት፡ ወልደ፡[6] ወጸውዐ፡ ስሞ፡ ይስማኤል፡ በ*ዓመት፡ ኃምስ፡[7] ዘ*ዝሱባዔ
ወውእቱ፡ ዓመት፡ ሰማንያ፡ ወስድስቱ፡ ዓም፡ በሕይወቱ፡ አብራም።

ወበዓመት፡ ኃምስ፡ ዘሱባዔ፡ ዘ*ራብዕ፡[8] ለ*ኢዮቤልዉ፡[9][10] ዝንቱ፡ በወርኀ፡ ሣልስ፡ *በመንፈቀ፡ ወርኀ፡[11] ገብረ፡ አብራም፡ በዓለ፡ *ቀዳሜ፡ ማእረር፡[12] ዘዘርእ፡ ስርናይ።[13] ወአዕረገ፡ መሥዋዕተ፡ 2
ሐዲሰ፡ ዲበ፡ ምሥዋዕ፡ ቀዳሜ፡[14] እክሉ፡ ለእግዚአብሔር፡ ላህመ፡ ወበሐኰ፡ ወበግዐ፡ ዲበ፡
ምሥዋዕ፡ *ጽንሓሕ፡ ለእግዚአብሔር፡ መሥዋዕቶሙ፡ ወሞጻሕቶሙ፡ አዕረገ፡ ዲበ፡ ምሥዋዕ፡[15]
ምስለ፡ ስኂን። ወአስተርአዮ፡ እግዚአብሔር፡ ለአብራም፡[16] ወይቤሎ፡[17] አነ፡[18] አምላክ፡ ሰዳይ፡[19] 3
*ወ[20]*አሥምር፡[21] ቅድሜየ፡ ወኩን፡ ፍጹመ። ወእሁብ፡ ኪዳንየ፡ ማእከሌየ፡ ወማእከሌከ፡ ወአልህቀከ፡ 4
ጥቀ። ወወድቀ፡ አብራም፡ በገጹ፡ ወተናገሮ፡ እግዚአብሔር፡ ወይቤ። ናሁ፡ ሥርዐትየ፡ ምስሌከ፡[22] 5, 6
ወትከውን፡[23] አበ፡ ለብዙኃን፡ አሕዛብ። *ወኢይጼዋዕ፡ እንከ፡ ስምከ፡[24] አብራም፡ ወይኩን፡[25] 7
ስምከ፡ እምይእዜ፡ ወእስከ፡ ለዓለም፡ አብርሃም፡[26] እስመ፡ አበ፡ ብዙኃን፡ አሕዛብ፡ ረሰይኩከ።
ወአዐብየከ፡[27] ጥቀ፡ ወእሁበከ፡ ውስተ፡ አሕዛብ፡ ወነገሥት፡ ይወፅኡ፡ እምኔከ። ወ*እሁብ፡[28] ኪዳንየ፡ 8, 9
ማእከሌየ፡ ወማእከሌከ፡ ወማእከለ፡ ዘርእከ፡ *እምድኅሬከ፡ በትዝምዶሙ፡[29] ለ[30]ሥርዓት፡
ዘለዓለም፡ ከመ፡ *እኩንከ፡ አምላከ፡[31] ወለዘርእከ፡ እምድኅሬከ።[32] *ወእሁብ፡ ለከ፡ ወለዘርእከ፡ 10
እምድኅሬከ፡[33] ምድረ፡[34] ኀበ፡ ፈለስከ፡ ምድረ፡[35] ከናአን፡ ዘትኴንን፡ ለዓለም፡ ወእከውኖሙ፡
አምላኮሙ። ወይቤሎ፡ እግዚአብሔር፡ ለአብርሃም፡ ወአንተሰ፡ ኪዳንየ፡[36] ዕቀብ፡ አንተ፡ ወዘርእከ፡ 11

---

[1] Gen. xvi. 2 omits; A trans. ዘርእ፡ after እምኔየ፡ [2] ሰራይ፡ B. [3] ነሥአት፡ ሶራ፡ አጋርሃ፡ B. [4] ለአኪታ፡ A. [5] A B add ወልደ፡ [6] A omits. [7] A trans. [8] በ B. [9] ሳብዑ፡ B. [10] ኢዮቤሌውን፡ A. [11] በመንፈቀ፡ ሰወርኀ፡ B. [12] ቀዳሚ፡ ማእረሩ፡ A. [13] ሥርናየ፡ A; ወሥርናየ፡ B. [14] ቀዳሚ፡ A. [15] A C omit through homeoteleuton. [16] A B trans. after ይቤሎ፡ [17] B adds እግዚአብሔር፡ [18] A adds ውእቱ፡ [19] So Mass. xvii. 1 שַׁדַּי. LXX always renders by a pronoun in Gen., here by σου; in Exod. vi. 3 by αὐτῶν; in Ps. lxviii. 15 by τὸν ἐπουράνιον; elsewhere at times by ἱκανός or παντοκράτωρ; Vulg. has *omnipotens*. [20] Gen. xvii. 1 omits rightly. [21] So LXX xvii. 1 εὐαρέστει, like Syr. ܫܦܪ, a free rendering of Mass. הִתְהַלֵּךְ, Vulg. *ambula*. [22] A omits. [23] አረሰየኩከ፡ B C, but Gen. xvii. 4 supports A D. [24] ወኢይጼውዑ፡ እንከ፡ ስመከ፡ A. [25] A D add እንከ፡ [26] አብራም፡ B. [27] ዓበይከ፡ B; Mass. xvii. 6 הִפְרֵתִי; LXX αὐξανῶ. [28] We should have አቀውም፡ here = Gen. xvii. 7 הֲקִמֹתִי, στήσω. [29] እምትዝምዶሙ፡ A. [30] ወበ A; ወለ B. [31] እኩን፡ ለከ፡ A. [32] B C D add በትዝምዶሙ፡ but Gen. xvii. 7 supports A in omitting. [33] These words, lost through homeoteleuton, I have restored from Gen. xvii. 8. [34] ምድር፡ B. [35] እምድረ፡ A; Gen. xvii. 8 כָּל־אֶרֶץ. [36] B trans. after ዕቀብ፡

እምድኅሬከ፡ ወትከስቡ፡ ኵሎ፡ ርስክሙ፡[1] ወትከስቡ፡[2] ቍልፈተክሙ፡ ወይከውን፡ ትእምርተ፡
12 ሥርዐትየ፡[3] ዘለዓለም፡ ማእከሌየ፡ ወማእከሌክሙ፡፡ ወ*ሰወልድ፡[4] እመ፡ ሳምንት፡ ዕለት፡[5]
ትከስብዎ፡ ኵሎ፡ ርስ፡ በ[6]ትዝምድክሙ፡ ወልደ፡ ቤት፡ ወዘበወርቅ፡ ተሣየጥክሙ፡ እምኵሉ፡
13 ውሉደ፡ ነኪር፡ ዘአጥረይክሙ፡[7] *ዘኢኮነ፡ እምዘርእከ፡፡[8] *ከስቦተ፡ ይትከሰብ፡[9] ልደ፡ ቤትከ፡
ወዘበወርቅ፡ ተሣየጥከ፡ ይትከሰቡ፡[10] ወይከውን፡ ኪዳንየ፡ ውስተ፡ ሥጋክሙ፡ ለሥርዐት፡[11] ዘለዓለም፡፡
14 ወዘኢኮነ፡ ክሱብ፡ ርስ፡ ዘኢተከስበ፡ ሥጋ፡ ቍልፈቱ፡ *በዕለተ፡ ሳምንት፡[12] ትሤረው፡[13] ይእቲ፡ ነፍስ፡
15 እምዘመዳ፡ እስመ፡[14] ኪዳንየ፡ ነሠተ፡፡ ወይቤሎ፡ እግዚአብሔር፡ ለአብርሃም፡ ሶራ፡ ብእሲትከ፡[15]
16 ኢ*ትጸዋዕ፡[16] እንከ፡ ስማ፡ ሶራ፡ እስመ፡ ሳራ፡ ስማ፡፡[17] ወ[18]እባርካ፡ ወእሁበከ፡ እምኔሃ፡ ወልደ፡
17 ወእባርኮ፡[19] ወይከውን፡ ሕዝበ፡[20] ወነገሥተ፡ አሕዛብ፡ እምኔሁ፡ ይከውኑ፡፡ ወወድቀ፡ አብርሃም፡
በገጹ፡ ወተፈሥሐ፡[21] ወይቤ፡ በልቡ፡[22] እመ፡[23] ለዘምእት፡[24] ዓመት፡ ይትወለድ፡ ወልድ፡[25]
18 ወሳራሂ፡ እንተ፡ ተስዓ፡ ዓመት፡[26] ትወልድ፡፡ ወይቤሎ፡ አብርሃም፡ ለእግዚአብሔር፡ መፍትው፡
19 ይሕየው፡ ይስማኤል፡ ቅድሜከ፡፡ ወይቤ፡ እግዚአብሔር፡ እወ፡[27] ወሳራሂ፡[28] ትወልድ፡ ለከ፡ ወልደ፡
ወ*ትጼውዖ፡[29] ስሞ፡ ይስሐቅ፡ ወአቀውም፡ ኪዳንየ፡ ምስሌሁ፡ ኪዳ፡[30] ዘለዓለም፡ ወ[31]ለዘርኡ፡
20 እምድኅሬሁ፡፡ ወበእንተ፡ ይስማኤልኒ፡ ሰማዕኩከ፡ ወናሁ፡ እባርኮ፡ ወአልህቆ፡ ወአበዝኆ፡ ጥቀ፡
21 ወ*ዓሠርተ፡ ወክልኤተ፡[32] መኳንንተ፡[33] ይወልድ፡ ወእሬስዮ፡ ውስተ፡ ሕዝብ፡ ዐቢይ፡፡ ወኪዳን*የ፡[34]
22 አቀውም፡ ምስለ፡ ይስሐቅ፡ ዘትወልድ፡ ለከ፡ ሳራ፡ በዝ፡[35] መዋዕል፡ በዓመት፡ ካልእ፡፡ ወፈጸመ፡[36]
23 *እንዘ፡ ይትናገር፡[37] ምስሌሁ፡ ወዐርገ፡[38] እግዚአብሔር፡[39] እመልዕልተ፡ አብርሃም፡፡ ወገብረ፡
አብርሃም፡ በከመ፡ ይቤሎ፡ እግዚአብሔር፡ ወነሥአ፡ ይስማኤልሃ፡ *ወልዶ፡ ወኵሎ፡[40] ልደ፡ ቤቱ፡
24 *ወዘሂ፡ በወርቅ፡[41] ተሣየጦ፡ ኵሎ፡ ርስ፡ *ዘውስተ፡ ቤቱ፡[42] ወከሰበ፡ ሥጋ፡ ምክባሮሙ፡፡[43] *ወበጊዜሃ፡
ዛቲ፡ ዕለት፡[44] ተከስበ፡ አብርሃም፡ ወኵሉ፡[45] ሰብአ፡ ቤቱ፡ (*ወልደ፡ ቤቱ፡[46]) ወ*ኵሎሙ፡ እለ፡[47]
25 በወርቅ፡[48] ተሣየጠ፡ እምውሉደ፡[49] ነኪራንኒ፡[50] ተከስቡ፡[51] ምስሌሁ፡፡[52] ዝ[53]ሕግ፡ ለኵሉ፡ ትውልድ፡
ዘ[54]ለዓለም፡ ወአልቦ፡ ከስቦተ፡[55] መዋዕል፡ ወአልቦ፡ ተኅድጎ፡ አሐተ፡ ዕለተ፡ *እምሰማኒ፡ መዋዕል፡[56]
26 እስመ፡ ሥርዓት፡ ዘለዓለም፡ ውእቱ፡ ሥሩዕ፡[57] ወጽሑፍ፡ ውስተ፡ ጽላት፡[58] ሰማይ፡፡ ወኵሉ፡

---

[1] ኵሉ፡ ርስክሙ፡ A. [2] B adds ኵሎ፡ [3] ወሥርዐት፡ A; ሥርዐትየ፡ B C D. [4] ወልድ፡ A; ለትውልድ፡ B C; ለውሉድ፡ D. It would be better with Gen. xvii. 12 to emend and read ለወልድ፡ ሰማንቱ፡ ዕለት፡ Eth. Vers. alone supports text. [5] B omits. [6] ዘ A. [7] D and Gen. xvii. 12 omit. [8] A omits, but Gen. xvii. 12 supports B (C) D. [9] Cf. LXX xvii. 13 περιτομῇ περιτμηθήσεται. [10] Gen. xvii. 13 omits. [11] ወሥርዐት፡ A. [12] Mass., Syr., and Vulg. xvii. 14 omit, but Sam. and LXX support text. [13] ትሠረው፡ B. [14] Mass., Sam., and Syr. xvii. 14 omit, but LXX, Vulg., Onk., and Arabic support text. [15] ብእሲትከ፡ B. [16] ትጸውዕ፡ A; ትሰመይ፡ B. B here agrees with Eth. Vers. in reading ትሰመይ፡ and omitting ስማ፡ Mass., Sam., Syr., and Vulg. support text, but LXX gives κληθήσεται. [17] B trans. before ሳራ፡ [18] A omits. [19] So LXX xvii. 16 εὐλογήσω αὐτόν, Syr. and Vulg., and so throughout xvii. 16 referring always to Isaac; but Mass. and Sam. make the entire verse refer

. . . illum et multiplicabo eum et adaugam eum valde, nam duodecim XV. 20
principes generabit[1], et ponam eum in gentem magnam. Et testamen- 21
tum meum statuam cum Isac, quem pariet tibi Sarra secundum tempus
hoc in anno veniente. Et consummavit loquens cum ipso et ascendit 22
Deus ab Abraham. Et fecit Abraham, quemammodum dixit illi Deus, 23
et accepit Ismael filium suum et omnes dominatos suos et empticios,
omnem[2] masculum in domo sua, (et) circumcidit carnem praeputii ipsorum
*in illo tempore[3]. Et circumcidit se Abraham *in illa die[3] et domesticos 24
suos *et dominatos suos[4] et empticios etiam de filiis alienis *circumcidit
omneis[5]. Haec lex in omnibus generationibus saeculi (et non est circum- 25
cisio temporis), et non est praeterire diem unum ex (octo) diebus, quia[6]
praeceptum est aeternum, mandatum et scriptum est in tabulis caeli.
Et[7] omnis natus cujuscumque non fuerit circumcisa caro praeputii ejus 26

---

[1] MS. generavit. [2] MS. adds ergo. [3] This double phrase is due to a misunderstanding and mistranslation of *ἐν τῷ καιρῷ τῆς ἡμέρας ἐκείνης*; see note 41 Eth. text. [4] I have trans. with Gen. xvii. 27 from before et domesticos; see note 43 Eth. text. [5] Eth. = circumcisi cum eo. [6] MS. quibus. [7] MS. ut.

---

to Sarah. [20] A adds ዐቢይ፡ [21] So Onk. חָזֵי and Persian; Jer. Targ. יְתִיסָה against Mass. Gen. xvii. 17 יִצְחָק, Sam., LXX, Syr., and Vulg. [22] B trans. before ወይቤሎ፡ [23] እስመ፡ B C. [24] ለዘ፡ ምእት፡ A. [25] ወሊዶ፡ A. [26] ንገሥት፡ B. [27] እመ፡ B. [28] ሰራ፡ B. [29] ትጼውዖ፡ A. [30] A D omit, but Gen. xvii. 19 supports B (C). [31] Gen. Mass. xvii. 19 and Onk. omit, but Sam., LXX, Syr., Vulg., and Arabic support text. [32] መንግሥት፡ A B; LXX xvii. 20 *ἔθνη*, but text agrees with Mass. [33] ስ፡ A. [34] በከመዘ፡ B. [35] Emended with Lat. *consummavit* and Gen. xvii. 22 from ፈጸሞ፡ [36] ተናገረ፡ A. [37] B adds እንዘ፡ ይትናገር፡ [38] ወሊዶ፡ ወዘሎ፡ A. [39] ወዘ፡ በወርቅ፡ A C D; ወበዘወርቅ፡ B; Mass. xvii. 23 מִקְנַת כַּסְפּוֹ, and Sam., Syr., Onk. support text, but Lat. *empticios*, LXX *τοὺς ἀργυρωνήτους*, and Vulg. omit suffix; Gen. xvii. 23 adds 'all' after ወ. [40] ከሰበ፡ A; መሰከበመ፡ C; ወከሰበመ፡ D. [41] A literal rendering of *ἐν τῷ καιρῷ τῆς ἡμέρας ἐκείνης* LXX xvii. 23 and בְּעֶצֶם הַיּוֹם הַזֶּה. [42] A B C and Lat. omit; Gen. xvii. 27 supports D. [43] Restored with Lat. *et dominatos suos* and LXX xvii. 27 *καὶ οἱ οἰκογενεῖς*; Mass., Sam., and Syr. omit ו before יְלִיד בָּיִת. [44] ዘሎ፡ H A. [45] በወርቅ፡ B. [46] ወዘሎ፡ ውሉደ፡ A; ወእምውሉደ፡ B C; Lat. *de filiis* and Gen. xvii. 27 support D. [47] ዘኢኮነ፡ A D; ዘኢሬኢ፡ B. [48] Lat. gives act. construction; Gen. xvii. 27 omits. [49] For ተከሰቡ፡ ምስሌሁ፡ Lat. reads *circumcidit omneis*. [50] ወዘ፡ A C D, but Lat. supports B. [51] Lat. omits. [52] ክትረት፡ A; is this for ቅትረት፡ Lat. omits ወእለሰ፡ . . . መዋዕል፡ [53] Lat. *ex diebus;* A omits. [54] A trans. before ውእቱ፡

ዘ*ተወልደ፡[1] ዘኢ*ተከስበ፡[2] ምጋ፡ ነፍስቶ፡ እሙ፡[3] በሙኒ፡ ዕለት፡ ኢኮነ፡ እም*ውሉደ፡[4] ሥርዐት፡
ዘ**ተካየደ፡[5] እግዚአብሔር፡ ለአብርሃም፡ እስመ፡ እም፡ ውሉደ፡ ሙስና፡ ወአልቦ፡ እንከ፡
ትእምርት፡ ባዕሌሁ፡ ከመ፡ ይኩን፡ ለእግዚአብሔር፡ እስመ፡ ለአማስኖ፡ ወለአሕጉሎ፡[7] እም፡
ምድር፡ *ወለተሠርዎ፡ እም፡ ምድር፡[8] እስመ፡ ኪዳኖ፡ ለእግዚአብሔር፡ አምላክነ፡ ነሠቶ፡፡[9]
27 እስመ፡ ዙሎሙ፡ መላእክተ፡ ገጽ፡ ወ*ዙሎሙ፡[10] መላእክተ፡ ቅዳሴ፡ *ከመዝ፡ ፍጥረቶሙ፡[11]
እምዕለተ፡ ፍጥረቶሙ፡ ወአንጻርሙ፡[12] ለመላእክተ፡ ገጽ፡ ወለመላእክተ፡ ቅዳሴ፡ ቀደሶ፡ ለእስራኤል፡
28 ከመ፡ ይኩኑ፡[13] ምስሌሁ፡ ወምስለ፡ *መላእክቲሁ፡ ቅዱሳን፡፡[14] ወአንተኒ፡ አዝዞ፡ ለውሉደ፡ እስራኤል፡
ወይዕቀቡ፡ *ትእምርተዝ፡ ኪዳን፡[15] ለ**ትውልዶሙ፡ ለሥርዐት፡ ዘ**ለዓለም፡ ወኢይሠረዉ፡ እም፡
29 ምድር፡፡ እስመ፡ *ትእዛዝ፡ ትሠርዐ፡ ለኪዳን፡[17] ከመ፡ ይዕቀብዎ፡ ለዓለም፡ ዲበ፡ ዙሎሙ፡ ደቂቀ፡
30 እስራኤል፡፡ እስመ፡ ይስማኤልሃ፡ ወውሉዶ፡ ወአኀዊሁ፡ ወኤሳውሃ፡ ኢያቅረቦ፡ ኀቤሁ፡ እግዚአብሔር፡
ወኢኀረዮ፡ ቦሙ፡ እስመ፡ ውሉደ፡ አብርሃም፡ እሙንቱ፡[18] እስመ፡ አእመሮሙ፡ ወእስራኤልሃ፡
31 ኀረየ፡ ይኩንዎ፡ ሕዝበ፡፡[19] ወቀደሶ፡[20] ወአስተጋብኦ፡[21] እምዙሉ፡ ውሉደ፡ ሰብእ፡ እስመ፡ *ብዙኃ፡
አሕዛብ፡ ውብዙኃ፡ ሕዝብ፡[22] ወዙሎሙ፡[23] ሎቱ፡ ወዲበ፡ ዙሉ፡ አሰለጠ፡[24] መናፍስተ፡ ከመ፡
32 ያስሕትዎሙ፡[25] እምድኅሬሁ፡፡ ወዲበ፡ እስራኤልሰ፡ ኢ*ያሰለጠ፡[26] ወኢመነሂ፡ መልአከ፡
ወ*መንፈሰ፡ እስመ፡ ውእቱ፡ ባሕቲቱ፡ መኩንኖሙ፡ ወውእቱ፡ የዐቅቦሙ፡ ወይትኀሠሦሙ፡
እምእደ፡ መላእክቲሁ፡ ወእም፡ እደ፡[1] መናፍስቲሁ፡ ወእምእደ፡ ዙሉ፡[27] ተአዛዚያኒሁ፡[28] ከመ፡
ይዕቀቦሙ፡[29] ወይባርኮሙ፡ ወይኩንዎ፡ ሎቱ፡ ወ*ውእቱ፡[30] ይኩኖሙ፡ ሎሙ፡ እምይእዜ፡ ወእስከ፡
33 ለዓለም፡፡ ወይእዜኒ፡ አነ፡ እነግረከ፡ ከመ፡ በዛቲ፡ ሥርዐት፡ ይሔስዉ፡ ውሉደ፡ እስራኤል፡
ወኢይከስቡ፡[31] ውሉዶሙ፡ በ*ከመ፡ ዙሉ*ዝ፡ ሕግ፡[1] እስመ፡ እምሥጋ፡ ክስበቶሙ፡ ይከውኑ፡
መትርፋ፡ ውስተ፡ ክስበት፡ ውሉዶሙ፡ *ወዙሎሙ፡ ውሉደ፡[1] ቤሊአር፡[32] የኀድግዎ፡ ውሉዶሙ፡
34 ዘእንበለ፡[33] ክስበት፡ በከመ፡ ተወልዱ፡፡ ወትከውን፡ መዓት፡ ዲበ፡ ውሉደ፡ እስራኤል፡ ዐቢይ፡[34]
እምኀበ፡ እግዚአብሔር፡ እስመ፡ ኀደጉ፡ ኪዳኖ፡ ወእምቃሉ፡ ተግኅሡ፡ ወወሐኩ፡ ወጸረፉ፡ በከመ፡
ኢይገብሩ፡[35] ሥርዐተ፡[36] ለዝ፡ ሕግ፡[37] እስመ፡ ገብሩ፡ ነፍሳቲሆሙ፡ ከመ፡ አሕዛብ፡ ለሰስሎ፡[38]
ወለተሠርዎ፡ እምድር፡፡ ወአልቦ፡ እንከ፡ ሎሙ፡ ኅድገት፡ ወስርየት፡ ከመ፡ ይሰረይ፡[39] ወይትሐደግ፡[40]
እምዙሉ፡ ኀጢአት፡[1] ለስሕተት፡[41] ዛቲ፡ ዘለዓለም፡፡

XVI ወበሠርቀ፡ ወርኀ፡ ራብዕ፡ አስተርአይናሁ፡[42] ለአብርሃም፡ *ኀበ፡ ድርስ፡[1] ዘማምሬም፡[43]
ወተናገርነ፡ ምስሌሁ፡ ወንሕነ*ኒ፡[1] አይዳዕናሁ፡ ከመ፡ ይትወሀቦ፡ ወልድ፡[44] እምሳራ፡ ብእሲቱ፡፡
2 ወሰሐቀት፡ ሳራ፡ እስመ፡ ሰምዐት፡ ከመ፡ ተናገርነ፡[45] ዘንተ፡ ቃለ፡ ምስለ፡ አብርሃም፡ ወ*ዘለፍናሃ፡[46]
3 ወፈርሀት፡ ወሐሰወት፡ ከመ፡ ሰሐቀት፡[47] በእንተ፡ ቃል፡፡ ወነገርናሃ፡ ስሞ፡ ለወልዳ፡ በከመ፡ ሥሩዕ፡
4 ወጽሑፍ፡ ስሙ፡[1] ውስተ፡ ጽላተ፡ ሰማይ፡ ይስሐቅ፡፡ ወአመ፡ ገባእነ፡ ኀቤሃ፡ በጊዜ፡ ለዓት፡ ወይእቲ፡[48]
5 ፀንሰት፡ ወልደ፡፡[49] ወበዝ፡ ወርኅ፡ ገብረ፡ እግዚአብሔር፡ ዙነኔሆሙ፡ ለሰዶም፡ ወ*ለ*ገሞራ፡

[1] ትውልድ፡ B. [2] ኮነ፡ ክሉበ፡ A. [3] Emended from እስከ፡ the error is primitive as we have *usque in* in the Lat.; error due to confusion of על and עד. [4] Lat. omits.

*in die octava[1], non est de (filiis) testamenti[2] quod testatus est Deus ad
Abraham, quia de filiis exterminationis[3] est, et amplius non est super
eum signum ut sit Deo, sed exterminii et perditionis a terra, quoniam
testamentum Domini Dei nostri dissipavit. Quoniam omnes[4] angeli 27
vultuus et omnes archangeli benedictionis (talis creatio eorum) a diebus
creaturae ipsorum, (et) coram angelorum vultuus[5] et angelorum sancti-
ficationis sanctificavit Istrahel, ut esset simul cum ipso et cum angelis
sanctorum ipsius. Et tu demanda filiis Istrahel, ut custodiant *signum 28
testamenti[6] hujus in generationibus suis in testamentum aeternum, et
non exterminabuntur a terra. Quoniam decrevit in decreto testamenti 29
ut custodiatur in aeternum super omnes filios Istrahel. Quoniam Ismael 30
et filios ejus et fratres ejus et Esau non adplicavit[7] ad se Deus et non
elegit ex ipsis, quoniam et ipsi ex filiis sunt Abraham, sicut cognovit
eos, sed in Istrahel elegit, ut sint ei in populum. Et sanctificavit eum 31
et prae . . .
. . . universa opera ipsorum, quemammodum erant iniqui et pecca- XVI. 5

---

[1] Emended from usque in diem octavam; see note 3 Eth. text. [2] MS. testamento. [3] MS. exterminationes. [4] MS. omnis. [5] MS. vultuum. [6] Emended with Ethiopic from testamentum signi. [7] MS. adplicabit.

---

[5] B omits. [6] ተካየዶ A. [7] ወሰተሐጕሎ A C D. [8] A D and Lat. omit, perhaps through homeoteleuton. [9] ከሥተ B. [10] A trans. after ቅዳሴ [11] ወዘጸርሶሙ D wrongly. [12] ይኩኑ A. [13] Lat. *angelis sanctorum ipsius.* [14] Lat. *testamentum hujus signi*, unlikely. [15] ወሰ B C D, but Lat. supports A. [16] A omits. [17] Lat. *decrevit in decreto testamenti.* For ለ A reads በ before ኪዳን: [18] A trans. before ውሉደ [19] ሕዝቦ: B. [20] ቀደሰ: A. [21] አስተጋብአ: A B. [22] ብዙኀ: ሕዝበ: ወአሕዛብ: A. [23] እስመ: ዘሶ: A; ወዘሶ: B. [24] አሰላጣ: A; አሠለጦ: B; አሠልጦ: D. [25] ያስሕትዎሙ: B C D. [26] ያሥሰጦ: B. [27] ዘሶሙ: C D. B C D add ወዘሶ: [28] Emended from ትእዛዛቲሁ: B C D; A omits. [29] ይዕቀቦ: B C. [30] ውእቱ: A. [31] ይክሰቦ: B. [32] በሊአር: B; ቤልሖር: C D. [33] ዘእሰ: B. [34] ዐባይ: B. [35] አንብሩ: B. [36] ምርዐትሙ: A C D. [37] ትእምርት: A. [38] ለአሰስሎ: A D; ወሰሰስሎ: B. [39] ይስረይ: A D; ይስረዩ: B. [40] ይትኃደጉ: B; ይትኀደጉ: C. [41] ዘቲ: ለስሕተት: A; ለስሕተት: B. [42] አስተርአየ: ናሁ: A. [43] ዘመምራ: A. [44] ዘርእ: B. [45] B adds ምስሌሁ: [46] አፍራሀናሃ: A. [47] ኢሰሓቀት: A. [48] ወይእቲ: A. [49] ወልዳ: A.

*ወሰበኦሙ፡ ወበኵሉ፡ አድያሙ፡[1] ዮርዳኖስ፡ ወአውዐዮሙ፡ በእሳት፡ ወበተይ፡ ወአጥፍኦሙ፡[2]
እስከ፡ ዛ*ቲ፡[3] ዕለት፡ በከመ፡ ናሁ፡ አይዳዕኩከ፡ ኵሎ፡[3] ምግባሮሙ፡ ከመ፡ ፅዋጋን፡ ወኃጥኣን፡ ጥቀ፡
6 ወይትራኰሱ፡ ወ*ይዜምዉ፡[4] በሥጋሆሙ፡ ወይገብሩ፡ ርኵሰ፡ በዲበ፡ ምድር። ወከማሁ፡ ይገብር፡
እግዚአብሔር፡ ኵነኔ፡ በመካናት፡ *በዋእይ፡ ገብሩ፡[5] በከመ፡ ርኵሶሙ፡ ለሰዶም፡ ከመ፡ ኰነና፡[6]
7 ለሰዶም።[7] ወለሎጥ፡ ናድኅኖ፡ እስመ፡ ተዘከሮ፡ እግዚአብሔር፡ ለአብርሃም፡ ወአውፅኦ፡ እማእከለ፡
8 ገፍታኤ። ወገብረ፡ ውእቱ፡ ወአዋልዲሁ፡ ኀጢአተ፡ ዲበ፡[8] ምድር፡ ዘኢኮነ፡ ዲበ፡ ምድር፡[9]
9 እመዋዕለ፡ አዳም፡ እስከ፡ አሚሁ፡ እስመ፡ ሰከበ፡ ብእሲ፡ ምስለ፡ አዋልዲሁ።[10] ወናሁ፡ ተአዘዘ፡
ወ*ተቀረጸ፡[11] ላዕለ፡ ኵሉ፡ ዘርኡ፡ *ውስተ፡ ጽላተ፡ ሰማይ፡[12] ከመ፡ ያእትቶሙ፡ ወከመ፡ ይሠርዎሙ፡
ወከመ፡ ይገበር፡ *ኵነኔሆሙ፡ በከመ፡* ኵነኔ፡ ሰዶም፡ ወከመ፡ ኢያትርፍ፡ ሎቱ፡[13] ዘርአ፡ ውስተ፡[14]
10 ምድር፡ ዘሰብእ፡ በዕለተ፡ ደይን። ወበዝንቱ፡ ወርኅ፡ ገዐዘ፡ አብርሃም፡ እምኬብሮን፡ ወሖረ፡
11 ወኀደረ፡ ማእከለ፡ ቃዴስ፡ ወሱር፡ ውስተ፡ አድባረ፡[15] ገራርን። ወበመንፈቀ፡ ወርኅ፡ ኃምስ፡ ገዐዘ፡
12 እምህየ፡ ወኀደረ፡ ኀበ፡ ዐዘቅተ፡ መሐላ። ወበመንፈቀ፡ ወርኅ፡ ሳድስ፡ ሐወጻ፡[16] እግዚአብሔር፡
13 ለሳራ፡ ወገብረ፡ ላቲ፡ በከመ፡ ይቤ። ወፀንሰት፡ ወወለደት፡ ወልደ፡ በወርኅ፡ ሣልስ፡ ወ[17]በመንፈቀ፡
ወርኅ፡ በመዋዕል፡ ዘይቤሎ፡ እግዚአብሔር፡[18] ለአብርሃም፡ በበዓለ፡ ቀዳሚ፡[19] ማእረር፡ ተወልደ፡
14 ይስሐቅ። ወከሰቦ፡ አብርሃም፡ ለወልዱ፡[20] *አመ፡ ሳምንት፡[21] ውእቱ፡ ቀዳሚ፡ ተከስበ፡ በከመ፡
15 *ኪዳን፡ እንተ፡[22] ተሠርዐት፡ ለዓለም። ወበዓመት፡ ሳድስ፡ ዘሱባዔ፡ ራብዕ፡ ወጻእነ፡ ኀበ፡ አብርሃም፡
ኀበ፡ ዐዘቅተ፡ መሐላ፡ ወአስተርአይናሁ፡ በከመ፡ ነበብነ፡ ለሳራ፡ ከመ፡ ንግባእ፡[23] ኀቤሃ፡ ወይእቲ፡*ኒ፡
16 ፀንሰት፡[24] ወልደ።[25] ወተመየጥነ፡ በወርኅ፡ ሳብዕ፡ ወረከብናሃ፡ ለሳራ፡ ፅንስት፡[26] ቅድሜነ፡ ወባ
ረክና*ሁ፡[27] ወአይዳዕና*ሁ፡[27] *ኵሎ፡ ዘተአዘዘ፡[28] ሎቱ፡ ከመ፡ ኢይመውት፡ *እስከ፡ ይወልድ፡ ፮ደ፡[29]
ስድስተ፡ ውሉደ፡ ወይሬኢ፡[30] ዘእንበለ፡ ይሙት፡ ወበይስሐቅ፡[31] ይጼዋዕ፡ ሎቱ፡[32] ስም፡ ወዘርእ።[33]
17 *ወኵሉ፡ ዘርአ፡ ውሉዱ፡ አሕዛበ፡ ይከውኑ፡[33] ወምስለ፡ አሕዛብ፡ ይትኈለቁ፡[34] ወእምነ፡ ውሉደ፡[35]

---

[1] በደወላ፡ ወበኵሉ፡ አድያሚሃ፡ ለ A. [2] አጥፍኦሙ፡ A. [3] A omits.
[4] ይዘመዉ፡ A. [5] በውእደ፡ ይገብሩ፡ B. [6] Emended with Lat. *judicavit* from ኵነኔሃ፡ A B. [7] Lat. *illos*. [8] በዲበ፡ B. [9] Lat. *tota terra*. [10] ወሰቱ፡ A B C, but Lat. supports D. [11] ተቀጽረ፡ A; Lat. *scriptum*. [12] B trans. before ላዕለ፡
[13] B omits. [14] A adds ኵሉ፡ ጽላተ፡ ሰማይ፡ በኵሉ፡ [15] ኢድበር፡ A; Lat. *finibus*; so Eth. may be rendered. [16] ሐወጸ፡ A. [17] A D omit, but Lat. supports B C.
[18] So LXX xxi. 2 Κύριος, but Lat. gives *Deus*; so also Mass. and Vulg. [19] ቀዳሚ፡ B C D. [20] ወለደ፡ A B. [21] በመዋዕለ፡ ሰሙን፡ A D; መዋዕል፡ ሰሙን፡ B; after ሰሙን፡ A adds በቀዳሚ፡ [22] A omits; B C and Lat. support text. [23] ንበእ፡ B.
[24] ፀንሰት፡ B. [25] Lat. *filium suum*. [26] ፀንሰት፡ A. [27] Em. with Lat. from ፶.
[28] ወኵሉ፡ ቀአዘዘ፡ A. [29] ፮ዴ፡ እስከ፡ ይወልድ፡ A, but Lat. supports B. [30] Lat. adds *eos omnes*. [31] Lat. adds *multiplicabatur et*. [32] Lat. omits. [33] ወዘርአ፡ ወኵሉ፡ አሕዛብ፡ ይከውኑ፡ ውሉዱ፡ A. [34] ይትኌለቁ፡ A. [35] ውሉዱ፡ C D; A omits.

tores valde et immundi, spurcitias exercentes in carnibus suis et facientes
abominationes super terram. Ita enim faciet Deus judicium in locis, 6
ubicumque fecerint abominationis Sodomorum[1], *sicut judicavit[2] illos.
Et Loth liberavimus[3] inde, propter quod memor fuit Deus Abrahae, ut 7
liberaret[4] eum de medio eversionis. Etenim fecit ipse et filiae[5] ejus 8
iniquitatem super terram, qualis non est facta in [tota] terra a diebus
Adam[6] usque ipsum[7], ut dormiret homo cum filiabus suis. Etenim ecce 9
demandatum est et scriptum[8] in omne semen in tabulis caeli, ut aufer-
antur et exterminentur tales[9] et ut fiat judicium ipsorum secundum
judicium Sodomorum[1], ut non derelinquatur *in ipsis[10] omne semen
hominis in terra in die judicii. Et in mense hoc exivit Abraham 10
a Cebron et abiit et inhabitavit inter medium Cades et Sur in finibus
Gerarorum[11]. Et in medio mensis quinti transtulit se inde et habi- 11
tavit secus puteum jurationis. Et in medio mensis sexti visitavit Deus[12] 12
Sarram et fecit illi sicut dixit. Et concepit et peperit filium in mense 13
tertio[13] et in dimidio mensis, secundum tempus quod dixit Deus ad
Abraham, in diem festum primitivorum natus est Isac. Et circumcidit 14
Abraham filium suum octavo die: hic primus circumcisus est secundum
testamentum dispositum in saecula. Et in anno sexto septimanae[14] 15
quartae[15] adfuimus ad Abraham secus puteum jurationis et visi sumus illi,
sicut dixeramus Sarrae quoniam reverti haberemus ad eam et ipsa[16] con-
ceptum haberet filium [suum]. Et reversi sumus in mense septimo et 16
invenimus Sarram conceptum habentem in conspectu nostro: et bene-
diximus eum et indicavimus illi quaecumque decreta sunt ei ⟨et⟩ quomodo
(non) esset moriturus quoad[17] generaret adhuc sex filios, et videbit ⟨eos
omnes⟩ priusquam moriatur; sed in Isac[18] vocabitur nomen (ejus et
semen). Et omne semen filiorum ejus gentes erunt et cum gentibus 17
deputabuntur, et ex filiis Isac unus erit in semen sanctum, qui cum

---

[1] MS. Sodomum. [2] MS. sic judicabit. [3] MS. liberabimus. [4] MS. eliberaret. [5] MS. filii. [6] MS. abraham. [7] Eth. = tempus ipsius. [8] Eth. = incisum. [9] MS. talis. [10] Eth. = ei. [11] MS. gerarum. [12] We should read Dominus, as in Eth. and Gen. xxi. 1. [13] MS. septimo. [14] MS. septimanarum. [15] MS. quarti. [16] MS. adds in. [17] Emended from et quod of MS. [18] MS. adds multiplicabitur et.

18 ይስሐቅ፤ አሐዱ፡ ይከውን፡ ለዘርእ፡ ቅዱስ፡ ወውስተ፡ አሕዛብ*ኒ፡[1] ኢ*ይትኌለቍ፡፡[2] እስመ፡
ለመክፈልተ፡ ልዑል፡ ይከውን፡ ወውስተ፡ ዘይመልክ፡[3] እምኵሉ፡ ወረደ፡ ኵሉ፡ ዘርኡ፡ ከመ፡
ይኩን፡ ለእግዚአብሔር፡ *ሕዝበ፡ ትርሲት፡[4] እምኵሉ፡ ሕዝብ፡[5] ወከመ፡ ይኩን፡ መንግሥተ፡
19 ዘክህነት፡[6] ወሕዝበ፡ ቅዱሰ፡፡ ወሖርነ፡ ፍኖተነ፡ ወዜነውናሃ፡ ለሳራ፡ ኵሎ፡ ዘነገርናሁ፡[7] ወተፈሥሑ፡
20 ክልኤሆሙ፡ ፍሥሓ፡ ዐቢየ፡ ጥቀ፡፡ ወሐነጸ፡ በህየ፡ ምሥዋዐ፡ ለእግዚአብሔር፡ ዘባልሖ፡ ወለዘ
*ያስተፈሥሖ፡[8] በምድረ፡ ፍልሰቱ፡[9] ወገብረ፡ በዓለ፡ ፍሥሓ፡ በዝ፡ ወርኅ፡ ሰቡዐ፡ መዋዕለ፡
21 በቅሩበ፡ ምሥዋዕ፡ *ዘሐነጸ፡ ኀበ፡[10] *ዐዘቅተ፡ መሐላ፡፡[11] ወሐነጸ፡ ምጽላላተ፡ ሎቱ፡ ወለአግብርቲሁ፡
22 በዛቲ፡ በዓል፡ ወውእቱ፡ መቅድመ፡ ገብረ፡ በዓለ፡ መጻላት፡[12] በዲበ፡ ምድር፡፡ ወበዝ፡ ሰቡዐ፡
መዋዕል፡ ሀሎ፡ ይቄርብ፡ ኵሎ፡ ዕለተ፡ በበ፡ ዕለት፡ ውስተ፡ *ምሥዋዕ፡ ጽንሓሕ፡[13] ለእግዚአብሔር፡
አልህምተ፡ ክልኤተ፡ ወአብሐኰ፡[14] ክልኤተ፡ ወአባግዐ፡ ሰብዐተ፡ መሐስአ፡ ጠሊ፡ አሐደ፡ በእንተ፡
23 ኀጢአት፡ ከመ፡ ያስተስሪ፡ ቦቱ፡ በእንቲአሁ፡ ወበእንተ፡ ዘርኡ፡፡ ወ[15]ለመሥዋዕተ፡ መድኀኒት፡
አብሐኰ፡ ሰብዐተ፡ ወመሐስአ፡ ሰብዐተ፡ ወአባግዐ፡ ሰብዐተ፡ ወደቤላተ፡ ሰብዐተ፡ ወመሥዋዕቶሙ፡
ወሞጻሕቶሙ፡ ወለኵሉ፡[16] ሥብሖሙ፡ የዐጥን፡[17] በዲበ፡ ምሥዋዕ፡ ጽንሓሕ፡ *ኀሩየ፡ ለእግዚአ
24 ብሔር፡[18] ለመዐዛ፡ ሠናይ፡፡ ወ[19]በጽባሕ፡ ወሰርክ፡[19] የዐጥን፡ እፈወ፡[20] ስኂነ፡ ወቀንአተ፡
ወማየ፡ ልብን፡ ወናርዶስ፡ ወከርቤ፡ ወሰንበልተ፡ ወቍስጥ፡[21] ሰብዐቲሆሙ፡ ዘንተ፡ ኵሎ፡[22] ይቄርብ፡
25 ውጉዳ፡ ዕሩየ፡ ተዐሪዮ፡[23] ድሙረ፡ ንጹሐ፡፡ ወገብረ፡ ዘንተ፡ በዓለ፡[24] ሰቡዐ፡ መዋዕለ፡ እንዘ፡
ይትፌሣሕ፡ በኵሉ፡ ልቡ፡ ወበኵሉ፡ ነፍሱ፡ ውእቱ፡ ወኵሎሙ፡ እለ፡ ውስተ፡[25] ቤቱ፡ ወአልቦ፡
26 መነኒ፡ ነኪረ፡ ምስሌሁ፡[26] ወኵሉ፡ ዘኢኮነ፡ ክሉበ፡፡ ወባረኮ፡ ለፈጣሪሁ፡ ዘፈጠሮ፡ በትውልዱ፡[27]
እስመ፡[28] በ[29]ምምረቱ፡[30] ፈጠሮ፡[31] እስመ፡ አእመረ፡ ወጠየቀ፡ ከመ፡ እምኔሁ፡ ይከውን፡ ተክለ፡
ጽድቅ፡ ለትውልደ፡ ዘለዓለም፡ ወእምኔሁ፡ ዘርእ፡ ቅዱስ፡ ከመ፡ ይኩን፡[32] ከማሁ፡ ለዘገብረ፡
27 ኵሎ፡፡ ወባረከ፡[33] ወተፈሥሐ፡ *ወጸውዐ፡ ስማ፡[34] ለዛቲ፡ በዓል፡ በዓለ፡ እግዚአብሔር፡[35] ፍሥሓ፡

---

[1] ኒ A; C D omit. [2] ይትኈለቍ A. [3] ዘያመልክ፡ B. [4] ሕዝበ፡ ቲርሲት፡ A; መዝገበ፡ ትርሲት፡ C; ሕዝበ፡ ርስት፡ D. The readings of C D are clearly attempts at emendation. Lat. *populum sanctificatum* is corrupt, as this idea appears in next line. It is probable that the Greek was *λαὸς οὐσίας*, and the Heb. עַם סְגֻלָּה; cf. Exod. xix. 5, Deut. vii. 6, xiv. 2, xxvi. 18. ትርሲት፡ is possibly a corruption of ጥሪት፡ hence ሕዝበ፡ ጥሪት፡ = *λαὸς οὐσίας* or *περιούσιος*; see xix. 18, xxxviii. 20 below. ትርሲት፡ if right would imply תְּהִלָּה; cf. Deut. xxvi. 19. [5] A adds በምድር፡ against B C D and Lat. [6] Em. with Lat. *regnum sacerdotale* and Exod. xix. 6 מַמְלֶכֶת כֹּהֲנִים from ወክህነት፡ A B C D. [7] ዘነገርናሃ፡ A D; ዘነገርናሁ፡ B. [8] አስተፈሥሖ፡ A; ያስተፈሥሖ፡ C D. [9] ፍትረቱ፡ A D. [10] በኀበ፡ A; Lat. omits. [11] Lat. omits. [12] B C omit, but Lat. supports A D. [13] ጽንሓሕ፡ ምሥዋዕ፡ B. [14] ወበሐኰ፡ A. [15] B omits. [16] Emended with Lat. *et universam* from ላዕለ፡ ኵሉ፡ [17] = הִקְטִיר in Lev. iii. 16. [18] A B C omit ለእግ'', but Lev. iii. 16 supports text. [19] ወበሰርክ፡ A. [20] An inadequate rendering of קְטֹרֶת הַסַּמִּים Lev. iv. 7; *θυμιάματος τῆς συνθέσεως* LXX; Lat. rightly *incensum compositionis*.

gentibus non conputabitur, quoniam in sorte excelsi erit; quoniam in 18
possessionem[1] Dei cecidit omne semen ejus, esse Deo in populum
sanctificatum[2] ex omnibus gentibus [ejus] et ut sit regnum sacerdotale
et populus sanctus. Et abivimus[3] viam nostram et indicavimus Sarrae 19
quaecumque indicavimus ei, et gavisi sunt utrique gaudio magno. Et 20
aedificavit illic altarium Domino, qui liberavit eum, et *gratiae ejus[4] in
terram commorationis suae; et fecit diem festum laetitiae in mense hoc
septem dies secus altarium (quod aedificaverat secus puteum jurationis).
Et aedificavit tabernacula sibi et servis suis in die festo hoc: et hic 21
primus fecit diem festum tabernaculorum super terram. Et in (his) 22
diebus (septem) erat offerens per singulos dies super altare fructum
Domino vitulos duos et arietes duos, (et) oves septem; ⟨et⟩ hircum capra-
rum unum pro peccatis, propitiari in ipso pro se et pro semine suo.
Et in sacrificium salutare arietes septem, hedos septem, oves septem 23
et hircos septem, et sacrificia ipsorum et vinum ipsorum, et universam
adipem eorum erat incendens super altari (electam Domino)[5] ostiam in
odorem suavitatis. Et mane et vespera[6] erat incendens *incensum com- 24
positionis[7], libanum et galbanum et stacten et nardum et myrram et
spicam et costum, septem has species mundas erat incendens concisas
et aequaliter mixtas. Et fecit diem festum hunc per septem dies. 25
aepulans in toto corde suo et in omni anima sua, ipse et universi domes-
tici sui, et omnis alienus non erat cum ipsis et omnis (qui non) circum-
cisus. Et benedixit creatorem suum, qui creavit illum (in familia ipsius, 26
quia in beneplacito suo creavit eum): quia cognovit et scivit quia ex
ipso erit plantatio veritatis in generationibus aeternis et ex ipso semen
sanctum, ut sit secundum hunc[8] qui creavit universa. Et benedixit 27
et gavisus et vocavit nomen [diei] festi hujus dies festos[9] Domini[10].

---

[1] MS. possesionem. [2] Due to confusion of *οὐσίας* and *ὁσίως*; should be peculiarem; see note 4 on Eth. text. [3] MS. abibimus. [4] Corrupt; Eth. = gaudio afficiebat eum. [5] The lacuna in the MS. which I have filled up from the Eth. amounts to thirteen or fourteen letters. [6] MS. vesperam. [7] Eth. = odoramenta. [8] MS. hoc. [9] MS. festus. [10] Em. with Eth. from dies.

---

[21] ቅብጣ፡ A. [22] ተዐርዮ፡ C D. [23] A omits. [24] Lat. *cum ipsis*. [25] በትዝምድዶሙ፡ A; Lat. omits. [26] ለ B. [27] ይከሉ፡ A. [28] ወባረኮ፡ A. [29] ወጸንዐ፡ እስመ፡ A. [30] Lat. *dies*—a corruption (?) of *Domini* or *Dei*.

28 ስጥወት፡[1] ለአምላኩ፡ ልዑል፡፡ ወባረኮሙ፡[2] ለዓለም፡ ወለዘርኡ፡[3] ዘእምድኅሬሁ፡ በኵሉ፡
ትውልደ፡ ምድር፡[4] እስመ፡ ገብረ፡ ዘንተ፡ በዓለ፡ በጊዜሁ፡ በከመ፡ ስምዑ፡[5] ጽላተ፡ ሰማይ፡፡
29 በእንተዝ፡ ተሠርዐ፡ ውስተ፡ ጽላተ፡ ሰማይ፡ ላዕለ፡ እስራኤል፡ ከመ፡ *ይኩኑ፡ ገባርያነ፡[6] በዓለ፡
መጸለት፡ ሰቡዐ፡ መዋዕለ፡ በፍሥሓ፡ በወርኀ፡ ሳብዕ፡ ዘ[7]ይትወከፍ፡[8] በቅድመ፡ እግዚአብሔር፡
30 ሕገ፡ ዘለዓለም፡ በትውልዶሙ፡[9] በኵሉ፡ *ዓመት፡ ወዓመት፡፡[10] ወአልቦ፡ ለዝንቱ፡[11] ወሰኑ፡ መዋዕሊሁ፡
እስመ፡ ለዓለም፡ ውእቱ፡ ሥሩዕ፡ ላዕለ፡ እስራኤል፡ ከመ፡ ይግበርዎ፡ ወይንበሩ፡ ውስተ፡ ምጽላል፡
ወከመ፡ ያንብሩ፡ አክሊላተ፡ ውስተ፡[12] ርእሶሙ፡ ወከመ፡ ይንሥኡ፡ *ዕጽቀ፡ ቈጽል፡[13] ወኵሓ፡[14]
31 እምውሒዝ፡፡[15] ወነሥአ፡ አብርሃም፡ *ልበ፡ ፀበርት፡[16] ወፍሬ፡ *ዕፀ፡ ሠናይ፡[17] ወበኵሉ፡ *ዕለት፡
እምዕለት፡[18] ሀሎ፡ እንዘ፡ የዐውድ፡ ምሥዋዐ፡ በአዕፁቅ፡ *ስብዐ፡ [ለዕለት]፡[19] በጽባሕ፡ ይሴብሕ፡
ወይገኒ፡ ለአምላኩ፡ ኵሎ፡ ዘበፍሥሓ፡፡

XVII ወበአሐዱ፡[20] ዓመት፡ ዘሱባኤ፡ ኃምስ፡[21] ኀደገ፡ ጥበ፡ ይስሐቅ፡ በዝንቱ፡ ኢዮቤልው፡ ወገብረ፡
አብርሃም፡ ገዘአ፡[22] ዐቢየ፡ በወርኀ፡ ሣልስ፡ በዕለት፡ ኀደገ፡ ጥበ፡ ወልዱ፡[23] ይስሐቅ፡፡ ወይስማኤል፡
ወልድ፡[24] ለአጋር፡ ግብጻዊት፡ በቅድመ፡ ገጹ፡ ለአብርሃም፡ አቡሁ፡ በ″መካኑ፡ ወተፈሥሐ፡ አብርሃም፡
ወባረኮ፡ ለእግዚአብሔር፡ እስመ፡ ርእየ፡ ሎቱ፡″ ውሉደ፡ ወኢሞተ፡[25] ዘእንበለ፡ ውሉድ፡፡
3 ወተዘከረ፡ ቃለ፡ ዘተናገር፡[26] በዕለተ፡ ተፈልጠ፡ ሎጥ፡ እምኔሁ፡ ወተፈሥሐ፡ እስመ፡ ወሀቦ፡
እግዚአብሔር፡ ዘርአ፡ በዲበ፡ ምድር፡ ከመ፡ ይረስ፡ ለምድር፡ ወባረኮ፡ በ*ኵሉ፡[27] አፉሁ፡ ለፈጣሪ፡
4 ኵሉ፡፡ ወርእየት፡ *ለይስማኤል፡ ሳራ፡[28] እንዘ፡ ይትዌነይ፡[29] ወይዘፍን፡[30] ወለ″አብርሃም፡ እንዘ፡
ይትፌሣሕ፡ ፍሥሓ፡ ዐቢየ፡ ወቀንአት፡ ለ″ይስማኤል፡ ወትቤሎ፡ ለአብርሃም፡ ስድዳ፡ ዛተ፡ ወለተ፡
5 ወወልዳ፡ እስመ፡ ኢይወርስ፡ ወልዳ፡ ለዛ፡ ወለት፡ ምስለ፡ ወልድየ፡ ይስሐቅ፡፡ ወማኅዘነ፡
*ውእቱ፡ ቃል፡ በቅድመ፡ *አዕይንቲሁ፡ ለአብርሃም፡ *በእንተ፡ አመቱ፡ ወበእንተ፡ ወልዱ፡ ከመ፡

---

[1] ስጥወት፡ A B. [2] A adds ለአምላኩ፡ [3] Em. from ወኵሉ፡ ዘርኡ፡ A C D; ወኵሉ፡ ዘርኡ፡ B. [4] Lat. *totius terrae.* [5] ስምዐ፡ A B. [6] Lat. *sit.* [7] C omits. [8] ይትወከፉ፡ B D. [9] ወለትውልዶሙ፡ A. [10] መዋዕሊሁ፡ ወዓመት፡ A. [11] B and Lat. omit. [12] ዲበ፡ B. [13] ቈጽለ፡ ዕፀው፡ B; Lev. xxiii. 40 עֲנַף עֵץ־עָבֹת; LXX *κλάδους ξύλου δασεῖς.* [14] ኵሓ፡ B; ዙሓ፡ C; ወኵዙሓ፡ D. Here LXX Lev. xxiii. 40 diverges from Mass. and our text, *καὶ ἰτέας καὶ ἄγνου κλάδους.* [15] እምሐዝ፡ A B; እም፡ ፈለግ፡ D. [16] ልቦ፡ ፀበርት፡ A. Text implies לִבּוֹת תְּמָרִים, and so Syr. and Arabic instead of Mass. and Sam. in Lev. xxiii. 40 כַּפֹּת תְּמָרִים; LXX *κάλλυνθρα φοινίκων.* Lat. *de decore palmarum* corrupt for *de corde palmarum.* [17] ዕፀ፡ ሠናየ፡ A; ዕፀ፡ ሠናየ፡ B. [18] ዕለት፡ እምዕለት፡ A. [19] በዕለት፡ ሳብዕ፡ A; Lat. *septies.* Hence ለዕለት፡ is probably an interpolation. [20] A adds እመዋዕሊሁ፡ ወ. [21] A omits. [22] ገአዘ፡ A. [23] So Sam. and LXX Gen. xxi. 8. Mass., Syr., Vulg., Onk. omit. [24] Em. from ወልደ፡ [25] ወኢሞቶ፡ B. [26] ዘተናገረ፡ A. [27] B omits. [28] A trans. [29] Gen. Mass. xxi. 9 מְצַחֵק; LXX *παίζοντα*; Vulg. *ludentem.* [30] Lat. *cum Isac.* Hence ወይዘፍን፡ is a corruption of በይስሐቅ፡ Gen. xxi. 9 Mass. thus seems defective, as in LXX we have *μετὰ Ἰσαὰκ τοῦ*

jucunditatis acceptabilis Deo excelso. Et benediximus eum in saecula[1] 28
et semen ejus *cum ipso[2] in omnes generationes [totius] terrae, quia
fecit diem festum hunc in tempore suo secundum testimonium tabu-
larum caeli. Propter quod decretum est in tabulis caeli super Istrahel ut 29
sit dies festus tabernaculorum septem dies[3] in laetitia in mense septimo,
acceptabiles in conspectu Domini, legitimum sempiternum in generationi-
bus ipsorum per singulos annos. Et non erit finis temporum, quoniam 30
in sempiternum est praeceptum Istrahel, facere eum et sedere in taber-
naculis et ut ponant coronas super capita sua, accipere ramos densos[4]
et *salicem de torrente[5]. Et accepit Abraham de corde[6] palmarum et 31
fructus ligni speciosi, et omnibus diebus erat circumiens altarium[7] in ramis
septies mane, laudans et confitens Deo suo[8] omnia in laetitia.

Et in anno primo *ebdomadae quintae[9] ablactatus est Isac jubileo hoc, XVII.
et fecit Abraham convivium magnum, in[10] mense tertio in die qua ablac-
tatus est filius ejus Isac. Et Ismael, filius Agar [ancillae] Aegyptiae, 2
loco erat in conspectu Abraham patris sui: et gavisus est Abraham
et benedixit Deum, quia vidit sibi filios et non est defunctus sine filiis.
Et memor fuit sermones quos locutus est ei in die qua segregavit se 3
Loth ab ipso, et gavisus est, quia dedit Deus illi semen super terram, ut
hereditet eam, et benedixit toto ore suo qui creavit universa. Et vidit 4
Sarra Ismael ludentem *cum Isac[11] et Abraham gaudentem gaudio magno
et zelavit Ismael et dixit ad Abraham: Eice ancillam istam et filium ejus,
quia non hereditabit filius ancillae hujus cum filio meo Isac. Et pessimus 5
[visus][12] est sermo in oculis Abraham propter ancillam et propter filium
ejus, ut eiciat illos ab se. Et dixit Deus ad Abraham . . . 6

---

[1] MS. saeculo. [2] Read post ipsum with Ethiopic. [3] MS. adds toti. [4] MS. denos. [5] MS. calicem de torrentem. [6] Em. with Eth. from decore; see note 16 Eth. text. [7] MS. adds meum. [8] MS. adds secundum. [9] MS. ebdomadarum quinti. [10] MS. et in. [11] See note 30 Eth. text. [12] See note 33 Eth. text.

υἱοῦ ἑαυτῆς; and in Vulg. *cum Isac filio suo*, for which there is no equivalent in Mass. [31] ወ B. [32] በ B. [33] ቀሰ፡ B; Lat. *pessimus visus est sermo* exactly agrees with LXX xxi. 11 σκληρὸν δὲ ἐφάνη τὸ ῥῆμα. As Vulg. gives *dure accepit hoc* there is no connexion between it and the Lat. Vers.; hence either the Heb. text of Jubilees stood originally וַיֵּרָא רַע, and so likewise that of Gen. xxi. 11, or else the Lat. Vers. was corrupted through influence of LXX; Gen. xxi. 12 is in favour of the latter; Sam., Syr., Onk. support Mass. [34] አዕይንቲሁ፡ ለአብርሃም፡ A. [35] Gen. xxi. 11 omits.

6 ይስድዶሙ፡ እምኀቤሁ፡፡ ወይቤሎ፡ እግዚአብሔር፡ ለአብርሃም፡ ኢይኩን፡ ሐዘነ፡[1] ቅድመ፡
አዕይንቲከ፡ በእንተ፡ ሕፃን፡ ወበእንተ፡ ወለት፡[2] ኵሉ፡[3] ዘትቤለከ፡ ሳራ፡ ስማዕ፡ ንባባ፡ ወግበር፡
7 እስመ፡ በይስሐቅ፡ ይጼዋዕ፡[4] ለከ፡ [5]ስም፡ ወ[5]ዘርእ፡፡ ወበእንተ፡ ወልዳ፡ ለ*ዛ፡[6] ወለት፡
8 ውስተ፡ ዐቢይ፡[7] ሕዝብ፡ እሬስዮ፡ እስመ፡ እምዘርእከ፡ ውእቱ፡፡ ወጌሠ፡ አብርሃም፡ በነግህ፡
9 ወነሥአ፡ *ሐባውዘ፡ ወዝቀ፡ ማይ፡[8] ወአስከማ፡ ለአጋር፡ ወለሕፃን፡ ወፈነዎ፡፡ ወ[9]ሖረት፡ ወ*ታንጌጊ፡
በገዳመ፡ ቤርሰቦ፡[10] ወተፈጸመ፡ ማይ፡ እምዝቅ፡ ወጸምአ፡ ሕፃን፡ ወስእነ፡ ሐዊረ፡ ወወድቀ፡፡
10 ወነሥአቶ፡ እሙ፡ *ወገደፈቶ፡[11] ታሕተ፡[12] አሐቲ፡ ኦሊያስ፡[13] ወሖረት፡ ወነበረት፡ አንጻረ፡ መጠነ፡
11 አሐቲ፡ ምንዳፍ፡ እስመ፡ ትቤ፡ ኢይርአይ፡ ሞቶ፡ ለሕፃንየ፡[14] ወነበረት፡ በከየት፡፡ ወይቤላ፡
መልአክ፡ አምላክ፡ *አሐዱ፡ እምቅዱሳን፡[15] ምንተ፡ ትበክዪ፡[16] አጋር፡ ተንሢኢ፡[17] ንሥእዮ፡
ለሕፃን፡[18] ወአኃዝዮ፡ በእዴኪ፡ እስመ፡ ሰምዐ፡ እግዚአብሔር፡ ቃለኪ፡ ወርእዮ፡[19] ለሕፃን፡፡
12 ወ*ከሠተ፡[20] አዕይንቲሃ፡ ወርእየት፡ ዐዘቅተ፡ ማይ፡ ወሖረት፡ ወመልአት፡ ዝቃ፡[21] ማየ፡ ወአስተየቶ፡
13 ሕፃና፡[21] ወተንሥአት፡ ወሖረት፡ መንገለ፡ በድወ፡[22] ፋራን፡፡ ወልህቀ፡ ሕፃን፡ ወኮነ፡ ነዳፌ፡
ወሀለወ፡ እግዚአብሔር፡ ምስሌሁ፡ ወነሥአት፡ ሎቱ፡ እሙ፡ ብእሲተ፡[23] እምአዋልደ፡ ግብጽ፡፡
14 ወወለደት፡ ሎቱ፡ ወልደ፡[25] ወጸውዐ፡ ስሞ፡ ናቤዎት፡ እስመ፡ ትቤ፡ ቅሩብ፡ እግዚአብሔር፡ ሊተ፡
15 ሶበ፡ ጸዋዕክዎ፡፡ ወኮነ፡ በሱባዔ፡ ሳብዕ፡ በቀዳሚ፡ ዓመቱ፡[24] በወርኅ፡ ቀዳሚ፡ በዝ፡ ኢዮቤልው፡[25]
አመ፡ ዐሡሩ፡ ወሰኑዩ፡ ለዝ፡ ወርኅ፡ ኮነ፡ ቃላት፡[26] በሰማያት፡ በእንተ፡ አብርሃም፡ ከመ፡ ውእቱ፡
መሃይምን፡ በኵሉ፡ ዘይትናገር፡[27] ወያፈቅር፡ እግዚአብሔር፡ ወ[28]በኵሉ፡ ምንዳቤ፡ ኮነ፡ ምእመነ፡፡
16 ወመጽአ፡ መኰንን፡ መስቴማ፡ ወይቤ፡ ቅድሜሁ፡[28] ለአምላክ፡ ናሁ፡ አብርሃም፡ ያፈቅር፡ ለይስሐቅ፡
ወልዱ፡ ወያስተፌድሞ፡[29] ኪያሁ፡ እምኵሉ፡ በሎ፡ ያዕርጎ፡ ጽንሓሐ፡ ዲበ፡ ምሥዋዕ፡ ወአንተ፡
ትሬኢ፡ ለእመ፡ ይገብር፡ ዘንተ፡ ቃለ፡ ወታአምር፡ ለእመ፡ መሃይምን፡[30] ውእቱ፡ በኵሉ፡ ዘታሜክሮ፡፡
17 ወእግዚአብሔር፡ ያአምር፡[31] ከመ፡ መሃይምን፡ አብርሃም፡ በኵሉ፡ ምንዳቤሁ፡[32] እስመ፡
አመከሮ፡[33] በምድሩ፡ ወ[33]በዐባር፡ ወአመከሮ፡[33] በብዕለ፡ ነገሥት፡ ወአመከሮ፡[33] ካዕበ፡ በብእሲቱ፡

---

[1] ኀዘነ፡ A. [2] So LXX Gen. xxi. 12; Mass., Sam., Vulg. add suffix of 2nd pers. [3] ዙሉ፡ A. [4] ይሰመይ፡ A. [5] Gen. xxi. 12 omits. [6] So Sam. and LXX xxi. 13, but Mass. omits. [7] So Sam. Gen. xxi. 13, LXX, Syr., Vulg., Arabic; only late authorities omit, Mass., Onk., Ps.-Jon., the last giving עם ליסטים 'nation of robbers.' [8] ሐባውዘ፡ ወዝቀ፡ ማየ፡ A. [9] A omits. [10] በርሳቤሕ፡ A; ቤርሳቤ፡ C D. [11] ወሐዊረ፡ ገደፈቶ፡ B C D. [12] ውስተ፡ A. [13] This implies ἐλάτας; LXX Gen. xxi. 15 has ἐλάτης; Mass. שִׂיחִם. [14] So LXX xxi. 16 μου; Mass., Sam., Syr., and Vulg. omit. [15] Better omit አሐዱ፡ with D and translate 'from the holy place;' cf. Gen. xxi. 17. [16] ትበኪዪ፡ A. [17] ተንሥእኪ፡ A; ተንሢእኪ፡ B. [18] ለሕፃንኪ፡ A. [19] ወርእየቶ፡ C D. [20] Em. with Gen. xxi. 19 from ከሠተት፡ A B C D. [21] Suffix due probably to Eth. Vers. Gen. xxi. 19. [22] በድው፡ A. [23] B omits. [24] ዓመት፡ B. [25] ኢዮቤሌዎ፡ A. [26] ቃለ፡ A. [27] ዘይነግር፡ A D. [28] እስመ፡ D; A omits. [29] ወያስተአድዮ፡ A; ወያስተአድሞ፡ C D. [30] ኮነ፡ መሃይምነ፡ A. [31] አእመረ፡ A; ያአምር፡ C D. [32] ምንዳቤ፡ ዘይቤሎ፡ B C D. [33] አመክሮ፡ A B.

እመ፡[1] ትትገፈፍ፡ ወበኀሰበት፡ ወአመከሮ፡[2] በይስማዒል፡ ወበ[3]አጋር፡ እመቱ፡[4] እመ፡ ፈነዎሙ።
ወበኵሉ፡ በዘአመከሮ፡[5] ተረክበ፡ ምእመነ፡ ወኢተአኀዘት፡[6] ነፍሱ፡ ወኢጐንደየ፡ ገቢሮቶ፡[7] እስመ፡ 18
ምእመን፡ ውእቱ፡[7] ወመፍቀሬ፡ እግዚአብሔር።
ወይቤሎ፡ እግዚአብሔር፡ አብርሃም፡[8] አብርሃም፡ ወይቤ፡ ነየ፡ አነ። ወይቤ፡[9] ንሣእ፡[10] ጀጅ 1, 2
ወልደከ፡[11] ፍቁረከ፡[12] ዘታፈቅር፡ ይስሐቅሃ፡ ወሑር፡ ውስተ፡ ምድር፡[13] ልዕልት፡[14] ወአዕርጎ፡
ውስተ፡ አሐዱ፡ እምአድባር፡ ዘአነ፡ ኣየድዐከ። ወተንሥአ፡[15] በነግህ፡[7] ወጸዐነ፡ አድግ፡ ወከልኤተ፡ 3
ደቂቆ፡[16] ነሥአ፡ ምስሌሁ፡ ወይስሐቅሃ፡ ወልዶ፡[17] ወዐፀወ፡ መሥዋዕት፡ ሰፀረ፡[18] ወሖረ፡ ውስተ፡
መካን፡ *በሣልስ፡ ዕለት፡[19] ወርእየ፡[20] መካነ፡ እምርኁቅ። ወበጽሐ፡ እስከ፡[21] ዐዘቅት፡ ማይ፡ 4
ወይቤ፡ ለደቂቁ፡ ንበሩ፡ ዝየ፡ ምስለ፡ አድግት፡ ወአነ፡ ወሕፃን፡ ነሐውር፡ ወሰጊደነ፡ ንገብእ፡ ኀቤክሙ።
ወነሥአ፡ ዕፀወ፡[22] መሥዋዕት፡ ወአሰከሞ፡ ለይስሐቅ፡ ወልዱ፡ ወነሥአ፡ በእዴሁ፡ እሳተ፡ ወመጥባኅተ፡ 5
ወሖሩ፡ *ኅቡረ፡ ክልኤሆሙ፡[23] እስከ፡ ውእቱ፡ መካን። ወይቤ፡ ይስሐቅ፡ ለአቡሁ፡ አባ፡ ወይቤ፡[24] 6
ነየ፡ አነ፡ ወልድየ፡ ወይቤሎ፡[25] ናሁ፡ *እሳት፡ ወመጥባሕት፡ ወዕፀው፡[26] ወአይቴ፡ በግዕ፡ ዘለጽንሓሕ፡[27]
አባ። ወይቤ፡ እግዚአብሔር፡ ይሬኢ፡ ሎቱ፡ በግዐ፡ ለጽንሓሕ፡[28] ወልድየ፡ ወቀርበ፡ ኀበ፡ *መካነ፡ 7
ዘ[29]ደብረ፡[29] እግዚአብሔር። *ወነደደ፡ ምሥዋዐ፡[7] ወአንበረ፡ ዕፀወ፡ ዲበ፡ ምሥዋዕ፡[30] ወአሰረ፡ 8
ይስሐቅሃ፡ ወልዶ፡ ወአንበሮ፡ ዲበ፡ ዕፀው፡ ዘመልዕልተ፡ ምሥዋዕ፡ ወሰፍሐ፡ እዴሁ፡ ይንሣእ፡
መጥባሕተ፡ ከመ፡ ይሕርዶ፡ ለይስሐቅ፡[31] ወልዱ። ወአነ፡ ቆምኩ፡ ቅድሜሁ፡ ወቅድመ፡ መኳንንት፡[32] 9
መስቴማ፡ ወይቤ፡ እግዚአብሔር፡ በሎ፡[33] ኢያውርድ፡ እዴሁ፡ *ላዕለ፡ ሕፃን፡[34] ወኢይግበር፡

---

[1] እንተ፡ A; እንዘ፡ C D. [2] ኣመከሮ፡ A B. [3] ወ A. [4] ወለቱ፡ A. [5] ዘኣመከሮ፡ A. [6] ወኢተኣኀዘ፡ B. [7] B omits. [8] ለአብርሃም፡ A C. Our text (B C) here agrees with LXX and Vulg. against Mass. xxii. 1. [9] ወይቤሎ፡ B C D; but Gen. xxii. 2 supports A. [10] A adds ለከ፡ [11] ወልደከ፡ A B. [12] ፍቁርከ፡ A. Text agrees exactly with LXX xxii. 2 τὸν ἀγαπητόν, ὃν ἠγάπησας. This rendering implies יְדִידְךָ instead of Mass., Sam., Syr., Vulg. יְחִידְךָ. [13] ደብር፡ B. [14] So LXX xxii. 2 τὴν γῆν τὴν ὑψηλήν; Sam. אֶרֶץ המוראה; Mass. אֶרֶץ הַמֹּרִיָּה; Sam. Vers. = Vulg. *terram visionis;* Syr. ܐܪܥܐ ܕܐܡܘܪܝܐ = ארץ האמורי. [15] B adds እምህየ፡ [16] ደቂ B. Text is closer to Mass. xxii. 3 שְׁנֵי נְעָרָיו than LXX δύο παῖδας or Vulg. *duos juvenes.* [17] ወልዱ፡ B. [18] ወሠፀረ፡ B. [19] A trans. before ውስተ፡ [20] Exactly as in Mass. xxii. 4 וַיַּרְא. [21] A adds ኀበ፡ [22] ዕፀ፡ A. [23] B trans. [24] ወይቤሎ፡ A. [25] A omits. [26] ዕፀ፡ ወእሳት፡ A. As this reading seems to be confined to the Eth. Vers. of Gen. xxii. 7 and A, it would tend to prove the dependence of the latter on the former. ወመጥባሕት፡ omitted in Gen. xxii. 7. [27] ለምሥዋዕ፡ A. [28] ለመሥዋዕት፡ A. [29] For ደብረ፡ read ይቤሎ፡ with Gen. xxii. 9. [30] መሥዋዕት፡ B. [31] Gen. xxii. 10 omits. [32] መኳንንት፡ A B. [33] A adds ኢያፍጥኖ፡ ወኢያልዕል፡ መጥባኅተ፡ ወ. [34] ላዕሌሁ፡ A.

10 ምንተኑ[1] ላዕሌሁ፡ እስመ፡ ለአመርክዎ፡ ከመ፡ ፈራሄ፡ እግዚአብሔር፡ ውእቱ። ወ*ጸዋዕክዎ፡[2]
11 እምሰማይ፡ ወእቤሎ፡ አብርሃም፡ አብርሃም፡ ወደንገፀ፡[3] ወይቤ፡ ነየ፡ አነ። ወእቤሎ፡ ኢትፈኑ፡
እዴከ፡ ዲበ፡ ሕፃን፡ ወኢትግበር፡ ምንተኑ፡ ዲቤሁ፡ እስመ፡ ይእዜ፡ ለአመርክዎ፡[4] ከመ፡ ፈራሄ፡
12 እግዚአብሔር፡ አንተ፡ ወኢ*ምሐከ፡[5] ወልደከ፡ በኵረከ፡[6] እምኔየ።[7] ወተኀፍረ፡ መኰንን፡[8] መስቴማ፡
ወአንሥአ፡ አብርሃም፡ አዕይንቲሁ፡ ወርእየ፡ ወናሁ፡ አሐዱ፡[9] በግዕ፡ እኁዝ፡ በዐፀው፡[10] በአቅርንቲሁ፡
13 ወ[11]ሖረ፡ አብርሃም፡ ወነሥአ፡ ለበግዕ፡ ወአዕረጎ፡ ለጽንሓሕ፡[12] ህየንተ፡ ወልዱ። ወጸውዖ፡
አብርሃም፡[13] ለውእቱ፡ መካን፡ *እግዚአብሔር፡ ርእየ፡[14] ከመ፡ ይትበሀል፡[15] እግዚአብሔር፡ ርእየ፡[16]
14 ውእቱ፡ ደብረ፡ ጽዮን። ወጸውዖ፡ እግዚአብሔር፡[17] ለአብርሃም፡ በስሙ፡[18] ዳግመ፡ እምሰማይ፡[19]
15 በከመ፡ አስተርአየነ፡[19] ከመ፡ ንትናገር፡ በስመ፡ እግዚአብሔር። ወይቤ፡ በርእስየ፡ መሐልኩ፡ ይቤ፡
እግዚአብሔር፡ እስመ፡ *ገበርከ፡ ዘንተ፡ ቃለ፡[20] *ወኢምሐከ፡ ወልደከ፡ በኵረከ፡[21] እምኔየ፡[22]
ዘአፍቀርከ፡[23] እስመ፡ ባርኮ፡ እባርከከ፡ ወአብዝኆ፡ አበዝኆ፡[24] ዘርአከ፡ ከመ፡ ከዋክብተ፡ ሰማይ፡
16 ወከመ፡ ኆፃ፡ ዘድንጋገ፡ ባሕር፡ ወ*ይወርሱ፡[25] ዘርአከ፡ አህጉረ፡ ፀሮሙ። ወይትባረኩ፡ *በዘርአከ፡
ኵሎሙ፡ አሕዛበ፡ ምድር፡ ህየንተ፡ ዘሰማዕከ፡ ቃልየ፡ ወአይደዕኩ፡ ለኵሉ፡ ከመ፡ ምእመን፡
17 አንተ፡ ሊተ፡ በኵሉ፡ ዘእቤለከ፡ ሖር፡ በሰላም። ወሖረ፡ አብርሃም፡ ኀበ፡ ደቁ፡ *ወተንሥኡ፡
18 ወሖሩ፡[26] ቤርሳቤሀ፡ ኀቡረ፡ ወኀደረ፡ አብርሃም፡ ኀበ፡ ዐዘቅተ፡ መሐላ። ወይገብር፡ ዛተ፡ በዓለ፡
በኵሉ፡ ዓመታት፡ ሰቡዐ፡ ዕለተ፡ በፍሥሓ፡ ወሰመያ፡ በዓለ፡ እግዚአብሔር፡ በከመ፡ ሰቡዐ፡ ዕለት፡[27]
19 እለ፡ ሖረ፡ ወተመይጠ፡ በሰላም።[28] ወ*ከመዝ፡[29] ሥሩዕ፡ ውእቱ፡[30] ወጽሑፍ፡ ውስተ፡ ጽላተ፡
ሰማይ፡ በእንተ፡ እስራኤል፡ ወዲበ፡ ዘርኡ፡ ለገቢረ፡ ዛቲ፡ በዓል፡ ሰቡዐ፡ ዕለተ፡ በፍሥሓ፡ በዓል።[31]
XIX ወበዓመት፡ አሐዱ፡ ዘሱባዔ፡ ቀዳሚ፡ በዘ፡ ፵ወ፪[32] ኢዮቤልዉ፡ ተመይጠ፡ አብርሃም፡
2 ወኀደረ፡ አንጻረ፡ ኬብሮን፡ ዛቲ፡ ይእቲ፡ ቀርያታርባቅ፡[33] ክልኤ፡ ሱባዔ፡ ዓመት። ወበዓመት፡

---

[1] ወእምንተኑ፡ A. [2] እጸውዖ፡ A; ጸውዖ፡ እግዚአብሔር፡ D. [3] A omits with Eth. Vers. xxii. 11. [4] Here and in ver. 9 to be taken as = *manifestavi* of Lat., cf. ver. 16; hence different from Gen. xxii. 12 יָדַעְתִּי; text implies הוֹדַעְתִּי. [5] መሐከ፡ A. [6] Mass. xxii. 12 יְחִידְךָ; LXX τοῦ ἀγαπητοῦ. [7] LXX xxii. 12 δι' ἐμέ; Vulg. *propter me;* text agrees with Mass. [8] መኰንን፡ A B. [9] So LXX xxii. 13; Sam., Syr., Ps.-Jon., Graec.-Ven. thus implying אֶחָד; Mass., with Itala, Vulg., Onk., reads אַחַר. [10] Em. with Gen. xxii. 13 from ወይመጽእ፡ A B C D; LXX ἐν φυτῷ σαβέκ—a duplicate rendering. [11] B omits. [12] Lat. omits, but Gen. xxii. 13 supports text. [13] A omits. [14] ረአየ፡ እግዚአብሔር፡ A. [15] Lat. rightly adds *in monte;* so Mass. and LXX; hence we should insert በደብር፡ [16] So Syr. ܡܪܝܐ ܢܚܙܐ; Lat. *Dominus videbit* = יְהוָה יִרְאֶה, but passive in Mass. בְּהַר יְהוָה יֵרָאֶה; LXX ἐν τῷ ὄρει Κύριος ὤφθη. [17] A trans. after በስሙ፡ Lat. omits, but Gen. xxii. 15 supports text. [18] በስመ፡ A. [19] Em. from አስተርአየከ፡ B; አስተርአየ፡ A; አስተርአየነ፡ C; አስተርአይከ፡ D; Lat. *fuimus*. [20] ገበርከ፡ ለዝንቱ፡ ቃል፡ A. [21] ወኢመሐከ፡ ለወልድከ፡ ፍቁር፡ ኪ A. [22] LXX δι' ἐμέ; Vulg. *propter me.* [23] A and Gen. xxii. 16 omit, but Lat. supports B C D. [24] አስተባዝኆከ፡ A. [25] ይረሱ፡ A. [26] ወሖሩ፡

. . . et conturbatus est et dixit: Ecce ego. Et dixi ad eum: Noli 10, 11
inicere manum tuam super puerum et non facias ei quidquam, quod[1] nunc
manifestavi quia times Deum [tuum] et non pepercisti filio tuo primo-
genito a me. Et confusus est princeps Mastima. Et elevans Abraham 12
oculos suos vidit, et ecce aries unus tenebatur (inter vepres)[2] cornibus
suis et abiit Abraham et accepit arietem et obtulit eum (in holocaustum)
pro [Isac] filio suo. Et vocavit Abraham nomen loci illius 'Dominus 13
vidit,' ut dicatur '⟨in monte⟩ Dominus visus est,' hic est mons Sion.
Et vocavit (Dominus) Abraham nomine suo secundo de caelo, quia 14
fuimus[3] ut loquamur illi nomine Domini. Et dixit: Per me ipsum juravi, 15
dicit Dominus, propter quod fecisti sermonem istum et non pepercisti filio
tuo *unigenito propter me[4] quem dilexisti, quoniam benedicens benedicam
te et multiplicans multiplicabo semen tuum (ut) stellas caeli et sicut hare-
nam[5] quae est circa litora maris, et hereditabit[6] semen tuum civitates
adversariorum ejus. Et benedicentur in semine tuo omnes gentes terrae, 16
propter quod obaudisti voci meae, et ego manifestavi omnibus quoniam
fidelis es mihi in omnibus quae dixi tibi. Ambula[7] in pace. Et abiit 17
Abraham ad pueros suos, et exurgentes abierunt in Bersabe, et habi-
tavit[8] Abraham secus puteum jurationis. Et faciebat diem festum[9] per 18
singulos annos[10] septem dies in laetitia, *et vocavit eum festum[11] Domini
secundum septem dies quibus abiit et reversus est (in pace). Et (secun- 19
dum hoc) erat decretum et scriptum in tabulis caeli super Istrahel et super
semen ejus, ut faciant diem festum septem diebus in laetitia gaudentes[12].

Et in anno (primo) *septimanae primae[13] secundo et quadragensimo XIX.
jubeleo convertit Abraham et inhabitavit[14] contra faciem Chebron, haec
est Cariath Arbee, duas[15] septimanas[16] annorum. Et in anno (primo) 2

---

[1] MS. quo. [2] See note 10 Eth. text. [3] Seems corrupt; see note 19 Eth. text. [4] Due to Vulg. xxii. 16; we should have *primogenito a me*, as in ver. 10. [5] MS. harena. [6] MS. hereditavit. [7] MS. ambulare. [8] MS. habitabit. [9] MS. adds ter. [10] MS. adds nam et istos. [11] MS. faciebat et vocavit eum in diem festum. [12] See note 28 Eth. text. [13] MS. septimanarum primi. [14] MS. inabitavit. [15] MS. duo. [16] MS. septimanarum.

ወተንሥኢኦሙ A. [27] Lat. omits. [28] በዓለ፡ B; C D omit. As Lat. gives *gaudentes*, there is some primitive corruption. [29] በ B. [30] አርብዓ፡ ወክልኤቱ፡ B. [31] ቀሬያታርበዕ፡ B—a faulty transliteration of קִרְיַת אַרְבַּע; LXX *ἐν πόλει Ἀρβόκ*.

ቀዳሚ፡ ዘሰብኡ፡ ግእስ፡ ዘዘኢየብልዎ፡ ተረክበ፡ መዋዕሊ፡ *ሕይወተ፡ ሳራ፡[1] ወሞተት፡ በኬብሮን።
3 ወሖረ፡ አብርሃም፡ ከመ፡ ይብኪያ፡[2] ወይቅብራ፡ ወናመክሮ፡ እመ፡ ይትዔገሥ፡ መንፈሱ፡ ወኢ*ይት
4 አኀተል፡[3] በቃለ፡ አፉሁ፡ ወተረክበ፡ በዝኒ፡ ዕጉሠ፡ ወኢተሀውከ። እስመ፡ በትዕግሥተ፡ መንፈስ፡
5 ተናገረ፡ ምስለ፡ ውሉደ፡ ኬጥ፡[4] ከመ፡ የሀብዎ፡ መካነ፡ ከመ፡ ይቅብር፡ ቢድኖ፡ ውስቴቱ። ወእግዚ
አብሔር፡ ወሀቦ፡ ሞገሰ፡ ለቅድመ፡ ኵሎሙ፡ እለ፡ ይሬእይዎ፡ ወአስተብቍዖ፡ በየውሀተ፡
እምንበ፡ ውሉደ፡ ኬጥ፡[4] ወወሀብዎ፡ ምድረ፡ በዓት፡[5] ዘካዕበት፡ ዘአንጻረ፡ መምብሬም፡[6] *እንተ፡
6 ይእቲ፡[7] ኬብሮን፡ በ*አርባዕቱ፡ ምእት፡[8] ብሩር። ወእሙንቱ፡[9] ያስተበቍዕዎ፡ እንዘ፡ ይብሉ፡
ንሁበከ፡[10] በከ፡ ወኢነሥእ፡[11] እምእዴሆሙ፡ በከ፡ እስመ፡ ወሀበ፡ ሤጠ፡ ለመካኑ፡ ብሩረ፡ ፍጹመ፡
7 ወሰገደ፡ ሎሙ፡ ካዕበ፡ ወእምዝ፡ ቀበረ፡ ቢድኖ፡ ውስተ፡ በዓት፡[12] ዘካዕበት። ወኮነ፡ ኵሉ፡ መዋዕሊ፡
ሕይወታ፡ ለሳራ፡ ምእት፡ ወዕሥራ፡ ወሰብዓቱ፡ *እሉ፡ ክልኤ፡[13] ኢዮቤልዉ፡[14] ወአርባዕቱ፡ ሱባዔ፡
8 ወዓመት፡ አሐዱ፡ ዝንቱ፡ መዋዕለ፡[15] ሕይወታ፡ ለሳራ። ዝመከራ፡[16] *ዓሥር፡ በዘተመከረ፡
9 ቦቱ፡[17] አብርሃም፡ ወተረክበ፡ ምእመነ፡ ዕጉሠ፡ መንፈስ። ወኢይቤ፡ ቃለ፡ በእንተ፡ *ንባብ፡
ዘበምድር፡[18] ዘይቤ፡ እግዚአብሔር፡ የሀባ፡[19] ኪያሁ፡ ሎቱ፡ ወለዘርኡ፡ እምድኅሬሁ፡ ወመካነ፡
አስተብቍዐ፡ በሀየ፡ ከመ፡ ይቅብር፡ ቢድኖ፡ እስመ፡ ተረክበ፡ መሃይምነ፡[20] ወተጽሕፈ፡ ዐርከ፡
10 እግዚአብሔር፡ ውስተ፡ ጽላተ፡ ሰማይ። ወበዓመተ፡ ራብዕ፡[21] ሎቱ፡ ነሥአ፡ ለይስሐቅ፡ ወልዱ፡
ብእሲተ፡ ወስማ፡ ርብቃ፡ ወለተ፡ ባቱኤል፡ ወልደ፡ ናኮር፡ እኁሁ፡ ለአብርሃም፡ እኅቱ[22] ላባ፡
ወ*ወለተ፡ ለባቱኤል፡ ወባቱኤል፡[23] ወልደ፡ ሚልካ፡ ዘብእሲተ፡ ናኮር፡ እኁሁ፡ ለአብርሃም።
11 ወአብርሃም፡ ነሥአ፡ ሎቱ፡ ብእሲተ፡ ሣልስተ፡[24] ወስማ፡ ኬጡራ፡ እምነ፡[25] አዋልደ፡[26] ልደ፡ ቤቱ፡
12 እስመ፡[27] ሞተት፡ አጋር፡ እምቅድመ፡ ሳራ። ወወለደት፡ ሎቱ፡ ውሉደ፡ ስድስተ፡ ዘንበርሃ፡[28]
ወ*ያክስንሃ፡[29] ወሜዳይሃ፡ ወሜዳንሃ፡ ወ*ኢየዝቦቅሃ፡[30] ወሴሂያሃ፡[31] በክልኤ፡ ሱባዔ፡ ዓመት።
13 ወበሱባዔ፡ ሳድስ፡ በካልእ፡ ዓመቱ፡ ወለደት፡ ርብቃ፡ ለይስሐቅ፡ ክልኤ፡ ደቂቀ፡[32] ያዕቆብሃ፡
ወዔሳውሃ፡ ወያዕቆብሰ፡ ልሙጽ፡[33] ወራትዕ፡[34] ወዔሳው፡[35] ውእቱ፡ ብእሲ፡[36] ድሩክ፡[37] ወ*ሐቃላዊ፡

---

[1] ሕይወታ፡ ለሳራ፡ A. [2] ይብኪዮ፡ A B. [3] ይትኣኀተል፡ A B; Lat. *pusillianimus* is here wrong, it implies ὀλιγόψυχος, the false rendering of LXX in Prov. xiv. 29 of קְצַר־רוּחַ. [4] ኬጢ፡ B. [5] በዐተ፡ A. [6] መምብሬም፡ A. [7] ዘይእቲ፡ B. [8] Em. with Lat. *quadringentis* and Gen. xxiii. 16 from አርብዓ፡ A B. [9] ወእሉሂ፡ A. [10] ነሁብከ፡ A. [11] ይነሥእዎ፡ A. [12] በዐተ፡ A. [13] ክልኤቲ፡ A; እሉ፡ ዘክልኤ፡ B. [14] ኢዮቤሌው፡ A. [15] Em. from መዋዕል፡ A; B C D give መዋዕሊ፡ ዓመታተ፡ Mass. and Sam. Gen. xxiii. 1 require ዓመታት፡ LXX and Vulg. omit clause. [16] ወዝ፡ መከራ፡ A. [17] በዘ፡ ተመከረ። ቦቱ፡ ዓሥር፡ ዘተመከረ፡ A; Lat. corrupt. [18] ንባብ፡ ዘምድር፡ A. [19] የሃባ፡ A B; የሀቦ፡ C D. [20] B C add ወዕጉሠ፡ [21] ራብዑ፡ B. [22] እንተ፡ A. [23] Em. with Lat. from ባቱኤል፡ ወልደሙ፡ ለባቱኤላዊያን፡ A; ባቱኤል፡ ወለደሙ፡ ለባቱኤላዊያን፡ B. [24] ሡለስተ፡ A. [25] ወእምነ፡ A. [26] Em. with Lat. *filiabus* from ውሉደ፡ [27] እስመ፡ A B D. [28] ዘንበሬሃ፡ B. [29] ያክንስሃ፡ A. [30] ኢያዝበቀሃ፡ A. [31] ስሂያሃ፡ A. [32] ደቂ፡ A. [33] Em. with Lat. *lenis* (? for *levis*) from ፍሡሕ፡ A; ፍጹም፡ B C; ኅሩም፡ D

*septimanae tertiae[1] jubilei hujus conpleti sunt dies vitae Sarrae et mortua
est in Chebron. Et advenit Abraham ut plangeret eam (et sepeliret eam): 3
et temptavimus eum, si patiens esset spiritus ejus et non indignans[2] in
verbis oris sui: et inventus est et in hoc patientissimus et non est
conturbatus. Quoniam in longanimitate spiritus locutus est cum filiis 4
Geth, ut dent illi locum, ubi sepelliat mortuum suum in eum. Et dedit 5
Deus gratiam ei in conspectu omnium videntium eum, et depraecatus
est in mansuetudine a filiis Geth, et dederunt ei agrum spelei duplicis[3],
quod est contra faciem Mambre, haec est Chebron, quadringentis denariis.
Et ⟨hoc⟩ postulaverunt ab eo dicentes: Dabimus tibi gratis: et non 6
accepit de manibus eorum gratis, quoniam dedit praetium loci, pecuniam
conplentem[4], et adoravit eos bis et post haec sepellivit mortuum suum in
speleo duplici. Et facti sunt dies omnes vitae Sarrae septem et viginti 7
et centum anni, id est, duos jubeleos septimanas quattuor et [minus]
unum annum: hii sunt dies vitae Sarrae. Haec temptatio decima, in 8
qua (tentatus est) *in ipsa Abraham et inventus est[5] fidelis *⟨et⟩ longanimis[6]
spiritu. Et (non) dixit sermonem pro sermone terrae, sicut dixit[7] Deus 9
dare illi eam et semini ejus post eum, et locum petiit[8] *ab cis[9], ut sepel-
liret mortuum suum: quoniam inventus est fidelis et scriptus[10] est amicus
Dei in tabulis caeli. Et in anno quarto ipsius accepit Abraham Isac filio suo 10
mulierem—et nomen ejus Rebecca, filia Bathuel, filii Nachor fratris Abraham
—sororem Labae, filiam Bathuel, et Bathuel filius erat Malce, mulieris
Nachor fratris Abraham. Et Abraham accepit sibi mulierem tertiam, 11
et nomen ei Cetturra, de filiabus domesticorum suorum, eo quod mortua[11]
esset Agar prius quam Sarra. Et peperit illi sex filios, Jebram et Jectam 12
et Madan et Madiam et Sobec et Oe, in duabus[12] septimanis[13] annorum.
Et in sexta[14] septimana[13] anni ipsius secundi peperit Rebecca Isac duos 13

---

[1] MS. septimanarum hujus tertii. [2] Em. with Eth. from pusillianimus; see note 3 Eth. text. [3] MS. duplicem. [4] MS. conplens. [5] Em. with Eth. from inventus est et in ipsa abraham. [6] MS. et et longanimus. [7] MS. adds illi dare. [8] MS. petit. [9] Eth. = ibi. [10] MS. scriptum. [11] MS. murtua. [12] MS. duos. [13] MS. septimanarum. [14] MS. sexto.

---

seems a correction from Eth. Vers. of Gen. xxv. 27. The epithet is borrowed from Gen. xxvii. 11 חָלָק, or else we must read ፍጹም፣ with B C, and assume two different renderings of איש תם to be conjoined here. The Lat. supports the former course. [24] So Gen. xxv. 27 איש תם. [25] ወዓለውስ: A. [26] B D omit. [27] Not in Gen.

14 ወጸገቡ፡[1] ወያዕቆብሰ፡[2] የኀድር፡ ውስተ፡ ምጽላላት። ወልህቁ፡ ወራዙት፡[3] ወተምህረ፡[4] ያዕቆብ፡
መጽሐፈ፡ ወኤሳውሰ፡ ኢተምህረ፡ እስመ፡ *ብእሲ፡ ሐቃላዊ፡[5] ውእቱ፡ ወነዓዊ፡ ወተምህረ፡ ፀብአ፡
15, 16 *ወኵሎ፡ ግብሮ፡ ድሩክ።[6] ወያፈቅሮ፡ *ያዕቆብሃ፡ አብርሃም፡[7] ወይስሐቅ፡ ኤሳው*ሃ።[8] ወርእዮ፡
አብርሃም፡ ግብሮ፡ ለኤሳው፡ ወአእመረ፡ ከመ፡ በያዕቆብ፡ ይጼዋዕ፡[9] ሎቱ፡ ስም፡ ወዘርእ፡ ወጸውዓ፡
ለርብቃ፡ ወአዘዛ፡ በእንተ፡ ያዕቆብ፡ *እስመ፡ አእመረ፡ ከመ፡ ታፈቅሮ፡ ለያዕቆብ፡[10] ፈድፋደ፡
17 እም፡[11] ኤሳው። ወይቤላ፡ ወለትየ፡ ዕቀቢ፡[12] *ወልድየ፡ ያዕቆብሃ፡* እስመ፡ ውእቱ፡ ይከውን፡
ህየንቴየ፡ ዲበ፡ ምድር፡ ወለበረከት፡ በማእከለ፡ ውሉደ፡ ሰብእ፡ ወለኵሉ፡ ዘርአ፡[13] ሴም፡
18 ለትምክሕት።[14] እስመ፡ አአምር፡[15] ከመ፡ ኪያሁ፡ ያኀሪ፡[16] *እግዚአብሔር፡ ሎቱ፡[17] ለሕዝብ፡
19 ዘይቀውም፡[18] እምኵሎሙ፡ አሕዛብ፡[19] እለ፡ ዲበ፡ ገጸ፡ ምድር። ወናሁ፡ ይስሐቅ፡ ወልድየ፡
20 ያፈቅሮ፡ ለኤሳው፡ እም፡ ያዕቆብ፡ ወአነ፡ እሬእየኪ፡ መፍቀሪተ፡ ጽድቅ፡[20] ያዕቆብሃ። ወስኪ፡ ዓዲ፡
አሠንዮ፡[21] ላዕሌሁ፡ *ወይኩና፡ አዕይንትኪ፡ ላዕሌሁ፡* ለፍቅር፡[22] እስመ፡ ውእቱ፡ ይከውነነ፡
21 ለበረከት፡ ዲበ፡ ምድር፡ እምይእዜ፡ ወእስከ፡ ኵሉ፡ *ትውልደ፡ ምድር።[23] ይጽንዓ፡[24] እደዊኪ፡
ወ*ትትፈሣሕ፡[25] ልብኪ፡[26] በወልድኪ፡ ያዕቆብ፡ እስመ፡ ኪያሁ፡ አፍቀርክዎ፡[27] ፈድፋደ፡* እምኵሎሙ፡
22 ውሉድ*የ፡* እስከ፡ ለዓለም፡ ይትባረክ፡ ወዘርኡ፡ *ይከውን፡ ዘይመልእ፡[28] ኵላ፡ ምድረ። እመ፡
23 ይክል፡ ሰብእ፡ ኈልቆ፡ ኆፃ፡ ምድር፡[29] ይትኌለቍ፡[30] ዘርኡሂ። ወኵሎን፡[31] በረከት፡ እለ፡ ባረከኒ፡
24 እግዚአብሔር፡ ኪያየ፡ ወዘርእየ፡ ለያዕቆብ፡ ወለዘርኡ፡ ይኩን፡[32] ኵሎ፡ መዋዕለ። ወበዘርኡ፡
ይትባረክ፡[33] ስምየ፡ ወስመ፡ አበዊየ፡[34] ሴም፡ ወኖኅ፡ ወሄኖክ፡[35] ወመላልኤል፡ *ወሄኖስ፡ ወሴት፡[36]
25 ወአዳም። ወእሙንቱ፡ ይኩኑ፡ ለሣርር፡ ሰማይ፡ *ወለአጽንዖ፡ ምድር፡[37] ወለሐድሶ፡ ኵሉ፡
26 ብርሃናት፡ ዘዲበ፡[38] ምጽናዓት። ወጸውዖ፡ ለያዕቆብ፡ በቅድመ፡ አዕይንቲሃ፡ ለርብቃ፡ እሙ፡
27 ወሰዐሞ፡ ወባረኮ፡ ወይቤ። *ያዕቆብ፡ ወልድየ፡[39] ፍቁር፡ ዘ*አፍቀረት፡[40] ነፍስየ፡ ይባርከ፡[41] አምላክ፡
እመልዕልተ፡ ምጽናዓት፡ ወየሀብከ፡ ኵሎን፡[42] በረከታተ፡ እለ፡ ባረከ፡ ለአዳም፡ ወሄኖክሃ፡ ወኖኅሃ፡

[1] Combines Gen. xxv. 27 and xxvii. 11. [2] ወያዕቆብሰ፡ A. [3] B omits. [4] ወተመሀረ፡ A. [5] A trans. [6] ወኵሎ፡ ድሩክ፡ B. [7] አብርሃም፡ ያዕቆብ፡ A. [8] A omits. [9] ይጼውዕ፡ B. [10] B omits through hmt. For አእመረ፡ C D read ርእየ፡ Lat. omits አ″ ከ″. [11] በእንተ፡ B. [12] Lat. adds *in nomine*. [13] ዘርእ፡ A. [14] ለትመክሕት፡ B. [15] አአምር፡ A; ያአምር፡ B. [16] ያኅሪ፡ B. [17] B trans. [18] ቀዳሚ፡ A, ይቀውም፡ B, ዘይትቃወም፡ C, ዘዐቅም፡ D are all alike corrupt, being hopeless attempts at rendering περιούσιος; for we have here a word for word reproduction of Deut. vii. 6. In all cases also Eth. Vers. of Bible mistranslates or omits this word. Cf. Exod. xix. 5; Deut. vii. 6, xiv. 2, xxvi. 18; (Ps. cxxxiv. 4 εἰς περιουσιασμὸν αὐτῷ.) Hence we should read ዘጥሪት፡ in text for ዘይቀውም፡ Lat. *sanctum* (as in xvi. 18 *sanctificatum*) is corrupt. [19] Restored from Lat. *populis* and Deut. vii. 6. [20] ጽድቅ፡ B. [21] Lat. *ut parcas*. [22] ለፍቁር፡ B. [23] ትውልድ፡ ወለዓለም፡ B. [24] ወይጽንዕ፡ B. [25] ይትፈሣሕ፡ A; ትትፌሣሕ፡ C D. [26] ልበኪ፡ A B; C D omit. [27] አፍቀርኩ፡ B.

filios, Esau et Jacob. Et erat Jacob levis[1] et rectus, et Esau erat durus
et vir rusticanus et pilosus, et Jacob habitans in tabernaculis. *Et creve- 14
runt juvenes[2]; et didicit Jacob litteras et Esau non didicit, quoniam
homo erat agrestis et venator[3], sed didicit bellum, et universa opera ejus
erant dura. Et diligebat Abraham Jacobum, et Isac diligebat Esau. 15
Et videbat Abraham opera Esau et sciebat quoniam in Jacob vocabitur 16
illi semen et nomen, et vocavit[4] Rebeccam et mandavit ⟨illi⟩ pro Jacob,
quoniam (cognovit quod) ipsa diligebat Jacob plusquam Esau. Et dixit 17
illi: filia, custodi [in nomine] filii mei Jacob, quoniam hic mihi erit prae-
sentatio[5] super terram et in benedictione super filios hominum et universi
seminis Sem[6] gloria. Quia scio quod hunc elegit Deus sibi in populum 18
sanctum[7] ex omnibus ⟨populis⟩ qui sunt super faciem [totius] terrae.
Et ecce Isac (filius meus) diligit Esau super Jacob, et ego video te dili- 19
gentem in veritate Jacob. Adice adhuc amplius ut parcas illi, et sint 20
oculi tui super eum in dilectione, quoniam ipse erit nobis in benedictione
super terram et ex hoc et usque in omni generatione terrae. Convalescant 21
ergo manus tuae et gaudeat cor tuum in filio tuo Jacob, quoniam ipsum
dilexi super omnes filios meos; [propter quod] in aeternum benedicetur
et semen ejus et erit conplens omnem terram. Si poterit ergo homo 22
numerare harenam terrae, et numerabile erit semen ejus. Et universae 23
benedictiones, quas benedixit me Deus et semen meum, Jacob et semini
ejus erunt omnibus diebus. Et in semine ejus benedicetur nomen meum 24
et nomen patrum meorum Sem, Noe, Enoch, *Malalel, Henos, Set[8], Adam.
Et ipsi erunt fundamenta ponentes caeli et confirmantes terram, ut agnos- 25
cantur[9] universa luminaria firmamenti. Et vocavit Abraham 26

---

[1] MS. lenis; see note 33, p. 66, Eth. text. [2] MS. et creverunt et jubenes facti sunt ambo. This MS. reading agrees with Eth. Vers. Gen. xxv. 27 ወልሀቁ፡ ወኮኑ፡ ወራዙተ፡ against all other authorities save that it adds *ambo*. [3] MS. benator. [4] MS. vocabit. [5] So restored by Rönsch from ... nitatio; Eth. = loco meo. [6] Em. with Eth. from mei. [7] Corrupt; see note 18 Eth. text. [8] MS. malalee henos et. [9] Should be emended into renoventur with Eth.; corruption may be due to confusion of ἀνανεωθῶσι and ἀναγνωσθῶσι.

---

[28] ይከውኑ፡ ወይመልኡ፡ B. [29] ባሕር፡ A. [30] ከማሁ፡ ኢይትኌለቍ፡ B. [31] ዘሎ፡ B.
[32] A trans. before በደዐቀቡ፡ [33] ይትባረኩ፡ A. [34] አበውየ፡ A. [35] ኢኖስ፡ B.
[36] ያኖስ፡ ሴት፡ A. [37] ለአጽንዖታ፡ ለምድር፡ A. [38] A adds ምድር፡ ወ.
[39] A trans. [40] አፍቀረቆ፡ A. [41] ይባርኮ፡ A. [42] ለዓለም፡ ወዘሎ፡ B.

ወሴምኒ፡ ወኵሉ፡ ዘመጠነ፡ ተናገረኒ[1] ወኵሉ፡ ዘመጠነ፡ ይቤ፡ የሀበኒ[2] ያጥግቦ፡ ባዕሌክ፡
28 ወኀዐሉ፡ ዘርእከ፡ እስከ፡ ለዓለም፡ በከመ፡ መዋዕለ፡ ሰማይ፡ ዲበ፡ ምድር፡ ወኢይመብሉ፡
ባዕሌክ፡ ወኀዐሉ፡ ዘርእከ፡ መናፍስት፡ መስቴማ፡ ከመ፡ ያርኅቅከ፡[3] እምድኅረ፡ እግዚአብሔር፡
29 ዘውእቱ፡ አምላክከ፡ እምይእዜ፡ ወእስከ፡ ለዓለም። ወይኩንከ፡ እግዚአብሔር፡ አምላክ፡[4] አቡ፡[5]
30 ወአንተ*ኒ፡[4] ወልድየ፡ በኵርየ፡[6] ወለሕዝብ፡ ኵሉ፡ መዋዕሉ፡ ሎር፡ ወልድኒ፡ በሰላም። ወወፅአ፡
31 ከልኤሆሙ፡ ኅቡረ፡ *እምኀበ፡ አብርሃም።[7] ወአፍቀረቶ፡ ርብቃ፡ ለያዕቆብ፡ በኵሉ፡ ልባ፡[8]
ወበኵሉ፡ *ነፍሳ፡ ብዙኀ፡[9] ፈድፋደ፡ እምነ፡ ዔሳው፡ ወይስሐቅ፡ ያፈቅሮ፡ ለዔሳው፡ ፈድፋደ፡ እምነ
ያዕቆብ።

፳ ወበ[10]አርብዓ፡ ወክልኤ፡[11] ኢዮቤልዉ፡[12] በዓመት፡ ቀዳሚ፡ ዘሱባዔ፡ ሳብዕ፡ ጸውዖ፡ አብርሃም፡
ለይስማኤል፡ ወዐሠርተ፡ ወክልኤተ፡ ደቂቆ፡ ወይስሐቅሃ፡ ወ*ደቂቆ፡ ክልኤሆሙ፡[13] ወስድስተ፡
2 ደቂቀ፡ ኬጡራ፡ ወውሉዶሙ። ወአዘዞሙ፡ ከመ፡[4] ይዕቀቡ፡ ፍኖተ፡[14] እግዚአብሔር፡ ከመ፡
ይግበሩ፡ ጽድቀ፡ *ወያፈቅር፡ አሐዱ፡ አሐዱ፡ ቢጾ፡[15] ወከመ፡ ይኩኑ፡[16] ከማሁ፡ በውስተ፡ ኵሉ፡
ሰብእ፡[17] ከመ፡ ይሑሩ፡[18] አሐዱ፡ አሐዱ፡ ላዕሌሆሙ፡ ለገቢረ፡ ፍትሕ፡ ወጽድቅ፡ በዲበ፡ ምድር።
3 ከመ፡ ይክስቡ፡ ውሉዶሙ፡ በኪዳን፡ እንተ፡ ተካየደ፡ *ምስሌሆሙ፡ ወከመ፡[19] ኢይትዐደዉ፡
[20]ኢየማነ፡ ወኢፀጋመ፡[20] እምኵሉ፡ ፍናው፡[21] ዘአዘዞ፡[22] እግዚአብሔር፡ ወከመ፡ ንትዐቀብ፡
4 እምኵሉ፡ ዝሙት፡ ወርኵስ፡ ወከመ፡ ንኅድግ፡[23] እማእከሌነ፡[24] ኵሉ፡[4] *ዝሙተ፡ ወርኵሰ።[25] ወእመ፡
ዘመወት፡ ለከሙ፡ ኵላ፡[4] ብእሲት፡ *ወእመኒ፡ ወለት፡ አውዕይዋ፡[26] በእሳት፡ ወኢይዘምዋ፡[27]
ድኅረ፡ *አዕይንቲሆን፡ ወልቦን፡[28] ወከመ፡[4] ኢ[29]ይንሥኡ፡ ሎሙ፡ ብእሲተ፡ *እምነ፡ አዋልደ፡[30]
5 ከናአን፡[31] እስመ፡ ይሤረው፡[32] ዘርአ፡ ከናአን፡[33] እምድር። ወነገሮሙ፡ ኵነኔሆሙ፡ ለረዓይት፡
*ወኵነኔሆሙ፡ ለሰዶም፡ ዘከመ፡[34] ተኰነኑ፡ በእንተ፡ እከዮሙ፡ ወ*በእንተ፡ ዝሙት፡ ወርኵስ፡ ወሙስና፡
6 በበይናቲሆሙ፡ *በዝሙት፡ ሞቱ።[35] ወአንትሙ*ኒ፡[4] ተዐቀቡ፡ እምኵሉ፡ ዝሙት፡ ወርኵስ፡
ወእምኵሉ፡ ግማኒ፡ ኀጢአት፡ ከመ፡ ኢትሀቡ፡[36] ስመ፡ ለመርገም፡ ወኵሉ፡[37] ሕይወትክሙ፡
ለ*ተፋጽዮ፡[38] ወኵሉ፡ ውሉድክሙ፡ ለሙስና፡ በ[39]ሰይፍ፡ ወትከውኑ፡ ርጉማነ፡ ከመ፡ ሰዶም፡[39]
7 ወኵሉ፡[40] ተረፈክሙ፡ ከመ፡ ውሉደ፡ ገሞራ። አነ፡[4] አሰምዕ፡ ለክሙ፡ ውሉድየ፡[41] አፍቅርዎ፡
ለአምላከ፡ ሰማይ፡ ወተጸመዱ፡ *ኵሉ፡ ትእዛዞ፡[42] ወኢትሑሩ፡ ድኅረ፡ ጣዖቶሙ፡ ወድኅረ፡
8 ርኵሶሙ። ወአማልክተ፡ ስብክ፡ ኢትግበሩ፡ ለክሙ፡ ወገልፈዎት፡[43] እስመ፡ ከንቱ፡[44] ውእቱ፡
ወኢ[45]ምንትኒ፡ መንፈስ፡ አልቦሙ፡ እስመ፡ ግብረ፡ እደው፡ እሙንቱ፡ ወኵሎሙ፡ እለ፡ ይትዌከሉ፡[46]
9 ቦሙ፡ ወኢበምንትኒ[47] ተወከሉ፡ ኢታምልክዎሙ፡ ወኢትስግዱ፡ ሎሙ። አላ፡[4] አምልኩ፡ አምላከ፡
ልዑለ፡ ወስገዱ፡ ሎቱ፡ ወትረ፡ ወተሰፈዉ፡ ገጾ፡ ዚአሁ፡ በኵሉ፡ ጊዜ፡[4] ወግበሩ፡ *ርትዐ፡ ወጽድቀ፡[48]
በቅድሜሁ፡ ከመ፡ *ያርትዕ፡ ርእሰክሙ፡[49] ወየሀብክሙ፡ ምሕረቶ፡ ወያውርድ፡ ለክሙ፡ ዝናመ፡
ነግሀ፡ ወሰርከ፡ ወይባርክ፡ ኵሉ፡ ተግባረክሙ፡[50] ዘተገበርክሙ፡[51] በዲበ፡ ምድር፡ ወይባርክ፡ እክለክ፡

---

[1] A adds እግዚአብሔር፡ [2] A adds ኪያሁ፡ [3] ያርሕቅከ፡ A. [4] A omits. [5] አቡ፡ A; ወአቡ፡ B C. [6] በኵር፡ B. [7] ምስሌሁ፡ A. [8] ልቡ፡ B. [9] መንፈሳ፡

. . . quemadmodum judicati sunt propter malitiam ipsorum, propter XX. 5
quod conmiscebant[1] se cum fornicariis et inmunditiam exercebant et
⟨omnem⟩ abominationem faciebant [et praecepta neglegebant]. Et ⟨ideo⟩ 6
(custodite vos ab omni fornicatione et immunditia et ab omni pollutione
peccati), ne forte et vos detis nomen vestrum[2] in maledictionem et
omnem vitam vestram in sibilationem et omnes filios vestros in exter-
minium *et in gladium[3], et eritis maledicti sicut Sodoma, et omnia
derelicta vestra sicut filii Gomorrae[4]. ⟨Et ideo⟩ ego testor super vos 7
filii, diligite Deum caeli et adherete omnibus mandatis ejus et nolite
ire post [omnes] abominationes ipsorum et post [omnes] immunditias
(ipsorum). Et deos conflatiles non facietis vobis et sculptilia, quia vana 8
sunt et omnis[5] spiritus non erit in eis, quoniam opera manuum sunt, et
omnes, qui confidunt in ea in nihilo confidunt. ⟨Et ideo⟩ nolite servire
illis et nolite adorare ea[6]. Servite autem Deo excelso et adorate eum 9
adorando et sustinendo[7] vultum ejus in omni tempore et facite veritatem
et justitiam in conspectu ejus, ut dirigat vos et det vobis misericordiam
et deponat vobis pluvias[8] matutinas et serotinas et benedicat omnia opera

[1] MS. conmisscebant. [2] Eth. = nostrum. [3] Eth. = gladii. [4] MS. gomorre. [5] MS. omnes. [6] MS. eam. [7] Here = expectando, sperando. [8] MS. plubias.

ውብዙኅ፡ B. [10] ወ A. [11] ክልኤቱ፡ B. [12] ኢየቢሴሙ፡ A. [13] A trans. [14] ትእዛዘ፡ ለ A. [15] ያፈቅሩ፡ ቤጸሙ፡ ዘሰ፡ እሑዱ፡ እሑዱ፡ A. [16] ይኩኑ፡ A. [17] Em. from ፀብእ፡ A B C D. [18] B C add ዲበ፡ [19] ምስሌሆሙ፡ ከመ፡ A. [20] የሙኑ፡ ወፀጋሙ፡ B. [21] ፍናዊ፡ A. [22] እለ፡ አዘዘ፡ A. [23] ኢንኅዱግ፡ A. [24] ማእከሌክ፡ A. [25] ርኵስ፡ ወዝሙት፡ B. [26] ወወሰደት፡ እሙንደዩ፡ A. [27] ወኢትዘምዉ፡ A. [28] አዐይንቲሆሙ፡ ወልቦሙ፡፡ A. [29] B omits. [30] እምእዋልዲ፡ A. [31] ከናአን፡ A. [32] ይሄር፡ A. [33] ወዘነኒ፡ ሰዶም፡ ከመ፡ B. [34] ወዝሙት፡ A. [35] ታገሱ፡ A; ትሀቡ፡ B. [36] ወዘጎ፡ A. MSS. give next word and ውሉደክሙ፡ in nom. [37] Emended with Lat. *sibilationem* from ትምክእት፡ A; ትምክኅት፡ B; cf. Jer. xxix. 18 לְאָלָה...וְלִשְׁרֵקָה, Vulg. *in maledictionem . . . et in sibilum.* [38] Lat. implies ወስ. [39] A adds ወገሥራ [40] ወዘሰ፡ A B. [41] አውሉደየ፡ A. [42] ለዘሰ፡ ትእዛዙ፡ A. [43] ገልፎ፡ A. [44] ከንቱ፡ A. [45] ወ A. [46] ተወከሉ፡ A. [47] ወበምገነቲሆሙ፡ ዘሰሙ፡ A; ወኢበምገነቲሆሙ፡ ዘሰሙ፡ B. I have omitted ዘሰሙ፡ with Lat. [48] ጽድቀ፡ ወርትዐ፡ B. [49] Emended with Lat. *dirigat vos* from ይፍትሖሙ፡ ኀዐሌክሙ፡ of MSS.; see xxi. 2, where *dirigerem* and አርትዕ፡ ሐዊረ፡ are parallel; Heb. was probably יִשַּׁר; see xxvi. 5 (note). [50] A C add ወዘሰ፡ [51] B omits through homoeoteleuton.

ወማኅፀነ፡ ወይባርክ፡ ዘርአ፡[1] ከርሥከ፡ ወዘርአ፡ ምድርከ፡ ወመራዕየ፡ አልህምቲከ፡ ወመራዕየ፡
10 አባግዒከ፡ ወ*ትከውኑ፡[2] ለበረከት፡ በ[3]ዲበ፡ ምድር፡ ወይፈትዉክሙ፡ ኵሎሙ፡ አሕዛበ፡ ምድር፡
11 ወ*ይባርክሙ፡[4] ውሉድክሙ፡[5] በስምየ፡ ከመ፡ ይኩኑ፡ ቡሩካነ፡ በከመ፡ አነ፡፡ ወወሀቦ፡ ለይስማኤል፡
ወለውሉዱ፡ ወለውሉደ፡ ኬጡራ፡ ሀብተ፡ ወፈነዎሙ፡ እምይስሐቅ፡ ወልዱ፡ *ወኵሎ፡ ወሀቦ፡
12 ለይስሐቅ፡ ወልዱ፡፡[6] ወሖረ፡ ይስማኤል፡ ወውሉዱ፡ ወውሉደ፡ ኬጡራ፡ ወውሉዶሙ፡ ኅቡረ፡
ወኀደሩ፡ እምፋራን፡ እስከ፡ ምብዋአ፡ ባቢሎን፡ ውስተ፡ ኵሉ፡ ምድር፡ እንተ፡ ገጸ፡ ጽባሕ፡ አንጻረ፡
13 ገዳም፡፡ ወተደመሩ፡ እሉ፡ ምስለ፡ እሉ፡ ወ*ተጸምዱ፡[7] ስሞሙ፡ ዓረብ፡[8] ወእስማኤላውያን፡፡[9]
፳፩ ወበሳድስ፡ ዓመት፡ ዘሳብዕ፡ ሱባዔ፡ ዘዝንቱ፡ ኢዮቤልዉ፡ ጸውዐ፡ አብርሃም፡ ይስሐቅሃ፡
ወልዶ፡[10] ወአዘዞ፡[11] እንዘ፡ ይብል፡ አነ፡ ረሳዕኩ፡ ወኢያአምር፡ ዕለተ፡ ሞትየ፡ ወ[12]ጸገብኩ፡ መዋዕልየ፡፡[13]
2 ወናሁ፡ አነ፡ ወልደ፡ ምእት፡ ወሰብዓ፡ ወኃምስቱ፡[14] ዓመት፡ ወበኵሉ፡ መዋዕለ፡ ሕይወትየ፡ ሀሎኩ፡
እንዘ፡ እዜከር፡ ለ*እግዚአብሔር፡[15] ወእንዘ፡ አኀሥሥ፡ በኵሉ፡ ልብየ፡ ከመ፡ እግበር፡ ፈቃዳቲሁ፡
3 ወከመ፡ *አርትዕ፡ ሐዊረ፡[16] በኵሉ፡ ፍናዊሁ፡፡ ጣዖተ፡ ጸላእኩ፡ ነፍስየ፡[17] ከመ፡ እትዐቀብ፡[18] ለገቢረ፡[19]
4 ፈቃዱ፡ ለዘፈጠረኒ፡፡ እስመ፡ አምላክ፡ ሕያው፡ ውእቱ፡ ወቅዱስ፡ ውእቱ፡ ወምእመን፡ ወጻድቅ፡
ውእቱ፡ እምኵሉ፡ ወአልቦ፡ በኀቤሁ፡ ነሢአ፡ ገጽ፡ ወነሢአ፡ ሕልያን፡ እስመ፡ አምላክ፡ ጻድቅ፡
ውእቱ፡ ወገባሬ፡ ኵነኔ፡ ውእቱ፡ እምኵሎሙ፡[20] እለ፡ ይትዐደዉ፡ ትእዛዞ፡ ወለእለ፡ ይሜንኑ፡
5 ኪዳኖ፡፡ ወ[21]አንተኒ፡ ወልድየ፡[21] ዕቀብ፡ ትእዛዞ፡ ወሥርዐተ፡ ወኵነኔሁ፡ ወኢትሖር፡ ድኅሬሆሙ፡
6 ለርኩሳን፡ *ወድኅሬሆሙ፡ ለግልፍ፡[22] ወድኅሬሆሙ፡ ለስብኮ፡፡ ወኢ*ትብልዕ፡[23] ወኢምንተኒ፡[24]
7 ደመ፡ *ዘአርዌ፡ ወዘእንስሳ፡[25] ወዘ[26]ኵሉ፡ ዖፍ፡ ዘይሰርር፡ ውስተ፡ ሰማይ፡፡ ወለእመ፡ ኀረድከ፡
ሕርዴ፡[27] ለጽንጓሕ፡ ሰላም፡ ዘይሰጠው፡[28] ሕርድዎ፡ ወደሞሙ፡ ትክዕዉ፡ ውስተ፡ ምሥዋዕ፡

---

[1] ተከለከ፡ ወዘርአ፡ ፍሬሁ፡ A; Lat. *fructum*. [2] Emended with Lat. *eritis* from ትከውን፡ [3] A omits. [4] ይባርኩከ፡ A. [5] ውሉድከሙ፡ A B C D. [6] C D omit through homeoteleuton; Lat. defective. After ወኵሎ፡ (ወኵሉ፡ A) we should expect ንዋየ፡ cf. Gen. xxv. 5. [7] Emended with Lat. *adhaesit* from ተጸውዑ፡ [8] ዓረብ፡ A B C D. [9] Add with Lat. *usque in diem hanc* እስከ፡ ዛቲ፡ ዕለት፡ [10] ወልዶ፡ A. [11] ወአዘዘ፡ A. [12] Emended with Lat. *et* and Gen. xxv. 8 from እስመ፡ A B C D. [13] The suffix is peculiar to this book and Eth. Vers. መዋዕሊሁ፡ and Syr., but Sam., LXX, Syr., Vulg., Arab. support መዋዕል፡ against Mass. and Onk. xxv. 8, which omit it. Hence for וְשָׂבֵעַ Gen. xxv. 8 we should read וְשָׂבֵעַ יָמִים, as in Gen. xxxv. 29. Jerome (Quaest. Hebr. p. 39) observes that Greek MSS. support *plenus dierum* against *plenus* of Mass. See below, xxii. 7, xxiii. 8. [14] ወኃምስ፡ A. [15] እግዚአብሔር፡ A, and so frequently. [16] አሖር፡ A. Text = יַשֵּׁר לָלֶכֶת; cf. Prov. xv. 21. [17] Add from Lat. *et servientes eis eram spernens, et dedi cor meum et spiritum*, probably lost through homeoteleuton. [18] እትዐቀብ፡ A B. [19] A adds ለዘ፡ [20] ለኵሉ፡ A. [21] አንትኑ፡ አወልድየ፡ A. [22] Lat. omits. [23] ትብላዕ፡ B D.

vestra, quaecunque operatis[1] super terram, et benedicat panem tuum et
aquam tuam et benedicat[2] fructum uteri tui et fructum terrae tuae et[3]
armenta bovum tuorum et greges[4] ovium tuarum. Et eritis in benedic- 10
tione super terra, et desiderabunt vos omnes gentes terrae et benedicent
in nomine meo filios vestros, ut sint in benedictionem, quemadmodum
⟨et⟩ ego. Et dedit Ismael (et) filiis ejus et filiis Cetturae munera et 11
emisit eos ab Isac filio suo (et dedit omnia Isac filio suo. Et abiit 12
Ismael)[5] et filii ejus et filii Cetturae et filii sui et inhabitaverunt a Fara-
mon usque ad introitum Babyloniae in omni terra orientali super faciem
deserti. Et conmixti sunt isti illis, et adhesit nomen ipsorum Arabiis, 13
et Ismaelitae[6] ⟨usque in diem hanc⟩.

Et in anno sexto *septimanae septimae[7] jubelei hujus *vocavit XXI.
Abraham[8] Isac filium suum et demandavit illi dicens: 'Ego senui et nescio
diem mortis meae et repletus sum diebus meis. Et ecce ego filius[9] quinque 2
et septuaginta et centum annorum sum, in (omnibus) diebus vitae meae
Deum[10] in memoria habens ⟨semper⟩ et exquirens [eum] in omni virtute
mea ut facerem ⟨omnem⟩ voluntatem ejus et ut dirigerem[11] (gressus) in
omnibus viis ejus. ⟨Et ideo⟩ simulacra odivit anima mea, ⟨et servientes eis 3
eram spernens, et dedi cor meum et spiritum⟩ ut custodiam et faciam volum-
tatem ejus qui me creavit. Quia Deus vivens est et sanctus et fidelis 4
et justus ex omnibus; et[12] non est apud eum accipere personam, ut accipiat
munera, quoniam Deus justus est et judicium ex(ercens in) omnibus qui
transgrediuntur sermones ejus et qui contemnunt testimonium ejus. Et 5
tu fili[9] custodi praecepta ejus et mandata ejus et judicia ejus, et noli
abire post abominationes (et post sculptiles) et post fusiles. Et nolite 6
manducare omnem sanguinem *omnis carnis sive de his quae in terris
sunt, sive quae volant[13] in aere. Et si occidas ostiam fructuum pacis 7
(acceptabilem), *occidetis eam[14], sanguinem autem ejus effundetis super

[1] MS. operati. [2] MS. benedicet. [3] MS. ut. [4] MS. egreges. [5] Lacuna filled up from Eth. [6] MS. Ismaelite. [7] MS. septimanarum septimi. [8] MS. vocabit habraham. [9] MS. filii. [10] MS. adds nostrum. [11] See note 16 on Eth. text. [12] MS. trans. this 'et' before ex. [13] Eth. = bestiae et pecudis et omnis avis quae volat; see note 25 on ver. 6 of Eth. text. [14] MS. occiditis eum.

[24] A omits. [25] A trans.; Lat. *omnis carnis sive de his quae in terris sunt*; Lev. vii. 26 supports text rather than Lat.; B omits ዘ before እንስሳ [26] ወ B.
[27] ሐርጸ፡ A B C D.

ወዙሉ[1] *ስብሐ፡ ጽንሓሕ[2] *ታዐርግ፡ ውስተ፡ ምሥዋዕ፡ ምስለ[1] ስንዳሌሁ[3] ልውስ፡ በቅብዕ፡
ምስለ፡ ሞጻሕቱ፡[4] ታዐርግ፡ ዙሎ[5] ኅቡረ፡[5] ዲበ፡ ምሥዋዕ፡[7] ጽንሓሕ፡[8] *መዐዛ፡ ሠናይ፡[9] ቅድመ፡
8 እግዚአብሔር። ወ[10]ስብሐ፡ *መሥዋዕተ፡ መድኀኒት፡[11] ታነብር፡ ዲበ፡ እሳት፡ ዘዲበ፡ መሥዋዕት፡
ወ[10]ስብሐ፡[11] ዘዲበ፡ ከርሥ፡ ወ*ዙሉ፡ ስብሐ፡[13] ዘዲበ፡ ንዋየ፡ ውስጥ፡ ወክልኤ፡ ኵልያት፡[14] ወዙሉ፡
9 ስብሐ፡ ዘዲቤሆሙ፡ ወዘዲበ፡ መናቅዕ፡ ወ*ኩብደ፡ ምስለ፡ ኵልያት፡ ትብልል።[15] ወታዐርግ፡
ዘንተ፡[16] ዙሉ፡ ለመዐዛ፡ ሠናይ፡[1] ዘይሠጠው፡ ቅድመ፡ እግዚአብሔር፡ ምስለ፡ *መሥዋዕቱ፡
10 ወምስለ፡[1] ሞጻሕቱ፡ ለመዓዛ፡ ሠናይ፡ ኅብስተ፡ ጽንሓሕ፡ ለእግዚአብሔር። ወሥጋሁ፡ ብላዕ፡
በይእቲ፡ ዕለት፡ ወበሳኒታ፡ ወኢይዕረብ፡[17] ላዕሌሁ፡ ፀሓይ፡ ዘአመ፡ ሳኒታ፡ እስከ፡ ሶበ፡ ይት
በላዕ፡ *ወኢይትርፍ፡ ለዕለት፡[1] ሣልስት፡ እስመ፡ ኢይሠጠዎ፡ እስመ፡ ኢኮነ፡ ኅሩየ፡ ወኢ[18]ይትበ
ላዕ፡[19] እንከ፡ ወ[1]ዙሎሙ፡ እለ፡ ይበልዕዎ፡ *ኃጢአተ፡ ሎሙ፡[20] ይነሥኡ። እስመ፡ ከመዝ፡ *ረከብኩ፡
ጽሑፈ፡[21] ውስተ፡ መጽሐፈ፡[22] አበዊየ፡ ቀደምት፡ ወ[1]ውስተ፡ ነገረ፡ ሄኖክ፡ ወውስተ፡ ነገረ፡ ኖኅ።
11 ወ[1]ውስተ፡ ዙሉ፡ መሥዋዕቲከ፡[23] ትደይ፡ ጼው፡[24] ወኢ*ይጸረዕ፡[25] *ጼወ፡ ኪዳን፡[26] ውስተ፡ ዙሉ፡
12 መሥዋዕቲከ፡[27] ቅድመ፡ እግዚአብሔር። ወ*ተዓቀብ፡[28] በዕፀው፡ መሥዋዕት፡ ከመ፡ ኢታብእ፡
ዕፀወ፡ *ምሥዋዕ፡ ዲበ፡[29] ዝንቱ፡[30] ከመ፡ ቂጳርሶን፡[31] ወ*ዴፍራን፡[32] ወ*ሰጋድ፡[33] ወ*ስጥርቢሎን፡[34]
ወ*ጺጦን፡[35] ወቄድርን፡ ወ*ቡራቲ፡[36] ወ*ታናክ፡[37] ወዕፀ፡ ዘይት፡ ምርስኔ፡[38] ወ*ደፍን፡[39] ወ*ቄዳር፡[40]
13 [ዘስሙ፡[41]] አርባት፡[42] ወቤስም። ወእምእሉ፡ ዕፀው፡ አንብር፡ መትሕተ፡ ጽንሓሕ፡ ዲበ፡
ምሥዋዕ፡ ምኩረ፡ ራእዮሙ፡[43] ወኢታንብር፡ ዙሉ፡ ዕፀ፡ ንቁዐ፡ ወፈዋ፡ ዕፀወ፡ ጽኑዐ፡ ወንጹሐ፡[44]
ዘአልቦ፡ ምንተኒ፡ ነውረ፡ ፍጹመ፡ ወንደስተ፡ ተክለ፡ ወኢታንብር፡ ዕፀ፡ ብሉየ፡ እስመ፡ ወፅአ፡[45]
14 መዐዛሁ፡ እስመ፡ አልቦ፡[1] እንከ፡[1] መዐዛ፡[46] ላዕሌሁ፡ ከመ፡ ቀዳማዊ። ዘእንበለ፡ እሉ፡ ዕፀው፡[47]
አልቦ፡ ዘታነብር፡ ባዕደ፡ እስመ፡ መዐዛሁ፡ ፍሉጥ፡ ወየዐርግ፡ ጼና፡ መዐዛሁ፡ ውስተ፡ ሰማይ።
15, 16 ዑቅ፡[48] ዘትእዛዝ፡ ወግበሮ፡ ወልድየ፡ ከመ፡ ታርትዕ፡[49] በዙሉ፡ ግብርከ። ወበዙሉ፡ ጊዜ፡[1] ኩን፡
ንጹሐ፡ በሥጋከ፡ ወተሐፀብ፡[50] በማይ፡ ዘእንበለ፡ ትሑር፡ ለአዕርጎ፡ ውስተ፡ ምሥዋዕ፡ ወኅፀብ፡
እዴከ፡ ወ*እግሪከ፡[51] ዘእንበለ፡ ትቅረብ፡ ውስተ፡ ምሥዋዕ፡[52] ወ[1]ሶበ፡ ፈጸምከ፡ አዕርጎ፡ ግባእ፡
17 ወተሐፀብ፡ እደዊከ፡ ወእገሪከ። ወኢያስተርኢ፡ በዲቤክሙ፡ ዙሉ፡[53] ደም፡ በ[54]ውስተ፡ አልባሲክሙ፡
18 ተዐቀብ፡ ወልድየ፡ በደም፡ ተዐቀብ፡ ጥቀ፡ *ድፍኖ፡ ውስተ፡ ምድር።[55] ወኢ*ትብልዖ፡[56] እንከ፡
19 *ደመ፡ እስመ፡ ነፍስ፡ ይእቲ፡ ወኢትብላዕ፡[1] ምንተኒ፡[57] ደመ። ወኢትንሣእ፡[58] ሕልያነ፡ *ዲበ፡
ዙሉ፡[59] ደመ፡ ሰብእ፡ ከመ፡ ኢይትከዐው፡ በከ፡ ዘእንበለ፡ ዙኔ፡ እስመ፡ ደም፡ ውእቱ፡[1]
ዘይትከዐው፡ ያነጥእ፡[60] ለምድር፡ ወምድር፡[61] ኢትክል፡ ነጺሐ፡ እምደመ፡ ሰብእ፡ ዘእንበለ፡
20 *በደመ፡ ዘከዐዎ።[62] ወ[1]ኢትንሣእ፡ ሕልያነ፡ ወአምኃ፡ በደመ፡ ሰብእ፡ ደመ፡[63] በደም፡ *ከመ፡

[1] B omits. [2] ሥብሖ፡ A; ስብሐ፡ ጽንሓሐ፡ C D; B omits. [3] ሥዳሌ፡ A. MSS. add ወመሥዋዕት፡ which I have omitted with Lat. [4] መጽዋዕቱ፡ A. [5] A omits. [6] Lat. *ea*. [7] ምሥዋዕ፡ A B C D. [8] ጽንሐሐ፡ B. [9] ምዑዘ፡ ሠናየ፡ A. [10] Em. with Lat. from በከመ፡ [11] ምሥዋዕ፡ ለመድኃኒት፡ A. [12] Em. with Lat. from ስብሖ.

altarium, et omnem adipem[1] olocausti super altarium cum similagine confecta[2] in oleo cum vino ipsius offeres omnia ea[3] super altarium fructuum; odor suavitatis est in conspectu Dei. Et adipem[4] sacrificii 8
salutaris offeres super ignem super altare et adipem quae est super ventrem, et omnem adipem quae est super interanea, et duos renes et omnem adipem quae est super illos et quae est super femus, et jecur [quod est super pulmonem] cum renibus separa. Et sic offers universa 9
in odorem suavitatis, acceptabile in conspectu Domini, cum sacrificiis ipsorum et cum vino ejus in odorem suavitatis panem fructuum Domino.
Et carnem (ejus) manducabitis in illa die et in crastina[5], et non occidet...' 10

[1] Emended with Eth. from sanguinem. [2] MS. et confectum. [3] Eth. = und. [4] MS. ad ipsum. [5] MS. crastino.

[13] ዘሰ፡ ስብን፡ A. [14] ዘኤዶት፡ A. [15] Em. with Lat. *jecur ... separa* and Lev. iii. 10 יְסִירֶנָּה from ኩሊት፡ ምስለ፡ ዘኤዶት፡ (ዘሊዶት፡ B) ኅብረ፡ A B. [16] Lat. *sic*. [17] ይቅረብ፡ B. [18] ወ A. [19] Em. from ይትበሀሉ፡ A B; ትብሃዕ፡ C D. [20] B trans. [21] A trans. [22] መጽሐፍት፡ A. [23] ምሥዋዒትክ፡ A; ምሥዋዒትክ፡ B. [24] ጼው፡ A B. Cf. Lev. ii. 13; Ezek. xliii. 24. [25] ጸሬዕ፡ A; Lev. ii. 13 תַשְׁבִּית. [26] Em. with Lev. ii. 13 מֶלַח בְּרִית from ኪዳነ፡ ጼው፡ A B C D. [27] ምሥዋዒክ፡ A; ምሥዋዒትክ፡ B. [28] ትትቀብ፡ A; ትዐቀብ፡ C D. [29] ዲበ፡ መሥዋዕት፡ A; B D trans. [30] ዘንተ፡ A B D. We should probably omit ሰ before ታብእ፡ and then follow A B D in the following words: 'Be careful to offer on the altar the following woods.' [31] ቀጸርቦን፡ B. [32] ጺፋሬን፡ A. [33] ሰጋዲ፡ A = שָׁקֵד. [34] ሰጣ. ቢሎን፡ A; ሰጠርቢሎን፡ B = στρόβιλος. [35] ጺጢን፡ A B. [36] = βράθυ, בְּרוֹת. [37] ታናቅ፡ C D. Possibly a corrupt transliteration of תָּמָר = φοῖνιξ or a corruption of ፊኒቅ፡ = φοῖνιξ. [38] ምርሰኔ፡ A = μυρσίνη. [39] ድፍኒ፡ B = δάφνη. [40] ቀጸር፡ B. A corrupt transliteration of κίτριον, or possibly of κερατέα. [41] Corrupt. [42] Seems corrupt for አርኬት፡ a transliteration of ἄρκευθος. With this list of fourteen trees, cf. Geoponica xi. 1 δένδρα ἀειθαλῆ ἐστι ... ιδ'· φοῖνιξ, κίτριον, στρόβιλος, δάφνη, ἐλαία, κυπάρισσος, κερατέα, πίτυς, πρῖνος, πύξος, μυρσίνη, κέδρος, ἰτέα καὶ ἄρκευθος. I have found ten to be common to the two lists. Enoch, chap. iii, speaks of fourteen evergreen trees. [43] ርእዮሙ፡ A B. [44] Emended from ወጽንዑ፡ B, ወጽንዓ፡ C, ወጽንጸ፡ D; A omits. [45] ኢይወፅእ፡ A. [46] ወፅአ፡ መዐዛሁ፡ ወእሉ፡ A. [47] ዐፀ፡ A. [48] ዕቀብ፡ B. [49] ትርታዕ፡ A. [50] ኅፀብ፡ B. [51] እገሪክ፡ A. [52] መሥዋዕት፡ B. [53] ዘሰ፡ A. [54] ወእ C D; B omits. [55] ወድፍኖ፡ ውስተ፡ A; ድፍኖ፡ ምድረ፡ B; text follows C. [56] ትብልዑ፡ A B. [57] እኽ፡ D. [58] A adds ምንተ፡ [59] በኅዐሉ፡ A. [60] ይኃጥእ፡ A. [61] Emended after Dillmann from ወይፈሙ፡ [62] በይም፡ ዘከዐው፡ A. [63] ከመ፡ A.

ትሥጠው፡[1] ቅድመ፡ እግዚአብሔር፡[2] አምላክ፡ ልዑል፡ ወይከውን፡ ዕቃቤሁ፡[3] ለሥናይ፡ ወከመ፡
21 ትትነቀል፡ እምዘርእ፡ እኩይ፡ ወከመ፡ ያድኅንከ፡ እምዘርእ፡ ሞት፡፡[4] እሬኢ፡ አነ፡ ወልድየ፡ ዘርአ፡[5]
ግብረ፡ እጓለ፡ እመሕያው፡ ከመ፡ ኀጢአት፡ ወእከይ፡ ወዙሉ፡ ግብርሙ፡ ርኵስ፡[6] ወምናኔ፡ ወገማኔ፡
22 ወአልቦ፡ ጽድቅ፡ ምስሌሆሙ፡፡ *ተዐቀብ፡ ኢ[7]ትሖር፡ ውስተ፡ ፍኖቶሙ፡ ወለ[8]ከይደ፡[9] አሰሮሙ፡
ወ[10]ኢትስሐት፡ ስሕተተ፡ ለሞት፡ ቅድመ፡ አምላክ፡ ልዑል፡ ወየኀብእ፡ ገጾ፡ እምኔከ፡ ወያገብአከ፡
ውስተ፡ እደ፡ አበሳከ፡ ወይሤርወከ፡[9] እምነ፡ ምድር፡ ወ*ዘርአከኒ፡[1] እምታሕተ፡ ሰማይ፡ ወይት
23 ሐጐል፡ ስምከ፡ ወዘርእከ፡ እምዙሉ፡ ምድር፡፡ ተገኃሥ፡ እምዙሉ፡ ምግባሪሆሙ፡ ወእምዙሉ፡
ርኵሶሙ፡ ወተዐቀብ፡ ዕቃቤ፡ ዘአምላክ፡ ልዑል፡ ወግበር፡ ፈቃዳቲሁ፡ ወታርትዕ፡ በዙሉ፡
24 ወይባርከከ፡ በዙሉ፡ ምግባሪከ፡ ወያነሥእ፡ እምኔከ፡ ተክለ፡ ጽድቅ፡ በዙሉ፡ ምድር፡ *በዙሉ፡
ትውልደ፡ ምድር፡፡[10] ወኢይትረመም፡ *ስምየ፡ ወስምከ፡[11] በመትሕተ፡ ሰማይ፡ በዙሉ፡
25 መዋዕል፡፡ ሖር፡ ወልድየ፡ በሰላም፡ ያጽንዕከ፡ *አምላክ፡ ልዑል፡[1] አምላኪየ፡ ወአምላከከ፡
ለገቢረ፡ ፈቃዳቲሁ፡ ወ[12]ይባርክ፡ ዙሉ፡ *ዘርአከ፡ ወ[13]ተረፈ፡ ዘርእከ፡ ለትውልደ፡ ዘለዓለም፡
26 በዙሉ፡ በረከት፡[14] ጻድቅ፡[15] ከመ፡ ትኩን፡ በረከተ፡[16] በዙሉ፡ ምድር፡፡ ወወፅአ፡ እምኀቤሁ፡
እንዘ፡ ይትፌሣሕ፡፡

፳፪ ወኮነ፡ በሱባኤ፡ ቀዳሚ፡ በዘ፡ አርብዓ፡ ወአርባዕቱ፡ ኢዮቤልዉ፡[17] በካልእ፡ ዓመት፡[18] ውእቱ፡
ዓመት፡[1] በዘሞተ፡ አብርሃም፡ መጽኡ፡ ይስሐቅ፡ ወይስማኤል፡ እምዐዘቅተ፡ መሐላ፡ ከመ፡
ይግበሩ፡ በዓለ፡ ሰባዔያት፡[19] ዘተ፡[20] በዓለ፡[21] ዘቀዳሚ፡ ማእረር፡ ኀበ፡ አብርሃም፡ አቡሆሙ፡
2 ወተፈሥሐ፡ አብርሃም፡ እስመ፡ ክልኤሆሙ፡ ደቂቁ፡ መጽኡ፡፡ እስመ፡ ብዙኅ፡ ጥሪቱ፡ ለይስሐቅ፡
3 በቤርሳቤ፡ ወየሐውር፡ ይስሐቅ፡ ወ*ይሬኢ፡ ጥሪቶ፡[22] ወይገብእ፡ ኀበ፡ አቡሁ፡፡ ወ[23]በዝ፡ መዋዕል፡
መጽአ፡ ይስማኤል፡ ይርአይ፡ አባሁ፡ ወመጽኡ፡ ክልኤሆሙ፡[24] ኅቡረ፡ ወጠብሐ፡ ይስሐቅ፡
4 መሥዋዕተ፡ ለጽንሓሕ፡ ወአዕረገ፡ ዲበ፡ *ምሥዋዐ፡ አቡሁ፡[25] ዘገብረ፡ በኬብሮን፡፡ ወሦዐ፡
መድኃኒተ፡[26] ወገብረ፡ ግዝአ፡ ፍሥሓ፡[27] በቅድመ፡ ይስማኤል፡ እኁሁ፡ ወገብረት፡ ርብቃ፡ *ኅብስተ፡
ሐዳሰ፡[28] እምስርናይ፡[29] ኀዲስ፡ ወወሀበቶ፡ ለያዕቆብ፡ ወልዳ፡ ከመ፡ ያብእ፡ ለአብርሃም፡ አቡሁ፡
እም*ቀዳሚ፡[30] ፍሬ፡ ምድር፡ ከመ፡ ይብላዕ፡ ወይባርኮ፡ ለፈጣሪ፡ ዙሉ፡ እንበለ፡ ይሙት፡፡
5 ወይስሐቅኒ፡ ውእቱ*ኒ፡[1] ፈነወ፡ በእደ፡ ያዕቆብ፡ ዘይኄይስ፡ መሥዋዕተ፡ ዘመድኃኒት፡[31] ለአብርሃም፡
6 *ይብላዕ፡ ወይስተይ፡፡[32] ወበልዐ፡ ወሰትየ፡ ወ[33]ባረከ፡ ለአምላክ፡ ልዑል፡ ዘፈጠረ፡ ሰማየ፡
ወምድረ፡ ዘገብረ፡ ዙሎ፡ ስቡሐ፡ ምድር፡ ወወሀቦሙ፡ ለውሉደ፡ ሰብእ፡ ይብልዑ፡ ወይስተዩ፡
7 ወ*ይባርክዎ፡[22] ፈጣሪሆሙ፡፡ ወይእዜኒ፡ አእኵቶ፡ ለከ፡[23] አምላኪየ፡ እስመ፡ አርአይከኒ፡[24]
ዘተ፡ ዕለተ፡ ናሁ፡ አነ፡ ወልደ፡ *፻ወ፸ወ፭[25] ክረምት፡ ልሂቅ፡[26] ወ*ፍጹመ፡[27] መዋዕል፡[28] ወዙሉን፡
8 መዋዕልየ፡ ኮነኒ፡ ሰላመ፡፡ ሰይፈ፡ ጸላኢ፡ ኢሞአኒ፡ በ[29]ዙሉ፡ ዘወሀብከኒ፡ ወለውሉድየ፡ ዙሎ፡
9 መዋዕለ፡ ሕይወትየ፡ እስከ፡ ዛቲ፡ ዕለት፡፡ ትኩን፡ አምላኪየ፡ ምሕረትከ፡ ወሰላምከ፡[1] ላዕለ፡ ገብርከ፡[40]
ወላዕለ፡ ዘርአ፡ ውሉዱ፡[41] ከመ፡ ይኩኑከ፡ ሕዝበ፡ ኅሩየ፡ ወርስተ፡ እምዙሉ፡ አሕዛበ፡[42] ምድር፡

[1] Emended from ወይሠጠው፡ B. ኢይሠጠው፡ A; ወይሰጠወከሙ፡ C; ይሠጠው፡ D.

(Nam) erant multae divitiae Isaac in Bersabee, et erat Isaac abiens et con- XXII. 2
siderans adhuc quae possidebat, et reversus est ad patrem suum. (Et) in 3
tempore hoc advenit Ismael, videre patrem suum, et convenerunt utrique
simul, et immolavit Isaac hostiam fructuum et optulit super altarium patris
sui, quod fecit in Cebron. Et fecit sacrificium salutare et fecit convivium 4
laetitiae in conspectu Ismael fratris sui; et fecit Rebecca collyridam
novam de frumento novo, et dedit eam Jacob filio suo, ut inferret Abrahae
patri suo de primos fructus terrae, ut manducaret et benediceret creatorem
omnium, priusquam moreretur. Et Isaac et transmisit per manus Jacob 5
optima sacrificiorum salutarium ⟨ipsius et vinum patri suo⟩ Abraham ut
manducet et bibat. Et manducavit et bibit [Abraham] et benedixit 6
Dominum excelsum, qui creavit caelum et terram, qui fecit universa
pinguedinis terrae et dedit ea filiis hominum, ut manducent et bibant
et benedicant creatorem ipsorum. 'Et nunc confiteor ego, Deus meus, 7
quoniam ostendisti mihi diem hunc: ⟨et⟩ ecce ego sum filius quinque
et septuaginta et centum annorum, senior et plenus dierum, et omnes
dies mei fuerunt mihi pacis. ⟨Et⟩ gladius inimici[1] non (do)minatus est 8
mei in omnibus[2] quibus dedisti mihi et[3] in filios [istos] meos omnibus
diebus vitae meae usque in hunc diem. (Sit)[4] nunc misericordia tua et 9
pax tua super puerum istum, Domine, et super semen (filiorum) ejus, ut
sint tibi in populum acceptabilem et hereditas ex omnibus populis[5] terrae
ex hoc nunc et usque in omnibus diebus generationum terrae in universa

---

[1] MS. inimihi. [2] MS. adds diebus. [3] MS. hos. [4] Lacuna of three letters filled up from Eth. [5] Emended with Eth. from filiis.

---

[2] A D omit. [3] ዐቃቢሆ: C D. [4] ሞቶ: A. [5] A omits. [6] ርኩስ: A. [7] ወአ. A. [8] ክዱደ: B. [9] ይሰር: ዘርእከ: A. [10] A omits through homeoteleuton. [11] ስምክ: ወስምየ: A. [12] B omits. [13] ዘርእ: B; A D omit. [14] በረከትከ: A. [15] ጽድቅ: A; ጸድቅ: B; ዘጽድቅ: C D. [16] በረከት: A. [17] ኢየቤሌዉ: A. [18] ዓመተ: A. [19] ሰብኔ: B; ሰብእት C; ሰበንት D. [20] ዘቲ: A B. [21] በዓለ: B. [22] ይኖኒ: ጥፋቶ: A. [23] Lat. omits. [24] Em. with Lat. *utrique* from ዘኮሎሙ which A trans. after ኅቡረ [25] ምሥዋዐ: ዘአቡሁ A. [26] መሥዋዕተ C; መሥዋዕተ መድኃኒት D. [27] ወፍሥሓ: A. [28] ጸፍንታ A. [29] እምስርናየ A. [30] ቅድመ A. [31] Lat. adds *ipsius et vinum patri suo*. I have added ለ before next word. [32] ይስተይ: ወይብላዕ: B. [33] በረኩ: B C. [34] አርአየኒ: A. [35] ምእት: ወሰብዓ: ወኃምስ: B. [36] ልሂቅ: B. [37] ፍጹም: A. [38] See note on xxi. 1. [39] ወበ B C. [40] Lat. *puerum istum*. [41] Lat. *ejus*. [42] Lat. *filiis*.

10 እምይእዜ፡ ወእስከ፡ ኵሉ፡ መዋዕለ፡ ዘትውልደ፡ ምድር፡ በኵሉ፡ ዓለማት። ወጸውዖ[1]
ለያዕቆብ፡ ወይቤ፡[2] ወልድየ፡ ያዕቆብ፡ ይባርከ፡ እምላክ፡ ኵሉ፡ ወያንግሥከ፡ ለግብረ፡ ጽድቅ፡
ወፈቃዱ፡ በቅድመ፡ ዚአሁ፡ ወይኅረይ፡ ብከ፡ ወ[3]በዘርእከ፡ ከመ፡ ትኩኑኒ፡ ሕዝበ፡ ዘለርስቱ፡[4]
11 በከመ፡ ፈቃዱ፡ በኵሉ፡ መዋዕል፡ ወአንተኒ፡ ወልድየ፡ ያዕቆብ፡ ቅረብ፡ ወስዐመኒ። ወ*ቀርበ፡[5]
ወሰዐሞ፡ ወይቤ፡ ቡሩክ፡ ወልድየ፡ ያዕቆብ፡ ወኵሎሙ፡ ውሉዱ፡ ለእግዚአብሔር፡ ልዑል፡ ለኵሉ፡
ዓለማት፡[6] የሀብከ፡ እግዚአብሔር፡ ዘርአ፡ ጽድቅ፡ ወ[7]እምውሉድከ፡ ይቀድስ፡ በማእከሉ፡ ኵሉ፡[8]
12 ምድር፡ ይትቀነዩ፡ ለከ፡ አሕዛብ፡ ወይሰግዱ፡ በቅድመ፡ ዘርእከ፡ ኵሎሙ፡ አሕዛብ። ኩን፡ ኀያለ፡
በቅድመ፡ ሰብእ፡ ወ*እንዘ፡ ትሜብል፡[9] ውስተ፡ ኵሉ፡ ዘርአ፡ ሴት፡ እሜሃ፡ ይጸድቃ፡ ፍናዊከ፡[10]
13 ወ*ፍናዊ፡[11] ውሉድከ፡ ለከዊነ፡ ሕዝብ፡ ቅዱስ። የሀብከ፡ እምላክ፡ ልዑል፡ ኵሎን፡[12] በረከታተ፡
እለ፡ ባረከኒ፡ ወእለ፡ ባረኮ፡ ለኖኅ፡ ወአዳምሃ፡ ያዕርፋ፡[13] *ዲበ፡ ድማኅ፡ ቅዳሴ፡[14] ዘርእከ፡ ለኵሉ፡
14 ትውልደ፡ ትውልድ፡ ወእስከ፡ ለዓለም። ወያንጽሕከ፡ እምኵሉ፡ *ርስሐት፡ ወርኩስ፡[15] ከመ፡
*ያስተስሪ፡ ኵሉ፡ አበሳከ፡ ወ[16]ዘበኢያእምር፡ ጌገይከ፡[17] ወ*ያንጽሕከ፡[18] ወይባርከ፡ ወትረስ፡ ኵላ፡
15 ምድረ። ወ*የሐድስ፡[19] ኪዳኖ፡ ምስሌከ፡ ከመ፡ ትኩኖ፡ ሕዝበ፡ ለርስቱ፡[20] ለ[21]ኵሉ፡ ዓለማት፡
ወውእቱ፡ ይኩንከ፡ ለከ፡ *ወለዘርእከ፡ እምላከ፡[22] ዘበህልው፡ ወዘበጽድቅ፡ በኵሉ፡ መዋዕለ፡
16 ምድር። ወአንተ*ኒ፡[23] ወልድየ፡ ያዕቆብ፡ ተዘከር፡ ቃልየ፡ ወዕቀብ፡ ትእዛዛተ፡[24] አብርሃም፡
አቡከ፡ ተፈለጥ፡ እምአሕዛብ፡ ወኢትብላዕ፡ ምስሌሆሙ፡ ወኢትግበር፡ በከመ፡ ምግባሪሆሙ፡
ወኢትኩኖሙ፡ ቢጸ፡ እስመ፡ ግብሮሙ፡ ርኩስ፡[25] ወኵሉ፡ ፍናዊሆሙ፡ ግሙኒ፡[26] ወምናኔ፡ ወስቆራር።
17 መሥዋዕቶሙ፡ ለአብድንት፡ ይዜብሑ፡ ወለአጋንንት፡ ይሰግዱ፡ ወበውስተ፡ መቃብራት፡ ይበልዑ፡
18 ወኵሉ፡ ግብሮሙ፡ ከንቱ፡ ወበከ። ወአልቦሙ፡ ልብ፡[27] ለሐልዮ፡[28] ወኢ*ኮነ፡[29] አዕይንቲሆሙ፡
ዘይሬኢ፡ ምንተ፡[30] ግብሮሙ፡ ወእፎ፡ እሙንቱ፡ ይስሕቱ፡ እንዘ፡ ይብሉ፡ ለዕፅ፡ አንተ፡ አምላኪየ፡
19 ወለእብን፡ አንተ፡ እግዚእየ፡ ወአንተ፡ መባልሕየ፡[31] ወኢሀሎ፡ ሎሙ፡[32] ልብ።[33] ወአንተኒ፡ ወልድየ፡
ያዕቆብ፡ እምላክ፡ *ልዑል፡ ይርዳእከ፡ ወእምላከ፡[34] ሰማይ፡[35] ይባርከ፡[36] *ወያግኅሥከ፡ እም፡

[1] Lat. adds *Abraham filium suum.* [2] ወይቤሎ A C D. [3] A B omit.
[4] ለርስቱ B; Lat. omits. [5] ቀርቦ A. [6] ዓለም A. [7] B omits. [8] ኵሉ B.
[9] Lat. *exerce* = ትመብል [10] ፍናዊከ A B. [11] ፍናው B. [12] ኵሎ A.
[13] ያዕርፍ B. [14] Thus Jub. and Syr. imply לְקָדְקֹד נֵזֶר Gen. xlix. 26 instead of Mass. (Sam., LXX, Vulg.) לְקָדְקֹד נְזִיר. [15] Em. with Lat. *inquinamento et injustitia* from ርስሐት ርኩስ of MSS. [16] Em. with Lat. *propitius sit injustitiis tuis et* from ታስተስሪ እምኵሉ አበሳ of MSS. [17] ጌጋይከ B C D. [18] ያኀይልከ A; ያኃይልከ B.
[19] የኃድስ A B. [20] Lat. *hereditatis.* [21] በ A B. [22] እምላክ ለከ ወለዘርእከ A.
[23] A omits. [24] ትእዛዝየ ዘ A. [25] ርኩስ B. [26] ግሙኒ B C; ግሙናኒ D.
[27] ልብ B. [28] A adds እግዚአብሔር [29] ኮኑ A. [30] ምንት A B C.
[31] መበለሕየ A; መባልዕየ C; መባልሒየ D. [32] Restored from Lat. *illis.* [33] ልበ A.
[34] ይዕቀብከ ወይርዳእከ እምላክ A. [35] Lat. *Adae.*

saecula.' Et vocavit [Abraham filium suum et] Jacob et dixit: 'Nate 10
Jacob, benedicat te Deus omnium et confortabit te, facere veritatem et
voluntatem suam in conspectu ejus, et eligere in te et in semine tuo, esse
illi populum[1] [et] in volumtatem ejus in omnibus diebus. Et tu, nate
Jacob, adproxima te ad me et osculare me.' Et adproximans Jacob 11
osculatus est eum, et dixit: 'Benedictus filius meus Jacob et omnes filii
ejus Deo excelso in omnibus (saeculis). Deus det tibi semen veritatis
et de filiis tuis sanctificet[2] in medio totius terrae: servient tibi gentes,
et adorabunt in conspectu seminis[3] tui omnes populi. Efficere fortis in 12
conspectu hominum et potestatem exerce in omne semen Set[4]. Tunc
justificabuntur viae tuae et viae filiorum tuorum, ut sint in populum
sanctum. Det tibi Deus excelsus omnes benedictiones, quas benedixit 13
me et benedixit Noe et Adam, ⟨ut⟩[4] requiescant in verticem sanctifica-
tionis seminis tui in omni generatione et generatione usque in saeculum.
Et mundabit te ab omni inquinamento et injustitia, ut propitius sit 14
omnibus injustitiis tuis et neglegentiae tuae, et confortabit te et bene-
dicet te, et hereditabis omnem terram. Et renovabit[5] testamentum ejus 15
cum ipso, ut sis illi in plebem hereditatis (suae) in omnia saecula, et
ipse erit tibi et semini tuo in Deum in veritate et justitia omnibus diebus
terrae. Et tu, nate Jacob, memento sermonum meorum et custodi prae- 16
cepta patris tui Abraham: separare a gentibus et noli manducare cum
ipsis nec facias[6] secundum operas eorem et non sis illis in sodalem:
quoniam opera ipsorum pollutio, et omnis via ipsorum immunditia et
abominatio et spurcitia. Sacrificant enim (sacrificia sua)[7] mortuis et 17
daemonia adorant et super tumulos manducant, et universa opera ipsorum
vana et nullius momenti. Et non est illis cor ut recogitent, et oculi 18
eorum non videntes qualia sunt opera ipsorum et quomodo ipsi errent
dicentes ligno: "Tu es Deus meus," et lapidi: "Tu es Dominus meus et
tu liberator (meus)," et non est ⟨illis⟩ cor. Et tu, nate Jacob, Deus 19
excelsus adjuvabit[8] te et Deus Adae[9] confortabit[10] te et separabit te ab
⟨omnibus⟩ abominationibus ipsorum et ab om . . .'

---

[1] Eth. adds hereditatis ejus. [2] Em. with Eth. from sanctificabis. [3] Em. with Eth. from nominis. [4] MS. et. [5] MS. renovavis. [6] MS. facies. [7] Lacuna filled up from Eth. [8] MS. adjubabit. [9] Corrupt; Eth.=caeli. [10] Eth.=benedicat.

20 ርኵሰሙ፡ ወእምኵሉ፡ ስሕተቶሙ፡[1] ተዐቀብ፡[2] ወልድየ፡ ያዕቆብ፡ ከመ፡ ኢትንሣእ፡ ብእሲተ፡
21 እምኵሉ፡ ዘርአ፡ አዋልደ፡[3] ከናአን፡ እስመ፡ ኵሉ፡ ዘርኡ፡ ለሠሪው፡ እምድር፡፡ እስመ፡ በአበሳ፡
ካም፡ ስሕተ፡ ከናአን፡ ወኵሉ፡ ዘርኡ፡ ይደመሰስ፡ እምድር፡ ወኵሉ፡ ተረፉ፡ ወዘይድኅን፡ አልቦ፡
22 እምኔሁ፡[4] አመ፡ ዕለተ፡ ደይን፡፡ ወለዘተሰጠሙ፡ እለ፡ ያመልኩ፡ ጣዖተ፡ ወለ*ጽሉአን፡[5] አልቦሙ፡[6]
ምንተኒ፡[7] ተስፉ፡ በምድረ፡ ሕያዋን፡ እስመ፡ ውስተ፡ ሲኦል፡ ይወርዱ፡ ወውስተ፡ መካነ፡ ደይን፡
የሐውሩ፡ ወ*አልቦሙ፡[6] ምንተኒ፡[8] ዝክረ፡ በዲበ፡ ምድር፡ በከመ፡ ተንሥኡ፡ ውሉደ፡* ሰዶም፡[9]
23 እምድር፡ ከማሁ፡ ይትነሥኡ፡ ኵሎሙ፡ እለ፡ ያመልኩ፡ ጣዖተ፡፡ ኢትፍራህ፡ ወልድየ፡ ያዕቆብ፡
ወኢትደንግፅ፡ ወልደ፡ አብርሃም፡ አምላክ፡ ልዑል፡ ይዕቀብከ፡ *እምኀ፡ ሙስና፡[10] ወእምኵሉ፡
24 ፍኖተ፡ ስሕተት፡ ውእቱ፡ ይባልሐከ፡፡ ዘንተ፡ ቤተ፡ ሐነጽኩ፡ ሊተ፡[7] ከመ፡ አንብር፡ ስምየ፡ ላዕሌሁ፡
በዲበ፡ ምድር፡ ተውህበት፡ ለከ፡ ወለዘርእከ፡ ለዓለም፡ ወትሰመይ፡ ቤተ፡ አብርሃም፡ ተውህበት፡
ለከ፡ ወለዘርእከ፡ ለዓለም፡ እስመ፡ አንተ፡ ተሐንጽ፡ ቤትየ፡ ወታቀውም፡ ስምየ፡ ቅድመ፡ አምላክ፡
25 እስከ፡ ለዓለም፡ ዘርእከ፡ ወስምከ፡ ይቀውም፡ ውስተ፡ ኵሉ፡ ትውልደ፡ ምድር፡፡ ወአኅለቀ፡
26 እንዘ፡ *ይኤዝዞ፡ ወ[11]ይባርኮ፡፡ ወሰከቡ፡ ክልኤሆሙ፡ ኅቡረ፡[7] ውስተ፡ ዐራት፡ አሐቲ፡ ወኖመ፡
ያዕቆብ፡ ውስተ፡ ሕፅነ፡ አብርሃም፡ አቡሁ፡ ወሰዐሞ፡ ስብዐ፡[12] ወተፈሥሐ፡ ምሕረቱ፡ ወልቡ፡
27 ላዕሌሁ፡፡ ወ*ባረኮ፡[13] በኵሉ፡ ልቡ፡ ወይቤ፡ አምላክ፡ ልዑል፡ አምላክ፡ ኵሉ፡ ወፈጣሪ፡ ኵሉ፡
ዘ*አውፅአኒ፡[14] እምኡር፡ ዘከለዳውያን፡[15] ከመ፡ የሀበኒ፡ ዛተ፡ ምድረ፡ እረሳ፡[16] ለዓለም፡ ወከመ፡
28 አቅም፡[17] ዘርአ፡ ቅዱሰ፡ ከመ፡ ይትባረክ፡ ልዑል፡ ለዓለም፡፡ ወባረኮ፡ ለያዕቆብ፡ ወይቤ፡[18] ወልድየ፡
ዘበኵሉ፡ ልብየ፡[19] ወዘበምሕረትየ፡ [በእሴ፡[20]] ይትፌግሐ፡[21] ቦቱ፡ ወይኩን፡ ግህልከ፡ ወምሕረትከ፡
29 ነዋኀ፡ ላዕሌሁ፡ ወላዕለ፡ ዘርኡ፡ ኵሎ፡ መዋዕለ፡፡ ወኢትኅድጎ፡ ወኢትትሐየዮ፡ እምይእዜ፡
ወእስከ፡ መዋዕል፡ ዘለዓለም፡ ወይኩና፡ አዕይንቲ*ከ፡[22] ክሡታተ፡ ላዕሌሁ፡ ወላዕለ፡ ዘርኡ፡ ከመ፡
30 ትዕቀቦ፡[23] ወከመ፡ ትባርኮ፡ ወከመ፡ ትቀድሶ፡ *አንተ፡ ለሕዝብ፡ ዘለርስትከ፡፡[7] ወ*ባርኮ፡[24] በኵሉ፡
በረከታቲከ፡[25] እምይእዜ፡ ወእስከ፡ ኵሉን፡[26] መዋዕል፡ ዘለዓለም፡ ወ*ሐድስ፡[27] ኪዳነከ፡ *ወግህለከ፡
ምስሌሁ፡ ወ[28]*ምስለ፡ ዘርኡ፡[8] በኵሉ፡ *ፈቃድከ፡ በኵሉ፡[8] ትውልደ፡ ምድር፡፡
፳፫ ወአንበረ፡ ክልኤሆን፡ *አጻብዐ፡[29] ያዕቆብ፡ *ዲበ፡ አዕይንቲሁ፡[8] ወባረኮ፡ ለአምላከ፡ አማ
ልክት፡ ወከደኖ፡ ገጾ፡[30] ወ*ሰፍሐ፡[31] እገሪሁ፡ ወኖመ፡ ንዋመ፡ ዘለዓለም፡ ወተጋብአ፡ *ኀበ፡

---

[1] ወያገብእከ፡ እምስሕተቶሙ፡ ወእምርኵሶሙ፡ A. [2] A adds አንተ፡ A. [3] B omits. [4] እምኔሆሙ፡ C D. [5] ጽሉአን፡ A B. [6] አልቦ፡ B. [7] A omits. [8] ወኢምንትኒ፡ A. [9] ሰዶሙ፡ A; B omits. [10] እሙስና፡ A. [11] ይኤዝዞ፡ ወእንዘ፡ B. [12] ስብዐ፡ ስዕመተ፡ A. [13] በረከ፡ A; በረኮ፡ B. [14] አውጻእከኒ፡ B C. [15] ዘከልዳውያን፡ B. [16] አዕርገ፡ A; እረሰ፡ B. [17] A adds ስምየ፡ [18] A B C omit. [19] ወዘበኵሉ፡ A. [20] Corrupt. [21] እትፌግሐ፡ C D. [22] የ B. [23] ይዕቀብዎ፡ B C. [24] ትባርኮ፡ A. [25] በረከታት፡ A D. [26] ኵሉ፡ A. [27] ሓድስ፡ B. [28] ዘምስሌሁ፡ ወምሕረትከ፡ A. [29] አጻብዒሁ፡ ለያዕቆብ፡ A. [30] ገጾ፡ B. [31] Mass. Gen. xlix. 33; LXX *ἐξάρας*; Vulg. *collegit;* only Syr. and Eth. Vers. of Gen. support text.

አበዊሁ።[1] ወበኀበ፡ ዘርአ፡ ሀለ፡[2] ያዕቆብ፡ ይሰክብ፡[3] ውስተ፡ ሕፅኑ፡ ወኢያእመረ፡ ከመ፡ ሞተ፡ 2
አብርሃም፡ አቡ፡ አቡሁ። ወነቅሀ፡ ያዕቆብ፡ እምንዋሙ፡ ወናሁ፡ ቈሪ፡ አብርሃም፡ ከመ፡ በረድ፡ 3
ወይቤሎ፡ *አባ፡ አባ፡[4] ወአልቦ፡ ዘነበቦ፡ ወአእመረ፡ ከመ፡ ሞተ። ወተንሥአ፡ እምሕፅኑ፡ ወሮጸ፡ 4
ወነገራ፡ ለርብቃ፡ እሙ፡ ወሖረት፡ ርብቃ፡ ኀበ፡ ይስሐቅ፡ ሌሊተ፡ ወነገረቶ፡ ወሖሩ፡ ኅቡረ፡
ወያዕቆብ፡[5] ምስሌሆሙ፡ ወማኅቶት፡ ውስተ፡ እደዊሁ፡ ወሐዊሮሙ፡ ረከብዎ፡ ለአብርሃም፡
እንዘ፡ ይሰክብ፡ በድኖ። ወወድቀ፡ ይስሐቅ፡ ውስተ፡ ገጸ፡ አቡሁ፡ ወበከየ፡[6] ወሰዐሞ። ወቃል፡ 5, 6
ተሰምዐ፡ በቤተ፡ አብርሃም፡ ወተንሥአ፡ ይስማኤል፡ ወልዱ፡ ወሖረ፡ ኀበ፡ አብርሃም፡ አቡሁ፡
ወበከዮ፡ *ለአብርሃም፡ አቡሁ፡[7] ውእቱ፡ ወ*ዙሉ፡[8] ቤተ፡ አብርሃም፡ ወ[9]በከዩ፡ ብካየ፡ ዐቢየ።
ወቀበርዎ፡ ውስተ፡ በአተ፡ ካዕበት፡[10] ቅሩበ፡ ሳራ፡ ብእሲቱ፡ ውሉዱ፡[11] ይስሐቅ፡ ወይስማኤል፡ 7
ወበከይዎ፡ አርብዓ፡ መዋዕለ፡ ዙሎሙ፡[12] ሰብአ፡ ቤቱ፡ ወይስሐቅ፡ ወይስማኤል፡ ወዙሉ፡ ውሉዶሙ፡
ወ*ዙሎሙ፡ ውሉደ፡ ኬጡራ፡ በመካኖሙ፡ ወተፈጸመ፡ *መዋዕለ፡ ብካዩ፡[13] ለአብርሃም። ወ*ሠ 8
ለስተ፡[14] ኢዮቤልወ፡[15] ሐይወ፡ ወአርባዕተ፡[16] ሱባዔ፡ ዓመተ፡[17] *ምእተ፡ ወሰብዓ፡ ወኃምስተ፡[18]
ዓመተ፡ ወፈጸመ፡ መዋዕለ፡ ሕይወቱ፡ ልሂቆ፡[19] ወፍጺሞ፡ መዋዕለ።[20] እስመ፡ መዋዕለ፡ ቀደምት፡ 9
እምገነቱ፡ ለሕይወቶሙ፡ *ዐሠርቱ፡ ወተስዓቱ፡ ኢዮቤልውሳት፡[21] ወእምድኅረ፡ አይኅ፡ አንዘ፡
ይንትጉ፡ እም፡ *ዐሠርቱ፡ ወተስዓቱ፡ ኢዮቤልውሳት፡ *ወለሪስኢ፡ ፍጡነ፡ ወለአኅጽጾ፡ መዋዕለ፡

. . . quinto et *septuagensimo et centesimo[1] anno (et) conplevit dies XXIII. 8
vitae suae, senior et plenus dierum. Propter quod dies antiquorum erant 9
[vitae][2] *usque ad[3] *nonodecimum jubeleum[4], (et) post diluvium[5] coeperunt
⟨dies⟩ minui jubeleorum horum[6] et senescere celerius et minui dies vitae
ipsorum a facie *tribulationum multarum[7] et malignari in viis suis, excepto

---

[1] MS. centesimo et septuagensimo; cf. xxii. 7. [2] Seems a gloss though found also in Eth. [3] MS. ipsius et. [4] MS. nonodecimo jubeleo. [5] MS. dilubium. [6] We should read nonodecimorum with Eth. [7] MS. tribulationis multorum.

---

[1] Gen. xxv. 8 אֶל־עַמָּיו; so LXX and Vulg.; phrase in text found first in Judges ii. 10. [2] ሀሎወ፡ B. [3] ወይሰክብ፡ B. [4] አበ፡ አበ፡ A. [5] B omits. [6] ወበረሮ፡ A; ወበከየ፡ ወበረሮ፡ C. [7] አብርሃምሃ፡ አበሁ፡ B. [8] B trans. after አብርሃም፡ [9] A omits. [10] በዓተ፡ ካዕበት፡ A; በአት፡ ዘካዕበት፡ C D. [11] ወውሉዱ፡ B. [12] ወዙሉ፡ B. [13] Em. with Gen. l. 4 יְמֵי בְכִיתוֹ from ላሑ፡ ብካየ፡ B; ላሑ፡ ውብካይ፡ D; A C read ብካየ፡ [14] ፫ A. [15] ኢዮቤሌው፡ A. [16] አርባዕቱ፡ A. [17] ዓመት፡ B. [18] ፻ወ፸ወ፭ A. [19] Emended with Lat. from ልህቀ፡ A; ወልህቀ፡ B C D. [20] መዋዕሊሁ፡ B C; መዋዕለ፡ D. See note on xxi. 1 above. [21] ፲ወ፱ ኢዮቤሌው፡ A.

10 ሕይወቶሙ[1] እምኀበ፡ ሕማምሙ፡ ብዙኅ፡ ወበእከየ፡ ፍናዊሆሙ፡ ዘእንበለ፡ አብርሃም፡፡ እስመ፡
አብርሃምሰ፡ ፍጹም፡ በኵሉ፡ ምግባሪሁ፡[2] ምስለ፡ እግዚአብሔር፡ ወ*እንዘ፡[3] ይሠምር፡ በጽድቅ፡[3]
ኵሉ፡ መዋዕለ፡ ሕይወቱ፡ ወናሁ፡ ኢፈጸመ፡ አርባዕተ፡ ኢዮቤልዎሳተ፡[4] በሕይወቱ፡ እስከ፡ አመ፡
11 ረስአ፡ ቅድመ፡ ገጸ፡ እከይ፡ ወጸገበ፡ መዋዕሊሁ፡፡[5] ወኵሉ፡ ትውልድ፡ ዘይትነሣእ፡ እምይእዜ፡
ወእስከ፡ ዕለተ፡ ደይን፡ ዐባይ፡ ይረስኡ፡ ፍጡነ፡ ዘእንበለ፡ ይፈጽሙ፡ ክልኤ፡ ኢዮቤልዉ፡[6] ወትከውን፡
12 እንዘ፡[7] ተንድገሙ፡ አእምሮቶሙ፡ እመንፈሶሙ፡[8] [ወትሐልቍ፡ ኵሉ፡ አእምሮቶሙ]፡፡[9] ወበውእቱ፡
መዋዕል፡ *እመ፡ ሐይወ፡[10] ብእሲ፡ ኢዮቤልወ፡[11] ወመንፈቀ፡ ዓመታተ፡ ይብሉ፡ በእንቲአሁ፡
አብዝኀ፡ ሐይወ፡ ወመብዝኅቱ፡ መዋዕሊሁ፡ ሕማም፡[12] ወስራሕ፡ ወምንዳቤ፡ ወአልቦ፡ ሰላም፡፡[13]
13 እስመ፡ መቅሠፍት፡ *ዲበ፡ መቅሠፍት፡ ወ*ጽልዓን፡ ዲበ፡ ጽልዓን፡[14] ወምንዳቤ፡ ዲበ፡ ምንዳቤ፡
ወስምዕት፡[15] እኩይ፡ ዲበ፡ ስምዕት፡[15] እኩይ፡ ወደዌ፡ ዲበ፡ ደዌ፡ ወኵሉ፡ ዘኮማሁ፡[16] ኵነኔ፡
እኩይ፡[17] ዝንቱ፡ ምስለ፡ ዝንቱ፡ ደዌ፡ ወ*ገፍትአት፡[18] ወአስሐትያ፡ ወበረድ፡ ወሐመዳ፡ ወበርዓው፡
ወ*ስክሕካሕ፡[19] ወ*ሰዖዝዝ፡[20] ወዐባር፡ ወሞት፡ ወመጥባሕት፡ ወፄዋዌ፡ ወኵሉ፡ መቅሠፍት፡
14 ወሕማም፡፡[21] ወኵሉ፡ ዝንቱ፡ ይመጽእ፡ በትውልድ፡ እኪት፡ እንተ፡ ትኤብስ፡[22] *በምድር፡ ርኵስ፡[23]
15 ወዝሙት፡[24] ወገማኒ፡[25] ወሳቅራር፡[26] ገብርሙ፡፡ አሜሃ፡[27] ይብሉ፡[28] ለቀደምት፡ መዋዕሊሆሙ፡
ብዙኅ፡ እስከ፡ *ዐሠርቱ፡ ምእት፡[29] ዓመት፡ ወሠናይ፡ ወናሁ፡ መዋዕለ፡ ሕይወትነ፡ እመ፡[30] አብዝኀ፡
ሰብእ፡ ሐይወ፡[31] *ሰብዓ፡ ዓመተ፡[32] ወእመ፡ ኀየለ፡[33] *ሰማንያ፡ ዓመተ፡[34] ወእሉ፡[35] እኩይ፡ ወአልቦ፡
16 ምንትኒ፡ ሰላመ፡ በመዋዕለ፡ ትውልድ፡ ይእቲ፡[1] እኪት፡፡ ወበይእቲ፡ ትውልድ፡ ይከውኑ፡ ደቂቅ፡
እንዘ፡[2] ይዘልፉ፡[3] አበዊሆሙ፡ ወአዕሩጊሆሙ፡ በእንተ፡ ኀጢአት፡ ወበእንተ፡ ዐመፃ፡ ወበእንተ፡
ነባበ፡ አፉሆሙ፡ ወበእንተ፡ እኩያት፡ ዐበይት፡ ዘእሙንቱ፡ ይገብሩ፡ ወበእንተ፡ ኀደጊቶሙ፡ ሥርዐተ፡
ዘተካየደ፡ እግዚአብሔር፡ ማእከሌሆሙ፡ ወማእከሌሁ፡[4] ከመ፡ ይዕቀቡ፡ ወይገብሩ፡ ኵሎ፡ ትእዛዞ፡[5]

---

[1] Emended with Lat. *et senescere celerius et minui dies vitae ipsorum* from ወሰአኃጽጸ፡ እምኢዮቤልዎሳት፡ ወሰረሲአ፡ ፍጡነ፡ ወሰተጸገበ፡ መዋዕሊሆሙ፡ A B. Here ወሰአ" and ወሰረ" were accidentally transposed. Then እምኢዮ" seems to be repeated from preceding clause, ተጸገበ፡ from ver. 10, in order to give sense. [2] A omits. [3] ዘበጽድቅ፡ በኵሉ፡ ግብሩ፡ A; ዘበጽድቅ፡ B; ወበጽድቅ፡ C; በዘጽድቅ፡ D. [4] በኢዮቤሌውሳት፡ A. [5] መዋዕላቲሁ፡ B; see note on xxi. 1. [6] ኢዮቤሌው፡ A. [7] B omits. [8] Em. with Lat. *ab ipsis spiritibus* (MSS. *spiritus*) from እምርምኣየሙ፡ A; እምርስየሙ፡ B. [9] A gloss; Lat. omits. [10] እሰ፡ ሐይው፡ A. [11] ኢዮቤሌው፡ A. [12] ሕማመ፡ B. [13] ሰላም፡ B. [14] ጽልእ፡ ዲበ፡ ጽልእ፡ D. [15] ስምዓት፡ B. [16] B trans. after እኩይ፡ [17] A adds እኩይ፡ ምስለ፡ እኩይ፡ [18] Emended with Lat. *clades* from ገበጥበጥ፡ A C D; ጉበጥበጥ፡ B. [19] ስክሕክሕ፡ A. [20] ሰዖዝዝ፡ A. [21] Lat. *planctus*. [22] ታኤብስ፡ B C—wrong, cf. Lat. *iniquitatem facit*. [23] Em. with Lat. from ምድር፡ በርኵስ፡ of A B. [24] I have prefixed ወ with Lat. to ዝሙት፡ B C; A reads በዝሙት፡ D ዝሙቶሙ፡ [25] ወበገማኒ፡ A B. [26] ወበሰቅራር፡ B C D. [27] ወአሜሃ፡ A. [28] ይቤሉ፡ B.

Abraham[1]. Quia Abraham erat perfectus in omnibus operibus suis cum 10
Deo et beneplacens in veritate omnibus diebus vitae suae: et ecce non
conplevit quattuor jubeleos in vita sua, quousque senuit a facie malignorum
et satiatus est diebus suis. Et (omnes) generationes, quae surrexerint[2] 11
ex hoc et usque in diem judicii magni[3], senescent cito, priusquam con-
pleant duos jubeleos, et erunt transeuntes ab ipsis spiritibus[4] intellectus
ipsorum. Et in diebus illis, si vixerit homo jubeleum[5] et dimidium 12
annorum, dicent de ipso: 'Abundavit vita sua, et plurimum dierum
ipsius (dolor et maero)[6]r et angustiae et non est pax: propter quod vulnus 13
super vulnus et dolor super dolorem et tribulatio super tribulationem et
auditus malus super auditum malum et infirmitas super infirmitatem,
et universa judicia ejus(modi)[6] maligna, secundum hoc illud[7], correptio[8] et
clades et nives et pruinae et glacies et febris et frigora et praefocatio[9]
et famis et mors et gladius et captivitas et universa[10] plaga (et) planctus.
Et omnia haec supervenient super generationem quae est iniqua, quae 14
iniquitatem facit in terra, et immunditia et fornicationes et pollutiones (et)
abominationes opera[11] ipsorum.' Tunc dicent: 'Antiquorum[12] dies multi 15
usque ad mille annos et [dies] boni: nam[13] ecce dies vitae nostrae, si
multum vixerit homo, anni[14] septuaginta, et si valide[15], octoginta et isti
maligni, et non est omnis pax in diebus generationis illius pessimae[16].'
Et in ipsa generatione erit ut pueri arguant patres suos et seniores suos 16
propter iniquitatem et injustitias et propter sermonem oris ipsorum et
propter malitias magnas, quas ipsi faciunt (et) propter quod derelinquunt
testamentum, quod testatus est Deus inter manum sui et ipsorum, custo-
dire et facere universa mandata ejus et praecepta ejus et omnia legitima

---

[1] MS. abram. [2] MS. surrexerunt. [3] MS. adds sed. [4] MS. spiritus; see note 8 on Eth. text. [5] MS. jubeleos. [6] Lacuna filled up from Eth. [7] MS. ipsud. [8] MS. cum corruptione; Eth. = infirmitas—too weak and general; correptio here = epilepsy. [9] MS. provocatio. [10] MS. universae. [11] MS. operum. [12] MS. antiqui. [13] Read sed or et. [14] MS. annis. [15] MS. valde. [16] MS. pessimi.

---

[29] ፲፱ A. [30] እስመ፡ A. [31] ሐዪው፡ B. [32] ይገመት፡ A. [33] ሐሰየ፡ A C. [34] ዘንመት፡ A. [35] Emended with Lat. from ዘብ፡ of MSS. [36] ይዘለፉ፡ B C. [37] ወምእከሉ፡ A B. [38] ትእዛዝ፡ A.

17 ወምርዐት፡ ወኵሉ፡ ሕጉ፡ ወአልቦ፡[1] ትጕጓም፡ *የማነ፡ ወፀጋመ፡[2] እስመ፡[3] ኵሎሙ፡ ለእከዩ፡
ወኵሉ፡ አፉ፡ ይትናገር፡ አበሳ፡ ወኵሉ፡ ግብሮሙ፡ ርኩስ፡ ወስቁራር፡[4] ወኵሉ፡ ፍኖቶሙ፡
18 ግማኔ፡ ወርኵስ፡ ወሙስና። ናሁ፡ ምድር፡ ትትሐጐል፡ በእንተ፡ ኵሉ፡ ምግባሮሙ፡ ወአልቦ፡
*ዘርእ፡ ወይን፡[5] ወአልቦ፡[6] ቅብዕ፡ እስመ፡ ኵሉ፡ *ኀሒደ፡ ምግባሪሆሙ፡[7] ወኵሎሙ፡ ይትሐጐሉ፡
ኅቡረ፡[8] አራዊት፡ ወእንስሳ፡ ወአዕዋፍ፡ ወኵሉ፡ ዓሣተ፡ ባሕር፡ እምቅድመ፡[9] ውሉደ፡ ሰብእ።
19 ወይትባአሱ፡ እሉ፡ ምስለ፡ እሉ፡ ወራዙት፡ ምስለ፡ ሊቃናት፡ ወሊቃናት፡ ምስለ፡ ወራዙት፡ ነዳይ፡
ምስለ፡ ባዕል፡ ትሑት፡[10] ምስለ፡ ዐቢይ፡ ወ[11]ምስኪን፡ ምስለ፡ መኰንን፡ በእንተ፡ ሕግ፡ ወበእንተ፡
ኪዳን፡ እስመ፡ ረስዑ፡ ትእዛዘ፡ ወኪዳነ፡ ወበዓላተ፡ ወወርኀ፡ ወሰንበተ፡ ወ*ኢዮቤሌወ፡[12] ወኵሉ፡
20 ኵነኔ። ወይቀውሙ፡ *በቀስት፡ ወ[13]በአስይፍት፡ ወበቀትል፡ ከመ፡ ይሚጥዎሙ፡ ውስተ፡ ፍኖት፡[14]
21 ወኢይትመየጡ፡ እስከ፡ ይትከዐው፡ ደም፡ ብዙኅ፡ ዲበ፡ ምድር፡[15] እሉ፡ በእሉ። ወእለ፡ ድኅኑ፡
በፍኖት፡ ጽድቅ፡[16] ኢይትመየጡ፡ እም፡ *እከዮሙ፡ እስመ፡[16] ኵሎሙ፡ ለትዕግልት፡ ወውስተ፡
ብዕል፡ ይትነሥኡ፡ ከመ፡ ይንሣእ፡ *አሐዱ፡ ኵሉ፡ ዘቢጹ፡[17] ወስመ፡ ዐቢየ፡ ይሰምዩ፡[18] ወአኮ፡
በህልው፡ ወአኮ፡[19] በጽድቅ፡ *ወቅድስተ፡ ቅዱሳን፡[20] ያረኵሱ፡ *በርኵሶሙ፡ ወበሙስና፡ ግማኔሆሙ።[21]
22 ወይከውን፡ መቅሠፍት፡[22] ዐቢይ፡ ዲበ፡ ግብረ፡ ይእቲ፡ ትውልድ፡ እምኀበ፡ እግዚአብሔር፡
23 ወይሁቦሙ፡ ለመጥባሕት፡ ወለኵነኔ፡ ወለፂዋዌ፡ ወለሀይድ፡[23] ወለብልዐት። ወያነቅህ፡[24] ላዕሌ
ሆሙ፡ ኃጥኣነሆሙ፡ ለአሕዛብ፡ እለ፡ አልቦሙ፡ ላዕሌሆሙ፡ ምሕረተ፡ ወሣህለ፡ ወ[25]ለገጸ፡ መኑሂ፡
ኢያደልዉ፡ ኢለልሂቅ፡ ወኢ[25]ለወሬዛ፡ ወኢ[25]ለመኑሂ፡ እስመ፡ እኩያን፡ ወኀያላን፡ ከመ፡ ይእከዩ፡
እምኵሉ፡ ውሉደ፡ ሰብእ። ወይገብሩ፡ ውስተ፡ እስራኤል፡ ሁከተ፡ ወዲበ፡ ያዕቆብ፡ አበሳ፡ ወይትከ
24 ዐው፡[26] ደም፡ ብዙኅ፡ ዲበ፡ ምድር፡ ወአልቦ፡ ዘያስተጋብእ፡ ወአልቦ፡ ዘይቀብር። በ[27]ውእቱ፡
መዋዕል፡ ይጸርሑ፡ ወይጼውዑ፡ ወይጼልዩ፡ ከመ፡ ይድኀኑ፡ እምእደ፡ ኃጥኣን፡ አሕዛብ፡ ወአልቦ፡
25 ዘይድኅን። ወይጻዐዱ፡ አርእስተ፡ ደቂቅ፡ በሢበት፡ ወያስተርኢ፡ ሕፃን፡ ወልደ፡ ሠለስቱ፡[28]
26 ሱባዔ፡ ልሂቀ፡ ከመ፡ ዘምእት፡[29] ዓመቱ፡ ወይትሐጐል፡ ቆመቶሙ፡ በምንዳቤ፡ ወበፃዕር። ወበው
እቱ፡ መዋዕል፡ ይእኀዙ፡ ደቂቅ፡[30] ይትኀሠሡ፡[31] ሕገገ፡ ወለኀሢሥ፡[32] *ትእዛዝ፡ ወለ[33]ተመይጦ፡
27 ውስተ፡ ፍኖተ፡ ጽድቅ። ወይእኅዝ፡[34] መዋዕል፡[35] ይብዝኃ፡[36] ወይልሀቁ፡ *ለውእቱ፡ ውሉደ፡[37]
ሰብእ፡ *ትውልድ፡ እምትውልድ፡[38] ወዕለት፡ እምዕለት፡[39] እስከ፡ ሶበ፡ ይቀርብ፡ መዋዕሊሆሙ፡
28 ለዓሠርቱ፡ ምእት፡ ዓመት፡[39] ወለብዙኅ፡ ዓመታት፡ እምብዝኅ፡[40] መዋዕል። ወአልቦ፡ ልሂቀ፡[41] ወአ
29 ልቦ፡ ዘ*ኢ[42]ይጸግብ፡ መዋዕሊሆሙ፡[43] እስመ፡ ኵሎሙ፡ ሕፃናት፡[44] ወደቂቅ፡[44] ይከውኑ። ወ[45]ኵሎን፡

---

[1] ወአልቦሙ፡ A. [2] B trans. የ" and ፀ". [3] እስከ፡ A B C. [4] Lat. *odium*.
[5] Lat. gives *semen et vinum*. [6] ወ A. [7] ከሒደ፡ በምግባሮሙ፡ A. [8] Lat. omits.
[9] Lat. gives *a malitia*. [10] ወትሑት፡ A. [11] B omits. [12] ኢዮቤሌው፡ A B; ኢዮቤልዩ፡ C D. [13] Added with Lat. *in arcu et*. [14] ፍኖቶሙ፡ A. [15] B omits.
[16] Lat. adds *non abibunt*. [17] ኵሉ፡ አሐዱ፡ አሐዱ፡ ዘእኁሁ፡ ወዘቢጹ፡ A. [18] Emended with Lat. *nominabunt* from ይሰመዩ፡ of MSS. [19] ወ A. [20] ወቅዱሰተ፡ ቅዱሳ፡ B.

ejus, *ut non sit[1] qui praetereat ex dextra sive sinistra. Propter quod 17
universi malignati sunt, et omne os loquitur maligna, et omnes operationes
eorum immunditia et odium[2], et universae viae eorum pollution(es) et
abominatio et exterminium. Et ecce terra (p)erit propter omnia opera 18
ipsorum, et non est semen *et vinum[3] et oleum, propter quod universa
m(align)ata sunt opera ipsorum, et universa[4] (pe)reunt (una) bestiae et
animalia et aves et omnes pisces maris *a malitia[5] filiorum hominum.
Et litigabunt isti cum illis, *nempe juvenes[6] cum senioribus et seniores 19
cum junioribus, pauper cum divite, infimus cum magno et egenus cum
eo qui potestatem exercet, in lege pro testamento[7], quoniam obliti sunt
praeceptum et testamentum et diem festum et mensem et sabbatum
et jubeleum et omnia judicia. Et stabunt in arcu et in gladiis et in 20
bello, ut convertant eos in viam, et non convertentur, usquequo effun-
datur sanguis multus in terra, isti in illis. Et qui servati sunt, in via 21
veritatis[8] a malitia sua non convertentur: quoniam universi ad fraudem
et ad divitias se extollent, ut accipiant singuli universa quae sunt proximi
sui, et nomen magnum nominabunt non in veritate et non in justitia, et
sanctificationem sanctam pollucnt in abominationibus pravitatis[9] et im-
munditiis. Et erit ira magna super opera generationis illius a Domino, 22
et dabit illos[10] (in) gladium et judicium (et) in captivitatem et in direp-
tionem et in devorationem. Et *expergisci faciet[11] super eos peccatores 23
gentium quibus non . . .

[1] MS. et non est. [2] Eth. = abominatio. [3] Eth. = vini. [4] MS. universi. [5] Eth. = prae. [6] MS. nam jubenes. [7] MS. testamentom. [8] MS. adds non abibunt. [9] MS. veritatis. [10] MS. illis. [11] Emended from obdormire faciet. Error due probably to loss of ἐξ in ἐξύπνωσε.

[21] በርዙስ፡ ሙስና፡ ግማኒሆሙ፡ B; Lat. trans. and omits suffixes. [22] መቅሠፍት፡ A B. [23] በሀፉይ፡ A. [24] ወያነሥእ፡ A. [25] ወሰ B. [26] ወይትኀወሙ፡ A; ወይትኀዉ፡ B. [27] ወአ B. [28] ሠብስተ፡ A. [29] ምእት፡ A. [30] A omits. [31] ይትኃሠሡ፡ A B. [32] ወበኃጢኦሙ፡ A B. [33] ትእዛዝ፡ ወበኃጢኦሙ፡ A. [34] ወይእኅዝ፡ B. [35] A trans. after ይብዝኃ፡ [36] ይብዝኑ፡ A; ይብዝኅ፡ B. [37] Emended from በሙእቱ፡ ሙሉደ፡ A; ወሙሉደ፡ B. [38] ተወልደ፡ እምሙሉድ፡ A. [39] እመቀዐል፡ B; A adds ወእመቀዐል፡ [40] እምነ፡ ብዙኅ፡ A. [41] ልሂቅ፡ B. [42] Restored from Is. lxv. 20. [43] መቀዐለ፡ B. [44] A gives nom.

መዋዕሊሆሙ፡ በሰላም፡ ወበፍሥሓ፡ ይፈጽሙ፡ ወየሐይዉ፡ ወአልቦ፡ መነሂ፡[1] ሰይጣነ፡ ወአልቦ፡
መነሂ፡[2] እኩየ፡ ዘያማስን፡[3] እስመ፡ ኵሉ፡ መዋዕሊሆሙ፡[4] መዋዕለ፡ በረከት፡ ወፈውስ፡ ይከውኑ።
30 ወ[5]አሜሃ፡ ይፌውሶሙ፡ እግዚአብሔር፡ አግብርቲሁ፡ ወይትነሥኡ፡ ወይሬእዩ፡ ሰላመ፡ ዐቢየ፡ ወይሰድድዎሙ፡
ጸላእቶሙ፡[6] ወይሬእዩ፡ ጻድቃን፡ ወያአምሩ፡ ወይትፌሥሑ፡ እስከ፡ ለዓለመ፡ ዓለም፡ በፍሥሓ፡
31 ወይሬእዩ፡ በፀሮሙ፡ ኵሎ፡[7] ኵነኔሆሙ፡ ወኵሎ፡[7] መርገሞሙ። ወያዐርፍ፡ አዕፅምቲሆሙ፡
ውስተ፡ ምድር፡ ወመንፈሶሙ፡ ያበዝኃ፡ ትፍሥሕተ፡ ወያአምሩ፡ ከመ፡ ሀሎ፡ እግዚአብሔር፡
32 [8]ገባሬ፡ ኵነኔ፡ ወይገብር፡[9] ምሕረ፡ ለእምአት፡ ወለአእላፍ፡ ለኵሎሙ፡[9] እለ፡ ያፈቅርዎ። ወአንተሰ፡
ሙሴ፡ ጸሐፍ፡ ዘንተ፡ ቃላተ፡ እስመ፡ ከመዝ፡[10] [11]ጽሑፍ፡ ውእቱ፡[11] ወያዐርጎ፡ ውስተ፡ [11]ጽላተ፡
ሰማይ፡ ለስምዕ፡[11] ለትውልድ፡ ዘለዓለም።

፳፬ ወኮነ፡ እምድኅረ፡ ሞተ፡ አብርሃም፡ ባረኮ፡ እግዚአብሔር፡ ለይስሐቅ፡ ወልዱ፡ ወተንሥአ፡
እምኬብሮን፡ ወሖረ፡ ወኃደረ፡ ኀበ፡[12] ዐዘቅተ፡ ራእይ፡ በዓመት፡ አሐዱ፡ ዘሣልስ፡ ሱባዔ፡ ዘዝ፡
2 ኢዮቤልዉ፡ ሰብዓቱ፡[13] ዓመተ። ወበዓመት፡ አሐዱ፡[14] ዘሱባዔ፡ ራብዕ፡ ኮነ፡ ዐባር፡ ውስተ፡
3 ምድር፡ ዘእንበለ፡[15] ቀዳማዊ፡ ዐባር፡ ዘኮነ፡ በመዋዕለ፡ አብርሃም። ወአብሰለ፡ ያዕቆብ፡ ትብሲለ፡
ብርስን፡ ወመጽአ፡ ዔሳው፡ እምሐቅል፡[16] ርኁብ፡[17] ወይቤሎ፡ ለያዕቆብ፡ እኁሁ፡[18] ሀበኒ፡[19] እምዝ፡
ትብሲል፡ ዘሥርናይ፡[20] ወይቤ[21]ሎ፡[21] ያዕቆብ፡ አግብእ፡[22] ሊተ፡ ልህቃኒከ፡ ዘቅድመ፡[23] ልደት፡
4 ወአሁ፡ እሁበከ፡ ኅብስተ፡ ወእምዝኒ፡ ትብሲለ፡ ብርስን።[24] ወይቤ፡ ዔሳው፡ በልቡ፡[25] አነ፡ እመውት፡
5 ለምንት፡ ሊተ፡[1] ዝቅድመ፡[26] ትውልድ፡ ወይቤሎ፡ ለያዕቆብ፡ ወሀብኩኩ። ወ[27]ይቤ፡[27] ያዕቆብ፡
6 መሐል፡ ሊተ፡ ዮም፡ ወመሐለ፡ ሎቱ። ወወሀቦ፡ ያዕቆብ፡ ለ[28]እኁሁ፡[28] ዔሳው፡[29] ኅብስተ፡ ወትብሲለ፡
ወበልዐ፡ እስከ፡ ይጸግብ፡ ወመነነ፡ ዔሳው፡ [30]ቀዳሜ፡ ትውልዱ፡[30] በእንተዝ፡ ተሰምየ፡ ስሙ፡[31]
[ዔሳው፡][32] ኤዶም፡ በእንተ፡ ትብሲለ፡ ስርናይ፡[33] ዘ[34]ወሀቦ፡ ያዕቆብ፡[35] በ[36]ቅድመት፡ ልደቱ።

---

[1] Emended from መኑሂ፡ of MSS. [2] መኑሂ፡ A. [3] ዘየማስን፡ A. [4] መዋዕሊ፡ A. [5] B om. [6] ጽልአቶ፡ A; ጸላእቶ፡ B. [7] ኵሉ፡ A. [8] A adds ከዐበ፡ [9] ወለኵሎሙ፡ B. [10] ከመ፡ A. [11] ስምዐ፡ ጽላተ፡ ሰማይ፡ B. [12] ውስተ፡ A. [13] ፯ A. [14] ፩ A. [15] A adds ውእቱ፡ [16] Mass., Sam., Syr. Gen. xxv. 29 add והוא against our text, LXX, and Vulg. [17] ርኁብ፡ points to πεινῶν, and this in turn to עָיֵף. עָיֵף is so rendered in LXX Deut. xxv. 18, Judg. viii. 5, Is. v. 27, &c., but here LXX gives ἐκλείπων. [18] እኁሁ፡ A; Gen. xxv. 30 omits. [19] So Vulg. Gen. xxv. 30 *da mihi*, but Mass. הַלְעִיטֵנִי, LXX γεῦσον με. [20] ዘሥርናይ፡ = πυροῦ, a corruption of πυρροῦ; so LXX and Mass., Sam., Syr. Gen. xxv. 30. [21] Mass., Sam., Onk. xxv. 31 omit, but LXX τῷ Ἠσαύ, Syr. ܠܥܣܘ, and Vulg. support. [22] A rendering of ἀπόδου (so LXX) = Mass. מִכְרָה. [23] ዘቅድም፡ A. [24] B D omit; ዘሥርናይ፡ C. [25] Syr. Gen. xxv. 32 ܘܐܡܪ; Mass., Sam., LXX, Vulg. omit. [26] ቀዳሚ፡ A. [27] ይቤሎ፡ B. [28] Gen. xxv. 34 omits. [29] A omits. [30] ወአልጸቀ፡ ቀዳሚ፡ ልደቶ፡ A. [31] B trans. after [ዔሳው፡]; C D omit. [32] A gloss. [33] This implies same original text as in Gen. xxv. 30, see note 20; but Gen. xxv. 34 would require ብርስን፡ [34] ወ A. [35] ለያዕቆብ፡ A. [36] ለ B C D; A omits.

ወልህቀ፡ ያዕቆብ፡ ወነሰኡ[1]ሰ፡ ትትሕቱ፡ እምዕበዩ። ወኮነ፡ ዐባር[2] ዲበ፡ ምድር፡ ወመጽአ፡ 7, 8
ይስሐቅ፡ ይረድ፡ ግብጸ፡ በካልእ፡ ዓመት፡ ዘዝ፡ ሱባዔ፡ ወሖረ፡ ኀበ፡ ንጉሠ፡ ፍልስጥኤም፡ ጌራርን፡
ኀበ፡ አቤሜሌክ።

ወአስተርአዮ፡ እግዚአብሔር፡ ወይቤሎ[3]ሰ[3] ኢትረድ፡ ግብጸ፡ ንበር፡ ውስተ፡ ምድር፡ እንተ፡ እነ፡ 9
እብለከ፡ ወ[4]ፍልስ፡ ውስተ፡ ይእቲ፡ ምድር፡ ወእሄሉ፡ ምስሌከ፡ ወእባርከከ። እስመ፡ ለከ፡ 10
ወለዘርእከ፡ እሁብ፡ ዛተ፡ ምድረ፡ ኵላ፡ ወአቀውም፡ መሐላ[5]የ፡ ዘመሐልኩ፡ ለአብርሃም፡ አቡከ፡
ወአበዝኆ፡ ዘርአከ፡ ከመ፡ ከዋክብተ፡ ሰማይ፡ ወእሁብ፡ ለዘርእከ፡ ኵላ፡ ዛተ፡ ምድረ። ወይትባረኩ፡ 11
በዘርእከ፡ ኵሎሙ[6] አሕዛበ፡ ምድር፡ ህየንተ፡ ዘ[2]ሰምዐ፡ አቡከ፡ [7]ቃለ፡ ዚአየ፡[7] ወዐቀበ፡ ዑቃቤየ፡
ወትእዛዛትየ፡[8] ወሕግየ፡ ወሥርዐትየ፡ ወኪዳንየ፡ ወይእዜኒ፡ ስማዕ፡ ቃልየ፡ ወኅድር፡ ውስተ፡
ዛምድር። ወኀደረ፡ ጌራርን፡[9] ሠለስተ[10] ሱባዔ፡ ዓመት። ወአዘዞ፡ አቤሜሌክ፡[11] በእንቲአሁ፡ 12, 13
[12]ወበእንተ፡ ኵሉ፡ ዘዚአሁ፡[12] እንዘ፡ ይብል፡ ኵሉ፡ ሰብእ፡[13] ዘይለክፎ፡[14] [15]ወለኵሉ፡ ዘዚአሁ፡[15]
ሞተ፡ ለ[2]ይሙት። ወልህቀ፡ ይስሐቅ፡ በፍልስጥኤም፡[16] ወኮነ፡ ሎቱ፡[17] ጥሪተ፡[18] ብዙኀ፡[18] 14
አልህምት፡[18] ወአባግዕ፡[18] ወአግማል፡[18] ወአእዱግ፡[18] ወ[19]ጥሪት፡[19] ብዙኅ። ወዘርአ፡[20] በምድረ፡ 15
ፍልስጥኤም፡[21] ወ[22]አዕረገ፡[22] መእተ፡[22] ሰዊተ፡ ወዐብየ፡ ይስሐቅ፡ ፈድፋደ፡ ወቀንኡ፡ ላዕሌሁ፡
ፍልስጥኤም።[23] ወኵሎ፡ ዐዘቃተ፡[24] ዘከረዩ፡ ደቂቀ፡[25] አብርሃም፡ በሕይወቱ፡ አብርሃም፡ ደፈኑ፡ 16

. . . annorum. Et mandavit[1] Abimelech de illo (et de omnibus quae XXIV. 13
ejus), dicens: 'Omnis homo quicumque molestaverit eum aut aliquid ejus,
morte morietur.' Et crevit Isac in terra Filistin, et facta est illi substantia 14
magna, boves et oves et[2] cameli et asini et ministerium magnum. Et 15
seminavit in terra Filistin et collegit centuplum, et magnus factus est
Isac valde, et zelaverunt eum Filistin. Et omnes puteos, quos foderunt 16

[1] MS. mandabit. [2] MS. reads before boves.

[1] B omits. [2] ዐባሪ፡ A. [3] So Syr. Gen. xxvi. 2 and Eth. Vers.; Mass., Sam., LXX, Vulg. omit. [4] C D omit; LXX and Vulg. Gen. xxvi. 2 support text; Mass., Sam., Syr. omit. [5] So LXX Gen. xxvi. 3, but Mass., Sam., Syr., and Vulg. omit. [6] ኵሎሙ B. [7] ቃልየ፡ A. [8] ወትእዛዛትየ፡ A B. [9] ጌራርንሃ፡ A. [10] ፫ A. [11] አቤሜሌክ፡ B. [12] Lat. omits. [13] A omits. [14] A adds እምሰብእ፡ [15] Gen. xxvi. 11 וּבְאִשְׁתּוֹ. [16] ፈሊሲጤ፡ እም፡ B. [17] A adds ኵሉ [18] A gives acc. [19] Lat. *ministerium;* Heb. עֲבֻדָּה. Hence ጥሪት፡ is loose. [20] ወዘርአ A B. [21] ፈሊሲጤእም፡ B. [22] Here שְׁעָרִים seems to have been rendered θησαυρίζειν as in Prov. xxi. 21, which would explain አዕረገ፡ and Lat. *collegit.* [23] ፈሊሲጤእም፡ B. [24] ዐዘቃተ A. [25] ደቂቀ፡ B.

17 ፍልስጥኤም፡[1] እምድኅረ፡ ሞተ፡[2] አብርሃም፡ ወመልእዎ፡ መሬተ። ወይቤልዎ፡ አቤሜሌክ፡
ለይስሐቅ፡ ሖር፡ እምኔነ፡ እስመ፡ ዐበይከ፡ ፈድፋደ፡ እምኔነ፡ ወሖረ፡ ይስሐቅ፡ በ[3]አሐዱ፡
18 ዓመት፡ ዘሱባዔ፡ ሳብዕ፡ እምህየ፡ ወፈለሰ፡[4] ውስተ፡ ቈላተ፡ ጌራርስ።[5] ወ[6]ተመይጦሙ፡[6] ከረዩ፡
ዐዘቃተ፡[7] ዘማያት፡ ዘከረዩ፡ ደቂ[8] አብርሃም፡ አቡሁ፡ ወደፈንዎ፡[9] ፍልስጥኤም፡ እምድኅረ፡
ሞተ፡ አብርሃም፡ አቡሁ፡[10] ወጸውዐ፡[11] [12]አስማቲሆሙ፡ በከመ፡ ሰመዮሙ፡[12] አብርሃም፡ አቡሁ።
19 ወከረዩ፡ ደቂ[13] ይስሐቅ፡ ዐዘቃተ፡[14] በፍሬንጋ፡[15] ወረከቡ፡ [16]ማየ፡ ሕያው፡[16] ወተጋአዙ፡ ኖሎተ፡
ጌራርስ፡ ምስለ፡ ኖሎተ፡ ይስሐቅ፡ እንዘ፡ ይብሉ፡ ዘዚአነ፡ ማይ፡[17] ወጸውዖ፡[18] ይስሐቅ፡ ስሞ፡
20 ለውእቱ፡ ዐዘቅት፡ ዕፁብ፡[19] እስመ፡ ተጓፀሙ፡ ምስሌነ።[20] ወከረዩ፡ ዐዘቅተ፡[21] ካልአ፡ ወተባአሱ፡
በእንቲአሁኒ፡ ወጸውዐ፡ ስሞ፡ ጽልአ።[22] ወአንሥአ፡[23] እምህየ፡[24] ወከረዩ፡ ዐዘቅተ፡ ካልአ፡[25] ወኢተ
ጋአዙ፡[26] በእንቲአሁሰ፡ ወጸውዐ፡ ስሞ፡ ስፍሕ፡[27] ወይቤ፡ ይስሐቅ፡ ይእዜ፡[28] አስፍሐ፡ ለነ፡
እግዚአብሔር፡ ወ[29]ልህቀ፡[29] ዲበ፡ ምድር።
21 ወዐርገ፡ እምህየ፡ ውስተ፡ ዐዘቅተ፡ መሐላ፡ በቀዳሚ፡ ዓመት፡ ዘሱባዔ፡ ቀዳሚ፡ በራብዕ፡
22 ወአርብዓ፡ ኢዮቤልው። ወአስተርአዮ፡ እግዚአብሔር፡ በይእቲ፡ ሌሊት፡ በሠርቀ፡ [30]ወርኅ፡
ቀዳሚ፡[30] ወይቤሎ፡ አነ፡ ውእቱ፡ አምላኪ፡ አብርሃም፡ አቡከ፡ ኢትፍራህ፡[31] እስመ፡ አነ፡ ምስሌከ፡
ሀሎኩ፡ ወእባርከከ፡ ወአበዝኆ፡ አበዝኆ፡ ዘርአከ፡ ከመ፡ ኆፃ፡ ምድር፡ በእንተ፡ አብርሃም፡
23 ቍልዔየ። ወሐነጸ፡ [32]ምሥዋዐ፡ በህየ፡[32] ዘሐነጸ፡ አብርሃም፡ አቡሁ፡ ዘቀዳሚ፡[33] ወጸውዐ፡ በስመ፡
24 እግዚአብሔር፡[34] ወሦዐ፡ መሥዋዕተ፡ ለአምላከ፡ አብርሃም፡ አቡሁ። ወከረዩ፡[35] ዐዘቅተ፡[36] ወረከቡ፡[37]
25 ማየ፡ ሕያወ። ወደቂ[38] ይስሐቅኒ፡ ከረዩ፡ ዐዘቅተ፡[39] ካልአ፡[40] ወኢረከቡ፡ ማየ፡ ወሖሩ፡ ወነገርዎ፡

---

[1] ፈለሲጢኤም፡ B. [2] A omits. [3] ፩ A. [4] ኅደረ፡ A. [5] ጌራሮን፡ A.
[6] Mistaken rendering of Gen. xxvi. 18 וַיָּשָׁב וַיַּחְפֹּר; Lat. *convertentes* = text.
[7] ዐዘቅተ፡ C D. [8] Thus text, Sam., LXX, Vulg. read עַבְדֵי instead of בִּימֵי of Mass. and Onk. Gen. xxvi. 18. [9] ወደፈንዎ፡ C D. [10] Mass. and Vulg. Gen. xxvi. 18 omit, but LXX supports text. [11] ጸውዖ፡ A. [12] አስማቲሆሙ፡ ዘሰመዮሙ፡ A.
[13] ደቂቀ፡ B. [14] ዓዘቃተ፡ B, which it trans. before ደቂ፡ Mass., Sam., LXX, Syr., and Vulg. Gen. xxvi. 19 and Lat. omit; Eth. Vers. inserts. Does this point to influence of Eth. Vers. on our text? [15] በፍንጋ፡ A C D. [16] So Vulg. Gen. xxvi. 19; but Mass., Sam., LXX, Syr., and Eth. Vers. add ነቅዐ፡ (= בְּאֵר) before ማይ፡. [17] Em. with Lat. and Gen. xxvi. 20 from ዘማይ፡ of MSS. [18] ወጸውዐ፡ A. [19] So Lat. *difficultatem;* LXX gives ἀδικία; Mass. עֵשֶׂק; ዐፀብ፡ B. [20] Gen. xxvi. 20 עִמּוֹ. [21] ዓዘቃተ፡ B. [22] Em. with Lat. *inimicitias* and Gen. xxvi. 21 from ጸባብ፡ of MSS. [23] ወአንሥኡ፡ ካልአ፡ A; Lat. omits. [24] B and Lat. omit, but Gen. xxvi. 22 supports A C D. [25] Lat. *tertium.* [26] ወተጋአዙ፡ A. [27] Emended with Lat. *capacitas* from ስፉሕ፡ of MSS. [28] Before ይእዜ፡ add እስመ፡ with Lat. *quoniam*, Mass., and LXX xxvi. 22. [29] Lat. *multiplicavit nos;* so also LXX, Syr., Vulg., Onk., and Eth. Vers. of Gen. xxvi. 22, but Mass. and Sam. support text; C reads ልህቀ፡; Lat. *multiplicavit* due to influence of

pueri Abraham in vita Abraham, obturaverunt[1] eos Filistin post mortem
Abraham et impleverunt eos terra. Et dixit Abimelech ad Isaac: 'Discede 17
a nobis, quoniam magnus factus es super nos valde;' et abiit Isac *anno
primo[2] septimanae septimae[3] inde [cum suis] (et peregrinatus est in
vallibus Geraron). Et convertentes[4] [inde] foderunt puteos aquarum, 18
quos foderunt pueri patris sui Abraham et impleverunt illos Filistin
post mortem Abraham patris sui, et vocavit eos nomina secundum nomina
quae vocaverat eos pater ipsius. Et foderunt pueri Isac in torrente et 19
invenerunt ⟨ibi[5]⟩ aquam vivam, et litigaverunt pastores Gerarorum[6] cum
pastoribus Isac dicentes: 'Nostra est aqua;' et vocavit Isac nomen putei
'Difficultatem[7]' propter quod difficiles fuerunt nobiscum. Et foderunt 20
puteum alterum et litigaverunt etiam[8] pro ipso, et vocavit nomen ejus
'Inimicitias.' Et (surrexi inde et) foderunt puteum tertium[9] et non liti-
gaverunt pro eo, et vocavit nomen ejus 'Capacitas,' et dixit Isac:
'⟨Quoniam⟩[10] nunc amplicavit nos Dominus [Deus] et *multiplicavit nos[11]
super terram.' Et (adscendit inde ad puteum jurationis) in anno primo 21
septimanae primae[12] (in quarto et quadragensimo jubeleo. Et) visus est 22
Dominus ad illum in nocte ipsa in prima die mensis primi et dixit ei:
'Ego sum Deus Abraham patris tui; noli timere, quoniam tecum sum
ego et benedicam te et multiplicabo semen tuum sicut harenam terrae
propter Abraham puerum meum.' Et aedificavit (altarem ibi)[13] quem 23
aedificavit pater ejus (prius), et invocavit in nomine Domini et mactavit
hostias Deo Abraham patris sui. Et foderunt puteum et invenerunt 24
aquam vivam. Et foderunt [iterum] puteum alium pueri Isac et non 25
invenerunt aquam et advenerunt et nuntiaverunt Isac, eo quod non[14]

---

[1] MS. obduraverunt. [2] MS. anni primi. [3] MS. septimi. [4] See note 6 on Eth. text. [5] So Gen. xxvi. 19 (Mass. and LXX), but Vulg., Eth. Vers., and Eth. omit. Text is doubtful, may be *in*. [6] MS. gerarum. [7] MS. difficcultatem. [8] MS. adds et. [9] We should read alterum with Eth. and Gen. xxvi. 21. [10] See note 28 on Eth. text. [11] As Eth. agrees with Mass. Gen. xxvi. 22, multiplicavit nos seems due to influence of LXX = ηὔξησεν ἡμᾶς. [12] MS. septimanarum primi. [13] Loss of two and a half lines = about twenty letters. [14] See note on Eth. text.

LXX. [30] A B trans. [31] ወኢትፍሬሁ፤ B. [32] ህየ፤ ምሥዋዐ፤ B. [33] A B trans. before ዘሐነጸ፤ [34] እንዘኢተሰብሐር፤ A. [35] ከረዩ፤ A. [36] ረከቡ፤ A.

ለይስሓቅ፡ ከመ፡ ኢ[1]ረከቡ፡ ማየ፡ ወይቤ፡ ይስሓቅ፡ መሐልኩ፡ በዛቲ፡ ዕለት፡ ለፍልስጥኤም፡[2]
26 ወ[1]ኮነ፡ ለነ፡ ዝንቱ፡ ነገር። ወጸውዐ፡ ስመ፡ ለውእቱ፡ መካን፡[4] ዐዘቅት፡[5] መሐላ፡ እስመ፡ በህየ፡
27 መሐለ፡ ለአቤሜሌክ፡ ወለአኮዘት፡[6] ካልኡ፡ ሎቱ፡ ወለፊኮል፡ *ዐቃቤ፡ ሰርዌሁ።[7] ወአእመረ፡
ይስሓቅ፡ በይእቲ፡ ዕለት፡ ከመ፡ ግፉዐ፡[8] *መሐለ፡ ሎሙ፡[9] ለገቢረ፡ ምስሌሆሙ፡ ሰላመ።
28 ወረገሞሙ፡ ይስሓቅ፡ በይእቲ፡ ዕለት፡ ለፍልስጥኤም፡[10] ወይቤ፡ ርጉም፡ ፍልስጥኤም፡[10] ለዕለተ፡[11]
መዓት፡ ወቍጥዓ፡ እማእከለ፡ ኵሉ፡ አሕዛብ፡ የሀቦ፡ እግዚአብሔር፡ ለዝንጓጔ፡ ወለመርገም፡
29 ወለመዓት፡ ወለቍጥዓ፡ በእደ፡ ኃጥኣን፡ አሕዛብ፡[12] ወውስተ፡ እደ፡ ኪጡኤም።[13] *ወዘአምሠጠ፡
እምሰይፈ፡ ፀር፡ ወእም፡ ኪጡኤም፡[14] ይሠርውዎሙ፡ *ሕዝብ፡ ጻድቅ፡[15] በኵነኔ፡ እምታሕተ፡
ሰማይ፡ እስመ፡ ፀረ፡ ወፀላእተ፡[16] ይከውኑ፡ ለውሉድየ፡[17] በትውልዶሙ፡[18] በዲበ፡ ምድር።
30 ወአልቦ፡ ተንድጎ፡ ሎሙ፡[19] ተረፈ፡ ወዘይድኅን፡ አመ፡ ዕለተ፡ *መዓተ፡ ኵነኔ፡[20] እስመ፡ ለሐጕል፡
ወለሥራዌ፡[21] ወለሰስሎ፡ እምድር፡ ኵሉ፡[22] ዘርአ፡ ፍልስጥኤም፡[23] ወአልቦ፡ እንከ፡ ለ*እሉ፡[24]
31 ክፍቶር፡[25] ምንተኒ፡[26] ስመ፡ ዘ[27]ተርፈ፡ ወዘርእ፡ በላዕለ፡[28] ምድር። እስመ፡ እመኒ፡ እስከ፡ ሰማይ፡
ዐርገ፡ እምህየ፡ ይወርድ፡ *ወወእደ፡ ነፍጸ፡[29] *ውስተ፡ ምድር፡[30] እምህየ፡ ይትመሳሕ፡ ወእመኒ፡
ተንብአ፡ ማእከለ፡ አሕዛብ፡ እምህየኒ፡[31] ይሤርዎ፡[32] ወእመኒ፡ ወረደ፡ ውስተ፡ ሲኦል፡ *በህየኒ፡
32 ይበዝኅ፡[33] ኵነኔሁ፡ ወአልቦ፡ ሎቱ፡ በህየኒ፡[34] ምንተኒ፡[35] ሰላመ። ወእመኒ፡ ሖረ፡ ውስተ፡ ፄዋ፡
በእደ፡ እለ፡ የኀሥሥዎ፡[36] ለነፍሱ፡ በማእከለ፡ ፍኖት፡ ይቀትልዎ፡[37] ወአልቦ፡ አትርፎ፡[38] ሎቱ፡[39] ስመ፡
33 ወዘርአ፡ ውስተ፡ ኵሉ፡ ምድር፡ እስመ፡ ውስተ፡ መርገም፡ ዘለዓለም፡ የሐውር። ወከመዝ፡
ተጽሕፈ፡ *ወተቈረፀ፡ በእንቲአሆሙ፡[40] ውስተ፡ ጽላተ፡ ሰማይ፡ ለገቢር፡[41] ሎቱ፡ በዕለተ፡ ኵነኔ፡ ከመ፡
ይሠረው፡[42] እምድር።

፳፭ ወበካልእ፡ ዓመት፡ *ዘዝ፡ ሱባዔ፡ በዝ፡[43] ኢዮቤልዉ፡ ጸውዐት፡ ርብቃ፡ ያዕቆብሃ፡ ወልዳ፡[44]
ወተናገረቶ፡ እንዘ፡ ትብል፡[45] ወልድየ፡ ኢትንግእ፡ ለከ፡ ብእሲተ፡ እምነ፡ አዋልደ፡ ከናአን፡ ከመ፡
ዔሳው፡ እኁከ፡ ዘነሥአ፡ ሎቱ፡ ክልኤተ፡ *አንስትያ፡ እምአዋልደ፡[46] ከናአን፡ *ወአምረርዋ፡ ለመን

---

[1] A. implies לא and not לו in Gen. (Mass., Sam., Syr.) xxvi. 32; LXX supports text; Vulg. omits. [2] ለፊልሲጤኤም፡ B. [3] እስመ፡ A. [4] መካነ፡ A. [5] ዓዘቃት፡ B. [6] ወለአክ፡ ዘተ፡ A; ወለአኮ፡ ዘተ፡ B. [7] Restored from ዐቃብየሁ፡ A, ዐቃቢየሁ፡ B, by means of Lat. *princeps exercitus ipsius.* [8] በግፍዐ፡ C D; Lat. wanting. [9] መሐለ፡ ሎቱ፡ D. [10] ፋልስጤኤም፡ B. [11] ላዕለ፡ B. [12] ሕዝብ፡ B. [13] ኪጥኤም፡ A. [14] Lat. omits through homeoteleuton. [15] አሕዛበ፡ ጽድቅ፡ A. [16] ጸላእተ፡ A. [17] ለደቂቅየ፡ A. [18] Emended with Lat. *in generationibus suis* from በመዋዕሊሆሙ፡ of MSS. [19] ሎቱ፡ B. [20] መዐት፡ ወኵነኔ፡ A. [21] ወሥራዌ፡ B. [22] ኵሉ፡ A. [23] ፊሊስጤኤም፡ B. [24] Emended with Lat. *illis* from ኵሉ፡ [25] ክፍቶር፡ B. [26] ምንተ፡ A. [27] ወ A D. [28] በዲበ፡ A. [29] Emended with Lat. *et ubi fugiens erit* from ወእመኒ፡ ጸንዐ፡ of MSS. which is here inappropriate. For ነፍጸ፡ possibly ጸኒ፡ would do. [30] Lat. omits wrongly. [31] እምህየ፡ A. [32] ይሤረው፡ B.

invenissent aquam, et dixit Isac: '⟨Propter quod⟩ juravi in die ista
Filistin, factus est nobis sermo hic.' Et vocavit nomen loci illius 'Puteus 26
jurationis;' quoniam illic juravit Abimelech et Ocozia sodalis illius et
Ficol princeps ⟨exercitus⟩ ipsius. Et cognovit Isac in die illa quoniam 27
(in injuria) juravit illis[1] facere cum ipsis[2] pacem. Et maledixit Isac in 28
die illa Filistin et dixit: 'Maledictus Filistin in die irae et indignationis
a medio omnium gentium; det illum Deus in obprobrium et in male-
dictum et in indignatione irae[3] in manum peccatoris populi et in manu
Cettin. Et (qui effugerit e gladio adversarii et e Cettin) eradicet eum 29
populus justus in judicio de sub caelo; quoniam inimici et contrarii[4]
sunt filiis meis in generationibus suis super terram. Et non derelin- 30
quentur eis reliquiae et *salvus evadens[5] in die irae judicii, sed in per-
ditionem et exterminium, ut auferatur a facie terrae totum semen
Filistinorum, et non erit illis (Caphthor) omne nomen et semen relictum
super terram. Et si ascendat usque ad caelum, inde deponetur; et ubi 31
fugiens erit (in terra), inde auferetur; et si occultaverit se in medio
gentium, (inde) eradicabitur; et si descendat in infernum, ibi abundabit
judicium ejus et non erit ei illic omnis pax. Et si [vadens] abierit in 32
captivitatem in manu [omnium] quaerentium animam[6] ejus, ⟨et⟩ in
medio itinere[7] interiet et non erit ipsi semen et nomen in omni terra
quoniam in maledictum aeternum abibit.' Quia sic scriptum est et consig- 33
natum adversus illum in tabulis caeli, ut fiat illi in die judicii ut eradicetur
*a facie[8] terrae.

Et in anno secundo septimanae[9] hujus jubelei (hujus) vocavit[10] Rebecca XXV. 1
filium suum Jacob et locuta est ad eum dicens: 'Nate, noli sumere
tibi . . .'

---

[1] MS. ille. [2] MS. ipso. [3] MS. ire. [4] MS. contrari. [5] MS. salus sevadens. [6] MS. eum anima. [7] Emended with Eth. from inferni. [8] Eth. = e. [9] MS. septimanarum. [10] MS. vocabit.

---

[33] በህየ፡ ይብዛኁ፡ A. [34] በህየ፡ A. [35] A omits. [36] ይነሥዋ፡ A; የኀሥሥዎ፡ B.
[37] B omits. [38] Lat. omits. [39] ይትኃወፉ፡ A. [40] ለገቢረ፡ A. [41] ይሠር፡ A.
[42] ዘሱብኤ፡ ዘበዝ፡ B. [43] አንስቲያ፡ እምዝርእ፡ B.

ፈሊጦ፡[1] በኵሉ፡ ምግባሮሙ፡ ርኩስ፡[2] *እስመ፡ ኵሉ፡ ምግባሮሙ፡ ዝሙት፡[3] ወምርዓት፡ ወአልቦ፡
2 *ወኢምንትኒ፡ ጽድቅ፡[4] ምስሌሆሙ፡ እስመ፡ እኩይ፡ ውእቱ። ወአነ፡ ወልድየ፡ አፈቅረከ፡ ጥቀ፡
3 ፈድፋደ፡ ወልብየ፡[5] ወምሕረትየ፡ ይባርከከ፡ በኵሉ፡ ጊዜ፡ *ዕለት፡ ወዑቃቤ፡ ሌሊት።[6] ወይእዜኒ፡
ወልድየ፡[7] ስማዕ፡ ቃልየ፡ ወግበር፡ ፈቃዳ፡ ለእምከ፡ ወኢትንሣእ፡ ለከ፡ ብእሲተ፡ እምአዋልደ፡
ዝምድር፡ ዘእንበለ፡ እምቤተ፡ አቡየ፡[8] ወዘእንበለ፡ እምዘመደ፡[9] አቡየ፡[8] ትነሥእ፡ ለከ፡ ብእሲተ፡
*እምነ፡ ቤተ፡ አቡየ፡[10] ወይባርከከ፡[11] አምላክ፡ ልዑል፡ *ወይከውኑ፡ ውሉድከ፡[12] ትውልደ፡ ጽድቅ፡
4 ወዘርአ፡[13] ቅዱሰ። ወእምዝ፡ ተናገረ፡ ያዕቆብ፡ ምስለ፡ ርብቃ፡ እሙ፡[14] ወይቤላ፡ ናሁ፡[8] *እሞ፡
አነ፡[14] ወልደ፡ ተስዓቱ፡[15] ሱባዔ፡ ዓመት፡ ወምንተኒ፡ አንስተ፡[16] ኢያእምር፡ ወኢገሰስኩ፡ ወኢፈኀርኩ፡
5 ወኢይሔሊ፡[17] እንሣእ፡ ብእሲተ፡ እም[18]አዋልደ፡ ከናአን፡ ሊተ። እስመ፡ እዜከር፡ *እሞ፡ ዘ
ነገረ፡[19] አብርሃም፡ አቡነ፡ እስመ፡[20] አዘዘ፡ ከመ፡ ኢይንሣእ፡ ብእሲተ፡ እምአዋልደ፡[21] ከናአን፡
6 እስመ፡ እምዘርአ፡ ቤተ፡ አቡየ፡ እነሥእ፡[22] ሊተ፡ ብእሲተ፡ ወእምዘመድየ።[23] ሰማዕኩ፡ እምቅድመ፡
ከመ፡ ተወልዳ፡ አዋልድ፡ ለላባ፡ እኁኪ፡ ወኀዕሌሆን፡ አንበርኩ፡ ልብየ፡ ከመ፡ እንሣእ፡ እምኔሆን፡
7 ብእሲተ። ወበእንተዝ፡ ተዐቀብኩ፡[24] በመንፈስየ፡ ከመ፡ ኢየአብስ፡[25] ወኢይማስን፡ በኵሉ፡ ፍናውየ፡[26]
በኵሉ፡[27] *መዋዕለ፡ ሕይወትየ፡[28] እስመ፡ በእንተ፡ ምርዓት፡ ወዝሙት፡ አብዝኀ፡[29] አብርሃም፡
8 አቡየ፡[1] አዘዘኒ።[30] ወምስለ፡ ኵሉ፡ ዘአዘዘኒ፡ ዘንተ፡[1] *ዕሥራ፡ ወክልኤቱ፡ ዓመተ፡[31] እኁየ፡[32]
ይትጋአዘኒ፡ ወያበዝኅ፡ እንዘ፡ ይትናገረኒ፡ ወይብል፡ *እኁየ፡ ንሣእ፡[33] ብእሲተ፡ አሐተ፡ እኅተ፡
9 ለአንስቲያየ፡ ክልኤቲ፡ ወአነሰ፡ ኢይፈቅድ፡ እግበር፡ ከመ፡ ገብረ፡[34] ውእቱ።[35] እምሕል፡ አነ፡ እሞ፡
ቅድሜኪ፡[36] ኵሎ፡ መዋዕለ፡ ሕይወትየ፡ ከመ፡ ኢይንሣእ፡ ሊተ፡[1] ብእሲተ፡ እምአዋልደ፡[37] ዘርአ፡
10 ከናአን፡ ወኢያአኪ፡[38] ገቢረ፡ በከመ፡ ገብረ፡ እኁየ። ኢትፍርሂ፡ እሞ፡[39] ተአመኒ፡[40] ከመ፡ እገብር፡[41]
11 ፈቃደኪ፡ ወበርትዕ፡[42] አሐውር፡ ወኢያማስን፡ ፍናውየ፡[43] ለዓለም። ወእምዝ፡ *አንሥአት፡ ገጻ፡[44]

---

[1] So Gen. Mass. xxvi. 35 וַתִּהְיֶיןָ מֹרַת רוּחַ; LXX renders καὶ ἦσαν ἐρίζουσαι, taking it from מרה from מָרָה to rebel. Onk. combines both renderings. For በመንፈስየ፡ B reads ለነፍስየ፡. [2] ርኩስ፡ B. [3] A omits. [4] ጽድቅ፡ ምንተኒ፡ B. [5] ወወልድየ፡ C D. [6] በዕለት፡ ወበዑቃቤ፡ ሌሊት፡ A. [7] አወልድየ፡ A. [8] አቡከ፡ A. [9] ዘዘመድ፡ A. [10] B omits. [11] ይባርከ፡ B. [12] ወይከውን፡ ትውልድከ፡ A B. [13] ወዘርአ፡ A; ወዘርአከ፡ B C. [14] B trans. [15] ፳ A. [16] ብእሲተ፡ A. [17] ኢይኄሊ፡ A; ወኢእኄሊ፡ B. [18] B adds ኵሉ፡ ዘርአ፡ [19] አነ፡ እምነገረ፡ B. [20] ምንት፡ B. [21] እምኵሉ፡ ዘርአ፡ B. [22] አዘዘ፡ እንሣእ፡ A. [23] ወእምትዝምድ፡ ቤት፡ አቡየ፡ A. [24] አነ፡ ዓቀብኩ፡ አነ፡ B. [25] ኢያአብስ፡ A. [26] ፍናውየ A D; ፍናዊ፡ B. [27] ኵሉ፡ A. [28] መዋዕልየ፡ በሕይወትየ፡ A; መዋዕሊ፡ ሕይወትየ፡ B. [29] B adds አቡ፡ [30] አዘዘኒየ፡ A B. [31] ፳ወክልኤቱ፡ ዓመት፡ A. [32] B adds እንዘ፡ [33] A trans. [34] ገብር፡ B. [35] እኁየ፡ C D; B omits. [36] B adds እም. [37] እምኵሉ፡ ትውልድ፡ B. [38] ወኢያአኪ A; ወኢይአኪ B. [39] እሙ፡ B. [40] ትአመኒ፡ B. [41] እገብር፡ A. [42] ወበርትዕ፡ B. [43] ፍናዊየ፡ A. [44] ሠፍሐት፡ እደዊሃ፡ A.

ውስተ፡ ሰማይ፡ ወሰፍሐት፡ አዳብዐ፡ እደዊሃ፡ ወከሠተት፡ አፉሃ፡ ወባረከቶ፡ ለአምላክ፡[1] ልዑል፡
ዘፈጠረ፡ ሰማየ፡ ወምድረ፡ ወወሀበቶ፡ ሎቱ፡ አኰቴተ፡ ወስባሔ። ወትቤ፡ ይትባረክ፡ እግዚአብሔር፡ 12
አምላክ፡ ወይትባረክ፡ ስሙ፡ ቅዱስ፡[2] *ለዓለመ፡ ዓለም፡[3] ዘወሀበኒ *ያዕቆብሃ፡ ወልደ፡[4] ንጹሐ፡
ወዘርአ፡ ቅዱሰ፡ እስመ፡ ዚአከ፡ ውእቱ፡ ወለከ፡ ይኩን፡ ዘርኡ፡ እስከ፡ ዅሉ፡ መዋዕል፡ ወ[5]በዅሉ፡
ትውልድ፡ እስከ፡[6] ለዓለም። ባርኮ፡[7] እግዚኦ፡ ወአንብር፡[8] ውስተ፡ አፉየ፡ በረከተ፡ ጽድቅ፡ ከመ፡ 13
እባርኮ። ወ[9]ውእተ፡ ጊዜ፡ ሶበ፡ ወረደ፡ *መንፈሰ፡ ጽድቅ፡[10] ውስተ፡ አፉሃ፡ አንበረት፡[11] ውስተ፡ 14
ርእሰ፡ ያዕቆብ፡ ክልኤሆን፡ እደዊሃ፡ ወትቤ። ቡሩክ፡ አንተ፡ እግዚኦ፡ ጽድቅ፡ ወአምላኮሙ፡ 15
ለዓለማት፡[12] ወኪያከሰ፡[13] ይባርክ፡ እም[14]ዅሉ፡ ትውልደ፡ ሰብእ፡ የሀብከ፡ ወልድየ፡ ፍኖተ፡ ጽድቅ፡
ወለዘርእከ፡ ይክሥት፡[15] ጽድቀ። ወያብዝኆ፡[16] ውሉደከ፡[17] በሕይወትከ፡ ወይቁሙ፡ *ለኍልቈ፡ 16
ለ[18]አውራኀ፡ ዓመት፡ ወውሉዶሙ፡ ይብዝኁ፡ ወይዕበዩ፡ እምነ፡ ከዋክብተ፡ ሰማይ፡ ወእምነ፡ ኆፃ፡
ባሕር፡ ይብዝኃ፡ ኍልቆሙ።[19] ወየሀቦሙ፡ ዘተ፡ ምድረ፡ ሥምርተ፡ በከመ፡ ነበበ፡ የሀባ፡[20] 17
ለአብርሃም፡ ወለዘርኡ፡ እምድኅሬሁ፡ በዅሉ፡ መዋዕል፡ ወየአኀዝዋ፡ እኂዘ፡ ዘለዓለም። ወእርአይ፡ 18
ለከ፡ ወልድየ፡ ውሉደ፡ ቡሩክ፡ በሕይወትየ፡ ወዘርእ፡ *ቡሩክ፡ ወ[21]ቅዱስ፡ ይኩን፡ ዅሉ፡ ዘርእከ።
ወበከመ፡ አዕረፍከ፡[22] መንፈሰ፡ እምከ፡ በሕይወታ፡ ሕምሳ፡[23] ለወላዲትከ፡ ከመዝ፡ ትባርከከ፡[24] 19
*ምሕረትየ፡ ወአጥባትየ፡ ኪያከ፡ ይባርካ፡[25] ወአፉየ፡ ወልሳንየ፡ ኪያከ፡ ያአኵቱ፡ ብዙኀ።[26] ወሰሀቅ፡ 20
ወተከዐው፡[27] ውስተ፡ ምድር፡ ወዘርእከ፡ ይኩን፡ ፍጹመ፡[28] ውስተ፡ ዅሉ፡ ዓለም፡ በፍሥሓ፡ ሰማይ፡
ወምድር፡ *ወይትሐሠይ፡ ዘርእከ፡[29] ወበዐለተ፡ ሰላም፡ ዐቢይ፡ ይኩን፡ ሎቱ፡ ሰላም።[30] *ስምከ፡ 21
ወዘርእከ፡ እስከ፡ ዅሉ፡ ዓለማት፡ ይቁም፡ ወ[31]አምላክ፡ ልዑል፡ ይኩን፡[32] ሎሙ፡ አምላክ፡ ወአምላክ፡
ጽድቅ፡ *ምስሌሆሙ፡ ይኅድር፡ ወቦሙ፡ ይትሐነጽ፡ መቅደሱ፡ ውስተ፡ ዅሉ፡ ዓለማት። ዘይባ 22
ርከከ፡ ቡሩክ፡[33] ወዅሉ፡ *ሥጋ፡ እንተ፡ ትረግመከ፡ በሐሰት፡ ትኩን፡ ርግምተ።[34] ወሰዐመቶ፡ 23
ወትቤሎ፡ ያፍቅርከ፡[35] እግዚአ፡ ዓለም፡ በከመ፡ ልበ፡ እምከ፡ ወምሕረታ፡ ይትፌሣሕ፡[36] ብከ፡
ወይባርከከ። ወአርመመት፡[37] እምባርኮ።
*ወበዓመት፡ ሳብዕ፡[38] ዘዝሱባዔ፡[39] ጸውዐ፡ ይስሐቅ፡ ዔሳውሃ፡ ወልደ፡ ዘይልህቅ፡ ወይቤሎ፡ ፩

---

[1] ለአምላክ፡ ሰማይ፡ B. [2] B omits. [3] ለዓለም፡ A. [4] A trans. [5] A omits. [6] ዘ A. [7] ባርክ፡ B. [8] ወአንብር፡ A B. [9] B omits. [10] መንፈስ፡ ቅዱስ፡ C. [11] ወአንበረት፡ A. [12] A adds ወአንሥአት፡ ወትቤ፡ [13] ወኪያከ፡ A. [14] D omits. [15] ይክሥት፡ A. [16] ይብዝሕ፡ A. [17] ውሉድከ፡ A B. [18] ለኆልቈ፡ ለ A B; ለኍልቈ፡ C D. [19] ኆልቆሙ፡ A B. [20] የሀበ፡ B. [21] C D omit. [22] አዕረፍከ፡ A B. [23] Unintelligible. [24] ትባረክ፡ A; ትባርክ፡ B. [25] ወይባርክ፡ ኪያከ፡ A. [26] ብዙኃ፡ A; ብዙሕ፡ B. [27] ወተካዓው፡ A. [28] ፍጹም፡ A. [29] ይትፌሣሕ፡ በዘርእከ፡ A. [30] ሰላመ፡ B C D. [31] ስምከ፡ ይኩም፡ ውስተ፡ ዅሉ፡ ዓላማት፡ A. [32] B C D omit. [33] A adds ውእቱ፡ [34] ዘይረግመከ፡ በሐሰት፡ ይኩን፡ ርጉመ፡ በዅሉ፡ A. [35] ያፍቅር፡ ብከ፡ B. [36] ይትሓሰይ፡ B. [37] A adds እንከ፡ [38] ወበኃምት፡ A. [39] A adds ሳብዕ፡

2 ወልድየ፡[1] አነ፡ ረሣዕኩ ወናሁ፡ አዕይንትየ፡ ከፍአ፡ ለርእይ፡[2] ወኢያአምር፡ ዕለተ፡ ሞትየ። ወይእ
ዜኒ፡ ንሣእ፡ ንዋየ፡ ነዓዌከ፡[3] ምጕንጳከ፡ ወቀስትከ፡ ወፃእ፡ ሐቅለ፡ ወ*ነዐው፡ ሊተ፡ ወአኀዝ፡ ሊተ፡[4]
ወልድየ፡ ወግበር፡ ሊተ፡ መብልዐ፡ ዘከመ፡[5] ታፈቅር፡ ነፍስየ፡ ወአምጽእ፡[6] ሊተ፡ *ከመ፡ እብላዕ፡[7]
3 ወትባርከ፡ ነፍስየ፡ ዘእንበለ፡ እሙት።[8] ወርብቃሰ፡ ትሰምዕ፡ እንዘ፡ ይነግር፡ ለዔሳው፡ ይስሐቅ።
4, 5 ወጊሰ፡ ዔሳው፡ ገዳመ፡ ከመ፡[9] *ያሥግር፡ ወየአኀዝ፡[10] ወያምጽእ፡ ለአቡሁ። ወጸውዐት፡ ርብቃ፡
ያዕቆብሃ፡[11] ወልዳ፡ ወትቤሎ፡ ናሁ፡ ሰማዕክዎ፡ ለይስሐቅ፡ አቡከ፡ እንዘ፡ ይትናገር፡ ምስለ፡ ዔሳው፡
እኁከ፡ እንዘ፡ ይብል፡ አስግር፡ ሊተ፡ ወግበር፡ ሊተ፡ መብልዐ፡ ወአብእ፡ ሊተ፡ ወእብላዕ፡[12] ወእባርከ፡[13]
6 በቅድመ፡ እግዚአብሔር፡ ዘ[14]እንበለ፡ እሙት። ወይእዜኒ፡[15] ስማዕ፡ *ወልድየ፡ ቃልየ፡[16] ዘአነ፡
እኤዝዘከ፡ ሖር፡ ውስተ፡ መርዔት*ከ፡[17] ወንሣእ፡ ሊተ፡[18] ክልኤተ፡[19] መሓስአ፡ ጠሊ፡ ሠናያነ፡[20]
ወእገብሮሙ፡ መብልዐ፡[21] ለአቡከ፡ ዘከመ፡[22] ያፈቅር፡ ወታብእ፡ ለአቡከ፡ ወይብላዕ፡ ወ[23]ይባርከ፡
7 ቅድመ፡ እግዚአብሔር፡ ዘእንበለ፡ ይሙት፡ ወትኩን፡ ቡሩከ። ወይቤላ፡ ያዕቆብ፡ ለርብቃ፡ እሙ፡
እሞ፡ ኢይምሕከ፡ በእንተ፡ ዙሉ፡ ዘይበልዕ፡ አቡየ፡ ወያሠምር፡[24] ወ[25]ባሕቱ፡ እፈርሀ፡ አነ፡ እሞየ፡[26]
8 ከመ፡ ኢይለብሰኒ፡[27] ቃልየ፡ *ወኢ[28] *ይፍቅድ፡ ይገሥሠኒ።[29] ወአንቲኒ፡[30] ታአምሪ፡[31] ከመ፡ አነ፡ ልሙጽ፡
ወዔሳው፡ እኁየ፡ ጸጓር፡ ወእከውን፡[32] ቅድመ፡ አዕይንቲሁ፡ ከመ፡ ዘያስተአክኪ፡ ወእገብር፡ ግብረ፡
9 ዘኢ[33]አዘዘኒ፡ ወይትመዓዐኒ፡[34] ወአመጽእ፡ ላዕሌየ፡ መርገመ፡ ወአኮ፡ በረከተ። ወትቤሎ፡ ርብቃ፡
10 እሙ፡[35] ላዕሌየ፡[36] መርገምከ፡ ወልድየ፡ ዳእሙ፡ ስማዕ፡ ቃልየ። ወሰምዐ፡ ያዕቆብ፡ ቃለ፡ ርብቃ፡
እሙ፡ ወሖረ፡ ወነሥአ፡ ክልኤተ፡[37] መሓስአ፡[38] ጠሊ፡ ሠናያነ፡ ወ*ስቡሓነ፡ ወአምጽኦሙ፡ *ኀበ
11 እሙ፡[39] ወገብረቶሙ፡ እሙ፡[40] (መብልዐ፡[41]) ዘከመ፡ ያፈቅር። ወነሥአት፡ ርብቃ፡ አልባሰ፡ ወልዳ፡
*ዔሳው፡ ዘይልህቅ፡[42] ዚይትፈቶው፡ ዘሀሎ፡ ኀቤሃ፡ ውስተ፡ ቤት፡[43] ወአልበሰቶ፡ ለያዕቆብ፡ ወልዳ፡
ዘይንእስ፡ ወአምእስተ፡ መሓስአ፡[44] ጠሊ፡[45] አንበረት፡ ዲበ፡ እደዊሁ፡[46] ወውስተ፡ ዕርቃነ፡ ክሳዱ።
12, 13 ወወሀበቶ፡ *ተብሲለ፡ ወኅብስተ፡[47] ዘገብረት፡ ውስተ፡ እዴሁ፡ ያዕቆብ፡ ወልዳ። ወቦአ፡ ያዕቆብ፡[48]
ኀበ፡ አቡሁ፡ ወይቤ፡ አነ፡ ወልድከ፡ ገበርኩ፡ በከመ፡ ትቤለኒ፡ ተንሥእ፡ ወነበር፡ ወብላዕ፡ እምዘ፡
14 አስገርኩ፡ አባ፡[49] ከመ፡ ትባርከኒ፡ ነፍስከ። ወይቤሎ፡ ይስሐቅ፡ ለወልዱ፡ ምንተ፡ ከመዝ፡ አፍጠ
15, 16 ንከ፡[50] ረከብ፡ ወልድየ።[51] ወይቤ፡[52] ያዕቆብ፡ ዘአርትዐኒ፡[53] እምላክከ፡[54] ቅድሜየ። ወይቤሎ፡[55]
ይስሐቅ፡ ቅረብ፡[56] *ወእገስስከ፡ ወልድየ፡[57] እመ፡ አንተ፡ ወልድየ፡ ዔሳው፡ ወእመ፡ ኢኮንከ።[58]
17, 18 ወቀርበ፡[59] ያዕቆብ፡ ኀበ፡ ይስሐቅ፡ አቡሁ፡ ወገሰ[60]ሶ፡ ወይቤ። ቃል፡ ቃለ፡ ያዕቆብ፡ ወእደው፡[61]

---

[1] A adds እስመ፡ [2] So LXX Gen. xxvii. 1 *τοῦ ὁρᾶν*, an imperfect rendering of Mass. מֵרְאֹת. [3] ናእቆከ፡ C D. [4] ነዐው፡ ሊተ፡ ወአኀዝ፡ ሊተ፡ and ያሥግር፡ ወየአኀዝ፡ in ver. 4 presuppose something like *θήρευσον καὶ ἐπιλάβου* and *θηρεῦσαι καὶ ἐπιλαβέσθαι*, loose renderings of צוּדָה לִּי צֵידָה and לָצוּד צַיִד, such as appear in Vulg. xxvii. 3 *cumque venatu aliquid apprehenderis* and in xxvii. 33 *captam venationem*. In ver. 28 ዘነዐወ፡ ወአሥገረ፡ ሊተ፡ presupposes *ὁ θηρεύσας μοι θήραν*; so LXX xxvii. 33; Mass. הַצָּד־צַיִד. There is no ground for assuming a divergence between original text of Jubilees and Mass.; see ver. 13. [5] ከመ፡ H A. [6] አብእ፡ B. [7] መብልዐ፡ ወእብላዕ፡ A.

'... consilii ejus, *et indignabitur[1] adversus me, et inducam [ego][2] XXVI.
super me maledictum et non benedictionem.' Et dixit illi Rebecca 9
mater sua: 'In me maledictum tuum, nate: tantum obaudi vocem
meam.' Et obaudivit Jacob vocem matris suae Rebeccae et abiit et 10
accepit duos hedos caprarum teneros et bonos et adtulit eos matri suae,
et fecit illos mater ejus ⟨cibos⟩, sicut desiderabat. Et accepit Rebecca 11
vestes Esau filii sui senioris[3] optimas, quae erant cum ipsa in domo, et
induit eas Jacob filium suum juniorem, et pelles hedorum circumdedit
super branchia ejus [et humeros][4] et super nudas cervices ejus[5]. *Et 12
dedit[6] cibos *et panes[7], quos fecit in manibus Jacob filii sui. Et introivit 13
Jacob ad patrem suum et dixit: 'Ego sum filius tuus, feci quemammodum
dixisti mihi: exurge et sede et manduca de venatione mea, pater, ut
benedicat me anima tua.' Et dixit Isac ad filium suum: 'Quid est hoc 14
quod adcelerasti invenire, nate?' Et dixit Jacob: 'Quod direxit 15
⟨Dominus⟩ Deus tuus in conspectu meo.' Et dixit ad illum Isac: 16
'Adproxima mihi et palpabo te, nate, si tu es filius meus Esau (an non
sis).' Et adproximavit Jacob ad Isac patrem suum, et palpavit eum et 17
dixit: 'Vox quidem vox Jacob, manus autem manus Esau;' et non 18

---

[1] Repeated in MS. [2] Eth. and Gen. xxvii. 12 omit. [3] MS. seniores. [4] Eth. and Gen. xxvii. 16 omit. [5] MS. ei. [6] MS. obtendidit. [7] MS. trans. after fecit.

---

[8] ትመውት፤ B. [9] A adds ይብሉ፡ ወ. [10] See note on ver. 2. [11] ይዕቀብ፡ A. [12] መብልዐ፡ A. [13] ወእባርከከ፡ A. [14] A omits. [15] ወይእዜኒ፡ A. [16] A trans. [17] Gen. xxvii. 9 omits. [18] ለከ፡ A. [19] ከልኤቲ፡ A B; ፪ C D. [20] ሠናየ፡ A; ሠናያነ፡ B. [21] መበልዐተ፤ A. [22] ከመ፡ ዘ A. [23] ከመ፡ B. [24] ወያምምር፡ A B. [25] B omits. [26] ይበሉ፤ A. [27] ወ C D. [28] ይፈቅድ፤ ይገብሩ፡ A. [29] ወአንጦ፤ B. [30] ትእምሬ፡ B. [31] A trans. እከውን፤ after ዘያስተአከሉ [32] ዘ A. [33] ወይትመዐዐ፡ A. [34] A adds ውእቱ፤ [35] ማሕሰእ፡ A. [36] Restored with Lat. [37] B trans. [38] ቤታ፤ B. [39] Lat. omits against Eth. and Gen. xxvii. 16. For ወእምእቲ፤ A reads ወእምኣሁ፤ [40] Lat. adds *et humeros.* [41] ተብሲላ፡ ኅብስት፤ B. [42] እቡ፡ B. [43] ዘእፍጠንከ፡ B. [44] B trans. before ከመዝ፡ [45] ወይቤሎ፤ B. [46] Em. with Lat. *direxit* from ዘፈድአ፡ A, ዘአርከበ፡ B C, ዘአርአየ፡ D; see xxii. 9, note; Mass. Gen. xxvii. 20 הִקְרָה; LXX παρέδωκε. [47] Before አም" add እግዚአብሔር፡ with Lat. and Gen. xxvii. 20. [48] ወይቤ፡ A C D. [49] ቅረበ፡ A D. [50] B trans. [51] ኢኮንከ፡ D; Lat. omits wrongly. [52] ወቀርቦ፡ A. [53] Erased in B. [54] A adds እማንቱ፡

እደወ፡ ዔሳው፡ ወኢያእመሮ፡ እስመ፡ ሜጠት፡[1] ውእቱ፡ እምሰማይ፡ ለአሕልዮ፡[2] መንፈሱ፡
ወኢያእመሮ፡ ይስሐቅ፡ እስመ፡ እደዊሁ፡ ከመ፡[3] እደወ፡ ዔሳው፡ (እኁሁ፡[4]) ጸጕር፡ ከመ፡ ይባርኮ፡፡
19 ወይቤ፡ አንተሁ፡ ወልድየ፡ ዔሳው፡ ወይቤ፡ አነ፡ ወልድከ፡[5] ወይቤ፡[6] አቅርብ፡ ሊተ፡ ወእብላዕ፡
20 እምዘ፡ አሰገርከ፡ ወልድየ፡ ከመ፡ ትባርከ፡ ነፍስየ፡፡ ወአቅረበ፡ ሎቱ፡ ወበልዐ፡ ወአብአ፡ ሎቱ፡
21 ወይነ፡ ወሰትየ፡፡ ወይቤሎ፡ ይስሓቅ፡ አቡሁ፡ ቅረበኒ፡[7] ወስዐመኒ፡ ወልድየ፡ ወቀርበ፡[8] ወስዐሞ፡፡
22 ወአጼነወ፡ ጼና፡ መዐዛ፡ አልባሲሁ፡ ወባረኮ፡ ወይቤ፡ ናሁ፡ ጼና፡[9] ወልድየ፡ ከመ፡ ጼና፡ ገዳም፡
23 ምሉእ፡[9] ዘባረኮ፡ እግዚአብሔር፡፡ ወየሀብከ፡ እግዚአብሔር፡ [ወያብዝኀከ፡[10]] እምጠለ፡ ሰማይ፡
ወእም*ጠለ፡ ምድር፡[11] *ወብዝኀ፡ ስርናይ፡[12] ወቅብእ፡[13] *ያብዝኁ፡ ለከ፡[14] ይትቀነዩ፡[15] ለከ፡
24 አሕዛብ፡ ወይስግዱ፡ *ለከ፡ ሕዝብ፡፡[16] ኩን፡ እግዚአ፡ ለአኀዊከ፡[17] ወይስግዱ፡ ለከ፡ ውሉደ፡ እምከ፡
*ወኵሉ፡ በረከት፡[18] ዘባረከኒ፡ እግዚአብሔር፡ ወባረኮ፡ ለአብርሃም፡ አቡየ፡ ይኩን፡ ለከ፡ ወለዘርእከ፡
25 እስከ፡ ለዓለም፡ ዘይረግመከ፡ ርጉም፡ ወዘይባርከከ፡ ቡሩክ፡፡ ወኮነ፡[19] እምድኅረ፡ አኅለቀ፡ እንዘ፡
ይባርኮ፡ ይስሓቅ፡ ለወልዱ፡[20] ያዕቆብ፡ ወኮነ፡ እምድኅረ፡ ወፅአ፡ ያዕቆብ፡ እምይስሓቅ፡ አቡሁ[፡
26 ተኀቢኦ[21]]፡ ወዔሳውሰ፡ እኁሁ፡[22] በጽሐ፡ እምነዓዊሁ፡፡[23] ወገብረ፡ ውእቱሂ፡ መብልዐ፡ ወአብአ፡
ለአቡሁ፡ ወይቤሎ፡ ለአቡሁ፡ ይትነሣእ፡[24] አቡየ፡ ወይብላዕ፡[25] እመሥገርትየ፡ ከመ፡ ትባርከኒ፡ ነፍስከ፡፡
27 ወይቤሎ፡ ይስሐቅ፡[1] አቡሁ፡ መኑ፡ አንተ፡ ወይቤ*ሎ፡[26] አነ፡ *በኵርከ፡ ዔሳው፡[27] ወልድከ፡ ገበርኩ፡
28 በከመ፡ አዘዝከኒ፡፡ ወተደመ፡ ይስሓቅ፡ ድማመ፡ ዐቢየ፡ ጥቀ፡ ወይቤ፡ መኑ፡ ውእቱ፡ ዝንቱ፡
*ዘነዐወ፡ ወአሥገረ፡[28] *ወአምጽአ፡ ሊተ፡[29] ወበላዕኩ፡ እምኵሉ፡ እንበለ፡[30] ትምጻእ፡ ወባረክዎ፡
29 ቡሩከ፡ ይኩን፡ ወኵሉ፡ ዘርኡ፡ እስከ፡ ለዓለም፡፡ ወኮነ፡ ሶበ፡ ሰምዐ፡[31] ዔሳው፡ ነገረ፡ አቡሁ፡ ይስሓቅ፡
30 ጸርኀ፡[32] በቃል፡ ዐቢይ፡ ወመሪር፡ ጥቀ፡ ወይቤሎ፡ ለአቡሁ፡[33] ባርከኒ፡ *ኪያየኒ፡ አባ፡፡[34] ወይቤ*ሎ፡[35]
መጽአ፡ እኁከ፡ በሕብል፡ ወነሥአ፡ በረከትከ፡፡ ወይቤ፡ ይእዜ፡ *አእመርኩ፡ በዘ፡[36] ተሰምየ፡
ስሙ፡ ያዕቆብ፡ አዕቀጸኒ፡ ናሁ፡ *ዳግመ፡ ቀዲመ፡[37] ልደትየኒ፡ ነሥአ፡ ወይእዜኒ፡ ነሥአ፡ በረከትየ፡፡
31 ወይቤ፡ አያትረፍከኑ፡ *ሊተ፡ በረከተ፡[38] አባ፡[39] ወአውሥአ፡ ይስሓቅ፡ *ወይቤሎ፡ ለዔሳው፡[40] ናሁ፡
እግዚአ፡ [39]ሤምክዎ፡ ለከ፡ ወኵሎሙ፡ አኀዊሁ፡ ወሀብክዎ፡ ሎቱ፡ *አግብርተ፡ ይኩንዎ፡[40] ወበ*ብዝኀ፡[41]
32 ስርናይ፡ ወወይን፡ ወቅብዕ፡[41] አጽናዕክዎ፡ ወለከ፡ ምንተ፡ እሬሲ፡[42] ይእዜ፡ ወልድየ፡፡ ወይቤ፡
ዔሳው፡ ለይስሓቅ፡ አቡሁ፡ አሐቲኑ፡ ከመ፡[43] በረከት፡[44] እንቲአከስ፡ አአባ፡[45] ባርከኒ፡ ኪያየኒ፡ አባ፡[46]
33 ወአንሥአ፡ ዔሳው፡ ቃሎ፡ ወበከየ፡፡ ወአውሥአ፡ ይስሓቅ፡[47] ወይቤሎ፡[48] ናሁ፡ እምጠለ፡ ምድር፡
34 ይኩን፡ ንብረትከ፡ ወእምጠለ፡ ሰማይ፡ እምላዕሉ፡፡ ወበመጥባኅትከ፡ ትሐዩ፡ ወለእኁከ፡ ትትቀነይ፡[49]
ወይኩን፡ እመ፡ አቢይከ፡ ወአሰሰልከ፡ አርዑቶ፡ እምክሳድከ፡ አሚሃ፡ ትኤብስ፡ አበሳ፡ ዙሎ፡ ለሞት፡
35 ወይሤርው፡[50] ዘርአከ፡ እመትሕተ፡[51] ሰማይ፡፡ ወይትሜጠአከ፡ *ዔሳው፡ ያዕቆብሃ፡[52] በእንተ፡ በረከት፡
እንተ፡ ባረኮ፡ አቡሁ፡ ወይቤ፡ በልቡ፡ ይእዜኒ፡ ይብጻሕ፡[53] መዋዕለ፡ ላሐ፡ አቡየ፡ ወእቀትሎ፡[54]
ለያዕቆብ፡ እኁየ፡፡

---

[1] Lat. *aversio* less good than text, which represents *μεταστροφή*, and that in turn סִבָּה or נְסִבָּה; cf. 1 Kings xii. 15. [2] ለኅልዮ፡ A. [3] A omits. [4] Added from

cognovit eum, quoniam aversio[1] erat de caelo transferre spiritum ejus:
et non cognovit, quoniam erant manus ejus sicut manus Esau fratris sui
pilosae[2]. Et benedixit eum. Et dixit: 'Tu es filius meus Esau?' et 19
dixit [Jacob]: 'Ego filius tuus sum.' Et dixit [Isac]: 'Offers mihi et
manducabo de venatione tua, nate, ut benedicat te anima mea.' Et 20
obtulit ei et manducavit et intulit illi vinum, et bibit. Et dixit ad eum 21
Isac pater ipsius: 'Adproxima te mihi et osculare me, nate.' Et ad-
proximavit et osculatus est eum. Et odoratus est odorem vestimentorum 22
ejus et benedixit eum et dixit: 'Ecce odor filii mei sicut odor agri ⟨pleni⟩
quem benedixit Deus. Et det tibi . . .' 23

---

[1] See note 1 on Eth. text. [2] MS. pilosa.

Lat. and Gen. xxvii. 23. [5] Gen. xxvii. 24 omits. [6] ወይቤሎ፡ B. [7] Emended with Lat. *adproxima te mihi* and Gen. xxvii. 26 from ቅረብ፡ of MSS. [8] ወቀርበ፡ A. [9] Restored from Lat. *pleni*; so Sam., LXX, and Vulg. Gen. xxvii. 27; Mass. omits. [10] An interpolation; A trans. thus ወይብዝኅከ፡ እግዚአብሔር፡ ወየሀብከ፡ [11] በረከታ፡ ሰማይ፡ A. [12] ወብዙኅ፡ ስርናየ፡ A. [13] From Gen. xxvii. 28 we should expect ወወይን፡ A reads ወቅብእ፡ [14] Seems a needless addition. [15] ወይትቀነዩ፡ B C D. [16] አሕዛብ፡ A; LXX xxvii. 29 ἄρχοντες. [17] ለእኅዊከ፡ B; LXX Gen. xxvii. 29 τοῦ ἀδελφοῦ σου. [18] ወይስግዱ፡ ለከ፡ በረከትከ፡ A. [19] ወእከ፡ B. [20] So LXX Gen. xxvii. 30 τὸν υἱὸν αὐτοῦ; Mass. omits. [21] A gloss. [22] A D omit. [23] እምነ፡ ዐዊሁ፡ B; እምኀጺው፡ C; እምናዓዊሁ፡ D. [24] ተገሥአ፡ B D. [25] ወበልዐ፡ B D. [26] Gen. xxvii. 32 omits. [27] A trans.; LXX and Vulg. xxvii. 32 omit ከ in በኵርከ፡ but Mass., Sam., Syr. agree with text. [28] See note on ver. 2. [29] Trans. with Gen. xxvii. 33. [30] ዘአንበበ፡ A. [31] ሰማዕ፡ B. [32] ጸርኃ፡ B. [33] B, LXX, and Vulg. omit, but Mass., Sam., Syr. xxvii. 34 support text. [34] አብ፡ ሊተ፡ A. [35] Mass., Sam., Vulg. Gen. xxvii. 35 omit; LXX, Syr. support text. [36] False text due to corruption of ἢ δικαίως into οἶδα ὡς (?). [37] ጸገሙ፡ ቀጸሙ፡ B. [38] B trans. [39] አቡየ፡ B; Mass., Sam., Syr., Vulg. Gen. xxvii. 36 omit, but LXX supports text. [40] A trans. [41] Gen. xxvii. 37 omits. [42] እረሲ፡ A. A B add ለከ፡ [43] በረከተ፡ A. [44] አቡ፡ B. [45] Mass., Sam., LXX, Syr. Gen. xxvii. 39 add אָבִיו ὁ πατὴρ αὐτοῦ, but Eth. Vers. and Vulg. omit as in text. [46] ወይቤሎ፡ A. [47] ተቀነይ፡ A. [48] ይሤሬው፡ B. [49] እምታሕተ፡ A. [50] ፃሰውየ፡ B. [51] ይበጽሕ፡ B C. [52] ወእቀትሎ፡ A.

፳፯ ወ[1]ተነግረ፡[1] ለርብቃ፡ በሕልም፡[2] ነገሩ፡[3] ለዔሳው፡ ወልዳ፡ ዘይልህቅ፡ ወፈነወት፡ ርብቃ፡ [4]ጸውዐቶ፡
2, 3 ለያዕቆብ፡[4] ወልዳ፡ ዘይንእስ፡ ወትቤሎ፡ ናሁ፡ ዔሳው፡ እኁከ፡ ይትቤቀለከ፡ ከመ፡ ይቅትልከ፡፡ ወ[5]ይ
እዜኒ፡ ወልድየ፡[5] ስማዕ፡ ቃልየ፡ ወ[6]ተንሥእ፡ ወጕየይ፡[7] ኀበ፡ ላባ፡ እኁየ፡ ካራንሃ፡[8] ወንበር፡ ምስሌሁ፡
ኅዳጠ፡ መዋዕለ፡ እስከ፡ ይትመየጥ፡ መዐቱ፡ ለእኁከ፡ ወየኀድግ፡[9] መዐቶ፡ እምኔከ፡ ወይረስዕ፡ ዙሎ፡
4 ዘመጠነ፡ ረሰይከ፡፡ ወፈነውየ፡ እቀብለከ፡[10] እምህየ፡፡ ወይቤ፡ ያዕቆብ፡[9] ኢይፈርህ፡[11] እመ፡
5 ፈቀደ፡ ይቅትለኒ፡ እቀትሎ፡፡ ወትቤሎ፡[12] ከመ፡ ኢይምከኒ፡ [13]እምክልኤቱ፡ ውሉድየ፡[13] በአሐቲ፡
6 ዕለት፡፡ ወይቤላ፡ ያዕቆብ፡ ለርብቃ፡ እሙ፡ ናሁ፡ ታአምሪ፡ ከመ፡ ረስአ፡ አቡየ፡ ወኢይሬኢ፡[14]
እስመ፡ ከብዳ፡ አዕይንቲሁ፡ ወእመሰ፡ ኀደግኩ፡ እኩይ፡ ውእቱ፡ በቅድሜሁ፡ አዕይንቲሁ፡ [15]እስመ፡
አኀድጎ፡[15] ወአሐውር፡ እምኔክሙ፡ ወይትመዐዕ፡ አቡየ፡ ወይረግመኒ፡ ኢየሐውር፡ እመ፡[16] ፈነወኒ፡
7 እሙሂ፡[16] ባሕቲቱ፡ አሐውር፡፡ ወትቤሎ፡ ርብቃ፡ ለያዕቆብ፡ አነ፡ እበውእ፡ ወእነግር፡ ወይፌንወከ፡፡[17]
8 ወቦአት፡ ርብቃ፡ ወትቤሎ፡ ለይስሐቅ፡ ገአዝኩ፡ ሕይወትየ፡ [18]እምክልኤሆን፡ አዋልደ፡[18] ኬጢ፡ እለ፡
ነሥአ፡ ዔሳው፡ ሎቱ፡[19] አንስትያ፡ ወእመ፡ ነሥአ፡[20] ያዕቆብ፡ ብእሲተ፡ [21]እምውስተ፡ አዋልደ፡ ምድር፡
እለ፡ ከመ፡ እሉ፡[21] ለምንት፡ ሊተ፡[2] እንከ፡ አሐዩ፡ እስመ፡ እኩያት፡ እማንቱ፡[5] አዋልደ፡[22] ከናአን፡፡
9, 10 ወጸውዐ፡ ይስሐቅ፡ ያዕቆብሃ፡[23] ወባረኮ፡[5] ወገሠጾ፡[5] ወይቤሎ፡፡ ኢትንሣእ፡ ለከ፡[24] ብእሲተ፡
እም[25]ዙሉ፡[25] አዋልደ፡ ከናአን፡ ተንሥእ፡ ወሖር፡ ውስተ፡[5] [26]መስጴጦምያ፡[26] ቤተ፡ ባቱኤል፡ አቡሃ፡
11 ለእምከ፡ ወንሣእ፡ ለከ፡ ብእሲተ፡ እምህየ፡[28] እምአዋልደ፡ ላባ፡ እኁሃ፡[27] ለእምከ፡፡ ወአምላከ፡
ሰዳይ፡[28] ይባርከ፡ ወ[28]ያልህቀ፡ ወያብዝኀከ፡ ወኩን፡ መካበበ፡ አሕዛብ፡ ወየሀብከ፡ በረከታቲሁ፡
ለአቡየ፡[30] አብርሃም፡ ለከ፡ ወለዘርእከ፡ እምድኅሬከ፡[31] ከመ፡ ትረስ፡ ምድረ፡ ፍልሰትከ፡ [32]ወዙላ፡
12 ምድረ፡[32] እንተ፡ ወሀቦ፡[33] እግዚአብሔር፡ ለ[34]አብርሃም፡ ሖር፡ ወልድየ፡ በሰላም፡፡ ወፈነዎ፡
ይስሐቅ፡ ለያዕቆብ፡ ወሖረ፡ መስጴጦምያ፡[35] ኀበ፡ ላባ፡[36] ወልደ፡ ባቱኤል፡ ሶርያዊ፡ እኁሃ፡ ለርብቃ፡
13 እሙ፡[37] ለያዕቆብ፡፡ ወኮነ፡ እምድኅረ፡ [38]ተንሥአ፡ ያዕቆብ፡ ለሐዊረ፡[38] መስጴጦምያ፡[39] ወሐዘነ፡
14 መንፈሳ፡ ርብቃ፡ ድኅረ፡ ወልዳ፡ ወትበኪ፡፡ ወይቤላ፡ ይስሐቅ፡ ለርብቃ፡ እኅትየ፡ ኢትብክዩ፡[40]
15 በእንተ፡ ያዕቆብ፡ ወልድየ፡ እስመ፡ በሰላም፡ የሐውር፡ ወበሰላም፡ ይትመየጥ፡፡ አምላከ፡ ልዑል፡
16 የዐቅቦ፡ እምዙሉ፡ እኩይ፡ ወይሄሉ፡ ምስሌሁ፡ እስመ፡ ኢየኀድጎ፡ ዙሎ፡ መዋዕሊሁ፡፡ እስመ፡[41]
አአምር፡[41] ከመ፡ ይሤራሕ፡[43] ፍናዊሁ፡[44] በዙሉ፡ ውእደ፡[45] ሖረ፡ [46]እስከ፡ አመ፡[46] ይገብእ፡ በሰላም፡
17 ኀቤነ፡ ወንሬእዮ፡ በሰላም፡፡ ኢትፍርሂ፡ በእንቲአሁ፡ እኅትየ፡ እስመ፡ [47]ራትዕ፡ በፍኖቱ፡[47] ውእቱ፡
18 ወፍጹም፡ ውእቱ፡ ብእሲ፡[48] ወ[48]ምእመን፡ ውእቱ፡ ወኢይትኀጐል፡ ኢትብክዩ፡፡[49] ወይናዝዛ፡
ይስሐቅ፡ ለርብቃ፡ በእንተ፡ ያዕቆብ፡ ወልዳ፡ ወባረኮ፡፡

19 ወወፅአ፡ ያዕቆብ፡ እምዐዘቅተ፡ መሐላ፡ ከመ፡ ይሖር፡ ካራንሃ፡[50] በዓመት፡ ቀዳሚ፡ ዘሱባዔ፡
ካልእ፡ [51]ዘአርብዓ፡ ወአርባዕቱ፡[51] ኢዮቤሌው፡ ወበጽሐ፡ ውስተ፡ [52]ሉዛ፡ እንተ፡ ውስተ፡ ደብር፡[52] እንተ፡
ይእቲ፡ ቤቴል፡ በሠርቀ፡ ወርኅ፡ ዘቀዳሚ፡ ዘዝ፡[53] ሱባዔ፡ ወበጽሐ፡ [54]መካነ፡ መሲየ፡[54] ወተገኃሠ፡

---

[1] Emended from ተናገሩ፡ A B; C D read ነገሩ፡ [2] A omits. [3] ነገር፡ B C D.
[4] ጸውዐቶ፡ ለያዕቆብ፡ A. [5] B omits. [6] A trans. after ቃልየ፡ [7] LXX Gen.

'. J. et semini tuo post te, ut hereditate possideas terram peregrina- XXVII. 11
tionis tuae et omnem terram quam dedit Deus Abrahae: vade nate in
pace!' Et emisit Isac Jacob, et abiit in Mesopotamiam ad Laban filium 12
Bathuel Syri, fratrem Rebeccae matris Jacob. Et factum est quando 13
abiit[1] in Mesopotamiam, contristratus est spiritus Rebeccae[2] post Jacob
filium suum, et flevit. Et dixit Isac ad Rebeccam: 'Soror, noli flere 14
Jacob filium meum, quoniam in pace ibit et in pace rediet. [Et] Deus 15
excelsus custodiet eum ab omni malo et erit cum ipso et non derelinquet
eum omnibus diebus. Quoniam scio [ego] quod dirigentur [omnes] viae 16
ejus in omnibus, in quibus iter faciet, quousque revertatur ad nos in pace,
et videbimus eum cum pace. Noli ⟨ergo⟩ timere de illo, soror mea, 17
quoniam in via recta est et erit perfectus vir (et) verax et non derelin-
quetur: noli flere!' Et consolabatur Isac Rebeccam pro Jacob filio suo 18
et benedixit eum. Et quadragensimo et quarto jubeleo in anno (primo) 19
*septimanae secundae[3] exivit Jacob a puteo jurationis ut iret in Charran,

[1] Eth. = surrexit ut abiret. [2] MS. Rebecce. [3] MS. septimanarum secundo.

xxvii. 43 adds εἰς τὴν Μεσοποταμίαν. [8] ከራን፤ A. [9] LXX omits. [10] አትቀበለከ፡ C D. [11] A adds እስ፤ [12] A adds ርብቃ፤ ቢያዕቆብ፡ [13] We should expect እምክልኤክሙ፤ with Gen. xxvii. 45. [14] ወእሬሲ፤ A. [15] ወእመሰ፤ A. [16] A trans. after አሐውር፡ [17] ወእፈነውከ፡ A. [18] Mass. xxvii. 46 מִפְּנֵי בְּנוֹת; LXX διὰ τὰς θυγατέρας τῶν υἱῶν = מִבְּנֵי בְּנוֹת; Arab. supports text. [19] B trans. before ኀበው፤ [20] B adds ሰቶ፤ [21] Thus text agrees with Gen. Mass. xxvii. 46 against LXX ἀπὸ τῶν θυγατέρων τῆς γῆς ταύτης and Vulg. *de stirpe hujus terrae;* but agrees with them against Mass., Sam., Syr. in omitting מִבְּנוֹת־חֵת. B reads እስ፤ for እስተ፤ [22] B adds ምድረ፤ [23] B adds ወልደ፤ [24] Gen. xxviii. 1 omits. [25] ሜስጶጣምያ፤ B; Gen. xxviii. 2 adds אֲרָם; only D[ui] E of LXX, Eth. Vers., and text omit. [26] B omits; A adds ብእሲተ፤ [27] እኅትከ፤ B. [28] ሰማይ፤ B C. [29] A B omit. [30] Sam., LXX, Eth. Vers. Gen. xxviii. 4 would require ለእበዊከ፤ but D[ui] E of LXX supports text; Mass., Syr., and Vulg. omit. [31] So LXX and Vulg. xxviii. 4 μετὰ σέ, but Mass. אִתָּךְ. [32] Gen. xxviii. 4 omits. For ወዘተሓ፤ A reads ወዘተሰ፤ and B ዘተሓ፤ [33] ወሀበከ፤ A. [34] ወሰ A. [35] ሜስጶጦምያ፤ B. [36] A adds ኀበ፤ [37] ለእመ፤ B. [38] Lat. *abiit.* [39] ሜስጶጦምያ፤ B. [40] ሊትብኪዩ፤ A B. [41] A adds ከመ፤ [42] እጤይቅ፡ A D. [43] Emended with Lat. *dirigentur* from ይሤርሑ፤ of MSS. [44] B omits; Lat. reads *omnes viae.* [45] ኀበ፡ A. [46] ወ A. [47] በሠላም፡ ወበርትዕ፡ ፍፃሜሁ፡ A. [48] ወብእሲ፤ B. [49] ሊትብኪዩ፤ A. [50] ከራን፤ A. [51] ዘሄዋዘ A. [52] Οὐλαμμαούς LXX, אולם לוז Gen. xxviii. 19. [53] በጊዜ፤ A. [54] ወኮነ፤ ምሴተ፤ A.

*እምፍኖት፡ እንተ፡[1] ዐረቢሃ፡ ለመንገደ፡ በዛቲ፡[2] ሌሊት፡ ወኖመ፡ ህየ፡ እስመ፡ ዐረበ፡ ፀሓይ።
20 ወነሥአ፡ እምእእባኒ፡ ውእቱ፡ መካን፡ ወአንበረ፡[3] *ታሕተ፡ ውእቱ፡ ዕፅ፡[4] ወውእቱ፡ ባሕቲቱ፡
21 የሐውር፡ ወኖመ። ወሐለመ፡ በይእቲ፡ ሌሊት፡ ወ[5]ናሁ፡ መዓርግ፡ ትኩል፡ ውስተ፡ ምድር፡
ወርእሱ፡ ትበጽሕ፡ ውስተ፡ ሰማይ፡ ወናሁ፡[6] መላእክተ፡ እግዚአብሔር፡ የዐርጉ፡ ወይወርዱ፡ ባቲ፡
22 ወ*ናሁ፡[7] እግዚአብሔር፡ ይቀውም፡ ውስቴታ። ወተናገረ፡ ምስለ፡ ያዕቆብ፡ ወይቤ፡ አነ፡ ውእቱ፡
እግዚአብሔር፡[8] አምላከ፡ አብርሃም፡ አቡከ፡ ወአምላከ፡ ይስሐቅ፡[9] ምድረ፡[10] እንተ፡ ዲቤሃ፡
23 *አንተ፡ ትነውም፡[11] ለከ፡ እሁባ፡ ወለዘርእከ፡ እምድኅሬከ።[12] ወይከውን፡ ዘርእከ፡ ከመ፡ ኆጻ፡
ምድር፡ ወትበዝኁ፡ ውስተ፡ ባሕር፡ ወጽባሕ፡ ወሰሜን፡ ወደቡብ፡ ወይትባረኩ፡ ብከ፡ ኵሎሙ፡
24 *በሓውርት፡ አሕዛብ፡[13] ወበ[14]ዘርእከ። ወነየ፡ አነ፡ እሄሉ፡ ምስሌከ፡ ወአዐቅበከ፡ በኵሉ፡
ወአይ፡ ሖርከ፡ ወአገብአከ፡ ውስተ፡ ዛ፡ ምድር፡ በሰላም፡[15] እስመ፡ ኢየኀድገከ፡ እስከ፡ ሶበ፡
25 እገብር፡ ኵሎ፡ ዘእቤለከ። ወነቅሐ፡[16] ያዕቆብ፡ እምንዋሙ፡[17] ወይቤ፡ አማን፡ ቤቱ፡ ለእግዚ
አብሔር፡ ዝመካን፡ ወአነ፡ ኢያእመርኩ፡ ወፈርሀ፡ ወይቤ፡ ግሩም፡[18] ዝንቱ፡ መካን፡ ዘኢኮነ፡
26 ምንተኒ፡ ዘ*እንበለ፡ ቤተ፡ እግዚአብሔር፡ ወዛቲ፡ አንቀጸ፡ ሰማይ። ወገይሰ፡[19] ያዕቆብ፡ በነግሁ፡[20]
ነሥአ፡ እብነ፡ ዘአንበረ፡ ኀበ፡[21] ርእሱ፡ ወአቀማ፡[22] ሐውልተ፡ ለትእምርት፡[23] ወከዐወ፡ ቅብአ፡
ዲበ፡ ርእሱ፡ ወሰመየ፡[24] ስሞ፡ ለውእቱ፡ መካን፡ ቤቴል፡ *ወቀዲሙ፡ ስሙ፡ ሉዛ፡ ለውእቱ፡
ብሔር።[25]
27 ወጸለየ፡ ያዕቆብ፡ ጸሎተ፡ ለእግዚአብሔር፡[26] እንዘ፡ ይብል፡ እመ፡ ሀሎ፡ እግዚአብሔር፡ ምስሌየ፡
ወዐቀበኒ፡ በዛቲ፡ ፍኖት፡ እንተ፡ ባቲ፡ አሐውር፡ አነ፡ ወወሀበኒ፡ ኅብስተ፡ እብላዕ፡ ወልብሰ፡ እልበስ፡
ወአትመየጥ፡ ቤተ፡ አቡየ፡ በሰላም፡ ወይኩነኒ፡[27] እግዚአብሔር፡ *አምላኪየ፡ ወዝኒ፡[28] እብን፡
ዘአቀምኩ፡ ሐውልተ፡[29] *ለትእምርት፡ በዝ፡ መካን፡ ይኩን፡ ቤተ፡ እግዚአብሔር፡ ወኵሉ፡ ዘወሀ
ብከኒ፡ እዓሥር፡[30] ለከ፡ አምላኪየ።

---

[1] እምፍኖቱ፡ B. [2] በይእቲ፡ A. [3] ወአንበርኀ B. Add with Lat. *ad caput sibi* and Gen. xxviii. 11 ኀበ፡ ርእሱ፡ [4] Gen. xxviii. 11 omits. [5] A omits. [6] A adds መዓርግ፡ ዐ. [7] LXX and Vulg. Gen. xxviii. 13 omit. [8] አምላክከ፡ A; B C omit wrongly. [9] LXX Gen. xxviii. 13 adds μὴ φοβοῦ. [10] ምድር፡ A B. [11] B trans. For ትነውም፡ which LXX, Syr., Vulg. xxviii. 13 support, Mass. and Sam. read נצב. [12] Gen. xxviii. 13 omits. [13] አሕዛብ፡ በበ፡ በሐውርቲሆሙ፡ A; በሐውርት፡ አሕዛብ፡ B. We should read በሓውርት፡ ምድር፡ with Lat. *tribus terrae* and Gen. xxviii. 14. [14] በ A; ወ B. [15] Gen. xxviii. 15 omits. [16] Em. with Gen. xxviii. 16 from ኖመ፡ of MSS. [17] Emended from ንዋም፡ [18] A adds ወእቱ፡ [19] ገየሰ፡ B. [20] ነገሀ፡ B. [21] ዲበ፡ B. [22] ወአቀሞ፡ A. [23] Gen. xxviii. 18 omits. [24] ወሰመዮ፡ A. [25] ወቀዲሙሰ፡ ስሙ፡ ሉዛ፡ ስሙ፡ ብሔሩ፡ B. [26] Gen. xxviii. 20 omits. [27] ወይኩነኒ፡ B. [28] አምላክ፡ ወዝኒ፡ A B. [29] ለሓውልት፡ A. [30] አዐሥር፡ A; አዓሥር፡ B (over erasure).

et advenit in Lydiam, quae est in monte, haec est Bethel, in primo die mensis primi septimanae[1] hujus, et advenit in locum vespera et devertit a via ad occansum itineris in hac nocte (et) dormivit ibi, deciderat enim
sol. Et accipiens de lapidibus loci illius supposuit ⟨ad caput sibi⟩ sub 20
arbore, et ipse erat singularis iter faciens, et dormivit[2]. (Et) sibi som- 21
niavit in nocte illa, et ecce scala erecta erat super terram et caput ejus pervenìebat in caelum, et ecce angeli Dei ascendebant et descendebant per
ipsam: et (ecce) Dominus incumbebat in ea. Et locutus est cum Jacob 22
et dixit: 'Ego sum Dominus Deus Abraham patris tui et Deus Isac, terram autem in qua tu obdormis[3], ipsam tibi dabo et semini tuo post
te. Et erit semen tuum sicut harena terrae et abundabit[4] super mare 23
et orientem et septentrionem et austrum, et benedicentur in te omnes
tribus terrae et in semine tuo. Et ecce . . . 24

[1] MS. septimanarum. [2] Emended with Eth. from dormiens. [3] MS. ordormis. [4] Eth. = multiplicaberis.

ወአንሥአ፡ እግሪሁ፡ ወሖረ፡ *ምድረ፡ ጽባሕ፡[1] ኀበ፡ ላባ፡ *እኁሃ፡ ለርብቃ፡[2] ወሀሎ፡ ምስሌሁ፡ ፳፰ ወተቀንየ፡ ሎቱ፡ ህየንተ፡ ራሔል፡ ወለቱ፡ ሱባዔ፡ አሐደ፡፡[3]
ወበኀመት፡ ቀዳሚ፡ ዘ[4]ግልስ፡ ሱባዔ፡ ይቤሎ፡ ሀበኒ፡ ብእሲትየ፡ ዘበእንቲአሃ፡ ተቀነይኩ፡ ለከ፡ 2
ሱባዔተ፡[5] ዓመተ፡ ወይቤሎ፡ ላባ፡ ለያዕቆብ፡ እሁ፡ እሁበከ፡ ብእሲተከ፡፡ ወገብረ፡ ላባ፡ ምሳሐ፡ ወነሥአ፡ 3
ልያሃ፡ ወለቱ፡ እንተ፡ ትልህቅ፡ ወወሀባ፡ ለያዕቆብ፡ ብእሲተ፡ *ወወሀባ፡ ዘለፋሃ፡[6] አመተ፡ ለአኪተ፡[7]
*ወያዕቆብሰ፡ ኢያእመረ፡[8] እስመ፡ አምሰላ፡ *ያዕቆብ፡ ዘ[9]ራሔል፡ ይእቲ፡፡ ወቦአ፡ ኀቤሃ፡ ወናሁ፡ 4
ይእቲሰ፡ ልያ፡ ወተምዐ፡[10] ያዕቆብ፡ ላዕለ፡ ላባ፡ ወይቤሎ፡ ለምንት፡ *ገበርከ፡ ከመዝ፡[11] አኮኑ፡[12]
በእንተ፡ ራሔል፡ ተቀነይኩ፡ ለከ፡ ወአኮ፡ በእንተ፡ ልያ፡ ለምንት፡[13] ገፋዕከኒ፡ ንሣእ፡ ወለተከ፡
ወአሐውር፡ እስመ፡ እኩየ፡ ገበርከ፡ ላዕሌየ፡፡ እስመ፡ ያፈቅር፡ ያዕቆብ፡ ራሔልሃ፡ እምነ፡ ልያ፡ 5
እስመ፡ አዕይንቲሃ፡ ለልያ፡ ድኩም፡ ወባሕቱ፡ *ላሕይ፡ ራእያ፡[14] ጥቀ፡ ወራሔል፡[15] ሠናይ፡
አዕይንቲሃ፡ ወሠናይ፡ ራእያ፡ ወላሕይት፡ ጥቀ፡፡[16] ወይቤሎ፡ ላባ፡ ለያዕቆብ፡ ኢኮነ፡ ከመዝ፡ 6
በምድርነ፡ ውሂበ፡ እንተ፡ ትንእስ፡ እምእንተ፡ ትልህቅ፡፡[17] ወአኮ፡[18] ርቱዕ፡ ለገቢረ፡ ዝንቱ፡ እስመ፡

[1] So LXX and Vulg. Gen. xxix. 1; but Mass., Sam., Syr. read אַרְצָה בְנֵי־קֶדֶם.
[2] እኁሁ፡ ርብቃ፡ B. [3] አሐዱ፡ A. [4] በ B. [5] ፯ A. [6] ወወሀቦ፡ ዘላፋሃ፡ A.
[7] ላእኪት፡ A. [8] ወኢያእመረ፡ ያዕቆብ፡ A. [9] A omits. [10] ወተምዕዐ፡ B.
[11] ከመዝ፡ ገበርከ፡ A. [12] አኮሁ፡ B. [13] A adds ከመዝ፡ [14] ላሕየ፡ ራእያሰ፡ A.
[15] ወራሔልሃ፡ A; ወራኬል፡ B. [16] B omits. [17] ተዐሊ፡ A. [18] ወኮነ፡ A.

ከመዝ፡ ሥሩዕ፡ ወጽሑፍ፡ ውስተ፡ ጽላተ፡ ሰማይ፡ ከመ፡ አልቦ፡ ዘየሀብ፡ ወለቶ፡ እንተ፡ ትንእስ፡
እምእንተ፡ ትልህቅ፡[1] ያቀድም፡ ውሂበ፡ ወእምድኅሬሃ፡ እንተ፡ ትንእስ፡ ወብእሲ፡ ዘይገብር፡ ከመዝ፡
አበሳ፡ ያዐርጉ፡ በእንቲአሁ፡ ውስተ፡[2] ሰማይ፡ ወአልቦ፡ ዘይጸድቅ፡ ዘ[3]ይገብር፡ ዘንተ፡ ነገረ፡ እስመ፡
7 እኩይ፡ ዝንቱ፡ ግብር፡ በ[4]ቅድመ፡ እግዚአብሔር፡፡ ወአንተኒ፡ አዝዞ፡ ለደቂቀ፡ እስራኤል፡ ወኢይ
ግበሩ፡ ዘንተ፡ ቃለ፡[4] ኢይንሥኡ፡ ወኢየሀቡ፡ እንተ፡ ትንእስ፡ ዘእንበለ፡ *ያቅድሙ፡ እንተ፡ ትልህቅ፡[5]
8 እስመ፡ እኩይ፡[6] ጥቀ፡፡ ወይቤሎ፡ ላባ፡ ለያዕቆብ፡ ይኅልፍ፡[7] ሰቡዐ፡ መዋዕለ፡ ፍግዕ፡[8] ለዛ፡
ወ[9]እሁበከ፡[10] ራሔልሃ፡ ከመ፡ ትትቀነይ፡ ሊተ፡ ካልአ፡ ሰብዐተ፡ ዓመተ፡ ከመ፡ ትርዐይ፡[11] አባግዕየ፡
9 በከመ፡ ገበርከ፡ በሱባኤ፡ ቀዳሚ፡፡ ወበመዋዕል፡ አመ፡ ኀለፈ፡ ሰቡዐ፡ ዕለተ፡[12] ዘፍግዐ፡ ዘልያ፡
ወሀቦ፡[13] ላባ፡ ራሔልሃ፡[14] ለያዕቆብ፡ ከመ፡ ይትቀነይ፡ ሎቱ፡ ካልኣተ፡ ዓመተ፡ ሰብዐተ፡ ወወሀባ፡
10 ለራሔል፡[15] ባላንሃ፡ እኅታ፡ ለዘልፋን፡[16] ለአሊተ፡፡[17] ወተቀነየ፡ ሰብዐተ፡ ዓመተ፡ ዳግመ፡ በእንተ፡
11 ራሔል፡ እስመ፡ ልያ፡ ተውህበቶ፡ በከ፡፡ ወአርኀወ፡ እግዚአብሔር፡ ማኅፀና፡[18] ለልያ፡ ወፀንሰት፡
ወወለደት፡ ለያዕቆብ፡[19] ወልደ፡ ወ*ጸውዐ፡[20] ስሞ፡ ሮቤል፡ *አመ፡ ዐሡሩ፡ ወረቡዑ፡[21] ለወርኀ፡
12 ታስዕ፡ በቀዳሚ፡ ዓመት፡ ዘሱባኤ፡ ሣልስ፡፡ ወማሕፀናስ፡ ለራሔል፡ ተጸፍቀ፡ እስመ፡ ርእየ፡
13 እግዚአብሔር፡ ከመ፡ ትጸላእ፡ ልያ፡[22] ወራሔልሰ፡ ትትፈቀር፡፡ ወደገመ፡ ያዕቆብ፡ ወቦአ፡[23] ኀበ፡
ልያ፡[24] ወፀንሰት፡[25] ወወለደት፡ ለያዕቆብ፡ ወልደ፡ ካልአ፡ ወጸውዐ፡ ስሞ፡ ስምዖን፡ አመ፡[26] ዐሡሩ፡
14 ወአሐዱ፡[27] ዘወርኀ፡ ዓሥር፡ ወበሣልስ፡ ዓመቱ፡ ለዝ፡ ሱባኤ፡፡ ወደገመ፡ ያዕቆብ፡ ወቦአ፡[28] ኀበ፡
ልያ፡[29] ወፀንሰት፡ ወወለደት፡ ሎቱ፡ ወልደ፡ ሣልሰ፡ ወጸውዐ፡[30] ስሞ፡ ሌዊ፡ በሠርቀ፡ ወርኀ፡
15 ቀዳማዊ፡[31] በሳድስ፡ ዓመት፡ ዘዝ፡ ሱባኤ፡፡ ወደገመ፡ ያዕቆብ፡[32] ወ[33]ቦአ፡ ኀቤሃ፡ ወፀንሰት፡[34]
ወወለደት፡ ሎቱ፡[35] ወልደ፡ ራብዐ፡ ወጸውዐ፡[36] ስሞ፡ ይሁዳ፡ በዐሡሩ፡ ወኃሙሱ፡ ለወርኀ፡ ሣልስ፡
16 በቀዳሚ፡ ዓመት፡ ዘ[37]ሱባኤ፡ ራብዕ፡፡ ወበዝ፡ ኵሉ፡ ራሔል፡ ትቀንእ፡ በ*ልያ፡[38] እስመ፡ *ይእቲ፡
ኢትወልድ፡[39] ወትቤሎ፡ ለያዕቆብ፡ ሀበኒ፡ ውሉደ፡[40] ወይቤላ፡[41] ያዕቆብ፡ አነሁ፡ *ከላእኩ፡ እምኔኪ፡[42]
17 ፍሬ፡ ከርሥኪ፡ አነሁ፡ ኀደጉኪ፡፡ ወሶበ፡ ርእየት፡ ራሔል፡[43] ከመ፡ ወለደት፡ ልያ፡[4] *ደቂ፡ አርባዕተ፡[44]
ለያዕቆብ፡ ሮቤል*ሃ፡[45] ወስምዖን*ሃ፡[46] ወሌዊሃ፡ ወይሁዳ*ሃ፡[47] ወትቤሎ፡[48] ባእ፡ ኀበ፡ *ባላ፡
18 አመትየ፡[49] ወትፀንስ፡[50] ወትወልድ፡[51] ሊተ፡ ወልደ፡፡ (*ወወሀበቶ፡ ባላሃ፡ አመታ፡ ትኩኖ፡ ብእሲተ፡[52])
*ወቦአ፡ ኀቤሃ፡[53] ወፀንሰት፡ ወወለደት፡ ሎቱ፡ ወልደ፡ ወጸውዐ፡[54] ስሞ፡ ዳን፡ አመ፡ ተሱዑ፡ ለወርኀ፡
19 ሳድስ፡ በ[55]ሳድስ፡ ዓመት፡ ዘሱባኤ፡ ሣልስ፡፡ ወደገመ፡ ያዕቆብ፡ ካዕበ፡ ወቦአ፡ ኀበ፡ ባላ፡ ወፀንሰት፡
ወወለደት፡ ወልደ፡ *ዳግመ፡ ለያዕቆብ፡[4] ወጸውዐት፡ *ራሔል፡ ስሞ፡[56] ንፍታሌም፡ በኃሙሱ፡
20 ለወርኀ፡ ሳብዕ፡ በካልእ፡ ዓም፡ ዘሱባኤ፡ ራብዕ፡፡ ወሶበ፡ ርእየት፡ ልያ፡ ከመ፡ አቅመነት፡[57] ወኢትወልድ፡
ነሥአት፡[58] ወወሀበት፡[59] ይእቲኒ፡ ዘልፋሃ፡[60] ለአኪታ፡[61] ለያዕቆብ፡ ብእሲተ፡ ወፀንሰት፡ ወወለደት፡
ወልደ፡ ወጸውዐት፡ ስሞ፡ ልያ፡[62] ጋድ፡ አመ፡ ዐሡሩ፡ ወሰኑዩ፡ ለወርኀ፡ ሳምን፡ በሣልስ፡ ዓመት፡
21 ዘሱባኤ፡ ራብዕ፡፡ ወደገመ፡ ቦአ፡[63] ኀቤሃ፡ ወፀንሰት፡ ወወለደት፡ ሎቱ፡ ወልደ፡ ካልአ፡ ወጸውዐት፡

---

[1] B adds እስመ፡ እንተ፡ ትልህቅ፡ [2] B adds ጽላተ፡ [3] ወ A. [4] A omits.
[5] ይቀድሙ፡ እንተ፡ ትዐቢ፡ A. For ያቅድሙ፡ B reads ይቅድሙ፡ [6] A adds ውእቱ፡

XXVI[II]

'. . . ventris tui aut dereliqui te?' Et quoniam vidit Rachel quia 16, 17
peperit Lia Jacob quattuor filios, Rubem, Symeon, Levi, Judam[1], dixit
Rachel ad Jacob[2]: 'Intra ad Ballam ancillam meam, et concipiet et
pariet mihi filium. ⟨Et dedit⟩ (ei) Ballam ancillam suam in uxorem (et 18
intravit ad eam), et concepit et peperit filium et vocavit nomen ejus Dan
(die) nono *mensis sexti anni sexti septimanae tertiae[3]. Et adjecit Jacob 19
et introivit ad Ballam, et concepit et peperit filium secundum Jacob, et
vocavit Rachel nomen ejus Neptalim in quinto mensis[4] septimi anni
*secundi septimanae quartae[5]. Et videns Lia quoniam detenta est et 20
non est pariens, (cepit) et dedit Zelfam[6] ancillam suam Jacob in mulie-
rem, et concepit et peperit filium, et vocavit Lia nomen ejus Gad[7] in
duodecimo mensis[4] octavi anni *tertii septimanae quartae[8]. (Et adjecit 21
et) introivit ad eam, et peperit illi filium (secundum) et vocavit (Lia)

---

[1] MS. judas. [2] Eth.=eum. [3] MS. mense hujus sexti anni septimanarum. [4] MS. mense. [5] MS. secunda septimanarum quarta. [6] MS. aliam. [7] MS. adds et. [8] MS. tertio die septimanarum quinti.

---

[7] የኅልቆ፡ A. [8] ግዘአ፡ A. [9] ዘ A. [10] So Sam., LXX, Syr., Vulg., Arab. of Gen. xxix. 27 against Mass., Onk., Targ.-Jon. וְנִתְּנָה. [11] ትርጓይ፡ A. [12] ጌሙት፡ A. [13] ወወሀቦ፡ A. [14] ሬኬልሃ፡ B, so spelt generally in B. [15] A omits; B trans. after እኅታ፡ [16] B omits. [17] ላእኪት፡ A. [18] ማኅፀና፡ A B. [19] So LXX Gen. xxix. 32, but Mass., Sam., Syr., Vulg. omit. [20] Gen. xxix. 32 would require ጸውዐት፡ It is probable that ጸውዐት፡ is right here, and in verses 13, 14, 15, 18. In 19, 20, 21, 22, 23, 24, this form is actually found. [21] እመጀመሪ A. [22] ሰዶ፡ A. [23] በዊእ፡ A. [24] B adds ወለደ፡ [25] ወእሙ፡ B. [26] ወአሐቲ፡ A. [27] ወጸውዓ፡ B. [28] ቀደሚ፡ B. [29] ከዐበ፡ A B D. [30] A B omit. [31] ዘዘ A. [32] A trans. [33] ወለደ፡ A. [34] ወይቤላ፡ B. [35] ከላእኩኩ፡ A. [36] ሴዶ፡ A; ሬኬል፡ B. [37] Lat. *dixit Rachel ad Jacob;* LXX Gen. xxx. 3 εἶπεν δὲ Ῥαχὴλ τῷ Ἰακώβ; Heb. וַתֹּאמֶר. [38] በሰገ፡ ልእክትየ፡ B. [39] Differs from Gen. xxx. 3 וְתֵלֵד עַל־בִּרְכַּי. [40] ወትበይ፡ B. [41] Added from Lat. and Gen. xxx. 4. [42] Lat. omits; A B omit ኀበሃ፡ [43] ወጸውዐት፡ C. [44] ወበ A. [45] Emended from መከነት፡ with עֲקָרָה in Gen. xxx. 9 and Lat. *detenta est.* [46] Emended from ቀንአት፡ of MSS. with Gen. xxx. 9; the *et* before *dedit* in Lat. implies this. After ቀንአት፡ I have omitted ይእቲኒ፡ በራሔል፡ with C, Lat., and Gen. against A B D. [47] C omits. [48] ዘልፋሃ፡ B. [49] ለእኅታ፡ B. [50] ከዐበ፡ በዊእ፡ A.

ስሞ፡ ልያ፡ እሴር፡ በስኡዩ፡ ሰወርኅ፡ ዘ[1]ዐሥርቱ፡ ወእሐዱ፡ በዓመቱ፡ ኃምስ፡ ዘሱባዔ፡ ራብዕ።
22 ወቦአ፡ ያዕቆብ፡[2] ኀበ፡ ልያ፡[3] ወፀንሰት፡ ወወለደት፡[4] ወልደ፡ ወጸውዐቶ፡ ስሞ፡ ይሳኮር፡ *በራብዑ፡
23 ለኃምስ፡[5] ወርኅ፡ በዓመት፡ ራብዕ፡ ዘሱባዔ፡ ራብዕ፡ ወወሀበቶ፡ ለሐፃኒት። ወቦአ፡ ያዕቆብ፡ ዳግመ፡
ኀቤሃ፡[6] ወፀንሰት፡ ወወለደት፡ *ክልኤተ፡ ወልደ፡[7] ወወለተ፡[8] ወጸውዐቶ፡ ስሞ፡ ለወልድ፡ ዘቡሎን፡[9]
24 ወለወለት፡ ዲና፡ ስማ፡ በሳብዕ፡ ወርኅ፡ ዘ[10]ሳብዕ፡ ዓመት፡ ዘ[11]ሳድስ፡ ሱባዔ፡ ዘራብዕ። ወተሣሀላ፡
እግዚአብሔር፡ ለራሔል፡ ወአርኀወ፡[12] ማኅፀና፡ ወፀንሰት፡ ወወለደት፡ ወልደ፡ ወጸውዐቶ፡ ስሞ፡
25 ዮሴፍ፡ በሠርቀ፡ ወርኅ፡ ራብዕ፡ በሳድስ፡ ዓመት፡ በሱባዔ፡ ዝንቱ፡ ራብዕ። ወበመዋዕሊ፡ *ተወልደ፡
ዮሴፍ፡[13] ይቤ፡ ያዕቆብ፡ ለላባ፡ ሀበኒ፡ አንስትየ፡ ወውሉድየ፡ ወእሖር፡ ኀበ፡ አቡየ፡ ይስሐቅ፡ ወእግበር፡
ሊተ፡ ቤተ፡ እስመ፡ ፈጸምኩ፡ ዓመታተ፡[14] ዘተቀነይኩ፡ ለከ፡ ህየንተ፡ ክልኤቲ፡ አዋልዲከ፡ ወአሐውር፡
26 ቤተ፡ አቡየ። ወይቤሎ፡ ላባ፡ ለያዕቆብ፡ *ንበር፡ ኀቤየ፡[15] በዐስብከ፡ ወረዐይ፡ ሊተ፡ ካዕበ፡ መራዕትየ፡
27 *ወንሣእ፡ ዐስበከ።[16] ወተካሀሉ፡[17] በበይናቲሆሙ፡ ከመ፡ የሀቦ፡ ዐስቦ፡ *ዘሎ፡ በግዕ፡[18] እመሐስዕ፡
28 ወእምአጣሊ፡[19] *ዘቦ፡ ሐመደ፡[20] ወጋሰ፡[21] ወ[22]ጸዐዳ፡[23] ዘተወልደ፡ ይኩኖ፡ ዐስቦ። ወይወልዳ፡[24]
*ዙሉን፡ አባግዕ፡[25] ጋሰ፡[21] *ወዘቦ፡ ትእምርተ፡ ኩስቡስ፡[26] *ወዘቦ፡ ሐመደ፡ ኩስኩስ፡[27] ወይደግማ፡
አባግዕ፡ ይለዳ፡ ዘበአርአያሆን፡ ወኵሉ፡ ዘ[28]ትእምርት፡ ለያዕቆብ፡ ወዘአልቦ፡ ትእምርት፡ ለላባ።[29]
29 ወበዝንቱ፡ ጥሪቶ፡ ለያዕቆብ፡ ጥቀ፡ ወአጥረየ፡ *አልህምተ፡ ወአባግዐ፡[30] ወአእዱገ፡ ወአግማለ፡
30 ወደቀ፡[31] ወአዋልደ። ወቀንአ፡ ላባ፡ ወውሉዱ፡ ላዕለ፡ ያዕቆብ፡ ወአስተጋብአ፡ ላባ፡ አባግዒሁ፡
እምኔሁ፡ ወአስተሐየጾ፡[32] ለ[33]እኩይ።

፳፱ ወኮነ፡ እምዘ፡ ወለደት፡ *ራሔል፡ ዮሴፍሃ፡[34] ወሖረ፡ ላባ፡ ይቅርጽ፡ አባግዒሁ፡ *እስመ፡ ርሑቅ፡
2 ሀሎ፡ እምኔሁ፡[35] ምሕዋረ፡ ሠሉስ፡ ዕለት። ወርእየ፡ ያዕቆብ፡ ከመ፡ የሐውር፡ ላባ፡ ይቅርጽ፡
አባግዒሁ፡ ወጸውዖን፡ ያዕቆብ፡[36] ለልያ፡[37] ወለራሔል፡ ወተናገረ፡ ውስተ፡ ልቦን፡ ከመ፡ ይምጽኣ፡ ምስ
3 ሌሁ፡ ምድረ፡ ከናአን። እስመ፡ ነገርክ፡ *ዘከመ፡ ርእየ፡ ኵሉ፡ በህልም፡[38] ወኵሎ፡ ዘተናገሮ፡ ሎቱ፡[39]

---

[1] በ B. [2] Lat. omits. [3] ሊያ፡ A. [4] B C add ለያዕቆብ፡ [5] በራብዕ፡ ወኃምስ፡ A. [6] Lat. *ad Liam.* [7] A trans.; ክልኤተ፡ ውሉደ፡ B. [8] ምስሌሁ፡ ወለተ፡ A. [9] ዜብሎን፡ A. [10] ዘበ B. [11] በ A. [12] A adds እግዚአብሔር፡ [13] ዮሴፍ፡ ዘተወልደ፡ B. [14] ሱባዔተ፡ ዓመት፡ A. [15] Lat. *expecta me.* [16] Lat. *et dabo tibi mercedem.* [17] ተባሀሉ፡ C D. [18] B omits. [19] እምጣሊ፡ A. [20] Emended with Gen. xxx. 32 שה־חום and LXX φαιόν from ሐመደ፡ ከቦ፡ A, ሐመደ፡ ከቦ፡ B, ሐመደ፡ ወከቦ፡ C, ሐመደ፡ ገቦ፡ D. [21] So A B C; D reads ወጋሰ፡ Dillmann (Lex. col. 1398) can assign no meaning to this word, but this is not impossible; the word ጋሰ፡ occurs twice, once in this verse which reproduces Gen. xxx. 32, and where it is a rendering of διάραντον, and once in the next verse which reproduces freely Gen. xxx. 39, and where it is a rendering of διάλευκα. [22] በ B C; A omits. [23] ጸዐዳ፡ is due to λευκόν LXX xxx. 32, which is a mistranslation of טָלֻא. We should render therefore according to the Massoretic text. [24] ወይወልዶ፡ B. [25] ዙሉ፡ አባግዕ፡ A; ዙሉ፡

nomen ejus Aser in secundo mensis[1] (un)decimi[2] in quinto anno *septi-
manae quartae[3]. (Et) introivit (Jacob) ad Liam[4], et concepit et peperit 22
filium et vocavit nomen ejus Isachar[5] in quarto mensis[6] quinti anni
*quarti septimanae quartae[7], (et) dedit illum nutrici. Et introivit adhuc 23
Jacob ad illam[8], et concepit et peperit duos, masculum et feminam, et
vocavit nomen masculi Zabylon et nomen faeminae Dinam[9] ⟨in septimo[10]⟩
mensis septimi anni sexti *septimanae quartae[11]. (Et) misertus est Deus 24
Rachel et aperuit matricem ejus, et concepit et peperit filium et vocavit
nomen ejus Joseph in primo die mensis quarti *anni sexti septimanae
quartae[12] hujus. (Et) in tempore, quo natus est Joseph, dixit Jacob ad 25
Laban: 'Da mihi mulieres meas et filios meos, et abibo ad patrem meum
Isac et faciam mihi domum, quoniam conplevi[13] annos, quibus servivi tibi
pro duabus filiabus tuis, et ibo in domum patris mei.' Et dixit Laban 26
ad Jacob: 'Expecta me in mercede[14] et pasce iterum oves meas, et *dabo
tibi[15] mercedem. Et placuerunt de mercede ut det illi . . .' 27

---

[1] MS. mense. [2] MS. adds diei. [3] MS. septimanarum quarto. [4] MS. illam. [5] MS. isacahar et. [6] MS. anno mense. [7] MS. die septimanarum quarto. [8] Emended from liam. [9] MS. adds et. [10] MS. septimi. [11] MS. septimanarum quarti. [12] MS. in sexto septimanarum quarto. [13] MS. conplebi. [14] Eth. = mane apud me in mercede tua. [15] Eth. = accipe.

አበግዕ፡ B; Gen. xxx. 39, which is here partly reproduced, supports C D. [16] Em. with Gen. xxx. 39 καὶ ποίκιλα from ወዘሰ፡ ዘትእምርት፡ ኵሉዘሰ፡ ዘቦ፡ ዘሰ፡ A, ዘሰ፡ ዘትእምርት፡ ኵሉሉ፡ ዘቦ፡ ዘሰ፡ B, ዘሰ፡ ዘትእምርት፡ ኵሉዘሰ፡ ዘቦ፡ ዘሰ፡ C, ወዘሰ፡ ዘቦ፡ ትእምርት፡ ወኵሉዘሰ፡ D. [17] Emended with LXX Gen. xxx. 39 καὶ σποδοειδῆ ῥαντά from ሐመደ፡ ክቦ፡ ወኵሉዘሰ፡ A, ወሐመደ፡ ክቦ፡ ዘሰኵሉ፡ B, ወሐመደ፡ ገቦ፡ ኵሉዘሰ፡ C; D omits. Corresponding to καὶ σποδοειδῆ ῥαντά, Vulg. gives *et diverso colore respersa*; thus וּטְלֻאִים the Mass. reading cannot be the original text. [18] ዘቦ፡ D. [19] Jerome (Quaest. Hebr. in loc.), who frequently quotes the Book of Jubilees, seems to have this verse in mind in the following words: *Si quid igitur ex albis et nigris, quae unius coloris sunt, varium natum erit, meum erit; si quid vero unius coloris, tuum.* [20] አበግዐ፡ ወአልህምት፡ A; Mass., Sam., Syr., Vulg. Gen. xxx. 43 omit ወአበግዐ፡ but LXX supports text. [21] ወይቄቅ፡ B. [22] ወይስተኃይጽ፡ B. [23] በ B. [24] ሌሊ፡ ይሰኩርን፡ A D. [25] B trans. after ዐሰት፡ For እምኔሁ፡ A reads እምኀቤሁ፡ [26] ሰሊዩ፡ A. [27] Over an erasure in B. [28] B adds በሕልም፡

ከመ፡ ይግባእ፡ ቤተ፡[1] አቡሁ፡ ወይቤላ፡ ለሐውር፡ ውስተ፡ ዙሉ፡ መካን፡ ውእደ፡[2] ተሐውር፡
4 ምስሌክ። ወባረከ፡ ያዕቆብ፡ አምላኮ፡ *ይስሐቅ፡ አቡሁ፡[3] ወአምላኮ፡ አብርሃም፡ *አቡ፡[4] አቡሁ፡
ወተንሥአ፡ ወጸዐነ፡ አንስቲያሁ፡ ወውሉዶ፡ ወዙሎ፡ ጥሪተ፡ ነሥአ፡[5] ወዐደወ፡ ፈለገ፡ ወበጽሐ፡
5 ምድረ፡[6] ገለአድ፡[7] ወኀብአ፡[8] ያዕቆብ፡ ልቦ፡[9] ለላባ፡ ወኢነገሮ። ወበሳብዕ፡ ዓም፡ ዘሱባዔ፡
ራብዕ፡ ተመይጠ፡ ያዕቆብ፡ ገለአድሃ፡[10] በቀዳሚ፡ ወርኅ፡ እመ፡ ዐሡሩ፡ ወአሚሩ፡ ወዴገኖ፡
ላባ፡ ድኅሬሁ፡ ወረከቦ፡ ለያዕቆብ፡ በደብረ፡ ገላአድ፡ በወርኅ፡ ማልስ፡ እመ፡ *ዐሡሩ፡ ወሠሉሱ፡[11]
6 ወኢኀደጎ፡ እግዚአብሔር፡ ከመ፡ ያሕስም፡ ላዕለ፡ ያዕቆብ፡ እስመ፡[12] አስተርአዮ፡ በሕልም፡
7 ሌሊተ፡[13] ወነገሮ፡ ላባ፡[14] ለያዕቆብ። ወአመ፡ *ዐሡሩ፡ ወኀምሱ፡[15] ለውእቱ፡ መዋዕል፡ ገብረ፡
ያዕቆብ፡ ግዝአ፡ ለላባ፡ ወለዙሎሙ፡ እለ፡ መጽኡ፡ ምስሌሁ፡ ወመሐለ፡ ያዕቆብ፡ ለላባ፡ በዛቲ፡
ዕለት፡ ወላባሂ፡ ለያዕቆብ፡ ከመ፡ ኢይትዐደዉ፡ አሐዱ፡ ኀበ፡ ካልኡ፡[16] በእኩይ፡ *በደብረ፡
8 ገለአድ።[17] ወገብረ፡ ህየ፡ ፍሥሐተ፡ ለስምዕ፡ በእንተዝ፡ ተጸውዐ፡ ስመ፡ ለውእቱ፡ መካን፡
9 ፍሥሐት፡ ስምዕ፡ ከመዝ፡ ፍሥሐት። ወቀዳሚሙሰ፡ ይጼውዕዎ፡[18] ለምድረ፡ ገለአድ፡[7] ምድረ፡
ራፋኢል፡[19] እስመ፡ ምድረ፡ ረፋኢም፡[20] ይእቲ፡ ወተወልዱ፡[21] ራፋኢም፡[22] ረዐይት፡ እሉ፡ ዐሥር፡
በእመት፡ ወተስዐ፡[23] በእመት፡ ወሰምን፡[24] በእመት፡[25] ወእስከ፡[26] ስብዕ፡ በእመት፡ ውእቱ፡
10 ኑኆሙ። ወመኃድሪሆሙ፡ እምነ፡ ምድረ፡[26] ውሉደ፡ ዐሞን፡ እስከ፡[27] ደብረ፡ ኤርሞን፡ ወቤተ፡
11 መንግሥተሙ፡ ቀራናኢም፡[28] ወአስጠሮስ፡[29] ወአድራእ፡[30] ወሚሱር፡[31] ወቤዖን።[32] ወአሕጐሎሙ፡
እግዚአብሔር፡ እምእከየ፡[33] ምግባሮሙ፡ እስመ፡ ጸዋጋን፡ ጥቀ፡ እሙንቱ፡ *ወአኀደረ፡ አሞሬዎን፡[34]
ህየንቴሆሙ፡ *እኩያ፡ ወኃጥአ፡[35] ወአልቦ፡ ሕዝብ፡ ዮም፡ ዘፈጸመ፡ ኀጣውኢሆሙ፡ ዙሉ፡ ወአልቦሙ፡
12 *እንከ፡ ኑኅ፡ ሕይወት፡ ውስተ፡[36] ምድር። ወፈነወ፡ ያዕቆብ፡ ላባሃ፡[37] ወሖረ፡ ውስተ፡[38] ሜስጶ
13 ጦሚያ፡ ምድረ፡ ጽባሕ፡ ወያዕቆብሂ፡ ተመይጠ፡ ምድረ፡ ገለአድ።[7] ወተዐደወ፡ ኢያቦክሃ፡[39]
በታስዕ፡ ወርኅ፡ *እመ፡ ዐሡሩ፡ ወአሚሩ፡ ወበዝ፡ ዕለት፡[40] በጽሐ፡ ኀቤሁ፡ ዔሳው፡ እኁሁ፡ ወተኳነኖ፡[41]
14 ወሖረ፡ እምኀቤሁ፡ ምድረ፡ ሴኢር፡ ወያዕቆብሰ፡ ኀደረ፡ በምጽላላት። ወበዓመት፡ ቀዳሚ፡
፲[42]ኃምስ፡ ሱባዔ፡ በዝ፡[43] ኢዮቤሌዉ፡ ዐደወ፡ ዮርዳኖስ፡[44] *ወኀደረ፡ ማዕዶተ፡ ዮርዳኖስ፡[45]
ወይሬዒ፡ አባግዒሁ፡ *እምባሕረ፡ ፈሐሐት፡[46] እስከ፡ *ቤተሰን፡ ወእስከ፡ ዶታኢም፡ ወእስከ፡[47]
15 እመ፡[48] አቅራቤት።[49] ወይፌኑ፡ ለአቡሁ፡ ይስሓቅ፡ እምዙሉ፡ ጥሪቱ፡ ልብሰ፡ ወሲሲተ፡ ወሥጋ፡

---

[1] ውስተ፡ B. [2] ኀበ፡ A. [3] A trans. [4] አቡሁ፡ ለ B. [5] ወነሥአ፡ B.
[6] Gen. xxxi. 21 הָר, ὄρος. [7] ገላአድ፡ A. [8] So LXX Gen. xxxi. 20 ἔκρυψε and Onk. וּכְסִי; we should have expected ἔκλεψε = וַיִּגְנֹב Mass., Sam., Syr. [9] LXX and Onk. Gen. xxxi. 20 omit. [10] ገላአድ፡ A. [11] ፲ወ፫ A. [12] ወ B.
[13] በሌሊት፡ A. [14] ለባ፡ A; ለበ፡ B. [15] ፲ወ፭ A. [16] Em. from አሐዱ፡ ካልአ፡ A, አሐዱ፡ ካልአ፡ B, ፩ እምካልኡ፡ C, ፩ ካልአ፡ D. [17] ወደብር፡ ለገላአድ፡ A. [18] ይጼውዕዋ፡ A.
[19] ራፍኤል፡ B. [20] ረፋኢል፡ A. [21] ትውልዱ፡ A. [22] ራፋኢል፡ A. [23] ወታስዐ፡ A.
[24] ወሰማን፡ A; B omits. [25] B omits. [26] ወ B. [27] እስመ፡ B. [28] ተራታኢም፡ A.

. . . (propter) quod vocatum est nomen loci illius 'Congeries testis' XXIX.
secundum collem istum. Antea enim vocabatur terra Galaad *terra 9
Rafain[1], quoniam terra Rafain est, et illic nati sunt Rafain, [id est]
gigantes, decem cubitorum et novem et octo cubitorum[2], etiam et septem
cubitorum erat altitudo ipsorum. Et erat habitatio ipsorum a terra 10
filiorum Ammon usque in montem Hermon[3], et domus regni ipsorum
Carnain et Hastaroth[4] et Draa *et Misor et Beon[5]. Et perdidit illos 11
Dominus de malitia studiorum, quoniam maligni erant valde, et habitare
fecit pro illis Amorreos, malignos et peccatores sicut non est gens
*hodie, qui[6] conpleverunt omnia peccata sua, et non est illis amplius
longitudo vitae super terram. Et emisit Jacob Laban et abiit in 12
Mesopotamiam in terram orientis, et Jacob convertit se a(d) terram
Galaad. Et in mense nono transivit Jaboc[7] *die undecimo[8] ipsius, et 13
in (hoc) die advenit ad illum Esau frater[9] suus et propitiatus (ei) et abiit
ab ipso in terram Seir, et Jacob inhabitavit in tabernaculis. Et in anno 14
primo jubelei hujus *septimanae quintae transivit[10] Jordanen et inhabitavit trans Jordanen et erat pascens oves suas a mare salso usque
(Bethasan et usque Dothaim et usque) arborem[11] Acrabin. Et tradidit 15
patri suo Isac ex omnibus substantiis suis, vestes et escas et carnes et

---

[1] MS. terrafain. [2] MS. cubitis. [3] MS. heremoth. [4] MS. mastoroth. [5] MS. et . . . msum . . . et seo. [6] MS. odio quia. [7] MS. jacob. [8] Emended with Eth. from undecim filii. [9] MS. fratera. [10] MS. septimanarum quinti transibit. [11] Emended with Eth. from aggruum.

---

[29] ወአስጣርስ: A. [30] ወአድራዓ: B. [31] ወምጽሱር: A. [32] ወቤዎን: D. [33] በእከየ: A. [34] Em. with Lat. *fecit habitare . . . Amorreos* from ወነበረ: አሞሬዎን: A B. [35] Em. from እኩይ: ወኃጥእ: of MSS. [36] ዮም: እንከ: ንብረት: በዲበ: A. [37] ሰበዓ: B. [38] A adds ምድረ: [39] ኢይብከዩ: A. [40] Lat. *et undecim filii ipsius et in die* seems due to LXX or Vulg. Gen. xxxii. 23. [41] Em. with Lat. *propitiatus ei* from ተኣኀዞ: of MSS. [42] በ B. [43] በ A. [44] የርዳኖስ: B. [45] A omits through hmt. [46] እምቡሐረ: ፍምሕት: A D; Lat. *a mare salso.* [47] Lat. omits. For ቤተሰን: B reads ቤት: ሰን: [48] ጽመ: B C D; Lat. *aggruum*, where *gg* are uncertain in MS., should be emended into *arborem;* cf. Num. xxxiv. 4, Jos. xv. 3, where our text would imply לאלה instead of Mass. למעלה. [49] አቅቢት: A.

16 ወለቡ፡ ወሐሊበ፡ ወቅብአ፡ ወኅብስተ፡ ሐሊብ፡[1] ወእምኀ፡ ተመርተ፡[2] ዕሉ፡ *ወለእሙሂ፡ ለ[3]ርብዖ፡
ርብዕ፡ ለዓመት፡ *ማእከለ፡ ጊዜያቲሆሙ፡[4] ለእውራኅ፡ ወ[5]ማእከለ፡ ሐፂን፡[6] ወለ[7]ዐጺድ፡ ወማእከለ፡
17 ጸዳይ፡ ወዝናም፡ ወማእከለ፡ ክረምት፡ ወሐጋይ፡ ውስተ፡ *ማኅፈዱ፡ ለ[8]አብርሃም፡፡ እስመ፡
ተመይጠ፡ ይስሐቅ፡ እምዐዘቅተ፡ መሐላ፡ ወዐርገ፡ ውስተ፡ ማኅፈደ፡ *አቡሁ፡ አብርሃም፡[9]
18 ወኀደረ፡ ህየ፡ እምኀበ፡ ወልዱ፡፡ እስመ፡[10] በመዋዕሊሁ፡ ሖረ፡ ያዕቆብ፡ መስጴጦምያ፡ ነሥአ፡
ብእሲቶ፡ ኤሳው፡[11] ብእሲተ፡ ማኤሌት፡[12] ወለተ፡ ይስማኤል፡ ወአስተጋብአ፡ ኵሎ፡ መራዕየ፡ አቡሁ፡
ወ[13]አንስቲያሁ፡ ወዐርገ፡ ወኀደረ፡ ውስተ፡ *ደብረ፡ ሴር፡[14] ወኀደገ፡ ይስሐቅሃ፡ አቡሁ፡[15] ውስተ፡
19 ዐዘቅተ፡ መሐላ፡[16] ባሕቲቶ፡፡[17] ወዐርገ፡ ይስሐቅ፡ እምዐዘቅተ፡ መሐላ፡ ወኀደረ፡[17] ማኅፈደ፡
20 አብርሃም፡ አቡሁ፡ ውስተ፡ ደብረ፡ ኬብሮን፡፡ ወ*ህየ፡[18] ይፌኑ፡ ያዕቆብ፡ ኵሎ፡ ዘይፌኑ፡ ለአቡሁ፡
ወ[1]ለእሙ፡ እምጊዜ፡ በበ፡ ጊዜ፡ ኵሎ፡ ትካዞሙ፡ ወይባርክዎ፡ ለያዕቆብ፡ በኵሉ፡ ልቦሙ፡ ወበኵሉ፡
ነፍሶሙ፡፡

፴ ወበቀዳሚ፡ ዓመት፡ ዘ[19]ሱባዔ፡ ሳድስ፡ ዐርገ፡ ለሴማዕ፡[20] *ዘመንገለ፡ ጽባሒሁ፡ ለሰቂማ፡[21]
2 በሰላም፡[22] በራብዕ፡ ወርኅ፡፡ ወበህየ፡ መሰጥዋ፡ ለዲና፡ ወለተ፡ ያዕቆብ፡ ውስተ፡ ቤተ፡ ሴኬም፡[23]
ወልደ፡ ኤሞር፡ ኤዌዊ፡ መኰንን፡[24] ምድር፡ ወሰከበ፡ ምስሌሃ፡ ወአርኰሳ፡[25] ወይእቲሰ፡[26] ንስቲት፡[27]
3 ወለተ፡ ፲ወ፪ዓመት፡፡ ወአስተብቍዖ፡[28] እምኀበ፡ አቡሃ፡ ትትወሀብ፡[29] *ሎቱ፡ ብእሲተ፡[30] ወእምኀበ፡
አኀዊሃ፡ ወተምዕዑ፡[31] ያዕቆብ፡ ወውሉዱ፡ በእንተ፡ ዕደወ፡ ሰቂማ፡ እስመ፡ አርኰስዋ፡ ለዲና፡ እኅቶሙ፡
4 ወተናገሩ፡ ምስሌሆሙ፡ በእኩይ፡ ወኀብለዩዎሙ፡[32] *ወአስፈጠዎሙ፡፡ ወቦኡ፡[33] ስምዖን፡ ወሌዊ፡
*ለሰቂማ፡ ግብተ፡[34] ወገብሩ፡ ኵነኔ፡ ላዕለ፡ ኵሎሙ፡[35] ዕደወ፡ ሰቂማ፡ ወቀተሉ፡ ኵሎ፡ ብእሴ፡
ዘረከቡ፡ ውስቴታ፡ ወኢያተረፉ፡[36] ውስቴታ፡ ወኢአሐደ፡[37] ኵሎ፡ ቀተሉ፡ በዓመፃ፡[38] እስመ፡ ገመኑ፡

---

[1] A omits. [2] ትእምርት፡ A; Lat. trans. እምኀ and ተመርተ፡ [3] ወለእሙ፡ A.
[4] ማእከላቲሆሙ፡ ወጊዜያቲሆሙ፡ A. [5] B omits. [6] ሓፂን፡ A B. [7] ወ A.
[8] ማኅፈደ፡ H A. [9] A trans. [10] ወእመ፡ B. [11] A trans. before ብእሲቶ፡
[12] ማእከሌት፡ A. [13] ወአስተጋብአ፡ A. [14] ደብር፡ ሲአር፡ A. [15] አበሁ፡ B.
[16] ማኅደሪ፡ B. [17] Lat. omits. [18] Emended from እምህየ፡ with Lat. *illic*.
[19] ዘዘ A. [20] ሰላምያ፡ B. [21] Here the writer of Jubilees has deliberately altered the text עִיר שְׁכֶם into קִדְמַת שְׁכֶם on dogmatic grounds. [22] Observe that in ለሴማዕ፡ and በሰላም፡ our text combines two different renderings of שָׁלֵם in Gen. xxxiii. 18 and thus deviates from all the versions. [23] ሲኪም፡ A. [24] A adds ሀገር፡ ወ. [25] ወረከሳ፡ A.
[26] ወይእቲ፡ A. [27] B adds ወለተ፡ [28] ዐሠርቱ፡ ወክልኤቱ፡ B. [29] ወአስተብቍዖ፡ B.
[30] Lat. omits; A B add ሎቱ፡ ብእሲተ፡ [31] C D trans. after አኀዊሃ፡ [32] ተምዕዑ፡ A.
[33] Cf. Test. Levi 7 ἐχλεύασαμεν. [34] Lat. *et posuerunt in corde suo*. This seems better than our text, which we might emend into ወአንበርዎሙ፡ ልቦሙ፡ Both texts are probably corrupt. For ወአስፈጠዎሙ፡ D reads ወአጥፍእዎሙ፡ [35] Lat. *extermi-nare eos;* B affixes ሃ to ሰቂማ፡ [36] Lat. omits. [37] ወኢአትረፉ፡ B. [38] ወኢአሐዱ፡ A; ወኢአደ፡ B. [39] Corrupt, possibly for በሥርዐት፡ cf. Lat. *in judicio*.

potum, lac, botyrum[1] et caseum et dactilos de *convalle. Et matri[2] suae 16
Rebeccae per singulos annos quater, in medio temporum mensuum et
in medio arationis[3] usque ad messem autumnum et in medio autumni plu-
viarum[4] et in medio pluviarum veris[5] (in) barin hujus Abrahae. Quoniam 17
reversus est Isac a puteo jurationis et ascendit in barin patris sui
Abraham et inhabitavit ibi *in terra sua et filii sui[6]. Propter quod in 18
tempore, quo abiit Jacob in Mesopotamiam, accepit sibi Esau mulierem
Maellet filiam Ismael et (ad se recepit) *uxores suas[7] (et) universos
greges patris sui et ascendens inhabitavit in monte Seir, et derelinquit[8]
Isac patrem suum ad puteum jurationis (solitarium). Ascendit ergo Isac 19
de puteo jurationis (et inhabitabat) in barin Abraham patris sui in monte
Cebron. Illic erat Jacob transmittens quaecumque transmittebat[9] patri 20
suo sive matri suae per singula tempora, universa quae erant illis neces-
saria in omni usu suo, et erant benedicentes Jacob in omni corde ipsorum
et in tota anima sua.

Et in anno primo *septimanae sextae[10] ascendit in Salem secundum XXX.
orientem Sicimae[11] in pace quarto mense. Et illic rapuerunt Dinam 2
filiam Jacob in dom(um) Sychem filii Emmor Euuei, principis terrae,
et *polluit eam, quia dormivit cum ea[12], et ipsa adulescens erat filia
duodecim annorum. Et petierat illam [postea] a patre suo et [omnibus] 3
fratribus suis in mulierem. Et indignatus est Jacob et filii sui ad viros
Sychemorum, quia polluerant Dinam sororem suam, et locuti sunt ad
eos in simulationem et in dolo deriserunt eos [Symeon et Leuui] *et
posuerunt in corde suo[13] Symeon et Leuui *exterminare eos[14], et fecerunt 4
judicium in viros Sychemorum (et interfecerunt omnem virum) quem
invenerunt in ea, et non relinquerunt in ea usque unum: universos ⟨enim⟩
occiderunt in judicio[15], propter quod polluerant Dinam sororem suam.

---

[1] MS. botyterum. [2] MS. convallae et matris. [3] MS. area. [4] MS. pluvias. [5] MS. ejus. [6] Corrupt, read with Eth. absque Esau filio suo. [7] MS. uxor ejus. [8] MS. dereliquid. [9] Emended with Eth. from erant. [10] MS. septimanarum sexti. [11] alcimam. [12] These words should be transposed and read as in Eth. and Gen. xxxiv. 2 dormivit cum ea et polluit eam. [13] Eth. = et deceperunt eos et intraverunt; see note 34 on Eth. text. [14] Eth. = sagimam de improviso. [15] Eth. = cruciatu; see note 39 on Eth. text.

5 ዲናሃ፡ እኅተሙ፡፡ ወከመዝ፡ እንከ፡ ኢይትገበር፡ እምይእዜ፡ ለአርኵሶ፡ ወለተ፡ እስራኤል፡ እስመ፡
በሰማይ፡ ተሠርዐ፡ ላዕሌሆሙ፡ ዝንቱ፡ ከመ፡ ያጥፍእዎሙ፡[1] በሰይፍ፡[2] ለኵሎሙ፡[3] ዕደው፡ ሰቂማ፡
6 እስመ፡ ገብሩ፡ ኀፍረተ፡[4] ውስተ፡ እስራኤል፡፡ ወመጠዎሙ፡ እግዚአብሔር፡ ውስተ፡ እደ፡ ውሉደ፡
ያዕቆብ፡ ከመ፡ ይሥርውዎሙ፡[5] በሰይፍ፡ ወከመ፡ ይግበሩ፡ ላዕሌሆሙ፡ ኰነኔ፡ ወከመ፡ ኢይኩን፡
7 እንከ፡ ከመዝ፡ በውስተ፡ እስራኤል፡ ለአርኵሶ፡ ድንግል፡ እስራኤላዊት፡፡ ወብእሲ፡ እመቦ፡ ዘፈቀደ፡
በውስተ፡[6] እስራኤል፡ የሀብ፡ ወለቶ፡ ወእመኒ፡ እኅቶ፡ ለኵሉ፡ ብእሲ፡ ዘእምዘርአ፡ አሕዛብ፡ ሞተ፡
ለይሙት፡ ወ[7]በእብን፡ ይውግርዎ፡ እስመ፡ ገብረ፡[8] ኀፍረተ፡ በውስተ፡ እስራኤል፡ ወለብእሲትሂ፡
8 ያውዕይዋ፡ በእሳት፡ እስመ፡ አርኰሰት፡ ስመ፡[9] ቤተ፡ አቡሃ፡ ወትሠረው፡ እምእስራኤል፡፡ ወኢይት
ረከብ፡ ዘማ፡ ወርኩስ፡ በውስተ፡ እስራኤል፡ ኵሎ፡ መዋዕለ፡ ትውልደ፡ ምድር፡ እስመ፡ ቅዱስ፡
እስራኤል፡ ለእግዚአብሔር፡ ወኵሉ፡ ሰብእ፡ ዘአርኰሶ፡ ሞተ፡ ለይሙት፡ በእብን፡[10] ይውግርዎ፡፡[9]
9 እስመ፡ ከመዝ፡ *ተሠርዐ፡ ወተጽሕፈ፡[11] ውስተ፡ ጽላት፡ ሰማይ፡ በእንተ፡ ኵሉ፡ ዘርአ፡ እስራኤል፡
10 ዘያረኵስ፡[12] ሞተ፡ ለ[13]ይሙት፡ ወበእብን፡ ይትወገር፡፡[14] ወአልቦ፡ ለዝ፡ ሕግ፡ ዐቅመ፡[15] መዋዕል፡[16]
ወአልቦ፡ ኅድገት፡ ወኵሉ፡[17] ስርየት፡ ዘእንበለ፡ ዳእሙ፡ ይሠረው፡[18] ብእሲ፡ ዘአርኰሳ፡ ወለቶ፡
በማእከለ፡[19] ኵሉ፡ እስራኤል፡ እስመ፡ እምውስቴ፡[20] ዘርኡ፡ ወሀበ፡[21] ለሞሎክ፡[22] ወአበሰ፡ ለአርኵ
11 ሶቱ፡፡ ወአንተኒ፡ ሙሴ፡ አዝዞሙ፡ ለደቂቀ፡ እስራኤል፡ ወአስምዕ፡ ላዕሌሆሙ፡ ከመ፡ ኢየሀቡ፡
እምነ፡ አዋልዲሆሙ፡ ለአሕዛብ፡ ወከመ፡ ኢይንሥኡ፡ ለውሉዶሙ፡[23] እምአዋልደ፡ አሕዛብ፡
12 እስመ፡ ምኑን፡ ውእቱ፡ በቅድመ፡ እግዚአብሔር፡፡ በእንተዝ፡ ጸሐፍኩ፡[24] ለከ፡ ውስተ፡ ቃለ፡ ሕግ፡
ኵሎ፡ ግብሮሙ፡ ለሰቂማ፡ ዘገብሩ፡ ላዕለ፡ ዲና፡ ወዘከመ፡ ተናገሩ፡ ደቂ፡[25] ያዕቆብ፡ እንዘ፡ ይብሉ፡
13 ኢንሁብ፡ ወለተነ፡[26] ለብእሲ፡[27] ዘቦ፡ ቍልፈት፡ እስመ፡ ጽእለት፡ ውእቱ፡ *ለነ፡፡ ወጽእለት፡[28]
ውእቱ፡ ለእስራኤል፡ ለእለ፡ ይሁቡ፡ ወለእለ፡ ይነሥኡ፡ እምአዋልደ፡ አሕዛብ፡ እስመ፡ ርኩስ፡ ውእቱ፡
14 ወምኑን፡ ውእቱ፡ ለ[29]እስራኤል፡፡ ወኢይነጽሕ፡ እስራኤል፡ እምዝ፡ ርኵስ፡[30] ዘቦ፡ ብእሲተ፡ እም፡
15 አዋልደ፡[29] አሕዛብ፡ *ወእመቦ፡ እምአዋልዲሁ፡ ዘወሀቦ፡ ለብእሲ፡ ዘእምኵሉ፡ አሕዛብ፡፡[31] እስመ፡

---

[1] ያጥፍእሙ፡ A. [2] B trans. after ሰቂማ፡ [3] ለዘኵሉ፡ B. [4] ኃፍረታ፡ B.
[5] ይሰርዎሙ፡ B. [6] Lat. *ex filiis;* should we read እምውሉደ፡ [7] A omits.
[8] B adds ኀጢአተ፡ ወ. [9] Lat. omits. [10] ወበእብን፡ B. [11] Lat. trans. ተሠ'' and ተጽ''; A omits ወተጽሕፈ፡ [12] ዘየረኵሱ፡ A. [13] A omits. [14] ይውግርዎ፡ A.
[15] A trans. before ለዝ፡ [16] በመዋዕለ፡ A. [17] አልቦ፡ A B; ኵሉ፡ C D.
[18] ይሠረዉ፡ B. [19] በውስተ፡ B. [20] በውስቴ፡ A; Lat. *ab omni*, but cf. Lev. xviii. 21, xx. 2. [21] ወወሀበ፡ A. [22] Certainly a corruption owing to Lev. xviii. 21, xx. 2; read ነኪር፡ or an equivalent with Lat. *alienigenae.* [23] Emended with Lat. *filiis suis* from ለሊሆሙ፡ A. B C D omit ለሊሆሙ፡ [24] ጸሐፍ፡ A. [25] ደቂ፡ ለ A.
[26] Gen. xxxiv. 14 ערלה. [27] ለሰብእ፡ A B. [28] A B omit through homoeoteleuton; A omits ወጽእለት፡ ውእቱ፡ [29] A omits; B reads እም፡ [30] ርኵሳ፡ B. [31] Lat. *et si dabimus de filiabus nostris omnibus gentibus;* A omits ኵሉ፡

(Et ita) non erit amplius ut polluantur filiae Istrahel, propter quod in 5
caelo sit judicatum[1] super ipsos, ut pugnent[2] in gladio adversus Sychem
(univers)um, propter quod fecerunt ignominiam in Istrahel. Et tradidit 6
eos Dominus in manibus filiorum Jacob, ut eradicent eos in gladio et
fiat in ipsis judicium, et non amplius erit *in Istrahel[3] ut polluatur virgo
Istrahel. Et homo quicumque [est] ex ⟨filiis⟩ Istrahel [et] placuerit 7
ei dare filiam suam aut sororem suam omni viro ex semine gentium,
periet et lapidabitur lapidibus, propter quod fecerit ignominiam in
Istrahel, et mulier conburetur igni, propter quod contaminaverit domum
patris sui, (et) eradicabitur ex Istrahel. Et non erit fornicaria et abom- 8
inatio in Istrahel omnibus diebus generationis terrae, propter quod
sanctus est Istrahel Domino, et omnis homo quicumque polluerit (eum)
*morietur in lapidibus[4]. Propter quod sic scriptum est et decretum est 9
in tabulis caeli de omni semine Istrahel quoniam qui polluerit mortem
morietur et lapidibus lapidabitur. Et non erit huic legi finis temporis 10
et non erit illi remissio et omnis propitiatio: sed ut exterminetur homo
quicumque polluerit filiam ipsius in medio omnis[5] Istrahel, quoniam ab
[omni] semine ejus dedit alienigenae[6] et impie egit[7] intaminare illud.
Et tu Monses manda filiis Istrahel et testificare super eos, ut non dent 11
ex filiabus suis gentibus et ut non accipiant filiis suis de filiabus eorum,
quoniam abominatio est coram Domino. Propter hoc scripsi tibi in 12
sermonibus legis omnis sermones operum[8] Sychimorum quae fecerunt
Dinae[9], et quemadmodum locuti sunt filii Jacob dicentes: 'Non dabimus
filiam nostram homini qui habet praeputium; obprobrium enim est nobis.
Et obprobrium Istrahel qui dant sive accipiunt a filiabus gentium, propter 13
quod abominatio est et immunditia in ⟨omni⟩ Istrahel. Et non mun- 14
dabitur Istrahel ab abominatione ista, si fuerit illi mulier de gentibus[10],
et *si dabimus[11] de filiabus nostris omnibus gentibus.' Quoniam plaga 15

---

[1] MS. judicum. [2] Eth. better = delerent. [3] MS. in ... istrahel. [4] Eth. = mortem moriatur, lapident eum; this is correct, see ver. 9. [5] MS. hominis. [6] MS. alienigena; see note 22 on Eth. text. [7] MS. egerunt. [8] Eth. = omnia opera. [9] MS. dine. [10] Eth. = filiabus gentium. [11] Emended from non mundabimus. Eth. = si dedit.

መቅሠፍት፡ ላዕለ፡ መቅሠፍት፡ ውእቱ፡ ወመርገም፡ ላዕለ፡ መርገም፡ ወኵሉ፡ ኵነኔ፡ *ወመቅ
ሠፍት፡ ወመርገም፡[1] ይመጽእ፡[2] ወለእመ፡[3] ገብረ፡ ዘንተ፡ *ወለእመ፡ ተዐወረ፡[4] ለዕይንቲሆሙ፡
እምእሉ፡[5] እለ፡ ይገብሩ፡ ርኵሰ፡[6] ወእም[7]እለ፡ ያረኵሱ፡ መቅደሶ፡[8] ለ[9]እግዚአብሔር፡ ወ[9]እምእለ፡
ይጌምኑ፡ ስሞ፡ ቅዱሰ፡ ይትኴነኑ[10] ኵሉ፡ ሕዝብ፡ ኅቡረ፡ በእንተ፡ ኵሉ፡ *ርኵሱ፡ ወ[11]ገማኒሁ።[12]
16 ወአልቦ፡ ነሢአ፡ ገጽ፡ [*ወአልቦ፡ አድልዎ፡ ለገጽ፡[13]] ወአልቦ፡ ነሢአ፡[14] *እምእዴሁ፡ ፍሬ፡
ወ[15]መሥዋዕት፡ ወጽንሓሐ፡ ወስብሐ፡[16] ወትምዐዘ፡[17] መዐዛ፡ ሠናይ፡ ከመ፡ ይትወከፎ፡ ወይኩን፡
17 ኵሉ፡[18] ብእሲ፡ ወብእሲት፡ በውስተ፡ እስራኤል፡ ዘያረኵስ፡ መቅደሶ። በእንተዝ፡[19] አዘዝኩከ፡
እንዘ፡ እብል፡ አስምዕ፡ ዘተ፡ ስምዐ፡ ላዕለ፡ እስራኤል፡ ርኢ፡[20] ዘከመ፡ ኮኑ፡ ለሰቂምን፡ ወለውሉዱ፡[21]
ዘከመ፡ ተውህቡ፡ ውስተ፡ እዴ፡[22] ክልኤሆሙ፡ ደቂቀ፡ ያዕቆብ፡ ወቀተልዎሙ፡ በዓዐር፡[23] ወኮነተሙ፡
ጽድቀ፡ ወተጽሕፎሙ፡[24] ለጽድቅ።

18 ወተኀርየ፡ ዘርአ፡ ሌዊ፡ ለክህነት፡ ወለሌዋውያን፡[25] ከመ፡ ይትለአኩ፡ ቅድመ፡[26] እግዚአብሔር፡[27]
ከመ፡ ንሕነ፡ በኵሉ፡ መዋዕሊ፡ ወይትባረክ፡ ሌዊ፡ ወውሉዱ፡ ለዓለም፡ እስመ፡ ቀንአ፡ ከመ፡ ይግበር፡
19 ጽድቀ፡ ወኵነኔ፡ ወበቀለ፡[28] እምኵሎሙ፡ እለ፡ ይትነሥኡ፡ ላዕለ፡ እስራኤል። ወከመዝ፡ ያዐርጉ፡
ሎቱ፡ በስምዕ፡[29] ውስተ፡ ጽላተ፡ ሰማይ፡ በረከተ፡[30] ወጽድቀ፡ ቅድሜሁ፡ ለአምላከ፡ ኵሉ።
20 ወንዜክር፡ ንሕነ፡ ጽድቀ፡ ዘገብረ፡ ሰብእ፡ በሕይወቱ፡ በኵሉ፡ ጊዜያት፡ ዘዓመት፡ እስከ፡ ዐሠርቱ፡
ምእት፡ ትውልድ፡ ያዐርጉ፡ ወ[31]ይመጽእ፡ ሎቱ፡ ወለትውልዱ፡[32] እምድኅሬሁ፡ ወተጽሕፈ፡ *ዐርከ፡
21 ወጻድቀ፡[33] ውስተ፡ ጽላተ፡ ሰማይ። ኵሉ፡ ዘንተ፡ ነገረ፡ ጸሐፍኩ፡ ለከ፡ ወአዘዝኩከ፡ ከመ፡ ትንግር፡
ለውሉደ፡ እስራኤል፡ ከመ፡ ኢይግበሩ፡ አበሳ፡ ወኢይትዐደዉ፡ ሥርዐተ፡ ወኢይንሥቱ፡ ኪዳነ፡ እንተ፡
22 ተሠርዐት፡ ሎሙ፡ ከመ፡ ይግበርዋ፡ ወይጸሐፉ፡ አዕርክተ። ወእመሰ፡ ተዐደዉ፡[34] ወገብሩ፡
እምኵሉ፡ ፍናዊሁ፡ ለርኵስ፡ ይጸሐፉ፡[35] ውስተ፡ ጽላተ፡ ሰማይ፡ *ጸላእተ፡ ወ[36]ይደመሰሱ፡
እመጽሐፈ፡ ሕይወት፡[37] ወይጸሐፉ፡ ውስተ፡ *መጽሐፈ፡ እለ፡ ይትሐጐሉ፡ ወ[38]ምስለ፡ እለ

---

[1] Lat. *plagarum et maledictio maledictionum;* A omits. [2] Lat. adds *super illum.* [3] ወእመ፡ A. [4] ወእመቦ፡ ዘተዐወረ፡ A. For ተዐወረ፡ ለዕይንቲሆሙ፡ Lat. reads *praeterierit et despexerit.* [5] እምኵሉ፡ A. [6] ርኵሰተ፡ B. [7] ወ B. [8] መቅደሱ፡ A B. [9] A omits. [10] ይትኴነኑ፡ A; ይትኴነን፡ B. [11] Lat. omits. [12] Emended with Lat. *abominationibus hujus* from ወገማኒ፡ ዘንቱ፡ of MSS. [13] Lat. omits, bracketed as a gloss. [14] A trans. after እምእዴሁ፡ [15] Lat. omits; B omits ፍሬ፡ [16] ወስብሓ፡ B; Lat. omits. [17] ወተመዐዘ፡ B; ወለትምዐዘ፡ A C D; Lat. *odorabitur odorem suavitatis;* hence Eth. rendering is bad. Better emended with Lat. into ወያጼንዎ፡ The phrase is that of Gen. viii. 21 וַיָּרַח יְהוָה אֶת־רֵיחַ הַנִּיחֹחַ. [18] ለኵሉ፡ A. [19] ወበእንተዝ፡ B. [20] A omits; Lat. *et vide.* [21] ወለውሉዱ፡ A. [22] A omits. [23] Corrupt, possibly for በሥርዐት፡ cf. Lat. *in judicio.* [24] ወተጽሕፈተሙ፡ A. [25] A adds ለ. [26] ቅድሜሆሙ፡ A. [27] A adds ለቤት፡ [28] A adds እስመ፡ [29] A trans. after ሰማይ፡ [30] ለበረከት፡ A. [31] ዘ B. [32] ወለትውልድ፡ A; Lat. *semini ejus.* [33] ዐርከ፡

super plagam est et maledictum super maledictum et omnia judicia
plagarum et maledictio [maledictionum] advenient super illum (si) faciet
sermonem istum, et si *praeterierit et despexerit[1] facientes[2] abomina-
tionis et (qui) polluunt[3] sanctificationem Dei et qui polluunt nomen
sanctum ejus judicabitur tota plebs simul de omnibus abominationibus
(et contaminatione) hujus. Et non erit ut accipiat personam, et non 16
accipiet sacrificium et olocaustomata neque *odorabitur odorem[4] suavi-
tatis, suscipere ipsud : et erit in Istrahel omnis homo sive mulier polluens
sanctificationes. Propter quod mandavi tibi dicens: 'Testare testificatione 17
ista in Istrahel [et] vide quid factum sit Sychimis et filiis ipsius, quomodo
traditi sunt in manu duorum[5] filiorum Jacob, et occiderunt illos in judicio[6],
et conputatum est illis in veritate et conscriptum est illis in justitia.'
Et adscriptum est semen Leuui (in) sacerdotium et Levitas, ut deserviant 18
in conspectu Domini, sicuti [et] nos, omnibus diebus, et benedicitur
Leuui et filii ejus in saecula, quoniam aemulatus est veritatem, ut faceret
judicium et defensionem ab omnibus qui *positi sunt[7] super Istrahel.
Et sic refertur illi in testimonium in tabulis caeli benedictio et justitia 19
in conspectu Dei omnium. Et *memoramur justitiam[8] quam fecit[9] homo 20
in vita sua, in omnibus temporibus anni, usque ad mille annos[10] referetur[11]
et veniet illi et semini[12] ejus post eum, et scriptus est amicus (et) justus
in tabulis caeli. Scribsi tibi omnes sermones istos et mandavi, ut adnun- 21
ties filiis Istrahel ut non faciant malignum et non praetereant praecepta,
et non dissipent[13] testamentum dispositum super ipsos, et facient ea, et
adscribentur amici ⟨Dei⟩. Si autem transgressi fuerint [testamentum] 22
et fecerint ex omnibus viis abominationem scripti[14] in tabulis caeli inimici
⟨Dei⟩ erunt et delebuntur de libro vitae et scribentur in libro *perditionum

[1] Eth. = conniverit. [2] MS. faciens. [3] MS. polluerit. [4] MS. odoravitur odore. [5] MS. hominum. [6] Eth. = cruciatu; see note 23 on Eth. text. [7] Eth. = exsurgunt. [8] MS. memorabitur justitia. [9] MS. faciet. [10] Eth. = generationes. [11] MS. offeretur. [12] Eth. = generatione. [13] MS. dissipabunt. [14] MS. quaecumque scripta sunt.

ወጽድቀ፡ B. [24] Lat. adds *testamentum*. [25] ኢይጸሐፉ፡ A; B omits ለዐርኮቱ፡ ... ወይጸሐፉ፡ through homoeoteleuton. [26] እሉ፡ A. [27] ሕይዋኒ B. [28] Lat. *libro perditionum*.

23 ይትኀረዩ፡ እምውስተ፡ ምድር። ወበዕለት፡[1] ቀተሉ፡ ውሉዱ፡ ያዕቆብ፡ ሰቂማ፡ ዐርገ፡ ሎሙ፡
መጽሐፍ፡ ውስተ፡ ሰማይ፡ ከመ፡ ገብሩ፡ ጽድቀ፡ ወርትዐ፡ ወበቀለ፡ *ላዕለ፡ ኃጥኣን፡ ወተጽሕፈ[2]
24 ለበረከት። ወአውፅእዋ፡ ለዲና፡ እኅቶሙ፡ እምቤተ፡ ሴኬም፡ ወፄወዉ፡ ኵሎ፡ ዘሀለወ፡[3] ውስተ፡
ሰቂምን፡ አባግዒሆሙ፡ ወአልህምቲሆሙ፡ ወአእዱጊሆሙ፡ ወኵሎ፡ መራዕዮሙ፡ *ወኵሎ፡
25 ንዋዮሙ፡[4] ወአምጽኡ፡ ኵሎ፡ ኀበ፡ ያዕቆብ፡ አቡሆሙ። ወተናገረ፡ ምስሌሆሙ፡ በእንተ፡ ዘቀተሉ፡
26 ሀገረ፡ እስመ፡ ፈርሀ፡ እምእለ፡ ይነብሩ፡ ምድረ፡ እምነ፡[5] *ከናኔዎን፡ ወፌረዜዎን።[6] ወኮነ፡
ግርማ፡ እግዚአብሔር፡ ውስተ፡ ኵሉ፡[7] አህጉር፡ ዘአውዱ፡ ለሰቂምን፡ ወ*ኢተንሥኡ፡ ለሰዲደ[8]
ውሉደ፡ ያዕቆብ፡ እስመ፡ ድንጋፄ፡ ወድቀ፡ ላዕሌሆሙ።

፴፩ ወበሠርቀ፡ ወርኅ፡ ነገረ፡ ያዕቆብ፡ ለኵሉ፡ ሰብአ፡ ቤቱ፡ እንዘ፡ ይብል፡ ንጽሑ፡ ወወልጡ፡
አልባሲክሙ፡ ወተንሥኡ፡ ንዕርግ፡ ቤቴል፡ በኀበ፡ ጸለይኩ፡ ሎቱ፡ ጸሎተ፡ እመ፡ ዕለተ፡ ጐየይኩ፡
እምገጸ፡ ዔሳው፡ እኁየ፡ ዘሀሎ፡ ምስሌየ፡ ወሜጠኒ፡ ውስተ፡ ዛቲ፡ ምድር፡ በሰላም፡ ወአሰስሉ፡
2 አማልክተ፡ ነኪር፡ እለ፡ ማእከሌክሙ። ወመጠውዎሙ፡[9] ለአማልክት፡ ነኪር፡ *ወዘውስተ፡
እዘኒሆሙ፡ ወዘውስተ፡ ክሳውዲሆሙ፡[10] ወጣዖት፡ ዘሰረቀት፡ ራሔል፡ እምነበ፡ ላባ፡ *እኁሃ፡
ወሀበት፡[11] ኵሎ፡ ለያዕቆብ፡ ወአውዐዮ፡ ወፀተሞ፡[1] ወአማሰኖ፡ ወኀብአ፡[12] ታሕተ፡ ድርዮስ፡ ዘሀሎ፡
ውስተ፡ *ምድረ፡ ሰቂምን።[13]

3 ወዐርገ፡ እመ፡ ሠርቀ፡ ወርኅ፡ ሳብዕ፡[14] ውስተ፡ ቤቴል። ወሐነጸ፡ ምሥዋዐ፡ ውስተ፡ መካን፡
ኀበ፡ ኖመ፡ ህየ፡ ወአቀመ፡[15] ህየ፡ ሐውልተ፡ ወለአከ፡ ኀበ፡ አቡሁ፡ ይስሐቅ፡ ከመ፡ ይምጻእ፡ ኀቤሁ፡
4 ውስተ፡ መሥዋዕቱ፡ ወኀበ፡ እሙ፡ ርብቃ። ወይቤ፡ ይስሐቅ፡ ይምጻእ፡ ወልድየ፡ ያዕቆብ፡
5 ወእርአዮ፡ ዘእንበለ፡ እሙት። ወሖረ፡ ያዕቆብ፡ ኀበ፡ አቡሁ፡ ይስሐቅ፡ ወኀበ፡ እሙ፡ ርብቃ፡
ውስተ፡ *ቤቱ፡ ለአቡሁ፡[16] አብርሃም፡ ወከልኤተ፡ እምውሉዱ፡ ነሥአ፡ ምስሌሁ፡ ሌዊሃ፡ ወይሁዳሃ፡
6 ወመጽአ፡ ኀበ፡ አቡሁ፡ ይስሐቅ፡ ወኀበ፡ እሙ፡ ርብቃ። ወወፅአት፡ ርብቃ፡ እማኅፈድ፡ *ውስተ፡
አንቀጸ፡ ማኅፈድ፡[17] ከመ፡ ትስዐሞ፡ ለያዕቆብ፡ ወትሕቅፎ፡[18] እስመ፡ ሐይወ፡ መንፈሳ፡ በጊዜ፡
7 ሰምዐት፡[19] ናሁ፡ ያዕቆብ፡[1] ወልድኪ፡ በጽሐ፡ ወሰዐመቶ። *ወርእየቶሙ፡ ለክልኤቱ፡ ውሉዱ፡[20]
ወአእመረቶሙ፡ ወትቤሎ፡ እሉሰ፡ ውሉድከኑ፡ ወልድየ፡ ወሐቀፈቶሙ፡ ወሰዐመቶሙ፡ ወባረ
ከቶሙ፡ እንዘ፡ ትብል፡ ብክሙ፡ ይከብር፡[21] ዘርኡ፡ ለአብርሃም፡ ወአንትሙ፡ ትከውኑ፡ ለበረከት፡
8 በዲበ፡ ምድር። ወቦአ፡ ያዕቆብ፡ ኀበ፡ ይስሐቅ፡ አቡሁ፡ ውስተ፡ ጽርሑ፡ ኀበ፡ ይሰክብ፡ ህየ፡
ወክልኤቱ፡ ደቂቁ፡[22] ምስሌሁ፡ ወአኀዘ፡ እዴ፡ አቡሁ፡ ወደነነ፡ ሰዐሞ፡ ወተሰቅለ፡ ይስሐቅ፡ ውስተ፡
9 *ክሳደ፡ ያዕቆብ፡[23] ወልዱ፡ ወበከየ፡ ዲበ፡ ክሳዱ፡[24] ወጽላሎት፡ ኀለፈ፡ እምአዕይንቲሁ፡ ይስሐቅ፡
ወርእየ፡ ክልኤሆሙ፡ ውሉዶ፡ ለያዕቆብ፡ ሌዊሃ፡ ወይሁዳሃ፡ ወይቤ፡ ውሉድከሁ፡ እሉ፡ ወልድየ፡
10 እስመ፡ ይመስሉከ። ወነገሮ፡[25] ከመ፡ በአማን፡ ውሉዱ፡ እሙንቱ፡ ወአማን፡ ርኢከ፡[26] ከመ፡
11 አማን፡[27] ውሉድየ፡ እሙንቱ። *ወቀርቡ፡ ኀቤሁ፡[28] ወተመይጠ፡ ወሰዐሞሙ፡ ወሐቀፎሙ፡
12 ለክልኤሆሙ፡[29] ኅቡረ። ወመንፈሰ፡ ትንቢት፡ ወረደ፡[30] ውስተ፡ አፉሁ፡ *ወአኀዘ፡ ለሌዊ፡ በየማኑ፡

---

[1] በዕለተ፡ B. [2] Lat. *in ipsis, et scripti sunt.* [3] እሉ፡ ሀለዉ፡ A. [4] A B trans.

inter eos[1] qui eradicentur a terra. Et in die, qua percusserunt filii Jacob 23
Sycimam, ascendit illis scriptura in caelis, facientes veritatem et judicium
et vindictam *in ipsis, et scripti sunt[2] in benedictione. Et ejecerunt 24
Dinam sororem suam de domo Sycem et captivaverunt universa quae
erant in Sycimis, oves et boves ipsorum et asinos *et omnem armentam
eorum[3], et omnem substantiam eorum, et adtulerunt universa ad Jacob
patrem suum. Et locutus est ad illos, quare exterminaverunt civitatem, 25
timuit enim ab his qui inhabitabant[4] terram, a Cananeis et Ferezeis.
Et factus est timor Domini super omnes civitates quae erant in circuitu 26
Sycimorum, et *non persecuti sunt post Jacob, ut nocerent eum[5], quoniam
timor cecidit super ipsos.

XXXI.

Et in prima die mensis ... ... nate, quoniam similes[6] sunt tibi. 1, 9
Et indicavit illi [dicens]: 'In veritate sunt filii mei[7] et verum vidisti 10
⟨pater⟩, quoniam filii mei sunt.' Et proximaverunt illi, et conversus 11
osculatus eos et amplexus est utrosque simul. Et spiritus profetiae 12
advenit in os Isac[8], et tenuit Leuui in manu dextera sua et Judam in

---

[1] Eth.=eorum qui perdentur et cum iis. For eradicentur MS. reads eradicantur. [2] Eth. = contra peccatores, et scriptum est. [3] MS. reads et omnem terram eorum, and trans. after substantiam eorum. [4] MS. inhabitant. [5] See note 8 on Eth. text. [6] MS. similis. [7] Eth.=ipsius. [8] Eth.=ejus.

---

before ወዘተሰ፡ መሬ". [5] A omits. [6] ከናኖዊያን፡ ወፌርዛዊያን፡ A. [7] ጽሉ፡ A. [8] Lat. *non persecuti ..., ut nocerent eum;* Vulg. Gen. xxxv. 5 *non sunt ausi persequi.* These seem to point to a text differing from the Mass. רָדְפוּ לֹא and LXX οὐ κατεδίωξαν. [9] Emended with Gen. xxxv. 4 עָרִים from ወምሰው-ዖሙ፡ A, ወመሰው-ዖሙ፡ B, ወመሰፐ ዖሙ፡ C D. [10] Seems a transposition and corruption of ዘውስተ፡ እደዊሆሙ፡ ወዘውስተ፡ እዝኒሆሙ፡ so Gen. xxxv. 4. [11] Emended from እቡ-ሃ፡ ወወሀበት፡ of MSS. [12] ወንበአ፡ B. [13] ምድር፡ ዘቂማን፡ A. [14] በሳብዕ፡ B. [15] ወእቶሙ፡ A. [16] ቤተ፡ እቡሁ፡ A. [17] ኅበ፡ እንቀጽ፡ A. [18] ወተንቅሮ፡ A D; ወተሕቅሮ፡ B. [19] A adds ወይቤልዎ፡ [20] ወርእየ፡ ክልኤሆሙ፡ ውሉዱ፡ B. [21] ይከ-ብር፡ A; ይከብር፡ B. [22] ይቁ፡ B. [23] ክሳዱ፡ ሰይዐቆብ፡ A. [24] ክሳይ፡ ወእዴ፡ A. [25] Lat. *et indicavit illi dicens.* [26] ርእዮ፡ A. [27] Is this a corruption of እቡ፡ cf. Lat. *pater.* B gives በእማን፡ [28] B omits. [29] Emended with Lat *utrosque* from ሰዘተሰሙ፡ [30] A adds ላዐሌሁ፡

13 እደዊሁ፡[1] ወይሁዳሂ፡ *በፀጋማዊ፡ እደዊሁ።[2] ወተመይጠ፡ ኀቤሁ፡ ሌዊ፡ ቀዲሙ[3] ወአኀዘ፡ ይባርኮ
መቅድመ፡ ወይቤሎ፡[4] ይባርከ፡ *እምላከ፡ ኵሉ፡[5] ውእቱ፡ እግዚአ፡ ኵሉ፡[6] ዓለማት፡ ኪያከ፡
14 ወውሉደከ፡ በኵሉ፡ ዓለማት። ወየሀብከ፡ እግዚአብሔር፡ ለከ፡ ወለዘርእከ፡ *ዐቢየ፡ ልባዌ፡ ለክብሩ፡[7]
ወኪያከ፡[8] ወዘርእከ፡ ያቅርብ፡[9] ኀቤሁ፡ እምኵሉ፡ ዘሥጋ፡ ከመ፡ ይትለአከ፡ ውስተ፡ መቅደሱ፡ ከመ፡
መላእክተ፡ ገጽ፡ ወከመ፡ ቅዱሳን፡ ከማሆሙ፡ ይከውኑ፡ ዘርእሙ፡ ለውሉድከ፡ ለክብር፡ ወለዐቢይ፡
15 ወለቅዳሴ፡ ወያዐብዮሙ፡[10] ውስተ፡ ኵሉ፡ ዓለማት። ወመኳንንተ፡ ወመሳፍንተ፡ ወመላእክተ፡[11]
ይከውኑ፡ ለኵሉ፡ ዘርአ፡ ውሉደ፡ ያዕቆብ፡ *ቃለ፡ ለ[12]እግዚአብሔር፡ በጽድቅ፡ ይነግሩ፡ ወኵሎ፡
ኵነኔሁ፡ በጽድቅ፡ ይኴንኑ፡ ወ[13]ይነግሩ፡ ፍናዊየ፡ ለያዕቆብ፡ ወአሰርየ፡ ለእስራኤል፡ በረከተ፡ ለእግዚ
16 አብሔር፡ ይትወሀብ፡ ውስተ፡ አፉሆሙ፡[14] ከመ፡ *ይባርኮሙ፡ ኵሉ፡ ዘርአ፡ ለፍቁር።[15] ኪያከ፡
ጸውዐተ፡ እምከ፡ ስመከ፡ ሌዊሃ፡ ወበአማን፡ ጸውዐት፡ ስመከ፡ ልጸቀ፡[16] ለእግዚአብሔር፡ ትከውን፡
ወሱታፌ፡ ኵሎሙ፡ ውሉደ፡ ያዕቆብ፡ ማእዱ፡ ለከ፡ ትኩን፡ ወአንተ፡ ወውሉድከ፡ ብልዕዋ፡ ወለኵሉ፡
17 ትውልድ፡ ትኩን፡ ማዕድከ፡ ምልእተ፡ ወኢይሕፀፅ፡[17] እክልከ፡[18] ለኵሉ፡ ዓለማት። ወኵሎሙ፡
እለ፡ ይጸልኡከ፡ ቅድሜከ፡ ይደቁ፡[19] ወኵሎሙ፡ ዐርከ፡ ይሠረዉ፡[20] ወይትሐጐሉ፡ ወ[21]ዘይባርከከ፡
18 ቡሩከ፡ ወኵሉ፡ ሕዝብ፡ ዘ*ይረግመከ፡ ይኩን፡ ርጉመ።[22] ወለይሁዳኒ፡ ይቤሎ፡ የሀብከ፡ እግዚአ
ብሔር፡ ኀይለ፡ ወጽንዐ፡ ከመ፡ ትኪዶሙ፡ ለኵሎሙ፡ እለ፡ ይጸልኡከ፡ መኰንን፡ ኩን፡ አንተ፡
ወአሐዱ፡ እምነ፡ ውሉድከ፡ ለውሉደ፡ ያዕቆብ፡ ስምከ፡ ወስመ፡ ውሉድከ፡ ይኩን፡ *ዘየሐውር፡
ወዘያንሶሱ፡[23] ውስተ፡ ኵሉ፡ ምድር፡ ወአህጉር፡ አሜሃ፡[24] ይፈርሁ፡ አሕዛብ፡ እምቅድመ፡ ገጽከ፡
19 ወይትሀወኩ፡ ኵሎሙ፡[25] አሕዛብ፡ ወኵሉ፡[26] ሕዝብ፡ ይትሀወኩ። ብከ፡ ይኩን፡ ረድኤቱ፡ ለያዕ
20 ቆብ፡ ውብከ፡ ትትረከብ፡[27] መድኀኒተ፡ እስራኤል። ወ*አመ፡ ዐሰተ፡[28] ትነብር፡ ውስተ፡ መንበረ፡
*ክብር፡ ጽድቅከ፡ ትከውን፡[29] *ዐቢይ፡ ሰላም፡[30] ለኵሉ፡ ዘርአ፡ ውሉዱ፡[31] ለፍቁር፡ ዘይባርከከ፡
ቡሩከ፡[32] ወኵሎሙ፡ እለ፡ ይጸልኡከ፡ ወይሣቅዩከ፡ ወእለሂ፡ ይረግሙከ፡[22] ይሠረዉ፡[20] ወይትሐጐሉ፡
21 እምድር፡ ወይኩኑ፡ ርጉማነ። ወተመይጠ፡[34] ሰዐሞ፡ ዳግመ፡ ወሐቀፎ፡ ወተፈሥሐ፡ ዐቢየ፡ እስመ፡
22 ርእየ፡ *ውሉዶ፡ ለ[35]ያዕቆብ፡ ወልዱ፡ ዘበጽድቅ። ወወፅአ፡ እማእከሉ፡ እገሪሁ፡ ወወድቀ፡ ወሰገደ፡
ሎቱ፡ ወባረኮሙ፡ ወአዕረፈ፡ ህየ፡ ቅሩበ፡ ይስሐቅ፡ አቡሁ፡ በይእቲ፡ ሌሊት፡ ወበልዑ፡ ወሰትዩ፡
23 በፍሥሓ። ወአኖሞ፡ ክልኤሆሙ፡ ውሉዶ፡[36] ለያዕቆብ፡ አሐደ፡[37] በየማኑ፡[38] ወአሐደ፡[37] በፀጋሙ፡[38]

---

[1] ወአኀዘ፡ እዴሁ፡ ዘየማን፡ ለሌዊ፡ A. [2] በፀጋሙ፡ A. [3] ቅድመ፡ B. [4] Lat. *et benedixit Leuui dicens.* [5] እግዚአብሔር፡ A; እግዚአ፡ ኵሉ፡ B; እግዚአብሔር፡ አምላከ፡ ኵሉ፡ D; *Deus cunctorum*, Lat.; C omits. [6] Lat. omits. [7] Emended from ዐበየ፡ ዐበየ፡ ለክብረ፡ A, ዐበየ፡ ዓበየ፡ ለክብር፡ B. Cf. Lat. *intelligentiam gloriae* (MS. *intellegere gloriam*) *ejus.* [8] Lat. omits. [9] ያቅም፡ B. [10] ያዐቢዮሙ፡ A; የዓቢዮሙ፡ B; Lat. *sanctificabit illos.* [11] Lat. omits; we should read ጸሐፍተ፡ as in Test. Levi 8 ἀρχιερεῖς καὶ κριταὶ καὶ γραμματεῖς. [12] ቃለ፡ A. [13] B omits. [14] Lat. *semini ejus*, but cf. Ecclus. l. 20 δοῦναι εὐλογίαν Κυρίῳ ἐκ χειλέων αὐτοῦ. [15] ይትባረኩ፡ ለፍቁር፡ A. [16] Lat. *ad decorem;* hence some corruption here. [17] ወኢይኅጽጽ፡ A.

sinistra. Et conversus est ad Leuui in primis et coepit benedicere eum 13
in[1] primis, et [benedixit Leuui] dicens[2]: 'Benedicat te Deus cunctorum
[et] ipse Dominus saeculorum (te) et filios tuos in omnia saecula. Et 14
det Dominus tibi et semini tuo magnam[3] *intelligentiam gloriae[4] ejus,
et (te et) semen tuum adplicabit ad se ex omni carne, ut serviatis[5] illi
in sanctificationibus ipsius secundum angelos vultus et secundum sanctos,
[et] secundum ipsos erit ⟨et⟩ semen filiorum tuorum in gloriam et magni-
tudinem et sanctificationem, et sanctificabit[6] illos in omnia saecula. Et 15
principes et judices (et duces) erunt omni semini Jacob: sermonis Dei
in veritatem indicabunt et omnia judicia ejus in justitia examinabunt et
indicabunt vias meas huic Jacob et semitas meas huic Istrael. Benedictio
Dei dabitur *in os eorum[7] ut benedicant omne semen dilecti[8]. Vocavit 16
mater tua nomen tuum Leuui, et in veritate vocavit nomen tuum: *ad
decorem Dei[9] eris et socius omnium filiorum Jacob: mensa sua[10] tibi
erit, et tu et filii tui manducabitis eam, et in omnia saecula mensa tua
erit plena, et non deficiet esca tua in omnia saecula. Et omnes odientes 17
te in conspectu tuo cadent et omnes inimici[11] tui exterminabuntur et
perient: *et qui[12] benedixit te, erit benedictus, et si gens erit aliqua
quae maledixerit te, maledicta erit.' Et Judae dixit: 'Dabit tibi Deus 18
fortitudinem et virtutem, ut ⟨tu⟩ conculces omnes odientes te: princeps
eris tu et unus filiorum tuorum (filiis Jacob: nomen tuum et nomen
filiorum tuorum) erit abiens et optinens[13] universam terram et regiones:
tunc timebunt populi a facie tua et conturbabuntur universae gentes et

---

[1] MS. et. [2] Eth. = dixit ei. [3] Em. with Eth. from magno. [4] MS. intellegere gloriam. [5] Eth. = servient. [6] MS. sanctificavit. Eth. = magnificet. [7] Restored with Eth. from MS. semini ejus. [8] MS. dilectum. [9] Eth. = addictus Deo. [10] MS. tua. [11] MS. inimi. [12] MS. quia ut ille. [13] See note 23 on Eth. text.

---

[28] እኩየ: A. [29] ይወድቁ: D. [30] ይኄሪዎ: D. [31] A omits. [32] ዘይረግሞከ: ይኩኑ: ዙሉሙ: ርጉማነ: B. [33] ዘይገብሮ: ወዘየሐውር: A. For ወዘይገብሮ: Lat. gives *optinens*, which may be due to a corruption of περιερχόμενον into περιεχόμενον (Rönsch). [34] ወእግዚአ: B. [35] ዙሉ: A. [36] ወዙሉሙ: A. [37] ይትረከቡ: A. [38] ወእምዐለት: A. [39] ጽድቅከ: ወክብር: ይከውን: A; ክብረ: ጽድቅከ: ትብውን: D. [40] ዐቢየ: ሰላመ: A. [41] ውስተ: የዐቅቡ: ወ A. [42] B omits. [43] ይኄሪዎ: B. [44] ወትመይጦ: A B. [45] ውስቴ: A. [46] ወሊዴ: A. [47] እለከዴ: A. [48] በይምኑ: B. [49] በዐገመ: B.

24 ወተጐለቈ፡[1] ሎቱ፡ ጽድቀ። ወነገረ፡ ያዕቆብ፡ ኵሎ፡ ለአቡሁ፡ በሌሊት፡ ዘከመ፡ ገብረ፡ እግዚአ
ብሔር፡ ምስሌሁ፡ ግሁደ፡ ዐቢየ፡[2] ወዘከመ፡[3] ሠርሐ፡ ኵሎ፡ ፍናዊሁ፡ ወተማኅፀነ፡ እምኵሉ፡
25 እኩይ። ወባረኮ፡ ይስሐቅ፡ ለአምላከ፡ አቡሁ፡ አብርሃም፡ ዘኢኀደገ፡ ምሕረቶ፡ ወጽድቆ፡ እምወልደ፡
ገብሩ፡ ይስሐቅ።

26 ወበነግህ፡ ነገረ፡ ያዕቆብ፡ ለአቡሁ፡ ይስሐቅ፡ ጸሎቶ፡ ዘጸለየ፡ ለእግዚአብሔር፡ ወራእየ፡ ዘርአየ፡
ወከመ፡ ኀነጸ፡[4] ምሥዋዐ፡ ወኵሎ፡ ድልው፡ ለመሥዋዕት፡ ለገቢር፡ ቅድመ፡ እግዚአብሔር፡ በከመ፡
27 ጸለየ፡ ወከመ፡ መጽአ፡ ይጽዐኖ፡ ዲበ፡ አድግ። ወይቤሎ፡[5] ይስሐቅ፡ ለያዕቆብ፡ ወልዱ፡ ኢይክል፡
መጺአ፡ ምስሌከ፡ እስመ፡ ረሣእኩ፡[6] ወኢይክል፡ ተዐግሦ፡ በፍኖት፡ ሖር፡ ወልድየ፡ በሰላም፡
እስመ፡ ወልደ፡ ፻ወ፷ወ፭[7]ዓመት፡ አነ፡ ዮም፡[8] ኢይክል፡ አንከ፡ ነጊደ፡ ጸዐና፡ ለእምከ፡ ወትሖር፡
28 ምስሌከ። ወአአምር፡[9] አነ፡ ወልድየ፡ ከመ፡[10] በእንቲአየ፡ መጻእከ፡ ወዛቲ፡ ዕለት፡ ትኩን፡ ቡርክት፡
29 እንተ፡ ባቲ፡ ርኢከኒ፡ ሕያውየ፡ ወርኢኩከ፡ አነሂ፡ ወልድየ። ተሰራሕ፡ ወግበር፡ ጸሎተ፡ እንተ፡
ጸለይከ፡ ወኢታጕንዲ፡ ጸሎተከ፡ እስመ፡ *ትትኃሠሥ፡ ጸሎት፡[11] ወይእዜኒ፡ ጕጕአ፡[12] ትግበራ፡[13]
30 ወይሥምር፡ ዘገብረ፡ ኵሎ፡ ለዘጸለይከ፡[14] ጸሎተ። ወይቤላ፡ ለርብቃ፡ ሖሪ፡ ምስለ፡ ያዕቆብ፡[15]
ወልድኪ፡ ወሖረት፡ ርብቃ፡ ምስለ፡ ያዕቆብ፡ ወልዳ፡ ወዲቦራ፡[16] ምስሌሃ፡ ወበጽሑ፡ ውስተ፡
31 ቤቴል። ወተዘከረ፡ ያዕቆብ፡[16] ጸሎተ፡[17] እንተ፡ ባረኮ፡[18] አቡሁ፡ ወክልኤቱ፡ ውሉዱ፡ ሌዊሃ፡[19]
32 ወይሁዳሃ፡ ወተፈሥሐ፡ ወባረኮ፡ ለአምላከ፡ አበዊሁ፡ አብርሃም፡ ወይስሐቅ። ወይቤ፡[19] ይእዜ፡
አእመርኩ፡ ከመ፡ ብየ፡ ተስፋ፡ ዘለዓለም፡ ወለውሉድየሂ፡[20] በቅድመ፡ አምላከ፡ ኵሉ፡[21] ወከመዝ፡
ሥሩዕ፡ በእንተ፡ ክልኤሆመ፡ ወ*ያዐርጉ፡ ሎሙ፡[22] በስምዕ፡ ዘ[23]ለዓለም፡ ውስተ፡ ጽላት፡ ሰማይ፡
በከመ፡ ባረኮሙ፡ ይስሐቅ።

፴፪ ወኀደረ፡[24] በይእቲ፡ ሌሊት፡ ውስተ፡ ቤቴል፡ ወሐለመ፡ ሌዊ፡ ከመ፡ *ሤምዎ፡ ወ[25]ረሰይዎ፡
*ለካህነ፡ አምላክ፡[26] ልዑል፡ *ኪያሁ፡ ወውሉዶ፡[16] እስከ፡ ለዓለም፡ ወነቅሐ፡ እምንዋሙ፡ ወባረኮ፡[26]
2 ለእግዚአብሔር። ወጌሠ፡ ያዕቆብ፡ በነግህ፡ አመ፡ *ዐሡሩ፡ ወረቡዑ፡[27] ለዝ፡ ወርኅ፡ ወዐሠረ፡
እምኵሉ፡ ዘመጽአ፡ ምስሌሁ፡ እምሰብእ፡ እስከ፡ እንስሳ፡ እምወርቅ፡ እስከ፡ ኵሉ፡[28] ንዋይ፡
ወልብስ፡ ወዐሠረ፡ እምኵሉ።

3 ወበውእቱ፡ መዋዕል፡ ፀንሰት፡ ይእቲ፡ ራሔል፡ ብንያምሃ፡ ወልዳ፡ ወጐለቈ፡ እምኔሁ፡
ያዕቆብ፡ ውሉዶ፡ ወዐርገ፡ ወወረደ፡[29] ሌዊ፡[29] በመክፈልተ፡ እግዚአብሔር፡ ወአልበሶ፡ አቡሁ፡
4 አልባሰ፡[30] ክህነት፡ ወመልአ፡ እደዊሁ። ወአመ፡ *ዐሡሩ፡ ወኀሙሱ፡[31] ለዝ፡ ወርኅ፡ አብአ፡ ውስተ፡
ምሥዋዕ፡ አስዋረ፡ እም[32]አልህምት፡ *ነሥርት፡ ወአርባዕተ፡[33] ወአብሓኩ፡ *ዕሥራ፡ ወስማኒተ፡[34]
ወአባግዐ፡ አርብዓ፡ ወ*ተስዐተ፡[35] ወመሓስዐ፡ ሰብዐተ፡[36] ወመሓስዐ፡ ጠሊ፡ ዕሥራ፡[37] ወአሐደ፡[38]

---

[1] ወተኈለቈ፡ A B; A omits ሎቱ፡ [2] ዐባየ፡ A. [3] ወከመ፡ A B. [4] ሐነፀ፡ A.
[5] ወይቤ፡ A. [6] ረሣዕኩ፡ B. [7] ምእት፡ ወስሳ፡ ወኃምስቱ፡ B. [8] ዮምሰ፡ B.
[9] ወአአምር፡ C D. [10] ከመ፡ A. [11] ትትኃሠሥ፡ ጸሎት፡ B. [12] C D add ጸሎተከ፡
[13] ትግበር፡ A. [14] Lat. *orasti orationem* through misinterpreting ηὔξω εὐχήν, i.e. נדרת נדר ;

omnes . . . . . . creans cuncta, cui *orasti orationem[1].' Et dixit 29
Rebeccae: 'Vade cum filio tuo.' Et ivit[2] Rebecca cum filio suo Jacob 30
et Debborra [nutrix sua] cum ea, et advenerunt in Bethel. Et memor 31
fuit benedictionis[3], qua benedixit eum pater suus et duos filios ejus Leuui
et Judam, et gavisus est et benedixit Deum patrum suorum Abraham
et Isac. (Et dixit): 'Nunc cognovi quoniam spes mihi est eterna et 32
filiis meis in conspectu Dei omnipotentis[4], et sic erat deputatum super
duos, et *portio ipsorum[5] in testimoniis saeculi in tabulis caeli, quemadmodum benedixit eos Isac.

Et dormierunt in nocte illa in Bethel, et somniavit Leuui quasi XXXII.
ordinatus sit in sacerdotem Dei excelsi (ipse et filii ipsius) usque in
saecula et expergefactus a somno suo benedixit Deum. Et exurgens 2
Jacob diluculo in quartadecima die mensis hujus decimavit universa
quaecumque venerunt cum eo, ab homine usque ad ⟨omnem⟩ animam[6]
ab auro[6] usque ad omne vas et vestimentum decimavit universa. Et 3
in illo tempore Rachel in utero habente[7] Beniamin filium suum, enumeravit Jacob ab ipso filios suos et ascendit, et cecidit Leuui in sortem Dei, et induit eum pater suus vestimenta sacerdotalia et implevit manus
ejus. Et[8] in die quintodecima mensis hujus obtulit [in ipso][9] ad altare 4
vitulos de bubus quattuordecim, et arietis viginti et octo, et oves quadraginta et novem, et hedos septem (et) hircos caprarum viginti et unum,

---

[1] See note 14 on Eth. text. [2] MS. ibit. [3] Eth. = orationis. [4] Eth. = omnium. [5] Seems corrupt. Eth. = referunt iis. [6] MS. adds et. [7] MS. habentem. [8] MS. trans. after hujus. [9] May be right; cf. Test. Levi 9 ἀπεδεκάτωσε πάντα δι' ἐμοῦ.

A gives ዘገብረ፡ ጸሎት፡ [15] Lat. omits. [16] Lat. adds *nutrix sua*. [17] We should expect በረከት፡ as in Lat. [18] በረከ፡ A. [19] ሌዊ፡ A. [20] ወለውሉደዩ፡ A. [21] Lat. *omnipotentis;* this implies በሃሌ፡ ኵሉ፡ or ስጸይ፡ with change of preceding constr. state. [22] Lat. *portio ipsorum*. [23] A omits. [24] Lat. *dormierunt*. [25] ለክህነት፡ ለአምላክ፡ B. [26] ወበረከ፡ A. [27] ፲ወ፬ A. [28] MSS. add ኅዐሊሆ፡ which I have omitted with Lat. [29] ለሌዊ፡ A. [30] ዲበሰ፡ A. [31] ፲ወ፬ A. [32] አምውስተ፡ B. [33] ፲ወ፬ A. [34] ፳ወ፰ A. [35] ፱ A; ተስዓቱ፡ B. [36] Emended with Lat. *septem* from ሰባ፡ B, ፷ A C D, corruption due possibly to confusion of ፯ and ፷ (Rönsch). [37] ፳ A. [38] Emended with Lat. *unum* from ፱ A, ተስዓቱ፡ B, corruption due possibly to confusion of ἐννέα and ἕν (Rönsch).

5 ጸገሓሒ፡ ውስተ፡ *ምሥዋዕ፡ ቍርባን፡[1] ሥሙረ፡ ስመዐዛ፡ ሠናይ፡ ቅድመ፡ እምላኩ።[2] ዝውእቱ፡
6 መባኢ፡ እምጸሎት፡ እንተ፡ ጸለየ፡ ከመ፡ የዐሥር፡ ምስለ፡ መሥዋዕቶሙ፡ ወ*ሞዳሕቶሙ። ወሦዐ፡
በልዖ፡ እሳት፡ የዐጥን፡[4] ሰጊ፡ ዲቤሁ፡ ለእሳት፡ መልዕልተ፡[5] ወለመሥዋዕት፡ መድኀኒት፡ አስዋረ፡
ከልኤተ፡ ወእብሓኩ፡ አርባዕተ፡ ወአባግዐ፡ አርባዕተ፡ *ደቤላተ፡ አርባዕተ፡[6] ወአባግዐ፡ ዘዘ፡ ዓመት፡
7 ከልኤተ፡[6] ወመሓስአ፡ ጠሊ፡ ከልኤተ፡[7] ከመዝ፡ ይገብር፡ እንተ፡ ጸብሐት፡ ሰቡዐ፡ መዋዕለ። ወሀሎ፡[8]
እንዘ፡ ይበልዕ፡ ውእቱ፡ ወዙሎሙ፡ ውሉዱ፡ ወሰብኡ፡ በፍሥሓ፡ በህየ፡[9] ሰቡዐ፡ መዋዕለ፡ *ወይባርክ፡
8 ወያአኵት፡[10] ለእግዚአብሔር፡ ለዘ፡ ባልሖ፡[11] እምዙሉ፡ ምንዳቤሁ፡ ወለዘወሀቦ፡ ጸሎቶ። ወዐሠረ፡
ዙሉ፡ እንስሳ፡[12] ንጹሐ፡ ወገብረ፡[13] ጸገሓሒ፡ ወእንስሳ፡ ርኩሰ፡ (ኢ)ወሀቦ፡[14] ለሌዊ፡ ወልዱ፡ ወነፍሳተ፡
9 ሰብአ፡ ዙሉ፡ ወሀቦ። ወተክህነ፡[15] ሌዊ፡ በቤቴል፡ ቅድመ፡ ያዕቆብ፡ አቡሁ፡[16] እምዐሠርቱ፡ አኀዊሁ፡
ወሀሎ፡ ህየ፡ ካህነ፡ ወያዕቆብ፡ ወሀበ፡[17] ጸሎቶ፡ ከመዝ፡ ዐሠረ፡ ዳግመ፡ ዐሥራተ፡ ለእግዚአብሔር፡
10 ወቀደሶ፡[18] ወኮነ፡[19] ቅዱሰ። ወ*በእንተዝ፡ ሥሩዕ፡ ውስተ፡ ጽላተ፡ ሰማይ፡ ሕግ፡ ለዐሥር፡ ዓሥራት፡
ካዕበ፡ ለበሊዖቱ፡ ቅድመ፡ እግዚአብሔር፡ በመካን፡ በኀበ፡ ተኀርየ፡ ይኅድር፡ ስሙ፡ ላዕሌሁ፡ ዓም፡
11 እምዓም፡ ወአልቦ፡ ለዝ፡ ሕግ፡ ዐቅመ፡ መዋዕል፡ ለዓለም። ውእቱ፡ *ሥርዓት፡ ጽሑፍ፡[21] ለገቢሮቱ፡
ዓመተ፡[22] እምዓመት፡ ለበሊዖቱ፡[23] ዓሥራት፡[24] ዳግመ፡ ቅድመ፡[25] እግዚአብሔር፡ በመካን፡ በኀበ፡
12 ተኀርየ፡ ወአልቦ፡ ለአትርፎ፡ እምኔሁ፡[26] እምዝ፡[27] ዓመት፡ ለዓመት፡ ለዘይመጽእ። እስመ፡
በ*ዓመቲሁ፡ ይትበላዕ፡ ዘርእ፡ እስከ፡ አመ፡ መዋዕለ፡ ሐፊፈ፡[28] ዘርእ፡ ዓመት፡ ወወይን፡ እስከ፡ አመ፡
13 መዋዕለ፡ ወይን፡ ወ*ዘይት፡ እስከ፡ አመ፡[29] *መዋዕለ፡ ጊዜሁ።[30] ወዙሉ፡ ዘይተርፍ፡ እምኔሁ፡
14 ወዘይበሊ፡ ይኩን፡ ስሑበ፡ በእሳት፡[31] የዐይ፡ እስመ፡ ኮነ፡ ርኩሰ። ወ*ከማሁ፡ ይብልዕዎ፡[32] ኅቡረ፡
15 *በቤት፡ ቅዱስ፡[33] ወኢያብልይዎ።[34] ወዙሉ፡ ዓሥራተ፡ ላህም፡ ወአባግዕ፡ ቅዱስ፡ ለእግዚአብሔር፡
ወ*ለካህናቲሁ፡ ይኩን፡ ዘይበልዕዎ፡ በቅድሜሁ፡ ዓመተ፡ እምዓመት፡ እስመ፡ ከማሁ፡ ሥሩዕ፡
ወቅሩጽ፡ በእንተ፡ ዓሥራት፡ ውስተ፡ ጽላተ፡ ሰማይ።

16 *ወበሌሊት፡ ካልእት፡ አመ፡ ዕሥራ፡ ወሰኑዩ፡ መዋዕለ፡ ዝወርኅ፡[35] መከረ፡ ያዕቆብ፡ ከመ፡
ይኅንጽ፡ ውእተ፡ መካነ፡ ወከመ፡ *ይጥቅም፡ ዐጸደ፡[36] ወይቀድሶ፡ ወከመ፡ ይግበር፡ ቅዱሰ፡
17 ዘለዓለም፡ ሎቱ፡ ወለውሉዱ፡[36] እምድኅሬሁ። ወአስተርአዮ፡ እግዚአብሔር፡ በሌሊት፡ ወባረኮ፡
18 ወይቤሎ፡ ኢይጸዋዕ፡ ስምከ፡ ያዕቆብሃ፡ ባሕቲቱ፡[37] እስራኤልሃ፡ *ይሰምዩ፡ ስመከ።[38] ወይቤሎ፡
ካዕበ፡ አነ፡ ውእቱ፡ እግዚአብሔር፡[39] ዘፈጠርኩ፡[40] ሰማየ፡ ወምድረ፡ ወአልህቀከ፡ ወአበዝኀከ፡
*ፈድፋደ፡ ጥቀ፡[41] ወነገሥት፡ እምኔከ፡ ይከውኑ፡[42] ወይኴንኑ፡ በዙለሂ፡[43] ወኢዴ፡ *ኬደ፡ አሰረ፡
19 ውሉደ፡ ሰብእ።[44] ወ*እሁብ፡ ለዘርእከ፡ ዙላ፡ ምድረ፡[45] ዘመትሕተ፡[46] ሰማይ፡ ወይኴንኑ፡ ውስተ፡
ዙሉ፡ አሕዛብ፡ በከመ፡ ፈቀዱ፡ ወእምድኅረዝ፡ ያስተጋብኡ፡ ዙላ፡[47] *ምድረ፡ ወ*ይወርስዋ፡
20 ለዓለም። ወፈጸመ፡ ተናግሮ፡ ምስሌሁ፡ ወዐርገ፡ እምኀቤሁ፡ ወይሬኢ፡ ያዕቆብ፡ እስከ፡ ሶበ፡
21 ዐርገ፡[48] ውስተ፡ ሰማይ። ወይሬኢ፡[49] በራእየ፡ ሌሊት፡ ወናሁ፡ መልአክ፡[50] ይወርድ፡ እምሰማይ፡

---

[1] Em. with Lat. *altarium fructuum* from ምሥዋዕ፡ ቍርባን፡ A, ምሥዋዕ፡ ወቍርባን፡ B.

haec olocaustomata in altarium fructuum, acceptabile in odorem suavitatis
in conspectu Dei. Hoc erat munus ejus a voto, quo voverat decimare, 5
cum sacrificiis et cum vino ipsorum. Et quando consumpsit ignis (ea 6
incendebat) libanum super ignem desuper, et (in) sacrificium salutare vitulos
duos, arietes quattuor, (oves quattuor, hircos quattuor,) agnos anniculos
duos, hircos caprarum duos: [et] secundum[1] haec faciebat cottidie in
septem diebus. (Et manducavit ipse et omnes filii sui et homines sui 7
in laetitia ibi septem diebus), et benedicebat et hymnum dicebat Deo,
qui liberavit eum de omnibus tribulationibus ejus et quoniam reddidit
votum suum. Et decimavit univer . . . . . . ubicunque *fecerint vestigium 8, 18
pedum suorum adversus filios hominum[2]. Et dabo semini tuo universas 19
benedictiones[3] quaecunque sunt sub caelo, [et dominabuntur] et potes-
tatem exercebunt[4] in omnibus gentibus secundum volumtatem suam et
post haec optinebunt universam terram et hereditabunt eam in saecula.
Et ut consummavit loquens cum eo, ascendit ab eo, et erat Jacob con- 20
siderans usquequo ascendit [ab eo] in caelo. Et vidit in visione noctis, 21
et ecce angelus [Dei] descendebat de caelo, et septem tabulae [buxeae]

[1] Emended with Eth. from semel. [2] Eth. = calcaverit vestigium filiorum hominis. [3] Eth. = terram. [4] MS. exercent.

[2] አዕዋል፡ A. [3] ወሰ B. [4] Lat. omits. [5] A omits [6] ፲፪ A; B omits ወ before preceding አሰገዐ፡ [7] ፪ A. [8] ወሀሰወ፡ B. [9] ሀየ፡ A. [10] ወይሰርኩ፡ ወያእዙትዎ፡ A. [11] በእሑ፡ B. [12] A adds ኀሩየ፡ ወ. [13] ወገብረ፡ B. [14] ወሀበ፡ B. [15] ወካህን፡ A. [16] B trans. before ይዐቀብ፡ [17] ወሀቦ፡ C D. [18] ወቀደሰ፡ A. [19] ወኮነ፡ A. [20] B omits. [21] A trans. [22] በንመት፡ A. [23] ሰበሲዐ፡ A B. [24] ዐሥራት፡ A. [25] በቅድመ፡ B. [26] B trans. after በንመት፡ [27] እም A. [28] Emended from ሐፊጥ፡ B; A omits; C gives ቀጸሚ፡ D ኀሰፊ፡ [29] ወሰ B. [30] ጊዜ፡ መዋዕሊሁ፡ B. [31] ወበእሳት፡ A. [32] ይበልዕዎ፡ A. [33] ወኢያብልዕዎ፡ B. [34] ወበውእቱ፡ መዋዕለ፡ እመ፡ ዐሠሩ፡ ወሰኑይ፡ መዋዕል፡ ዘወርኅ A. [35] ይጥቀም፡ ዐፀዶ፡ A. [36] ወሰወልዱ፡ A; after ወሰውሉዱ፡ B adds እስከ፡ ለንሰም፡ [37] ባሕተ፡ A; ባሕቲተ፡ አባ፡ B C; ባሕቲቶ፡ D. [38] ይሰምዩ፡ ስምከ፡ B; ይሰመይ፡ ስምከ፡ C D. [39] C adds እምኅበከ፡ [40] ዘፈጠረ፡ A. [41] B trans. [42] ይከውን፡ A. [43] በዙሉ፡ A. [44] Lat. *fecerint vestigium pedum suorum adversus filios hominum*, seems corrupt. [45] Lat. *benedictiones*, may be right. [46] እምታሕት፡ A. [47] ዙሉ፡ A. [48] Lat. adds *ab eo*. [49] ወርእየ፡ B. [50] Lat. adds *Dei*.

ወሱብዐ፡ ሰሌዳት፡ ውስተ፡ እደዊሁ፡ ወወሀቦ፡ ለያዕቆብ፡ ወአንበቦ፡ ወአእመረ፡[1] *ኵሉ፡ ዘጽሑፍ፡[2]
22 ውስቴቶን፡ ዘይከውን፡ ሎቱ፡ ወለውሉዱ፡ በኵሉ፡ ዓለማት፡፡ ወአርአዮ፡ ኵሉ፡[3] ዘጽሑፍ፡ ውስተ፡
ሰሌዳት፡ ወይቤሎ፡ ኢትሕንጽ፡ ዘንተ፡ መካነ፡ ወኢትግበር፡ መቅደሰ፡ ዘለዓለም፡ ወኢትኅድር፡
ዝየ፡[4] እስመ፡ *አኮ፡ ዝመካን፡[5] ሎቱ፡[6] ቤት፡ አብርሃም፡ አቡከ፡ ወኅድር፡ ኀበ፡[7] ይስሐቅ፡ አቡከ፡[8]
23 እስከ፡ አመ፡ ዕለተ፡ ሞቱ፡ ለአቡከ፡፡ እስመ፡ በግብጽ፡ ትመውት፡ በሰላም፡ ወበዛ፡ ምድር፡
24 ትትቀበር፡ በክብር፡ ውስተ፡[9] መቃብረ፡ አበዊከ፡[10] ምስለ፡[11] አብርሃም፡ ወይስሐቅ፡፡ ኢትፍራህ፡
እስመ፡[12] በከመ፡ ርኢከ፡ ወአንበብከ፡ *ከማሁ፡ ይከውን፡ ኵሉ፡ ወአንተሂ፡ ጸሐፍ፡ ኵሎ፡ ዘከመ፡
25 ርኢከ፡ ወአንበብከ፡፡[13] ወይቤ፡ ያዕቆብ፡ እግዚኦ፡ እፎ፡ እዜከር፡ ዘ[14]አንበብኩ፡ ወርኢኩ፡ ኵሎ፡
26 *ወይቤሎ፡ እኔ፡ እኤክረከ፡ ኵሎ፡፡[15] ወዐርገ፡ እምኔሁ፡ ወነቅሀ፡ እምንዋሙ፡ ወተዘከረ፡ ኵሎ፡
27 ዘአንበበ፡ ወዘርእየ፡ ወጸሐፈ፡[16] ኵሎ፡ ነገረ፡ ዘአንበበ፡ ወዘርእየ፡፡ ወገብረ፡ በህየ፡ ዓዲ፡[17] *ዕለተ፡
አሐተ፡ ወ[18]ሦዐ፡ ባቲ፡ በከመ፡ ኵሉ፡ ዘይሠውዕ፡[19] *በመዋዕለ፡ ቀዳሚያት፡[20] ወጸውዖ፡ ስማ፡
28 ተውሳክ፡[21] እስመ፡ ተወሰከት፡[22] ይእቲ፡ ዕለት፡ ወለቀዳሚያት፡ ጸውዖን፡ በዓለ፡፡ ወከመዝ፡[23]
ያስተርኢ፡ ውእቱ፡ ከመ፡ ትኩን፡ ወጽሑፍ፡ ውስተ፡ ጽላት፡ ሰማይ፡ በእንተዝ፡[24] ተከሥተ፡ ሎቱ፡
29 ከመ፡ ይግበራ፡[25] ወከመ፡ ይወስካ፡ ዲበ፡ ሰብዑ፡ መዋዕለ፡ በዓል፡ ኪያሃ፡፡ ወተጸውዐ፡ ስማ፡
ተውሳክ፡[21] እስመ፡ እንተ፡ *የዐርግ፡ ይእቲ፡ በዕላተ፡[26] መዋዕለ፡ በዓል፡ በከመ፡ ኍልቈ፡[27] መዋዕለ፡
30 ዘዓመት፡፡ ወበሌሊት፡ አመ፡ ዐሡሩ፡ *ወሠሉሱ፡ ለዝወርኅ፡[28] ሞተት፡ ዲቦራ፡ *ኀፃኒታ፡ ለ[29]ርብቃ፡
ወቀበርዋ፡[30] መትሕተ፡ ሀገር፡ ታሕተ፡ ባላን፡ ዘፈለግ፡ ወጸውዐ፡[31] ስሞ፡ *ለውእቱ፡ መካን፡[32]
31 *ፈለገ፡ ዲቦራ፡[33] ወ*በልያኖንሃ፡ በላኖስ፡[34] ላሐ፡ ዲቦራ፡፡ ወሖረት፡ ርብቃ፡ *ወገብአት፡ ውስተ፡
ቤታ፡ ኀበ፡ አቡሁ፡ ይስሐቅ፡ ወፈነወ፡ ያዕቆብ፡ በእዴሃ፡ አብሓኬ፡ *ወአባግዐ፡ ወይቤላት፡[35] ከመ፡

---

[1] Emended with Lat. *et cognovit* from ወአንበበ፡ of B C D; A omits. [2] ኵሉ፡ ዘጸሐፈ፡ A. [3] A omits. [4] Lat. *in hunc locum*. [5] አኮዝ፡ መካን፡ A. [6] Lat. adds *sed* before ሎቱ፡ [7] ቤተ፡ B. [8] B adds ህየ፡ [9] Lat. adds *et* before ውስተ፡ [10] Lat. adds *poneris*. [11] B omits. [12] B adds ይከውነከ፡ [13] B omits through homeoteleuton; A omits ኵሉ፡ after ይከውን፡ For ወአንተሂ፡ . . . ወአንበብከ፡ Lat. reads *quae scripta sunt omnia*, which is corrupt, as Jacob's question shows. [14] ዘከመ፡ A. [15] B omits through homeoteleuton. [16] Lat. *et celavit*, corruption due to Lat. translator reading ἔγραψε as ἔκρυψε (Rönsch). [17] Lat. omits wrongly. [18] በዓለ፡ አሐቲ፡ A. [19] ዘይሠውዑ፡ A; ዘይሠዋዕ፡ B. [20] በመዋዕል፡ ቀዳሚ፡ A. [21] ተስኮ፡ B; Heb. word is עֲצֶרֶת Num. xxix. 35; Lat. *retentatio* seems corrupt and due to confusion of *ἐπίσχεσις* and *ἐπίθεσις* (Rönsch). [22] Lat. *retentus est ibi* is corrupt, see verses 28, 29 (Lat.) [23] A adds ያዐርግ፡ ውእቱ፡ ወ. [24] Em. with Lat. *propter quod* from ወበእንተ፡ ዝ A, በእንተዝ፡ B. [25] Lat. *facere ipsam diem*. [26] Em. with Lat. *addita est in dies* from ያዐርግ፡ ይእቲ፡ በሰዓ፡ (በስዓ፡ D) A B D, ያዐርግ፡ በሰላም፡ C. [27] ኍልቈ፡ A B. [28] ወሰሉሱ፡ A. [29] ኀፃኒት፡ B. [30] ወቀበረታ፡ A D. [31] ወጸውዕዋ፡ B. [32] A omits; B C read ለውእቱ፡ ፈለግ፡ see note 11 on Lat. text. Gen.

nomen ejus Aser in secundo mensis[1] (un)decimi[2] in quinto anno *septi-
manae quartae[3]. (Et) introivit (Jacob) ad Liam[4], et concepit et peperit 22
filium et vocavit nomen ejus Isachar[5] in quarto mensis[6] quinti anni
*quarti septimanae quartae[7], (et) dedit illum nutrici. Et introivit adhuc 23
Jacob ad illam[8], et concepit et peperit duos, masculum et feminam, et
vocavit nomen masculi Zabylon et nomen faeminae Dinam[9] ⟨in septimo[10]⟩
mensis septimi anni sexti *septimanae quartae[11]. (Et) misertus est Deus 24
Rachel et aperuit matricem ejus, et concepit et peperit filium et vocavit
nomen ejus Joseph in primo die mensis quarti *anni sexti septimanae
quartae[12] hujus. (Et) in tempore, quo natus est Joseph, dixit Jacob ad 25
Laban: 'Da mihi mulieres meas et filios meos, et abibo ad patrem meum
Isac et faciam mihi domum, quoniam conplevi[13] annos, quibus servivi tibi
pro duabus filiabus tuis, et ibo in domum patris mei.' Et dixit Laban 26
ad Jacob: 'Expecta me in mercede[14] et pasce iterum oves meas, et *dabo
tibi[15] mercedem. Et placuerunt de mercede ut det illi . . .' 27

---

[1] MS. mense. [2] MS. adds diei. [3] MS. septimanarum quarto. [4] MS. illam. [5] MS. isacahar et. [6] MS. anno mense. [7] MS. die septimanarum quarto. [8] Emended from liam. [9] MS. adds et. [10] MS. septimi. [11] MS. septimanarum quarti. [12] MS. in sexto septimanarum quarto. [13] MS. conplebi. [14] Eth. = mane apud me in mercede tua. [15] Eth. = accipe.

አበግዕ፡ B; Gen. xxx. 39, which is here partly reproduced, supports C D. [16] Em. with Gen. xxx. 39 *καὶ ποίκιλα* from ወዘሰ፡ ዘትእምርት፡ ኵሉዘሰ፡ ዘበ፡ ዘሰ፡ A, ዘሰ፡ ዘትእምርት፡ ኵሉኵሉ፡ ዘበ፡ ዘሰ፡ B, ዘሰ፡ ዘትእምርት፡ ኵሉዘሰ፡ ዘበ፡ ዘሰ፡ C, ወዘሰ፡ ዘበ፡ ትእምርት፡ ወኵሉዘሰ፡ D. [17] Emended with LXX Gen. xxx. 39 *καὶ σποδοειδῆ ῥαντά* from ሐመዳ፡ ክበ፡ ወኵሉዘሰ፡ A, ወሐመደ፡ ክበ፡ ዘሰኵሉ፡ B, ወሐመደ፡ ገበ፡ ኵሉዘሰ፡ C; D omits. Corresponding to *καὶ σποδοειδῆ ῥαντά*, Vulg. gives *et diverso colore respersa;* thus וּטְלֻאִים the Mass. reading cannot be the original text. [18] ዘበ፡ D. [19] Jerome (Quaest. Hebr. in loc.), who frequently quotes the Book of Jubilees, seems to have this verse in mind in the following words: *Si quid igitur ex albis et nigris, quae unius coloris sunt, varium natum erit, meum erit; si quid vero unius coloris, tuum.* [20] አበግዐ፡ ወእሌሆሙ፡ A; Mass., Sam., Syr., Vulg. Gen. xxx. 43 omit ወአበግዐ፡ but LXX supports text. [21] ወደቂቅ፡ B. [22] ወያስተኃይጽ፡ B. [23] በ B. [24] ሌሊ፡ ይሰክርን፡ A D. [25] B trans. after ዕለት፡ For እምኔሁ፡ A reads እምነቢሁ፡ [26] ሰሊይ፡ A. [27] Over an erasure in B. [28] B adds ቢሖሎም፡

ከመ፡ ይግባእ፡ ቤተ፡[1] አቡሁ፡ ወይቤላ፡ ንሑር፡ ውስተ፡ ዘሎሙ፡ መካን፡ ውእቱ፡[2] ተሐውር፡
4 ምስሌከ። ወባረከ፡ ያዕቆብ፡ አምላከ፡ *ይስሐቅ፡ አቡሁ፡[3] ወአምላከ፡ አብርሃም፡ *አቡ፡[4] አቡሁ፡
ወተንሥአ፡ ወጸዐነ፡ አንስቲያሁ፡ ወውሉዶ፡ ወዘሎ፡ ጥሪቶ፡ ነሥአ፡[5] ወዐደወ፡ ፈለገ፡ ወበጽሐ፡
5 ምድረ፡[6] ገለአድ፡[7] ወኀብአ፡[8] ያዕቆብ፡ ልቦ፡[9] ለላባ፡ ወኢነገሮ። ወበሳብዕ፡ ዓም፡ ዘሱባኤ፡
ራብዕ፡ ተመይጠ፡ ያዕቆብ፡ ገለአድሃ፡[10] በቀዳሚ፡ ወርኅ፡ አመ፡ ዐሡሩ፡ ወአሚሩ፡ ወዴገኖ፡
ላባ፡ ድኅሬሁ፡ ወረከቦ፡ ለያዕቆብ፡ በደብረ፡ ገላአድ፡ በወርኅ፡ ሣልስ፡ አመ፡ *ዐሡሩ፡ ወሠሉሱ።[11]
6 ወኢኀደጎ፡ እግዚአብሔር፡ ከመ፡ ያሕሥም፡ ላዕለ፡ ያዕቆብ፡ እስመ፡[12] አስተርአዮ፡ በሕልም፡
7 ሌሊተ፡[13] ወነገሮ፡ ላባ፡[14] ለያዕቆብ። ወአመ፡ *ዐሡሩ፡ ወኀሙሱ፡[15] ለውእቱ፡ መዋዕል፡ ገብረ፡
ያዕቆብ፡ ግብአ፡ ለላባ፡ ወለዘሎሙ፡ እለ፡ መጽኡ፡ ምስሌሁ፡ ወመሐለ፡ ያዕቆብ፡ ለላባ፡ በዛቲ፡
ዕለት፡ ወላባኒ፡ ለያዕቆብ፡ ከመ፡ ኢይትዐደዉ፡ አሐዱ፡ ኀበ፡ ካልኡ፡[16] በእኩይ፡ *ቢደብረ፡
8 ገለአድ።[17] ወገብረ፡ ህየ፡ ፍሥሐተ፡ ለስምዕ፡ በእንተዝ፡ ተጸውዐ፡ ስሙ፡ ለውእቱ፡ መካን፡
9 ፍሥሐተ፡ ስምዕ፡ ከመዝ፡ ፍሥሐት። ወቀዳሙሰ፡ ይጼውዕዎ፡[18] ለምድረ፡ ገለአድ፡[7] ምድረ፡
ራፋኢል፡[19] እስመ፡ ምድረ፡ ረፋኢም፡[20] ይእቲ፡ ወተወልዱ፡[21] ረፋኢም፡[22] ረዐይት፡ እለ፡ ዐሥር፡
በእመት፡ ወትስዕ፡[23] በእመት፡ ወሰምን፡[24] በእመት፡[25] ወእስከ፡[26] ሰብዕ፡ በእመት፡ ውእቱ፡
10 ኑኆሙ። ወመኀድሪሆሙ፡ እምነ፡ ምድረ፡[26] ውሉደ፡ አሞን፡ እስከ፡[27] ደብረ፡ ኤርሞን፡ ወቤተ፡
11 መንግሥቶሙ፡ ቀራናኢም፡[28] ወአስጠሮት፡[29] ወኢድራእ፡[30] ወሚሱር፡[31] ወቤዖን።[32] ወአሕጐሎሙ፡
እግዚአብሔር፡ እምእከየ፡[33] ምግባሮሙ፡ እስመ፡ ጸዋጋን፡ ጥቀ፡ እሙንቱ፡ *ወአኅደረ፡ አሞሬዎን፡[34]
ህየንቴሆሙ፡ *እኩያ፡ ወኃጥእ፡[35] ወአልቦ፡ ሕዝብ፡ ዮም፡ ዘፈጸመ፡ ኀጣውኢሆሙ፡ ዘሎሙ፡ ወአልቦሙ፡
12 *እንከ፡ ኑኅ፡ ሕይወት፡ ውስተ፡[36] ምድር። ወፈነወ፡ ያዕቆብ፡ ላባሃ፡[37] ወሖረ፡ ውስተ፡[38] ሜስጶ
13 ጦሚያ፡ ምድረ፡ ጽባሕ፡ ወያዕቆብኒ፡ ተመይጠ፡ ምድረ፡ ገለአድ።[7] ወተዐደወ፡ ኢያቦክሃ፡[39]
በታስዕ፡ ወርኅ፡ *አመ፡ ዐሡሩ፡ ወአሚሩ፡ ወበዝ፡ ዕለት፡[40] በጽሐ፡ ኀቤሁ፡ ዔሳው፡ እኁሁ፡ ወተኣረየ፡[41]
14 ወሖረ፡ እምኀቤሁ፡ ምድረ፡ ሴኢር፡ ወያዕቆብሰ፡ ኀደረ፡ በምጽላላት። ወበዓመት፡ ቀዳሚ፡
ዘ[42]*ኃምስ፡ ሱባኤ፡ በዝ፡[43] ኢዮቤልዉ፡ ዐደወ፡ ዮርዳኖስ፡[44] *ወኀደረ፡ ማዕዶተ፡ ዮርዳኖስ፡[45]
ወይሬዒ፡ አባግዒሁ፡ *እምባሕረ፡ ፈሐሐት፡[46] እስከ፡ *ቤተሰን፡ ወእስከ፡ ዶታኤም፡ ወእስከ፡[47]
15 አመ፡[48] አቅራቤት።[49] ወይፌኑ፡ ለአቡሁ፡ ይስሐቅ፡ እምዘሎ፡ ጥሪቱ፡ ልብሰ፡ ወሲሲተ፡ ወሥጋ፡

---

[1] ውስቴቱ፡ B. [2] ኀበ፡ A. [3] A trans. [4] አቡሁ፡ ለ B. [5] ወነሥአ፡ B. [6] Gen. xxxi. 21 הַר, ὄρος. [7] ገላአድ፡ A. [8] So LXX Gen. xxxi. 20 ἔκρυψε and Onk. וְכַסִּי; we should have expected ἔκλεψε = יִגְנֹב Mass., Sam., Syr. [9] LXX and Onk. Gen. xxxi. 20 omit. [10] ገላአድ፡ A. [11] ፲ወ፫ A. [12] ወ B. [13] በሌሊት፡ A. [14] ለባ፡ A; ለበ፡ B. [15] ፲ወ፭ A. [16] Em. from አሐዱ፡ ካልእ፡ A, አሐዱ፡ ካልእ፡ B, ፩ እምካልኡ፡ C, ፩ ካልእ፡ D. [17] ወደብር፡ ለገላአድ፡ A. [18] ይጼውዕዋ፡ A. [19] ራፍኢል፡ B. [20] ረፋኢል፡ A. [21] ትወልደ፡ A. [22] ራፋኢል፡ A. [23] ወታስዕ፡ A. [24] ወሰምን፡ A; B omits. [25] B omits. [26] ወ B. [27] እስመ፡ B. [28] ተራታኢም፡ A.

...(propter) quod vocatum est nomen loci illius 'Congeries testis' XXIX.
secundum collem istum. Antea enim vocabatur terra Galaad *terra 9
Rafain[1], quoniam terra Rafain est, et illic nati sunt Rafain, [id est]
gigantes, decem cubitorum et novem et octo cubitorum[2], etiam et septem
cubitorum erat altitudo ipsorum. Et erat habitatio ipsorum a terra 10
filiorum Ammon usque in montem Hermon[3], et domus regni ipsorum
Carnain et Hastaroth[4] et Draa *et Misor et Beon[5]. Et perdidit illos 11
Dominus de malitia studiorum, quoniam maligni erant valde, et habitare
fecit pro illis Amorreos, malignos et peccatores sicut non est gens
*hodie, qui[6] conpleverunt omnia peccata sua, et non est illis amplius
longitudo vitae super terram. Et emisit Jacob Laban et abiit in 12
Mesopotamiam in terram orientis, et Jacob convertit se a(d) terram
Galaad. Et in mense nono transivit Jaboc[7] *die undecimo[8] ipsius, et 13
in (hoc) die advenit ad illum Esau frater[9] suus et propitiatus (ei) et abiit
ab ipso in terram Seir, et Jacob inhabitavit in tabernaculis. Et in anno 14
primo jubelei hujus *septimanae quintae transivit[10] Jordanen et inhabi-
tavit trans Jordanen et erat pascens oves suas a mare salso usque
(Bethasan et usque Dothaim et usque) arborem[11] Acrabin. Et tradidit 15
patri suo Isac ex omnibus substantiis suis, vestes et cacas et carnes et

---

[1] MS. terrafain. [2] MS. cubitis. [3] MS. heremoth. [4] MS. mastoroth. [5] MS. et ... msum ... et seo. [6] MS. odio quia. [7] MS. jacob. [8] Emended with Eth. from undecim filii. [9] MS. fraters. [10] MS. septimanarum quinti transibit. [11] Emended with Eth. from aggruum.

---

[29] ወአስጣርስ፡ A. [30] ወኢድራእ፡ B. [31] ወሚሶር፡ A. [32] ወቤዎን፡ D. [33] በእከየ፡ A. [34] Em. with Lat. *fecit habitare ... Amorreos* from ወኀደረ፡ አሞሬዎን፡ A B. [35] Em. from እኩይ፡ ወኃጥእ፡ of MSS. [36] ዮም፡ እንከ፡ ንብረት፡ በዲበ፡ A. [37] ሰበን፡ B. [38] A adds ምድረ፡ [39] ኢያብክየ፡ A. [40] Lat. *et undecim filii ipsius et in die* seems due to LXX or Vulg. Gen. xxxii. 23. [41] Em. with Lat. *propitiatus ei* from ተኳነኑ፡ of MSS. [42] በ B. [43] በ A. [44] የርዳኖስ፡ B. [45] A omits through hmt. [46] እምብሔረ፡ ፍሥሕት፡ A D; Lat. *a mare salso.* [47] Lat. omits. For ቤተሰን፡ B reads ቤት፡ ሰን፡ [48] እመ፡ B C D; Lat. *aggruum*, where *gg* are uncertain in MS., should be emended into *arborem;* cf. Num. xxxiv. 4, Jos. xv. 3, where our text would imply לאלה instead of Mass. למעלה. [49] አቅቢት፡ A.

16 ወሰደ፡ ወሐሊበ፡ ወቅብአ፡ ወንብሰተ፡ ሐሊብ፡[1] ወእምዘ፡ ተመርተ፡[2] ቆሉ፡ *ወለእሙኒ፡ ለ[3]ርብዓ
ርብዕ፡ ለዓመት፡ *ማእከለ፡ ጊዜያቲሆሙ፡[4] ለአውራኅ፡ ወ[5]ማእከለ፡ ሐፅሰ፡[6] ወለ[7]ዐጺደ፡ ወማእከለ፡
17 ጸዳይ፡ ወዝናም፡ ወማእከለ፡ ክረምት፡ ወሐጋይ፡ ውስተ *ማኅፈዱ፡ ለ[8]አብርሃም፡፡ እስመ
ተመይጠ፡ ይስሐቅ፡ እምዐዘቅተ፡ መሐላ፡ ወዐርገ፡ ውስተ፡ ማኅፈደ፡ *አቡሁ፡ አብርሃም፡[9]
18 ወነበረ፡ ህየ፡ እምኅበ፡ ወልዱ፡፡ እስመ፡[10] በመዋዕሊሁ፡ ሖረ፡ ያዕቆብ፡ መስጴጦምያ፡ ነሥአ፡
ለርእሱ፡ ኤሳው፡[11] ብእሲተ፡ ማሕሌትን፡[12] ወለተ፡ ይስማኤል፡ ወአስተጋብአ፡ ኵሎ፡ መርዔተ፡ አቡሁ፡
ወ[13]አንስቲያሁ፡ ወዐርገ፡ ወነበረ፡ ውስተ፡ *ደብረ፡ ሴር፡[14] ወኀደገ፡ ይስሓቅሃ፡ አቡሁ፡[15] ውስተ፡
19 ዐዘቅተ፡ መሐላ፡[16] ባሕቲቶ፡፡[17] ወዐርገ፡ ይስሓቅ፡ እምዐዘቅተ፡ መሐላ፡ ወነበረ፡[17] ማኅፈደ፡
20 አብርሃም፡ አቡሁ፡ ውስተ፡ ደብረ፡ ኬብሮን፡፡ ወ*ህየ፡[18] ይፌኑ፡ ያዕቆብ፡ ኵሎ፡ ዘይፌኑ፡ ለአቡሁ፡
ወ[19]ለእሙ፡ እምጊዜ፡ በበ፡ ጊዜ፡ ኵሎ፡ ትካዞሙ፡ ወይባርክዎ፡ ለያዕቆብ፡ በኵሉ፡ ልቦሙ፡ ወበኵሉ፡
ነፍሶሙ፡፡

፴ ወበቀዳሚ፡ ዓመት፡ ዘ[19]ሱባዔ፡ ሳድስ፡ ዐርገ፡ ለሴማን፡[20] *ዘመንገለ፡ ጽባሒሁ፡ ለሰቂማ፡[21]
2 በሰላም፡[22] በራብዕ፡ ወርኅ፡፡ ወበህየ፡ መሰጥዋ፡ ለዲና፡ ወለተ፡ ያዕቆብ፡ ውስተ፡ ቤተ፡ ሴኬም፡[23]
ወልደ፡ ኤሞር፡ ኤዊ፡ መኰንነ፡[24] ምድር፡ ወሰከበ፡ ምስሌሃ፡ ወአርኰሳ፡[25] ወይእቲሰ፡[26] ንስቲት፡[27]
3 ወለተ፡ ፲ወ፪[28] ዓመት፡፡ ወአስተብቍዖ፡[29] እምኔሁ፡ ለአቡሁ፡ ትትወሀብ፡[30] *ሎቱ፡ ብእሲተ፡[31] ወእምኀበ፡
አኀዊሃ፡ ወተምዕዑ፡[32] ያዕቆብ፡ ወውሉዱ፡ በእንተ፡ ዕደው፡ ሰቂማ፡ እስመ፡ አርኰስዋ፡ ለዲና፡ እኅቶሙ፡
4 ወተናገሩ፡ ምስሌሆሙ፡ በእኩይ፡ ወተበለዩዎሙ፡[33] *ወአስፈጥዎሙ፡፡ ወቦኡ፡[34] ስምዖን፡ ወሌዊ፡
*ሰቂማ፡ ግብተ፡[35] ወገብሩ፡ ኵነኔ፡ ላዕለ፡ ኵሎሙ፡[36] ዕደው፡ ሰቂማ፡ ወቀተሉ፡ ኵሎ፡ ብእሴ፡
ዘረከቡ፡ ውስቴታ፡ ወኢያትረፉ፡[37] ውስቴታ፡ ወኢአሐደ፡[38] ኵሎ፡ ቀተሉ፡ በዓፀር፡[39] እስመ፡ ገመኑ፡

---

[1] A omits. [2] ትእምርት፡ A; Lat. trans. እምዘ and ተመርተ፡ [3] ወለእሙ፡ A.
[4] ማእከላቲሆሙ፡ ወጊዜያቲሆሙ፡ A. [5] B omits. [6] ሓፅስ፡ A B. [7] ወ A.
[8] ማኅፈደ፡ ዘ A. [9] A trans. [10] ወእመ፡ B. [11] A trans. before ለርእሱ፡
[12] ማእከሌትን፡ A. [13] ወአስተጋብአ፡ A. [14] ደብር፡ ሲኦር፡ A. [15] አቡሁ፡ B.
[16] ማኅደሱ፡ B. [17] Lat. omits. [18] Emended from እምህየ፡ with Lat. *illic*.
[19] ዘዘ A. [20] ሰላምን፡ B. [21] Here the writer of Jubilees has deliberately altered the text עִיר שְׁכֶם into מִקְדָּשׁ שְׁכֶם on dogmatic grounds. [22] Observe that in ለሴማን፡ and በሰላም፡ our text combines two different renderings of שָׁלֵם in Gen. xxxiii. 18 and thus deviates from all the versions. [23] ሴኬም፡ A. [24] A adds ሀገር፡ ወ. [25] ወረከሳ፡ A.
[26] ወይእቲ፡ A. [27] B adds ወለተ፡ [28] ዐሠርቱ፡ ወክልኤቱ፡ B. [29] ወአስተብቍዐ፡ B.
[30] Lat. omits; A B add ሎቱ፡ ብእሲተ፡ [31] C D trans. after አኀዊሃ፡ [32] ተምዐ፡ A.
[33] Cf. Test. Levi 7 ἐχλευάσαμεν. [34] Lat. *et posuerunt in corde suo*. This seems better than our text, which we might emend into ወአንበርዎሙ፡ ልቦሙ፡ Both texts are probably corrupt. For ወአስፈጥዎሙ፡ D reads ወአጥፍእዎሙ፡ [35] Lat. *extermi-nare eos;* B affixes ሃ to ሰቂማ፡ [36] Lat. omits. [37] ወኢአትረፉ፡ B. [38] ወኢአሐዱ፡ A; ወኢአደ፡ B. [39] Corrupt, possibly for በሥርዐት፡ cf. Lat. *in judicio*.

potum, lac, botyrum[1] et caseum et dactilos de *convalle. Et matri[2] suae 16
Rebeccae per singulos annos quater, in medio temporum mensuum et
in medio arationis[3] usque ad messem autumnum et in medio autumni plu-
viarum[4] et in medio pluviarum veris[5] (in) barin hujus Abrahae. Quoniam 17
reversus est Isac a puteo jurationis et ascendit in barin patris sui
Abraham et inhabitavit ibi *in terra sua et filii sui[6]. Propter quod in 18
tempore, quo abiit Jacob in Mesopotamiam, accepit sibi Esau mulierem
Maellet filiam Ismael et (ad se recepit) *uxores suas[7] (et) universos
greges patris sui et ascendens inhabitavit in monte Seir, et derelinquit[8]
Isac patrem suum ad puteum jurationis (solitarium). Ascendit ergo Isac 19
de puteo jurationis (et inhabitabat) in barin Abraham patris sui in monte
Cebron. Illic erat Jacob transmittens quaecumque transmittebat[9] patri 20
suo sive matri suae per singula tempora, universa quae erant illis neces-
saria in omni usu suo, et erant benedicentes Jacob in omni corde ipsorum
et in tota anima sua.

Et in anno primo *septimanae sextae[10] ascendit in Salem secundum XXX.
orientem Sicimae[11] in pace quarto mense. Et illic rapuerunt Dinam 2
filiam Jacob in dom(um) Sychem filii Emmor Euuei, principis terrae,
et *polluit eam, quia dormivit cum ea[12], et ipsa adulescens erat filia
duodecim annorum. Et petierat illam [postea] a patre suo et [omnibus] 3
fratribus suis in mulierem. Et indignatus est Jacob et filii sui ad viros
Sychemorum, quia polluerant Dinam sororem suam, et locuti sunt ad
eos in simulationem et in dolo deriserunt eos [Symeon et Leuui] *et
posuerunt in corde suo[13] Symeon et Leuui *exterminare eos[14], et fecerunt 4
judicium in viros Sychemorum (et interfecerunt omnem virum) quem
invenerunt in ea, et non relinquerunt in ea usque unum: universos ⟨enim⟩
occiderunt in judicio[15], propter quod polluerant Dinam sororem suam.

---

[1] MS. botyterum. [2] MS. convallae et matris. [3] MS. area. [4] MS. pluvias. [5] MS. ejus. [6] Corrupt, read with Eth. absque Esau filio suo. [7] MS. uxor ejus. [8] MS. derelíquid. [9] Emended with Eth. from erant. [10] MS. septimanarum sexti. [11] sicimam. [12] These words should be transposed and read as in Eth. and Gen. xxxiv. 2 dormivit cum ea et polluit eam. [13] Eth. = et deceperunt eos et intraverunt; see note 34 on Eth. text. [14] Eth. = sagimam de improviso. [15] Eth. = cruciatu; see note 39 on Eth. text.

5 ዲናሃ፡ እኅቶሙ፡፡ ወከመዝ፡ እንከ፡ ኢይትገበር፡ እምይእዜ፡ ለአርኵሶ፡ ወለተ፡ እስራኤል፡ እስመ፡
በሰማይ፡ ተሠርዐ፡ ላዕሌሆሙ፡ ዘንተ፡ ከመ፡ ያጥፍእዎሙ፡[1] በሰይፍ፡[2] ለኵሎሙ፡[3] ዕደው፡ ሰቂማ፡
6 እስመ፡ ገብሩ፡ ኀፍረተ፡[4] ውስተ፡ እስራኤል፡፡ ወመጠዎሙ፡ እግዚአብሔር፡ ውስተ፡ እደ፡ ውሉደ፡
ያዕቆብ፡ ከመ፡ ያሠርውዎሙ፡[5] በሰይፍ፡ ወከመ፡ ይግበሩ፡ ላዕሌሆሙ፡ ኵነኔ፡ ወከመ፡ ኢይኩን፡
7 እንከ፡ ከመዝ፡ በውስተ፡ እስራኤል፡ ለአርኵሶ፡ ድንግል፡ እስራኤላዊት፡፡ ወብእሲ፡ እመቦ፡ ዘፈቀደ፡
በውስተ፡[6] እስራኤል፡ የሀብ፡ ወለቶ፡ ወእመሂ፡ እኅቶ፡ ለኵሉ፡ ብእሲ፡ ዘእምዘርአ፡ አሕዛብ፡ ሞተ፡
ለይሙት፡ ወ[7]በእብን፡ ይውግርዎ፡ እስመ፡ ገብረ፡[8] ኀፍረተ፡ በውስተ፡ እስራኤል፡ ወለብእሲትኒ፡
8 ያውዕይዋ፡ በእሳት፡ እስመ፡ አርኰሰት፡ ስመ፡[9] ቤተ፡ አቡሃ፡ ወትሠረው፡ እምእስራኤል፡፡ ወኢይት
ረከብ፡ ዘማ፡ ወርኩስ፡ በውስተ፡ እስራኤል፡ ኵሉ፡ መዋዕሊ፡ ትውልደ፡ ምድር፡ እስመ፡ ቅዱስ፡
እስራኤል፡ ለእግዚአብሔር፡ ወኵሉ፡ ሰብእ፡ ዘአርኰሰ፡ ሞተ፡ ለይሙት፡ በእብን፡[10] ይውግርዎ፡፡
9 እስመ፡ ከመዝ፡ *ተሠርዐ፡ ወተጽሕፈ፡[11] ውስተ፡ ጽላተ፡ ሰማይ፡ በእንተ፡ ኵሉ፡ ዘርአ፡ እስራኤል፡
10 ዘያረኵሶ፡[12] ሞተ፡ ለ[13]ይሙት፡ ወበእብን፡ ይትወገር፡፡[14] ወአልቦ፡ ለዝ፡ ሕግ፡ ዕቅመ፡[15] መዋዕል፡[16]
ወአልቦ፡ ኅድገተ፡ ወኵሉ፡[17] ስርየተ፡ ዘእንበለ፡ ዳእሙ፡ ይሤረው፡[18] ብእሲ፡ ዘአርኰሰ፡ ወለቶ፡
በማእከሉ፡[19] ኵሉ፡ እስራኤል፡ እስመ፡ እምውስተ፡[20] ዘርኡ፡ ወሀቦ፡[21] ለሞሎክ፡[22] ወአበሰ፡ ለአርኵ
11 ሶቱ፡፡ ወአንተኒ፡ ሙሴ፡ አዝዞሙ፡ ለደቂቀ፡ እስራኤል፡ ወአስምዕ፡ ላዕሌሆሙ፡ ከመ፡ ኢየሀቡ፡
እምኒ፡ አዋልዲሆሙ፡ ለአሕዛብ፡ ወከመ፡ ኢይንሥኡ፡ ለውሉዶሙ፡[23] እምአዋልደ፡ አሕዛብ፡
12 እስመ፡ ምኑን፡ ውእቱ፡ በቅድመ፡ እግዚአብሔር፡፡ በእንተዝ፡ ጸሐፍኩ፡[24] ለከ፡ ውስተ፡ ቃለ፡ ሕግ፡
ኵሉ፡ ግብሮሙ፡ ለሰቂማ፡ ዘገብሩ፡ ላዕለ፡ ዲና፡ ወዘከመ፡ ተናገሩ፡ ደቂ፡[25] ያዕቆብ፡ እንዘ፡ ይብሉ፡
13 ኢንሁብ፡ ወለተነ፡[26] ለብእሲ፡[27] ዘቦ፡ ቍልፈተ፡ እስመ፡ ጽእለት፡ ውእቱ፡ *ለነ፡፡ ወጽእለት፡[28]
ውእቱ፡ ለእስራኤል፡ ለእለ፡ ይሁቡ፡ ወለእለ፡ ይነሥኡ፡ እምአዋልደ፡ አሕዛብ፡ እስመ፡ ርኩስ፡ ውእቱ፡
14 ወምኑን፡ ውእቱ፡ ለ[28]እስራኤል፡፡ ወኢይነጽሕ፡ እስራኤል፡ እምዝ፡ ርኩስ፡[30] ዘቦ፡ ብእሲተ፡ እም፡
15 አዋልደ፡[29] አሕዛብ፡ *ወእመቦ፡ እምአዋልዲሁ፡ ዘወሀቦ፡ ለብእሲ፡ ዘእምኵሉ፡ አሕዛብ፡፡[31] እስመ፡

---

[1] ያጥፍእሙ፡ A. [2] B trans. after ሰቂማ፡ [3] ለኵሉ፡ B. [4] ኃፍረታ፡ B.
[5] ይስርዎሙ፡ B. [6] Lat. *ex filiis;* should we read እምውሉደ፡ [7] A omits.
[8] B adds ኀጢአተ፡ ወ. [9] Lat. omits. [10] ወበእብን፡ B. [11] Lat. trans. ተሠ'' and ተጽ''; A omits ወተጽሕፈ፡ [12] ዘየረኵሶ፡ A. [13] A omits. [14] ይውግርዎ፡ A.
[15] A trans. before ለዝ፡ [16] በመዋዕሊ፡ A. [17] አልቦ፡ A B; ኵሉ፡ C D.
[18] ይሠረው፡ B. [19] በውስተ፡ B. [20] በውስተ፡ A; Lat. *ab omni*, but cf. Lev. xviii. 21, xx. 2. [21] ወወሀቦ፡ A. [22] Certainly a corruption owing to Lev. xviii. 21, xx. 2; read ነኪር፡ or an equivalent with Lat. *alienigenae.* [23] Emended with Lat. *filiis suis* from ለሊሆሙ፡ A. B C D omit ለሊሆሙ፡ [24] ጸሐፍ፡ A. [25] ደቂ፡ ለ A.
[26] Gen. xxxiv. 14 ህጉክሙ. [27] ለሰብእ፡ A B. [28] A B omit through homoeoteleuton; A omits ወጽእለት፡ ውእቱ፡ [29] A omits; B reads እም፡ [30] ርኵስ፡ B. [31] Lat. *et si dabimus de filiabus nostris omnibus gentibus;* A omits ኵሉ፡

(Et ita) non erit amplius ut polluantur filiae Istrahel, propter quod in 5
caelo sit judicatum[1] super ipsos, ut pugnent[2] in gladio adversus Sychem
(univers)um, propter quod fecerunt ignominiam in Istrahel. Et tradidit 6
eos Dominus in manibus filiorum Jacob, ut eradicent eos in gladio et
fiat in ipsis judicium, et non amplius erit *in Istrahel[3] ut polluatur virgo
Istrahel. Et homo quicumque [est] ex ⟨filiis⟩ Istrahel [et] placuerit 7
ei dare filiam suam aut sororem suam omni viro ex semine gentium,
periet et lapidabitur lapidibus, propter quod fecerit ignominiam in
Istrahel, et mulier conburetur igni, propter quod contaminaverit domum
patris sui, (et) eradicabitur ex Istrahel. Et non erit fornicaria et abom- 8
inatio in Istrahel omnibus diebus generationis terrae, propter quod
sanctus est Istrahel Domino, et omnis homo quicumque polluerit (eum)
*morietur in lapidibus[4]. Propter quod sic scriptum est et decretum est 9
in tabulis caeli de omni semine Istrahel quoniam qui polluerit mortem
morietur et lapidibus lapidabitur. Et non erit huic legi finis temporis 10
et non erit illi remissio et omnis propitiatio: sed ut exterminetur homo
quicumque polluerit filiam ipsius in medio omnis[5] Istrahel, quoniam ab
[omni] semine ejus dedit alienigenae[6] et impie egit[7] intaminare illud.
Et tu Monses manda filiis Istrahel et testificare super eos, ut non dent 11
ex filiabus suis gentibus et ut non accipiant filiis suis de filiabus eorum,
quoniam abominatio est coram Domino. Propter hoc scripsi tibi in 12
sermonibus legis omnis sermones operum[8] Sychimorum quae fecerunt
Dinae[9], et quemadmodum locuti sunt filii Jacob dicentes: 'Non dabimus
filiam nostram homini qui habet praeputium; obprobrium enim est nobis.
Et obprobrium Istrahel qui dant sive accipiunt a filiabus gentium, propter 13
quod abominatio est et immunditia in ⟨omni⟩ Istrahel. Et non mun- 14
dabitur Istrahel ab abominatione ista, si fuerit illi mulier de gentibus[10],
et *si dabimus[11] de filiabus nostris omnibus gentibus.' Quoniam plaga 15

---

[1] MS. judicum. [2] Eth. better=delerent. [3] MS. in . . . istrahel. [4] Eth.= mortem moriatur, lapident eum; this is correct, see ver. 9. [5] MS. hominis. [6] MS. alienigena; see note 22 on Eth. text. [7] MS. egerunt. [8] Eth.=omnia opera. [9] MS. dine. [10] Eth.=filiabus gentium. [11] Emended from non mundabimus. Eth. = si dedit.

መቅሠፍት፡ ላዕለ፡ መቅሠፍት፡ ውእቱ፡ ወመርገም፡ ላዕለ፡ መርገም፡ ወኵሉ፡ ኵነኔ፡ *ወመቅ
ሠፍት፡ ወመርገም፡[1] ይመጽእ፡[2] ወለእመ፡[3] ገብረ፡ ዘንተ፡ *ወለእመ፡ ተዐወረ፡[4] አዕይንቲሆሙ፡
እምእለ፡[5] እለ፡ ይገብሩ፡ ርኵሰ፡[6] ወእም[7]እለ፡ ያረኵሱ፡ መቅደሶ፡[8] ለ[9]እግዚአብሔር፡ ወ[9]እምእለ፡
ይገምኑ፡ ስሞ፡ ቅዱሰ፡ ይትኳነኑ፡[10] ኵሉ፡ ሕዝብ፡ ኅቡረ፡ በእንተ፡ ኵሉ፡ *ርኵሱ፡ ወ[11]ገማኔሁ።[12]
16 ወአልቦ፡ ነሢአ፡ ገጽ፡ [*ወአልቦ፡ አድልዎ፡ ለገጽ፡[13]] ወአልቦ፡ ነሢአ፡[14] *እምእዴሁ፡ ፍሬ፡
ወ[15]መሥዋዕት፡ ወጽንሓሐ፡ ወስብሐ፡[16] ወትትመዐዝ፡[17] መዐዛ፡ ሠናየ፡ ከመ፡ ይትወከፎ፡ ወይኩን፡
17 ኵሉ፡[18] ብእሲ፡ ወብእሲት፡ በውስተ፡ እስራኤል፡ ዘያረኵስ፡ መቅደሶ፡፡ በእንተዝ፡[19] አዘዝኩከ፡
እንዘ፡ እብል፡ አስምዕ፡ ዘተ፡ ስምዐ፡ ላዕለ፡ እስራኤል፡ ርኢ፡[20] ዘከመ፡ ኮነ፡ ለሴኬም፡ ወለውሉዱ፡[21]
ዘከመ፡ ተውህበት፡ ውስተ፡ እደ፡[22] ክልኤሆሙ፡ ደቂቀ፡ ያዕቆብ፡ ወቀተልዎሙ፡ በዓመፃ፡[23] ወኮነቶሙ፡
ጽድቀ፡ ወተጽሕፎሙ፡[24] ለጽድቅ፡፡
18 ወተኀርየ፡ ዘርአ፡ ሌዊ፡ ለክህነት፡ ወለሌዋውያን፡[25] ከመ፡ ይትለአኩ፡ ቅድመ፡[26] እግዚአብሔር፡[27]
ከመ፡ ንሕነ፡ በኵሉ፡ መዋዕል፡ ወይትባረክ፡ ሌዊ፡ ወውሉዱ፡ ለዓለም፡ እስመ፡ ቀንአ፡ ከመ፡ ይግበር፡
19 ጽድቀ፡ ወኵነኔ፡ ወበቀለ፡[28] እምኵሎሙ፡ እለ፡ ይትነሥኡ፡ ላዕለ፡ እስራኤል፡፡ ወከመዝ፡ ያዐርጉ፡
ሎቱ፡ በስምዕ፡[29] ውስተ፡ ጽላተ፡ ሰማይ፡ በረከተ፡[30] ወጽድቀ፡ ቅድሜሁ፡ ለአምላከ፡ ኵሉ፡፡
20 ወንዜክር፡ ንሕነ፡ ጽድቀ፡ ዘገብረ፡ ብእሲ፡ በሕይወቱ፡ በኵሉ፡ ጊዜያት፡ ዘዓመት፡ እስከ፡ ዐሠርቱ፡
ምእት፡ ትውልድ፡ ያዐርጉ፡ ወ[31]ይመጽእ፡ ሎቱ፡ ወለትውልዱ፡[32] እምድኅሬሁ፡ ወተጽሕፈ፡ *ዐርከ፡
21 ወጻድቀ፡[33] ውስተ፡ ጽላተ፡ ሰማይ፡፡ ኵሎ፡ ዘንተ፡ ነገረ፡ ጸሐፍኩ፡ ለከ፡ ወአዘዝኩከ፡ ከመ፡ ትንግር፡
ለውሉደ፡ እስራኤል፡ ከመ፡ ኢይግበሩ፡ አበሳ፡ ወኢይትዐደዉ፡ ሥርዐተ፡ ወኢይንሥቱ፡ ኪዳነ፡ እንተ፡
22 ትሠርዐት፡ ሎሙ፡ ከመ፡ ይግበርዋ፡ ወይጸሐፉ፡ አዕርክተ፡፡ ወእመሰ፡ ተዐደዉ፡[34] ወገብሩ፡
እምኵሉ፡ ፍናዊሃ፡ ለርኵስ፡ ይጸሐፉ፡[35] ውስተ፡ ጽላተ፡ ሰማይ፡ *ጸላእተ፡ ወ[36]ይደመሰሱ፡
እመጽሐፈ፡ ሕይወት፡[37] ወይጸሐፉ፡ ውስተ፡ *መጽሐፈ፡ እለ፡ ይትሐጐሉ፡ ወ[38]ምስለ፡ እለ፡

---

[1] Lat. *plagarum et maledictio maledictionum;* A omits. [2] Lat. adds *super illum.* [3] ወእመ፡ A. [4] ወእመቦ፡ ዘተዐወረ፡ A. For ተዐወረ፡ አዕይንቲሆሙ፡ Lat. reads *praeterierit et despexerit.* [5] እምኵሉ፡ A. [6] ርኵሳተ፡ B. [7] ወ B. [8] መቅደሶ፡ A B. [9] A omits. [10] ይትኬነኑ፡ A; ይትኬነኑ፡ B. [11] Lat. omits. [12] Emended with Lat. *abominationibus hujus* from ወገማኔ፡ ዘተ፡ of MSS. [13] Lat. omits, bracketed as a gloss. [14] A trans. after እምእዴሁ፡ [15] Lat. omits; B omits ፍሬ፡ [16] ወስብሓ፡ B; Lat. omits. [17] ወተመዐዝ፡ B; ወለተምዐዝ፡ A C D; Lat. *odorabitur odorem suavitatis;* hence Eth. rendering is bad. Better emended with Lat. into ወያጼንዎ፡ The phrase is that of Gen. viii. 21 וַיָּרַח אֶת־רֵיחַ הַנִּיחֹחַ. [18] ለኵሉ፡ A. [19] ወበእንተዝ፡ B. [20] A omits; Lat. *et vide.* [21] ወለውሉዱ፡ A. [22] A omits. [23] Corrupt, possibly for በሥርዐት፡ cf. Lat. *in judicio.* [24] ወተጽሕፈተሙ፡ A. [25] A adds ለ. [26] ቅድሜሁ፡ A. [27] A adds ለቤቱ፡ [28] A adds እስመ፡ [29] A trans. after ሰማይ፡ [30] ለበረከት፡ A. [31] ዘ B. [32] ወለትውልዱ፡ A; Lat. *semini ejus.* [33] ዐርከ፡

super plagam est et maledictum super maledictum et omnia judicia
plagarum et maledictio [maledictionum] advenient super illum (si) faciet
sermonem istum, et si *praeterierit et despexerit[1] facientes[2] abomina-
tionis et (qui) polluunt[3] sanctificationem Dei et qui polluunt nomen
sanctum ejus judicabitur tota plebs simul de omnibus abominationibus
(et contaminatione) hujus. Et non erit ut accipiat personam, et non 16
accipiet sacrificium et olocaustomata neque *odorabitur odorem[4] suavi-
tatis, suscipere ipsud: et erit in Istrahel omnis homo sive mulier polluens
sanctificationes. Propter quod mandavi tibi dicens: 'Testare testificatione 17
ista in Istrahel [et] vide quid factum sit Sychimis et filiis ipsius, quomodo
traditi sunt in manu duorum[5] filiorum Jacob, et occiderunt illos in judicio[6],
et conputatum est illis in veritate et conscriptum est illis in justitia.'
Et adscriptum est semen Leuui (in) sacerdotium et Levitas, ut deserviant 18
in conspectu Domini, sicuti [et] nos, omnibus diebus, et benedicitur
Leuui et filii ejus in saecula, quoniam aemulatus est veritatem, ut faceret
judicium et defensionem ab omnibus qui *positi sunt[7] super Istrahel.
Et sic refertur illi in testimonium in tabulis caeli benedictio et justitia 19
in conspectu Dei omnium. Et *memoramur justitiam[8] quam fecit[9] homo 20
in vita sua, in omnibus temporibus anni, usque ad mille annos[10] referetur[11]
et veniet illi et semini[12] ejus post eum, et scriptus est amicus (et) justus
in tabulis caeli. Scribsi tibi omnes sermones istos et mandavi, ut adnun- 21
ties filiis Istrahel ut non faciant malignum et non praetereant praecepta,
et non dissipent[13] testamentum dispositum super ipsos, et facient ea, et
adscribentur amici ⟨Dei⟩. Si autem transgressi fuerint [testamentum] 22
et fecerint ex omnibus viis abominationem scripti[14] in tabulis caeli inimici
⟨Dei⟩ erunt et delebuntur de libro vitae et scribentur in libro *perditionum

---

[1] Eth. = conniverit. [2] MS. faciens. [3] MS. polluerit. [4] MS. odoravitur odore. [5] MS. hominum. [6] Eth. = cruciatu; see note 23 on Eth. text. [7] Eth. = exsurgunt. [8] MS. memorabitur justitia. [9] MS. faciet. [10] Eth. = generationes. [11] MS. offeretur. [12] Eth. = generatione. [13] MS. dissipabunt. [14] MS. quaecumque scripta sunt.

ወጽድቀ፡ B. [24] Lat. adds *testamentum*. [25] ኢይጸሐፉ፡ A; B omits ለዐርክት፡ ... ወይጸሐፉ፡ through homoeoteleuton. [26] እለ፡ A. [27] ሕይዎት B. [28] Lat. *libro perditionum*.

23 ይሤረዉ፡ እምውስተ፡ ምድር። ወበዕለተ[1] ቀተሉ፡ ውሉደ፡ ያዕቆብ፡ ሰቂማሃ፡ ዐርገ፡ ሎሙ፡
መጽሐፍ፡ ውስተ፡ ሰማይ፡ ከመ፡ ገብሩ፡ ጽድቀ፡ ወርትዐ፡ ወበቀለ፡ *ላዕለ፡ ኃጥአን፡ ወተጽሕፈ፡[2]
24 ለበረከት። ወአውፅኡ፡ ዲናሃ፡ እኅቶሙ፡ እምነ፡ ቤተ፡ ሴኬም፡ ወፄወዉ፡ ኵሎ፡ ዘሀለወ፡[3] ውስተ፡
ሰቂማ፡ አባግዒሆሙ፡ ወአልህምቲሆሙ፡ ወአእዱጊሆሙ፡ ወኵሎ፡ መራዕየሙ፡ *ወኵሎ፡
25 ንዋዮሙ፡[4] ወአምጽኡ፡ ኵሎ፡ ኀበ፡ ያዕቆብ፡ አቡሆሙ። ወተናገረ፡ ምስሌሆሙ፡ በእንተ፡ ዘቀተሉ፡
26 ሀገረ፡ እስመ፡ ፈርሀ፡ እምእለ፡ ይነብሩ፡ ምድረ፡ እምነ፡[5] *ከነናውያን፡ ወፌሬዛውያን።[6] ወኮነ፡
ግርማ፡ እግዚአብሔር፡ ውስተ፡ ኵሉ፡[7] አህጉር፡ ዘአውዳ፡ ለሰቂማ፡ ወ*ኢተንሥኡ፡ ለሰዲደ፡[8]
ውሉደ፡ ያዕቆብ፡ እስመ፡ ድንጋፄ፡ ወድቀ፡ ላዕሌሆሙ።

፴፩ ወበሠርቀ፡ ወርኅ፡ ነገረ፡ ያዕቆብ፡ ለኵሉ፡ ሰብአ፡ ቤቱ፡ እንዘ፡ ይብል፡ ንጽሑ፡ ወወልጡ፡
አልባሲክሙ፡ ወተንሥኡ፡ ንዕርግ፡ ቤቴል፡ በኀበ፡ ጸለይኩ፡ ሎቱ፡ ጸሎተ፡ አመ፡ ዕለተ፡ ጐየይኩ፡
እምገጸ፡ ዔሳው፡ እኁየ፡ ዘውእቱ፡ ምስሌየ፡ ወሜጠኒ፡ ውስተ፡ ዛቲ፡ ምድር፡ በሰላም፡ ወአሰስሉ፡
2 አማልክተ፡ ነኪር፡ እለ፡ ማእከሌክሙ። ወመጠውዎሙ፡[9] ለአማልክተ፡ ነኪር፡ *ወዘውስተ፡
እዘኒሆሙ፡ ወዘውስተ፡ ክሳውዲሆሙ፡[10] ወጣዖተ፡ ዘሰረቀት፡ ራሔል፡ እምላበ፡ ላባ፡[5] *እኁሃ፡
ወሀበት፡[11] ኵሎ፡ ለያዕቆብ፡ ወአውዐዮ፡ ወፀተሞ፡[5] ወአማሰኖ፡ ወኀብኦ፡[12] ታሕተ፡ ድርየስ፡ ዘሀሎ፡
ውስተ፡ *ምድረ፡ ሰቂማ።[13]

3 ወዐርገ፡ አመ፡ ሠርቀ፡ ወርኅ፡ ሳብዕ፡[14] ውስተ፡ ቤቴል። ወሐነጸ፡ ምሥዋዐ፡ ውስተ፡ መካነ፡
ኀበ፡ ኖመ፡ ህየ፡ ወአቀመ፡[15] ህየ፡ ሐውልተ፡ ወለአከ፡ ኀበ፡ አቡሁ፡ ይስሐቅ፡ ከመ፡ ይምጻእ፡ ኀቤሁ፡
4 ውስተ፡ መሥዋዕቱ፡ ወኀበ፡ እሙ፡ ርብቃ። ወይቤ፡ ይስሐቅ፡ ይምጻእ፡ ወልድየ፡ ያዕቆብ፡
5 ወእርአዮ፡ ዘእንበለ፡ እሙት። ወሖረ፡ ያዕቆብ፡ ኀበ፡ አቡሁ፡ ይስሐቅ፡ ወኀበ፡ እሙ፡ ርብቃ፡
ውስተ፡ *ቤቱ፡ ለአቡሁ፡[16] አብርሃም፡ ወክልኤተ፡ እምውሉዱ፡ ነሥአ፡ ምስሌሁ፡ ሌዊሃ፡ ወይሁዳሃ፡
6 ወመጽአ፡ ኀበ፡ አቡሁ፡ ይስሐቅ፡ ወኀበ፡ እሙ፡ ርብቃ። ወወፅአት፡ ርብቃ፡ እማኅፈድ፡ *ውስተ፡
አንቀጸ፡ ማኅፈድ፡[17] ከመ፡ ትስዐሞ፡ ለያዕቆብ፡ ወትሕቅፎ፡[18] እስመ፡ ሐይወ፡ መንፈሳ፡ በጊዜ፡
7 ሰምዐት፡[19] ናሁ፡ ያዕቆብ፡[5] ወልድኪ፡ በጽሐ፡ ወሰዐመቶ። *ወርእየቶሙ፡ ለክልኤቱ፡ ውሉዱ፡[20]
ወአእመረቶሙ፡ ወትቤሎ፡ እሉሰ፡ ውሉድከኑ፡ ወልድየ፡ ወሐቀፈቶሙ፡ ወሰዐመቶሙ፡ ወባረ
ከቶሙ፡ እንዘ፡ ትብል፡ ብክሙ፡ ይከበር፡[21] ዘርአ፡ አብርሃም፡ ወአንትሙ፡ ትከውኑ፡ ለበረከተ፡
8 በዲበ፡ ምድር። ወቦአ፡ ያዕቆብ፡ ኀበ፡ ይስሐቅ፡ አቡሁ፡ ውስተ፡ ጽርሑ፡ ኀበ፡ ይሰክብ፡ ህየ፡
ወክልኤቱ፡ ደቂቁ፡[22] ምስሌሁ፡ ወአኀዘ፡ እደ፡ አቡሁ፡ ወደረኖ፡ ሰዐሞ፡ ወተሰቅለ፡ ይስሐቅ፡ ውስተ፡
9 *ክሳደ፡ ያዕቆብ፡[23] ወልዱ፡ ወበከየ፡ ዲበ፡ ክሳዱ።[24] ወጽላሌ፡ ኀለፈ፡ እምአዕይንተ፡ ይስሐቅ፡
ወርእየ፡ ክልኤሆሙ፡ ውሉዶ፡ ለያዕቆብ፡ ሌዊሃ፡ ወይሁዳሃ፡ ወይቤ፡ ውሉድከሁ፡ እሉ፡ ወልድየ፡
10 እስመ፡ ይመስሉከ። ወነገሮ፡[25] ከመ፡ በአማን፡ ውሉዱ፡ እሙንቱ፡ ወአማን፡ ርኢከ፡[26] ከመ፡
11 አማን፡[27] ውሉድየ፡ እሙንቱ። *ወቀርቡ፡ ኀቤሁ፡[28] ወተመይጠ፡ ወሰዐሞሙ፡ ወሐቀፎሙ፡
12 ለክልኤሆሙ፡[29] ኅቡረ። ወመንፈሰ፡ ትንቢት፡ ወረደ፡[30] ውስተ፡ አፉሁ፡ *ወአኀዞ፡ ለሌዊ፡ በየማናዊ፡

[1] በዕለተ፡ B. [2] Lat. *in ipsis, et scripti sunt.* [3] እለ፡ ሀለዉ፡ A. [4] A B trans.

inter eos[1] qui eradicentur a terra. Et in die, qua percusserunt filii Jacob 23
Sycimam, ascendit illis scriptura in caelis, facientes veritatem et judicium
et vindictam *in ipsis, et scripti sunt[2] in benedictione. Et ejecerunt 24
Dinam sororem suam de domo Sycem et captivaverunt universa quae
erant in Sycimis, oves et boves ipsorum et asinos *et omnem armentam
eorum[3], et omnem substantiam eorum, et adtulerunt universa ad Jacob
patrem suum. Et locutus est ad illos, quare exterminaverunt civitatem, 25
timuit enim ab his qui inhabitabant[4] terram, a Cananeis et Ferezeis.
Et factus est timor Domini super omnes civitates quae erant in circuitu 26
Sycimorum, et *non persecuti sunt post Jacob, ut nocerent eum[5], quoniam
timor cecidit super ipsos.

XXXI.

Et in prima die mensis ... ... nate, quoniam similes[6] sunt tibi. 1, 9
Et indicavit illi [dicens]: 'In veritate sunt filii mei[7] et verum vidisti 10
⟨pater⟩, quoniam filii mei sunt.' Et proximaverunt illi, et conversus 11
osculatus eos et amplexus est utrosque simul. Et spiritus profetiae 12
advenit in os Isac[8], et tenuit Leuui in manu dextera sua et Judam in

---

[1] Eth.=eorum qui perdentur et cum iis. For eradicentur MS. reads eradicantur. [2] Eth. = contra peccatores, et scriptum est. [3] MS. reads et omnem terram eorum, and trans. after substantiam eorum. [4] MS. inhabitant. [5] See note 8 on Eth. text. [6] MS. similis. [7] Eth.=ipsius. [8] Eth.=ejus.

---

before ወዘኮኑ መፋ". [5] A omits. [6] ከናናዊያን፡ ወፌርዛዊያን፡ A. [7] ዘኮኑ A. [8] Lat. *non persecuti..., ut nocerent eum;* Vulg. Gen. xxxv. 5 *non sunt ausi persequi.* These seem to point to a text differing from the Mass. רָדְפוּ לֹא and LXX οὐ κατεδίωξαν. [9] Emended with Gen. xxxv. 4 שְׁכֶם from ወምሰውዎሙ A, ወመሰውዎሙ B, ወመሰጥዎሙ C D. [10] Seems a transposition and corruption of ዘውስቴቶሙ፡ እደዊሆሙ፡ ወዘውስቴቶሙ፡ እዘኒሆሙ፡ so Gen. xxxv. 4. [11] Emended from ለቡን፡ ወወሀቡት፡ of MSS. [12] ወንበሮ፡ B. [13] ምድር፡ ዘቂማን፡ A. [14] በሰብዕ፡ B. [15] ወአቀሙ፡ A. [16] ቤተ፡ አቡሁ፡ A. [17] ኀበ፡ አንቀጸ፡ A. [18] ወትንቅር፡ A D; ወትሕቅር፡ B. [19] A adds ወይቤልዎ፡ [20] ወርእየት፡ ክልኤሆሙ፡ ውሉዱ፡ B. [21] ይክብር፡ A; ይከብር፡ B. [22] ይቆ፡ B. [23] ክሳዱ፡ ሰይዕቀብ፡ A. [24] ክሳደ፡ ወልዱ፡ A. [25] Lat. *et indicavit illi dicens.* [26] ርእዮ፡ A. [27] Is this a corruption of አቡ፡ cf. Lat. *pater.* B gives በአማን፡ [28] B omits. [29] Emended with Lat *utrosque* from ለዘኮሎሙ፡ [30] A adds ኀዐሉሁ፡

13 እደዊሁ፡[1] ወይቤሎ፡ [2]በፀጋማዊ፡ እደዊሁ፡[2] ወተመይጠ፡ ኀበ፡ ሌዊ፡ ቀዲሙ፡[3] ወአኀዞ፡ ይባርኮ፡
መቅድመ፡ ወይቤሎ፡[4] ይባርክ፡ [5]አምላከ፡ ኵሉ፡[5] ውእቱ፡ እግዚእ፡ ኵሉ፡[6] ዓለማት፡ ኪያከ፡
14 ወውሉደከ፡ በኵሉ፡ ዓለማት፡፡ ወየሀብከ፡ እግዚአብሔር፡ ለከ፡ ወለዘርእከ፡ [7]ዐበየ፡ ልብዊ፡ ለክብሩ፡[7]
ወኪያከ፡[8] ወዘርእከ፡ ያቅርብ፡[9] ኀቤሁ፡ እምኵሉ፡ ዘሥጋ፡ ከመ፡ ይትለአክ፡ ውስተ፡ መቅደሱ፡ ከመ፡
መላእክተ፡ ገጽ፡ ወከመ፡ ቅዱሳን፡ ከማሆሙ፡ ይከውን፡ ዘርእሙ፡ ለውሉድከ፡ ለክብር፡ ወለዐቢይ፡
15 ወለቅዳሴ፡ ወያዐብዮሙ፡[10] ውስተ፡ ኵሉ፡ ዓለማት፡፡ ወመኳንንተ፡ ወመሳፍንተ፡ ወመላእክተ፡[11]
ይከውኑ፡ ለኵሉ፡ ዘርአ፡ ውሉደ፡ ያዕቆብ፡ [12]ቃሎ፡ ለ[13]እግዚአብሔር፡ በጽድቅ፡ ይነግሩ፡ ወኵሎ፡
ኵነኔሁ፡ በጽድቅ፡ ይኴንኑ፡ ወ[13]ይነግሩ፡ ፍናዊየ፡ ለያዕቆብ፡ ወአሰርየ፡ ለእስራኤል፡ በረከትየ፡ ለእግዚ
16 አብሔር፡ ይትወሀብ፡ ውስተ፡ አፉሆሙ፡[14] ከመ፡ [15]ይባርኩ፡ ኵሉ፡ ዘርእ፡ ለፍቅር፡፡[15] ኪያከ፡
ጸውዐተ፡ እምከ፡ ስመከ፡ ሌዊሃ፡ ወበአማን፡ ጸውዐት፡ ስመከ፡ ልጹቀ፡[16] ለእግዚአብሔር፡ ትከውን፡
ወሱታፌ፡ ኵሎሙ፡ ውሉደ፡ ያዕቆብ፡ ማእዱ፡ ለከ፡ ትኩን፡ ወአንተ፡ ወውሉድከ፡ ብልዑ፡ ወለኵሉ፡
17 ትውልድ፡ ትኩን፡ ማዕድከ፡ ምልእተ፡ ወኢይሕፀፅ፡[17] እክልከ፡[18] ለኵሉ፡ ዓለማት፡፡ ወኵሎሙ፡
እለ፡ ይጸልኡከ፡ ቅድሜከ፡ ይደቁ፡[19] ወኵሎሙ፡ ፀርከ፡ ይሠረዉ፡[20] ወይትሐጐሉ፡ ወ[21]ዘይባርከከ፡
18 ቡሩክ፡ ወኵሉ፡ ሕዝብ፡ ዘ[22]ይረግመከ፡ ይኩን፡ ርጉመ፡፡[22] ወለይሁዳሂ፡ ይቤሎ፡ የሀብከ፡ እግዚአ
ብሔር፡ ኀይለ፡ ወጽንዐ፡ ከመ፡ ትኪዶሙ፡ ለኵሎሙ፡ እለ፡ ይጸልኡከ፡ መኰንን፡ ኩን፡ አንተ፡
ወአሐዱ፡ እምነ፡ ውሉድከ፡ ለውሉደ፡ ያዕቆብ፡ ስምከ፡ ወስመ፡ ውሉድከ፡ ይኩን፡ [23]ዘየሐውር፡
ወዘያንሶሱ፡[23] ውስተ፡ ኵሉ፡ ምድር፡ ወአህጉር፡ አሚሃ፡[24] ይፈርሁ፡ አሕዛብ፡ እምቅድመ፡ ገጽከ፡
19 ወይትሀወኩ፡ ኵሎሙ፡[25] አሕዛብ፡ ወኵሉ፡[26] ሕዝብ፡ ይትሀወኩ፡፡ ብከ፡ ይኩን፡ ረድኤቱ፡ ለያዕ
20 ቆብ፡ ወብከ፡ ትትረከብ፡[27] መድኀኒተ፡ እስራኤል፡፡ ወ[28]አመ፡ ዕለተ፡[28] ትነብር፡ ውስተ፡ መንበረ፡
[29]ክብር፡ ጽድቅከ፡ ትከውን፡[29] [30]ዐቢይ፡ ሰላም፡[30] ለኵሉ፡ ዘርአ፡ ውሉዱ፡[31] ለፍቅር፡ ዘይባርከከ፡
ቡሩክ፡[32] ወኵሎሙ፡ እለ፡ ይጸልኡከ፡ ወይሣቅዩከ፡ ወእለሂ፡ ይረግሙከ፡[33] ይሠረዉ፡[33] ወይትሐጐሉ፡
21 እምድር፡ ወይኩኑ፡ ርጉማነ፡፡ ወተመይጦ፡[34] ሰዐሞ፡ ዳግመ፡ ወሐቀፎ፡ ወተፈሥሐ፡ ዐቢየ፡ እስመ፡
22 ርእየ፡ [35]ውሉዶ፡ ለ[35]ያዕቆብ፡ ወልዱ፡ ዘበጽድቅ፡፡ ወወፅአ፡ እማእከሉ፡ እገሪሁ፡ ወወድቀ፡ ወሰገደ፡
ሎቱ፡ ወባረኮሙ፡ ወአዕረፈ፡ ህየ፡ ቅሩበ፡ ይስሐቅ፡ አቡሁ፡ በይእቲ፡ ሌሊት፡ ወበልዑ፡ ወሰትዩ፡
23 በፍሥሓ፡፡ ወአኀዞሙ፡ ክልኤሆሙ፡ ውሉዶ፡[36] ለያዕቆብ፡ አሐደ፡[37] በየማኑ፡[38] ወአሐደ፡[39] በፀጋሙ፡[40]

---

[1] ወአኀዞ፡ እደዊሁ፡ ዘየማን፡ ለሌዊ፡ A. [2] በፀጋሙ፡ A. [3] ቅድመ፡ B. [4] Lat. *et benedixit Leuui dicens.* [5] እግዚአብሔር፡ A; እግዚእ፡ ኵሉ፡ B; እግዚአብሔር፡ አምላከ፡ ኵሉ፡ D; *Deus cunctorum*, Lat.; C omits. [6] Lat. omits. [7] Emended from ዐበየ፡ ዐበየ፡ ለክብረ፡ A, ዐበየ፡ ዓበየ፡ ለክብር፡ B. Cf. Lat. *intelligentiam gloriae* (MS. *intellegere gloriam*) *ejus.* [8] Lat. omits. [9] ያቅርም፡ B. [10] ያዐቢዮሙ፡ A; የዓቢዮሙ፡ B; Lat. *sanctificabit illos.* [11] Lat. omits; we should read ጸሐፍተ፡ as in Test. Levi 8 ἀρχιερεῖς καὶ κριταὶ καὶ γραμματεῖς. [12] ቃለ፡ A. [13] B omits. [14] Lat. *semini ejus*, but cf. Ecclus. l. 20 δοῦναι εὐλογίαν Κυρίῳ ἐκ χειλέων αὐτοῦ. [15] ይትባረኩ፡ ለፍቅር፡ A. [16] Lat. *ad decorem;* hence some corruption here. [17] ወኢይትኀጸጽ፡ A.

sinistra. Et conversus est ad Leuui in primis et coepit benedicere eum 13
in[1] primis, et [benedixit Leuui] dicens[2]: 'Benedicat te Deus cunctorum
[et] ipse Dominus saeculorum (te) et filios tuos in omnia saecula. Et 14
det Dominus tibi et semini tuo magnam[3] *intelligentiam gloriae[4] ejus,
et (te et) semen tuum adplicabit ad se ex omni carne, ut serviatis[5] illi
in sanctificationibus ipsius secundum angelos vultus et secundum sanctos,
[et] secundum ipsos erit ⟨et⟩ semen filiorum tuorum in gloriam et magni-
tudinem et sanctificationem, et sanctificabit[6] illos in omnia saecula. Et 15
principes et judices (et duces) erunt omni semini Jacob: sermonis Dei
in veritatem indicabunt et omnia judicia ejus in justitia examinabunt et
indicabunt vias meas huic Jacob et semitas meas huic Istrael. Benedictio
Dei dabitur *in os eorum[7] ut benedicant omne semen dilecti[8]. Vocavit 16
mater tua nomen tuum Leuui, et in veritate vocavit nomen tuum: *ad
decorem Dei[9] eris et socius omnium filiorum Jacob: mensa sua[10] tibi
erit, et tu et filii tui manducabitis eam, et in omnia saecula mensa tua
erit plena, et non deficiet esca tua in omnia saecula. Et omnes odientes 17
te in conspectu tuo cadent et omnes inimici[11] tui exterminabuntur et
perient: *et qui[12] benedixit te, erit benedictus, et si gens erit aliqua
quae maledixerit te, maledicta erit.' Et Judae dixit: 'Dabit tibi Deus 18
fortitudinem et virtutem, ut ⟨tu⟩ conculces omnes odientes te: princeps
eris tu et unus filiorum tuorum (filiis Jacob: nomen tuum et nomen
filiorum tuorum) erit abiens et optinens[13] universam terram et regiones:
tunc timebunt populi a facie tua et conturbabuntur universae gentes et

---

[1] MS. et. [2] Eth.=dixit ei. [3] Em. with Eth. from magno. [4] MS. intellegere gloriam. [5] Eth.=servient. [6] MS. sanctificavit. Eth.=magnificet. [7] Restored with Eth. from MS. semini ejus. [8] MS. dilectum. [9] Eth.=addictus Deo. [10] MS. tua. [11] MS. inimi. [12] MS. quia ut ille. [13] See note 23 on Eth. text.

---

[18] አክላከ: A. [19] ይወድቁ: D. [20] ይሄሪሙ: D. [21] A omits. [22] ዘይረግሞከ: ይኩኑ: ዘኵሎሙ: ርጉማነ: B. [23] ዘያንሶሱ: ወዘየሐውር: A. For ወዘያንሶሱ: Lat. gives *optinens*, which may be due to a corruption of περιερχόμενον into περιεχόμενον (Rönsch). [24] ወእሜዝያ: B. [25] ዙሉ: A. [26] ወዙሎሙ: A. [27] ይትረኩቡ: A. [28] ወእምዐለት: A. [29] ጽድቅከ: ወክብር: ይከውን: A; ክብረ: ጽድቅከ: ትከውን: D. [30] ዐቢየ: ሰላሙ: A. [31] ውሉደ: ያዕቆብ: ወ A. [32] B omits. [33] ይሄሪሙ: B. [34] መትመይጦ: A B. [35] ውሉደ: A. [36] ወልዱ: A. [37] እሐዱ: A. [38] በረድኤት: B. [39] በዐገሙ: B.

24 ወተኀብኡ፡[1] ሎቱ፡ ጽድቁ፡ ወነገረ፡ ያዕቆብ፡ ኵሎ፡ ለአቡሁ፡ በሌሊት፡ ዘከመ፡ ገብረ፡ እግዚአ
ብሔር፡ ምስሌሁ፡ ሣህሉ፡ ዐቢየ፡[2] ወዘከመ፡[3] ሠርሖ፡ ኵሎ፡ ፍናዊሁ፡ ወተማኅፀነ፡ እምኵሉ፡
25 እኩይ፡፡ ወባረኮ፡ ይስሐቅ፡ እምላኩ፡ አቡሁ፡ አብርሃም፡ ዘኢኀደገ፡ ምሕረቶ፡ ወጽድቆ፡ እምወልደ፡
ገብሩ፡ ይስሐቅ፡፡

26 ወበነግህ፡ ነገረ፡ ያዕቆብ፡ ለአቡሁ፡ ይስሐቅ፡ ጸሎተ፡ ዘጸለየ፡ ለእግዚአብሔር፡ ወራእየ፡ ዘርአየ፡
ወከመ፡ ኀነጸ፡[4] ምሥዋዐ፡ ወዘሎ፡ ድልው፡ ለመሥዋዕት፡ ለገቢር፡ ቅድመ፡ እግዚአብሔር፡ በከመ፡
27 ጸለየ፡ ወከመ፡ መጽአ፡ ይጽዐኖ፡ ዲበ፡ አድግ፡፡ ወይቤሎ፡[5] ይስሐቅ፡ ለያዕቆብ፡ ወልድየ፡ ኢይክል፡
መጺአ፡ ምስሌከ፡ እስመ፡ ረሣእኩ፡[6] ወኢይክል፡ ተዐግሦ፡ በፍኖት፡ ሖር፡ ወልድየ፡ በሰላም፡
እስመ፡ ወልደ፡ ፻ወ፷ወ፭[7]ዓመት፡ አነ፡ ዮም፡[8] ኢይክል፡ እንከ፡ ነጊደ፡ ጸዐን፡ ለእምከ፡ ወትሖር፡
28 ምስሌከ፡፡ ወአእምር፡[9] አነ፡ ወልድየ፡ ከመሰ፡[10] በእንቲአየ፡ መጻእከ፡ ወዝቲ፡ ዕለት፡ ትኩን፡ ቡርክት፡
29 እንተ፡ ባቲ፡ ርኢከኒ፡ ሕያውየ፡ ወርኢኩከ፡ አነሂ፡ ወልድየ፡፡ ተሰራሕ፡ ወገበር፡ ጸሎተ፡ እንተ፡
ጸለይከ፡ ወኢታጕንዲ፡ ጸሎተከ፡ እስመ፡ *ትትኃሠሥ፡ ጸሎት፡[11] ወይእዜሰ፡ ጕጕአ፡[12] ትግበራ፡[13]
30 ወይሠምር፡ ዘገብረ፡ ኵሎ፡ ለዘጸለይከ፡[14] ጸሎተ፡፡ ወይቤላ፡ ለርብቃ፡ ሖሪ፡ ምስለ፡ ያዕቆብ፡[15]
ወልድኪ፡ ወሖረት፡ ርብቃ፡ ምስለ፡ ያዕቆብ፡ ወልዳ፡ ወዲቦራ፡[16] ምስሌሃ፡ ወበጽሑ፡ ውስተ፡
31 ቤቴል፡፡ ወተዘከረ፡ ያዕቆብ፡[17] ጸሎተ፡[18] እንተ፡ ባረኮ፡[19] አቡሁ፡ ወክልኤቱ፡ ውሉዱ፡ ሌዊሃ፡[20]
32 ወይሁዳሃ፡ ወተፈሥሐ፡ ወባረኮ፡ ለአምላኩ፡ አበዊሁ፡ አብርሃም፡ ወይስሐቅ፡፡ ወይቤ፡[21] ይእዜ፡
አእመርኩ፡ ከመ፡ ብየ፡ ተስፋ፡ ዘለዓለም፡ ወለውሉድየኒ፡[22] በቅድመ፡ አምላከ፡ ኵሉ፡[23] ወከመዝ፡
ሥሩዕ፡ በእንተ፡ ክልኤሆሙ፡ ወ*ያዐርጎ፡ ሎሙ፡[24] በስምዕ፡ ዘ[25]ለዓለም፡ ውስተ፡ ጽላተ፡ ሰማይ፡
በከመ፡ ባረኮሙ፡ ይስሐቅ፡፡

XXXII ወኀደረ፡[26] በይእቲ፡ ሌሊት፡ ውስተ፡ ቤቴል፡ ወሐለመ፡ ሌዊ፡ ከመ፡ *ሤምዎ፡ ወ[27]ረሰይዎ፡
*ለካህነ፡ አምላክ፡[28] ልዑል፡ *ኪያሁ፡ ወውሉዶ፡[29] እስከ፡ ለዓለም፡ ወነቅሐ፡ እምንዋሙ፡ ወባረኮ፡[30]
2 ለእግዚአብሔር፡፡ ወጌሠ፡ ያዕቆብ፡ በነግህ፡ አመ፡ *ዐሡሩ፡ ወረቡዑ፡[31] ለዝ፡ ወርኅ፡ ወዐሠረ፡
እምኵሉ፡ ዘመጽአ፡ ምስሌሁ፡ እምሰብእ፡ እስከ፡ እንስሳ፡ እምወርቅ፡ እስከ፡ ኵሉ፡[32] ንዋይ፡
ወልብስ፡ ወዐሠረ፡ እምኵሉ፡፡

3 ወበውእቱ፡ መዋዕል፡ ፀንሰት፡ ይእቲ፡ ራሔል፡ ብንያምሃ፡ ወልዳ፡ ወኈለቈ፡ እምነሁ፡
ያዕቆብ፡ ውሉዶ፡ ወዐርገ፡ ወወረደ፡[33] ሌዊ፡[34] በመክፈልተ፡ እግዚአብሔር፡ ወአልበሶ፡ አቡሁ፡
4 አልባሰ፡[35] ክህነት፡ ወመልአ፡ እደዊሁ፡፡ ወአመ፡ *ዐሡሩ፡ ወኀሙሱ፡[36] ለዝ፡ ወርኅ፡ አብአ፡ ውስተ፡
ምሥዋዕ፡ አስዋረ፡ እም[37]አልህምት፡ *ዓሠርተ፡ ወአርባዕተ፡[38] ወአብሓኩ፡ *ዕሥራ፡ ወሰማኒተ፡[39]
ወአባግዐ፡ አርብዓ፡ ወ*ተስዓተ፡[40] ወመሓስአ፡ ሰብዐተ፡[41] ወመሓስአ፡ ጠሊ፡ ዕሥራ፡[42] ወአሐዱ፡[43]

---

[1] ወተኀብአ፡ A B; A omits ሎቱ፡ [2] ዐበየ፡ A. [3] ወከመ፡ A B. [4] ሐነፀ፡ A.
[5] ወይቤሎ፡ A. [6] ረሳዕኩ፡ B. [7] ምእት፡ ወስሳ፡ ወኃምስቱ፡ B. [8] ዮምሰ፡ B.
[9] ወአእምር፡ C D. [10] ከመ፡ A. [11] ትትኃሠሥ፡ ጸሎት፡ B. [12] C D add ጸሎተከ፡
[13] ትግበር፡ A. [14] Lat. *orasti orationem* through misinterpreting ηὔξω εὐχήν, i.e. נדרת נדר;

omnes . . . . . . creans cuncta, cui *orasti orationem[1].' Et dixit 29
Rebeccae: 'Vade cum filio tuo.' Et ivit[2] Rebecca cum filio suo Jacob 30
et Debborra [nutrix sua] cum ea, et advenerunt in Bethel. Et memor 31
fuit benedictionis[3], qua benedixit eum pater suus et duos filios ejus Leuui
et Judam, et gavisus est et benedixit Deum patrum suorum Abraham
et Isac. (Et dixit): 'Nunc cognovi quoniam spes mihi est eterna et 32
filiis meis in conspectu Dei omnipotentis[4], et sic erat deputatum super
duos, et *portio ipsorum[5] in testimoniis saeculi in tabulis caeli, quemadmodum benedixit eos Isac.

Et dormierunt in nocte illa in Bethel, et somniavit Leuui quasi XXXII.
ordinatus sit in sacerdotem Dei excelsi (ipse et filii ipsius) usque in
saecula et expergefactus a somno suo benedixit Deum. Et exurgens 2
Jacob diluculo in quartadecima die mensis hujus decimavit universa
quaecumque venerunt cum eo, ab homine usque ad (omnem) animam[6]
ab auro[6] usque ad omne vas et vestimentum decimavit universa. Et 3
in illo tempore Rachel in utero habente[7] Beniamin filium suum, enumeravit Jacob ab ipso filios suos et ascendit, et cecidit Leuui in sortem Dei, et induit eum pater suus vestimenta sacerdotalia et implevit manus
ejus. Et[8] in die quintodecima mensis hujus obtulit [in ipso][9] ad altare 4
vitulos de bubus quattuordecim, et arietis viginti et octo, et oves quadraginta et novem, et hedos septem (et) hircos caprarum viginti et unum,

[1] See note 14 on Eth. text. [2] MS. ibit. [3] Eth.=orationis. [4] Eth.=omnium. [5] Seems corrupt. Eth.=referunt iis. [6] MS. adds et. [7] MS. habentem. [8] MS. trans. after hujus. [9] May be right; cf. Test. Levi 9 ἀποδεκατώσεως πάντα δι' ἐμοῦ.

A gives ዘገብረ፡ ጸሎተ፡ [15] Lat. omits. [16] Lat. adds *nutrix sua*. [17] We should expect በረከተ፡ as in Lat. [18] በረከ፡ A. [19] ሌዊ፡ A. [20] ወለውሉዱ፡ A. [21] Lat. *omnipotentis*; this implies በሃሌ፡ ኵሉ፡ or ለጸዴ፡ with change of preceding constr. state. [22] Lat. *portio ipsorum*. [23] A omits. [24] Lat. *dormierunt*. [25] ለክህነት፡ ለአምላክ፡ B. [26] ወበረከ፡ A. [27] ፲ወ፬ A. [28] MSS. add ነዐሌሁ፡ which I have omitted with Lat. [29] ለሌዊ፡ A. [30] ሌብሰ፡ A. [31] ፲ወ፬ A. [32] እምውስተ፡ B. [33] ፲ወ፬ A. [34] ፳ወ፰ A. [35] ፵ A; ተስዓቱ፡ B. [36] Emended with Lat. *septem* from ሰባ፡ B, ፸ A C D, corruption due possibly to confusion of ፯ and ፸ (Rönsch). [37] ፳ A. [38] Emended with Lat. *unum* from ፱ A, ተስዓቱ፡ B, corruption due possibly to confusion of ἐννέα and ἕνα (Rönsch).

5 ጽንሓሒ፡ ውስተ፡ *ምሥዋዕ፡ ቍርባን፡[1] ሥሙረ፡ ለመዐዛ፡ ሠናይ፡ ቅድመ፡ አምላኪ፡፡[2] ዘውእቱ፡
6 መባኡ፡ እምጸሎቱ፡ እንተ፡ ጸለየ፡ ከመ፡ የዐሥር፡ ምስለ፡ መሥዋዕቶሙ፡ ወሞጻሕቶሙ፡፡ ወሶበ፡
በልዐ፡ እሳት፡ የዐጥኖ፡[3] ሰጐዘ፡ ዲቤሁ፡ ለእሳት፡ መልዕልተ፡[4] ወለመሥዋዕት፡ መድኀኒት፡ አስዋረ፡
ክልኤተ፡ ወአብግዐ፡ አርባዕተ፡ ወአባግዐ፡ አርባዕተ፡ *ደቤላተ፡ አርባዕተ፡[5] ወአባግዐ፡ ዘዘ፡ ዓመት፡
7 ክልኤተ፡[6] ወመሓስእ፡ ጠሊ፡ ክልኤተ፡[7] ከመዝ፡ ይገብር፡ እንተ፡ ጸብሐት፡ ሰቡዐ፡ መዋዕለ፡፡ ወሀሎ፡[8]
እንዘ፡ ይበልዕ፡ ውእቱ፡ ወዙሉሙ፡ ውሉዱ፡ ወሰብኡ፡ በፍሥሓ፡ በህየ፡[9] ሰቡዐ፡ መዋዕለ፡ *ወይባርኮ፡
8 ወያአኵቶ፡[10] ለእግዚአብሔር፡ ለዘ፡ ባልሖ፡[11] እምዙሉ፡ ምንዳቤሁ፡ ወለዘወሀቦ፡ ጸሎቶ፡፡ ወዐሥረ፡
ዙሉ፡ እንስሳ፡[12] ንጹሐ፡ ወገብረ፡[13] ጽንሓሒ፡ ወእንስሳ፡ ርኩሰ፡ (ኢ)ወሀቦ፡[14] ለሌዊ፡ ወልዱ፡ ወነፍሳተ፡
9 ሰብእ፡ ዙሉ፡ ወሀቦ፡፡ ወተክህነ፡[15] ሌዊ፡ በቤቴል፡ ቅድመ፡ ያዕቆብ፡ አቡሁ፡[16] እምዐሠርቱ፡ አኀዊሁ፡
ወሀሎ፡ ህየ፡ ካህነ፡ ወያዕቆብ፡ ወሀበ፡[17] ጸሎቶ፡ ከመዝ፡ ዐሠረ፡ ዳግመ፡ ዐሥራተ፡ ለእግዚአብሔር፡
10 ወቀደሶ፡[18] ወኮነ፡[19] ቅዱሰ፡፡ ወ[20]በእንተዝ፡ ሥሩዕ፡ ውስተ፡ ጽላተ፡ ሰማይ፡ ሕግ፡ ለዐሥር፡ ዓሥራት፡
ካዕበ፡ ለበሊዖቱ፡ ቅድመ፡ እግዚአብሔር፡ በመካን፡ በኀበ፡ ተኀርየ፡ ይኀድር፡ ስሙ፡ ላዕሌሁ፡ ዓመ፡
11 እምዓም፡ ወአልቦ፡ ለዝ፡ ሕግ፡ ዐቅመ፡ መዋዕል፡ ለዓለም፡፡ ውእቱ፡ *ሥርዓት፡ ጽሑፍ፡[21] ለገቢሮቱ፡
ዓመተ፡[22] እምዓመት፡ ለበሊዖት፡[23] ዓሥራት፡[24] ዳግመ፡ ቅድመ፡[25] እግዚአብሔር፡ በመካን፡ በኀበ፡
12 ተኀርየ፡ ወአልቦ፡ ለአትርፎ፡ እምኔሁ፡[26] እምዝ፡[27] ዓመት፡ ለዓመት፡ ለዘይመጽእ፡፡ እስመ፡
በዓመቲሁ፡ ይትበላዕ፡ ዘርእ፡ እስከ፡ አመ፡ መዋዕለ፡ ሐሪፍ፡[28] ዘርእ፡ ዓመት፡ ወወይን፡ እስከ፡ አመ፡
13 መዋዕለ፡ ወይን፡ ወ[29]ዘይት፡ እስከ፡ አመ፡[a] *መዋዕለ፡ ጊዜሁ፡፡[30] ወዙሉ፡ ዘይተርፍ፡ እምኔሁ፡
14 ወዘይበሊ፡ ይኩን፡ ስዑበ፡ በእሳት፡[31] የዐይ፡ እስመ፡ ኮነ፡ ርኩሰ፡፡ ወ[32]ከማሁ፡ ይብልዕዎ፡[33] ኅቡረ፡
15 *በቤት፡ ቅዱስ፡[34] ወኢያብልይዎ፡፡[35] ወዙሉ፡ ዓሥራት፡ ላህም፡ ወአባግዕ፡ ቅዱስ፡ ለእግዚአብሔር፡
ወ[36]ለካህናቲሁ፡ ይኩን፡ ዘይበልዕዎ፡ በቅድሜሁ፡ ዓመት፡ እምዓመት፡ እስመ፡ ከማሁ፡ ሥሩዕ፡
ወቅሩጽ፡ በእንተ፡ ዓሥራት፡ ውስተ፡ ጽላተ፡ ሰማይ፡፡

16 *ወበሌሊት፡ ካልእት፡ አመ፡ ዕሥራ፡ ወሰኑዩ፡ መዋዕለ፡ ዝወርኅ፡[37] መከረ፡ ያዕቆብ፡ ከመ፡
ይኅንጽ፡ ውእተ፡ መካነ፡ ወከመ፡ *ይጥቅም፡ ዐጸደ፡[38] ወይቀድሶ፡ ወከመ፡ ይግበር፡ ቅዱሰ፡
17 ዘለዓለም፡ ሎቱ፡ ወለውሉዱ፡[39] እምድኅሬሁ፡፡ ወአስተርአዮ፡ እግዚአብሔር፡ በሌሊት፡ ወባረኮ፡
18 ወይቤሎ፡ ኢይጸዋዕ፡ ስምከ፡ ያዕቆብሃ፡ ባሕቲቱ፡[40] እስራኤልሃ፡ *ይሰምዩ፡ ስመከ፡፡[41] ወይቤሎ፡
ካዕበ፡ አነ፡ ውእቱ፡ እግዚአብሔር፡[42] ዘፈጠርኩ፡[43] ሰማየ፡ ወምድረ፡ ወአልህቀከ፡ ወአበዝሐከ፡
*ፈድፋደ፡ ጥቀ፡[44] ወነገሥት፡ እምኔከ፡ ይከውኑ፡[45] ወይኴንኑ፡ በዙሉሃ፡[46] ወኢደ፡ *ኬደ፡ አሰረ፡
19 ውሉደ፡ ሰብእ፡፡[47] ወ[48]እሁብ፡ ለዘርእከ፡ ዙሉ፡ ምድረ፡[49] ዘመትሕተ፡[50] ሰማይ፡ ወይኴንኑ፡ ውስተ፡
ዙሉ፡ አሕዛብ፡ በከመ፡ ፈቀዱ፡ ወእምድኅረዝ፡ ያስተጋብኡ፡[b] ዙሉ፡[51] *ምድረ፡ ወ[52]ይወርስዋ፡
20 ለዓለም፡፡ ወፈጸመ፡ ተናግሮ፡ ምስሌሁ፡ ወዐርገ፡ እምኔሁ፡ ወይሬኢ፡ ያዕቆብ፡ እስከ፡ ሶበ፡
21 ዐርገ፡[53] ውስተ፡ ሰማይ፡፡ ወይሬኢ፡[54] በራእየ፡ ሌሊት፡ ወናሁ፡ መልአክ፡[55] ይወርድ፡ እምሰማይ፡

---

[1] Em. with Lat. *altarium fructuum* from ምሥዋዕ፡ ቍርባን፡ A, ምሥዋዕ፡ ወቍርባን፡ B.

haec olocaustomata in altarium fructuum, acceptabile in odorem suavitatis
in conspectu Dei. Hoc erat munus ejus a voto, quo voverat decimare, 5
cum sacrificiis et cum vino ipsorum. Et quando consumpsit ignis (ea 6
incendebat) libanum super ignem desuper, et (in) sacrificium salutare vitulos
duos, arietes quattuor, (oves quattuor, hircos quattuor,) agnos anniculos
duos, hircos caprarum duos: [et] secundum[1] haec faciebat cottidie in
septem diebus. (Et manducavit ipse et omnes filii sui et homines sui 7
in laetitia ibi septem diebus), et benedicebat et hymnum dicebat Deo,
qui liberavit eum de omnibus tribulationibus ejus et quoniam reddidit
votum suum. Et decimavit univer . . . . . . ubicunque *fecerint vestigium 8, 18
pedum suorum adversus filios hominum[2]. Et dabo semini tuo universas 19
benedictiones[3] quaecunque sunt sub caelo, [et dominabuntur] et potestatem exercebunt[4] in omnibus gentibus secundum volumtatem suam et
post haec optinebunt universam terram et hereditabunt eam in saecula.
Et ut consummavit loquens cum eo, ascendit ab eo, et erat Jacob con- 20
siderans usquequo ascendit [ab eo] in caelo. Et vidit in visione noctis, 21
et ecce angelus [Dei] descendebat de caelo, et septem tabulae [buxeae]

---

[1] Emended with Eth. from semel. [2] Eth. = calcaverit vestigium filiorum hominis. [3] Eth. = terram. [4] MS. exercent.

---

[2] ልዑል A. [3] ወሰ B. [4] Lat. omits. [5] A omits [6] ፲፱ A; B omits ወ before preceding እስገዐ [7] ፲ A. [8] ወሀሰወ B. [9] ሀየ A. [10] ወይበርኩ: ወያእዙትዎ A. [11] በልሐ B. [12] A adds ኀፋዩ ወ. [13] ወገብር B. [14] ወሀሰ: B. [15] ወካህን A. [16] B trans. before ደዐቀብ [17] ወሀቦ C D. [18] ወቀደሰ: A. [19] ወከ፰ A. [20] B omits. [21] A trans. [22] በዓመት A. [23] ሰበሲዐ: A B. [24] ዐሥራት A. [25] በቅድመ B. [26] B trans. after በዓመት [27] እም A. [28] Emended from ሐፊፍ B; A omits; C gives ቀዳሚ D ኀበፈ [29] ወሰ B. [30] ጊዜ መዋዕሊሆሙ B. [31] ወበእሳት A. [32] ይበልዕዎ A. [33] ወኢይብልዕዎ: B. [34] ወበውእቱ መዋዕል እመ ዐሡር ወሰኑይ መዋዕል ዘወርኀ A. [35] ይፐቅም: ዐፀፉ: A. [36] ወሰወልዱ: A; after ወበውሉዱ B adds እስከ ለዓለም [37] በሕትሁ A; በሕቲት: አላ: B C; በሕቲቶ D. [38] ይሰምዩ ስምከ B; ይሰመይ: ስምከ C D. [39] C adds እምላክከ [40] ዘፈጠረ A. [41] B trans. [42] ይከውን: A. [43] በዙሉ: A. [44] Lat. *fecerint vestigium pedum suorum adversus filios hominum*, seems corrupt. [45] Lat. *benedictiones*, may be right. [46] እምታሕት A. [47] ዙሉ: A. [48] Lat. adds *ab eo*. [49] ወርእየ B. [50] Lat. adds *Dei*.

ወሰብዖ፡ ሰሌዳት፡ ውስተ፡ እደዊሁ፡ ወወሀቦ፡ ለያዕቆብ፡ ወአንበቦን፡ ወአእመረ፡[1] *ኵሎ፡ ዘጽሑፍ፡[2]
22 ውስቴቶን፡ ዘይከውን፡ ሎቱ፡ ወለውሉዱ፡ በኵሉ፡ ዓለማት። ወአርአዮ፡ ኵሎ፡[3] ዘጽሑፍ፡ ውስተ፡
ሰሌዳ*ት፡ ወይቤሎ፡[3] ኢትሕንጽ፡ ዝንቱ፡ መካነ፡ ወኢትግበር፡ መቅደሰ፡ ዘለዓለም፡ ወኢትኅድር፡
ዝየ፡[4] እስመ፡ *አኮ፡ ዝመካን፡[5] ሖር፡[6] ቤተ፡ አብርሃም፡ አቡከ፡ ወኅድር፡ ኀበ፡[7] ይስሐቅ፡ አቡከ፡[8]
23 እስከ፡ አመ፡ ዕለተ፡ ሞቱ፡ ለአቡከ። እስመ፡ በግብጽ፡ ትመውት፡ በሰላም፡ ወበዛ፡ ምድር፡
24 ትትቀበር፡ በክብር፡ ውስተ፡[9] መቃብረ፡ አበዊከ፡[10] ምስለ፡[11] አብርሃም፡ ወይስሐቅ። ኢትፍራህ፡
እስመ፡[12] በከመ፡ ርኢከ፡ ወአንበብከ፡ *ከማሁ፡ ይከውን፡ ኵሉ፡ ወአንተኒ፡ ጸሐፍ፡ ኵሎ፡ ዘከመ፡
25 ርኢከ፡ ወአንበብከ።[13] ወይቤ፡ ያዕቆብ፡ እግዚኦ፡ እፎ፡ እዜክር፡ ዘ[14]አንበብኩ፡ ወርኢኩ፡ ኵሎ፡
26 *ወይቤሎ፡ አነ፡ እዜክረከ፡ ኵሎ።[15] ወዐርገ፡ እምኔሁ፡ ወነቅሀ፡ እምንዋሙ፡ ወተዘከረ፡ ኵሎ፡
27 ዘአነበበ፡ ወዘርእየ፡ ወጸሐፈ፡[16] ኵሎ፡ ነገረ፡ ዘአንበበ፡ ወዘርእየ። ወገብረ፡ በህየ፡ ዓዲ፡[17] *ዕለተ፡
እሐተ፡ ወ[18]ሦዐ፡ ባቲ፡ በከመ፡ ኵሉ፡ ዘይሠውዑ፡[19] *በመዋዕለ፡ ቀዳሚያት፡[20] ወጸውዐ፡ ስማ፡
28 ተውሳክ፡[21] እስመ፡ ተወሰከት፡[22] ይእቲ፡ ዕለት፡ ወለቀዳሚያት፡ ጸውዖን፡ በዓለ። ወከመዝ፡[23]
ያስተርኢ፡ ውእቱ፡ ከመ፡ ትኩን፡ ወጽሑፍ፡ ውስተ፡ ጽላት፡ ሰማይ፡ በእንተዝ፡[24] ተከሥተ፡ ሎቱ፡
29 ከመ፡ ይግበራ፡[25] ወከመ፡ ይወስኩ፡ ዲበ፡ ሰብዑ፡ መዋዕለ፡ በዓሉ፡ ኪያሃ። ወተጸውዐ፡ ስማ፡
ተውሳክ፡ እስመ፡ እንተ፡ *የዐርግ፡ ይእቲ፡ በዕላተ፡[26] መዋዕለ፡ በዓል፡ በከመ፡ ኍልቁ፡[27] መዋዕል፡
30 ዘዓመት። ወበሌሊት፡ አመ፡ ዐሡሩ፡ *ወሠሉሱ፡ ለዝወርኅ፡[28] ሞተት፡ ዲቦራ፡ *ሐፃኒታ፡ ለ[29]ርብቃ፡
ወቀበርዋ፡[30] መትሕተ፡ ሀገር፡ ታሕተ፡ ባላን፡ ዘፈለግ፡ ወጸውዑ፡[31] ስሞ፡ *ለውእቱ፡ መካን፡[32]
31 *ፈለገ፡ ዲቦራ፡[33] ወ*በልዖንሃ፡ በላዖን፡[34] ላሕ፡ ዲቦራ። ወሖረት፡ ርብቃ፡ *ወገብአት፡ ውስተ፡
ቤታ፡ ኀበ፡ አቡሁ፡ ይስሐቅ፡ ወፈነወ፡ ያዕቆብ፡ በእዴሃ፡ አብሓኩ፡ *ወአባግዐ፡ ወደቤላት፡[35] ከመ፡

---

[1] Emended with Lat. *et cognovit* from ወአንበበ፡ of B C D; A omits. [2] ኵሉ፡ ዘጸሐፈ፡ A. [3] A omits. [4] Lat. *in hunc locum*. [5] አኮዝ፡ መካኒክ፡ A. [6] Lat. adds *sed* before ሖር፡ [7] ቤተ፡ B. [8] B adds ህየ፡ [9] Lat. adds *et* before ውስተ፡ [10] Lat. adds *poneris*. [11] B omits. [12] B adds ይከውኑክ፡ [13] B omits through homeoteleuton; A omits ኵሉ፡ after ይከውን፡ For ወአንተኒ፡ . . . ወአንበብከ፡ Lat. reads *quae scripta sunt omnia*, which is corrupt, as Jacob's question shows. [14] ዘከመ፡ A. [15] B omits through homeoteleuton. [16] Lat. *et celavit*, corruption due to Lat. translator reading ἔγραψε as ἔκρυψε (Rönsch). [17] Lat. omits wrongly. [18] በዓለ፡ እሐቲ፡ A. [19] ዘይሠውዑ፡ A; ዘይሠዋዕ፡ B. [20] በመዋዕለ፡ ቀዳሚ፡ A. [21] ተሰኪ፡ B; Heb. word is עֲצֶרֶת Num. xxix. 35; Lat. *retentatio* seems corrupt and due to confusion of ἐπισχέσεως and ἐπιθέσεως (Rönsch). [22] Lat. *retentus est ibi* is corrupt, see verses 28, 29 (Lat.) [23] A adds ያዐርጉ፡ ውእቱ፡ ወ. [24] Em. with Lat. *propter quod* from ወበእንተ፡ ዘ A, በእንተዝ፡ B. [25] Lat. *facere ipsam diem*. [26] Em. with Lat. *addita est in dies* from ያዐርጉ፡ ይእቲ፡ በስምዕ፡ (በስምዕ፡ D) A B D, ያዐርግ፡ በሰላም፡ C. [27] ኍልቈ፡ A B. [28] ወሰኑ፡ A. [29] ኀፃኒተ፡ B. [30] ወቀበረታ፡ A D. [31] ወጸውዓት፡ B. [32] A omits; B C read ለውእቱ፡ ፈለግ፡ see note 11 on Lat. text. Gen.

in manu ejus, et dedit illas Jacob, et legit et cognovit quae scripta
sunt in eis [et] quae erunt super ipsum et filios ejus in omnia saecula.
Et monstravit illi quaecumque erant scripta in tabulis[1] et dixit illi: 22
'Non aedificabis hunc locum et non facias eum in sanctificationem
aeternam, et *noli habitare[2] in hunc locum, quia[3] (non) erit locus iste.
[Sed] vade in *locum barin[4] Abraham patris tui et inhabita ad Isac
patrem tuum usque ad diem mortis patris tui. Quoniam in Aegyptum 23
morieris in pace et in terra hac sepellieris in gloria [et] in monumento
patrum tuorum [poneris] cum Abraham et Isac. Noli timere: quoniam 24
quemadmodum vidisti et legisti, sic erunt universa *quae scripta sunt
omnia[5].' Et dixit Jacob: 'Domine, quomodo memor ero universa quae 25
legi et vidi?' Et dixit illi: 'Ego commemorabo te universa.' Et ascendit 26
ab eo et expergefactus a somno suo memor fuit omnium quaecumque
legit et vidit, et celavit[6] universos sermones quoscumque legit et vidit.
Et fecit ibi (adhuc) diem unam et sacrificavit in ea, quanta erat sacrificans 27
in diebus prioribus, et vocavit nomen ejus retentatio[7], quoniam retentus[8]
est [ibi] una die, et priores dies vocavit dies festos. Et sic manifestum 28
erat ut fieret[9], et erat scriptum in tabulis caeli, propter quod revelatum
est illi facere *ipsam diem[10] et adicere super septem dies festos. Et 29
vocatum est nomen ejus retentatio[7], propter quod addita est in dies
dierum festorum secundum numerum dierum anni. Et vigensimo (tertio) 30
die mensis hujus in nocte tertia mortua est Deborra nutrix Rebeccae; et
sepellierunt eam inferius civitate sub glande in torrentem, et vocaverunt
nomen loci[11] illius 'Torrens Debborrae' (et quercum 'Quercum luctus
Deborrae'). Et abiit *Rebecca et reversa[12] est in barin ad patrem suum 31
Isac, et misit Jacob in manu ejus arietes et oves et hircos, facere patri

[1] MS. adds bulis buxeis. [2] MS. nolo habitari. [3] MS. adds hic. [4] Eth. = domum. [5] Lat. corrupt and defective; Eth. = et tu quidem scribe omnia, quemadmodum vidisti et legisti. [6] Corrupt; Eth. right = scripsit; see note 16 on Eth. text. [7] Eth. = adjectamentum; see note 21 on Eth. text. [8] See note 22 on Eth. text. [9] MS. fierent. [10] Eth. = eam. [11] So D and Vulg. Gen. xxxv. 8. [12] MS. Jacob et reversus.

xxxv. 8 omits ሰውእቶ፡ ... ወበእምነ፡ and ዴቦራ፡ [33] ፈለገ፡ ዘዴቦራ፡ A. [34] በላዕሌ፡ A.
[35] A B trans., but Lat. supports C D.

32 ትግበር፡ ለአቡሁ፡ መብልዐ፡ ዘከመ፡ ይፈቅድ፡፡[1] ወሖረ፡ እምድኅሬሁ፡ ለእሙ፡ እስከ፡ ቀርበ፡
33 ምድረ፡[2] ኩብራታ፡[3] ወኀደረ፡ ህየ፡፡ ወወለደት፡ ራሔል፡ በሌሊት፡[4] ወልደ፡ ወጸውዐቶ፡ *ስሞ፡
ወልደ፡[5] ሕማምየ፡ እስመ፡ ዐጸበት፡[6] ሶበ፡ ትወልዶ፡ ወአቡሁሰ፡ ጸውዖ፡ ስሞ፡ ብንያም፡[7] አመ፡
*ዐሡሩ፡ ወአሐዱ፡[8] ለወርኅ፡ ሳምን፡ በዓመት፡ *አሐዱ፡ ዘሮቡዕ፡ ሳድስ፡ ዘዝንቱ፡ ኢዮቤልው፡፡[10]
34 ወ[11]ሞተት፡ በህየ፡ ራሔል፡ ወተቀብረት፡ ውስተ፡ ምድረ፡[12] ኤፍራታ፡ እንተ፡ ይእቲ፡ ቤተ፡ ልሔም፡
ወኀነጸ፡ ያዕቆብ፡ ውስተ፡ መቃብረ፡ ራሔል፡ ሐውልተ፡ ውስተ፡ ፍኖት፡ ላዕለ፡ መቃብሪሃ፡፡
፴፫ ወሖረ፡ ያዕቆብ፡ ወኀደረ፡ መንገለ፡ ደቡብ፡[13] መግደሊድራኤፍ፡፡[14] ወሖረ፡ ኀበ፡ አቡሁ፡
2 ይስሐቅ፡ ውእቱ፡ ወልያ፡ ብእሲቱ፡ አመ፡ ሠርቀ፡ ለወርኅ፡ ዐሥር፡፡ ወርእየ፡[15] ሮቤን፡[16] ባላንሃ፡[17]
3 ለአኪት፡[18] ራሔል፡[19] ዕቅብቱ፡ ለአቡሁ፡ እንዘ፡ ትትሐፀብ፡ በማይ፡ በኅቡእ፡ ወ[20]አፍቀራ፡፡ ወ*ተኀብአ፡
በሌሊት፡ ቦአ፡ ቤተ፡ ባላን፡[21] [ሌሊተ፡] ወረከባ፡[22] እንዘ፡ ትነውም፡[23] ውስተ፡ ዐራታ፡ ባሕቲታ፡[24]
4 ውስተ፡ ቤታ፡፡ ወሰከበ፡ ምስሌሃ፡ ወነቅሀት፡[25] ወርእየት፡[26] ወናሁ፡ ሮቤን፡[16] ይሰክብ፡ ምስሌሃ፡
ውስተ፡ ምስካብ፡ ወከሠተት፡ ክንፋ፡[27] ወአኀዘቶ፡ ወአውየወት፡ ወአእመረት፡ ከመ፡ ሮቤል፡ ውእቱ፡፡
5, 6 *ወተኀፍረት፡ እምኔሁ፡[28] ወኀደገት፡ እዴሃ፡ እምላዕሌሁ፡ ወጐየ፡፡[29] ወተሐዝነት፡ በእንተዝ፡ ነገር፡
7 ፈድፋደ፡ ወኢነገረት፡ ወኢለመኑሂ፡ ሰብእ፡፡[30] ወሶበ፡ መጽአ፡ ያዕቆብ፡ *ወኀሠሣ፡ ትቤሎ፡[31]
ኢኮንኩ፡ ንጽሕተ፡ ለከ፡ እስመ፡ ተገመንኩ፡ እምኔከ፡ እስመ፡ አርኩሰኒ፡ ሮቤል፡ ወሰከበ፡ ምስሌየ፡
ሌሊተ፡ ወአንሰ፡ እነውም፡ ወኢያእመርኩ፡ እስከ፡ ሶበ፡ ከሠተ፡ ክነፍየ፡ ወሰከበ፡ ምስሌየ፡፡
8 ወተምዐ፡ ያዕቆብ፡ ጥቀ፡ ላዕለ፡ ሮቤል፡ እስመ፡ ሰከበ፡ ምስለ፡ ባላን፡ እስመ፡ ከሠተ፡ ክድነተ፡[32] አቡሁ፡፡
9 ወኢቀረባ፡[33] እንከ፡ ያዕቆብ፡ እስመ፡ አርኩሳ፡ ሮቤል፡ ወዘሉ፡ ሰብእ፡ ዘይከሥት፡[34] ክድነተ፡
10 አቡሁ፡[35] እኩይ፡ ነገሩ፡[36] ጥቀ፡ እስመ፡[37] ምኑን፡ ውእቱ፡ በቅድመ፡ እግዚአብሔር፡፡ በእንተዝ፡

---

[1] ያፈቅር፡ B. [2] Lat. omits; we should read ኩብራታ፡ ምድር፡ cf. Gen. xxxv. 16 כִּבְרַת־הָאָרֶץ, of the first part of which ኩ″ is a transliteration. [3] ኩብታራን፡ A; cf. LXX xxxv. 16 ἡνίκα ἤγγισεν χαβραθὰ εἰς γῆν ἐλθεῖν Ἐφράθα. Old Lat. Vers. (in Jerome's Quaest. Hebr.) *dum appropinquaret Chabrata*. [4] Lat. adds *illa*. [5] ስመ፡ ወልዳ፡ A; Lat. omits ስሞ . . . ጸውዖ፡ through hmt. [6] ዐፀበታ፡ A. [7] ብንያምሃ፡ B. [8] ዐሡሩ፡ ወአሐዱ፡ A; ፲ወ፩ B; Lat. *decimo die*. [9] ፳፱ A. [10] ኢዮቤልዉን፡ B. [11] Lat. *tunc*, but Gen. xxxv. 19 supports text. [12] Gen. xxxv. 19 בְּדֶרֶךְ; LXX ἐν τῇ ὁδῷ. [13] Implies נֶגֶב, Gen. xxxv. 21 has מֵהָלְאָה. [14] So A. A compression of መግደል፡ ዕድራ፡ ኤፍራት፡ cf. Test. Ruben γ', where same scene is recounted ἐν Γαδὲρ πλησίον Ἐφράθα, and Lat. *Magdale* (*der*) *Efratum*. First two elements of the word are a transliteration of מִגְדַּל־עֵדֶר Gen. xxxv. 21. B reads መግዳሊድራ፡ C መግደ፡ ሊድራ፡ ኤፍ፡ D ማግደልራኤፍ፡ [15] ወርእየ፡ A B. [16] ርቤል፡ A. [17] ባላክ B. [18] ለአኪታ፡ A; ለእኅቱ፡ B. [19] ራኬል፡ B, and so generally. [20] A B omit. [21] Em. with Lat. *introivit nocte occulte ad Ballan* from ተኀብአ፡ በሌሊት፡ ወቦአ፡ ቤተ፡ ባላን፡ [22] ወረከበ፡ A. [23] ትሰክብ፡ A B C, but Lat. *dormientem* supports text. [24] MSS. add ወትነውም፡ which I have omitted with Lat. [25] ወነቅሐ፡ A B, but Lat. *et expergefacta est* supports text. [26] Lat.

suo cibos secundum volumtatem ejus. Et abiit post matrem suam, 32
quousque advenit in Cabrata[1] et remansit ibi. Et peperit Rachel in 33
nocte [illa] puerum et vocavit (nomen ejus filium doloris mei, quia
doloribus laboravit quum eum pareret, pater autem ejus vocavit) nomen
ejus Beniamin in (un)decimo die mensis octavi primo anno *septimanae
sextae[2] *jubelei hujus[3]. Tunc mortua est illic Rachel et sepulta est in 34
terra Eufrata, haec est Bethlem, et aedificavit Jacob super sepulcrum
Rachel titulum secus[4] (viam) sepulcri ejus.

Et abiit Jacob et requievit ad austrum *Magdale (der) Efratam[5], et XXXIII.
abiit ad patrem suum Isac ipse et uxor sua Lia in prima die mensis
decimi. Et vidit Ruben Ballam ancillam Rachel, concubinam patris 2
sui, lavantem[6] se in aqua in loco occulto et dilexit eam. Et introivit 3
nocte occulte[7] ad (domum) Ballan et invenit eam dormientem in lectulum
suum solam in tabernaculo suo. Et dormivit cum ea, et expergefacta est, 4
et ecce erat Ruben cum ipsa super lectum, et levans sagum tenuit illum
et vociferata est et cognovit quoniam Ruben est. Et *confusa est ab 5
eo[8] et dimisit illa manus sua(s) ab illo, et fugit. Et lugebat pro hoc 6
valde et omni homini (non) indicavit [quemadmodum veniret]. Et cum 7
venit Jacob, *indicavit illi et dixit ad Jacob[9]: 'Non sum tibi munda,
quoniam polluta sum abs te, quoniam polluit me Ruben et dormivit
mecum nocte, et ego eram obdormiens et nescivi, quousque decooperuit
coopertorium meum et dormivit mecum.' Et iratus est Jacob adversus 8
Ruben valde, quoniam dormivit cum Balla (quoniam revelavit tegumentum patris sui). Et non cognovit . . . 9

---

[1] MS. dabrata. [2] MS. septimanarum sexti. [3] MS. et jubeleo hujus, which it trans. before in decimo. [4] MS. ejus. [5] See note 14 on Eth. text. [6] MS. labantem. [7] MS. occultae. [8] MS. confusus est ab ea. [9] Eth. = et quaesivit eam dixit ei.

---

omits. [27] ክነፌሃ፡ A; cf. Deut. xxiii. 1. [28] Lat. *et confusus est ab ea*. [29] ወንፃት፡ B. [30] Lat. omits negative in this clause, and adds *quemadmodum veniret*. [31] Lat. *indicavit illi et dixit ad Jacob*. [32] ክዳናት፡ A. [33] ወኢቀረባ፡ A B, but Test. Ruben γ' μηδὲ ἀψάμενος αὐτῆς supports C D; Lat. *non cognovit* is a free rendering. [34] ዘከሡተ፡ B. [35] MSS. add አስመ፡ which I have omitted as corrupt. [36] ምግባሬሆሙ፡ C D. [37] ወእስመ፡ B.

*ጽሑፍ፡ ወ[1]ምኑን፡ ውስተ፡ ጽላት፡ ሰማይ፡ ከመ፡ ኢይስክብ፡ ብእሲ፡ ምስለ፡ ብእሲተ፡ አቡሁ፡
ወከመ፡ ኢይክሥት፡ ኪርትተ፡ አቡሁ፡ እስመ፡ ርኩስ፡[2] ውእቱ፡ ሞተ፡ ለ[3]ይሙቱ፡ ኅቡረ፡ ብእሲ፡
ዘይሰክብ፡ ምስለ፡ ብእሲተ፡ አቡሁ፡ ወብእሲትኒ፡ እስመ፡ ርኩሰ፡[4] ገብሩ፡ ውስተ፡ ምድር።
11, 12 ወኢይኩን፡ ርኩስ፡ ቅድመ፡ አምላክነ፡ በውስተ፡ ሕዝብ፡ ዘኀረየ፡ ሎቱ፡ ለምልክና።[5] ወካዕበ፡
ጽሑፍ፡ ዳግመ፡ ርጉመ፡ ለ[1]ይኩን፡ ዘይሰክብ፡ ምስለ፡ ብእሲተ፡ አቡሁ፡ እስመ፡ ከሠተ፡ ኀፍረተ፡[6]
13 አቡሁ፡ ወይቤሉ፡ *ኵሎሙ፡ ቅዱሳኒሁ፡ ለእግዚአብሔር፡[7] ለይኩን፡ ለይኩን። ወአንተኒ፡ ሙሴ፡
አዝዞሙ፡ ለውሉደ፡[8] እስራኤል፡ ወይዕቀቡ፡ ዘንተ፡ ቃለ፡ እስመ፡ ዘኵነ፡ ሞት፡ ውእቱ፡ ወርኩስ፡
ውእቱ፡ ወአልቦ፡ ስርየት፡ ለአስተስርዮ፡[9] በእንተ፡ ብእሲ፡ ዘገብረ፡ ዘንተ፡ ለዓለም፡[10] ዘእንበለ፡
ለአምትቶቱ፡[11] ወለቀቲሎቱ፡ ወለወግሮቱ፡[12] በእብን፡ ወለሠርዎቱ፡[13] እማእከለ፡ ሕዝበ፡ አምላክነ።
14 እስመ፡ ኢይከውኖ፡ ሐይው፡[14] አሐተ፡ ዕለተ፡ ውስተ፡[15] ምድር፡ ኵሉ፡ ሰብእ፡ ዘይገብር፡
15 በውስተ፡ እስራኤል፡ እስመ፡ *ምኑን፡ ወርኩስ፡[16] ውእቱ። ወኢይበሉ፡ ለሮቤል፡ *ኮነ፡ ሐዩው፡[17]
ወስርየት፡[18] እምዘ፡ ሰከበ፡ ምስለ፡ ዕቅብተ፡[19] አቡሁ፡ ወይእቲኒ፡ እንዘ፡[20] ባቲ፡[21] ምት፡[22] ወ[1]እንዘ፡
16 ምታ፡ ሕያው፡ ያዕቆብ፡ አቡሁ። እስመ፡ ኢተከሥተ፡ ሥርዐት፡ ወኵነኔ፡ ወሕግ፡ እስከ፡ አሜሃ፡
ፍጹም፡[23] ለኵሉ፡ እስመ፡ በመዋዕሊከ፡ ከመ፡ ሕግ፡[24] ጊዜ፡ ወ[25]መዋዕል፡[26] ወሕግ፡ ዘለዓለም፡
17 ለትውልድ፡ ዘለዓለም። ወአልቦ፡ ለዝ፡ ሕግ፡ ተወድኦ፡[27] መዋዕል፡ ወኢ[28]ምንትኒ፡ ስርየት፡ ሎቱ፡
ዘእንበለ፡ ከመ፡ ይሠረዉ፡ ክልኤሆሙ፡ በማእከለ፡ ሕዝብ፡ በዕለት፡[29] እንተ፡ ባቲ፡ ገብርዎ፡
18 ይቅትልዎሙ። ወአንተኒ፡ ሙሴ፡ ጸሐፍ፡ ለእስራኤል፡ ወይዕቀብዎ፡ ወኢይግበሩ፡ በከመ፡ ዝንቱ፡
ነገር፡ ወኢይስሐቱ፡[30] ለአበሳ፡ ሞት፡ እስመ፡ መኰንን፡ እግዚአብሔር፡ አምላክነ፡[31] ዘውእቱ፡
19 ኢይነሥእ፡ ገጸ፡ ወኢይነሥእ፡ ሕልያነ። ወንገሮሙ፡ *ዘንተ፡ ነገረ፡ ሥርዐት፡[32] ሎሙ፡ ይስምዑ፡
ወይትዐቀቡ፡[33] ወይትናጸሩ፡ እምኔሆሙ፡[34] ወኢይትሐጐሉ፡ ወኢይሠረዉ፡ እምድር፡ እስመ፡
ርኩስ፡ ወስቆራር፡ ወንክፈት፡[35] ወግማኔ፡ ኵሎሙ፡[36] እለ፡ ይገብርዎ፡ በምድር፡ በቅድመ፡ አምላክነ።
20 ወአልቦ፡ *ኀጢአት፡ ዐባየ፡[37] እምዝሙና፡[38] ዘይዜምዉ፡[39] ዲበ፡[40] ምድር፡ እስመ፡ ሕዝብ፡ ቅዱስ፡
እስራኤል፡ ለእግዚአብሔር፡ አምላኩ፡[41] ወሕዝበ፡ ርስት፡[42] ውእቱ፡[43] ወሕዝበ፡ ክህነት፡ ውእቱ፡[44]
ወ*ሕዝበ፡ መንግሥት፡[45] ውእቱ፡ *ወጥሪት፡ ውእቱ፡[46] ወአኮ፡ ዘያስተርኢ፡[47] ዘከመዝ፡[48] ርኩስ፡
21 በማእከለ፡ ሕዝብ፡ ቅዱስ። ወበሣልስ፡ ዓመት፡ ዘዝ[49]ሱባዔ፡ ሳድስ፡ ሀሎ፡ እንዘ፡ የሐውር፡ ያዕቆብ፡[1]
22 ወኵሉ፡ ውሉዱ፡ ወንደሩ፡ ቤተ፡ አብርሃም፡ ቅሩበ፡ ይስሐቅ፡ አቡሁ፡ ወ*ርብቃ፡ እሙ።[47] ወዝንቱ፡
ውእቱ፡[48] አስማቲሆሙ፡ ለውሉደ፡ ያዕቆብ፡ በኵሩ፡ ሮቤል፡ ወ[1]ስምዖን፡ ወሌዊ፡ ወ[49]ይሁዳ፡
ወ[50]ይሳኮር፡ ወ[51]ዛብሎን፡[52] ውሉዱ፡ ለልያ፡ ወውሉዱ፡ ለራሔል፡ ዮሴፍ፡ ወብንያም፡ ወውሉደ፡ ባላን፡
ዳን፡ ወንፍታሌም፡[53] ወውሉደ፡ ዘለፋን፡[54] ጋድ፡ ወአሴር፡[55] ወዲና፡ ወለተ፡ ልያ፡ ባሕቲታ፡ ወለተ፡
23 ያዕቆብ። ወሐዊሮሙ፡ ሰገዱ፡ ለይስሐቅ፡ ወለርብቃ፡ ወሶበ፡ ርእይዎሙ፡ ባረክዎ፡ ለያዕቆብ፡

---

[1] A omits. [2] ርኵስ፡ A. [3] B omits. [4] ረኵሰት፡ A. We should expect ርኵስ፡ in the next line. [5] ለመምልክኑ፡ A; ለምልካን፡ B; text of C followed. [6] ክርተተ፡ A. [7] ቅዱሳን፡ ኵሎሙ፡ A. [8] ለደቂቀ፡ A. [9] ለአስተርእዮ፡ A C D.

...(perso)nam accipere et munera. Et indica illis sermones testamenti 18, 19
hujus, ut audiant et adtendant ab ipsis ut non pereant, et non eradicabuntur
de terra, propter quod immunditia et abominatio et odium[1] et pollutio
omnes[2] qui faciunt ea super terra in conspectu Dei nostri. Et (non) est 20
peccatum majus[3] (quam fornicatio quam fornicantur) super terram, quoniam
populus sanctus est Istrahel Domino Deo suo et plebs sortis est et populus
sacerdotalis est et regalis et sanctificationis[4], et non est (quod videatur talis)
immunditia in medio populi sancti. Et in anno tertio *septimanae hujus 21
sextae[5] erat iens Jacob et omnes filii sui, et inhabitaverunt in barin
Abraham juxta Isac patrem suum et Rebeccam matrem suam. Haec sunt 22
autem nomina filiorum Jacob: primogenitus Ruben, Symeon, Leuui,
Judas, Isachar, Zabylon, filii Liae. Et filii Rachel Joseph et Beniamin.
Et filii Ballae Dan et Neptalim. Et filii Zelfae Gad et Aser: et Dina
filia Liae, singularis filia Jacob. Et advenientes hii adoraverunt Isac 23
et Rebeccam. Et videntes eos benedixerunt Jacob et omnes filios ejus.
Et gavisus est Isac valde, quoniam vidit filios Jacob filii sui junioris,
et benedixit eos.

---

[1] Eth. = labes; cf. xxiii. 17. [2] MS. omni. [3] MS. magnum. [4] See note 45 on Eth. text. [5] MS. septimanarum hujus sexti.

---

[10] እኩይ C. [11] እሙንቱ C; ሰለምቶቶ D. [12] Em. from ወሰተወገርዎ of MSS. [13] ወሰተሠርዎ B C. [14] ሐቂወ B. [15] ዳሰ B. [16] ምገኒ B. [17] ክዎ ሓይወ A. [18] ወሰርየት A B D. [19] ብእሲት A; B in later hand and D add ብእሲት [20] እንተ A. [21] ሰቶ B. [22] ሞቶ A. For ምንታ in next line B reads ሞንታ [23] ፍጹሙ B. [24] ሕገ A. [25] Em. from ሰ. [26] መዋዕሉ B C D. [27] ተወዳእ B. [28] ወ A. [29] ሰዐሰት A B. [30] ወኢይሰሐቶ A B. [31] እምላከ A. [32] ዘንተ ምርዋተ A; Lat. *sermones hujus testamenti*. [33] Lat. omits. [34] እምኔሆን B. [35] So B; usual form is ንቅሬት A gives ወወንከሬት C ወንከፋት D ወንኩሰት [36] ወዘከሩሙ A. [37] ዘየዐሉ ንጢአት A. [38] እምዘመንት B C; Lat. omits. [39] ዘይኤሎሙ A D; ዘይዜንዉ C. [40] ሰዳሰ A. [41] እምላክነ B; the suffix is possibly due to Rev. v. 10, 'unto *our* God a kingdom of priests.' ሰእምላኩ C D, which they trans. after ርስት [42] ርስቶ B. [43] C D omit. [44] መንግሥት ክህነት B—this reading is possibly due to 1 Pet. ii. 9; መንግሥት C D. [45] A omits; Lat. *et sanctificationis* is corrupt, as this idea is already expressed; corruption probably due to confusion of *οὐσίας* and *ὅσιος*; cf. xvi. 18, xix. 18, above. [46] ዘ A B. [47] B trans. [48] A B omit. [49] ዘሰሶን B. [50] ወንፍታሰም B. [51] ዜልፋን B. [52] ወአሴር B.

ወለዘርኦሙ፡¹ ውሉዱ።   ወተፈሥሐ፡ ይስሐቅ፡ ፈድፋደ፡ እስመ፡ ርእየ፡ ውሉደ፡ ያዕቆብ፡ ወልዱ፡
ዘይገብእ፡ ወባረኮሙ።

፴፬ ወበሳድስ፡ ዓመት፡ ለዝ፡ ሱባኤ፡ እምዝንቱ፡ ዘ²አርብዓ፡ ወረባዕቱ፡² ኢዮቤልዉ፡ ፈነዎሙ፡ ያዕቆብ፡
ለውሉዱ፡³ ይርዐዩ፡ አባግዒሆሙ፡⁴ ወአግብርቲሆሙኒ፡⁵ ምስሌሆሙ፡ ውስተ፡ ጸዳተ፡ ሰቂሞን።⁶
2 ወተጋብኡ፡ ላዕሌሆሙ፡ ሰብዓቲሆሙ፡ ነገሥተ፡ አሞሬዎን፡ ከመ፡ ይቅትልዎሙ፡ ተኀቢኦሙ፡⁷
3 ታሕተ፡ ዕፀ፡ ወ⁸ከመ፡ ይማህርኩ፡ እንስሳሆሙ።   ወያዕቆብ፡ ወሌዊ፡⁹ ወይሁዳ፡ ወዮሴፍ፡
ሀለዉ፡ ውስተ፡ ቤት፡ ኀበ፡ ይስሐቅ፡ አቡሆሙ፡ እስመ፡ የኀዝኖ፡¹⁰ መንፈሱ፡ ወስእኑ፡ ኀዲገቶ፡
4 ወብንያም፡ ውእቱ፡ ዘይንእስ፡ ወ¹¹በእንተዝ፡ ነበረ፡¹² ¹³ኀበ፡ አቡሁ።¹³   ወመጽኡ፡ ነገሥተ፡ ታፉ፡¹⁴
ወነገሥተ፡ አሬስ፡ ወነገሥተ፡ ሴራጋን፡¹⁵ ወነገሥተ፡ ሴሎ፡ ወነገሥተ፡ ጋአስ፡¹⁶ ወንጉሠ፡ ቤትሮን፡
ወንጉሠ፡ መአኒሳኪር፡¹⁷ ወዙሉሙ፡ እለ፡ ይነብሩ፡ ውስተ፡¹⁸ዝ፡¹⁹ ደብር፡²⁰ እለ፡ ይነብሩ፡ ውስተ፡
5 ዕፅ፡²¹ ምድረ፡ ከናኣን።   ወዜነውዎ፡ ለያዕቆብ፡ ²²እንዘ፡ ይብሉ፡²² ከመ፡²³ ናሁ፡ ነገሥተ፡ አሞሬዎን፡
6 ዐገትዎሙ፡ ለውሉድከ፡ ወመራዕየሙ²⁴ሂ፡²⁴ ተማሥጠ።   ወተንሥአ፡ እምኀ፡ ቤቱ፡ ውእቱ፡
ወሠለስቲሆሙ፡ ውሉዱ፡²¹ ወዙሉሙ፡ ደቀ፡ አቡሁ፡ ወደቂ፡ ወሖረ፡²² ላዕሌሆሙ፡²³ በ²⁴ስሳ፡
7 ምእት፡²⁴ ዕደ፡ እለ፡ ይጸውሩ፡ አስይፍተ።   ወቀተልዎሙ²⁵ በውስተ፡ ጸዳተ፡ ዘሰቂሞን፡²⁶ ወደገኑ፡²⁷
እለ፡ ጉዩ፡ ወቀተልዎሙ²⁸ በአፈ፡ ሰይፍ፡ ወቀተልዎሙ²⁸ ለአሬስ፡ ወለ²⁹ታፉ፡²⁹ ወለሰራጋን፡³⁰
8 ወለሴሎ፡³¹ ወለአማኒሰኪር፡³² ወለጋጋአስ።   ወአስተጋብአ፡ መራዕይሁ፡³³ ወዐብየ፡ ላዕሌሆሙ፡³⁴
ወሠርዐ፡ ፀባሕተ፡ ላዕሌሆሙ፡ ከመ፡ የሀብዎ፡ ጸባሕተ፡ ኀምስተ፡ ፍሬ፡ ምድሮሙ፡ ወሐነጸ፡
9 ³⁵ርቤልሃ፡ ወተምናታሬስሃ።³⁵   ወተመይጠ፡ በሰላም፡ ወገብረ፡ ምስሌሆሙ፡ ሰላመ፡ ወኮንዎ፡
10 አግብርተ፡ እስከ፡ አመ፡ ዕለተ፡ ወረደ፡ ውእቱ፡ ወውሉዱ፡ ውስተ፡³⁶ ግብጽ።   ወበሳብዕ፡ ዓመት፡
ዘዝ፡ ሱባኤ፡ ፈነወ፡³⁷ ዮሴፍሃ፡ ከመ፡ ያእምር፡ ሰላሞሙ፡ ለአኀዊሁ፡ እምቤቱ፡ ውስተ፡ ምድረ፡³⁸
11 ሰቂሞን፡³⁹ ወረከቦሙ፡ በምድረ፡ ዶታኤም።⁴⁰   ወሐብለይዎ፡ ወገብሩ፡ ላዕሌሁ፡ ምክረ፡ ከመ፡ ይቅ
ትልዎ፡ ወተመይጦሙ፡⁴¹ ሤጥዎ፡ ለነጋዲት፡⁴² እስማኤላውያን፡ ወአውረድዎ፡ ግብጸ፡⁴³ ወአዘበይዎ፡⁴⁴

---

¹ ዘርኦሙ A; ወለ B. ² ፵ወ፬ A. ³ B adds ከመ፡ ⁴ አባግዒሁ C D. ⁵ ወአግብርቲሁኒ B C D. ⁶ ሰቂማን A. ⁷ Lat. *et sederunt.* Is ተኀቢኦሙ a corruption of ነቢሮሙ ⁸ B omits. ⁹ A omits. ¹⁰ Lat. *pusillanimis.* Is የኀዝኖ፡ a corruption for የዐውብዝ፡ = *pusillanimis erat?* ¹¹ Lat. omits. ¹² ነበሩ A. ¹³ ኀቤሁ፡ B D. ¹⁴ ታፉ A; ታፌ D. ¹⁵ ሰራጋን C; ሴግን D. ¹⁶ ገአዝ A. ¹⁷ ማአኒሰኪር A. ¹⁸ Lat. adds *et.* ¹⁹ A D omit. ²⁰ ኢ A. ²¹ ውሉዱ B. ²² ወ፡ሎ፡ፉ A. ²³ ኀቤሆሙ A. ²⁴ ፳፪ A D; ፳፫ C. ²⁵ ወቀተልዎሙ C D. ²⁶ ዘሰቂማን A. ²⁷ ወደገኑ A. ²⁸ ወቀተሎ A C; ወቀተልዎሙ D. ²⁹ ታፉ A. ³⁰ ወለሳሬካን A; ወለሴሬጋን C; ወለሴፉግን D. ³¹ ወለሴሎ A. ³² ወለአማኒሰኪር A. ³³ መራዕዮሙ B. ³⁴ Better read እምኔሆሙ ³⁵ ርቤልአ ተአምታሬስሃ A. ³⁶ C D add ምድረ፡ ³⁷ ወፈነወ B. ³⁸ C D omit. ³⁹ ሰቂማን A. ⁴⁰ አይታኤም A. ⁴¹ ወተመይጠ ወ B. ⁴² ሰነገዲ A. ⁴³ ግብጽ A B. ⁴⁴ A omits; C D give ወሤጥዎ፡

Et quadragensimo quarto jubeleo in anno sexto septimanae[1] hujus XXXIV.
misit Jacob filios suos ut pascerent oves suas, et pueros suos cum ipsis (in)
campum Sycimae. Et convenerunt *in eos[2] septem reges Amorreorum et 2
sederunt[3] in lucum, ut interficerent eos et ut praedarentur oves ipsorum.
Jacob autem et Leuui et Judas et Joseph erant in bari secus Isac patrem 3
suum, quoniam pusillanimis[4] erat spiritus ejus, et non poterant eum
derelinquere: et Beniamin erat junior, (et) propter hoc remanserat cum
patre suo. Et advenerunt reges Taffo[5] et rex Arco et rex Saragan et 4
rex Silo et rex Gaas et rex Betoron[6] et rex Manesacer et universi qui
inhabitant montana [et] qui inhabitant in lucis[7] in terra Canaan. Et 5
indicatum est Jacob quoniam ecce reges Amor . . .

---

[1] MS. septimanarum. [2] MS. eos. [3] Eth.=occulti; see note 7 on Eth. text. [4] MS. pusillianimis. Eth. = contristatus erat; see note 10 on Eth. text. [5] MS. saffo. [6] MS. boton. [7] MS. locis.

ለጲጥፋራ[1] ኅፅው[2] ፈርዖን፡ ሊቀ፡ ዐቀብት፡[3] ማዉዕ፡[4] ዘሀገረ፡ ኢሌው፡፡[5] ወውሉደ፡ ያዕቆብ፡ 12
ዘብሑ፡ ላቤለ፡ ጠሊ፡ ወ*ጸንፈቀ፡[6] ልብሶ፡ ለዮሴፍ፡ በደም፡[7] ወፈነዉ፡ ኀበ፡ ያዕቆብ፡ አቡሆሙ፡
እሙ፡ ዐሡሩ፡ ለወርኅ፡ ሳብዕ፡፡ ወለሐወ፡[8] ኵሉ፡ ይእቲ፡ ሌሊተ፡[9] እስመ፡[10] ሰርክ፡[11] አምጽኡ፡[12] 13
ሎቱ፡ ኪያሁ፡[13] ወፈጸለ፡ በላህ፡[14] ሞቱ፡ ወይቤ፡ ከመ፡ አርዌ፡ ጸዋግ፡[15] በልዖ፡ ለዮሴፍ፡ ወላሕዉ፡
ምስሌሁ፡ ኵሉ፡ ሰብአ፡ ቤቱ፡ በዛቲ፡ ዕለት፡ *ወሀለዉ፡ እንዘ፡ የሐምሙ፡ ወይላሕዉ፡ ምስሌሁ፡
ኵላ፡ ይእቲ፡ ዕለተ፡፡[16] ወተንሥኡ፡ ውሉዱ፡ ወወለቱ፡ ከመ፡ ይናዝዝዎ፡ ወኢተናዘዘ፡ በእንተ፡ 14
ወልዱ፡፡ ወበውእቱ፡ ዕለት፡ ሰምዐት፡ ባላን፡ ከመ፡ ተሐጕለ፡ ዮሴፍ፡ ወእንዘ፡ ትላሕዎ፡[17] ሞተት፡ 15
ወይእቲ፡[18] ሀለወት፡ ትነብር፡ ውስተ፡ ቀፍራቴፍ፡[19] ወዲና*ኒ፡ ወለቱ፡ ሞተት፡ እምድኅረ፡
ተሐጕለ፡ ዮሴፍ፡፡ ወበጽሐ፡[20] ለእስራኤል፡ ዝንቱ፡ ሠለስቱ፡ ላሀ፡ በወርኅ፡ አሐዱ፡፡[21] ወቀበርዋ፡ 16
ለባላን፡ አንጻረ፡ *መቃብረ፡ ራሔል፡[22] ወዲናሃኒ፡ ወለቶ፡ ቀበሩ፡ ህየ፡፡ ወሀሎ፡ እንዘ፡ ይላሑ፡ 17
ድኅሬሁ፡ ለዮሴፍ፡ ዓመተ፡[23] አሐደ፡[24] ወኢነገሠ፡ እስመ፡ ይቤ፡ እረድ፡ ውስተ፡ መቃብር፡ እንዘ፡

---

[1] ለፋጥፋራን፡ A; ለፋጡፋራን፡ B. [2] ለኅጽው፡ B. [3] Em. with Gen. xxxix. 1 from መብስሌሆ፡ A; መብስላን፡ B. See note 31, p. 144. [4] ለመዕ፡ A; ማወዕ፡ B. [5] ኢሌው፡ B. [6] ጸንፈቀ፡ B. [7] በደሙ፡ B. [8] ወሀለዉ፡ C; ወለሐዉ፡ D. [9] ዕለተ፡ A C D. [10] እስከ፡ B C D. [11] ሰርከ፡ A C D. [12] ወአምጽኡ፡ C D. [13] B omits. [14] በላሓ፡ A B. [15] ጸወጋ፡ A. [16] A omits. [17] ትላሑ፡ A. [18] B adds እንዘ፡ [19] ቀፍራቴፋ፡ A; ቀራፍቴፋ፡ C; ቀፍታሬቴፍ፡ D. [20] ወበጽሖሙ፡ B. [21] ፩ A. [22] መቃብረ፡ ለራሔል፡ A; መቃብረሃ፡ ለራሔል፡ B. [23] ወዓመተ፡ B.

18 እኅሊሁ፡ በእንተ፡ ወልደዩ፡፡ በእንተዝ፡ ተሠርዐ፡ ዲበ፡ ውሉደ፡ እስራኤል፡ ከመ፡ ይሕመሙ፡
*በዐሥሩ፡ ወርኅ፡ ዘሰቡዑ፡[1] እም[2]ዕለት፡ በጽሐ፡ ዘያበኪ፡ ዮሴፍሃ፡ ኀበ፡ ያዕቆብ፡ አቡሁ፡ ከመ፡
ያስተስርዩ፡[3] ባቲ፡ ሎሙ፡[4] በእንስሳ፡ ጠሊ፡[5] እመ፡ አሠሩ፡ በወርኅ፡ ሳብዕ፡ ምዕረ፡ ለዓመት፡ በእንተ፡
19 ኀጢአቶሙ፡ እስመ፡ አኅዘኑ፡ ምሕረተ፡ አቡሆሙ፡ በእንተ፡ ዮሴፍ፡ ወልዱ፡፡ ወተሠርዐት፡ ዛቲ፡
ዕለት፡ ከመ፡ ይሕዝኑ፡[6] ባቲ፡ በእንተ፡ ኀጢአቶሙ፡ ወበእንተ፡ ኵሉ፡[7] አበሳሆሙ፡ ወበእንተ፡ ኵሉ፡
20 ስሕተቶሙ፡ ከመ፡ ያንጽሑ፡[8] ርእሶሙ፡ በዛቲ፡ ዕለት፡ ምዕረ፡ ለዓመት፡፡ ወእምድኅረ፡ ተሐጕለ፡
ዮሴፍ፡ ነሥኡ፡ *ሰርእሶሙ፡ ውሉደ፡ ያዕቆብ፡ አንስትያ፡[9] ስማ፡ ለብእሲቱ፡ ሮቤል፡ አዳ፡[10] ወስማ፡
ለብእሲቱ፡ ስምዖን፡ አዲባእ፡[11] ከነናዊት፡ ወስማ፡ ለብእሲቱ፡ ሌዊ፡ ሜልካ፡[12] እምአዋልደ፡ አራም፡
እምዘርአ፡ ውሉደ፡ ታራን፡ ወስማ፡ ለብእሲቱ፡ ይሁዳ፡ ቤተሱኤል፡[13] ከነናዊት፡ ወስማ፡ ለብእሲቱ፡
ይሳኮር፡[14] ሔዝቃ፡[15] ወስማ፡ ለብእሲቱ፡ ዛቡሎን፡[16] ኒኢማን፡[17] ወስማ፡ ለብእሲቱ፡ ዳን፡ ኤግላ፡
ወስማ፡ ለብእሲቱ፡ ንፍታሌም፡ ረሱኡ፡ እንተ፡ ሜስጶጦምያ፡[18] ወስማ፡ ለብእሲቱ፡ ጋድ፡ ማካ፡
ወስማ፡ ለብእሲቱ፡ አሴር፡[19] ኢዮና፡[20] ወስማ፡ ለብእሲቱ፡ ዮሴፍ፡ አስኔት፡[21] ግብጻዊት፡ ወስማ፡
21 ለብእሲቱ፡ ብንያም፡ ኢያስከ፡፡[22] ወተመይጠ፡[23] ስምዖን፡ ወነሥአ፡ ብእሲተ፡[24] እም፡ *ሜስጶ
ጦምያ፡ ካልእተ፡[25] ከመ፡ እኁዊሁ፡፡

፴፭ ወበቀዳሚ፡ *ዓመት፡ ዘሱባኤ፡ ቀዳማዊ፡[26] በዘ፣ አርብዓ፡ ወኀምስቱ፡[27] ኢዮቤልው፡ ጸውዐት፡
ርብቃ፡ ለያዕቆብ፡ ወልዳ፡ ወአዘዘቶ፡ በእንተ፡ አቡሁ፡ ወበእንተ፡ እኁሁ፡ ከመ፡ ያክብሮሙ፡ ኵሎ፡
2 መዋዕለ፡ ሕይወቱ፡ ለያዕቆብ፡፡ ወይቤ፡ ያዕቆብ፡[28] እገብር፡ ኵሎ፡ ዘከመ፡ አዘዝክኒ፡[29] እስመ፡
ክብር፡ ወዕበይ፡[30] ሊተ፡ ዝንቱ፡ ነገር፡ ወጽድቅ፡ ሊተ፡ በቅድመ፡ እግዚአብሔር፡ ከመ፡ አክብሮሙ፡፡[31]
3 ወአንቲኒ፡ እሞ፡[32] ታአምሪ፡ እምዕለተ፡ ተወለድኩ፡ እስከ፡ ዛቲ፡ ዕለት፡ ኵሎ፡ ምግባርየ፡ ወኵሎ፡
4 ዘውስተ፡ ልብየ፡ ከመ፡ ኵሎ፡ መዋዕለ፡ *እሔሊ፡ ሠናየ፡[33] ለኵሉ፡፡ ወእፎ፡ ኢይገብር፡ ዘንተ፡[34] ነገረ፡
5 ዘአዘዝክኒ፡[35] ከመ፡ አክብር፡[36] አባየ፡ ወእኁየ፡፡ ንግርኒ፡[37] እሞ፡ ምንተ፡ ርኢኪ፡ በላዕሌየ፡ ጥውየተ፡
6 ወ*እትገሐስ፡ እምኔሁ፡ ወይከውን፡ ላዕሌየ፡ ሣህለ፡፡[38] ወትቤሎ፡[39] ወልድየ፡ ኵሎን፡ መዋዕልየ፡
አልቦ፡ ዘርኢኩ፡ በላዕሌከ፡ ምንተኒ፡ ግብረ፡ ጠዋየ፡ አላ፡ ርቱዐ፡፡ ወባሕቱ፡[40] ጽድቀ፡ እነግረከ፡
ወልድየ፡ አነ፡ በዛቲ፡[41] ዓመት፡ እመውት፡ ወኢይትዐደው፡[42] ዛተ፡ ዓመተ፡ በሕይወትየ፡[43] *እስመ፡
ርኢኩ፡ በሕልም፡ ዕለተ፡ ሞትየ፡ ከመ፡[44] ኢየሐዩ፡ ፈድፋደ፡ *እምእት፡ ወኃምሳ፡ ወኀምስቱ፡[45]
7 ዓመት፡ ወናሁ፡ *አነ፡ ፈጸምኩ፡[46] ኵሎ፡ መዋዕለ፡ ሕይወትየ፡ ዘሀሎኩ፡ እሕየው፡፡[47] ወስሕቀ፡[48]
ያዕቆብ፡ በእንተ፡ ነገረ፡ እሙ፡ እስመ፡ ትቤሎ፡ እሙ፡ ከመ፡ ትመውት፡[49] ወይእቲሰ፡[50] ትነብር፡
አንጻሪሁ፡ *ወኀይላ፡ ላዕሌሃ፡[51] ወኢደከመት፡ እምኀይላ፡ እስመ፡ ትበውእ፡ ወትወፅእ፡ ወትሬኢ፡[52]
8 ወአስናኒሃ፡[53] ጽኑዕ፡ *ወኢምንትኒ፡ ሕማም፡[54] ኢ[55]ለከፋ፡[56] ኵሎ፡ *መዋዕለ፡ ሕይወታ፡፡[57] ወይቤላ፡

[1] በዐሥሩ፡ ወርኅ፡ በሳብዕ፡ B. [2] እም A. [3] ያስተስሪ፡ B C D. [4] ሎቱ፡ B C D.
[5] አጣሊ፡ B. [6] ይሕዝኑ፡ B. [7] B omits. [8] የንጽሑ፡ A. [9] ውሉደ፡ ያዕቆብ፡
ነሥኡ፡ ሰርእሶሙ፡ አንስቲያ፡ B. [10] አዳ፡ A. [11] አዴባእ፡ B; Syr. Frag. ܐܕܒܐܠ.
[12] ሜሌካ፡ A. [13] ቤተ፡ ሱኤል፡ B; Syr. Frag. ܒܝܬ ܫܘܥ. [14] ይሰኮር፡ B.

*. . . usque in diem hunc [et] universa opera mea et omnia quae sunt in XXXV. 3
corde meo, quoniam omnibus diebus ego . . . bona facio[1] omnibus. Et quo- 4
modo non faciam sermonem hunc, quem[2] tu mandas mihi ut faciam[3] patri
meo et fratri meo[4]? [Sed rogo], indica mihi mater, quod vidisti in me per- 5
versum ut avertar ab eo et sit super me misericordia [Domini]?' Et dixit 6
illi [Rebecca]: 'Nate, omnibus (diebus) meis non vidi in te omne opus sed
rectum. Et tamen [omnem] veritatem indicabo tibi, nate, ego in anno
isto moriar[5] et non transeam annum istum [adhuc] in vita mea, (nam vidi
in somnio diem) *mortis meae[6] et non vivam amplius (quam centum et)
quinquaginta annos[7]: (et ecce ego) sum conplens (omnes dies) in vita
mea (quos mihi vivendum erat).' Et risit Jacob de sermonibus matris 7
suae, qu(ia dixit illi se mo)ri(tu)ram: et ipsa sedebat in conspectu ejus
et erat valida et non infirmis viribus suis, erat enim exiens et intrans
et dentes sui fortes, et infirmitas non contrectavit[8] eam omnibus diebus
suis. Et dixit ad eam Jacob: 'Beatus sum, si adproximaverint dies 8

---

[1] MS. facere. [2] MS. quae. [3] Eth. = honorem. [4] Emended with Eth. from fratribus meis. [5] MS. morior. [6] Emended with Eth. from ego moriar. [7] MS. annorum. [8] Emended with Eth. from contristavit.

---

[15] ሐሊዘዎ: A; ሐሊኩዎ: C; ሐኀዘዎ: D. [16] ዘብሎን: A. [17] This is corrupt, as A B omit and Syr. Frag. reads ܘܝܠ. We should read ኢይሬ: [18] ምንስጸሐምዎ: B. [19] እሴር: C D. [20] እየና: B; Syr. Frag. ܠܐܘ. [21] እስኪት: B. [22] ኢያስክ: B; ኢየስክ: C; ኢያስክ: D; Syr. Frag. ܠܡܫܡܫܐ. [23] ወተመዩጦ: B. [24] ስያዎን: B. [25] መስጸሐምዎ: ፪ A. [26] A omits through homeoteleuton. [27] ፪ወ A. [28] B adds እለ: [29] እዘዘከኒ: A; እዘእዘዘከኒ: B. [30] ወንቢይ: B. [31] እኩብርመ: C D. [32] እመ: A. [33] Lat. *bona facio* (MS. *faciam*). Hence እሐሪ: which is weak, seems an addition; we should perhaps read እሠኒ: = Lat. [34] A B omit wrongly against Lat. and C D. [35] ዘእዘዘከኒ: B. [36] እኩብር: C D; Lat. *faciam*. Is እኩብር: a corruption of እገብር: = Lat. *faciam*? [37] Before ንገርኒ: Lat. adds *sed rogo*. [38] ወተገኝዎ: ወ: B. [39] Lat. adds *Domini*. [40] Lat. adds *Rebecca*. [41] Lat. adds *omnem*. [42] በዘ: B. [43] ወኢይትዐይ: A. [44] በሕይወት: B. [45] Lat. *ego in anno isto moriar et*. Lat. defective in this and the following line. [46] እም፪ወ፪ወ፰ A. Lat. and C omit ወንዋስ: but Lat. leaves an empty line before ወኃዋስ: [47] B trans. [48] እሐየ: A. [49] ወሰሐቀ: A. [50] ትመውት: A. [51] ወኃይል: ላዕሌሃ: B; Lat. *et erat valida*. [52] Lat. omits. [53] A omits. [54] ወምንትኒ: ሕማም: A B. [55] ለእለ: ዘ A. [56] Lat. *non contristavit*, where we should emend into *contrectavit*. [57] Lat. *diebus suis*.

ያዕቆብ፡ ብፁዕ፡ ለከ፡ እኁ፡ እስመ፡ ቀርበ፡ መዋዕልየ፡ ለመዋዕሊሁ፡ ሕይወትየ፡ *ወይሄሉ፡ ኀይልየ፡[1]
ላዕሌየ፡ ከመ፡ዝ፡ በከመ፡ ኀይልኪ፡ ወኢትመውቲ፡ እስመ፡ በከ፡ በጸው፡[2] ትትናገሪ፡ ምስሌየ፡ በእንተ፡
9 ሞትኪ። ወቦእት፡ ኀበ፡ ይስሐቅ፡ ወትቤሎ፡ አሐተ፡ ስእለተ፡ እስተበቍዐከ፡[3] በኀቤከ፡ አምሕሎ፡
ለዔሳው፡ ከመ፡ ኢያሕስም፡ ላዕለ፡ ያዕቆብ፡[4] ወኢይስድዶ፡ በጽልእ፡[5] እስመ፡ *አንተ፡ ታአምር፡[6]
ሕሊናሁ፡ ለዔሳው፡ ከመ፡ ጸዋግ፡ ውእቱ፡ እምንእሱ፡ ወአልቦ፡ ላዕሌሁ፡ ኂሩት፡ እስመ፡ ይፈቅድ፡
10 ውእቱ፡[7] እምድኅረ፡ ሞትከ፡ ይቅትሎ። ወአንተ፡ ታአምር፡ ኵሎ፡[8] መጠነ፡ ገብረ፡ እምዕለተ፡[9]
ሖረ፡ ያዕቆብ፡ እኁሁ፡ ውስተ፡ ካራን፡ እስከ፡ ዛቲ፡ ዕለት፡ ከመ፡ በኵሉ፡ ልቡ፡ ኀደገነ፡ ወገብረ፡
11 ምስሌነ፡ እኩየ፡ መራዕይከ፡[10] አስተጋብአ፡ ወኵሎ፡ ጥሪተከ፡[11] ሄደ፡[12] እምቅድመ፡ ገጽከ። ወእንዘ፡
ናስተበቍዕ፡[13] ወ[14]ንስእሎ፡ ዘእምዚአሁ፡ ውእቱ፡[15] ይሬሲ፡ *ከመ፡ ዘ[16]ብእሲ፡ ዘይምሕሮ።
12 ወ*ያመረረ፡ ላዕሌከ፡[17] በእንተ፡ ዘባረከ፡[18] ያዕቆብሃ፡ ወልደከ፡ ፍጹመ፡[19] ወራትዐ፡ እስመ፡ አልቦ፡
እኩይ፡[20] ዘእንበለ፡ ኂሩት፡[21] ወእምአመ፡ መጽአ፡ እምካራን፡ እስከ፡ ዛቲ፡ ዕለት፡ *ኢያሕጸጸ፡ ለነ፡[22]
ወኢምንተኒ፡ እስመ፡ ኵሎ፡ ያመጽእ፡ ለነ፡ በበዘመኑ፡ ኵሎ፡ ዕለተ፡ ወይትፌሣሕ፡ በኵሉ፡ ልቡ፡
ሶበ፡ ንነሥእ፡ እምእዴሁ፡ ወይባርከነ፡ ወኢተፈልጠ፡ እምኔነ፡ እምአመ፡[23] መጽአ፡ እምካራን፡
እስከ፡ ዛቲ፡ ዕለት፡[24] ወውእቱ፡ ይነብር፡ ምስሌነ፡ ዘልፈ፡ ውስተ፡ ቤት፡[25] እንዘ፡ ያከብረነ።
13 ወይቤላ፡ ይስሐቅ፡ አነሂ፡ አአምር፡ ወእሬኢ፡ ግብረ፡ ያዕቆብ፡ ዘምስሌነ፡ ከመ፡ በኵሉ፡ ልቡ፡
ውእቱ፡ ያከብረነ፡ ወአፍቀርክዎ፡ ለዔሳው፡ ቀዲሙ፡[26] እምነ፡ ያዕቆብ፡ እምዘተወልደ፡ ቀዲሙ፡[27]
ወይእዜ*ኒ፡[31] አፈቅር፡[28] ያዕቆብሃ፡ እምነ፡ ዔሳው፡[29] እስመ፡ አብዝኃ፡ አእክዮ፡[30] ምግባሪሁ፡
ወአልቦ፡ ጽድቀ፡ ሶቱ፡ እስመ፡ ኵሉ፡ ፍኖቱ፡ ዐመፃ፡ ወገፍዕ፡ ወአልቦ፡ ጽድቀ፡ ሶቱ፡[31] አውዶ።
14 ወይእዜ*ኒ፡[31] ልብየ፡ ይትሀወክ፡ በእንተ፡ ኵሉ፡[31] ምግባራቲሁ፡ ወ*ኢ[31]ኮነ፡ ውእቱ፡ ወዘርኡ፡ ሊድኅን፡
እስመ፡ እለ፡ ይትሐጐሉ፡ እሙንቱ፡ እምነ፡ ምድር፡ ወእለ፡ ይሤረዉ፡ እሙንቱ፡ እምታሕተ፡
ሰማይ፡ እስመ፡ *አምላኩ፡ ለአብርሃም፡[32] ኀደገ፡[33] ወሖረ፡ ድኅረ፡ አንስቲያሁ፡[34] ወ[31]ድኅረ፡
15 ርኩሶን፡[35] ወድኅረ፡ ስሕተቶን፡ ውእቱ፡ ወውሉዱ። ወአንቲ*ኒ፡[31] ትብልዒ፡[36] ከመ፡ ኣምሕሎ፡

---

[1] ወየሀሉ፡ ኀይልየ፡ A. [2] B reads በጸው፡ and trans. after ትትናገሪ፡ በፃው፡ D; C omits. Dillmann's Lex. vocalises this word ብፃው፡ [3] ኣስተበቍዕ፡ C D. [4] Lat. adds *fratrem suum.* [5] Lat. *et non inimicitias exerceat adversus eum.* [6] A trans. [7] A adds ከመ፡ Lat. of this clause defective. [8] B trans. after ገብረ፡ [9] እምአመ፡ B. [10] መራዕይከ፡ A; መራዕየከ፡ C D. [11] ጥሪተከሂ፡ B. [12] ሄደከ፡ A. [13] ያስተበቍዕ፡ A. [14] A B omit. [15] ወውእቱ፡ A B. [16] ከመዝ፡ A. [17] ይመርር፡ ላዕሌሁ፡ A. [18] ዘባርክ፡ A. [19] ፍጹማዊ፡ A. [20] እከየ፡ B. [21] ኂሩተ፡ A. [22] ኢሐጸጸ፡ A. [23] እምዕለተ፡ A. [24] B omits. [25] ቤተ፡ D. [26] Should probably be trans. after እምዘተወልደ፡ where it is needed, and where I have followed C, probably wrongly. [27] A B D omit. [28] ኣፈቅር፡ C D. [29] ዔሳው፡ B. [30] እከየ፡ A. [31] A omits. [32] እምላኩ፡ ለአብርሃም፡ A. [33] ኀደጉ፡ A. [34] አንስቲያሆሙ፡ A. [35] ርኩስ፡ B C D. [36] ትበልዑ፡ D.

mei in diebus vitae tuae, (mater, et fuerint sic) in me (vires mea) simil(iter
tuis, et non morieris, nam frustra nugas) locuta es mecum de morte tua.'
Et introivit ad Isaac et dixit illi: 'Petitionem unam peto a te ut adjures 9
Esau ut non adfligat Jacob [fratrem suum] et non persequatur eum et
non inimicitias exerceat adversus eum: tu enim noscis sensum Esau
quia malignus est a pueritia sua et non est cum eo quicquam rectum,
*namque ille[1] (vult post morte)m tu[2]a(m occidere) fratrem suum. (Et 10
tu scis) omnia quaecumque fecit (a) die (illo quo abivit Jacob frater
ejus in Charran) u(sque) in diem hunc, quo(niam in toto corde suo
dereliquit nos et fecit malum nobiscum: oves tuas ad se collegit et
omnem substantiam tuam) rapuit(e conspectu tuo. Et precantes et) 11
petentes eramus (ab) eo (quod) de nostris, (et ille) quasi misericordiam
faciebat nobiscum. Et amaricabatur tibi, propter quod benedixeras 12
Jacob filium tuum perfectum et veracem, quia non est cum illo malignitas . . .'

---

[1] Emended with Eth. from nequa et. [2] MS. meo.

ከመ፡ ኢይቅትል፡ እኅዊሁ፡[1] ያዕቆብሃ፡ እመ፡[2] መሐለ፡ ኢይሄሉ፡ በመሐላሁ፡[3] ወኢይገብር፡
ኄሩተ፡ ዘእንበለ፡ እከይ። ወእመ፡ ፈቀደ፡ ይቅትል፡ ያዕቆብሃ፡ እኁሁ፡ ውስተ፡ እዴ፡ 16
ያዕቆብ፡ ይትወሀብ፡ ወኢያመሥጥ፡ እምእደዊሁ፡ እስመ፡ ውስተ፡ እዴሁ፡ ይወርድ። ወአንቲኒ፡ 17
ኢትፍርሂ፡ በእንተ፡ ያዕቆብ፡ እስመ፡ ዐቃቤሁ፡ ለያዕቆብ፡ ዐቢይ፡[4] ወኀያል፡ ወክቡር፡ ወእኩት፡
እምዐቃቤሁ፡ ለዔሳው። ወሰአከት፡ ርብቃ፡ ወጸውዐቶ፡ ለዔሳው፡ ወመጽአ፡ ኀቤሃ፡ ወትቤሎ፡ 18
ስእለተ፡ ብየ፡ ወልድየ፡ እንተ፡ እስእል፡ እምኔከ፡ ወበል፡ ከመ፡ ትገብራ፡ ወልድየ። ወይቤ፡[5] 19
እ፡ እገብር፡ ኵሎ፡ ዘትቤልኒ፡ ወኢየአቢ፡[6] ስእለተኪ። ወትቤሎ፡ እ፡ እስእል፡ እምኔከ፡ በዕለት፡[7] 20
አመ፡ ሞትኩ፡ ከመ፡ ታብአኒ፡ ወትቅብረኒ፡ ቅሩበ፡ ሳራ፡ እመ፡ አቡከ፡ ወከመ፡ ትትፋቀሩ፡ አንተ፡
ወያዕቆብ፡[8] በበይናቲክሙ፡ ወኢይኅሥሥ፡ እኩየ፡[9] *አሐዱ፡ ለእኁሁ፡[10] ዘእንበለ፡ ተፋቅሮ፡ *ከመ፡
ወ[11]ትሠርሑ፡ ውሉድየ፡ ወትክበሩ፡[12] በማእከለ፡ ምድር፡ ወኢይትፌግሑ፡[13] *ላዕሌክሙ፡ ጸላኢ፡[14]
ወትኩኑ፡ ለበረከት፡ ወለምሕረት፡ በቅድመ፡ አዕይንቲሆሙ፡ ለ*ኵሎሙ፡[15] እለ፡ ያፈቅሩክሙ።

---

[1] አኅዊሁ፡ A; እኁሁ፡ B; C D omit. [2] ወእመ፡ D. [3] A B C omit.
[4] የዐቢ፡ A. [5] ወይቤላ፡ C D. [6] ወኢያአቢ፡ B. [7] በዕለተ፡ A B. [8] C D add
እኁከ፡ [9] B omits. [10] ጸምስለ፡ ክልኤ፡ A. [11] ወከመ፡ A. [12] ወከመ፡ ትክበሩ፡ A.
[13] ወኢይትፌግሕ፡ B. [14] B trans. [15] A omits.

21 ወይቤ፡ አነ፡ እገብር፡ ዙሎ፡ ዘትቤለኒ፡ ወእቀብረኪ፡ እመ፡ ዕለተ፡ ሞትኪ፡ ቅሩበ፡ ሳራ፡ እሙ፡ ለአቡየ፡
22 በከመ፡ አፍቀርኪ፡ ለዕጽምትየ፡ ከመ፡ የሀሉ፡[1] ቅሩበ፡ ለዕጽምትኪ፡[2] ወያዕቆብ[3]ኒ፡[3] እኁየ፡[4]
አነ፡[5] አፈቅር፡ እምዙሉ፡ ዘሥጋ፡ ወአልቦ፡ [6]እኁወ፡ ሊተ፡[6] [7]በውስተ፡ ዙሉ፡[7] ምድር፡ ዘእንበለ፡
ውእቱ፡ ባሕቲቱ፡ ወአኮ፡ ዐቢይ፡ ዝንቱ፡ ሊተ፡ እመ፡ አፍቀርክዎ፡ እስመ፡ እኁየ፡[8] ውእቱ፡ ወኅቡረ፡
ተዘርአነ፡ በማእከለ፡ ከርሥኪ፡ ወኅቡረ፡ ወፃእነ፡ እምኅንብርትኪ፡[9] ወእመ፡ ኢያፍቀርክዎ፡[10] እኁየ፡[11]
23 መኑ፡ አፈቅር፡፡ ወ[12]አነ፡ ከመ፡[12] አስተበቍዐኪ፡[13] ከመ፡ ትገሥጽዮ፡ ለያዕቆብ፡ በእንቲአየ፡ ወበእንቲአ
ውሉድየ፡ እስመ፡ አአምር፡ ከመ፡ ነጊሦ፡ ይነግሥ፡ ላዕሌየ፡ ወላዕለ፡ ውሉድየ፡ እስመ፡ አመ፡[5] ዕለተ
24 ባረኮ፡ አቡየ፡ ኪያሁ፡ ረሰዮ፡ ልዑለ፡ ወኪያየ፡[14] ትሑተ፡፡ ወአነ፡ እምሕል፡ ለኪ፡ ከመ፡ አፈቅሮ፡
ወከመ፡ ኢይትኀሠሥ፡[15] ሎቱ፡ እኩየ፡ ዙሎ፡ መዋዕለ፡ ሕይወትየ፡ ዘእንበለ፡ ሠናይ፡ ከመ፡፡[16]
25 ወመሐለ፡ ላቲ፡ በእንተዝ፡ ዙሉ፡ ነገር፡፡ ወጸውዐቶ፡ ለያዕቆብ፡ በቅድመ፡ አዕይንቲሁ፡ ለዔሳው፡
26 ወአዘዘቶ፡ በከመ፡ ነገር፡ ዘተናገረት፡ ምስለ፡ ዔሳው፡፡ ወይቤ፡ አነ፡ እገብር፡ ሥምረተኪ፡ ተሐበይኒ፡
ከመ፡ ኢይወፅእ፡ እምኔየ፡ ወእምውሉድየ፡ እኩይ፡[17] ላዕለ፡ ዔሳው፡ ወኢይቀድም፡ ምንተኒ፡[5]
27 ዘእንበለ፡ ተፋቅሮ፡ ከመ፡፡ ወበልዑ፡ ወሰትዩ፡ ይእቲ፡ ወውሉዳ፡ [18]በዛቲ፡ ሌሊት፡[18] ወሞተት፡[19]
[20]ሠለስቱ፡ ኢዮቤልዉ፡[20] ወሱባዔ፡ አሐዱ፡[21] ወዓመት፡ አሐዱ፡[21] በዛቲ፡ ሌሊት፡ ወቀበርዋ፡
ክልኤሆሙ፡ ውሉዳ፡ ዔሳው፡ ወያዕቆብ፡ ውስተ፡ ባዕት፡ እንተ፡[22] ክልኤ፡[23] ቅሩበ፡[24] ሳራ፡ እሙ፡
አቡሆሙ፡፡

፴፮ ወበሳድስ፡ ዓመት፡ ዘኽሱባዔ፡ ጸውዐ፡ ይስሐቅ፡ ክልኤሆሙ፡ ውሉዶ፡ ዔሳውሃ፡ ወያዕቆብሃ፡
ወመጽኡ፡ ኀቤሁ፡ ወይቤሎሙ፡ ደቂቅየ፡ አነ፡[25] አሐውር፡ ውስተ፡ ፍኖተ፡ አበውየ፡[26] ውስተ፡ ቤት፡
2 ዘለዓለም፡ ኀበ፡ ሀለዉ፡ ህየ፡ አበውየ፡፡ ወቅብሩኒ፡ ቅሩበ፡ አብርሃም፡ አቡየ፡ ውስተ፡ በዐት፡[27]
ዘካዕበት፡ ውስተ፡ ገራህተ፡ ኤፍሮን፡[28] ኬጥያዊ፡[29] ዘአጥረየ፡ አብርሃም፡ ለዝኅረ፡ መቃብር፡ ህየ፡
3 ውስተ፡ መቃብር፡[30] ዘከረይኩ፡ ለርእስየ፡ ህየ፡ ቅብሩኒ፡፡ ወዘንተ፡ እኤዝዘክሙ፡ ውሉድየ፡ ከመ፡
ትግበሩ፡ ጽድቀ፡ ወርትዐ፡ በዲበ፡ ምድር፡ ከመ፡ ያምጽእ፡[31] እግዚአብሔር፡ ላዕሌክሙ፡ ዙሉ፡
4 ዘመጠነ፡ ነገረ፡ እግዚአብሔር፡ ይግበር፡[32] ለአብርሃም፡ ወለዘርኡ፡፡[33] ወኩኑ፡ ውሉድየ፡ በበይና
ቲክሙ፡ እንዘ፡ ታፈቅሩ፡ አኃዊክሙ፡ ከመ፡ ብእሲ፡ ዘያፈቅር፡ ነፍሶ፡ ወእንዘ፡ የኀሥሥ፡ ብእሲ፡[34]

---

[1] A adds ለዕጽምትየ፡ [2] ለዕጽምትኪ፡ B. [3] ፯ B. [4] እኁየ፡ A. [5] B omits.
[6] A trans. [7] እምዙሉ፡ A. [8] እኅየ፡ B. [9] እምሕረትኪ፡ B C; A omits.
[10] ኢያፈቀርክዎ፡ A. [11] እኁየ፡ A B. [12] Emended by Dillmann from ከመ፡ of MSS.
[13] አስተበቍዖ፡ A. [14] ወኪያየሰ፡ A. [15] ኢይትኀሠሥ፡ A. [16] A D omit.
[17] እኩየ፡ A B; D adds ትረሲ፡ [18] A trans. before ይእቲ፡ For ዛቲ፡ B reads ይእቲ፡
[19] A adds ወሰተ፡ [20] ፫ኢዮቤሌው፡ A. [21] ፩ A. [22] ዘእንተ፡ A B D.
[23] ትረሲ፡ D; C omits. [24] ቅሩብ፡ A. [25] B trans. before ደቂቅየ፡ [26] አበዊየ፡ B.
[27] በዐት፡ B. [28] ኤፍሮም፡ A. [29] ኬጥዊ፡ B. [30] መቃብር፡ A B. [31] ይምጽእ፡ A.
[32] A trans. after ለአብርሃም፡ [33] ወለውሉዱ፡ A. [34] A omits.

ለእኁሁ፡ በዘ፡ ይሜኒ፡ ሎቱ፡ ወለገቢር፡ ኅቡረ፡ በዲበ፡ ምድር፡ ወይትፌቀሩ፡ በበይናቲሆሙ፡[1]
ከመ፡ ነፍሶሙ፡፡ ወበእንተ፡ ነገረ፡ ጣዖት፡ አነ፡ እኤዝዘክሙ፡[2] ወእጌሥጸክሙ፡[3] ከመ፡ ትመንንዎሙ፡[4] 5
ወትጸረርዎሙ፡[5] ወከመ፡ ኢታፍቅርዎሙ፡ እስመ፡ ስሕተት፡ ምሉኣን፡ እሙንቱ፡ ለእለ፡ ያመልክ
ዎሙ፡ ወለእለ፡ ይሰግዱ፡ ሎሙ፡፡ ተዘከርዎ፡[6] ውሉድየ፡[7] ለእግዚአብሔር፡ ለ[8]አምላከ፡ አብርሃም፡ 6
አቡክሙ፡ ወእምዝ፡[9] አነ፡ አምለክዎ፡ ወተቀነይኩ፡ ሎቱ፡ ዘበጽድቅ፡ ወበፍሥሓ፡[10] ከመ፡
ያብዝኅክሙ፡ ወያልህቅ፡ ዘርአክሙ፡[11] ከመ፡ ከዋክብተ፡ ሰማይ፡ ለብዙኅ፡[12] ወይትክልክሙ፡
ውስተ፡ ምድር፡ ተክለ፡ ጽድቅ፡ ዘኢይሠረው፡[13] ለኵሉ፡ ትውልደ፡ ዘለዓለም፡፡ ወይእዜኒ፡ አነ፡ 7
አምሕለክሙ፡ በመሐላ፡ ዐቢይ፡ እስመ፡ አልቦ፡ መሐላ፡ ዘእምኔሁ፡ የዐቢ፡ በስም፡ ስቡሕ፡
ወክቡር፡ ወዐቢይ፡ ወስቡሕ፡[14] ወመንክር፡[15] ወኃያል፡[16] ዘገብረ፡ ሰመያተ፡ ወምድረ፡ ወኵሎ፡
ኅቡረ፡ ከመ፡ ትኩኑ፡ እለ፡ ትፈርህዎ፡ ወእለ፡ ታመልክዎ፡፡ ወእንዘ፡ ያፈቅር፡ *አሐዱ፡ አሐዱ፡ 8
እኁዊሁ፡[17] በምሕረት፡ ወበጽድቅ፡ ወኢይፈቅድ፡[18] ብእሲ፡ እኩየ፡ ለእኁሁ፡ እምይእዜ፡ ወእስከ፡
ለዓለም፡ ኵሉ፡ መዋዕለ፡ ሕይወትክሙ፡ ከመ፡ ትሠርሑ፡[19] በኵሉ፡ ምግባሪክሙ፡ ወኢትትሐጐሉ፡፡
ወእመቦ፡ ዘኀሠሠ፡ እምኔክሙ፡ እኩየ፡ ለእኁሁ፡ አእምሩ፡ እምይእዜ፡ ከመ፡ ኵሉ፡ ዘየኀሥሥ፡ 9
እኩየ፡ ለእኁሁ፡ ውስተ፡ እዴሁ፡ ይወድቅ፡ ወይሤረው፡ እምድረ፡ ሕያዋን፡ ወዘርኡሂ፡ ይትሐጐል፡
እምታሕተ፡ ሰማይ፡፡ ወአመ፡ ዕለተ፡ *ሀከክ፡ ወመርገም፡[20] ወቍጥዓ፡ ወመዓት፡ ወበእሳት፡ 10
ዘይነድድ፡ በላዒ፡ በከመ፡ አውዐየ፡ ሰዶምሃ፡ ከማሁ፡ ያውዒ፡ ምድሮ፡ ወሀገሮ፡ ወኵሎ፡ ዘይከውን፡
ዚአሁ፡ ወይደመሰስ፡ እመጽሐፈ፡ *ተግሣጸ፡ ውሉደ፡ ሰብእ፡[21] ወኢየዐርግ፡[22] ውስተ፡ መጽሐፈ፡
ሕይወት፡[3] እስመ፡ ውስተ፡ ዘይትሐጐል፡ ወየኀልፍ፡ ለ[23]መርገም፡ ዘለዓለም፡ ከመ፡ ለኵሉ፡
መዋዕል፡ ይኩን፡ ደይኖሙ፡ እንዘ፡ ትትሐደስ፡ በጽእለት፡ ወበ[24]መርገም፡ ወበመዐት፡ ወበፃዕር፡
ወበቍጥዓ፡[25] ወበመቅሠፍት፡ ወበደዌ፡ ዘለዓለም፡፡ አነ፡ እነግር፡ ወአስምዕ፡ ላዕሌክሙ፡ ውሉድየ፡ 11
በከመ፡ ኵነኔ፡[26] ዘይመጽእ፡ ዲበ፡ ብእሲ፡ *ዘይፈቅድ፡ ይግበር፡ ሕሡመ፡[27] ላዕለ፡ እኁሁ፡፡
*ወከፈለ፡ ኵሎ፡ ዘቦ፡[28] ጥሪት፡ ለክልኤሆሙ፡ በይእቲ፡ ዕለት፡ ወወሀበ፡ ዐበየ፡[1] ለብእሲ፡ ዘውእቱ፡ 12
ቀደመ፡ ተወልዶ፡ ወማኅፈደ፡ ወኵሎ፡ ዘአውዳ፡ ወኵሎ፡ ዘአጥረየ፡ አብርሃም፡ በኀበ፡ ዐዘቅተ፡
መሐላ፡፡ ወይቤ፡ *ዘንተ፡ እሁብ፡ ዐበየ፡[29] ለብእሲ፡ ዘ*ውእቱ፡[7] ቀደመ፡ ተወልዶ፡፡ ወይቤ፡ ኒሳው፡[2] 13, 14

---

[1] በበይናቲክሙ፡ A. [2] B omits. [3] C D omit. [4] C D add ወታስቈርርዎ፡ [5] ወትፃረርዎሙ፡ C D. [6] ወዘከርዎ፡ A. [7] A omits. [8] ዘ B. [9] Better emend into ወከመ፡=*et quomodo*. [10] ወበስፋሕ፡ B C; ከመ፡ በፍሥሓ፡ D. [11] ዘርአክሙ፡ A B. [12] ብዙኅ፡ A. [13] ዘኢይሠርር፡ A. [14] A C omit. [15] መንክር፡ D; C omits. [16] A B add ወዐቢይ፡ C omits ወኃያል፡ [17] ሕእኁዊሁ፡ A. [18] ወኢይፍቅድ፡ A B. [19] ትስርሑ፡ A B. [20] C trans. ሀ" and መ". [21] ተግግጽ፡ A. [22] ወኢየዐረግ፡ A; ወኢያዓርግ፡ B. [23] በ A. [24] ወ B. [25] ወበቍጥዐ፡ ወመዐት፡ A. [26] ኵነኔ፡ C D. [27] ዘይገብር፡ እኩየ፡ A. [28] ወከፈሎ፡ B. [29] ዘቲ፡ አንበ፡ ዐበየ፡ A; አንበ፡ ዐበየ፡ ዘቲ፡ B; thus አንበ፡ is emended into እሁብ፡ but I am doubtful.

ማኅፀኒሁ፡ ሎቱ፡ ለያዕቆብ፡ *ወወሀቦሙ፡ ልህቃኒሁ፡ ለያዕቆብ፡[1] ወይትወሀቡ፡ ሎቱ፡ ወአልባሲሁ፡[2]
15 ዘአብርሃም፡ በእንቲአሁ፡ ምንተኒ፡ ቃሎ፡ እስመ፡ ኀቤሁ፡ ሀለወት፡፡[3] ወይቤሎ፡ ይስሐቅ፡ ታዐርፍ፡
ዲቤክሙ፡ *በረከትየ፡[4] እውሉድየ፡[5] ወላዕለ፡ ዘርእክሙ፡ በዛቲ፡ ዕለት፡ እስመ፡ አዕረፍክሙ*ኒ፡[6]
16 ወኢሐዘነ፡ ልብየ፡ በእንተ፡ ልህቃኒ፡[7] ከመ፡ ኢትግበር፡ በእንቲአየ፡ ውጉዘ፡ ይባርክ፡[8] እግዚአብሔር፡
17 ልዑል፡ ለ*ብእሲ፡ ዘይገብር፡ ጽድቀ፡ ኪያሁ፡ ወዘርኦ፡[10] እስከ፡ ለዓለም፡፡ ወፈጸመ፡ እንዘ፡
ይኤዝዞሙ፡ ወ*እንዘ፡[9] ይባርኮሙ፡ ወበልዑ፡ ወሰትዩ፡ በቅድሜሁ፡ ኅቡረ፡ ወተፈሥሐ፡ እስመ፡
18 ኮነ፡ ዐርየ፡ በማእከሎሙ፡ ወወፅኡ፡ እምኀቤሁ፡[11] ወአዕረፉ፡ ይእቲ፡ ዕለተ፡ ወኖሙ፡፡ ወኖመ፡
ይስሐቅ፡ ውስተ፡ ንራቱ፡[12] *በዛቲ፡ ዕለት፡[13] እንዘ፡ ይትፌሣሕ፡ ወኖመ፡ ንዋመ፡ ዘለዓለም፡ ወሞተ፡
ወልደ፡ *፻ወ፹ዓመት፡[14] *፳ወንምስ፡[15] ሱባዔ፡ ፈጸመ፡ ወ፭ዓመተ፡[16] ወቀበርዎ፡ ክልኤሆሙ፡ ውሉዱ፡
19 ኤሳው፡ ወያዕቆብ፡፡ ወሖረ፡ ኤሳው፡ ውስተ፡ ምድረ፡ ኤዶም፡ ውስተ፡ ደብረ፡ ሴር፡ ወነበረ፡ ህየ፡፡
20 ወያዕቆብ፡[17] ኀደረ፡ ውስተ፡ ደብረ፡ ኬብሮን፡ ውስተ፡ ማኅፈድ፡ ዘምድረ፡ ፍልሰቱ፡ ለአቡሁ፡
አብርሃም፡ ወአምለኮ፡ ለእግዚአብሔር፡ በኵሉ፡ ልቡ፡ ወበከመ፡ ትእዛዛት፡[18] ዘያስተርኢ፡ *በከመ፡
21 ፈለጠ፡ ዘ[19]መዋዕሊሁ፡ ልደቱ፡፡ ወሞተት፡ ልያ፡ ብእሲቱ፡[20] በዓመት፡ ራብዕ፡ ዘሱባዔ፡ ካልእ፡
ዘ*አርብዓ፡ ወኃምስ፡[21] ኢዮቤልዉ፡ ወቀበራ፡ ውስተ፡ በዓት፡[6] ዘእንተ፡ ክልኤ፡ ቅሩብ፡ ርብቃ፡ እሙ፡
22 *በፀጋሙ፡ ለመቃብረ፡ ሳራ፡ እሙ፡ ለአቡሁ፡፡[22] ወመጽኡ፡ ኵሎሙ፡[6] *ውሉዳ፡ ወ[23]ውሉዱ፡ ከመ፡
*ይብክይዋ፡ ልያሃ፡ ብእሲቶ፡[24] ምስሌሁ፡ ወከመ፡ ይናዝዝዎ፡ በእንቲአሃ፡ እስመ፡ ሀሎ፡ ይላሕዋ፡፡
23 እስመ፡ ያፈቅራ፡ ፈድፋደ፡ ጥቀ፡[6] እምአመ፡ ሞተት፡ ራሔል፡ እኅታ፡ እስመ፡ ፍጽምት፡ ወራትዕት፡
ይእቲ፡[6] *በኵሉ፡ ፍናዊሃ፡[6] ወታከብር፡[25] ለያዕቆብ፡ *ወበኵሉ፡ መዋዕል፡[26] ዘሐይወት፡ ምስሌሁ፡
ኢሰምዐ፡ እምአፉሃ፡ ቃለ፡ ድሩከ፡ እስመ፡ የውሀት፡[27] ወሰላም፡[27] ወርትዕ፡[27] ወክብር፡[6] ባቲ፡፡
24 ወይዜከር፡[28] ኵሎ፡[29] ምግባራቲሃ፡[30] ዘገብረት፡ በሕይወታ፡ ወይላሕዋ፡[31] ጥቀ፡ እስመ፡ ያፈቅራ፡[32]
በኵሉ፡ ልቡ፡ ወበኵሉ፡ ነፍሱ፡፡

፴፯ ወበዕለት፡ ሞተ፡ ይስሐቅ፡ አቡሆሙ፡[33] ለያዕቆብ፡ ወለኤሳው፡ ሰምዑ፡ ውሉደ፡ ኤሳው፡ ከመ፡
2 ወሀቦ፡[34] ይስሐቅ፡ ልህቃኖ፡[35] ለያዕቆብ፡ ወልዱ፡ ዘይንእስ፡ ወተምዑ፡ ፈድፋደ፡፡ ወተጋአዙ፡
ምስለ፡ አቡሆሙ፡ እንዘ፡ ይብሉ፡ በእንተ፡ ምንት፡ *እንዘ፡ ሀሎከ፡ አንተ፡ ዘትልህቅ፡ ወእንዘ፡
3 ያዕቆብ፡ ይንእስ፡[36] ለያዕቆብ፡[37] ወሀቦ፡ አቡከ፡ ልህቃኖ፡[38] ወኪያከ፡ ኀደገ፡፡ ወይቤሎሙ፡ እስመ፡
አነ፡ ማኅፀኒሁ፡ ቀድመ፡[39] ልደትየ፡ ለያዕቆብ፡ በኀዳጥ፡ ጸብሖ፡ ብርስን፡ ወበዕለት፡ ፈነወኒ፡ አቡየ፡
*እንዘ፡ ወአስተጋብእ፡[40] ወአምጽእ፡[41] ሎቱ፡ ከመ፡ ይብላዕ፡ ወይባርከኒ፡ መጽአ፡ በተጠብቦት፡[42]

---

[1] A omits through homeoteleuton. [2] ወአልባሲ፡ A. [3] ሀለወት፡ B. [4] በረከትየ፡ A B; በረከትየ፡ D. [5] ውሉድየ፡ B, which it trans. before በረከትየ [6] A omits. [7] ልህቃንየ፡ B C; ልህቅና፡ D. [8] ይባርክ፡ A. [9] B omits. [10] ወዘርኦ፡ A B. [11] እምኔሁ፡ B. [12] ዐራት፡ A. [13] B trans. before ውስተ፡ [14] ፻ወ . . . ዓመት፡ A; ምእት፡ ወሰማንያ፡ ዓመት፡ B. [15] ፳ወኃምስ፡ A; ዕስራ፡ ወኃምስ፡ B; ፳ወ፭ C D. [16] ወኃምስቱ፡ ዓመት፡ B. [17] ወያዕቆብሰ፡ A. [18] ትእዛዛተ፡ A. [19] በ B;

XXXVI.

. . . et servivit Deo in toto corde suo [et in tota anima sua] et 20
secundum praecepta visibilia *secundum divisionem[1] temporum generationum ejus. Et quadragesimo quinto jubeleo in anno quarto *septimanae 21
secundae[2] mortua est Lia uxor Jacob[3] et sepellierunt eam in spelunca duplici secus Rebeccam matrem ejus (in sinistra sepulcri Sarae matris patris sui). Et adfuerunt omnes filii ejus et pueri ejus, ut flerent cum 22
eo Liam mulierem ejus et ut consolarentur eum de illa, quia erat lugens eam. Quoniam diligebat eam valde ex die, qua mortua est Rachel 23
soror ejus, quia perfecta et recta erat in omnibus viis suis et honorificans Jacob, (et) omnibus diebus, quibus vixit cum eo[4] non audivit omnem sermonem nequam ex ore ejus, quoniam quieta et pacifica erat et (recta et) hono(rifica erat). Et erat memor omnium operum ejus quae 24
fecit in vita sua, et [ideo] (lugebat eam, quia) diligebat eam valde in toto corde suo et in anima sua.

Et in die qua mortuus est Isac pater Jacob et Esau, audierunt filii XXXVII.
Esau quoniam dedit Isac *majorem . . . honorif . . . portionem[5] Jacob filio suo juniori, et indignati sunt valde. Et litigabant cum Esau[6] 2
dicentes: 'Quare *praepositus est tibi Jacob, cum sit junior[7], et dedit illi pater tuus majorem portionem et te inferiorem fecit?' Et dixit ad 3
illos Esau: 'Quia ego dederam Jacob primitiva propter modicam cocturam lentis, et in die in qua misit me pater meus venare illi venationem ut manducans benediceret me, veniens ille cum dolo intulit patri meo

---

[1] See note 19 on Eth. text. [2] MS. septimanarum secundi. [3] Eth. = ejus. [4] MS. ea et. [5] Eth. = senioris portionem. [6] Eth. = patre suo. [7] Eth. = cum sis tu senior et Jacob sit junior, is superior to Lat.

በከመ፡ C; ዘከመ፡ ፈለጠ፡ ዘ D; Lat. *secundum divisionem*, this implies በከመ፡ ኩፋሌ፡ (or ፍልጠት፡) [20] Lat. *uxor Jacob.* [21] ፮ወ፮ A. [22] Lat. omits. [23] ወሎቱ፡ A. [24] ይብኪዩዋ፡ ለሊያ፡ ብእሲቱ፡ A. [25] ወትፈቅር፡ B. [26] ወዘኵሉ፡ መዋዕለ፡ A; Lat. *omnibus diebus.* [27] A puts in nom.; Lat. partly defective. [28] ተዘከረ፡ A. [29] ዙሉ፡ B. [30] ምግባሪሃ፡ A. [31] ሰሐዋ፡ A; Lat. defective. [32] D adds ፈድፋደ፡ [33] እሴሀውሙ C D. [34] ወሀበ፡ A. [35] ለሀቅና፡ C D; A omits, see Lat. [36] Lat. *praepositus est tibi Jacob, cum sit junior.* A adds ዘ before ይንእስ፡ [37] Lat. *illi.* [38] ለሀቅና፡ D. [39] ቅድመቲ፡ B. [40] Lat. *venare illi venationem.* [41] Lat. omits. [42] በተጠብቦት፡ A.

4 ወእብሉ፡ ለአቡሆሙ፡ ሙብልዐ፡ ወመስቴ፡[1] ወባረኮሙ፡ አቡሆሙ፡ ወኪያሆሙ፡ ረሰዮሙ፡ ታሕተ፡ እዴሁ፡፡ ወይእዜሰ፡
አምሐልኩከ፡[2] አቡኑ፡[3] ኪያከ፡ ወኪያሁ፡ ከመ፡ ኢንትጋሠም፡ በእኩይ፡[4] *እሑዱ፡ ላዕለ፡[5] እኁሁ፡
5 ወከመ፡ ዘሀሎ፡ በተፋቅሮ፡[6] ወበሰላም፡ ብእሲ፡ ምስለ፡ እኁሁ፡ ወኢ[7]*ናማስን፡ ፍናዊነ፡፡[8] ወይቤልዎ፡
ኢንሰምዐከ፡ ለገቢር፡ ምስሌሁ፡ ሰላመ፡[9] እስመ፡ ኀይሉ፡ ዘአሁ፡ ይጸንዕ፡ እምኀይልነ፡[10] ወንሕነ፡
ንጸንዕ፡ እምኔሁ፡ ነሐውር፡ ላዕሌሁ፡ ወንቀትሎ፡ ወናሕጕሎ፡[11] ወውሉዶ፡[12] ወለእመ፡ ኢተሐውር፡
6 ምስሌነ፡ ለከኒ፡ ናሐስም፡፡ ወይእዜኒ[13] ስምዐነ፡ ወንፌኑ፡ ውስተ፡ አራም፡ ወውስተ፡ ፈልስ
ጥኤም፡[14] ወውስተ፡ ሞአብ፡ ወውስተ፡ አሞን፡ ወንኅረይ፡ ለርእስነ፡ ኅሩያነ፡[15] ስብእ፡ እለ፡ ይዳለዉ፡[16]
ውስተ፡ ቀትል፡[17] ወንሑር፡ ላዕሌሁ፡ ወንትቃተል፡ ምስሌሁ፡ ወንሥርዎ፡ እምድር፡ እንበለ፡ የአኀዝ፡[18]
7 ኀይለ፡፡ ወይቤሎሙ፡ አቡሆሙ፡ ኢትሖሩ፡[19] ወኢትግበሩ፡ ምስሌሁ፡ ፀብአ፡ ከመ፡ ኢትደቁ፡
8 ቅድሜሁ፡፡ ወይቤልዎ፡ ዝኒ፡[20] *ከመ፡ ገብርከ፡[21] ዘእምውርዙትከ፡ እስከ፡ ዛቲ፡ ዕለት፡ ወአንተ፡
9 ታበውእ፡ ክሳደከ፡ ታሕተ፡ አርዑቱ፡[22] *ኢንሰምዕ፡ ንሕነሰ፡[23] *ዘንተ፡ ነገረ፡፡[24] ወፈነዉ፡ ውስተ፡
አራም፡[25] ወኀበ፡ አዱራም፡[26] ኀበ፡ ዐርከ፡ አቡሆሙ፡ ወተዐሰቡ፡[27] ምስሌሆሙ፡ ፲፻[28] መስተባእሳን፡
10 ዕደወ፡ መስተቃትላነ፡[29] ኅሩያነ፡፡ ወመጽኡ፡ ኀቤሆሙ፡ እምነ፡ ሞአብ፡ ወእምነ፡ ውሉደ፡
አሞን፡ እለ፡ ተዐሰቡ፡[27] ፲፻[30] ኅሩያን፡[31] ወእምነ፡ ፍልስጥኤም፡ ፲፻[30] ኅሩያን፡[32] መስተቃትላን
ወእምኤዶም፡ ወእምነ፡ ኮሬዎስ፡[33] ፲፻[30] ኅሩያን፡[34] መስተባእሳን፡ ወእምነ፡ ኬጢዎን፡ ዕደው፡[35]
11 ጽኑዓን፡[35] መስተቃትላን፡፡[30] ወይቤልዎ፡ ለአቡሆሙ፡ ፃእ፡ *ምስሌሆሙ፡ ወ[36]ምርሖሙ፡ ወእመ፡
12 አኮ፡ ንቀትለከ፡፡ ወመልአ፡ መዐተ፡ ወቍጥዓ፡ በጊዜ፡ ርእየ፡ ውሉዶ፡ *ከመ፡ ይትኤገልዎ፡[36] ከመ፡
13 ይሑር፡ ቅድመ፡ ይምርሖሙ፡ ኀበ፡ ያዕቆብ፡ እኁሁ፡፡ ወእምዝ፡[36] ተዘከረ፡ ኵሉ፡ እኪየ፡ *እንተ፡
ሀለወት፡[37] ውስተ፡ ልቡ፡ ኅብእት፡[38] ላዕለ፡ ያዕቆብ፡ እኁሁ፡ ወኢተዘከረ፡ መሐላ፡[39] ዘመሐለ፡
ለአቡሁ፡ ወለእሙ፡ ከመ፡ ኢይትኃሠም፡ ኵሎ፡ እኪየ፡ *ኵሎ፡[40] መዋዕሊሁ፡ *ላዕሌሁ፡[41] ለያዕቆብ፡
14 እኁሁ፡፡ ወበዝ፡ ኵሉ፡ ኢያእመረ፡ ያዕቆብ፡ ከመ፡ እሙንቱ፡[42] ይመጽኡ፡[43] ኀቤሁ፡ ለቀትል፡
ወውእቱሰ፡ ይላሑ፡ ልያሃ፡ ብእሲቶ፡ እስከ፡ ሶበ፡ ቀርቡ፡[44] ጥቃ፡ ማኅፈድ፡ በ፬፻[44]ብእሲ፡

---

[1] ወስቴ፡ D. [2] ኒ፡ A. [3] ኖ፡ A. [4] በእኪይ፡ B. [5] ፩ላዕለ፡ ፩ A.
[6] በተፈቅሮ፡ A. [7] ወ B. [8] Lat. *malitiam exerceamus ad invicem* seems corrupt, as this idea is already expressed. [9] ሰላም፡ A. [10] እምኀይለ፡ ዚአሁ፡ A.
[11] ወናሕጕሎ፡ B C D. [12] Emended from ውሉዶ፡ A, ውሉዶ፡ B C D. [13] ኒ፡ A over erasure. [14] ፈለስጥኤም፡ A. [15] A omits. [16] ይደርጉ፡ A; ይደለዉ፡ C; ይደልዉ፡ D. [17] ቀትሉ፡ A. [18] C D add ሥርወ፡ ወ. [19] ኢትሖር፡ A. [20] ዝኒ፡ A B C. [21] ከመ፡ ገበርከ፡ A D. [22] አርዑት፡ A. [23] B trans. [24] ነገረከ፡ ዘንተ፡ B. [25] B adds ፃራም፡ [26] አዱራም፡ A. [27] ተዓሰቡ፡ B. [28] ዐሠርተ፡ ምእት፡ B. [29] ወመስተቃትላ፡ C D. [30] ዓሠርቱ፡ ምእት፡ B. [31] ኅሩያን፡ A B. [32] A puts in acc. [33] ኮሬሙስ፡ A. [34] B C D omit. [35] B repeats. [36] ወ B. [37] እንዘ፡ ሀለወት፡ B. [38] ኅብእት፡ B. [39] መሐላሁ፡ C D. [40] ኵሉ፡ በ A. [41] ላዕለ፡ C; ለ D; B omits. [42] ይመጽእ፡ A. [43] B C add ኀቤሁ፡ [44] በአርብዕ፡ ምእት፡ B.

escam et potum, et benedixit eum pater meus et me dedit sub manu
ejus. Et nunc adjuravit nos pater noster me et illum, ut non exquiramus 4
nobis mala singuli fratri suo et ut simus in dilectione[1] et in pace, homo
cum fratre suo, ut non *malitiam exerceamus ad invicem[2].' Et dixerunt 5
ad eum: 'Non audiemus te ut faciamus cum illo pacem, quoniam virtus nostra potens super virtutem ejus et nos viri fortes super illum: ibimus adversus eum et occidemus eum et perdemus[3] illum et filios . . .'

---

[1] MS. dilectionem. [2] Eth. = perdamus vias nostras, is superior to Lat.
[3] MS. perdimus.

መስተቃትላነ፡[1] ወ*መስተባእሳነ፡[2] ጎሩያነ፡፡[3] ወሰአኩ፡ ንቤሁ፡ ሱባእ፡ ኩብርን፡ እንዘ፡ ይብሉ፡ 15
ናሁ፡[4] እኁክሙ፡ መጽአ፡ ኀቤክሙ፡ ይትቃተልክሙ፡ በኀሙ[5] ብእሲ፡ ቅኑታነ፡ ሰይፍ፡ ወይጸውሩ፡
ወልታ፡ ወንዋየ፡ ሐቅል፡ እስመ፡ ያፈቅርዎ፡ ሰያዕቆብ፡ እምጌሳው፡ ወኀገርዎ፡[6] እስመ፡ ያዕቆብ፡
ብእሲ፡ ጽጋዊ፡ ወመሓሪ፡ ውእቱ፡ እምዝ፡ ጌሳው፡፡ ወአእምዘ፡ ያዕቆብ፡ እስከ፡ ሶበ፡ ቀርቡ፡[7] ጥቃ፡ 16
ማኅፈዱ፡፡ ወዐጸወ፡ አናቅጸ፡ ማኅፈድ፡ ወቆመ፡ ውስተ፡ ተድባብ፡ ወተናገረ፡ ምስለ፡ እኁሁ፡ 17
ጌሳው፡ ወይቤ፡ ሠናይ፡[8] ኑዛዜ፡ *ዘመጻእከ፡ ትናዝዘኒ፡[9] በእንተ፡ ብእሲትየ፡ እንተ፡ ሞተት፡ ዝንቱ፡
ውእቱ፡ መሐላ፡ ዘመሐልከ፡ ለአቡከ፡ ወለእምከ፡ ካዕበ፡ ዘእንበለ፡ ይሙቱ፡[10] አበስከ፡ እመሐላ፡[11]
ወበሰዐተ፡[12] መሐልከ፡ ለአቡከ፡[13] ተኰነንከ፡፡ ወ*ውእቱ፡ ጌሳው፡ አውሥአ፡ ጌሳው፡ ወይቤሎ፡[14] አልቦ፡ 18
ለውሉደ፡ ሰብእ፡ *ወለአራዊት፡[15] ምድር፡ መሐላ፡ ጽድቅ፡ ዘመሐሉ፡ ምሒሎሙ፡ እስከ፡ ለዓለም፡
ወእንተ፡ ጸብሐት፡ የኀሥሡ፡ ዝንቱ፡ ለዝንቱ፡ እኩየ፡ ወከመ፡ ይቅትል፡ ጸላኤሁ፡[16] ወፀር፡፡[17]
ወትጸልአኒ፡ አንተ፡ ኪያየ፡ ወውሉድየ፡ እስከ፡ ለዓለም፡ ወአልቦ፡ ገቢረ፡ ምስሌከ፡ ተአኀ፡፡[18] 19
ስማዕ፡ ዘንተ፡ ነገርየ፡ ዘአነ፡ እነግረከ፡ እመ፡[19] ይዌልጥ፡ ሐራውያ፡[20] ማእሶ፡ ወጸጕርሂ፡ ከመ፡ 20
ፀምር፡[21] አደክመ፡[22] ወእመ፡[23] አወፅአ፡[24] ዲበ፡ ርእሱ፡ አቅርንተ፡ ከመ፡ አቅርንተ፡[25] ሀየል፡ ወአባግዐ፡

---

[1] C adds ጎያላነ፡ [2] B omits. [3] A puts in acc. [4] ናሁአ፡ B. [5] በአርብዓ፡ ምእት፡ B. [6] A B omit. [7] ቀርቡ፡ C D. [8] ሠናየ፡ B D; ሠናየኑ፡ C. [9] ኑዛዜ፡ ትናዝዘኒ፡ መጻእከኑ፡ ኀቤየ፡ C; መጻእከ፡ ኑዛዝየ፡ ከመ፡ ትናዝዘኒ፡ D. [10] ይሙት፡ A B. [11] እመሐላከ፡ A. [12] ወበእንተ፡ C; ወበሰዐት፡ D. [13] A omits. [14] ወይቤ፡ A. [15] ወለአራዊት፡ እለ፡ ሀለዉ፡ በ A. [16] ጸላኢሁ፡ A; አሐዱ፡ አሐዱ፡ ጸላኢ፡ B; ጸላኢ፡ ለጸላኢሁ፡ C; ጸለጸላኢሁ፡ D. [17] ወጸሩ፡ A; ወፀረ፡ B; C omits. [18] ታአኃ፡ B; ታአኃዝ፡ C; ተአኀዎ፡ D. [19] አመ፡ B. [20] ኀረውያ፡ A. [21] A adds ለእመ፡ D ለእመሂ፡ [22] B C omit. [23] ለእመ፡ B; ለእመሂ፡ C. [24] ወፀአ፡ B C D.

እኅዌየ፡ እገብር፡ ምስሌከ፡ ተአኅዎ፡[1] ወእመእመ፡[2] ተፈልጠ፡[3] አጥቡዑ፡[4] እምእምኒሆሙ፡[5] ኢክንከሙ፡[6]
21 እኅወ፡[7] ወእመ፡ ገብሩ፡ ተዘሣቶ፡ ሰላመ፡ ምስለ፡ መሐስእ፡[8] ከመ፡ ኢ*ይብልዖሙ፡ ወ*ከመ፡[9]
ኢይትዐገልዎሙ፡ ወእመ፡ ኮነ፡ አልባቢሆሙ፡ በላዕሌሆሙ፡ ለሠናየ፡ እኅዌየ፡ ይከውን፡ በውስተ፡
22 ልብየ፡ ላዕሌከ፡ ሰላመ፡[10] ወሰእመ፡ ኮነ፡ አንበሳ፡ ማኅፈረ፡[11] ለላህም፡ ወሰእመ፡[12] ተፀምደ፡
ምስሌሁ፡[13] በ*አሐዱ፡* አርዑት፡ ወሓረሰ፡[14] ምስሌሁ፡ *ወገብረ፡ ሰላመ፡ ምስሌሁ፡[15] እኅዌየ፡[16]
23 እገብር፡ *ምስሌከ፡ ሰላመ፡[17] ወእመ፡[18] ጸዐደወ፡[19] ቋናት፡ ከመ፡ ሬዛ፡ እኅዌየ፡ አእምር፡[20] ከመ፡
አፍቀርኩከ፡ ወእገብር፡ ምስሌከ፡ ሰላመ፡ ተሠረው፡[21] አንተ፡ ወይሠረዉ፡ ውሉድከ፡ ወኢይኩን፡
24 ለከ፡[22] ሰላመ፡ ወበዝንቱ፡ ርእየ፡ ያዕቆብ፡ ከመ፡ አእከየ፡ እም''ልቡ፡ ላዕሌሁ፡ ወእምኵሉ፡ ነፍሱ፡
ከመ፡ ይቅትሎ፡ ወመጽአ፡ እንዘ፡ ያንፈርዕጽ፡ ከመ፡ መፍለስ፡ ዘይመጽእ፡ ውስተ፡ ረምሒ፡
25 ዘይረግዞ፡ ወይቀትሎ፡ ወኢይሴስል፡[23] እምኔሁ፡ *ውእተ፡ ጊዜ፡[24] ይቤ፡ ለአሊአሁ፡ ወለአግብርቲሁ፡
ከመ፡ ይኑድዎ፡ ወለኵሉሙ፡[25] ካልኣኒሁ፡

፴፰ ወእምዝ፡ ተናገር፡ ይሁዳ፡ ለያዕቆብ፡ አቡሁ፡ ወይቤሎ፡ ምስክ፡[26] አባ፡ ቀስተከ፡ ወፈኖ፡ አሕጻከ፡
ወንድፍ፡ ጸላኢ፡[27] ወቅትል፡ ፀሬ፡[28] ወይኩን፡ ለከ፡ ኀይል፡[29] እስመ፡ ኢንቀትል፡ እኅዊከ፡ ቀንቤከ፡
2 ውእቱ፡ ወመምስልከ፡[30] ውእቱ፡ ንህቦ፡[31] ለክብር፡ ይእቲ፡[32] ሶቤ፡ ወሰቀ፡ ያዕቆብ፡ ቀስቶ፡ ወፈነወ፡
3 ሐጸ፡ ወነደፈ፡ ለዔሳው፡ እኁሁ፡ *ጥቦ፡ የማናዌ፡[33] ወገደፎ፡ *ወዳግመ፡[34] ፈነወ፡ ሐጸ፡[35] ወሄጾ፡
4 አዶራንየ፡[36] አረማዌ፡ ጥቦ፡ ፀጋማዌ፡ ወሰደዶ፡[37] ወቀተሎ፡ ወእምዝ፡ ወጽኡ፡ ውሉደ፡ ያዕቆብ፡
5 እሙንቱ፡ ወአግብርቲሆሙ፡ ተናፈቁሙ፡ ውስተ፡ መርብዕት፡ ማኅፈድ፡ ወወፅአ፡ ይሁዳ፡ ቅድመ፡
ወ''ንፍታሌም፡ ወጋድ፡ ምስሌሁ፡ ወ**፶[38]ደቅ፡ ምስሌሁ፡ እንተ፡ ገጸ፡ ደቡብ፡ ለማኅፈድ፡
6 ወቀተሉ፡ ኵሉ፡ ዘረከቡ፡ በቅድሜሆሙ፡ ወአልቦ፡ ዘአምሠጠ፡ እምኔሆሙ፡ ወኢአሐዱ፡ ወሌዊ፡
ወዳን፡ ወአሴር፡[39] ወጽኡ፡ እንተ፡ ገጸ፡ ጽባሑ፡ ለማኅፈድ፡ ወ**፶ምስሌሆሙ፡ ወቀተሉ፡
7 መስተቃትላኒሆሙ፡ ለሞአብ፡ ወለዐሞን፡ ወወፅኡ፡ ርቤል፡ ወይሳካር፡[40] ወዛቡሎን፡[41] እንተ፡
ገጸ፡ ሰሜኑ፡ ለማኅፈድ፡ ወ*፶ምስሌሆሙ፡ ወቀተሉ፡ መስተባእሳኒሆሙ፡ ለፍልስጥኤም፡[42]
8 ወወፅኡ፡ ስምዖን፡ ወብንያም፡ ወኤኖክ፡ ወልደ፡ ርቤል፡ እንተ፡ ገጸ፡ ዐረቢሁ፡ ለማኅፈድ፡ ወ*፶
ምስሌሆሙ፡ ወቀተሉ፡ እምኔ፡ ኤዶም፡ ወእምኔ፡ ኮሬዎን፡[43] አርባዕተ፡[44] ምእተ፡[45] ዕደ፡[46] ጽኑዓነ፡[47]
መስተቃትላነ፡ ወ*ስድስቱ፡ ምእተ፡[48] ጐዩ፡ ወአርባዕቲሆሙ፡ ደቂ፡[49] ዔሳው፡ ጐዩ፡ ምስሌሆሙ፡
9 ወኅደጉ፡ አቡሆሙ፡[50] ቅቱለ፡ በከመ፡ ወድቀ፡ ውስተ፡ ወግር፡ ዘይእቲ፡[51] ውስተ፡ አዱራም፡[52] ወሰደ
ድዎሙ፡ ውሉደ፡[53] ያዕቆብ፡ ድኅሬሆሙ፡ እስከ፡ ደብረ፡ ሴኢር፡[54] ወያዕቆብሰ፡ ቀበረ፡[55] እኅዋሁ፡[56]
10 ውስተ፡ ወግር፡ እንተ፡ ይእቲ፡ ውስተ፡ አዱራም፡[57] ወገብአ፡ ውስተ፡ ቤቱ፡ ወ*መገብዎሙ፡[58]

---

[1] ታአኅ፡ B. [2] Emended from ወእመ፡ C D, which A B omit. [3] ተፈለጥ፡ A.
[4] Emended from አጥባት፡ A, አጥባት፡ B D, አጥባዕት፡ C. [5] Emended from
እምእምኒ፡ All MSS. add እስመ፡ [6] ኢይከውኑ፡ D. [7] እኅወ፡ A. [8] ማኅስእ፡ A.
[9] A omits. [10] ሰላም፡ C D. [11] ማሕደር፡ A. [12] ወእመ፡ A. [13] B omits.
[14] ወኃረሰ፡ B; ወሐረሰ፡ C; ወተሐርሰ፡ D. [15] C D omit. [16] ወእኅዌየ፡ A. [17] A trans.

XXXVIII

'. . . ut demus illi gloriam.' Tunc Jacob extendit arcum suum et trans- 1, 2
misit sagittam et percussit Esau fratrem suum ⟨contra mammillam dextram
ipsius⟩ et dejecit illum. Et emisit sagittam secundam et[1] percussit 3
*Adoram Arameum[2] juxta mamillam sinistram ipsius et dejecit illum et
occidit eum. Et post haec exierunt filii Jacob ipsi et pueri ipsorum 4
divisi in quattuor spiritus bareos. Et exivit Judas primus et Neptalim 5
et Gad cum eo et quinquaginta pueri cum ipso secundum meridianum
bari[3] et interfecerunt quodquod invenerunt in conspectu suo, et non
effugiit ex illis neque unus. Et Leuui et Dan et Aser exierunt secun- 6
dum orientem bari et quinquaginta cum ipsis et interfecerunt bellatores
Moab et Ammon. Exierunt Ruben et Issacar et Zabulon (secundum 7
septentrionem bari) et quinquaginta [ipsorum] cum ipsis, et interfecerunt
et ipsi bellatores Filistin. Et exivit Symeon et Beniamin et Enoch 8
filius Ruben secundum occasum bari[3] et quinquaginta [ipsorum] cum
ipsis, et interfecerunt ex Edom et ex Correo quadringentos viros bella-
tores, et sescenti (fugerunt) et quattuor filii Esau fugerunt cum ipsis et
dereliquerunt corpus patris sui projectum in excelso quod (est) in Adurin.
Et persecuti sunt filii Jacob post eos usque ad montem Seir. Et Jacob 9
seppellivit [Esau] fratrem suum in excelso quod est (in) Adurin, et con-
versus est in barin. Et (cir)cumsederunt[4] filii Jacob filios Esau in monte 10

[1] MS. et per et. [2] MS. adoramarommenon. [3] MS. barin. [4] See note 58 on Eth. text.

[18] ወእሙ፡ A; ወበእሙ፡ C. [19] ፃዕደወ፡ A. [20] ታእምር፡ A; ኢእምር፡ C D. [21] ተሥር፡ A. [22] ልቦ፡ A C D. [23] ወኢይበበበሉ፡ A. [24] ይእቲ፡ ሰቡ፡ B. [25] B adds እሊአሆሙ፡ [26] መሰከ፡ C D. [27] ጸጎሊከ፡ A. [28] ጸሬዊ፡ A. [29] ኀይሰ፡ A. [30] ምስሌከ፡ B C. [31] Em. with Lat. *demus illi* from በኀቤሁ፡ of MSS. [32] ወይእቲ፡ A. [33] Restored from Lat. *contra mammillam dextram ipsius* and the Midrash *Waijissau*. [34] ወጸገሙ፡ ወ A. [35] ሐጸ፡ B C D, but Lat. supports A. [36] አዶራጎዩ፡ A B. [37] Lat. *et dejecit illum*. [38] ኃምሳ፡ B. [39] ወእሱር፡ A. [40] ወይሰኩር፡ B. [41] ወዘብሎን፡ A. [42] በፌለስጥኤም፡ A. [43] ክሬምን፡ A. [44] ፱ A C D; አርባዕቱ፡ B. [45] ምእት፡ B; ፻ C D. [46] ዐይ፡ A; ዐይወ፡ C D. [47] Lat. omits. [48] ፱፻ A. [49] ይቀቅ፡ B. [50] አባሆሙ፡ C D. [51] ዘያጸቱ፡ A. [52] አዱሬም፡ A; ኢዱሬሙ፡ B; አዱሬን፡ D. [53] ይቀቅ፡ A. [54] ስኢር፡ A. [55] Lat. adds *Esau*. [56] አኃዊሁ፡ A. [57] አዱሬም፡ A. [58] Em. with Lat. *(cir)cumsederunt* and the Midrash *Waijissau* (see Appendix II) from አመንደብዎሙ፡ of MSS.

ውሉደ፡[1] ያዕቆብ፡ ሰደቂቀ፡ ኀሳሙ፡ በደብረ፡ ሴኢር፡[2] ወአትሐቱ፡ ክሳደሙ፡ ከመ፡ ይኩኑ፡ አግብርተ፡
11 ሰደቂቀ፡ ያዕቆብ። ወሰአሉ፡ ኀበ፡ አቡሆሙ፡ እመ፡ ይገብሩ፡ ሰላመ፡ ምስሌሆሙ፡ ወእመ፡[3]
12 ይቀትልዎሙ። ወሰአሉ፡ ያዕቆብ፡ ኀበ፡ ውሉዱ፡ ከመ፡ ይግበሩ፡ ሰላመ፡ ወገብሩ፡ ምስሌሆሙ፡
ሰላመ፡ ወአንበሩ፡ አርዑተ፡ ቅኔ፡[4] ላዕሌሆሙ፡ ከመ፡ ይጸብሑ፡[5] ለያዕቆብ፡ ወለውሉዱ፡ ዙሉ፡
13 መዋዕለ። ወነበሩ፡ እንዘ፡ ይጸብሕዎ፡[6] ለያዕቆብ፡ እስከ፡ አመ፡ ዕለተ፡ ወረደ፡[7] ውስተ፡[8] ግብጽ።
14 ወኢያተጉ፡ ውሉደ፡ ኤዶም፡ *እምአርዑተ፡ ቅኔ፡ ዘሠርዑ፡[9] *ዓሠርቱ፡ ወ[10]ክልኤቱ፡ ውሉደ፡[11]
ያዕቆብ፡ ላዕሌሆሙ፡ እስከ፡ ዛቲ፡ ዕለት።
15 ወእሉ፡ ነገሥት፡ እለ፡ ነግሡ፡ በ[12]ኤዶም፡ ዘእንበለ፡ ይንግሥ፡ ንጉሥ፡ ለውሉደ፡ እስራኤል፡
16 እስከ፡ ዛቲ፡ ዕለት፡ በምድረ፡ ኤዶም። ወነግሠ፡[13] በኤዶም፡[13] ባላቅ፡[14] ወልደ፡ ቤዖር፡[15] ወስመ፡
17 ሀገሩ፡ ደናበ።[16] ወሞተ፡ ባላቅ፡[17] ወነግሠ፡ ህየንቴሁ፡ ዮባብ፡[18] ወልደ፡ ዛራ፡[19] ዘእምነ፡ ቦሴር።[20]
18, 19 ወሞተ፡ ዮባብ፡ ወነግሠ፡ ህየንቴሁ፡ አሳም፡[21] *ዘእምነ፡ ደብረ፡ ቴማን።[22] ወሞተ፡ አሳም፡[23]
ወነግሠ፡ ህየንቴሁ፡ አዳት፡[24] ወልደ፡ በረድ፡[25] ዘቀተሎ፡ ምዕድያምሃ፡[26] በሐቅለ፡ ሞአብ፡ *ወስመ፡
20, 21 ሀገሩ፡[27] አውኢት።[28] ወሞተ፡ አዳት፡ ወነግሠ፡ ህየንቴሁ፡ ሰልማን፡[29] ዘእምነ፡ አማሴቃ።[30] ወሞተ፡
22 ሰልማን፡[31] ወነግሠ፡ ህየንቴሁ፡ ሳኡል፡[32] ዘእምነ፡ ራሐቦት፡[33] ፈለግ። ወሞተ፡ ሳኡል፡[34] ወነግሠ፡
23 ህየንቴሁ፡ ባኤሉናን፡[35] ወልደ፡ አክቦር። ወሞተ፡ በኤሉናን፡ ወልደ፡ አክቦር፡ ወነግሠ፡ ህየንቴሁ፡[36]
አዳት፡[37] ወስመ፡ ብእሲቱ፡ መይጠቤት፡[38] ወለተ፡[39] ማጠሬት፡[40] ወለተ፡[41] *ሜተቤድዛአብ።[42]
24 እሉ፡ ነገሥት፡ እለ፡ ነግሡ፡ በምድረ፡ ኤዶም።

XXXIX 1 ወኀደረ፡ ያዕቆብ፡ በ[43]ምድረ፡ ፍልሰቱ፡ ለአቡሁ፡ ምድረ፡ ከናአን። እሉ፡[44] ትውልዱ፡ ያዕቆብ።
ወዮሴፍ፡[45] ወልደ፡ *፲ወ[46]፯ዓመት፡ አውረድዎ፡ ውስተ፡ ግብጽ፡ ወተሣየጦ፡ ፋጡፋራን፡[47] ኅፅዉ፡
3 ለፈርዖን፡ ሊቀ፡ ዐቀብት።[48] ወሤሞ፡ ለዮሴፍ፡ ዲበ፡ ዙሉ፡ ቤቱ፡ ወኮነት፡ በረከተ፡ እግዚአብሔር፡
4 ውስተ፡ ቤተ፡ ግብጻዊ፡[49] በእንተ፡ ዮሴፍ፡ ወዙሉ፡ ዘገብረ፡ እግዚአብሔር፡ ይሴርሖ። ወኀደገ፡
ግብጻዊ፡ ዙሉ፡ በእዴሁ፡[50] ለዮሴፍ፡ እስመ፡ ርእየ፡[51] ከመ፡ እግዚአብሔር፡ ምስሌሁ፡ ወዙሉ፡[52]
5 ዘገብረ፡[53] እግዚአብሔር፡[54] ይሴርሖ። ወዮሴፍ፡ ሠናይ፡ *ራእዩ፡ ወላህይ፡ ራእዩ፡ ጥቀ፡[55]
ወአንሥአት፡ አዕይንቲሃ፡ ብእሲተ፡ እግዚኡ፡ ወርእየቶ፡ ለዮሴፍ፡ ወአፍቀረቶ፡ ወአስተብቍዐቶ፡
6 ከመ፡ ይስክብ፡ ምስሌሃ። ወኢመጠወ፡ ነፍሶ፡ ወተዘከረ፡ ለእግዚአብሔር፡ ወቃላተ፡ ዘያነብብ፡
ያዕቆብ፡ አቡሁ፡ ዘእምውስተ፡ ቃላተ፡[56] አብርሃም፡ *ከመ፡ አልቦ፡[57] *መነሂ፡ እምሰብእ፡[58] ዘይዜሙ፡
በብእሲት፡ እንተ፡ ባቲ፡ ምተ፡ ከመ፡ *ቦ፡ ኵነኔ፡ ሞት፡ ዘተሠርዐ፡ ሎቱ፡[59] በሰማያት፡ በቅድመ፡
እግዚአብሔር፡ ልዑል፡ ወኀጢአት፡[60] ተዐርግ፡ በእንቲአሁ፡ ውስተ፡ መጻሕፍት፡ ዘለዓለም፡[61] በዙሉ፡

---

[1] ደቂቀ፡ A. [2] ሰኢር፡ A. [3] ወሰእመ፡ B. [4] Lat. *timoris* owing to confusion of *δουλείας* and *δειλίας* (Rönsch). [5] ይጸብሑ፡ A; Lat. *dent honorem* wrongly. [6] ይጸብሕዎ፡ A. [7] B C D add ያዕቆብ፡ against A and Lat. [8] A C D omit. [9] B omits. [10] ፲ወ C; A D omit. [11] ሰ A. [12] Lat. omits. [13] ሰኤዶም፡ A; በስዶም፡ B; D omits, also Lat. [14] LXX Βαλακ; Mass. בֶּלַע. [15] ቢዖር፡ A;

Seir et subjugaverunt illos, ut sint servientes filiis Jacob. Et miserunt 11
ad Jacob patrem suum, si faciant[1] pacem cum ipsis (an interficiant eos.
Et misit Jacob ad filios suos ut facerent pacem, et fecerunt pacem cum 12
ipsis) et posuerunt jugum timoris[2] super ipsis, ut *dent honorem[3] Jacob
et filiis ejus in omnibus diebus. Et erant dantes honorem Jacob usque 13
in diem descensionis[4] ejus in Aegyptum. Et non cessaverunt filii Edom 14
de jugo timoris[2], quem imposuerunt illis filii Jacob, usque in diem istum.
Et hi[5] reges qui regnaverunt in Edom, priusquam regnaret rex[6] in filiis 15
Istrahel, usque in diem hunc in terra Edom. (Et regnavit)[7] Balac[8] filius 16
Beor, et nomen civitatis ejus . . .

---

[1] MS. facient. [2] See note 4 on Eth. text. [3] Eth. = pendentes tributum, is better than Lat.; cf. Test. Jud. 9. [4] MS. defensionis. [5] MS. hii. [6] MS. regnum. [7] Lat. may be right in omitting this clause; Gen. xxxvi. 32 also omits. [8] MS. barad.

በዖር፡ B; LXX xxxvi. 32 Βεώρ; Mass. בְּעוֹר. [16] ዲናበ፡ A; ዴናበ፡ C D; LXX Gen. xxxvi. 32 Δενναβά; Mass. דִּנְהָבָה. [17] ባለቅ፡ B. [18] ምበብ፡ A. [19] ዘሬ፡ A. [20] ቦሲር፡ B; ባሱሬ፡ C; ቤሶር፡ D; LXX Gen. xxxvi. 33 Βοσόρρα; Mass. בָּצְרָה. [21] አሰም፡ A; LXX Ἀσόμ; Mass. חֻשָׁם. [22] A omits; LXX Θαιμάνων; Mass. הַתֵּימָנִי. [23] አዶት፡ A; LXX Gen. xxxvi. 35 Ἀδάδ; Mass. הֲדַד. [24] በሬድ፡ A; LXX xxxvi. 35 Βαράδ; Mass. בְּדַד. [25] መዐድያምሃ፡ B. [26] ወእምህገረ፡ A. [27] አውኢት፡ B; LXX Gen. xxxvi. 35 Γεθθάιμ; Mass. עֲוִית. [28] ሰሎማን፡ A B; LXX Gen. xxxvi. 36 Σαλαμά; Mass. שַׂמְלָה; Vulg. *Semla*. [29] እማሴቃ፡ B; LXX Gen. xxxvi. 36 Μασέκκα; Mass. מַשְׂרֵקָה; Vulg. *Masreca*. [30] ሰእል፡ A. [31] ርበእት፡ A; LXX Gen. xxxvi. 37 Ῥοωβώθ; Mass. רְחֹבוֹת; Vulg. *Rohoboth*. [32] ሰኤል፡ A. [33] ብኤሎናን፡ A; LXX Gen. xxxvi. 38 Βαλαεννών; Mass. בַּעַל חָנָן. [34] A omits. [35] አዱት፡ A; LXX Gen. xxxvi. 39 Ἀρὰθ υἱὸς Βαράθ; Mass. הֲדַר. [36] ማይጥቢት፡ A; LXX Gen. xxxvi. 39 Μεταβεήλ; Mass. מְהֵיטַבְאֵל. [37] B omits; ማጥሬት፡ C D; LXX Ματραείθ; Mass. מַטְרֵד. [38] LXX Gen. xxxvi. 39 υἱοῦ; Mass. בַּת. [39] ሜፐትቤር፡ ዘአብ፡ A. [40] እሰ፡ A B probably for እግ፡ [41] ወየሴፍሰ፡ B. [42] ንሥርቶ፡ ወሰብንቶ፡ B. [43] ፋጥፊሬን፡ A. [44] Em. from መብስላኒ፡ A, መበስላን፡ B. See note 31, p. 144. [45] ንብጸዊያን፡ A. [46] Em. with εἰς χεῖρας and בְּיַד Gen. xxxix. 6 from ቅድሜሁ፡ cf. also ver. 13 below. [47] A adds ወጠየቀ፡ ወእእመረ፡ [48] ወበዘሉ፡ A. [49] A adds ወዘኅሰየ፡ በእሉ፡ [50] A adds እምኀቤሁ፡ [51] Em. with Gen. xxxix. 6 from ሬእዩ፡ ወላህይ፡ ጥቀ፡ ሬእዩ፡ of A B save that A omits ሬእዩ፡ and adds ፈድፋደ፡ before ጥቀ፡ With ጥቀ፡ cf. LXX σφόδρα, not in Heb. [52] ሃገሬት፡ A. [53] ወከመ፡ አለቦሙ፡ A. [54] በዘ፲፮፡ ምት፡ ትሠርዐ፡ ሎሙ፡ A. [55] ንጢአቶሙ፡ A. [56] ዘሰንበሙ፡ ንቢያ፡ A.

7 መዋዕሊሁ[1] ቅድመ፡ እግዚአብሔር፡፡[2] ወተዘከረ፡ ዮሴፍ፡ ዘንተ፡ ንባበ፡[3] ወአፈቀደ፡[4] ይስክብ፡
8, 9 ምስሌሃ፡፡ ወአስተብቍዐቶ፡[5] *ዓመተ፡ አሐደ፡ ወከልኤ፡ ወ[6]አበየ፡ ሰሚዐ፡፡[7] ወአጠቀቶ፡[8]
ወአኀዘቶ፡ በቤት፡[9] ከመ፡ ትትበአሶ፡[10] ይስክብ፡ ምስሌሃ፡ *ወዐጸወት፡ ኆኅተ፡[11] ቤት፡ ወአኀዘቶ፡
10 ወኀደገ፡ ልብሶ፡ ውስተ፡ እዴሃ፡[12] ወሰበረ፡[13] ማዕጾ፡ ወጐየ፡ አፍአ፡ እምቅድመ፡ ገጻ፡፡ ወርእየት፡
ይእቲ፡ ብእሲት፡ ከመ፡ *ኢይስክብ፡ ምስሌሃ፡[14] ወጠቀሰቶ፡[15] ቅድመ፡ እግዚኡ፡ እንዘ፡ ትብል፡
ኪያየ፡ ፈቀደ፡ ገብርከ፡ ዕብራዊ፡ ዘታፈቅር፡* ይትዐገለኒ፡[16] ከመ፡ ይስክብ፡ ምስሌየ፡ ወ*ኮነ፡[17] ሶበ፡
አልዐልኩ፡ ቃልየ፡ ጐየ፡[18] ወኀደገ፡ ልብሶ፡ ውስተ፡ እዴየ፡ *በጊዜ፡ እንተ፡ አኀዝክዎ፡ ወሰበረ፡ ማዕጾ፡፡[19]
11 ወርእየ፡ ገብዳዊ፡[20] *ልብሶ ለ[21]ዮሴፍ፡ ወማዕጾ፡ ስቡረ፡ ወሰምዐ፡ ነገረ፡ ብእሲቱ፡ ወወደዮ፡
12 ለዮሴፍ፡[22] ቤተ፡ ሞቅሕ፡ ውስተ፡ መካን፡ ኀበ፡ ይነብሩ፡ ሙቁሓን፡ እለ፡ ሞቅሕ፡ ንጉሥ፡፡ ወሀሎ፡
ህየ፡ ውስተ፡ ሞቅሕ፡ ወወሀቦ፡ እግዚአብሔር፡ ሞገሰ፡ ለዮሴፍ፡[23] *በቅድሜሁ፡ ለ[24]ሊቀ፡ ዐቀብተ፡
ቤተ፡[25] ሞቅሕ፡ ወምሕረተ፡ በቅድሜሁ፡ እስመ፡ ርእየ፡ ከመ፡ እግዚአብሔር፡[26] ምስሌሁ፡ ወኵሎ፡
13 ዘገብረ፡[26] እግዚአብሔር፡ ይሴርሖ፡፡[27] ወኀደገ፡ ኵሎ፡ በእዴሁ፡[28] ወአልቦ፡ ሊቀ፡ ዐቀብተ፡ ሞቅሕ፡
ዘያእምር፡ ምስሌሁ፡[29] ምንትኒ፡ እስመ፡ ዮሴፍ፡ ኵሎ፡* ይገብር፡ ወእግዚአብሔር፡ ይፌጽም፡፡[30]
14 ወነበረ፡ ህየ፡ ክልኤ፡ ዓመተ፡፡ ወበውእቱ፡ መዋዕል፡ ተምዕዐ፡ ፈርዖን፡ ንጉሥ፡ ግብጽ፡ ላዕለ፡
ክልኤቱ፡ ሕፅዋኒሁ፡ ላዕለ፡ ሊቀ፡ መዘርት፡ ወላዕለ፡ ሊቀ፡ ሐበዝት፡ ወወደዮሙ፡ ውስተ፡
ሞቅሕ፡ ውስተ፡ ቤቱ፡ ለሊቀ፡ ዐቀብት፡[31] ውስተ፡[32] ሞቅሕ፡ ኀበ፡ ሀሎ፡ ዮሴፍ፡ እኁዝ፡ ህየ፡፡
15 ወሠርዖ፡ ለዮሴፍ፡ *ሊቀ፡ ዐቀብተ፡ ሞቅሕ፡[33] ከመ፡ ይትለአኮሙ፡ ወይትለአክ፡[34] ቅድሜሆሙ፡፡[35]
16 ወሐለሙ፡ ክልኤሆሙ፡[36] ሕልመ፡ ሊቀ፡ መዘርት፡[37] ወሊቀ፡ ሐበዝት፡[38] ወነገርዎ፡ ለዮሴፍ፡፡

---

[1] መዋዕለ፡ ዓለም፡ A. [2] A adds ልዑል፡ [3] ቃለ፡ ወዘንተ፡ ንባበ፡ A. [4] A adds በሕቁ፡ ከመ፡ [5] A adds ዓዲ፡ ዳግመ፡ ወነበረት፡ እንዘ፡ ታስተበቍዖ፡ [6] አሐተ፡ ዓመተ፡ ፍጹመ፡ ወውእቱሰ፡ A. [7] A adds ዘንተ፡ ነገረ፡ [8] ወአጠየቀቶ፡ A D. [9] B omits. [10] ታገብሮ፡ ወከመ፡ A. [11] ወዐጸወት፡ አፅቅጸ፡ A. [12] እደዊሃ፡ A. [13] ወካዕበ፡ ሰበረ፡ A; see note 3 on Lat. text. [14] Lat. *contemsit eam;* should we emend thus ይሰልቅ፡ ላዕሌሃ፡ [15] ወጠለቀቶ፡ A; Lat. adds *viro suo.* [16] ይትኤገለኒ A; B omits. [17] A omits. [18] ወጐየ፡ A. [19] Lat. defective and corrupt; with አኀዝክዎ፡ agrees Vulg. Gen. xxxix. 15 *tenebam* against Mass. וַיָּנָס, LXX ἔφυγε. [20] A adds ዘኀደገ፡ [21] ልብሶ፡ B. [22] ውስተ፡ A. [23] Lat. omits. [24] በቅድመ፡ A. [25] A B omit. [26] A adds ሀሎ፡ [27] LXX (Gen. xxxix. 23) adds ἐν ταῖς χερσὶν αὐτοῦ against Heb. and text above. [28] Emended with Lat. *in manus ejus* and Gen. xxxix. 22 from ቅድሜሁ፡ this confirms emendation in ver. 4. [29] Lat. *corum quae fiebant in carcere* is an intrusion from Gen. xxxix. 22; same confused text found in Eth. Vers. of Gen. xxxix. 23 ዘይትገበር፡ በቤተ፡ ሞቅሕ፡ what does this mean? ምስሌሁ፡ (=*penes eum*) seems an equivalent for δι' αὐτόν of LXX. [30] Better emend with Lat. *dirigebat ea* into ይሴርሖ፡ cf. ver. 12; LXX adds ἐν ταῖς χερσὶν αὐτοῦ. [31] Emended from መብስላን፡ here both Eth. and Lat. (*cocorum*) follow an inappropriate rendering of שַׂר־הַטַּבָּחִים

Et adgressa est eum et tenuit eum intra domum ut faceret ei vim, XXXIX. 9
ut[1] dormiret cum ea, et clusit ostia domus et detinuit eum: et dimisit[2]
[Joseph] vestimenta sua (in manibus ejus) et frangens[3] ostium fugit foris
a facie ejus. Et vidit mulier quoniam contemsit eam, (et) mentita est[4] 10
adversus eum in conspectum domini ejus dicens: 'Servus tuus Hebreus
iste vim mihi molitus est facere, quem diligebas, ut dormiret mecum, et
factum est cum exaltassem vocem meam, fugiens foras dereliquit[5] vesti-
menta sua in manibus meis, qui(bus tenue)ram [ex imo ei vestimenta
sua], (et fregit ostium).' Et vidit Aegyptius vestimenta Joseph et ostium 11
fractum et audivit sermonem mulieris, suae et posuit Joseph in domum
vinculatorum in locum, in quo divincti regis[6] detinebantur. Et erat 12
illic in vincula, et dedit illi Dominus gratiam in conspectu principis
carceris et misericordiam in conspectu ejus, quia vidit quod Dominus
erat cum eo et omnia quae faciebat [Joseph], Deus dirigebat. Et [ideo] 13
dedit universa in manus ejus, et non erat sciens princeps carceris quid-
quam [eorum quae fiebant in carcere][7]; quia universa ea faciens erat
Joseph, et Dominus dirigebat ea. Et erat illic annis duobus. Et in 14
tempore illo iratus est Farao rex Aegypti super duos eunuchos suos,
id est, super (principem) vinifusorum[8] et super principem pistorum, et
posuit eos in carcerem in domum principis cocorum[9] in vinculatorio, in
quo et Joseph tenebatur. Et posuit princeps vinculatorum[10] Joseph ut 15
ministraret eis, et ministrabat in conspectu eorum. Et somniaverunt 16
viri[11] somnia, princeps vinifusorum et princeps pistorum, et indicaverunt

[1] MS. et. [2] MS. demisit. [3] Emended with Eth. from aperiens; cf. ver. 11 ostium fractum. [4] MS. adds viro suo. [5] MS. dereliquid. [6] MS. reges. [7] Observe that Lat. in agreement with Eth. Vers. of Gen. xxxix. 23 differs from all other versions of Gen. xxxix. 23, as well as from Eth. text of Jubilees. For fiebant MS. reads fieban. [8] MS. vinifusores. [9] An inappropriate rendering; see note 31 on Eth. text. [10] MS. vinculorum. [11] See note 36 on Eth. text.

Gen. xl. 3; hence my emendation. [32] ቤቶ፡ A C D; Lat. *in*. [33] Lat. *princeps vinculatorum*; this agrees with ἀρχιδεσμώτης of LXX Gen. xl. 4, but it is a bad rendering of Heb. phrase (see note 31). [34] ወይትበአከሙ፡ D. [35] በቀደምዝሙ፡ B; ቀደምዝሙ፡ C D. [36] Lat. *viri*, possibly due to a corruption of ἀμφότεροι into ἄνθρωποι. [37] መዝርትዚ፡ A. [38] ሐበዝትዚ፡ A.

17 ወበከመ፡ ፈከረ፡ ሎሙ፡[1] ከማሁ፡ ኮነ፡ ሎሙ፡ ወ[2]ሰሊቀ፡ መዘርጓ፡[3] አግብኦ፡ ፈርዖን፡ ውስተ፡ ግብሩ፡
18 ወሊሐባዚሰ፡[4] ቀተሎ፡ በከመ፡ ፈከረ፡ ሎሙ፡[5] ዮሴፍ፡፡ ወረስዖ፡ ሊቀ፡ መዘርጓ፡ ለዮሴፍ፡ በቤተ፡
ሞቅሕ፡ እመ፡[6] አይድዖ፡ ዘይከውኖ፡ ወኢተዘከረ፡ ከመ፡ ያይድዕ፡ ለፈርዖን፡ ዘከመ፡ ነገር፡ ዮሴፍ፡
እስመ፡ ረስዐ፡፡

፵ ወበውእቱ፡ መዋዕል፡ ሐለመ፡ ፈርዖን፡ ሕልመ፡ ክልኤተ፡ በአሐቲ፡ ሌሊት፡[7] በእንተ፡ ነገረ፡[8]
ዐባር፡ ዘይከውን፡ ዲበ፡ ኵላ፡ ምድር፡ ወነቅሐ፡ እምንዋሙ፡[9] ወጸውዖሙ፡ ለኵሎሙ፡ መፈክራነ፡
ሕልም፡[10] እለ፡ ውስተ፡ ግብጽ፡[11] ወረቀይት፡[12] ወነገሮሙ፡ ክልኤሆሙ፡[13] ሕልሞ፡ ወኢክህሉ፡
2 አእምሮ፡፡ ወ[13]እምዝ፡ ተዘከሮ፡ ለዮሴፍ፡ ሊቀ፡ መዘርጓ፡ ወነገረ፡ በእንቲአሁ፡ *ኀበ፡[14] ንጉሥ፡[15]
3 ወአውፅኦ፡[16] እም[17]ቤተ፡ ሞቅሕ፡ ወነገረ፡ በቅድሜሁ፡ *ክልኤሆሙ፡ ሕልሚሁ፡፡[18] ወይቤ፡[19]
በቅድሜሁ፡ ለፈርዖን፡ ከመ፡ *ክልኤሆሙ፡ ሕልሚሁ፡[18] አሐዱ፡ እሙንቱ፡ ወይቤሎ፡ ሰብዐቱ፡[20]
ዓመት፡[21] *ይመጽእ፡ ጽጋብ፡[22] ውስተ፡ ኵሉ፡ ምድረ፡ ግብጽ፡ ወእምድኅረዝ፡[23] ሰብዐቱ፡[20] ዓመት፡[24]
4 ዐባር፡ ዘኢኮነ፡ ከማሁ፡[25] ዐባር፡ ውስተ፡ ኵሉ፡ ምድር፡፡ ወይእዜኒ፡ ይሠራዕ፡ ፈርዖን፡ ውስተ፡
ኵሉ፡ ምድረ፡ ግብጽ፡ መኰንን፡[26] ወይዝግቡ፡ ሲሲተ፡ ለሀገረ፡ *ውስተ፡ ሀገር፡[27] በመዋዕለ፡[28]
*ዓመታት፡ ዘ[29]ጽጋብ፡ ወይከውን፡[30] ሲሲተ፡ ለሰብዐቱ፡ *ዓመታት፡[31] ዐባር፡ ወኢትትሐጐል፡[32]
5 ምድር፡ እምቅድመ፡ ገጹ፡ ዐባር፡ እስመ፡ ኀያል፡ ይከውን፡ ጥቀ፡፡[33] ወወሀቦ፡ እግዚአብሔር፡
ለዮሴፍ፡ ሞገሰ፡ ወምሕረተ፡ በቅድመ፡ *አዕይንቲሁ፡ ለ[34]ፈርዖን፡ ወይቤ፡ ፈርዖን፡ ለላእካኒሁ፡
ኢንረክብ፡ ብእሴ፡[35] ጠቢበ፡[36] ወማእምረ፡ ዘከመዝ፡ ብእሲ፡[37] እስመ፡ መንፈሰ፡ እግዚአብሔር፡
6 ምስሌሁ፡፡ ወሤሞ፡ ዳግመ፡ ውስተ፡[37] ኵሉ፡ መንግሥቱ፡ ወአኰነኖ፡ ውስተ፡ ኵሉ፡[38] ግብጽ፡
7 ወአጽዐኖ፡ ዲበ፡ ሰረገላሁ፡[39] ካዕብ፡[40] ዘፈርዖን፡፡ ወአልበሶ፡ ልብሰ፡ ቢሶስ፡ ወአዕነቆ፡ ባዝግና፡[41]
ወረቀ፡ *ውስተ፡[42] ክሳዱ፡ ወሰበኩ፡[43] በቅድሜሁ፡[44] *ኤል፡ ኤል፡[45] ወ*አቢርር፡[46] ወወሀቦ፡

---

[1] Lat. adds *Joseph*. [2] Lat. omits. [3] መዘርጓኒ፡ A. [4] We should read ወሊቀ፡ ሐባዝት፡ with Lat. *principem pistorum*. [5] ሎቱ፡ B, Lat. *ei*, but Gen. xl. 22 supports A C D. [6] Emended with Lat. *cum* from እስመ፡ [7] ዘኢ፡ በሌሊት፡ A. [8] ነገር፡ A; Lat. omits. [9] Lat. *de somno*. [10] B omits. [11] Lat. *regno suo*, corrupt for *Aegypto*; cf. Gen. xli. 8. [12] ረቀይት፡ A B. [13] Lat. omits. [14] ሰ A D. [15] Lat. adds *Faraoni*. [16] አውጽእዎ፡ A B, but Lat. *ejecit* supports C D. [17] እምኔ፡ A. [18] ክልኤሆን፡ ሕላሚሁ፡ A. [19] Lat. *interpraetatus est*. [20] ሰብዐት፡ A. [21] ዓመት፡ A. [22] Same indefinite construction as in Gen. xli. 29. [23] Lat. omits wrongly; cf. Gen. xli. 30. [24] ዓመት፡ B. [25] ዘከማሁ፡ B. [26] Emended from ኪያዪ፡ A, ከየዪ፡ B, ምኪያዪ፡ C D, in accordance with Lat. *speculatores*, LXX Gen. xli. 34 τοπάρχας, Heb. פְּקִדִים; መኰንን፡ only can claim to give the right sense. Possibly corruption arose early through confusion of פְּקִדִים and פִּקָּדוֹן, or σιτάρχας and σιταρχίας (Rönsch). [27] A omits. [28] Read ለሰብዐቱ፡ with Lat.? [29] ዓመታት፡ A. [30] ወይኩን፡ A. [31] ዓመት፡ ዘ A. [32] ወኢይትሐጐል፡ A. [33] Lat. adds *super omnem terram*. [34] አዕይንቲ፡ A. [35] ብእሴ፡ A. [36] ጠቢብ፡ A B.

ea Joseph. Et quemadmodum interpraetatus est illis [Joseph], sic est 17
eis et factum: principem vinifusorum Farao restituit in locum suum et
*principem pistorum[1] suspendit, sicut ei dixit Joseph. Et non fuit memor 18
princeps vinifusorum Joseph in vinculatorio, cum indicasset illi quaecumque
venissent ei, et non fuit memor, ut *internuntiaret Farao ut solvisset[2]
Joseph, quoniam oblitus est.

Et in illo tempore somniavit Farao somnia duo in nocte una propter XL.
famem quae futura erat super (omnem) terram. Et expergefactus de
somno vocavit universos interpraetes somniorum, qui erant in *regno suo[3],
et praecantatores et indicavit illis (duo) somnia sua, et non potuerunt
illi interpraetare somnia ejus. Tunc memoratus est princeps vinifusorum 2
Joseph et indicavit de illo regi [Faraoni], et ejecit eum de vinculatorio
et narravit in conspectu ejus duo somnia (sua. Et) interpraetatus est 3
(coram Faraone quod) duo somnia unum sunt (et dixit ei): 'Septem
[autem] anni [continui] erunt in omnem terram Aegypti ubertatis et
(postea) septem anni famis, *qualis (non) fuit[4] in omnem terram. Et 4
nunc ordinet Farao speculatores[5] in omnem terram Aegypti, qui con-
gregent escas per singulas civitates ⟨et reponant eas⟩ annis septem
ubertatis in escam quae futura est septem annis famis, et non periet
terra a facie famis, quoniam vehemens erit valde [super omnem terram].'
Et dedit Deus gratiam Joseph et misericordiam in conspectu Faraonis, 5
et dixit Farao pueris suis: 'Numquid poterimus invenire hominem
prudentiorem et sapientiorem quam hic est quoniam spiritus Dei cum
ipso est.' Et posuit eum secundum se in omni regno suo et potestatem 6
habentem in omni [terra] Aegypti, et imposuit eum super currum
secundum qui erat Faraonis. Et induit eum veste[6] bissina et posuit 7
torquem aurem in colle ejus, et praeconaverunt in conspectu ejus 'Elel'

---

[1] Eth. = pistorem. [2] Emended with Eth. from interveniret rex Farao et solveret. [3] Eth. = Aegypto. [4] Emended with Eth. from sic erit. [5] See note 26 on Eth. text. [6] MS. beste.

---

[57] ጸበ፡ A. [58] ዙላ፡ A; Lat. adds *terra*. [59] በሬግላሙ፡ A; በረግላቲሆሙ፡ B. [60] ኩሎሉ፡ A. [61] ባዝጋና፡ A. [62] በ B. [63] Em. with Lat. *praeconaverunt* and Gen. xli. 43 וַיִּקְרְאוּ (LXX, with which Syr. agrees, gives ἐκήρυξεν) from ሰበኩ፡ [64] MSS. add ወይቤሉ፡ against Lat. and Gen. xli. 43. [65] ኤል፡ ኤል፡ B. [66] ኤቢርር፡ A; ኤብሬር፡ C; ኤበርር፡ D; Lat. *Habirel* (= אֲבִיר אֵל); Gen. xli. 43 אַבְרֵךְ; LXX κῆρυξ; Historia Asenath (Fabric. Cod. Pseudepig.) ch. 3 ὁ δυνατὸς τοῦ Θεοῦ.

ማዕተበ፡[1] ውስተ፡ እዴሁ፡ ወአልበሶ፡ ዲበ፡ ኵሉ፡ ቤቱ፡ ወአዕበዮ፡ ወይቤሎ፡[2] ኢየዐቢ፡ እምኔከ፡
8 ዘእንበለ፡ መንበር፡[3] ባሕቲቱ፡፡[4] ወመበለ፡ ዮሴፍ፡ ውስተ፡ ኵሉ፡ ምድረ፡ ግብጽ፡ ወአፍቀርዎ፡
ኵሎሙ፡ መኳንንቲሁ፡ ለፈርዖን፡ ወኵሎሙ፡[5] ላእካኒሁ፡ ወኵሎሙ፡ እለ፡ ይገብሩ፡ [6]ግብረ፡[6] ንጉሥ፡
እስመ፡ [7]በርትዐ፡ የሐውር፡[7] ወአልቦ፡ ትዕቢተ፡ ወአዕበዮ፡ ልብ፡ ወ[8]ኢገጽ፡ ገጽ፡ ወአልቦ፡ ነጊአ፡
9 ሕልያን፡ እስመ፡ በርትዕ፡[9] ይኴንን፡ ለኵሉ፡ አሕዛበ፡ ምድር፡፡ ወተሠናአወት፡ ምድረ፡ ግብጽ፡
በቅድሜሁ፡ ለፈርዖን፡ በእንተ፡ ዮሴፍ፡ እስመ፡ እግዚአብሔር፡ ምስሌሁ፡ ወወሀቦ፡ ሞገስ፡
ወምሕረተ፡ ላዕለ፡ ኵሎሙ፡ ዘመዱ፡ በቅድመ፡ ኵሎሙ፡ እለ፡ ያአምርዎ፡ ወለ[10]እለ፡ ይሰምዑ፡
10 ስምዐ፡ ምስሌሁ፡ ወረትዐት፡ መንግሥተ፡ ፈርዖን፡ ወአልቦ፡ ሰይጣን፡ ወአልቦ፡ እኩይ፡፡ ወጸውዐ፡
ንጉሥ፡ ስሞ፡ ለዮሴፍ፡ ስፋንጢፋንስ፡[11] ወወሀቦ፡ ወለተ፡ ፉጢፋራን፡[12] ብእሲተ፡ ለዮሴፍ፡ ወለተ፡
11 ሳውዕ፡ ዘኢሊዮጶሊስ፡[13] ሊቀ፡ ዐቃብት፡፡[14] ወበዕለተ፡ ቆመ፡ ዮሴፍ፡ ኀበ፡ ፈርዖን፡ ወልደ፡ ሠላሳ፡
12 ክረምት፡ አመ፡[15] ቆመ፡ ኀበ፡[16] ፈርዖን፡፡ ወበውእቱ፡ ዓመት፡ ሞተ፡ ይስሐቅ፡፡ ወበጽሐ፡ በከመ፡
ነገረ፡ ዮሴፍ፡ በእንተ፡ ፍካሬ፡ ክልኤ፡[17] ሕልሙ፡[18] ዘከመ፡ ነገሮ፡[19] ወኮነ፡ ሰብዐቱ፡ ክረምት፡[20]
ዘጽጋብ፡[21] ውስተ፡ ኵሉ፡ ምድረ፡ ግብጽ፡ ወፈረየት፡ ምድረ፡ ግብጽ፡ ብዙኀ፡ አሐቲ፡[22] መስፈርት፡[23]
13 ዐሠርተ፡[24] ወሰመንተ፡[25] [26]ምእተ፡ መስፈረ፡፡[26] ወአስተጋብአ፡ ዮሴፍ፡ ሲሲተ፡ ለሀገር፡ [27]ውስተ፡
ሀገር፡[27] እስከ፡ መልአ፡ ሰርናየ፡[28] እስከ፡ ሶበ፡ ይስእኑ፡ ኈልቆተ፡ ወሰፈረ፡ እምነ፡ ብዝኁ፡፡
፵፩ ወበአርብዓ፡ ወኀምስቱ፡ ኢዮቤልው፡[29] በዳግም፡[30] ሱባዔ፡ በዓመት፡ ክልኢ፡[31] ነሥአ፡ ይሁዳ፡
2 ለዔር፡[32] በኵሩ፡ ብእሲተ፡ እምነ፡ አዋልደ፡ አራም፡ ወስማ፡ ትዕማር፡፡[33] ወጸልአ፡ ወኢሰክባ፡
ምስሌሃ፡ እስመ፡ እምአዋልደ፡ ከናአን፡ እሙ፡ ወፈቀደ፡ ይንሣእ፡ ሎቱ፡ ብእሲተ፡ እምነገደ፡ እሙ፡
3 ወኢአብሖ፡ ይሁዳ፡ አቡሁ፡፡ ወውእቱ፡ ዔር፡[34] በኵሩ፡ ለይሁዳ፡ እኩይ፡ ወቀተሎ፡ እግዚአብሔር፡፡
4 ወይቤ፡ ይሁዳ፡ ለአውናን፡ እኁሁ፡ ባእ፡ ኀበ፡ ብእሲተ፡ እኁከ፡ ወረስያ፡ ናዕልተ፡[35] ወአንሥእ፡
5 ዘርአ፡[36] ለእኁከ፡፡[37] ወአእመረ፡ አውናን፡ ከመ፡ ኢኮነ፡ ዚአሁ፡ ዘርእ፡ ከመ፡[38] ዘእኁሁ፡ ወቦአ፡
ቤተ፡ ብእሲተ፡ እኁሁ፡ ወከዐወ፡ ዘርአ፡ ውስተ፡ ምድር፡ ወእኩየ፡ ኮነ፡ በቅድመ፡ አዕይንተ፡
6 እግዚአብሔር፡ ወቀተሎ፡፡ ወይቤ፡ ይሁዳ፡ ለትዕማር፡ መርዓቱ፡ ንበሪ፡ ቤተ፡ አቡኪ፡ እንዘ፡
7 ትመዐስቢ፡ እስከ፡ አመ፡ ይልሀቅ፡ ሴሎም፡[39] ወልድየ፡ ወእሁበኪ፡ ሎቱ፡ ብእሲተ፡፡ ወልህቀ፡
ወኢኀደገት፡ ቤድሱኤል፡[40] ብእሲተ፡ ይሁዳ፡ ሴሎምሃ፡ ወልዳ፡ ከመ፡ ያውስብ፡ ወሞተት፡ ቤድ
8 ሱኤል፡[41] ብእሲተ፡ ይሁዳ፡ በዓመት፡ ኃምስ፡ ዘዝሱባዔ፡፡ ወበሳድስ፡ ዓመቱ፡[42] ዐርገ፡ ይሁዳ፡
*ይቅርጽ፡ አባግዒሁ፡[43] በቴምናታ፡[44] *ወዜነውዋ፡ ለትዕማር፡ ናሁ፡ ሐሙኪ፡ የዐርግ፡ ይቅርጽ፡
9 አባግዒሁ፡ በቴምናታ፡፡[45] ወአንበረት፡ አልባሰ፡ ምዕስብና*ሃ፡[46] ወለብሰት፡ ገልባበ፡[47] ወ*ተሠነየት፡[48]
10 ወነበረት፡ ውስተ፡ አንቀጸ፡ እንተ፡ መንገለ፡ ፍኖተ፡ ቴምናታ፡፡ ወእንዘ፡ የሐውር፡ ይሁዳ፡ ረከባ፡[49]
11 ወተሐዘባ፡[50] ከመ፡ ዘማዊት፡[51] ወይቤላ፡ እባእ፡ ኀቤኪ፡ ወትቤሎ፡[52] ባእ፡ ወቦአ፡፡ ወትቤሎ፡

---

[1] C D omit. [2] Lat. *dixit.* [3] Lat. *throno meo*; Gen. xli. 40 supports text.
[4] ባሕቲቱ፡ A B. [5] Lat. omits. [6] ለ A. [7] በርቱዐ፡ ያሐውሩ፡ A. [8] A omits.
[9] በርቱዕ፡ A. [10] ወ C D. [11] ሳፋንጢፋስ፡ A; Gen. xli. 45 צָפְנַת פַּעְנֵחַ; LXX

et 'Habirel,' et posuit anulum in manu ejus et praeposuit eum super omnem domum suam et magnificavit eum et dixit: 'Non te praecedam ego nisi throno [meo] tantummodo.' Et accepit potestatem Joseph in 8
totam terram Aegypti, et dilexerunt eum omnes principes Faraonis et servi ejus et omnes facientes opera regis, quoniam in veritate ambulabat et non erat in illum superbia et extol . . .

. . . (Ta)mar nurrum suam: 'Sede in domo patris tui vidua, quousque XLI. 6
crescat Selon filius meus, et dabo te illi in uxorem.' Et crevit et non 7
permisit Batsuae uxor Juda Selon filium suum accipere illam. Et mortua
*est Bethsua[1] uxor Juda in anno quinto septimanae[2] hujus. Et in anno 8
sexto hujus ascendit Judas, ut tonderet oves suas, in Tamnatam[3], et indicatum est Tamar quia: 'Ecce socer tuus ascendit, ut tondeat oves
suas, in Tamnata.' Et abstulit a se vestimenta viduitatis suae et induit 9
se *vestes optimas[4] et ornavit se et sedit secus portam juxta viam
Tamnatae. Et cum advenisset[5] Judas, invenit eam et aestimavit eam 10

[1] MS. es bethsuae. [2] MS. septimanarum. [3] MS. tamnasar. [4] Eth. = velum. [5] MS. advenissent.

Ψονθομφανήχ. [12] ፋጠፋሬን: A. [13] ዘሊዮጴሊስ: A; Gen. xli. 45 אֹן; LXX Ἡλίου πόλεως. [14] Emended from መብስላን: see note 31, p. 144. [15] B adds ዐስተ: [16] ቅድመ: A. [17] ከሌኤቱ: A. [18] ሕልም: A. [19] ነገሬ: B. [20] ሱብዐቱ: ክረምት: A. [21] ጽጋበ: A. [22] በእሐቲ: C D. [23] መስፈርት: A. [24] ዐሥርቱ: B. [25] Emended from ወሰመንቱ: A, ወሰማኒቱ: B, ወሰማኒት: C, ወ፰ D. [26] ምእት: መስፋሬ: B. [27] B omits. [28] ሠርናዮ: A; ስርናይ: B C. [29] ኢዮቤላዊ: A. [30] ከዐበ: B. [31] ከሌኢ: A. [32] ለሂሩ: B. [33] ታዕማር: A. [34] ኤር: B. [35] ኦዕልት: B; ኀዐልትከ: C; የዐልወት: D. Cf. Gen. xxxviii. 8 יַבֵּם אֹתָהּ; LXX γάμβρευσαι αὐτήν. [36] A adds ከመ: [37] A adds ይኩን: [38] ከመ: A C; ዘእንበለ: ጸለመ: A. [39] ለ C D. [40] ሴሎ: B C; Lat. *Selon;* LXX Σηλώμ; Heb. שֵׁלָה. [41] ቤርሱኤል: A; Lat. *Batsuae;* Gen. xxxviii. 12 בַּת־שׁוּעַ; LXX Σαυά; Test. Judae 10 Βησσουέ. [42] ዓመት: B. [43] Gen. xxxviii. 12 לָגֹז צֹאנוֹ. [44] ቤቴምናም: A; Lat. *Tamnatam;* LXX Θαμνά. [45] A C D omit through homeoteleuton; Lat. and Gen. xxxviii. 13 support text. For የዐርግ: B gives ያርግ: [46] A omits. [47] ገላበቱ: A; Lat. *vestes optimas* wrongly; Gen. xxxviii. 14 צָעִיף. [48] ተሠነየት: C; ሠነየት: D; LXX (Gen. xxxviii. 14) ἐκαλλωπίσατο, Syr., and Onk. support text, but Heb. is תִּתְעַלָּף = 'covered herself;' Vulg. *mutato habitu.* [49] ሬከበ: A B, but Lat. supports C D. [50] ወተሐዘበ: A. [51] ዘማዊት: A. [52] Lat. *dixit.*

ሀበኒ[1] ይእዜኒ ወይቤላ እልብየ፡ ውስተ እዴየ ዘእንበለ ሕልቀት°የ[2] ዘአጽባዕትየ ወድጕልማ°የ[3]
12 ወበትር°የ[3] ዘውስተ እዴየ። ወትቤሎ ሀበኒ ኪያሆሙ[4] እስከ ሶበ ትፌኑ ይእዜ ሊተ[5]
ወይቤላ[6] እ፤ እፌኑ ለኪ ማሕስአ ጠሊ ወወሀባ ኪያሆሙ[7] ላቲ *ወቦአ ኀቤሃ[8] ወፀንሰት
13, 14 ሎቱ። ወሶረ ይሁዳ ውስተ አባግዒሁ *ወይእቲኒ ሶረት ቤተ አቡሃ።[9] ወፈነወ ይሁዳ
ማሕስአ ጠሊ[9] በእደ ኖላዊሁ[10] ዘዶላማዊ ወኀጥኣ[11] ወተስእሎሙ ለሰብአ ብሔር[12] *እንዘ
ይብል[13] አይቴ ሀለወት[14] ዘማዊት *እንተ ዝየ[15] ወይቤልዎ አልቦ ዝየ[16] ኀቤነ ዘማዊት
15 ወገብአ ወአይድዖ *ወይቤ ኀጣእክዋ[17] ወ[18]ተስእልክዎ[19] ሰብአ ብሔርኒ ወ[19]ይቤሉኒ አልቦ
16 ዝየ ዘማዊት[20] ወይቤ[21] ትንግእ[22] ከመ ኢንኩን ለስላቅ። ወእንዘ አእከለት[23] ሠለስተ
አውራኂ ተዓውቀ[24] ከመ ፀንሰት[25] ይእቲ ወነገርዎ ለይሁዳ እንዘ ይብሉ ናሁ ትዕማር
17 መርዓትከ ፀንሰት በዝሙት።[26] ወሶረ ይሁዳ ቤተ አቡሃ ወይቤሎ*ሙ[27] ለአቡሃ[28] ወለአ
18 ኀዊሃ አውፅእዋ ወያውዕይዋ እስመ ገብረት ርኵሰ በውስተ እስራኤል። ወኮነ ሶበ
አውፅእዋ ከመ ያውዕይዋ ፈነወት ለሐሙሃ ሕልቀተ ወድጕልማ ወበትረ ወትቤ አእምርአ
19 ዘመኑ ዝንቱ[29] እስመ እምኔሁ ፀነስኩ። ወአእመረ ይሁዳ ወይቤ ጻድቀት ትዕማር
20 እምኔየ ወኢያውዕይዋ እንከ። ወበእንተዝ ኢተውህበት ለሴሎም ወኢደገመ እንከ ቀሪቦታ።
21 ወእምዝ[30] ወለደት ክልኤተ ደቀ ፋሬስሃ ወዛራሃ በዓመት ሳብዕ ዘዝንቱ ሱባኤ ዳግም።[31]
22, 23 *ወእምዝ ተፈጸመ[32] ሱባዔ ዓመት[33] ዘሰምር[34] ዘይቤሎ ዮሴፍ ለፈርዖን። ወአእመረ
ይሁዳ ከመ *እኩይ ግብር[35] ዘገብረ እስመ ሰከበ ምስለ መርዓቱ[36] ወአስተሐሰመ በቅድመ
አዕይንቲሁ ወአእመረ ከመ አበሰ ወስሕተ[37] እስመ ከሠተ ክድነ ወልዱ ወአንዘ *ይላሑ
24 ወይትመሀለል[38] ቅድመ እግዚአብሔር በእንተ አበሳ°ሁ።[39] ወነገርናሁ በሕልም ከመ
25 ይሠረይ[39] ሎቱ እስመ ተማህለለ ጥቀ ወእስመ ላሐወ ወኢገብረ እንከ። ወኮነ ሎቱ
ስርየተ *እስመ ተመይጠ[40] እምነ ጌጋዩ ወእምኢያእምሮቱ እስመ ዐቢየ[41] አበሰ በቅድመ
አምላክነ ወኵሉ ዘይገብር ከመዝ *ኵሉ ዘ[42]ይሰክብ ምስለ ሐማቱ ያውዕይዎ በእሳት
26 ከመ የዐይ[43] ቦቱ እስመ ርኵስ ወግማኔ ኮነ ላዕሌሆሙ በእሳት ያውዕይዎሙ። ወአንትሰ[44]
አዝዞሙ ለውሉደ[45] እስራኤል ወኢይኩን ርኵስ[46] በማእከሎሙ እስመ ኵሉ ዘይሰክብ
ምስለ መርዓቱ ወምስለ ሐማቱ *ርኵሰ ገብረ[47] በእሳት ያውዕዩ ብእሴ ዘሰከበ ምስሌሃ

---

[1] ሀቡኒ A. [2] B omits; so also Lat., but Gen. xxxviii. 18 supports text. [3] Lat. omits, but Gen. xxxviii. 18 supports text. [4] ኪያሁ A. [5] A trans. before ይእዜ Lat. omits. [6] Lat. *dixit Judas.* [7] Gen. xxxviii. 18 omits. [8] Restored by means of Lat. *et coiit cum ea* = καὶ συνῆλθεν αὐτῇ; cf. Test. Judae 12 συνελθὼν αὐτῇ (συνείληφεν). [9] A B omit. [10] So Lat. and LXX, i.e. = רֹעֵהוּ, but Mass., Sam., Syr. Gen. xxxviii. 20 רֵעֵהוּ 'his friend.' [11] ወኀጥኣ A B, but Lat. supports C D. [12] Lat. *loci illius*; Gen. xxxviii. 21 מְקֹמָהּ, but LXX τοῦ τόπου agrees with text. [13] ወይቤልዎሙ B. [14] ሀለወት B. [15] B omits. [16] MSS. add ዘማዊት ወአልብየ against Lat. and Gen. xxxviii. 21. [17] Trans. and emended with Lat. *dicens non*

fornicariam et dixit ad illam: 'Introibo ad te.' (Et) illa dixit: 'Intra:'
et introivit ad eam. Et dixit illi: 'Da mihi mercedem meam.' Et dixit 11
ille: 'Non est in manu mea nisi anulus quem habeo in digito meo, et
munile et baculus[1] qui est in manu mea.' Et dixit ad illum: 'Da mihi 12
ea quousque transmittas mercedam meam.' Et dixit Judas: 'Transmitto
tibi edum.' Et dedit ea illi ⟨et coiit[2] cum ea⟩, et concepit ex eo. Et 13
abiit Judas ad oves (ipsa autem abiit in domum patris sui). Et transmisit 14
(Judas) illi hedum de manu pastoris sui Adollam, et non invenit eam.
Et interrogavit viros loci ⟨illius⟩[3] dicens: 'Ubi est fornicaria illa quae
erat hic?' Et dixerunt illi: 'Non est hic fornicaria nobiscum.' Et 15
ille revertens indicavit Judae[4] dicens: 'Non inveni illam, sed et inter-
rogavi viros loci ⟨illius⟩ et dixerunt non esse in illo loco fornicariam.'
Et dixit ⟨Judas⟩: 'Habeat illa, sed ne forte derideat[5] nos.' Et cum 16
facti fuissent illi menses tres, apparuit quod haberet in utero, et indi-
caverunt Judae dicentes: 'Ecce Tamar nurus tua in utero habet (forni-
catione).' Et advenit Judas in domum patris ejus et dixit patri suo et 17
fratribus ejus: 'Producite illam foras, et conburatur igne, quoniam fecit
inmunditiam in Istrahel.' Et factum est cum produceretur ut arderet, 18
transmisit socero suo anulum et munilem et virgam et dixit: 'Cognosce
cujus sunt haec, ex ipso ego in utero habeo.' Et . . . 19

---

[1] MS. baculum. [2] Emended from fuit; see note 8 on Eth. text. [3] See note 12 on Eth. text. [4] Eth. = ei. [5] MS. deridat.

---

inveni illam and Gen. xxxviii. 22 וַיֹּאמֶר לֹא מְצָאתִיהָ from ከመ፡ ትትአ፡ ወይቤሎ፡ A B. [18] Added with Lat. [19] Gen. xxxviii. 22 omits. [20] ዘሞቅዳት፡ C D. [21] Lat. and Gen. xxxviii. 23 add *Judas*. [22] Emended with Lat. *habeat* and Gen. xxxviii. 23 תִּקַּח from ትገሥእ፡ [23] አክበት፡ C D. [24] ተዐውቀት፡ A C D, but Lat. *apparuit* supports B. [25] ፀንሰት፡ A. [26] Lat. omits wrongly; Gen. xxxviii. 24 supports text. [27] A omits. [28] B trans. before ዘመጽአ፡ [29] A adds ፀንሰት፡ ወ; B ፀንሰት፡ [30] በዳንግም፡ A. [31] እምዝ፡ ፈጸመ፡ B. [32] ዘሥምር፡ B. [33] እኩይ፡ ገብረ፡ B. [34] ሐመዋቲ፡ A. [35] በሐት፡ A. [36] B trans. ይለሎ፡ and ይትመ". [37] ይበረይ፡ A. [38] B trans. after ወእምእደእምርት፡ [39] ዐቢይ፡ A B C; D supports text, but trans. ዐ" and እ". [40] ወ C D; B omits. [41] የዐቢ፡ A; ይንይ፡ B. [42] D adds መሠበ፡ [43] በደቂቅ፡ B. [44] ርዙስ፡ A. [45] ርኩስ፡ ገብር፡ B.

27 ውብእሲትኒ¹ ወያንድዳ፣ መዐተ፣ ወመቅሠፍተ፣ እምእስራኤል። ወለይኩኑ፣ ዘገርናሆሙ፣ ከመ፣
ኢለከቡ፣ ምስሌሃ፣ ከልኤሆሙ፣ ደቂቁ፣² ወ³በእንተዝ፣ ቆሙ፣ ዘርኡ፣ ለካልእ፣ ትውልድ፣⁴ ወኢይሤረው።
28 እስመ፣ በየውሂተ፣⁵ አዕይንቲሁ፣ ሖረ፣ ወኀሠሠ፣ ኰነኔ፣ እስመ፣ እምፍትሑ፣ ለአብርሃም፣ ዘአዘዞሙ፣
ለውሉዱ፣ ፈቀደ፣ ይኰንና፣ ያውዕያ፣ በእሳት።

፵፪ ወበቀዳሚ፣ ዓመት፣ ዘሱባዔ፣⁶ ካልእ፣ ዘ⁶፵ወ፱⁶ ኢዩቤልው፣ አኀዘ፣ ዐባር፣ ይምጻእ፣ ውስተ፣
2 ምድር፣ ወአበየ፣ ዝናም፣ ተውህቦ፣ ለምድር፣ እስመ፣ አልቦ፣ ምንትኒ፣ ዘይወርድ። ወዐብረት፣
ምድር፣ ወበምድረ፣ ግብጽ፣ ባሕቲቱ፣ ቦቱ፣ ሲሲት፣ እስመ፣ አስተጋብአ፣ ዮሴፍ፣⁷ ዘርአ፣ ለ⁸ምድር፣⁹
3 በ¹⁰ሰብዓቱ፣ ዓመት፣ ዘሠምር፣ ወዐቀቦ። ወመጽኡ፣ ግብጽ፣ ኀበ፣ ዮሴፍ፣ ከመ፣ የሀቦሙ፣ ሲሲተ፣
ወከሠተ፣ መዛግብተ፣¹¹ *ኀበ፣ ሀሎ፣¹² ስርናይ፣¹³ ዘ¹⁴ቀዳሚ፣ ዓመት፣ ወ¹⁵ሤጠ፣¹⁵ ለሕዝበ፣¹⁶
ምድር፣¹⁷ በወርቅ።

4 *ወዐቢይ፣ ኮነ፣ ረኃብ፣ ውስተ፣ ምድረ፣ ከናአን፣ ጥቀ፣¹⁸ ወሰምዐ፣ ያዕቆብ፣ ከመ፣ ቦቱ፣
ሲሲት፣¹⁹ ውስተ፣²⁰ ግብጽ፣ ወፈነወ፣ ዐሠርተ፣ ደቂቀ፣ ከመ፣ ይንሥኡ፣ ሎቱ፣ ሲሲተ፣ በግብጽ፣²¹
ወብንያምሃሰ፣ ኢፈነወ፣ ወበጽሑ፣²² *ግብጽ፣ ዐሠርቱ፣ ደቂቀ፣ ያዕቆብ፣²³ *ምስለ፣ ዘየሐውሩ፣²⁴
5 ወአእመሮሙ፣ ዮሴፍ፣ ወእሙንቱሰ፣ ኢያእመርዎ፣ ወተናገረ፣ ምስሌሆሙ፣²⁵ ዕጹብጹበ፣²⁶
ወይቤሎሙ፣ *አኮኑ፣ ሰብአ፣ ዓይን፣ አንትሙ፣ ወ²⁷መጻእክሙ፣ ታስተሓይጹ፣ አሰረ፣²⁸ ምድር፣
6 ወዓጸዎሙ። ወእምዝ፣²⁹ *ካዕበ፣ ፈትሖሙ፣³⁰ *ወአቀመ፣ ስምዖንሃ፣ ባሕቲቶ፣³¹ ወተሰዕተ፣
7 አኀዊሁ፣ ፈነወ።³² ወ³³መልአ፣ አሕስሊሆሙ፣ ስርናየ፣³⁴ ወወርቆሙ፣ ሂ፣³⁵ ወደየ፣ ሎሙ፣³⁶
8 *ውስተ፣ አሕስሊሆሙ፣³⁷ ወኢያእመሩ።³⁸ ወአዘዞሙ፣ ከመ፣ ያምጽኡ፣ እኁሆሙ፣³⁹ ዘይ
9 ንእስ፣ *እስመ፣ ነገርዎ፣ ከመ፣ ሀሎ፣ አቡሆሙ፣ ሕያው፣ ወእኁሆሙ፣ ዘይንእስ።⁴⁰ ወዐርጉ፣⁴¹
እምድረ፣ ግብጽ፣ ወበጽሑ፣ ምድረ፣ ከናአን፣ ወነገሩ፣ ለአቡሆሙ፣ ኵሉ፣ ዘከመ፣ ረከቦሙ፣
ወእፎ፣ ተናገረ፣ ምስሌሆሙ፣ መኰንነ፣ ብሔር፣ ዕጹብጹበ፣ ወ⁴²አሐዞ፣ ለስምዖን፣ እስከ፣ ሶበ፣
10 ያመጽእዎ፣⁴³ ለብንያም። ወይቤ፣ ያዕቆብ፣ እምኀበ፣ኮሙ፣⁴⁴ ዮሴፍኒ፣⁴⁵ ኢሀሎ፣ *ወስምዖንሂ፣

---

¹ A B put in nom. ² ደቂ፣ A. ³ A B omit. ⁴ ለትውልድ፣ A. ⁵ B adds ዘሠሉሱ፣ ⁶ ፵፱ A; አርብዓ፣ አርባዕቱ፣ B. ⁷ B C add ከመ፣ የሀቦሙ፣ ሲሲተ፣ ወአስተጋብአ፣ ዮሴፍ፣ against A D and Lat. ⁸ በ B. ⁹ ምድረ፣ ግብጽ፣ A. ¹⁰ ዘ A. ¹¹ መዛግብት፣ ኀበ፣ ሀሎ፣ ስርናይ፣ Lat. *horrea in quibus erant frumenta* agree with LXX xli. 56 τοὺς σιτοβολῶνας and Onk. אוֹצְרַיָא דִּי־בְהוֹן עֲבוּרָא, and thus imply אוצרות בר instead of the Mass. אֲשֶׁר בָּהֶם; Vulg. *horrea* and Syr. ܐܘܨܪ̈ܐ point in the same direction. The בַּר is actually found in the Sam. ¹² ወእዴ፣ ሀሎ፣ B. ¹³ ስርናየ፣ A. ¹⁴ በ D. ¹⁵ ሤጠ፣ A. ¹⁶ ለሕዝብ፣ A C D. ¹⁷ ምድረ፣ C D. ¹⁸ Restored from Lat. and Gen. xli. 57. ¹⁹ So Mass. xlii. 1, against LXX πρᾶσις, and Vulg. *alimenta venderentur.* ²⁰ B C add ምድረ፣ with Eth. Vers. of Gen. xlii. 1, against A B, Mass., LXX, and Vulg. ²¹ Lat. omits. ²² በጽሑ፣ A. ²³ Restored from Lat. *in Aegypto decem filii Jacob;* cf. Gen. xlii. 3. ²⁴ Cf. Gen. xlii. 5 תּוֹךְ

. . . In terra autem Aegypti erant panes, quoniam congregaverat Joseph XLII. 1
frumentum terrae septem annorum ubertatis et erat custodiens illud. Et 3
advenerunt Aegypti ad Joseph, ut daret illis escas, et aperiens horrea,
in quibus erant frumenta[1] *primi anni[2], vendebat illis[3] (auro). ⟨Convaluit 4
autem famis in terra Canaam valde⟩, et audivit Jacob quod esset frumen-
tum in Aegyptum, et misit decem filios suos, ut acciperent sibi escam,
et Beniamin non transmisit ⟨cum eis⟩. Et advenerunt ⟨in Aegypto
decem[4] filii Jacob⟩ (cum eo qui profiscebatur). Et cognovit eos Joseph, 5
et ipsi non cognoverunt eum, et appellavit eos[5] dure et dixit eis: 'Explorare
terram[6] venistis,' et inclusit eos. Et mittens arcessivit illos et accipiens 6
Symeonem ab ipsis ligavit eum, et novem fratres suos dimisit[7]. Et 7
implevit vasa eorum (frumento) et pecuniam ipsorum reddidit illis (in
saccis eorum et nescierunt). Et mandavit illis de fratre suo juniore ut 8
adducerent illum, (nam indicaverant ei quod pater eorum vivus erat et
frater eorum junior.) Et ascenderunt ⟨filii Jacob⟩ de terra Aegypti 9
et venerunt in terram Canaam et enarraverunt patri suo quaecumque
evenerant eis, et quomodo dure locutus est cum eis princeps terrae et
detinuit[8] Symeonem, quousque exhibeamus [illi fratrem nostrum] Beniamin.
Et dixit Jacob: 'Sine filiis me fecistis: Joseph non est et Symeon non 10

---

[1] MS. adds dedit illis ut manducarent, but corruptly; Gen. [2] Emended with Eth. from in primo anno; after anno MS. adds quia. [3] Eth. = gentibus terrae; but this suspiciously resembles Eth. Vers. of Gen. xli. 56 ለኵሉ፡ ሰብአ፡ ገብጽ፡ [4] Gen. xlii. 5 omits. [5] MS. adds Joseph. [6] Eth. = vestigia terrae; see note 27 on Eth. text. [7] MS. demisit. [8] MS. detenuit.

הַקָּמִים. [25] A omits. [26] So I have corrected from Lat. *dure* and Gen. xlii. 7 קָשׁוֹת, LXX σκληρά. MSS. read ወተሰአሎሙ፡ see ver. 9, where ዐጺብጺበ፡ is rightly given by A B. [27] So LXX Gen. xlii. 9 ἴχνη, here perhaps = *aditus*, a loose rendering of עֶרְוַת הָאָ״, or it supposes עִקְּבוֹת הָאָ״; Lat. omits. [28] Lat. *mittens arcessivit;* ከዐበ፡ which B C omit, may be corrupt for ሰሊኮ፡ = *mittens; arcessivit* is better than ፈተሖሙ፡ [29] Lat. varies greatly, *et accipiens Symeonem ab ipsis ligavit eum*. What the true text is, I cannot decide. For አቀሞ፡ A reads አቀሞ፡ and C D ዐቀሞ፡ [30] ወፈነወ፡ A. [31] Lat. omits, but Gen. xlii. 25 supports text. [32] ሰ B. [33] እኅዊሆሙ፡ A. [34] Lat. adds *filii Jacob*. [35] ወወ A B. [36] Lat. *exhibeamus illi fratrem nostrum*. [37] እመኮንኖሙ፡ A. [38] ወየሐፁ፡ B C.

11 ሊሀሎ፡[1] ወብንያምሃ፡[2] ትነሥእዎ፡ ላዕሌየኑ፡[3] *ኮነ፡ እከይክሙ፡፡[4] ወይቤ፡ ሊየሑድ፡[5] ወልድየ፡
ምስሌክሙ፡ እመቦ፡ ከመ፡ ይደውየ፡[6] እስመ፡ ክልኤተ፡ ወለደት፡ እሞሙ፡ ወአሐዱ፡ ተሐጕለ፡
ወዝንቱኒ፡[7] ትነሥእዎ፡ *እመቦ፡ ከመ፡ ፈጸነ፡[8] በፍኖት፡ ወታወርዱ፡ ሢበተ፡ ርስእየ፡[9] በሐዘን፡ ውስተ፡
12 ሞት፡፡ እስመ፡ ርእየ፡[10] ከመ፡ ገብአ፡ ወርቆሙ፡ ለዙሉ፡[11] በዐቁፋሁ፡[12] ወ*በዝ፡[13] ፈርሀ፡ ፈንዎቶ፡፡[14]
13 ወዐባርኒ፡ በዝኀ፡ ወጸንዐ፡ በምድረ፡ ከናአን፡ *ወበዙሉ፡ ምድር፡ ዘእንበለ፡ በምድረ፡ ግብጽ፡[13]
እስመ፡ ብዙኃን፡ እምውሉደ፡ ግብጽ፡ ዘገቡ፡ ዘርአሙ፡ ለሲሲት፡[15] እምዝ፡ ርእዩ፡ ለዮሴፍ፡
14 ከመ፡ ያስተጋብእ፡ ዘርአ፡ ወይሠይሞ፡[16] ውስተ፡ መዛግብት፡ ወየዐቅብ፡ ለዓመተ፡ ዐባር፡፡ ወተ
15 ሰሰይዎ፡ ሰብአ፡ ግብጽ፡ በቀዳሚ፡ ዓመት፡ ዘዓባርሙ፡፡ ወሶበ፡ ርእየ፡ እስራኤል፡ ከመ፡ ኀየለ፡
ጥፉ፡ ዓባር፡ ውስተ፡ ምድር፡ ወአልቦ፡ ድኅነ፡ ይቤ፡[17] ለውሉዱ፡ ሑሩ፡ ግብኡ፡ ወንሥኡ፡ ለነ፡
16 ሲሲተ፡ ኢንሙት፡፡ ወይቤሉ፡ ኢነሐውር፡ እመ፡[18] ኢመጽአ፡ እኁነ፡ ዘይንእስ፡ ምስሌነ፡ ኢነሐውር፡፡
17 ወርእየ፡ እስራኤል፡[19] እመ፡ ኢፈነዎ፡ ምስሌሆሙ፡ ይትሐጐሉ፡ ዙሎሙ፡ እምቅድመ፡ ፀባር፡፡
18 ወይቤ፡ ርቤል፡ ሀበኒዮ፡[20] ውስተ፡ እዴየ፡ ወሰእመ፡ ኢያግብአክዎ፡ ለከ፡ ቅትል፡[21] ክልኤተ፡ ውሉድየ፡
19 ህየንተ፡ ነፍሱ፡ ዚአሁ፡ ወይቤሎ፡ ኢየሐውር፡ ምስሌከ፡፡[22] ወቀርበ፡ ይሁዳ፡ ወይቤ፡[23] ፈንዎ፡
ምስሌየ፡[24] ወሰእመ፡ ኢያግብአክዎ፡ ለከ፡ እቡሰ፡ እኩን፡ በቅድሜከ፡ ዙሉ፡ መዋዕለ፡ ሕይወትየ፡፡
20 ወፈነዎ፡ ምስሌሆሙ፡ በካልእ፡ ዓመት፡ ዘዝ፡ ሡባዔ፡ በ[25]ሠርቀ፡ ወርኅ፡ ወበጽሑ፡ ብሔረ፡ ግብጽ፡
ምስለ፡ ዙሎሙ፡ እለ፡ የሐውሩ፡ ወአምኃሆሙ፡[26] ውስተ፡ እደዊሆሙ፡ ማየ፡ ልብን፡ ወከርካዕ፡
21 ወጤርቤንትስ፡[27] ወጸቃውዐ፡ መዓር፡፡[28] ወበጽሑ፡ ወቆሙ፡ ቅድመ፡ ዮሴፍ፡ ወርእየ፡ ብንያምሃ፡
እኁሁ፡[29] ወአእመሮ፡ ወይቤሎሙ፡ ዝኑ፡ እኁክሙ፡ ዘይንእስ፡ ወይቤልዎ፡ ውእቱ፡ ወይቤ፡
22 እግዚአብሔር፡ ይሣሀልከ፡ ወልድየ፡፡ ወፈነዎ፡[30] ውስተ፡ ቤቱ፡ ወስምዖንሃኒ፡[31] አውጽአ፡ ሎሙ፡
23 ወገብረ፡[32] ሎሙ፡ ምሳሐ፡ ወአቅረቡ፡ ሎቱ፡ *አምኃሁ፡ ዘአምጽኡ፡[33] በእደዊሆሙ፡፡ ወበልዑ፡
በቅድሜሁ፡[34] ወወሀቦሙ፡ ክፍለ፡ ለዙሎሙ፡ ወበዝኀ፡ መክፈልት፡ ብንያም፡ እመክፈልተ፡ ዙሎሙ፡

---

[1] B omits. [2] ወብንያምኒ፡ A. [3] ላዕሌይኑ፡ A. [4] Lat. *et impletis malitiam vestram;* Vulg. Gen. xlii. 36 *haec omnia mala reciderunt*, hence Vulg. and Jubilees presuppose רַע as originally in Gen. xlii. 36; LXX and Mass. (also Sam. and Onk.) agree *ἐγένετο ταῦτα πάντα*; Mass. הָיוּ כֻלָּנָה. [5] Gen. xlii. 38 לֹא־יֵרֵד. [6] ይደዊ፡ C D. [7] ወዝንቱኒ፡ A. [8] Should be ይደዊ፡ cf. Lat. *et fuerit illi infirmitas aliqua;* Gen. xlii. 38 וּקְרָאָהוּ אָסוֹן. [9] ርእስየ፡ B D; ርስዐንየ፡ C. So LXX *μου τὸ γῆρας*; Lat. *canos meos;* either rendering of Gen. xlii. 38 possible. Does this point to influence of Vulg. on Lat.? [10] Lat. *dixerunt.* [11] Em. from ዙሉ፡ A B C; D omits; should we read ለእሉ፡ with Lat. *illis?* [12] በዐቁፋሆሙ፡ C D; Lat. *cum vasis ipsorum.* [13] Lat. omits. [14] Lat. adds *Jacob.* [15] ለሲሲት፡ A B; Lat. *in custodia.* [16] ወይሠይሞ፡ A. [17] ወይቤ፡ A. [18] ለእመ፡ A. [19] A adds ከመ፡ [20] ሀበኒ፡ B. [21] ቅትሎ፡ A. [22] ምስሌክሙ፡ A; Gen. xlii. 38 עִמָּכֶם. [23] ወይቤሎ፡ C D. [24] ምስሌነ፡ A B. [25] ዘ A. [26] ወአምኃሆሙኒ፡ A. [27] ጤሬቤንትስ፡ A. [28] Possibly a corrupt transliteration of צֳרִי Gen. xliii. 11. [29] እሐዋሁ፡ B. [30] ወፈነዎሙ፡ C. [31] ስምዖንሂ፡ A. [32] ወገብሩ፡ A. [33] አመኃ፡ ዘአቅረቡ፡ B. [34] በቅድሜሆሙ፡ A.

est: Beniamin si acceperitis, *in me et impletis[1] *malitiam vestram[2].' Et 11
dixit: 'Non ibit filius meus vobiscum, ne quando infirmetur in via:
quoniam hos duos peperit mater ipsorum: unus periit, et hunc si
acceperitis et fuerit illi infirmitas aliqua in via, deducetis canos[3] meos
cum tristitia in infernum.' Dixerunt[4] enim ei quod et pecunia ipsorum 12
reddita esset illis cum vasis ipsorum, et timuit ⟨cum eis⟩ transmittere eum
[Jacob]. Famis autem ibat et convalescebat in terra (Canaam et in 13
omni terra praeter terram Aegypti), quoniam multi de filiis Aegyptiorum
custodierunt semina sua in custodia[5], ex quo [tamen] viderunt Joseph
congregare frumenta et reponere in horrea, ut custodirentur in annis
famis. Et manducaverunt ea Aegypt . . . 14

[1] A unique and secondary reading; nearest parallel in Syr. Gen. xlii. 36 ܚܠܝܬܘܢ. [2] See note 4 on Eth. text. [3] See note 9 on Eth. text. [4] Eth. = vidit. [5] Eth. = cibum.

ትስብዕት።[1] ወበልዑ፡[2] ወሰትዩ፡ ወተንሥኡ፡ ወኀደሩ፡ ኀበ፡ ጸእዱ፡ ጊዜሆሙ። ወሐለየ፡ ዮሴፍ፡ 24, 25
ሕሊና፡ በዘ፡ ያአምር፡ ሕሊናሆሙ፡[3] *እመ፡ ቦሙ፡[4] ሕሊና፡ ሰላም፡ በበይናቲሆሙ፡ ወይቤሎ፡
ለብእሲ፡ ዘላዕለ፡ ቤቱ፡ ምላእ፡ ሎሙ፡ ዙሉ፡[5] አሕስሊሆሙ፡[6] እክለ፡ ወ*ወርቆሙኒ፡ አግብእ፡
ሎሙ፡ ማእከለ፡ መዋዲቶሙ፡[7] ወኮራየ፡[8] በዘእስቲ፡ ደይ፡ ውስተ፡ ሐስለ፡ ዘይንእስ፡ ኮራ፡
ዘ·ብሩር፡ ወፈንዎሙ።
*ወገብረ፡ በከመ፡ ይቤሎ፡ ዮሴፍ፡ ወመልአ፡ ሎሙ፡ አሕስሊሆሙ፡ ዙሉ፡ ሲሲተ፡ ወወርቆሙኒ፡ ሤሞ
ወደየ፡ ውስተ፡ አሕስሊሆሙ፡[10] ወ*ኮራ፡ ወደየ፡[11] ውስተ፡ ሐስለ፡ ብንያም። ወነገሀ፡ በጽባሕ፡ 2
ሖሩ፡ ወኮነ፡ ሶበ፡ ወፅኡ፡ እምህየ፡ ይቤሎ፡ ዮሴፍ፡ ለብእሲ፡ ቤቱ፡ ዴግኖሙ፡ ሩጽ፡ ወ*ተአኀዞሙ፡[12]
እንዘ፡ ትብል፡ ህየንተ፡ ሠናይት፡ ዐሠይክሙኒ፡[13] እኩየ፡ ሠረቅክሙኒ፡[14] ጽዋዐ፡ ብሩር፡ በዘ፡ይሰቲ፡
እግዚእየ፡ ወአግብኦ፡[15] ሊተ፡ ለ*እንቲሆሙ፡ ዘይንእስ፡ ወፍጡነ፡ አምጽእ፡ ዘእንበለ፡ እፃእ፡[16]
ውስተ፡[17] ምዙናንየ። ወሮጸ፡ ድኅሬሆሙ፡ ወይቤሎሙ፡ በከመ፡ ዝንቱ፡ ነገር። ወይቤልዎ፡ 3, 4
ሐሰ፡ ሎሙ፡ ለአግብርቲከ፡ ኢይገብሩ፡ *ዘንተሰ፡ ነገረ፡[18] ወኢይሰርቁ፡ እምቤተ፡ እግዚእከ፡

[1] Gen. xliii. 34 חָמֵשׁ; LXX πενταπλασίως. [2] Gen. xliii. 34 omits.
[3] ሐሊናሆሙ፡ A. [4] እመቦ፡ B. [5] Gen. xliv. 1 omits. [6] አሕሳሊሆሙ፡ A D;
B omits the rest of this verse. [7] Gen. xliv. 1 reads שִׂים כֶּסֶף־אִישׁ בְּפִי אַמְתַּחְתּוֹ.
For መዋዲቶሙ፡ A reads መዋዳይቶሙ፡ [8] ወኮራ፡ A. [9] A omits. [10] B omits.
[11] ኮራየ፡ ደይ፡ B. [12] Em. with Gen. xliv 4 from ተጋአዞሙ፡ [13] ዓሠይክሙኒ፡ B;
C D read corruptly አሠነይክሙኒ፡ [14] ሰረቅሙኒ፡ A. [15] ወአግብእ፡ A. [16] እባእ፡ C D.
[17] ኀበ፡ C. [18] ዘንተሰ፡ ነገር፡ A.

ምንተኑ፡ ንዋየ፡ ወወርቀ፡[1] ዘረከበ፡ ቀዳሚ፡ ውስተ፡ አኅስሊሁ፡[2] *አስተየ፡ ደቂቅየ፡[3] እምድረ
5 ከናአን፡፡ እፎ፡ እንከ፡ ንሰርቅ፡ ምንተኑ፡ *ንዋየ፡ ናሁ፡[4] ንሕነ፡ ወአሕስሊሆሙ፡ ፍትን፡ ወበኀበ፡[5]
ረከብከ፡ ጽዋዐ፡ ውስተ፡ ሐስሉ፡[6] አሐዱ፡ ብእሲ፡[6] እምኔነ፡ ይትቀተል፡ ወንሕነ፡ ወአእዱጊነ፡[7]
6 ንትቀነይ፡ ለእግዚእከ፡፡ ወይቤሎሙ፡ አኮ፡ ከማሁ፡ በኀበ፡ ብእሲ፡ ዘረከብክዎ፡ ኪያሁ፡ ባሕቲቶ፡
7 እነሥእ፡ ገብረ፡ ወአንትሙሰ፡ ተአተዉ፡[8] በሰላም፡ ቤተክሙ፡፡ ወእንዘ፡ ይፈትን፡ ውስተ፡ ንዋዮሙ፡
እምዘ፡ ይልህቅ፡ ቀደመ፡[9] ወፈጸመ፡ በኀበ፡ ዘይንእስ፡ ወተረክበ፡ ውስተ፡ ሐስሉ፡ ብንያም፡፡
8 ወሠጠጡ፡ አልባሲሆሙ፡ ወጸዐኑ፡[10] ዲበ፡ አእዱጊሆሙ፡ ወተመይጡ፡[11] ሀገረ፡ ወበጽሑ፡ ቤተ፡
9 ለዮሴፍ፡ ወሰገዱ፡ ሎቱ፡ *ዙሎሙ፡ በገጾሙ፡[12] ውስተ፡ ምድር፡፡ ወይቤሎሙ፡ ዮሴፍ፡[13] እኩየ፡[14]
ገበርክሙ፡ ወይቤሉ፡[15] ምንተ፡ ንበል፡[16] ወምንተ፡ ንትዋቀስ፡ እግዚኦ፡[17] ረከበ፡ አበሳሆሙ፡
10 ለአግብርቲሁ፡ ናሁ፡[18] ንሕነ፡ አግብርቲሁ፡[19] ለእግዚእነ፡ ወአእዱጊነ፡፡[20] ወይቤሎሙ፡ ዮሴፍ፡
እግዚአብሔር፡ አንሰ፡ እፈርህ፡ አንትሙሰ፡ ሑሩ፡[21] አብያቲክሙ፡ ወእኁክሙሰ፡[22] ከመ፡ ይኩን፡
ቅኑየ፡ እስመ፡ እኩየ፡ ገበርክሙ፡ ኢታአምሩኑ፡ ከመ፡ ያስተቀስም፡[23] ብእሲ፡ ጽዋዖ፡[24] በከመ፡ አነ፡[25]
11 በዝ፡ ጽዋዕ፡ ወኪያሁ፡ ሰረቅክሙኒ፡፡[26] ወይቤ፡ ይሁዳ፡ ላዕሌየ፡[27] እግዚኦ፡ እትናገር፡ *ገብርከ፡
ቃለ፡[28] ውስተ፡ እዝነ፡ እግዚእየ፡ ክልኤቱ፡ አኀው፡ ወለደት፡ እሙ፡ ለገብርከ፡ ለአቡነ፡ ለነ፡ አሐዱ፡
ወፅአ፡[29] ወተገድፈ፡[30] ወአልቦ፡ ዘተረክበ፡[31] ወውእቱ፡ ባሕቲቱ፡[32] ተረፈ፡ እም[33]እሙ፡ ወገብርከኒ፡
12 አቡነ፡ ያፈቅር፡ ወነፍሱኒ፡ እስርት፡[34] እም[33]ነፍሰዝ፡፡ ወይከውን፡ እምከመ፡ ሖርነ፡ ኀበ፡ ገብርከ፡
አቡነ፡[35] ወ*እምከመ፡[36] ኢሀሎ፡ ምስሌነ፡[37] ወሬዛ፡ ይመውት፡ ወንቀጽዕ፡[38] አበነ፡[39] በሐዘን፡ እስከ፡
13 ለመዊት፡፡ ወእንበር፡[40] አነ፡ *ገብርከ፡ ባሕቱ፡[41] ህየንቴሁ፡ ለሕፃን፡ ገብረ፡ ለእግዚእየ፡ ወይሖር፡
ወሬዛ፡ ምስለ፡ አኀዊሁ፡ እስመ፡ *ተሀበይክዎ፡ እምእዴሁ፡ ለገብርከ፡ አቡነ፡[42] ለነ፡፡ ወለእመ፡
ኢያገብአክዎ፡ ይኤብስ፡ ገብርከ፡ ዕለቱ፡ ኵሎ*ን፡[9] መዋዕለ፡፡

---

[1] ወርቅ፡ A. [2] አሕሳሊሁ፡ A. [3] ኢስተየ፡ ደቂቅየ፡ A; ኢሥተየ፡ B. [4] ንዋይ፡ ዘዚአከ፡ A. [5] ወሰአይ፡ B. [6] B omits. [7] Gen. xliv. 10 omits. [8] ትአትዉ፡ B; Gen. xliv. 10 תִּהְיוּ נְקִיִּם. [9] ቀድመ፡ B. [10] ወጸዐኑ፡ B. [11] ተሠውጡ፡ B. [12] Gen. xliv. 14 omits. [13] A D omit, but Gen. xliv. 15 supports B C. [14] Contrast Gen. xliv. 15. [15] ወይቤሎ፡ A; ወይቤልዎ፡ C D; Gen. xliv. 16 supports A. [16] ንብል፡ A. [17] ዘእግዚእነ፡ B C. [18] ከ፡ ዘነ፡ A D; ከ፡ ነ፡ C. [19] አግብርቲከ፡ A. [20] C D add ለከ፡ [21] C D add ውስተ፡ [22] A omits. [23] Em. with Gen. xliv. 5, 15 from ያስተአድም፡ [24] ጸውዖ፡ B. [25] C adds እስቲ፡ [26] ሰረቅሙ፡ A. [27] Due to a mistranslation of בִּי (=δέομαι), cf. Gen. xliv. 18; hence for ላዕሌየ፡ which is here meaningless, read ብቍዐኒ፡ =δέομαι. [28] B trans. [29] ወፀአ፡ A. [30] Contrast Gen. xliv. 28 וָאֹמַר אַךְ טָרֹף טֹרָף. [31] ዘረከቦ፡ A; Gen. xliv. 28 רְאִיתִיו. [32] ባሕቲቶ፡ A. [33] ለ A B C. [34] So Mass. Gen. xliv. 30; LXX ἐκκρέμαται less closely. [35] ምስሌነ፡ A. [36] So LXX, Syr., Vulg. against Mass., Sam. Gen. xliv. 30 אָבִי. [37] So Sam., LXX, Syr., Vulg. against Mass. and Onk. Gen. xliv. 31 which omit. [38] Stronger than הוֹרִידוּ Gen. xliv. 31. ወንቀትል፡ C; ወነቅጽ፡ D, both wrong. [39] አቡነ፡ A D. [40] እነብር፡ A B, but Gen. xliv. 33 supports C D. [41] A trans. [42] Emend with Gen. xliv. 32 ተሀበየ፡ ገብርከ፡ እምእዴሁ፡ ለአቡነ፡

ወርእየ፡ ዮሴፍ፡ ከመ፡ ልቦ፡ ዘኵሎሙ፡ ዕሩይ፡ ብእሲ፡ ምስሌ፡ ካልኡ፡ በ[1]ሠናይ፡ ወስእ፡[2] 14
ተዐገሥ፡ ወነገርሙ፡ ከመ፡ ውእቱ፡ ዮሴፍ። ወተናገረ፡ ምስሌሆሙ፡ በከመ፡[3] ልሳነ፡ ዕብራይስጥ፡ 15
ወሐቀፈ፡ ክሳውዲሆሙ፡ ወበከየ፡ ወእሙንቱሰ፡ ኢያእመርዎ፡ ወአኀዙ፡ ይብክዩ።[4] ወይቤሎሙ፡ 16
ኢትብክዩ፡[5] ባዕሌየ፡ ወ[6]አፍጥኑ፡ ወአምጽእዎ፡ ለአቡየ፡ ኀቤየ፡ ወትሬእዩ፡ ዘ[7]ይነብብ፡ አፉየ፡[8]
ወአዕይንቲሁ፡ ለእኁየ፡ ብንያም፡ ይሬእያ።[9] እስመ፡ ናሁ፡ ዝንቱ፡ ካልእ፡[10] ዓም፡[11] ዘዐባር፡ 17
ወዓዲ፡ ኃምስቱ፡ ዓመት፡[12] ሀሎ፡ ወአልቦ፡ ማእረር፡ ወአልቦ፡ ፍሬ፡ ዕፀ፡ ወአልቦ፡ ሐፊስ።[13]
ፍጡነ፡[14] ረዱ፡ አንትሙ፡ ወአብያቲክሙ፡ ከመ፡[15] ኢትትሐጐሉ፡[16] በዐባር፡ *ወኢትተክዙ፡ በእንተ፡ 18
ጥሪትክሙ፡[17] እስመ፡ ለሠሪዐ፡ አቅደመ፡ ፈነወኒ፡ እግዚአብሔር፡ ቅድሜክሙ፡ ከመ፡ ይሕየዉ፡
ሕዝብ፡ ብዙኃን። ወዜንውዎ፡ ለአቡየ፡ ከመ፡ ዓዲ፡ ሕያው፡ አነ፡ ወአንትሙ*ኒ፡[18] ናሁ፡ ትሬእዩ፡[19] 19
ከመ፡ ሠርዐኒ፡ እግዚአብሔር፡ ከመ፡ እንተ፡ አቡሁ፡ ለፈርዖን፡ ወከመ፡ እሙብል፡[20] ውስተ፡ ቤቱ፡
ወዲበ፡ ኵሉ፡ ምድረ፡ ግብጽ። ወዜንውዎ፡[21] ለአቡየ፡ ኵሉ፡ ክብርየ፡ ወኵሉ፡ ዘመጠነ፡ ወሀበኒ፡ 20
እግዚአብሔር፡ ብዕለ፡ ወክብረ። ወወሀቦሙ፡ *በቃለ፡ አፈ፡ ፈርዖን፡[22] ሰረገላተ፡ ወስንቀ፡ ለፍኖት፡ 21
ወወሀቦሙ፡ ለኵሎሙ፡ አልባሰ፡ ኅብር፡[23] ወብሩረ።[24] ወለአቡሆሙ*ኒ፡ ፈነወ፡ አልባሰ፡ ወብሩረ፡ 22
ወዐሠርተ፡ አእዱገ፡ ዘይጸውሩ፡ ስርናየ፡ ወፈነዎሙ። ወዐርጉ፡ ወዜነዉ፡ ለአቡሆሙ፡ ከመ፡ 23
ዮሴፍ፡ ሕያው፡ ወከመ፡ ውእቱ፡ ይሰፍር፡[25] ስርናየ፡ ለኵሉ፡ አሕዛበ፡[26] ምድር፡ ወይሜግብ፡
ዲበ፡ ኵሉ፡ ምድረ፡ ግብጽ። ወኢአምነ፡ አቡሆሙ፡ እስመ፡ *ደንገፀ፡ በሕሊናሁ፡[27] ወእምዘ፡ 24
ርእየ፡ ሰረገላተ፡ ዘፈነወ፡ ዮሴፍ፡ ወተሐደሰት፡[28] ሐይወት፡[29] መንፈሱ፡[30] ወይቤ፡ *ዐቢይ፡ ውእቱ፡
ሊተ፡[31] እመ፡[32] ዮሴፍ፡ ሕያው፡ እረድ፡ ወእርእዮ፡ ዘእንበለ፡ እሙት።

ወተንሥአ፡ እስራኤል፡ እምካራን፡ እምቤቱ፡ በሠርቀ፡ ሣልስ፡ ወርኅ፡ ወሖረ፡ እንተ፡ ፍኖተ፡ ፵፬
ዐዘቅተ፡ መሐላ፡ ወሦዐ፡ መሥዋዕተ፡ ለአምላከ፡ አቡሁ፡ ይስሐቅ፡ አመ፡[33] ሰቡዑ፡ ለዝ፡ ወርኅ።
ወተዘከረ፡ ያዕቆብ፡ ሕልመ፡ ዘርእየ፡[34] በቤቴል፡ ወፈርሀ፡ ወሪደ፡[35] ውስተ፡ ግብጽ። ወእንዘ፡ 2, 3
ይሔሊ፡ ይልአክ፡ ለዮሴፍ፡ ከመ፡ ይምጻእ፡ ኀቤሁ፡ ወኢይረድ፡[36] ውእቱ፡ ወነበረ፡ ህየ፡ ሰቡዐ፡

---

[1] በ A. [2] ወስእኑ፡ A. [3] በ C D. [4] ይብኪዩ፡ B. [5] ኢትብኪዩ፡ B. [6] A B omit. [7] B omits. [8] ንመውት፡ B. [9] ይርእያ፡ A. From ወትሬእዩ፡ to ይሬእያ፡ em. from ወእርእየ፡ ዘእንበለ፡ እሙት፡ ወአዕይንቲሁ፡ ለእኁየ፡ ብንያም፡ እንዘ፡ ይሬእያ፡ with Gen. xlv. 12. [10] ካዕብ፡ B. [11] ዓመት፡ A. [12] ዓመት፡ A B; ዓም፡ C D. [13] ሐርስ፡ A. [14] A omits. [15] ወ B. [16] Gen. xlv. 11 פֶּן־תִּוָּרֵשׁ; LXX ἵνα μὴ ἐκτριβῇς; Vulg. *ne . . . pereas.* [17] A good rendering of the sense of Gen. xlv. 20 וְעֵינְכֶם אַל־תָּחֹס עַל־כְּלֵיכֶם. [18] ኒ B. [19] ትርእዩ፡ A. [20] እሜብል፡ A. [21] ዜነውዎ፡ A. [22] So also Syr. Gen. xlv. 21 ܥܠ ܦܘܡܗ ܕܦܪܥܘܢ against all other texts and versions. [23] ኅቡረ፡ B; cf. Gen. xlv. 22 חֲלִפוֹת. [24] ውብሩር፡ A B. [25] ያሰፍር፡ B D. [26] አሕዛብ፡ A. [27] So LXX Gen. xlv. 26 ἐξέστη ἡ διάνοια; Heb. וַיָּפָג לִבּוֹ; B omits ሁ. [28] ተሐሰየት፡ A. [29] ወሐይወት፡ B C D. [30] ነፍሱ፡ A. [31] So LXX Gen. xlv. 28 μέγα μοί ἐστιν; Heb. רַב; Mass. and Sam. omit ሊተ፡ against LXX, Syr., Vulg., Onk. [32] እስመ፡ B C D, but LXX εἰ supports A. [33] እም፡ A. [34] ዘሐለመ፡ C D. [35] ወረደ፡ B. [36] ወኢረደ፡ B.

4 ዕለተ፡ እመቦ፡ ከመ፡ ይርአይ፡ ራእየ፡ እመ፡ ይነብር፡ ወለእመ፡ ይወርድ።[1] ወገብረ፡ በዓለ[2]
ማእረር፡[3] ቀዳሜ፡[4] ፍሬ፡[5] እምሥርናይ፡ ብሉይ፡ እስመ፡ አልቦ፡ ውስተ፡ ኵሉ፡ ምድረ፡ ከናአን፡
ምልአ፡ እደ፡ ምንተ፡[6] ዘርእ፡ ውስተ፡ ምድር፡ እስመ፡ ዐባር፡ ውእቱ፡ ኮነ፡ ለኵሉ፡ አራዊት፡[7]
ለእንስሳ፡ ወለአዕዋፍ፡ ወለሰብእ፡።

5 ወአመ፡ ዐሡሩ፡ ወሰዱሱ፡[8] አስተርአየ፡ እግዚአብሔር፡ ወይቤሎ፡ ያዕቆብ፡ ያዕቆብ፡ ወይቤ፡
ነየ፡ አነ፡[9] ወይቤሎ፡ አነኬ፡ አምላኪ፡ አበዊከ፡ አምላከ፡[10] አብርሃም፡ ወይስሐቅ፡ ኢትፍራህ፡ ወሪደ፡
6 ግብጽ፡ እስመ፡ ውስተ፡ ዐቢይ፡ ሕዝብ፡ እሬስየከ፡[11] በህየ። አነ፡ እወርድ፡ ምስሌከ፡ ወአነ፡
እወስደከ፡ ወበዝቲ፡[12] ምድር፡ ትትቀበር፡ ወዮሴፍ፡ ያነብር፡ እዴሁ፡ ዲበ፡ አዕይንቲከ፡ ኢትፍራህ፡
7 ረድ፡ ውስተ፡ ግብጽ። ወተንሥኡ፡[13] ውሉዱ፡ ወውሉደ፡ ውሉዱ፡ ወአጽዐኑ፡ አባሆሙ፡ ወንዋዮሙ፡
8 ዲበ፡ ሰረገላት። ወተንሥአ፡ እስራኤል፡ እምዐዘቅተ፡ መሐላ፡ አመ፡ ዐሡሩ፡ ወሰዱሱ፡ ለዝ፡
9 ወርኅ፡ ሣልስ፡ ወሖረ፡ ብሔረ፡ ግብጽ። ወፈነወ፡ እስራኤል፡ ቅድሜሁ፡ ኀበ፡ ዮሴፍ፡ ወልዱ፡[14]
ይሁዳሃ፡ ከመ፡ ያስተሓይጽ፡[15] ምድረ፡ ጌሴም፡[16] እስመ፡ [ህየ፡] ይቤሎሙ፡[17] ዮሴፍ፡ ለአኀዊሁ፡
10 ይምጽኡ፡ ከመ፡ ይኅድሩ፡ ህየ፡ ከመ፡ ይኩኑ፡ ቅሩበ፡[18] ኀቤሁ። ወይእቲ፡[19] ሠናይት፡ በምድረ፡
11 ግብጽ፡ ወቅሩብት፡ ኀቤሁ፡ ለኵሉ፡[20] ወለእንስሳሆሙ።[21] ወዝንቱ፡ አስማቲሆሙ፡ ለውሉደ፡[22] ያዕቆብ፡
12 እለ፡ ሖሩ፡ ውስተ፡ ግብጽ፡ ምስለ፡ ያዕቆብ፡[23] አቡሆሙ። ሮቤል፡ በኵሩ፡ ለእስራኤል፡
13 ወዝንቱ፡ አስማቲሆሙ፡ ለውሉዱ፡ ሄኖክ፡ ወፋሉስ፡ ወኤስሮም፡[24] ወከርሚ፡[25] ፭።[26] ስምዖን፡
ወውሉዱ፡ ወዝ፡ አስማቲሆሙ፡ ለውሉዱ፡ ኢየሙኤል፡ ወኢያሚን፡[27] ወአዶት፡[28] ወኢያኪም፡[29]
14 ወሳአር፡[30] ወሰውል፡[31] ወልዳ፡ ለከናናዊት፡[32] ፯።[33] ሌዊ፡ ወውሉዱ፡[34] ወዝ፡ አስማቲሆሙ፡
15 ለውሉዱ፡ ጌድሶን፡[35] ወቀዓት፡[36] ወሜራሪ፡[37] አርባዕቱ።[38] ይሁዳ፡ ወውሉዱ፡[39] ወዝ፡ አስማ
16 ቲሆሙ፡ ለውሉዱ፡ ሴሎም፡[40] ወፋሬስ፡[41] ወዛራ፡ ፬። ይሳኮር፡[42] ወውሉዱ፡ ወዝ፡ አስማቲሆሙ፡

---

[1] ይረድ፡ A. [2] በዐለ፡ A B. [3] ማእረረ፡ A. [4] Em. from ቀዳሚ፡ of MSS. [5] B omits; A adds ስርናይ፡ [6] ፯ A. [7] B omits ኵሉ፡ and trans. ለአራዊት፡ to end of sentence. [8] ዐሡር፡ ወሰዱስ፡ B. [9] So Gen. xlvi. 3, but LXX τί ἐστιν. [10] C D omit. [11] እሠርዐከ፡ A B D; but Gen. xlvi. 3 (Mass., Sam., LXX) support C. [12] በዛቲ፡ A; ወበዝ፡ B; ኀበ፡ ዛቲ፡ C. [13] ወተንሥአ፡ C D. C adds ወተንሥኡ፡ D adds ውእቱ፡ [14] ወልዶ፡ A. [15] ያስተኃይጽ፡ B. This implies לִרְאוֹת in Gen. xlvi. 28; so Onk. לְפַנָּאָה with a different turn; Mass. stands alone in giving לְהוֹרֹת; Sam. followed by Sam. Vers., LXX, Syr. gives לְהֵרָאוֹת. [16] ጌሤም፡ A. [17] ይቤ፡ B. [18] ቅሩባነ፡ B. [19] ለ B. [20] C adds እስራኤል፡ [21] ወእለሂ፡ እንስሳ፡ A; ወለነሂ፡ እንስሳ፡ B; ወለእለሂ፡ እንስሳ፡ C. [22] ይቁም፡ B. [23] B omits through homeoteleuton. [24] ኤሶርም፡ A. [25] ወከሬሚ፡ A. [26] ኃምስቱ፡ B. [27] B omits. [28] Gen. xlvi. 10 אֹהַד; LXX Ἀωδ. [29] ወኢያኪን፡ B. [30] Gen. xlvi. 10 צֹחַר; LXX Σαάρ. [31] Gen. xlvi. 10 שָׁאוּל; LXX Σαμουήλ. [32] Em. with Gen. xlvi. 10 from ፍኒሰዊት፡ A, ሲናናዊት፡ B, ፊኒሳዊት፡ C D. [33] ሰብዐቱ፡ B. [34] ወአኃዊሁ፡ A B. [35] ጌዳሶን፡ A; Gen. xlvi. 11 גֵּרְשׁוֹן. [36] ቃዓድ፡ A; ቃአድ፡ B; Gen. xlvi. 11 קְהָת. [37] ሜራሪ፡ A; ሚራሪ፡ B. [38] A omits. [39] ወውሉዶ፡ A. [40] ሰሎምን፡ A; ሰሎም፡ B. [41] ፋሬስ፡ B. [42] የሳክር፡ A.

ለውሉዱ፡[1] ቶላ፡[2] ወ*ፉአ፡[3] ወ*ኢያሱብ፡[4] ወ*ሳመርያም፡[5] ፮፡፡[6] ዛብሎን[7] ወውሉዱ፡ ወዝ፡ አስማቲ 17
ሆሙ፡ ለውሉዱ፡[1] ሰአር፡[8] ወ*ኤሎን፡[9] ወ*ኢያሌኤል፡[10] ፬፡፡[11] ወእሉ፡ ውሉደ፡ ያዕቆብ፡ ወውሉዶሙ፡ 18
እለ፡ ወለደት፡ ልያ፡[12] ሲያዕቆብ፡ በመስጴጦምያ፡[13] ስድስቱ፡ ወእሐቲ፡ ዲና፡ እኅቶሙ፡ ወኵሉ፡ ነፍስ፡
ዘውሉደ፡[14] ልያ፡[15] ወውሉዶሙ፡ እለ፡ ቦኡ፡ ምስለ፡ ያዕቆብ፡ አቡሆሙ፡ ውስተ፡[16] ግብጽ፡ *ዕሥራ፡
ወተስዓቱ፡[16] ወያዕቆብ፡ አቡሆሙ፡ ምስሌሆሙ፡ ወኮኑ፡ ሰላሳ፡፡[17] ወውሉደ፡ ዘለፋ፡[18] ለአኪታ፡[19] 19
ለ*ልያ፡[13] *ብእሲቱ፡ ለ[20]ያዕቆብ፡ ዘ[21]ወለደት፡ ሲያዕቆብ፡ ጋድሃ፡ ወአሴርሃ፡፡ ወዝ፡ *አስማቲ፡ 20
ውሉዶሙ፡[22] እለ፡ ቦኡ፡ ምስሌሁ፡[23] ውስተ፡ ግብጽ፤ ውሉደ፡ ጋድ፡ ሴፍዮን፡ ወ*አጋቲ፡[24] ወ*ሱኒ፡[25]
ወ*አሲቦን፡[26] . . . ወ*አርሊ፡[27] ወ*አርዲ፡[28] ሰማኒቱ፡፡[29] ወውሉደ፡ አሴር፡ ኢዮምና፡[30] ወ*ይሱአ፡[31] 21
(ወይሱኢ፡) ወ*በሪዓ፡[32] ወሳራ፡ እኅቶሙ፡ አሐቲ፡[33] ፯፡፡[34] ኵሉ፡ ነፍስ፡ ፲ወ፬፡[35] ወኮነ፡ ኵሉ፡ ዘልያ፡ 22
፵ወ፬፡፡[36] ወውሉደ፡ ራሔል፡ ዘ[37]ብእሲቱ፡ ያዕቆብ፡ ዮሴፍ፡ ወብንያም፡፡ ወተወልዱ፡ ለዮሴፍ፡ 23, 24
በግብጽ፡[38] ዘእንበለ፡ ይባእ፡ አቡሁ፡ ውስተ፡[16] ግብጽ፡ ዘወለደት፡ ሎቱ፡ አስኔት፡ ወለተ፡ ፈጢፋራ፡[39]
ካህነ፡ ዘሄሊዮጶሊስ፡[40] ምናሴ፡[41] ወኤፍሬም፡[41] ፫፡፡[42] ወውሉደ፡ ብንያም፡ ባላ፡ ወ*ቤክር፡[43] ወ*አስ 25
ቤል፡[44] ጉኢር፡[45] ወ*ንእማን፡[46] ወ*አብሮዮ፡[47] ወ*ሩኢ፡[48] ወ*ሰፊንም፡[49] ወ*አፊም፡[50] ወ*ጋለዓ፡[51]

---

[1] B omits. [2] ቶአ፡ A. [3] ፉአ፡ A; Gen. xlvi. 13 פֻּוָּה; but Sam. פואה, LXX Φουά, and so Syr., Vulg., Onk. Hence read as in 1 Chron. vii. 1 פּוּאָה. [4] ኢያሱብ፡ A; Mass., Vulg., Onk. Gen. xlvi. 13 יוֹב; but Sam. ישוב; LXX Ἰασούφ. Hence read as 1 Chron. vii. 1 gives יָשׁוּב. [5] ሰመርያም፡ A; Gen. xlvi. 13 שִׁמְרֹן; LXX Ζαμβράμ. [6] ኃምስቱ፡ B. [7] ወዝ፡ ዛብሎን፡ A. [8] ሳአር፡ B. [9] ኤሎን፡ B; Gen. xlvi. 14 אֵלוֹן; LXX Ἀσρών; D[ald] Ἀλλών. [10] ኢያሊኤል፡ A; Gen. xlvi. 14 יַחְלְאֵל; LXX Ἀλοήλ. [11] አርባዕቱ፡ B. [12] ሊያ፡ A. [13] በመጸስጴጦሚያ፡ A. [14] ዘወለደት፡ A. [15] ምድረ፡ B. [16] ፳፱ A. [17] Gen. xlvi. 15 gives ፴፫. [18] ዘለፋ፡ B. [19] ልአኪታ፡ A. [20] ብእሲቱ፡ B. [21] ወዘ B. [22] አስማቲሆሙ፡ B. [23] ምስሌሆሙ፡ C D. [24] Gen. xlvi. 16 חַגִּי; LXX Ἀγγείς. [25] ሱኒ፡ B; Gen. xlvi. 16 שׁוּנִי; LXX Σαυνίς. [26] አሲባን፡ A; Gen. xlvi. 16 אֶצְבֹּן; LXX Θασοβάν. [27] አረሌ፡ A; አሊረ፡ B; አረቢ፡ C; Gen. xlvi. 16 אַרְאֵלִי; LXX Ἀροηλείς. [28] ሩዲ፡ A; አሩዲ፡ B; Gen. xlvi. 16 אֲרוֹדִי; LXX Ἀροηδίς. [29] ፰ A. [30] Gen. xlvi. 17 יִמְנָה; LXX Ἰεμνά. [31] Gen. xlvi. 17 יִשְׁוָה; LXX Ἰεσσαί. ወይሱኢ፡ restored from Gen. xlvi. 17. [32] ቤርያ፡ B; Gen. xlvi. 17 בְּרִיעָה; LXX Βαριά. [33] C D omit. [34] ፯ A; ኃምስቱ፡ B; C omits. [35] ዐሠርቱ፡ ወአርባዕቱ፡ B. [36] አርብዓ፡ ወአርባዕቱ፡ B. [37] A omits. [38] Gen. xlvi. 20 implies በምድረ፡ ግብጽ፡ [39] ፋጢፍራ፡ B. [40] ዘሔሌዮጶሊስ፡ A. [41] A B add ፡. [42] ሠለስቱ፡ B. [43] ባኮር፡ B; Gen. xlvi. 21 בֶּכֶר; LXX Χοβώρ. [44] አሳቤል፡ A; Gen. xlvi. 21 אַשְׁבֵּל; LXX Ἀσβήλ. Here LXX adds, against Heb. and Jubilees, ἐγένοντο δὲ υἱοὶ Βαλά. [45] ጉኢድ፡ A; Gen. xlvi. 21 גֵּרָא; LXX Γηρά. [46] ንኢማንዮ፡ B; Gen. xlvi. 21 נַעֲמָן; LXX Νοεμάν. [47] አብሮድ፡ B; Gen. xlvi. 21 אֵחִי; LXX Ἀγχείς. [48] Gen. xlvi. 21 רֹאשׁ; LXX Ῥώς. [49] ያፒሚ፡ C; ሰናኢም፡ D; Gen. xlvi. 21 מֻפִּים; LXX Μαμφείν. [50] አፈል፡ B; Gen. xlvi. 21 חֻפִּים; LXX Ὀφιμίν. Here LXX adds, against text and Heb., Γηρὰ δὲ ἐγέννησεν. [51] Gen. xlvi. 21 אָרְדְּ; LXX Ἄραδ.

26, 27 ዐሠርቱ፡ °ወአሐዱ፡፡ ወኮኑ፡ ኵሉ፡ ነፍስ፡ ዘራሔል፡ ዐሠርቱ፡[1] ወአርባዕቱ፡፡ ወውሉደ፡ ባላ፡ ባለእክታ[2]
28 ለራሔል፡ ብእሲቱ፡ ለያዕቆብ፡ ዘወለደት፡ ለያዕቆብ፡ ዳን፡[3] ወንፍታሌም፡፡ ወዝ፡ °እስማቲ፡
ውሉዶሙ፡[4] እለ፡ ቦኡ፡ ምስሌሆሙ፡ ውስተ፡ ግብጽ፡ ወውሉደ፡ ዳን፡ ኩሲም፡[6] ወሳሞን፡[7]
29 ወእሱዲ፡ ወኢያስ፡ ወሰሎሞን፡[8] ስድስቱ፡፡ ወሞቱ፡ በዓመቲ፡ ቦኡ፡ በግብጽ፡[9] ወተርፎ፡[10] ለዳን፡
30 ኩሲም፡[6] ባሕቲቱ፡፡ ወዝ፡ እስማቲሆሙ፡ ለውሉደ፡ ንፍታሌም፡ ኢያሲኤል፡[11] ወ°ጋሂኒ፡[12]
31 ወ°እሰእር፡[13] ወ°ሰሉም፡[14] ወ°ኢው፡፡[15] ወሞተ፡ ኢው፡[16] በግብጽ፡ ዘተወልደ፡ እምድኅረ፡ ዓመተ፡
32, 33 ዐባር፡፡ ወኮኑ፡ ኵሎሙ፡ ነፍስ፡[16] ዘራሔል፡ ፳ወ፮፡፡[17] ወኵሉ፡ መንፈስ፡ ዘያዕቆብ፡ ዘቦአ፡ ውስተ፡
ግብጽ፡ ሰብዓ፡ መንፈስ፡ እሉ፡ እሙንቱ፡ ውሉዱ፡ ወውሉደ፡ ውሉዱ፡ ኵሎሙ፡ °ሰብዓ፡ ወኃምስቱ፡[18] እለ፡
34 ሞቱ፡ በግብጽ፡ °ዘእንበለ፡ ዮሴፍ፡[19] ወውሉድኒ፡ አልቦሙ፡፡ ወበምድረ፡ ከናአን፡ ሞቱ፡[20] ለይሁዳ፡
ክልኤቱ፡[21] ደቂቅ፡ ዔር፡ ወአውናን፡ ወአልቦሙ፡ ውሉደ፡ ወቀበርዎሙ፡ ደቂቀ፡ እስራኤል፡ ለእለ፡
ተሐጕሉ፡ ወተሠይሙ፡[22] ውስተ፡ ሰብዓ፡ አሕዛብ፡፡[23]

፵፭ ወቦአ፡ እስራኤል፡ ውስተ፡ ብሔረ፡ ግብጽ፡ ውስተ፡ ምድረ፡ ጌሤም፡[24] አመ፡ ሠርቀ፡ ወርኃ፡
2 ራብዕ፡ በካልእ፡ ዓመት፡ ዘሱባዔ፡ ሣልስ፡ ዘ°፵ወ፭[25] ኢዮቤልው፡፡ ወመጽአ፡ ዮሴፍ፡ ይትቀበል፡
3 አባሁ፡[26] ያዕቆብሃ፡ ውስተ፡ ምድረ፡ ጌሤም፡[24] ወሐቀፈ፡ ክሳደ፡ አቡሁ፡ ወበከየ፡፡ ወይቤሎ፡
እስራኤል፡ ለዮሴፍ፡ እሙት፡ ይእዜሰ፡[27] °እምዝ፡ ርኢኩከ፡[28] ወይእዜኒ፡ ይትባረክ፡ እግዚአብሔር፡
አምላከ፡ እስራኤል፡ አምላከ፡ አብርሃም፡ ወአምላከ፡ ይስሐቅ፡ ዘኢከልአ፡ ምሕረቶ፡ ወሣህሎ፡
4 እምገብሩ፡ ያዕቆብ፡፡ ዐቢይ፡ ሊተ፡ ዘርኢኩ፡ ገጸከ፡ እንዘ፡ ሕያው፡ አነ፡ እስመ፡ አማን፡ ሀልው፡
ራእይ፡ ዘ°ርኢኩ፡ በቤቴል፡ ይትባረክ፡ እግዚአብሔር፡ አምላኪየ፡[30] ለዓለመ፡ ዓለም፡ ወቡሩክ፡
5 ስሙ፡፡ ወበልዑ፡ ዮሴፍ፡ ወአኃዊሁ፡ በቅድመ፡ አቡሆሙ፡ ኅብስተ፡ ወሰተዩ፡ ወይነ፡ ወተፈሥሐ፡
ያዕቆብ፡ ፍሥሓ፡ ዐቢየ፡ ጥቀ፡ እስመ፡ ርእዮ፡ ለዮሴፍ፡ እንዘ፡ ይበልዕ፡ ምስለ፡ አኃዊሁ፡
ወይሰቲ፡[31] በቅድሜሁ፡ ወባረከ፡ ለፈጣሬ፡ ኵሉ፡ ዘዐቀቦ፡ ወዐቀበ፡ ሎቱ፡ ፲ወ፪[32] ውሉዶ፡፡
6 ወወሀቦ፡[33] ዮሴፍ፡ ለአቡሁ፡ ወለአኃዊሁ፡ ሀብተ፡ ከመ፡ ይኅድሩ፡ ምድረ፡ ጌሤም፡ ወውስተ፡

---

[1] A omits through homoeoteleuton. [2] ለእክታ፡ B; ለአኪታ፡ C D. [3] ዳንሃ፡ A B.
[4] እስማቲሆሙ፡ A B. [5] B omits. [6] ኩሲመ፡ A; Gen. xlvi. 23 חֻשִׁים; LXX Ἀσόμ.
[7] ቀስመን፡ A; Gen. xlvi. 23 omits this and three next names. [8] ወሰሎሞን፡ A.
[9] B trans. before በዓመቲ፡ [10] ወተረፎ፡ A. [11] ኢየሲኢም፡ A. [12] ገሃኒ፡ B; Gen. xlvi. 24 גּוּנִי; LXX Γαυνί. [13] እሰእር፡ A; Gen. xlvi. 24 יֵצֶר; LXX Ἰεσσάρ.
[14] ሰሉም፡ A; ሱሉም፡ C D; Gen. xlvi. 24 שִׁלֵּם; LXX Συλλήμ; but Sam. שלום and 1 Chron. vii. 13 support text, and Syr. ܫܠܘܡ points in same direction. [15] ኢው፡ B; Gen. xlvi. 24 omits; Ç adds ፮. [16] A B omit. [17] ዕሥራ፡ ወስድስቱ፡ B. [18] ፸ወ፭ A.
[19] ዘእንበለ፡ ያዕቆብ፡ A; እለ፡ ኢያውሰቡ፡ D. [20] MSS. ሞተ፡ [21] ክልኤቱ፡ A.
[22] ወተሰምዩ፡ A. [23] አሕዛብ፡ A. [24] ጌሠም፡ B. [25] አርብዓ፡ ወኃምስቱ፡ B.
[26] አቡሁ፡ A. [27] ይእዜ፡ B; Gen. xlvi. 30 הַפַּעַם; LXX ἀπὸ τοῦ νῦν. [28] Gen. xlvi. 30 אַחֲרֵי רְאוֹתִי; LXX ἐπεὶ ἑώρακα; Vulg. *quia vidi*. [29] እንተ፡ B. [30] አምላኪየ፡ B.
[31] ወሰትየ፡ A. [32] ዐሥርተ፡ ወክልኤተ፡ B. [33] ወወሀበ፡ A.

ራኅቡና፡[1] ወዘተሎ፡ አድያሚሃ፡ ሎሙ፡ ዘይኴንን፡[2] በቅድሜሆሙ፡ ለፈርዖን፡፡ ወነደረ፡[3] እስራኤል፡
ወውሉዱ፡ ምድረ፡ ጌሤም፡ ምሥናይሃ፡[4] ለምድረ፡ ግብጽ፡ ወእስራኤልሰ፡ ወልደ፡ ምእት፡
ወሣላሳ፡ ዓመት፡ አመ፡ ቦአ፡ ውስተ፡ ግብጽ፡፡ ወሴሰዮሙ፡ ዮሴፍ፡ ለአቡሁ፡[5] ወ*ለ*አኃዊሁ፡ 7
ወ[7]ጥሪቶሙ*ሂ፡[8] ኅባውዝ፡ *በከመ፡ የአክሎሙ፡[8] ለሰብዐቱ፡ ዓመታት፡ ዐባር፡፡[9] ወሐመት፡ ምድረ፡ 8
ግብጽ፡ *እምቅድመ፡[10] ገጸ፡ ዐባር፡[9] ወአስተጋብአ፡[11] ዮሴፍ፡ ኵለንታሃ፡[12] ምድረ፡ ግብጽ፡ ለፈርዖን፡
በእክል፡[13] ወሰብአ፡[14] ወእንስሳሆሙ፡[15] ወኵሎ፡ አጥረየ፡ ለ[16]ፈርዖን፡፡ ወተፈጸመ፡ ዓመታት፡ 9
ዐባር፡ ወወሀበ፡ ዮሴፍ፡ ለሕዝብ፡ ዘውስተ፡ ምድር፡ ዘርአ፡ ወሲሲተ፡ ከመ፡ ይዝርኡ፡ ምድረ፡[17]
በሳምን፡ ዓመት፡ እስመ፡ መልአ፡ ፈለግ፡ ዲበ፡ ኵሉ፡[18] ምድረ፡ ግብጽ፡፡ እስመ፡ በ፯[19]ዓመታት፡ ዐባር፡[9] 10
ኢመልአ፡[20] ወኢሰቀየ፡[21] ዘእንበለ፡ ውሑዳት፡[22] መካን፡[22] ኀበ፡ ድንጋገ፡[23] ፈለግ፡ *ወይእዜሰ፡
መልአ፡[24] ወዘርኡ፡[25] ግብጽ፡ ምድረ፡ ወ*አረሩ፡[26] *ብዙኀ፡ ሥርናየ፡[27] በውእቱ፡ ዓመት፡፡ ወውእቱ፡ 11

(Et labora)vit terra Aegypti a facie famis. Et possedit[1] Joseph totam XLV. 8
terram Aegypti Faraoni in esca, nam homines et jumenta et universa
adquisivit Pharaoni. Et consummati sunt [septem] anni famis, et dedit 9
Joseph populo terrae semina et escas, ut seminarent ⟨terram⟩ anno
octavo, propter quod fluvius ascenderat in omnem terram Aegypti. In 10
septem enim annis famis ⟨non⟩ ascenderat et non adaquaverant nisi
modica loca secus litus fluminis, (nunc autem ascendit) et seminaverunt
[in anno octavo] Aegyptii terram suam et collegerunt fructus bonos in
anno illo. Hic annus primus *septimanae quartae[2] quinto et quadra- 11

[1] Possedit in late Lat.=acquisivit. [2] MS. septimanarum quinti.

[1] ራኅቢና፡ B; ራሀቢቲና፡ C; ራሀቢሁ፡ D. [2] ዘይኴንኑ፡ B C. [3] ወነደሩ፡ A. [4] ምሥናዩሃ፡ B. [5] አቡሁ፡ B. [6] B omits. [7] ·ወበ C D. [8] As Gen. xlvii. 12 has לְפִי הַטָּף and LXX κατὰ σῶμα, the above seems a corruption of በከመ፡ አካሎሙ፡ = κατὰ σῶμα αὐτῶν. For የ'' B reads ያአክሎሙ፡ [9] ዓበር፡ B. [10] So Gen. xlvii. 13 מִפְּנֵי, but LXX ἀπό. [11] Gen. xlvii. 20 וַיִּקֶן; LXX ἐκτήσατο; A reads ወአስተጋብአ፡ [12] ኵላንተሃ፡ A. [13] ወበእክል፡ A; B omits; Lat. supports C D. [14] Em. from ሰብአ፡ [15] ወእንስሳሆሙ፡ B; Lat. *et jumenta*. [16] Em. from ወ of B in accordance with Lat. *Pharaoni*. [17] Restored from Lat. *terram* and Gen. xlvii. 23. [18] ኵሉ፡ B. [19] በሰብዓቱ፡ B. [20] Emended with Lat. *non ascenderat* from መልአ፡ D. A B C omit abruptly, but A B C D prefix ወ to following verb. [21] ወኢሰቀዩ፡ A; ወኢሰቀየት፡ C; ወኢሰተየ፡ D. [22] A puts in acc. [23] ድንጋጋ፡ A. [24] Lat. omits. [25] Lat. adds *in anno octavo*. [26] Em. with Lat. *collegerunt* from ፈረዩ፡ [27] We should possibly, with Lat. *fructus bonos*, read ፍሬ፡ ሠናየ፡ B gives ብዙኀ፡ ሠናየ፡ A C D support text.

12 ዓመት፡ ቀዳሚ፡ ዘሱባዔ፡ ራብዕ፡ ዘ[1]*አርብዓ፡ ወኃምስቱ፡[2] ኢዮቤልዉ።[3] ወነሥአ፡ ዮሴፍ፡
እምኵሉ፡[4] ዘፈርየ፡[5] ኃምስተ፡[6] ለንጉሥ፡ ወ*ራብዐተ፡ እዴ፡[7] ኀደገ፡ *ሎሙ፡ ለሲሲት፡[8] ወለዘርአ፡
13 ወረሰየ፡ ዮሴፍ፡[9] ሥርዐተ፡ ለምድረ፡ ግብጽ፡ እስከ፡ ዛቲ፡ ዕለት። ወሐይወ፡ እስራኤል፡ በምድረ፡
ግብጽ፡ ፲ወ፯[10]ዓመተ፡ ወኮና፡ ኵሎን፡ መዋዕሊ፡ እለ፡ ሐይወ፡ ሠለስቱ፡ ኢዮቤልዉስ፡[11] *ምእት፡
ወአርብዓ፡ ወሰብዓቱ፡[12] ዓመት፡ ወ*ሞተ፡[13] በዓመት፡ ራብዕ፡ ዘሱባዔ፡ ኃምስ፡ ዘአርብዓ፡ ወኃምስቱ፡[14]
14 ኢዮቤልዉስ።[15] ወባረኮሙ፡ እስራኤል፡ ለውሉዱ፡ ዘእንበለ፡ ይሙት፡ ወነገሮሙ፡ ኵሎ፡ ዘኮነ፡[16]
ይረክቦሙ፡[17] በ[18]ምድረ፡ ግብጽ፡ ወ[19]በ*ደኃሪ፡[20] መዋዕል፡ *ዘከመ፡ ይመጽእ፡ ላዕሌሆሙ፡
15 አይድዖሙ፡[19] ወባረኮሙ፡ ወ*ወሀቦ፡[21] ለዮሴፍ፡ ክልኤተ፡ መክፈልተ፡ በዲበ፡ ምድር። ወኖመ፡
ምስለ፡ አበዊሁ፡ ወተቀብረ፡ ውስተ፡ በዐት፡ ዘካዕበት፡ በምድረ፡ ከናአን፡ ቅሩበ፡ አብርሃም፡ አቡሁ፡
16 ውስተ፡ መቃብር፡ ዘከረየ፡ ለርእሱ፡ ውስተ፡ በዐት፡[22] ዘካዕበት፡[23] በምድረ፡ ኬብሮን። ወወሀበ፡[24]
ኵሎ፡ መጻሕፍቲሁ፡ ወመጻሕፍተ፡ አበዊሁ፡[25] ለሌዊ፡ ወልዱ፡ ከመ፡ ይዕቀቦ*ን፡[26] ወከመ፡ ያሐድሶን፡
ለውሉዱ፡[27] እስከ፡ ዛቲ፡ ዕለት።

፵፮ ወኮነ፡ እምድኅረ፡ ሞተ፡ ያዕቆብ፡ በዝኁ፡ ውሉደ፡ እስራኤል፡ በምድረ፡ ግብጽ፡ ወኮኑ፡ ሕዝበ፡
ብዙኀ፡ ወኮኑ፡ ኵሎሙ፡[28] ዕሩያነ፡ በልቦሙ፡ ከመ፡ ያፍቅር፡ እኁ፡ እኁዊሁ፡[29] ወከመ፡ ይትራዳእ፡
ብእሲ፡ ምስለ፡ እኁሁ፡ ወበዝኁ፡ ፈድፋደ፡[30] ወበዝኁ፡[31] ጥቀ፡ ዐሠርተ፡[32] ሱባዔ፡ ዓመታተ፡[33] ኵሎ፡[34]
2 መዋዕለ፡ ሕይወቱ፡ ለዮሴፍ። ወአልቦ፡ ሰይጣን፡ ወአልቦ፡ ምንተኒ፡ እኩየ፡[35] ኵሎ፡ መዋዕለ፡
ሕይወቱ፡ ለዮሴፍ፡ እለ፡ ሐይወ፡ እምድኅረ፡ አቡሁ፡ ያዕቆብ፡ እስመ፡ ኵሎሙ፡ ግብጽ፡ ያከብ
3 ርዎሙ፡ ለውሉደ፡ እስራኤል፡ ኵሎ፡ መዋዕለ፡ *ሕይወቱ፡ ለዮሴፍ።[36] ወሞተ፡ ዮሴፍ፡ ወልደ፡
*ምእት፡ ወዓሠርቱ፡[37] ዓመት፡ *ወዓሠርተ፡ ወሰብዓተ፡[38] ዓመተ፡ ነበረ፡ ምድረ፡ ከናአን፡ ወ*ዐሠርተ፡[39]
ዓመተ፡ ነበረ፡ እንዘ፡ ይትቀነይ፡ ወሠለስተ፡[40] ዓመተ፡ ውስተ፡ ቤተ፡ ሞቅሕ፡ ወሰማንያ፡[41] ዓመተ፡
4 እምታሕተ፡ ንጉሥ፡ እንዘ፡ ይኴንን፡ ኵሎ፡[42] ምድረ፡ ግብጽ። *ወሞተ፡ ወ[43]ኵሎሙ፡ አኀዊሁ፡
5 ወኵሉ፡ ይእቲ፡ ትውልድ። ወአዘዞሙ፡ ለውሉደ፡ እስራኤል፡ ዘእንበለ፡ ይሙት፡ ከመ፡ ይስዱ፡[44]
6 አዕፅምቲሁ፡ በመዋዕለ፡ ቆመ፡ ይወፅኡ፡ እምድረ፡[45] ግብጽ። ወአምሐሎሙ፡ በእንተ፡ አዕፅምቲሁ፡
እስመ፡ ያአምር፡ ከመ፡ ኢይደግሙ፡[46] ግብጽ፡[47] አውፅኦተ፡ ወቀቢሮቶ፡[48] በምድረ፡ ከናአን፡ እስመ፡
ማክምሮን፡[49] ንጉሥ፡ ከናአን፡ እንዘ፡ የኀድር፡ ምድረ፡ አሱር፡ ተቃተለ፡[50] በቈላ፡ ምስለ፡ ንጉሥ፡
7 ግብጽ፡ ወቀተሎ፡ በህየ፡ *ወዴገኖ፡ ድኅሬሆሙ፡[51] ለግብጽ፡ እስከ፡ አንቀጸ፡ ኤርሞን።[52] ወስእነ፡
በዊአ፡ እስመ፡ ነግሠ፡ ካልእ፡[53] ሐዲስ፡[54] ንጉሥ፡[55] ለ[56]ግብጽ፡ ወኀየለ፡ እምኔሁ፡[57] ወገብአ፡ ምድረ፡
ከናአን፡ ወተዐጽወ፡[58] አንቀጸ፡[59] ግብጽ፡ *ወአልቦ፡ ዘይወፅእ፡[60] ወአልቦ፡ ዘይበውእ፡ ውስተ፡ ግብጽ።

---

[1] A omits. [2] ፵ወ፮ A. [3] ኢዮቤላው፡ A. [4] Emended with Lat. *de omnibus* from እምእክል፡ of MSS. [5] Em. with Lat. *quidquid natum est* from ዘዘርአ፡ which gives wrong sense; cf. Gen. xlvii. 24. Lat. adds *in terra Aegypti*. [6] ኃምስቱ፡ A. [7] ራብዐቱ፡ እዴ፡ A. [8] B trans. For ለሲሲት፡ MSS. give ለሲሰት፡ [9] Lat. adds, against text and Gen. xlvii. 26, *omnibus Aegyptiis*. [10] ዐሠርቱ፡ ወሰብዐቱ፡ B; A omits. [11] ኢዮቤሰዉስ፡ A. [12] ፲ወ፱ወ፯ A. [13] B omits. [14] ወኃምስቱ፡ A. [15] ኢዮቤሊዉስ፡ A.

gensimo jubeleo. Et accepit Joseph quintam partem de omnibus quid- 12
quid natum est [in terra Aegypti], portionem regalem et quattuor partes
dedit illis in esca et in semine, et proposuit Joseph[1] hoc[2] in praecepto
in [tota][3] terra Aegypti usque in diem hunc. Et vixit Istrahel in terra 13
Aegypti annis decem et septem, et facti sunt omnes anni vitae ejus,
quos vixit, *in tres jubeleos[4] centum quadraginta septem anni[5], et
[deficiens] mortuus est[6] quadragensimo quinto jubeleo in anno quarto
*septimanae quintae[7]. (Et) benedixit Istrahel filios suos, priusquam 14
moreretur, et indicavit quaecumque[8] ventura essent eis in terra Aegypti
(et) in novissimis diebus (quemadmodum ventura essent super eos nuntiavit)
et benedixit eos et Joseph benedixit dupliciter in terra. Et dormivit cum 15
patribus suis et sepultus est in spelunca duplici in terra Canaan secus
Abraham patrem suum in sepulcro quem fodit sibi in Chebron. Et 16
dedit universos libros suos et libros *patris sui[9] Leuui filio suo, ut custodiret eos et ut renovaret[10] eos filiis suis usque in hunc diem.

Et factum est post mortem Jacob multiplicati sunt filii Istrahel in terra XLVI. 1
Aegypti et facti sunt in gentem magnam, et facti sunt unianimes cordibus suis, ut diligerent singuli fratres suos, et adjungebat se frater cum proximo suo . . .

---

[1] MS. adds omnibus Aegyptiis, against Eth. and Gen. xlvii. 26. [2] So Eth. and Mass. Gen. xlvii. 26; LXX and Vulg. omit. [3] So Vulg., but Eth. and all versions, as well as Mass. Gen. xlvii. 26, omit. [4] MS. in tertio jubeleo. [5] MS. annis. [6] MS. adds et. [7] MS. septimanarum quinti. [8] MS. quaecumquaecumque. [9] Eth. = patrum suorum. [10] MS. renovet.

---

[16] ዘከመ፡ A. [17] ይበርኮሙ፡ A. [18] A omits. [19] Lat. omits. [20] ደኀሬ፡ A; ጸሐፊ፡ B. [21] Lat. *benedixit*. [22] በዐተ፡ A; በዓተ፡ B. [23] ከዐበተ፡ A. [24] ወወሀበ፡ B. [25] Lat. *patris sui*. [26] Lat. omits. [27] ለንጒሁ፡ A. [28] ወፈድፈደ፡ B C D. [29] ወዐሠርቱ፡ A; ወዐሠርተ፡ B; ወ፲ C D. [30] ዓመታተ፡ A B. [31] ወዘከሮ፡ A. [32] እኩይ፡ A. [33] ሐይው፡ የሴፍ፡ A. [34] ፲ወ፰ A; ፲ወ፲ C; ፲ወ፱ D. [35] ፲ወ፮ A. [36] ፲ A. [37] ፱ A. [38] ወ፰ A. [39] ዘሎ፡ A. [40] B omits; ወኖሙ፡ D. [41] ይበጽሑ፡ C; ይሙስሑ፡ D. [42] ምድረ፡ B. [43] ይደገሙ፡ B. [44] እምገብጽ፡ D. [45] A adds በዐለት፡ B C በዐለ፡ [46] መከማርን፡ B; መምክርን፡ C D. [47] ነቀነቀ፡ B. [48] ወደገናሙ፡ በይነራሆሙ B. [49] ኤርምን፡ C; ኤሎምን፡ D. [50] ካልእ፡ A. [51] ሐዲስ፡ A. [52] B trans. before ካልእ፡ [53] በ B. [54] እምኔሆሙ፡ A. [55] ወተዐጽቀ፡ A. [56] ጸናቅጸ፡ A. [57] B trans. after ዘይበውእ፡ C D omit.

8 ወሞተ፡ ዮሴፍ፡ በ*ዘአርብዓ፡ ወሰድስቱ፡[1] ኢዮቤልው፡ በሱባኤ፡ ሳድስ፡ በካልእ፡ ዓመት፡ ወቀበርዎ፡
9 ውስተ፡ ምድረ፡ ግብጽ፡ ወሞቱ፡ ኵሎሙ፡ አኀዊሁ፡ እምድኅሬሁ፡፡ ወወፅአ፡ ንጉሠ፡ ግብጽ፡ ከመ፡
ይትቃተል፡ ምስለ፡ ንጉሠ፡ ከናአን፡ *በዘ፡[2] *አርብዓ፡ ወሰብዐቱ፡[3] ኢዮቤል*ው፡[4] በዳግም፡[5] ሱባኤ፡
በ[6]ካልእ፡ ዓመቱ፡ ወአውፅኡ፡ ውሉደ፡ እስራኤል፡ አዕፅምቲሆሙ፡ ለውሉደ፡ ያዕቆብ፡ ኵሎሙ፡
ዘእንበለ፡ አዕፅምተ፡ ዮሴፍ፡ ወቀበርዎ*ሙ፡[7] ውስተ፡ ገዳም፡ ውስተ፡ በዐት፡[8] ዘካዕበት፡ ውስተ፡
10 ደብር፡፡ ወገብኡ፡ ብዙኃን፡ ውስተ፡ ግብጽ፡ ወኅዳጣን፡ ተርፉ፡[9] እምኔሆሙ፡ ውስተ፡ ደብረ፡
11 ኬብሮን፡ ወተረፈ፡ አብራም፡[10] አቡከ፡ ምስሌሆሙ፡፡ ወሞአ፡ ንጉሠ፡ ከናአን፡[11] ለንጉሠ፡ ግብጽ፡
12 ወዐጸወ፡[12] አንቀጸ፡[13] ግብጽ፡፡ ወሐለየ፡[14] እኩየ፡ ሕሊና፡[15] ላዕለ፡ ውሉደ፡ እስራኤል፡ ከመ፡
13 ያሕምሞሙ፡[16] ወይቤሎሙ፡ ለሰብአ፡ ግብጽ፡፡ ናሁ፡ ሕዝበ፡ ውሉደ፡ እስራኤል፡ ልህቁ፡ ወበዝኁ፡
እምኔነ፡ ንዑ፡ ንጥበብ፡[17] ላዕሌሆሙ፡ ዘእንበለ፡[18] ይብዝኁ፡ ወናሕምሞሙ፡[19] በቅኔ፡[20] ዘእንበለ፡
ይትባዝኁ፡ ውእቱ፡ ወእመ፡ኒ፡ *ዘእንበለ፡ ይጽብኡ፡[21] ወእመ፡ አኮ፡ እሙንቱኒ፡ ይደመሩ፡[22]
ምስለ፡ ዐርነ፡[23] ወይወፅኡ፡ እምድርነ፡ እስመ፡ ልቦሙ፡ ወገጾሙ፡ ውስተ፡ ምድረ፡ ከናአን፡፡
14 ወ*ሠርዑ፡[24] ላዕሌሆሙ፡ ሊቃነ፡ ግብር፡[25] ከመ፡ ያሕምምዎሙ፡ በቅኔ፡ ወሐነጹ፡ አህጉረ፡
ጽኑዓተ፡[26] ለፈርዖን፡ ፊቶም፡[27] ወ*ራምሴ፡[28] ወሐነጹ፡ ኵሎ፡ ጥቅመ፡ ወኵሎ፡[29] ዐረፍተ፡[30] ዘወድቀ፡
15 በሀገረ፡ ግብጽ፡፡ ወይቀንይዎሙ፡ በገፍዕ፡[31] ወመጠነ፡ ያሐስምዎሙ፡[32] ላዕሌሆሙ፡ ከማሁ፡
16 ይበዝኁ፡ ወከማሁ፡ ይፈድፍዱ፡፡ ወያስተሬእዩዎሙ፡ ሰብአ፡ ግብጽ፡ ለውሉደ፡ እስራኤል፡፡

XLVII. ወበሱባኤ፡ ሳብዕ፡ ዘሳብዕ፡ ዓመት፡ በዘ*አርብዓ፡ ወሰብዐቱ፡[33] ኢዮቤልዉ፡[34] መጽአ፡ አቡከ፡
እምድረ፡ ከናአን፡[35] ወተወለድከ፡ በራብዕ፡ ሱባኤ፡ በሳድስ፡ ዓመቱ፡ በዘ*አርብዓ፡ ወሰመንቱ፡[36]
2 ኢዮቤልው፡[37] ዘውእቱ፡ መዋዕለ፡ ምንዳቤ፡ ላዕለ፡ ውሉደ፡ እስራኤል፡፡ ወአዘዘ፡ ንጉሠ፡ ግብጽ፡
ፈርዖን፡ ትእዛዘ፡ ላዕሌሆሙ፡ ከመ፡ ይግድፉ፡ ውሉዶሙ፡ ኵሎ፡ ርእሰ፡ ዘተወልደ፡[38] ውስተ፡ ፈለግ፡፡
3 ወነበሩ፡ እንዘ፡ ይገድፉ፡ ሰብዐተ፡ ወርኀ፡ እስከ፡ አመ፡ ዕለተ፡[39] ተወለድከ፡ ወኀብአተከ፡ እምከ፡[40]

---

[1] ዝሣወጃ A. [2] በዝ፡ A. [3] ፃወጃ A. [4] A omits. [5] ወዳግመ፡ A. [6] ዘ A. [7] A B omit. [8] በዓት፡ B. [9] ተረፉ፡ A. [10] ዐብራም፡ A; አብርሃም፡ C; እንበረም፡ D. [11] ከናአን፡ A. [12] ዓጸወ፡ B. [13] አናቅጸ፡ B. [14] Lat. wrongly adds *rex Chanaam*. [15] B omits. [16] ያሕምምምዎሙ፡ A. [17] ወንጥበብ፡ A; ንጠብብ፡ C D. Lat. faultily gives *adfligamus;* cf. Vulg. Exod. i. 10 *opprimamus*, but Heb. נִתְחַכְּמָה and LXX κατασοφισώμεθα support text. [18] Syr. Exod. i. 10 = ܕܠܐ or Mass. פֶּן; LXX μήποτε. [19] Lat. *humiliemus* not so good, though we find the same twofold rendering of this word ענה in Exod. (LXX) i. 11 κακοῦν and in i. 12 ταπεινοῦν. [20] Lat. *in operibus ipsorum* better; cf. Exod. i. 11 בְּסִבְלֹתָם. [21] A omits through hmt. The text is corrupt. Cf. Exod. i. 10. [22] ይጸመሩ፡ A B; Lat. omits, but Exod. i. 10 supports text. [23] Emended with Lat. *inimicos nostros* and Exod. i. 10 from ፀር፡ of MSS. [24] So LXX Exod. i. 11 ἐπέστησεν; Vulg. *praeposuit;* Mass., Sam., Syr. use plural. [25] Em. from ገበር፡ A, ገበር፡ B C D with Lat. *operum* and Exod. i. 11 שָׂרֵי מִסִּים. [26] ጽኑዐተ፡ A B; Exod. i. 11 gives מִסְכְּנוֹת =

XLVI.
Et cogitavit[1] cogitationem pessimam (contra filios Israel) ut adfli- 12
geret eos. Et [in illo tempore] *dixit Aegyptiis[2]: ‘Ecce populus 13
filiorum Istrahel multiplicatus est [valde] et plurimi facti sunt quam nos.
Venite ergo, adfligamus[3] eos priusquam multiplicentur, et humiliemus[4]
eos *in operibus ipsorum[5], ne forte occurrat nobis bellum, et tunc belli-
gerabunt et ipsi nos (et conjungentur) super inimicos ⟨nostros⟩, exeuntes
de terra nostra propter quod cor ipsorum et vultus eorum in terra[6]
Canaan est.’ Et imposuit super eos rex executores operum, ut adfligant 14
eos *in operibus ipsorum[5]. Et aedificaverunt civitates munitas Faraoni
Phytom[7] et Rammasse [et Oon][8], et aedificaverunt omnem murum qui
erat dirutus in civitatibus Aegypti. Et redigerunt eos in servitutem 15
cum vi, et quantum eos humiliabant[9], multo plus multiplicabantur.
Et abominabantur Aegyptii filios Istrahel. 16

Et quadragensimo septimo jubeleo in *septimana septima anno[10] XLVII.
septimo ejus advenit pater tuus[11] de terra Canaan, et *genitus es[12] in
*septimana quarta[13] in anno sexto ipsius quadragensimo octavo jubeleo;
hoc est tempus tribulationis super filios Istrahel. Et decrevit Farao rex 2
Aegypti decretum super eos ut proicerent filios ipsorum omnes masculos,
qui nascebantur ⟨illis⟩[14], in flumine. Et erant proicientes[15] mensibus 3

---

[1] MS. adds rex chanaam. [2] Emended with Eth. from dixerunt Aegyptii. From ver. 14 it is clear that it is the king that is speaking. [3] Seems due to Vulg. sapienter opprimamus, whereas Eth. = dolose agamus; and LXX Exod. i. 10 κατασοφισώμεθα; so Mass. [4] Eth. = adfligamus; see note 19 on Eth. text. [5] Eth. = servitute; see note 20 on Eth. text. [6] MS. tera. [7] MS. phytoni. [8] Seems due to LXX Exod. i. 11. [9] So LXX ἐταπείνουν; Eth. = malefaciebant. [10] MS. septimanarum septimi anni. [11] MS. suus. [12] MS. genuit. [13] MS. septimanarum quarto. [14] Mass., Syr., and Vulg. Exod. i. 22 omit, but Sam., followed by LXX and Onk., reads לעברים and Arab. = eis. [15] MS. prospicientes.

---

granaries, but LXX renders as our text ὀχυράς. [27] Lat. *Phytoni;* ጲቶም: A; Exod. i. 11 פִּתֹם; LXX Πειθώ. [28] ራምሴን: A; ራምሴስ: D; Lat. *Rammasse;* Exod. i. 11 רַעְמְסֵס; LXX Ῥαμεσσή. After *Rammasse* Lat. adds *et Oon*, and LXX Exod. i. 11 καὶ Ὤν. [29] Lat. omits. [30] እረፍት: A; Lat. omits. [31] በገፋዕ: A B; ገፋዕ: C. [32] Lat. *humiliabant;* LXX Exod. i. 12 ἐταπείνουν,—both less good than our text as rendering יְעַנּוּ. [33] ሄወኟ A. [34] ኢየቢሉዎ: B. [35] ከናአን: A. [36] ሄወጀ A. [37] ኢየቢሉዎን: B. [38] ዘወሊደ: B. [39] እንተ: B. [40] እመከ: A.

4 *ሠለስተ፡ ወርኀ፡[1] ወኀብኡ፡ በአንቲአሁ። ወገብረት፡ ሎቱ፡ ነፍቀ፡ ወለበጠታ፡[2] ፒሳ፡[3] ወ*አስፋ
ሰጠ፡[4] ወአንበረቶ፡ *ውስተ፡ ማዕር፡[5] ኀበ፡ ድንጋገ፡[6] ፈለግ፡ ወአንበረቶ፡ ውስቴታ፡ ሰቡዐ፡
መዋዕለ፡ ወእምከ፡[7] *ትመጽእ፡ በሌሊት፡[8] ወታጠብወከ፡ ወ*መዓልተ፡[9] ተዐቅበከ፡ ማርያ፡
5 እኅትከ፡[10] እምነ፡ አዕዋፍ። ወበ*ውእቱ፡ መዋዕል፡[11] ወጽአት፡ ታርሙት፡[12] ወለቱ፡ ፈርዖን፡
ከመ፡ ትትኀፀብ፡[13] በ[14]ውስተ፡ ፈለግ፡ ወሰምዐት፡ ቃለከ፡[15] እንዘ፡ ትበኪ፡ ወትቤ፡ ለዕብራዊያቲሃ፡[16]
6, 7 ከመ፡ ያምጽኡከ፡[17] ወ*አምጽኡከ፡[18] ኀቤሃ። ወአውፅአተከ፡ እምነፍቅ፡ ወ*መሐረተከ።[19] ወትቤላ፡
እኅትከ፡ እሖር፡ ወእጸውዕ፡[20] ለኪ፡ አሐተ፡ እምነ፡ ዕብራዊያት፡ *እንተ፡ ተሐፅና፡[21] ወታጠብዎ፡[22]
8 ለኪ፡ ለዝንሕፃን፡ *ወትቤላ፡ ሑሪ።[23] ወሖረት፡[24] ወጸውዐታ፡ ለእምከ፡ ለ*ዮካቤድ፡[25] ወወሀበታ
9 ዐስበ፡ ወሐፀነተከ። ወእምዝ፡ ልሂቀከ፡[26] ወሰዱከ፡ ለወለተ፡[27] ፈርዖን፡ ወኮንከ፡ ውሉዳ፡[28] ወመሀረከ፡
ዕብራን፡ አቡከ፡ መጽሐፈ፡ ወእምዝ፡ ፈጸምከ፡ ሠለስተ፡ ሱባዔ፡ አብኡከ፡[29] ውስተ፡ ዐጸደ፡[30]
10 መንግሥት። ወ*ሀሎከ፡[31] ውስተ፡ ዐጸድ፡[32] ሠለስተ፡[33] ሱባዔ፡ ዓመት፡[34] እስከ፡ መዋዕል፡[35] አመ፡
ወፃእከ፡ እምዐጸደ፡ መንግሥት፡ ወርኢከ፡ ለግብጻዊ፡ እንዘ፡ *ይዘብጦ፡ ለካልእከ፡[36] *ዘእምነ፡
11 ውሉደ፡ እስራኤል፡[37] ወ*ቀተልኮ፡[38] ወኀባእኮ፡ ውስተ፡ ኆፃ።[39] ወበሳኒታ፡ ዕለት፡[40] ረከብከ፡
፪[41]እንዘ፡ ይትበአሱ፡ እምውሉደ፡ እስራኤል፡ ወትቤሎ፡ ለዝ፡ ዘይትኤገል፡[42] ለምንት፡ ትዘብጦ፡
12 እኅዋከ። ወተምዕዐ፡ ወተቈጥዐ፡ ወይቤ፡ መኑ፡ ሤመከ፡ መልአከ፡ ወመኰንነ፡ ላዕሌነ፡[43] ወሚመ፡[44]
ትቅትለኒ፡[45] ትፈቅድ፡ በከመ፡ ቀተልኮ፡ ትማልም፡[46] ለግብጻዊ። ወፈራህከ፡ ወጐየይከ፡ እምቅድመ፡
ዝንቱ፡ ነገር።

፵፰ ወበሳድስ፡ ዓመት፡ ዘሱባዔ፡ ሣልስ፡ ዘ*አርብዓ፡ ወተስዓቱ፡[46] ኢዮቤልዉሳት፡[47] ሖርከ፡ ወነበርከ፡
*ውስተ፡ ምድረ፡ ምድያም፡[48] ፭[49]ሱባዔ፡ ወዓመተ፡ አሐደ፡[50] ወገባእከ፡ ውስተ፡ ግብጽ፡ በሱባዔ

---

[1] ይአውራኀ፡ A. [2] Em. from ወለበበታ፡ A B; C D read ወገለበበታ [3] ፒሳ፡ B. [4] አስፋልጦ፡ A. [5] Lat. omits, but Exod. ii. 3 supports text. [6] ድንጋጋ፡ A. [7] ወእመከ፡ A. [8] B trans. [9] መዓልተ፡ A B. [10] እኅትከ፡ A. [11] ውእቱ፡ መዋል፡ B. [12] ተርሙታ፡ A. [13] ትትኃፀብ፡ B. [14] A omits. [15] ቃልከ፡ A. [16] A mistranslation of ἄβραις; so Syr. Exod. ii. 5; but Mass., Sam., LXX, and Lat. imply ἅβρα. [17] ያምጽእከ፡ A; ያውፅአከ፡ B. [18] አምጸአከ፡ A; አምጽአከ፡ B. [19] ምሕረትከ፡ B. [20] Lat. adds *si vis;* so LXX θέλεις and Vulg. *vis*, against Heb. Exod. ii. 7. [21] Lat. owing to Vulg. omits, but Exod. ii. 7 Mass. מֵינֶקֶת, Sam., LXX, Syr. support text. [22] ወተጠብዎ፡ A. [23] A B C omit, but Lat. and Exod. ii. 8 support D. For ትቤ፡ of D, I have read ትቤላ፡ with Lat. and Exod. ii. 8. [24] Lat. omits, but Exod. ii. 8 supports text. [25] ለዮክቤት፡ A. [26] ልሂቅከ፡ A. [27] Emended with Exod. ii. 10 from ቤተ፡ the Greek translator read לְבֵית instead of לְבַת, which the context requires. [28] ወልደ፡ C; ወልዱ፡ D. [29] አበአከ፡ B. [30] A adds ቤተ፡ [31] ሀለውከ፡ B. [32] ዓጸድ፡ B. [33] ሠለስ፡ A; ሰለስተ፡ B; ፫ C D. [34] ዓመተ፡ A B. [35] መዋዕለ፡ A. [36] ይዘብጦ፡ ካልአ፡ A. [37] Lat. omits, but Exod. ii. 11 supports text. [38] ጸለይከ፡ A. [39] ኆጻ፡ B. [40] B omits. [41] ክልኤተ፡ B. [42] ለዘይትኤገል፡ B; Lat. *perculiebat proximum suum*,

septem usque in tempus quo tu natus es. Et celavit te mater tua
mensibus tribus, et indicaverunt de ea. Et illa [timens] fecit tibin[1] et 4
linivit eam bitumine[2] et pice et posuit eam (in gramine) secus litus
fluminis et posuit te in eam septem dies, et mater tua veniebat per
noctem et porrigebat tibi lactem, per diem soror tua Maria custodiebat
te ab avibus. Et in tempore illo exivit Termot filia Faraonis, lavari in 5
flumine, et audivit vocem tuam flentis et dixit puellae suae ut adferret
sibi [infantem], et adtulerunt te. Et tollens te de tibin pepercit super 6
te. Et dixit illi soror tua: 'Ibo et vocabo[3] tibi [si vis][4] mulierem 7
Hebream quae nutriat illum tibi.' Et dixit ei: 'Vade.' Et illa (abiit 8
et) vocavit matrem [suam[5] et] tuam Jocabet, et dedit illi mulieri mer-
cedem (educ)ar(e te. Et postquam adolevisti abduxerunt te in filiam[6] 9
Faraonis, et factus es filius ejus), et docuit (te Ebran pater tuus litteras):
et quando comple(visti tres) septimana(s, introdux)erunt te in atrium
regale. Et eras ex ... trium septimanarum annorum usque in tempus 10
quo existi de atrio regali et vidisti Aegyptium ferientem fratrem tuum (qui
est e filiis Istrahel), et percussisti eum et fodisti in terram et cooperuisti
eum in harenam. Et secunda die invenisti duos litigantes ex filiis Istrahel 11
et dixisti ad eum qui *percutiebat proximum suum[7]: 'Quare percutis
fratrem tuum?' Et iratus est in indignatione ... dixit: 'Quis te con- 12
stituit principem aut judicem super nos? numquid occidere me vis,
quemadmodum occidisti hesterna die Aegyptium?' (Et timuisti et fugisti
propter sermonem hunc)[8].

Et quadragensimo nono jubeleo in anno sexto *septimanae tertiae[9] XLVIII.
abisti et inhabitasti in terram Mad(iam) septimanas[10] quinque et annum

---

[1] Mass. Exod. ii. 3 adds גֹּמֶא, while the LXX seems to have found אִמּוֹ, ἡ μήτηρ αὐτοῦ. [2] MS. vitumine. [3] MS. vocavo. [4] As Eth. and Mass. omit si vis, it seems due to LXX Exod. ii. 7 θέλεις καλέσω, or rather to Vulg. vis ut vadam et vocem. [5] So Vulg. Exod. ii. 8, Mass. and LXX אֵם הַיָּלֶד, τὴν μητέρα τοῦ παιδίου. [6] Emended from domum; see note 27 on Eth. text. [7] Corrupt. Eth.=faciebat injuriam; so Exod. ii. 13. [8] MS. .... u .. tia propter ... o ... huiu. [9] MS. septimanarum tertii. [10] MS. septimanarum.

---

but Exod. ii. 13 supports text. [43] A trans. after መልአክ: B trans. before it. [44] A B omit. [45] ትትቀተሉ: B. [46] ፵ወ፱ A. [47] ኢዮቤልዎሳት: ወ A. [48] Restored from Lat. *in terram Mad(iam)* and Exod. ii. 15; A reads ሰሆየ: B C D ሆየ: [49] ኃምስ: B; Lat. *quinque*. [50] ፮ A.

2 ዳግም፡ በንመት፡ ካልእ፡ በውስቱ፡[1] ፶[2]ኢዮቤልው፡፡[3] ወእንተ፡ ታእምር፡[4] ዘተናገረ፡[5] ለከ፡
በደብረ፡ ሲና፡ ወምንተ፡ ፈቀደ፡ ይግበር፡ ምስሌከ፡[6] መኩንን፡ መስቴማ፡ እመ፡ ትገብእ፡ ግብጸ፡
3 በ*ፍኖት፡[7] *ትትቄበሎ፡ በ*ምጽላል፡፡[9] አኮሁ፡ በኵሉ፡ ኃይሉ፡ ፈቀደ፡ ይቅትልከ፡ ወ*ያድኅኖሙ፡[10]
ለግብጻውያን፡ እምእዴከ፡ እመ፡ ርእየ፡[11] ከመ፡ ተፈነውከ፡[12] ትግበር፡ ኵነኔ፡ ወበቀለ፡ ላዕለ፡
4 ግብጻውያን፡፡ ወባልሖኩከ፡ እምእዴሁ፡ ወገበርከ፡ ተአምረ፡ ወመንክረ፡ ለዘ፡[13] ተፈነውከ፡ ትግበር፡
በግብጽ፡ ላዕለ፡ ፈርዖን፡ ወላዕለ፡ ኵሉ፡[14] ቤቱ፡ *ወላዕለ፡ አግብርቲሁ፡[15] ወላዕለ፡ ሕዝቡ፡፡
5 ወገብረ፡ እግዚአብሔር፡ ላዕሌሆሙ፡ በቀለ፡ ዐቢየ፡ በእንተ፡ እስራኤል፡ ወመሐጸሙ፡[15] በደም፡
ወበ*ቈርነናዕት፡[16] ወበ*ትኋንያ፡[17] ወበጽንጽያ፡ ከልብ፡ ወ*በ*አኩይ፡[18] ቍስል፡ ዘውእቱ፡ ይፈልሕ፡
ዐንጸዐንጹ፡[19] ወ*እንስሳሆሙ፡ በሞት፡[20] ወበ*እብነ፡[21] በረድ፡ በዝንቱ፡[22] አጥፍአ፡ ኵሎ፡ ዘይሠርፅ፡
ሎሙ፡ ወ*በአንበጣ፡ እንተ፡[23] በልዐት፡[24] ተረፈ፡ ዘተረፎሙ፡ እምበረድ፡ ወበጽልመት፡[25] ወ[26]*በ
ሞት፡[27] በኵርሙ፡ ዘሰብእ፡ ወዘእንስሳ፡ ወበ[28]ኵሉ፡ አማልክቲሆሙ፡ ገብረ፡ እግዚአብሔር፡ በቀለ፡
6 ወአውዐዮሙ፡ በእሳት፡፡ ወኵሉ፡ ተፈነወ፡ በእዴከ፡ ከመ፡ ትግበር፡ ዘእንበለ፡ ይትገበር፡ ወሀለወከ፡
7 ትትናገር፡ ለንጉሠ፡ ግብጽ፡ በቅድሜሆሙ፡[29] ኵሎሙ፡ ላእኩሁ፡ ወበቅድመ፡ ሕዝቡ፡፡ ወኵሉ፡ ኮነ፡
በቃልከ፡ ዐሥሩ፡[30] ዘኮነ፡ ዐበይት፡[31] ወጸዋጋት፡[32] መጽአ፡ ውስተ፡ ምድረ፡ ግብጽ፡ ከመ፡ ትግበር፡
8 ቦቱ፡[33] በቀለ፡ ለ[34]እስራኤል፡፡ ወኵሎ፡ ገብረ፡ እግዚአብሔር፡ በእንተ፡ እስራኤል፡ ወበ[35]ከመ፡
ሥርዐቱ፡ ዘ*ተካየደ፡ ምስለ፡ አብርሃም፡ ከመ፡ ይትበቀል፡ ላዕሌሆሙ፡ በከመ፡ ቀነዩዎሙ፡ በግፍዕ፡፡
9 ወ*መኰንን፡[36] መስቴማ፡[37] ይትቃወመከ፡[38] ቅድሜከ፡ ወይፈቅድ፡ ያውድቀ፡[39] ውስተ፡ እዴ

---

[1] በውእቱ፡ A B. [2] ዘኃምስ፡ A; ኃምስ፡ B; Lat. *quinquagensimo.* [3] ኢዮቤሌው፡ A. [4] ተአምር፡ A. [5] ዘተናገረከ፡ A; ዘተነገረ፡ B. [6] B omits. [7] ፍኖት፡ B C D. [8] Emended provisionally from hopelessly corrupt text በሌሊት፡ A, በእላት፡ B, በዓለ፡ C, በዐልት፡ D; Lat. *in qua praeteristi eum.* The incident is built on Exod. iv. 24 וַיְהִי בַדֶּרֶךְ בַּמָּלוֹן וַיִּפְגְּשֵׁהוּ; hence my emendation. [9] መጸላል፡ A. [10] ኢያድኅኖሙ፡ A. [11] ርእየከ፡ A. [12] A omits. [13] ለዝ፡ A; B omits. [14] Lat. omits, but Exod. viii. 11, 21 support text. [15] MSS. add ወቀተሎሙ፡ which I have omitted as a gloss with Lat. [16] ቈርናናዕት፡ A. [17] ትኋንያ፡ B; ትኋኒያ፡ C D; Heb. כִּנִּים; LXX σκνῖφες. [18] Exod. ix. 9 omits. [19] ዐንጸዐንጹ፡ B; with ቍስል፡ ዘ" ይፈ" ዐን" = Exod. ix. 9 שְׁחִין פֹּרֵחַ אֲבַעְבֻּעֹת; cf. the less good LXX ἕλκη φλυκτίδες ἀναζέουσαι. [20] Lat. *in morte animalium ipsorum.* [21] እእብነ፡ B. [22] Lat. omits. [23] Lat. *lucusta.* [24] በልዐታ፡ A. [25] ወበጽልመት፡ A. [26] A B and Lat. omit. [27] I have added በሞት፡ partly because of sense, and partly because Lat., though it omits *in morte*, yet reads the genitive *primitivorum*, which implies a governing noun. Possibly, however, for በሞት፡ it would be enough to read በ. [28] ወበ A. [29] ወበቅድሞሙ፡ B C D. [30] ዓስሩ፡ B. [31] ዐበይት፡ A; ዐቢይት፡ B. [32] ወጸዋጋት፡ A B. [33] በዝንቱ፡ A. [34] በእንተ፡ D. [35] ወ B. [36] መኰንን፡ A B. [37] ማስቴማ፡ A. [38] ይትቃወሞከ፡ B. [39] ያውድቅ፡ A; ያውድቆከ፡ B.

unum. Et quinquagensimo jubeleo in *septimana secunda[1] in anno
secundo ipsius conversus es in Aegyptum. Et tu scis ipse quid[2] locutus 2
est tecum sub monte Sina et quid voluit facere tecum princeps Mastima,
cum reverteretis in Aegyptum, in via in qua praeteristi eum in refectione.
Nonne in omni virtute sua quaesivit interficere te, ut erueret[3] Aegyptios 3
de manu tua, quia vidit quoniam missus es facere judicium et vindicare
vindictam in Aegyptis? Et erui te de manu ejus et fecisti signa et 4
prodigia quaecumque missus es facere in Aegyptum et in Faraonem et
in omnem domum ejus (et in servos ejus) et in omni populo ejus. Et 5
fecit Deus in eos[4] defensionem magnam super Istrahel et percus(sit) eos
in sanguine[5] et in ranis et scynifis et *muscis caninis[6] et in vulnere
pessimo quod erant *(vesicae efflorescentes)[7] et in morte animalium
ipsorum, et lapidibus grandinis perdidit universa nascentia eorum, et
lucusta comedit quae derelicta erant de grandine, et in tenebris (et in
morte)[8] primitivorum ipsorum hominum et animalium, et in omnibus
diis Aegyptiorum fecit Dominus vindictam . . .

[1] MS. septimanarum secundo. [2] MS. qui. [3] MS. eruerent. [4] MS. pa . . .
[5] MS. sanguinem. [6] MS. muscas caninas. [7] MS. . . . a . . . fe . . . vento.
[8] Context seems to require this addition; see note 27 on Eth. text.

ፈርዖን፡ ወይረድእ፡ ሥራያቲሆሙ፡[1] ለግብጽ፡ ወይትቃወሙ፡[2] ወይገብሩ፡ በቅድሜከ፡፡ እኩየሰኬ፡[3] 10
ኀደግናሆሙ፡ ይግበሩ፡ ወ[4]ፈውሰሰ፡[4] ኢናበውሖሙ፡ ከመ፡[5] ይትገበር፡ በእደዊሆሙ፡፡ ወ[6]መሐ 11
ጸሙ፡ እግዚአብሔር፡ በቍስል፡ እኩይ፡ ወስእኑ፡[6] ተቃውሞ፡ እስመ፡ አሕጉልናሆሙ፡ እምገቢር፡[7]
ምንተኒ፡[8] አሐደ፡[9] ትእምርተ፡፡ ወበዘሰ፡ ተአምር፡[10] ወመንክር፡[10] ኀፈረ፡[11] መኩንን፡[12] መስቴማ፡ 12
እስከ፡ ሶበ፡ ኀየሰ፡[13] ወጸርሐ፡ ሎሙ፡ ለግብጽ፡ ከመ፡ ይደግኑ፡ ድኅሬከ፡ በዙሉ፡ *[14]ኀይሎሙ፡
ለ[15]ግብጽ፡ በሰረገላቲሆሙ፡ ወ[16]*በ[1]አፍራሲሆሙ፡ ወበዙሉ፡ ብዙኆሙ፡ ለሕዝበ፡ ግብጽ፡፡
ወቆምኩ፡[16] ማእከሎሙ፡ ለግብጽ፡ ወማእከሎሙ፡ ለእስራኤል፡ ወባላሕናሆሙ፡ ለእስራኤል፡ 13

[1] ሥረያቲሆሙ፡ B. [2] ወይትቃወምሙ፡ B. [3] እከይሰከ፡ A ; እከየሰ፡ B.
[4] ፈውስሰ፡ A. [5] B omits. [6] ከመ፡ ኢከሀሉ፡ B. [7] እምገቢረ፡ A. [8] ምንትኒ፡ B.
[9] አሐዱ፡ A; B adds ግብረ፡ [10] A puts in acc. [11] ኢኀፍረ፡ A ; ኢኀፈረ፡ B C D.
I have omitted the negative as it conflicts with the sense. [12] A B put in acc.
[13] ኀሰየ፡ A. [14] ኀይሎ፡ B. [15] A omits. [16] A B add ማእከሌከ፡ but C D add it,
with ወ prefixed, after ለግብጽ፡

እምእደው፡[1] ወእምእዴሁ፡ ሕዝቡ፡[2] ወአውፅኦሙ፡ እግዚአብሔር፡ እንተ፡ ማእከለ፡ ባሕር፡ ከመ፡
14 እንተ፡ የብስ። ወዙሎሙ፡ ሕዝብ፡[3] ዘአውፅአ፡ ይዴግኑ፡ ድኅሬሆሙ፡ ለእስራኤል፡ ወረዮሙ፡[4]
እግዚአብሔር፡ አምላክነ፡ ማእከለ፡ ባሕር፡ ውስተ፡ መዓምቃቲሃ፡[5] ለቀላይ፡ በታሕቴሆሙ፡
ለውሉድ፡ እስራኤል፡ በከመ፡ ወረጠ፡ ውሉዶሙ፡ ሰብአ፡[6] ግብጽ፡ ውስተ፡ ፈለግ፡[7] *ምእተ፡ እልፈ፡[8]
ተበቀሎሙ፡ ወ*ዐሠርቱ፡ ምእት፡[9] ዕደው፡ ኀያላን፡ ወእለሂ፡[10] ይዴሰኑ፡[11] ጠፍኡ፡ በእንተ፡ *ሕፃን፡
15 ጠባቂት፡[12] ዘነደፋ፡[13] ማእከለ፡ ፈለግ፡ እምውሉደ፡ ሕዝብከ። ወአመ፡ ዐሡር፡ ወረቡዕ፡ ዕለት፡[14]
ወአመ፡ ዐሡር፡ ወኃምስ፡ ወአመ፡ ዐሡር፡ ወሰዱስ፡ ወአመ፡ ዐሡር፡ ወሰቡዕ፡ ወአመ፡ ዐሡር፡
ወሰሙን፡ ሀሎ፡ መኰንን፡[15] ማስቴማ፡[16] እሱረ፡[17] ወ*ዕፁወ፡[18] እምድኅሬሆሙ፡ ለውሉደ፡[19]
16 እስራኤል፡ ከመ፡ ኢያስተዋድዮሙ።[20] ወአመ፡ ዕለት፡[21] ዐሡር፡ ወተሱዕ፡ ፈታሕናሆሙ፡[22] ከመ፡
17 ይርድእዎሙ፡ ለግብጽ፡ ወከመ፡ ይዴግኑ፡[23] ድኅሬሆሙ፡ ለውሉደ፡ እስራኤል። ወ*አጽነዐ፡[24]
አልባቢሆሙ፡ ወአንገደሎሙ፡ ወ*ተኀሰየ፡[25] እምኀበ፡ እግዚአብሔር፡ አምላክነ፡ ከመ፡ ይምሐጾሙ፡
18 ለግብጽ፡ ወ*ይወርዎሙ፡[26] ማእከለ፡ ባሕር። ወአመ፡ ዐሡር፡ ወ*ሰቡዕ፡[27] ዕለት፡ አሰርናሁ፡
ከመ፡ ኢያስተዋድዮሙ፡[28] ለደቂቀ፡ እስራኤል፡ በዕለት፡[29] አመ፡ ሀሰዉ፡ ይስአሉ፡ ንዋየ፡ ወአልባሰ፡
እም*ኀበ፡[30] ሰብአ፡ ግብጽ፡ ንዋየ፡ ብሩር፡ ወንዋየ፡ ወርቅ፡ ወንዋየ፡ ብርት፡ ወከመ፡ ይማህርክዎሙ፡
19 ለግብጽ፡ ህየንተ፡ ተቀንዮ፡[31] እንተ፡ ቀነይዎሙ፡ በግፍዕ። ወኢያውፃእናሆሙ፡[32] ለውሉደ፡ እስራኤል፡
እምግብጽ፡ ዕራቃሙ።

፵፱ ተዘከር፡[33] ትእዛዘ፡ ዘአዘዘከ፡ እግዚአብሔር፡ በእንተ፡ ፋሲካ፡[34] ከመ፡ ትግበር፡[35] በጊዜሁ፡ አመ፡
*ዐሡሩ፡ ወረቡዑ፡[36] ለወርኅ፡ ቀዳማዊ፡ ከመ፡ ትጥብሖ፡[37] ዘእንበለ፡ ይምስይ፡[38] ወከመ፡ ይብልዕዎ፡
2 በሌሊት፡ *አመ፡ ምሴት፡[39] ዘዐሡር፡ ወኃሙስ፡ እምጊዜ፡ ዐርበተ፡ ፀሓይ። እስመ፡ *በዛቲ፡
ሌሊት፡[40] ቀዳሚት፡[41] በዓል፡ *ይእቲ፡ ወቀዳሚት፡[30] ፍሥሓ፡[42] ይእቲ፡ አንትሙ፡[43] ትነብሩ፡ ትበልዑ፡[44]
ጸስካ፡[45] በግብጽ፡ ወዙሉ፡ ኀያላቲሁ፡[46] ለመስቴማ፡ ተፈነወ፡[47] ከመ፡ ይቅትሉ፡ ኲሎ፡ በኲረ፡

---

[1] እምእደሆሙ፡ B C D. [2] ሕዝብ፡ B D; ግብጽ፡ C. [3] ሕዝብ፡ B.
[4] ወወረዮሙ፡ A. [5] መዐምቅቲሃ፡ A. [6] ሰብአ፡ B. [7] ፈላግ፡ A; ፈለግ፡ B.
[8] ምእት፡ እልፈ፡ B; ተምእት፡ ፻፻ A; ፻፻–፻ C D. [9] ፻፻ A. [10] እሉ፡ A; B adds ሠለስቱ፡ [11] ይዳላን፡ A. [12] ጽጠባዊት፡ A. [13] ዘነደፈ፡ B. [14] ዕለተ፡ A.
[15] መኰንን፡ A B. [16] መስቴማ፡ B. [17] እሱር፡ B. [18] ዐጹዎ፡ A; ዕፁው፡ B.
[19] ለ A. [20] ኢያስተዋድይዎሙ፡ C D. [21] A omits. [22] ፈተሕናሆሙ፡ A.
[23] ይዴግንዎሙ፡ A. [24] ጸንዐ፡ B. [25] ተሐለየ፡ B. [26] ይውርዎሙ፡ C.
[27] ረቡዕ፡ B; ኃሙስ፡ C. [28] ኢያስተዋዲዮሙ፡ A B; ያስተዋድይዎሙ፡ D. [29] በዕለተ፡ A B.
[30] B omits. [31] ዘተቀንዮ፡ ወህየንተ፡ B. [32] ወአውፃእናሆሙ፡ A B D. [33] ተዘከረ፡ A.
[34] ፋሲክ፡ B; ጸሲካ፡ C D. [35] ትግበር፡ B C D. [36] ዐሡር፡ ወረቡዕ፡ B.
[37] ትጥባሕ፡ A. [38] ይምሲ፡ A; ይምሳይ፡ B. [39] እምሴት፡ B. [40] ዛቲ፡ ዕለት፡ C.
[41] ቀዳሚ፡ C D. [42] ፍሥሐ፡ B; ፍሥሕ፡ C. [43] ወአንትሙ፡ C D. [44] ትብልዑ፡ B.
[45] ጸሲክ፡ A; ፋሲካ፡ C D. [46] ኃይላቲሁ፡ B. [47] ተፈነዉ፡ A.

በምድረ፡ ግብጽ፡ እምበኵሩ፡ ለፈርዖን፡ እስከ፡ *በኵረ፡ ለአመት፡ ፄዋዊት፡[1] እንተ፡ ውስተ፡[2] ማኅረጽ፡[3]
ወላዕለ፡[4] እንስሳ*ሂ፡፡[5] ወዛቲ፡ ትእምርት፡[6] ዘወሀበ፡[7] እግዚአብሔር፡ ሎሙ፡ ውስተ፡ ኵሉ፡ ቤት፡ 3
ዘርአዩ፡[8] ውስተ፡ አንቀጹ፡[9] ደመ፡ በግዕ፡ ዘዓመት፡ ኢይባኡ፡[10] ውስተ፡ ቤቱ፡ ለቀቲል፡ አላ፡[11]
ይትዐደዉ፡[12] ከመ፡ ይድኅኑ፡ ኵሎሙ፡ እለ፡ ውስተ፡ ቤት፡ እስመ፡ ትእምርት፡ ደም፡ ውስተ፡
አንቀጹ፡፡ ወገብሩ፡ ኀይላቲሁ፡ ለእግዚአብሔር፡ ኵሎ፡ ዘመሰሎ፡[13] ለዘአዘዞሙ፡ እግዚአብሔር፡ 4
ወተዐደዉ፡ እምኵሉ፡ ደቂቀ፡ እስራኤል፡ ወኢበጽሐ፡ ላዕሌሆሙ፡ መቅሠፍት፡[15] ለአማስኖ፡ እምኔሆሙ፡
*ኵሎ፡ ነፍሰ፡[14] እምእንስሳ፡ እስከ፡ ሰብእ፡ ወእስከ፡ ከልብ፡፡ ወኮነ፡ መቅሠፍት፡[15] በግብጽ፡ ጥቀ፡ 5
ዐቢየ፡[16] ወአልቦ፡ ቤት፡ በግብጽ፡ ዘአልቦ፡ በድን፡ ውስቴታ፡[17] *ውብካየ፡ ወዐውያት፡፡[18] ወኵሉ፡ 6
እስራኤል፡ ይዘብር፡ እንዘ፡ ይበልዕ፡ ሥጋ፡ ጸስክ፡[19] ወእንዘ፡ ይሰቲ፡ ወይነ፡ ወይሴብሕ፡ ወይባርክ፡
ወያአኵት፡ እግዚአብሔር፡ አምላከ፡ አበዊሁ፡ ወድልው፡ ይከውን፡ ለወፂአ፡ እምአርዑተ፡ ግብጽ፡
ወእምቅኔ፡ እኪት፡፡ ወአንተኒ፡ ተዘከር፡ *ዛተ፡ ዕለተ፡[19] ኵሉ፡ መዋዕለ፡ ሕይወትከ፡ ወግበራ፡[20] 7
*እምዓም፡ ለዓም፡[21] ኵሉ፡[22] *መዋዕለ፡ ሕይወትከ፡[23] ምዕረ፡ ለዓመት፡ በዕለቱ፡[24] በከመ፡ *ኵሉ፡
ሕጉ፡[25] ወኢ*ታስተሐልፍ፡[26] *ዕለተ፡ እምዕለት፡[27] ወእምወርኅ፡ ለወርኅ፡፡ እስመ፡ ሥርዐት፡ 8
ዘለዓለም፡ ውእቱ፡ ወቅሩጽ፡ ውስተ፡ ጽላተ፡ ሰማይ፡ ለኵሉ፡[28] ውሉደ፡ እስራኤል፡ ከመ፡ ይግበርዎ፡
በኵሉ፡ ዓመት፡ ወዓመት፡ በዕላቱ፡[29] ምዕረ፡ ለዓመት፡ ውስተ፡ ኵሉ፡[30] ትውልዶሙ፡ ወአልቦ፡

XLIX.
. . . diebus vitae tuae, ut facias per singulos annos semel in anno in 7
diebus suis secundum (omnem) legem ipsius, et non *erit ut prae-
tereat[1] *illud a diebus suis[2] et de mense in mensem. Quoniam prae- 8
ceptum aeternum est et scriptum in tabulis caeli super omnes filios
Istrahel, ut faciant ea per singulos annos in die ejus semel in anno in
generationibus ipsorum, et non est illi finis temporum, quoniam in

---

[1] MS. praeteribit et erit; Eth. = commutabis. [2] Eth. = diem cum die.

---

[1] በኵር፡ ለአመት፡ ፄዋዊት፡ B. [2] A B C omit; Exod. xi. 5 אחר; LXX παρά. [3] ማሕረጽ፡ A. [4] We should, with Exod. xi. 5, emend into ወኵሉ፡ በኵረ፡ [5] ፤ A. [6] ትእምርት፡ B; A D omit. [7] B omits. [8] ዘእሬይ፡ C; ዘወደዩ፡ D. [9] አንቀጽ፡ B. [10] ኢይበውኡ፡ A. [11] እሉ፡ C D. [12] ይትኀደጉ፡ B, cf. Exod. xii. 23; ይትዐፀዉ፡ C. [13] ዘመጠነ፡ B. [14] ኵሉ፡ ነፍስ፡ B. [15] መቅሠፍት፡ A. [16] ዐቢይ፡ B. [17] በውስቴታ፡ A. [18] A puts in nom. [19] ጸሲክ፡ A; ፋሲክ፡ C D. [20] C D omit; Lat. *ut facias*. [21] እምዓለም፡ ለዓለም፡ A; C D omit; Lat. *per singulos annos*. [22] ወኵሉ፡ B; Lat. and C D omit. [23] Lat. and C D omit. [24] በእላንቱ፡ A. [25] ኵሉ፡ ሕገ፡ A. [26] ታስተኀልፍ፡ A; Lat. *praeteribit et erit*, which I have emended as above. [27] Lat. *illud a diebus suis*. [28] Em. with Lat. *super omnes*. [29] በዕለት፡ A; Lat. *in die ejus*. [30] Lat. omits.

9 ወሰብ፡ መዋዕል፡ እስመ፡ ለዓለም፡ ውእቱ፡[1] ሥርዐ፡፡ ወብእሲ፡ እንዘ፡ ንጹሕ፡ ውእቱ፡[2] ወኢመጽአ፡[3]
ይገብር፡ በጊዜ፡ ዕለቱ፡ ለአብኦ፡ ቍርባን፡ ዘይሠምር፡ ቅድመ፡ እግዚአብሔር፡ ወሰበሊዕ፡ ወሰሰ
ቲይ፡ ቅድመ፡[4] እግዚአብሔር፡ በዕለተ፡ በዓሉ፡ ወይሠረው፡ ውእቱ፡ ብእሲ፡ ዘንጹሕ፡ ወቅሩብ፡
እስመ፡ ቍርባነ፡ እግዚአብሔር፡ ኢያብአ፡ በጊዜሁ፡ ኀጢአተ፡[5] ይነሥእ፡ ውእቱ፡ ብእሲ፡ ለ[6]ርእሱ፡፡
10 ከመ፡ ይኩኑ፡ ውሉደ፡ እስራኤል፡ እለ፡ ይመጽኡ፡ ወይገብሩ፡ ጸስክ፡[7] በዕለተ፡ ጊዜሁ፡ ለመ፡ ዐሡሩ፡
ወረቡዑ፡ ለወርኅ፡ ቀዳማዊ፡ በማእከለ፡ ምስያታት፡[8] እም[9]ማልስታ፡[10] ለዕለት፡ እስከ፡ ማልስታ፡[11]
ለ[12]ሌሊት፡ እስመ፡[11] ክልኤ፡ መክፈልታ፡ ለዕለት፡ ተውህበ፡ ለብርሃን፡ ወማልስታ፡[12] ሰምሴት፡፡
11, 12 ዝውእቱ፡ ዘአዘዘክ፡ እግዚአብሔር፡ ከመ፡ ትግበር፡ በ[13]ማእከለ፡ ምሴት፡፡[13] ወኢይከውን፡ ጠቢ
ሖት፡[14] በዙሉ፡ ጊዜ፡ ብርሃን፡ ዘእንበለ፡ በ[15]ጊዜ፡ ወሰ፡ ምሴት፡[15] ወይብልዕዎ፡ በጊዜ፡ ምስየት፡[16]
እስከ፡ ማልስተ፡[17] ሌሊት፡ ወዘ[18]ተርፈ፡[18] እምዙሉ፡ ሥጋሁ፡ እምማልስተ፡[19] ሌሊት፡ ወከሐ፡[20]
13 በእሳት፡ ያውዕይዎ፡፡ ወኢይከውን፡ ያብስልዎ፡ በማይ፡ ወኢይብልዕዎ፡[21] ጥሬ፡[22] አላ፡ ጥቡስ፡[23]
በእሳት፡ ይብልዕዎ፡[24] በአስተሐምሞ፡[25] ርእሶ፡[26] ምስለ፡ ንዋየ፡ ውስጡ፡ ወምስለ፡ እገሪሁ፡[27]
ይጥብስዎ፡[28] በእሳት፡ ወአልቦ፡ ሰቢረ፡ ዐጽም፡[29] እምውስቴቱ፡ ምንተ[30]ኒ፡[30] እስመ፡ ኢይትቀጠቀጥ፡[31]
14 እም[32]ውሉደ፡ እስራኤል፡ [33]ምንተኒ፡ ዐጽም፡፡[33] በእንተዝ፡ አዘዞሙ፡ እግዚአብሔር፡ ለውሉደ፡
እስራኤል፡ ከመ፡ ይግበሩ፡ ጸስካ፡[34] በዕለተ፡ ጊዜሁ፡ ወኢይከውን፡ ሰቢረ፡ ዐጽም፡ ምንትኒ፡[35] እምኔሁ፡
እስመ፡ ዕለተ፡ በዓል፡ ይእቲ፡ ወዕለተ፡ እዝዝት፡ ይእቲ፡ ወአልቦ፡ ተዐድዎ፡[36] እምውስቴቱ፡ ዕለተ፡[37]
15 እምዕለት፡ ወእምወርኅ፡ ወርኅ፡[38] እስመ፡ በ[39]ዕለት፡ በዓሉ፡ ይትገበር፡፡[40] ወአንተኒ፡ አዝዞሙ፡
[41]ለውሉደ፡ እስራኤል፡[41] ከመ፡ ይግበሩ፡ ጸስካ፡[42] በመዋዕሊሆሙ፡[43] በዙሉ፡ ዓመት፡[44] ምዕረ፡
ለዓመት፡ በዕለተ፡ ጊዜሁ፡ ወይመጽእ፡[45] ተዝካረ፡[46] እምቅድመ፡ እግዚአብሔር፡ ዘ[47]ይሠምር፡

---

[1] ዝንቱ፡ A; Lat. omits. [2] B omits. [3] ወኢያምጽአ፡ B; Lat. *et non sciet.*
[4] በቅድመ፡ B. [5] So Syr. Num. ix. 13 against Mass., Sam., LXX, Vulg., Onk., which would require ኀጢአቶ፡ [6] በ A. [7] ፈሲክ፡ A; ጸሲካ፡ C D. [8] ምሴት፡ A. በማእከለ፡ መስያታት፡ = Exod. xii. 6 בֵּין הָעַרְבָּיִם; LXX πρὸς ἑσπέραν; and Lat. *ad vesperam* less good.
[9] እመ፡ A. [10] ማልስ፡ B. [11] እስከ፡ B. [12] ወማልስት፡ B. [13] ምስያት፡ B; ምሴታት፡ D.
[14] ጠቢሖቱ፡ A B. [15] ምስያቱ፡ B; ምስያታት፡ D. [16] ምሴት፡ A. [17] Em. from ማልስት፡ B C D, ሠለስቱ፡ A. [18] ተረፈ፡ A. [19] ማልስት፡ A. [20] ወካሑ፡ B D; ካዕበ፡ C.
[21] ወኢይብልዕዎ፡ B. [22] ብጥሬ፡ B; ጥሬየ፡ C. [23] ጥቡ፡ A; ጥብሶ፡ C; ጥቡሶ፡ D.
[24] Emended with Lat. *comedetis illud* from ብሉስ፡ A B. A C D add በእሳት፡ against B and Lat.; cf. Exod. xii. 11: [25] Lat. *diligenter* from Exod. xii. 11 בְּחִפָּזוֹן; LXX μετὰ σπουδῆς, see ver. 23. [26] ርእሰ፡ B. [27] So LXX Exod. xii. 9 ποσί and Vulg. *pedibus*, but Mass. קִרְבּוֹ would require እገዳሁ፡ [28] ይጠብስዎ፡ A; ወይጠብስዎ፡ B; Lat. *assabilis.* [29] ዐጽም፡ A. [30] ፯ A. [31] To be rendered as in Lat. *non erit tribulatio*, for which the Greek probably was οὐ γὰρ ἔσται συντριβή. [32] Lat. *in.*
[33] Seems to be an early Eth. corruption, and we should probably read በይእቲ፡ ዕለት፡ as in Lat. *in die hac.* If we retain text, ምንትኒ፡ should be taken adverbially = *ullo*

saecula est decretum. Et homo qui fuerit mundus et non ierit[1] facere 9
illud in die temporis ejus ut adferat oblationem acceptabilem in conspectu Domini, ut manducet et ut bibat in conspectu Domini in die festo ejus, *exterminabitur ille[2] homo (qui) mundus[3] et qui proximus est: quoniam oblationem Domino[4] non optulit in tempore ipsius,
peccatum suum sumet homo ille. Et erunt venientes filii Istrahel et 10
facientes pascha in tempore suo, in quartadecima die mensis primi ad vesperas[5], a tertia autem ejus usque in tertiam noctis, quoniam duae[6]
partes diei (datae sunt) in lumine et *tertia pars[7] in vespere. Hoc est 11
quod mandavit Dominus tibi ut facias illud in vespertino. Et non est 12
ut quis sacrificet in omni hora luminis nisi in vespertina, et ut manducent[8] illud horis vespertinis tertia noctis, et quod derelictum fuerit ex omnibus
carnibus a tertia noctis, hoc in igne comburetur. Et non coquetur[9] in 13
aqua aut manducabitur[10] crudum, sed in igne assum: comedetis illud diligenter: caput ipsius cum interancis et cum pedibus[11] ipsius assabitis[12] igne, et non erit quod frangatur ex omnibus ossibus ejus: et non erit
tribulatio in filiis Istrahel in die hac. Propter quod mandavit Dominus 14
filiis Istrahel facere pascha in die temporis ejus, et non erit confringere in eo[13] omne os illius, quoniam dies festus est et dies praecepti: non est ut praetereatur de die in diem, de mense et mense, sed in tempore suo
(perficiatur). Et tu manda filiis Istrahel ut faciant pascha in genera- 15
tionibus suis per singulos annos semel in anno in die temporis sui, et erit in testimonium in conspectu Dei acceptabile, et non *eveniet ab illo[14]

[1] Emended with Eth. from sciet. [2] MS. exterminavitur et. [3] MS. inmundus. [4] Eth.=Domini, and so Num. ix. 13. Text due to Vulg., and likewise suum in next line. [5] Emended with Eth. from vesperam. [6] MS. duas. [7] MS. tiam partem. [8] MS. manducet. [9] MS. coquitur. [10] MS. manducavitur. [11] See note 27 on Eth. text. [12] MS. assavitis. [13] MS. ea. [14] Eth.=superveniet illis.

modo, or else emended ምንትኒ፡ *nullum*. Has בְּעֶצֶם הַיּוֹם הַזֶּה anything to do with the explanation? [34] ፋሲክ፡ A. [35] Emended from ምንትሂ፡ A B. [36] ተዐደዎት፡ B. [37] ዕለት፡ A. [38] ለወርኅ፡ A. [39] B omits; አመ፡ C D. [40] Lat. *tempore suo*. For በዓሉ፡ A reads በዓል፡ [41] ለውሉደትከ፡ A. [42] ፋሲክ፡ A. [43] Lat. *in generationibus suis*. [44] ዓመት፡ A. [45] ወይምጽእ፡ A. [46] ተዝካር፡ A B C; Lat. *in testimonium* supports D. [47] A omits.

ወኢይመጽኦሙ፡ መቅሠፍት፡[1] ለቀቲል፡ ወለ*ምሕፃት፡[2] በውእቱ፡ ዓመት፡ አመ፡[3] ገብሩ፡ ጸሰሐ፡[4]
16 በዘመኑ፡ *በዙሉ፡ በከመ፡[5] ትእዛዙ፡[6] ወኢይከውን፡[7] ለበሊዖቱ፡ በ*አፍአ፡ እምቤተ፡ መቅደሱ፡
ለእግዚአብሔር፡ ወበአንጻረ፡[9] ቤተ፡ *መቅደሱ፡ ለእግዚአብሔር፡[10] ወዙሉ፡[11] ሕዝብ፡[12] ማኅበ
17 ሮሙ፡[13] ለእስራኤል፡ ይግበርዎ፡[14] በዘመኑ። ወ[15]ዙሉ፡ ሰብእ፡ *ዘመጽአ፡ በዕለቱ፡[16] ይብልዖ፡[17]
በቤተ፡ መቅደሱ፡ ለአምላክክሙ፡ በቅድመ፡ እግዚአብሔር፡[18] ዘእም*፳[19]ዓመት፡ ወላዕለ፡ እስመ፡
18 ከመዝ፡ ተጽሕፈ፡ ወተሠርዐ፡ ከመ፡ ይብልዕዎ፡ በቤተ፡ መቅደሱ፡ ለእግዚአብሔር። ወ*እምከመ፡[20]
ቦኡ፡ ውሉደ፡ እስራኤል፡ ውስተ፡ ምድር፡ እንተ፡[21] ይእኅዙ፡ ውስተ፡ ምድረ፡ ከናአን፡ ወ*ይተ
ክሉ፡[22] ደብተራ፡ እግዚአብሔር፡ ማእከለ፡ ምድር፡ ውስተ፡ አሐዱ፡ እም፡ ሠራዊቶሙ፡ እስከ፡
አመ፡ ይትሐነጽ፡ መቅደሱ፡ ለእግዚአብሔር፡ በዲበ፡ ምድር፡ ወ*ይኩኑ፡ እንዘ፡[8] ይመጽኡ፡
ወይገብሩ፡ ጸሰሐ፡[4] *በማእከለ፡ ደብተራሁ፡ ለእግዚአብሔር፡ *ወይጠብሕዎ፡ በቅድመ፡ እግዚአብ
19 ሔር፡[23] እምዓመት፡ በ*ዓመት። ወበመዋዕል፡ አመ፡ ተሐንጸ፡ ቤት፡[24] በስመ፡ እግዚአብሔር፡
በምድረ፡[25] ርስቶሙ፡ ህየ፡ የሐሩ፡[26] ወይጠብሕዎ፡ ጸሰሐ፡[4] ምሴተ፡[27] እንዘ፡ የዐርብ፡[28] ፀሐይ፡[29]
20 በሣልስታ፡[30] ለዕለት። ወያዐርጉ፡ ደሞ፡[31] ውስተ፡ ምክያዱ፡[32] ለምሥዋዕ፡ ወሥብሖ፡ ያነብሩ፡
ዲበ፡ እሳት፡ ዘላዕለ፡ ምሥዋዕ፡ *ወይብልዕዎ፡ ሥጋሁ፡[33] ጥቡሰ፡ በእሳት፡ በውስተ፡ ዐጸደ፡ ቤት፡
21 ዘተቀደሰ፡[34] በስመ፡ እግዚአብሔር። ወኢይክሉ፡ ገቢረ፡ ጸሰሐ፡ በአህጉሪሆሙ፡ ወ*በዙሉ፡ በሓው
ርት፡[36] ዘእንበለ፡ በቅድመ፡ ደብተራ፡ እግዚአብሔር፡ ወእመ፡ አኮ፡ በቅድመ፡ ቤቱ፡[37] ኀበ፡ ኀደረ፡
22 ስሙ፡ ዘኢአሁ፡ ውስቴቱ፡ ወ*ኢይስሕቱ፡ ድኅረ፡ እግዚአብሔር።[38] ወአንተኒ፡ ሙሴ፡ አዝዞሙ፡
ለውሉደ፡ እስራኤል፡ ይዕቀቡ፡[39] ሥርዐተ፡ ጸሰሐ፡[40] በከመ፡ ተአዘዘ፡ ለከ፡ ትንግሮሙ፡[41] ዓመተ፡[42]
ለለዓመት፡ ወዕለተ፡ ለዕለታት፡ ወበዓለ፡ ናእት፡ ከመ፡ ይብልዕዋ፡ ናእተ፡ ሰቡዐ፡ ዕለተ፡ ከመ፡ ይግበሩ፡
በዓሉ፡ ወከመ፡ ያብኡ፡ ቍርባኖ፡ ዕለተ፡ እምዕለት፡ በአላ፡[43] ሰቡዐ፡[44] መዋዕሊ፡[45] ፍሡሓ፡[46]
23 ቅድመ፡ እግዚአብሔር፡ ዲበ፡ ምሥዋዕ፡ አምላክክሙ። እስመ፡ *ዛተ፡ በዓለ፡[47] በውልዎሉ፡
ገበርክምዋ፡ አመ፡ ትወፅኡ፡ እምግብጽ፡ *እስከ፡ አመ፡ ትበውኡ፡[48] ውስተ፡ ገዳመ፡ ሱር፡ እስመ፡
በኀበ፡ ድንጋገ፡ ባሕር፡ ሰለጥክምዋ።

---

[1] መቅሠፍት፡ A. [2] ማኅፀት፡ B; Lat. adds *eos*. [3] እመ፡ A. [4] ጸሲሐ፡ A.
[5] Better read በከመ፡ ዙሉ፡ with Lat. *secundum universa*. [6] ትእዛዙ፡ A; ትእዛዘ፡ B.
[7] A B D add እንዘ፡ [8] B omits. [9] ወበአንቀጸ፡ A; ወበአንጻረ፡ ቅድመ፡ ቤት፡ B;
C D omit; Lat. *sed secus*. [10] C D omit. [11] ወዙሎ፡ A. [12] ሕዝቦ፡ B. [13] Lat. *filiorum*. [14] ይግብርዎ፡ B. [15] A omits. [16] Cf. 2 Chron. xxxv. 17. Lat. *quicumque praetermiserit in visitatione* corrupt. [17] ብልዕዎ፡ A; ይበልዖ፡ B.
[18] እግዚአ፡ B. [19] ዕሥራ፡ B. [20] Lat. *quemadmodum*. [21] A adds ይበውኡ፡ ወ.
[22] Lat. *inhabitabunt in* is corrupt, possibly owing to confusing στήσωσι and οἰκήσωσι.
[23] Lat. omits. [24] ቤት፡ A B. [25] በምድር፡ B. [26] Lat. *offerent*.
[27] ምስያት፡ B; በምሴት፡ C D. [28] ያዐርብ፡ A; ያዓርብ፡ B. [29] ፀሐየ፡ A.
[30] በተሥልስታ፡ A; በስልስታ፡ B; በትሥልስታ፡ C. [31] ደም፡ A. [32] መካየዱ፡ B.

plaga ut perdat et ut exterminet [eos] in anno illo, in quo facient pascha
in tempore suo *secundum universa[1] praecepta ejus. Et non mandu- 16
cabitur[2] foris a sanctificatione Domini sed secus tabernaculum Domini,
et omnis multitudo filiorum[3] Istrahel facient illud in tempore suo. Et 17
omnis homo quicumque *praetermiserit in visitatione manducare[4] illud
in sanctificatione Dei nostri in conspectu Domini a vicensimo anno et
supra, quoniam sic praeceptum est et scribtum ut manducetur in sanctifi-
catione ejus. Et quando[5] venient filii Istrahel in terra possessionis 18
ipsorum, in terra Chanaam, et *inhabitabunt in tabernaculo[6] Dei in medio
terrae in una tribu ipsorum usque in diem qua aedificabitur sanctificatio
Dei in terra[7] erunt venientes et facientes pascha in conspectu[8] tabernaculi
Dei (et mactantes illud coram Domino) per singulos annos. Et in tempore 19
quo aedificabitur domus in nomine Domini in terra possessionis ipsorum,
illic offerent[9] et mactabunt pascha ad vespera circa occasum solis in tertia
diei[10]. Et offerent sanguinem ejus super basem altaris, et adipem offerent 20
super ignem altaris, et carnes manducabunt assas igne in atrium domus
sanctificatae in nomine Domini. Et non poterunt facere pascha in civi- 21
tatibus ipsorum in omni loco nisi in conspectum tabernaculi Domini et
in conspectu domus, ubi habitabit[11] nomen ejus super ipsam, et non
exerrabunt de post Dominum. Et tu Monse manda filiis Istrahel ut 22
custodiant praeceptum paschae, [et] quemadmodum mandatum est tibi
indica illis, per singulos [enim] annos in tempore dierum suorum et per
diem festum azymorum, ut manducent azyma septem dies [et] ut faciant
diem festum ejus et ut offerant oblationem per singulos dies in septem
diebus laetitiae in cons . . .

---

[1] Eth. = in omnibus secundum. [2] MS. manducavitur. [3] Eth. = congregationis. [4] Corrupt; Eth. = venerit in die ejus manducet. [5] MS. quemadmodum. [6] Corrupt; see note 22 on Eth. text. [7] MS. adds et. [8] Eth. = medio. [9] MS. offerentes; Eth. = ibunt. Is offerent due to confusion of θύσουσι and ἀνοίσουσι ? [10] MS. die. [11] MS. habitavit.

---

[33] ወሥጋሁ፡ ይብልዕዎ፡ A. [34] መቅደስ፡ B. [35] Lat. omits. [36] በሐውርት፡ A; በሐውርት፡ B. [37] ቤት፡ እግዚአብሔር፡ A; ቤት፡ B. [38] Cf. Zeph. i. 6 הַנְּסוֹגִים מֵאַחֲרֵי יְהוָה. [39] ወይዕቀቡ፡ A B. [40] ጾሊክ፡ A; Lat. adds *et*. [41] ከመ፡ ትግበር፡ A; ከመ፡ ትግበሩ፡ C; ትግበር፡ D; but Lat. *indica illis* supports B. [42] ዓመት፡ D. [43] ዐእለ፡ B. [44] ሰብዐ፡ A. [45] መዋዕለ፡ B. [46] ፍሥሐ፡ A B. [47] ዘቲ፡ በዐለ፡ A. [48] ወሶቱ፡ A; እስከ፡ አመ፡ ተዐድወ፡ ባሕረ፡ C D.

፶ ወእምድኅረዝ፡ ሕገ፡[1] አይዳዕኩከ፡ መዋዕለ፡ ሰንበታት፡[1] በገዳመ፡ ሲና፡ እንተ፡ ይእቲ፡ ማእከለ፡
2 ኤሉም፡[2] ወሲና። ወሰንበታተ፡ ምድር፡[3] ነገርኩከ፡ በደብረ፡ ሲና፡ ወዓመታተ፡ ኢዮቤልዎ፡[3]
ነገርኩከ፡[4] ውስተ፡ ሰንበታት፡[5] ዓመታት፡[6] ወዓመተሰ፡ ኢነገርኩከ፡[7] እስከ፡ አመ፡ ትበውኡ፡[8] ውስተ፡
3 ምድር፡ እንተ፡ ትእኅዙ። ወታሰንብት፡ ምድር*ኒ፡[9] ሰንበታቲሃ፡ በነበርክሙ፡[10] ዲቤሃ፡ ወዓመተ፡
4 ሰኢዮቤል፡[11] ያእምሩ። በእንተዝ፡ ሠራዕኩ፡ ለከ፡ ሱባዔ፡ ዓመታት፡[12] ወዓመታተ፡[13] ወኢዮቤ
ሊዎታተ፡[14] አርብዓ፡ ወተስዓቱ፡ ኢዮቤልዎታት፡[15] *እምነ፡ መዋዕሊሁ፡* ለአዳም፡[16] እስከ፡ ዛቲ፡ ዕለት፡
ወሱባኤ፡ አሐዱ፡ ወክልኤ፡[17] ዓመታት፡[12] ወዓዲ፡ አርብዓ፡ ዓመት፡[12] ርሑቅ፡[13] ለአእምሮ፡ ትእዛዛተ፡
እግዚአብሔር፡ እስከ፡ አመ፡ የዐድዉ፡[18] ማዕዶተ፡ ምድረ፡ ከናአን፡[19] ዕዲዎሙ፡[20] ዮርዳኖስ፡ ገጸ፡
5 ዐረቢሁ። ወ*ኢዮቤልዎታት፡[21] የኀልፉ፡ እስከ፡ አመ፡ ይነጽሕ፡ እስራኤል፡ እምኵሉ፡ አበሳ፡
ዝሙት፡[22] ወርኵስ፡ ወገማኔ፡ ወኀጢአት፡[1] ወጌጋይ፡[1] ወ*የኀድር፡[23] ውስተ፡ ኵሉ፡ ምድር፡ እንዘ፡
ይትአመን፡ ወአልቦ፡ እንከ፡ ሎቱ፡ መነሂ፡[24] ሰይጣን፡ ወአልቦ፡ መነሂ፡ እኩየ፡ ወትነጽሕ፡ ምድር፡
እምውእቱ፡ ጊዜ፡ እስከ፡ ኵሉ፡ መዋዕል።
6. 7 ወናሁ፡ ትእዛዘ፡ ሰንበታት፡[25] ጸሐፍኩ፡ ለከ፡ ወኵሉ፡ ፍትሓተ፡[26] ሕገጊሁ። ስዱሰ፡ ዕለተ፡
ትገብር፡ ግብረ፡ ወአመ፡ ሳብዕት፡ ዕለት፡[1] ሰንበት፡[27] ዘ*እግዚአብሔር፡ አምላክክሙ፡ ኢት
ገበሩ፡ ባቲ፡ ኵሎ፡ ግብረ፡ አንትሙ፡ ወውሉድክሙ፡ ወአግብርቲክሙ፡ ወአእማቲክሙ፡ ወኵሉ፡[29]
8 እንስሳክሙ፡ ወነኪርኒ፡ ዘኀቤክሙ።[30] ወሰብእ፡ ዘይገብር፡ ምንተኒ፡ ግብረ፡ ባቲ፡[31] ይሙት፡ ኵሉ፡[32]
ብእሲ፡ ዘያረኵሳ፡ ለዛ፡ ዕለት፡ ዘይሰክብ፡ ምስለ፡ ብእሲት፡ ወዘሂ፡ ይትናገር፡ ነገረ፡[33] ይገብር፡[34]
ባቲ፡ *ከመ፡ ይግበር፡ ባቲ፡[35] ገይሰ፡[36] በእንተ፡[37] ኵሉ፡[38] ሠይጥ፡[38] ወ*ተሣይጦ፡[39] ወዘሂ፡[40] ማየ፡
ይቀድሕ፡ ባቲ፡ ዘኢያስተዳለወ፡[41] ሎቱ፡[35] በ*ዕለት፡[31] ሳድስት፡[42] ወዘ*ነሣ፡[43] አንሥአ፡[44] ዘይጸውር፡
9 ኵሎ፡ ከመ፡ ያውፅእ፡ እምድብተራሁ፡ ወእመሂ፡ እምቤቱ፡ ይሙት። ኢትግበሩ፡ በዕለተ፡ ሰንበት፡
ምንተ*ኒ፡[45] ግብረ፡ ዘእንበለ፡[45] ዘአስተዳለውክምዎ፡[46] ለክሙ፡[35] በ*ዕለት፡[31] ሳድስት፡ ለበሊዕ፡

---

[1] A puts in acc. [2] ኤሊም፡ B. [3] ኢዮቤሌው፡ A. [4] B C D omit.
[5] ሰንበት፡ A. [6] ዓመታት፡ A; ዓመታትኒ፡ ዓመት፡ C; ዓመታትኒ፡ D. [7] ኢነገርናከ፡
B C D. [8] ትበውእ፡ B C D. [9] B omits. [10] ሰነበርክሙ፡ C;
ወነበርክሙ፡ D. [11] ሰኢዮቤሌው፡ A. [12] A B put in acc. [13] A C D omit.
[14] ወኢዮቤሌውታት፡ A; ወኢዮቤልውሳታት፡ C D. [15] ፵ወ፱፡ ኢዮቤሊታት፡ A.
[16] ለገዳም፡ B. [17] ወክልኤቱ፡ B. [18] ያዐድዉ፡ A B; B adds ዕለተ፡ [19] ከናአን፡ A,
and so generally. [20] ዓዲዎሙ፡ B. [21] ኢዮቤውታት፡ A. [22] ዝሙት፡ ወአበሳ፡ C D.
[23] ይኅድር፡ A; ያሐድር፡ B. [24] መኑሂ፡ A. [25] ሰንበታት፡ A B. [26] ፍትሐ፡ B.
[27] ሰንበት፡ A; ሰንበታት፡ B. [28] A omits. [29] ወኵሉ፡ B. [30] ዘኀቤከ፡ A C.
[31] A C omit. [32] ወኵሉ፡ D. [33] A D omit. [34] ምግባር፡ B. [35] A C omit.
[36] ገዩሰ፡ B; ገይሰ፡ C; A omits. [37] ወበእንተ፡ A B C D. [38] ሰዩጦ፡ A B.
[39] ተሳይጦት፡ A; ተማዩጦ፡ B. [40] ወሊሂ፡ B. [41] ዘኢአስተዳለወ፡ B. [42] ስዱስ፡ A.
[43] ሂ፡ B. [44] B adds ኵሎ፡ [45] B C D omit. [46] ዘኢያስተዳለውክምዎ፡ A.

ወለሰትይ፡[1] ወለአዕርፎ፡ ወለአሰኑብት፡ °እምዙሉ፡ ግብር፡[2] በዛቲ፡ ዕለት፡ ወለባርኮ፡ እግዚአብሔር፡
እምላክክሙ፡ ዘወሀበክሙ፡ ዕለተ፡ በዓል፡[3] ወ°ዕለተ፡[4] ቅድስተ፡[5] ወዕለተ፡ መንግሥት፡[4] ቅድስት፡[6]
ለዙሉ፡ እስራኤል፡ ዛቲ፡ ዕለት፡[6] በመዋዕሊሆሙ፡[7] በዙሉ፡ መዋዕል።[6] እስመ፡ ዐባይ፡ ክብር፡ 10
እንተ፡ ወሀበ፡[8] እግዚአብሔር፡ ለእስራኤል፡ ለበሊዕ፡ ወለሰቲይ፡ ወለጸጊብ፡ በዛቲ፡ ዕለት፡[9] በዓል፡
ወ°ለ[10]አዕርፎ፡ በቲ፡ እምዙሉ፡ ግብር፡ ዘእምግብረ፡ እጓለ፡ እመሕያው፡ ዘእንበለ፡ ዐጢኑ፡[11]
ዕጣን፡[10] ወለአብኦ፡ ቍርባን፡[12] ወመሥዋዕት፡ ቅድመ፡ እግዚአብሔር፡ ለመዋዕል፡ ወለሰንበታት።
°ዘግብር፡ በሕቲቱ፡ ይትገበር፡[13] በመዋዕለ፡[14] ሰንበታት፡ በቤተ፡ መቅደሱ፡ ለእግዚአብሔር፡ 11
እምላክክሙ፡ ከመ፡[15] ያስተስርዩ፡ ዲበ፡ እስራኤል፡ መባአ፡ ወትረ፡ ዕለተ፡ እምዕለት፡ ለ°ተዝካር፡[6]
ዘይሠጠው፡ ቅድመ፡ እግዚአብሔር፡ ወይትወከፎሙ፡ ለዓለም፡ ዕለተ፡[16] እምዕለት፡ በከመ፡
ትእዛዝከ።[17] ወዙሉ፡ ሰብእ፡ ዘይገብር፡ ባቲ፡[18] ግብረ፡ ወዘሂ፡ የሐውር፡ መንገደ፡ ወዘሂ፡ ይትቀነይ፡ 12
ወፍረ፡ ወእመሂ፡ በቤቱ፡ ወእመሂ፡ በዙሉ፡ መካን፡ ወዘሂ፡ ያነድድ፡ እሳተ፡ ወዘሂ፡ ይጸእን፡[19] ዲበ፡
ዙሉ፡[18] እንስሳ፡ ወዘሂ፡ ይነግድ፡ በሐመር፡ ባሕረ፡ ወዙሉ፡ ሰብእ፡ ዘይዘብጥ፡ ወ°ይቀትል፡[20]
ምንትኒ፡ ወዘሂ፡ የሐርድ፡[21] እንስሳ፡ ወዖፈ፡[22] ወዘሂ፡ አስገረ፡ እመሂ፡ አርዌ፡ ወዖፈ፡ ወእመሂ፡
ዓሣ፡ ወዘሂ፡ ይጸውም፡ ወይገብር፡ ጸብአ፡ በዕለተ፡ ሰንበት። ወሰብእ፡ ዘይገብር፡ ዙሉ፡ ዘእምዝ፡ 13
በዕለተ፡ ሰንበት፡ ይሙት፡ ከመ፡ ይኩኑ፡ ውሉደ፡ እስራኤል፡ እንዘ፡ ያስነብቱ፡ በከመ፡ ትእዛዛተ፡
ሰንበታት፡ ምድር፡ በ°ከመ፡ ተጽሕፈ፡[23] እምውስተ፡ ጽላት፡[24] ዘወሀበኒ፡ ውስተ፡ እደዊየ፡ ከመ፡
እጽሐፍ፡[25] ለከ፡ ሕገገ፡ ጊዜ፡ ወጊዜ፡ በበ፡ ኩፋሌ፡[26] መዋዕሊሁ።

ተፈጸመ፡ በዝየ፡ ነገር፡[27] ዘኩፋሌ፡ መዋዕል።

---

[1] ወለሰቲይ፡ B. [2] ምግባር፡ B. [3] በዓለ፡ A. [4] ዕለት፡ C D. [5] ቅድስት፡ B C D. [6] A puts in acc. [7] በመዋዕሊክሙ፡ A. [8] ወሀቦሙ፡ A. [9] ዕለት፡ B. [10] B omits. [11] A omits. [12] ቍርባን፡ B. [13] ዘገብረ፡ A. [14] በመዋዕል፡ A. [15] ከመ፡ A. [16] ዕለት፡ A. [17] ትእዛዘከ፡ A; ትእዛዝከ፡ B; አዘዝኩከ፡ D. [18] A B omit. [19] ይጸዕን፡ A B. [20] ይቀትል፡ A. [21] ያሐርድ፡ A. [22] ወዖፍ፡ A. [23] ትጽሕፍ፡ B. [24] ጽላተ፡ ሰማይ፡ C. [25] አጽሐፍ፡ B. [26] ዙፋሌ፡ B. [27] Emended from ነገረ፡ This ending is not in B; C D give በዝየ፡ ተፈጸመ፡ መጽሐፈ፡ ኩፋሌ፡ መዋዕል፡፡ አኰቴት፡ ይደሉ፡ ለእግዚእ፡ ዙሉ፡ ፍጥረት፡ ለንጉሠ፡ ነገሥት፡ ለዓለም፡ ወለዓለመ፡ ዓለም፡፡ አሜን፡ ወአሜን፡፡

APPENDIX I.

The Hebrew Book of Noah, published in Jellinek's *Bet ha-Midrasch* iii. pp. 155–156, is based partly on the Book of Jubilees. The verbal coincidences and parallels are frequent—I have drawn attention to these in the margin—and in one instance (x. 1) I have by its means been able to restore the original text. Of this Hebrew Book of Noah, I have reproduced only half, as the remaining half has no connection with the Book of Jubilees. I should perhaps remark that the writer has been influenced by the Book of Enoch: this is clear from his references to Raphael's functions in regard to the evil spirits, as well as from the phrase רוחות הממזרים, which is not intelligible save from a knowledge of Enoch vi–x.

ספר נח

זה ספר הרפואות אשר העתיקו חכמים הראשונים מספר שם בן נח אשר נמסר לנח בלובר Jubilees x. 14.
ההר מהררי אררט אחרי המבול. כי בימים ההמה ובעת ההיא החלו רוחות הממזרים להתגרות vii. 1.
בבני נח להשטות ולהתעות ולחבל ולהכות בחלאים ובמכאובים ובכל מיני מדוה הממיתים x. 1.
ומשחיתים את בני אדם. אז באו כל בני נח ובניהם יחדו ויספרו את נגעיהם לנח אביהם ויגידו לו x. 3.
על אודות המכאובים הנראים בבניהם. ויבעת נח וידע כי מעון האדם ומדרך פשעיהם יתענו בכל
מיני תחלואים ומדוים. אז קידש נח את בניו ואת בני ביתו וביתו יחדו ויגש אל המזבח ויעל
עולות ויתפלל אל האלהים ויעתר לו. וישלח מלאך אחד ממלאכי הפנים מן הקדושים ושמו
רפא״ל לכלה את רוחות הממזרים מתחת השמים לבלתי השחית עוד בבני האדם. ויעש המלאך x. 9, 11.
כן ויכלאם אל בית המשפט אך אחד מעשרה הניח להתהלך בארץ לפני שר המשטמה לרדות בם x. 8, 9.
במרשיעים לנגע ולענות בהם בכל מיני מדוה ותחלואים ולנגע מכאובים. ואת רפואות נגעי בני
אדם וכל מיני רפואות הגיד המלאך לרפא בעצי הארץ וצמחי האדמה ועיקריה. וישלח את שרי
הרוחות הנותרים מהם להראות לנח ולהגיד לו את עצי הרפואות עם כל דשאיהם וירקיהם x. 10, 12.
ועשביהם ועיקריהם וזרעיהם למה נבראו וללמדו כל דברי רפואתם למרפא ולחיים. ויכתב x. 13.
נח את הדברים האלה על ספר ויתנהו לשם בנו הגדול ומן הספר הזה העתיקו חכמי הראשונים x. 14.
ויכתבו ספרים הרבה איש ואיש כלשונו. . . . וחכמי מקדון החלו ראשונה לרפא בארץ וחכמי מצרים
החלו לחבר ולנחש במזלות ובכוכבים ללמד את ספר מדרש הכשדים אשר העתיק קנגר בן אור בן
כשד לכל מעשה החרטומים.

APPENDIX II.

The following Midrash, which I have reprinted from Jellinek's *Bet ha-Midrasch* iii. pp. 3–5, and which constitutes the latter half of the Midrash *Wajjissau*, deals with the war between Jacob and Esau, of which an account is given in the Book of Jubilees xxxvii–xxxviii. The Midrash follows the text of the latter in its main outlines, and frequently reproduces it word for word in the order in which it is found in the Ethiopic text. Its writer, however, has in some respects dealt freely with his materials, and imparted a far darker colouring to the character of Esau than is to be found in Jubilees. He was, moreover, acquainted with other forms of the tradition than that which he found in Jubilees, his main authority. To this latter fact he calls attention in three instances.

As in the former Midrash, I have added in the margin the parallels in Jubilees.

This Midrash is valuable, both as testifying to the Hebraic original of Jubilees, and as a help towards the criticism and emendation of the Ethiopic text; cf. for instance xxxviii. 2. Again, in xxxviii. 10 it confirms an emendation which I had already made on the strength of the Latin, i.e. ወገብዎሙ by means of Lat. (*cir*)*cumsederunt*, from አመንደብዎሙ of MSS.; while in xxxviii. 12 it shows that the Latin Version has failed, while the Ethiopic Version has succeeded in giving the right rendering.

מדרש ויסעו

כתוב וילך אל ארץ מפני יעקב אחיו מפני שטר חוב ויש אומרים מפני תבושה שאמרו רבותינו
שבודאי לפי שפנה עשו כליו מפני יעקב והלך. לא שהסיר הקנאה מלבו אלא ויטרף לעד אפו
ועברתו שמרה נצח. אף על פי שהלך לו באותו זמן לאחר זמן בא עליו למלחמה. היא השנה
שמתה לאה והיו יעקב ובניו יושבין באבילו׳ וקצת בניו היו מתנחמין לחם. בא עליהם בחיל גדול
Jubilees xxxviii. 15. עורכי מלחמה לובשי שריון של ברזל ונחשת והיו מזויינין כולן מגינים וקשתות וכידונים והיו ארבע
xxxvii. 14. אלף גבורי׳ והקיפו לבירה אחת שהיו חונים שם יעקב ובניו הם ועבדיהם ובניהם וכל אשר להם
כי נתקבצו כולם לשם לנחם יעקב על אבילות לאה והם יושבים בשלוה ולא עלה על לבם שיבא
עליהם אדם להלחם עמם. ולא ידעו עד שדבקו כל החיל לאותה בירה לבד יעקב ובניו היו שם
ומאתים עבדים שלהם. כיון שראה יעקב לאשו שהחציף פניו לבא עליהם למלחמה להרג אותם

בתוך הבירה. והיה מורה עליהם חצים. באותה שעה עמד יעקב על חומת הבירה והיה מדבר עם Jubilees xxxvii. 17.
עשו אחיו דברי שלום ריעות ואחוה ולא קבל ממנו עשו. מיד ענה יהודה ליעקב אביו עד מתי
אתה מאריך עמו דברי שלומים ואהבה והוא בא עלינו כאויב לבושי שריונים להורגנו. כיון ששמע xxxviii. 3.
יעקב בן מיד בקשתו והרג לאדורם האדומי ועוד משך קשתו והכה לעשו בכסא ימנית ואז xxxviii. 2.
נחלה מן החץ נשאוהו בניו והרכיבוהו על עיר והלך ומת שם בארודין. וי״א לא מת שם. ואז יצא xxxviii. 5.
יהודה ראשון ונפתלי וגד עמו לדרום הבירה וחמשי׳ עבדי׳ עמהם מעבדי יעקב אביהם. ולוי ודן xxxviii. 6.
ואשר יצאו למזרח הבירה ונ׳ עבדים עמהם. ויצאו ראובן ויששכר וזבולון לצפון הבירה ונ׳ עבדים xxxviii. 7.
עמהם. ויצאו שמעון ובנימין וחנוך בן ראובן למערב הבירה ונ׳ עבדים עמהם. ויוסף לא היה שם xxxviii. 8.
כי כבר היה נמכר. באותה שעה החזיק יהודה למלחמ׳. נכנס החיל הוא ונפתלי וגד ולכדוהו
לאותו מגדל של ברזל וקבלו במגינם חלוקי אבנים שהיו מקלעים עליהם והשמש חשך עליהם מפני
קליעת אבנים ויורית חצים ובלסטריאות שהיו משליכים עליהם. ויהודה נכנס ראשון לתוך החיל
הרג מהן ששה גבורים ונפתלי וגד הלכו עמו אחד מימין ואחד משמאל והם היו משמרים אותו
שלא יהרגוהו החיל. וגם הם הרגו בחיל ד׳ גבורים כל אחד הרג ב׳ וגם נ׳ עבדים שהיו עמהם
עזרום וקרבו עמהם להלחם בם והרגו איש את איש נ׳ הגבורים. ובכל זאת לא יכלו יהודה
ונפתלי וגד לטרוד החיל מדרום הבירה ולא הסיעום ממקומם. ואז נתחזקו למלחמה ויאספו כולם
וילחמו בם ויהרגו מהם איש אישו. ובכל זאת לא הבריחום ממקומם אלא עמדו החיל לקראתם
ערוכים למלחמה ברגליהם. ואז נתחזקו יהודה ואחיו ועבדיהם ונאספו יחדיו ונלחמו בם והרגו מהם
כל איש שנים מן החיל. וכיון שראה יהודה שהיו אומרים החיל על עמדם לא יכלו להסיעם אזרו
חיל ועצת גבורה לבשתו ויהודה ונפתלי וגד נתחברו יחד ונכנסו תוך אנשי המלחמה והרג בהם י׳
גבורים ונפתלי וגד הרגו בהם ח׳ גבורים. וכיון שראו עבדיהם שנתחזקו יהודה ואחיו ונכנסו
לתוך עוסק המלחמה נתחזקו גם הם לעמוד עמהם להלחם בם והיה יהודה מכה בחיל מן
ימינו ומן שמאלו מאה גבורים ונפתלי וגד היו הורגין אותם אחריו עד שטרדו כל החיל מדרום
הבירה מדת ריס. כיון שראו החיל שהיו לקראת יהודה שנשתברו לפני יהודה ואחיו אז חרדו
ונאספו כולם למלחמה וערכו מלחמה עם יהודה ואחיו ועמדו על עמדם להלחם בם בזרוע חיל
וכן לוי ואותם שהיו עמו וכן ראובן ואותם שהיו עמו ושמעון ואותם שהיו עמו וכן עמדו שכנגדם
למלחמה ומסרו נפשם לחלחם בם בחזקה. כיון שראה יהודה שנתחזקו ונתקבצו כל החיל למלחמה
ועשו בדרך אחד להלחם עמם ועמדו על עמדם לערוך עמהם מלחמה. תלה עיניו להקב״ה לעזור
להם לפי שיגעים היו מכובד המלחמה ולא היו יכולים להלחם בם. באותה שעה קבל הב״ה תפלתם
וראה בצרתם ועזרם ותוציא רוח סערה מאוצרותיו ונשבה נגד פניהם ומלאה כל עיניהם חשך
ואפילה לא ראו להלחם. ועיני יהודה ואחיו היו מנהירות כי הרוח באותה להם מאחריהם והתחילו
יהודה ואחיו להרוג בהם ויפלו ההרוגים ארצה כאשר יפיל הקוצר קצירו ועומרי אלומותיו. ועשה
אותם גדישים שהרגו כל החיל שבא לפניהם לדרום הבירה. וראובן שמעון ולוי עמהם עמדו
למלחמה לקראת החיל שהיו לפניהם. ואחר שהרגו יהודה ואחיו כל אנשי החיל שהיו לקראתם
הלכו אצל אחיהם לעזור להם ורוח סערה מםלאה עיני שונאיהם חשך וראובן ושמעון ולוי כל

שעמהם נפלו בהם והרגו בהם הפילום ארצה גרישים גרישים עד שהרגו כל החיילי׳ שהיו לקראת
Jubilees xxxviii. 8. יהודה. וראובן ולוי שהיו נגד שמעון נפלו ארבע מאות גבורים עושים מלחמה וברחו שש מאות
xxxviii. 9, 8. האחרים גבורים הם וד׳ בני עשו רעואל יעוש יעלם קרח. ואליפז לא רצה לילך עמהם כי היה
יעקב אבינו רבו. ורדפו בני יעקב אחריהם עד ארוד״ן העיר והניחו לאביהם עשו מת מוטל
בארוד״ן והם ברחו להר שעיר למעלה עקרבים. ובני יעקב נכנסו ונחו שם בלילה ההוא ומצאו
לעשו מת מוטל וקברוהו מפני כבוד אביהם. ויש אומרים לא מת שם אלא יצא מארוד״ן חולה
xxxviii. 10. וברח עם בניו להר שעיר. למחר חלצו עצמם בני יעקב ורדפו אחריהם והלכו תרו אותם בהר
xxxviii. 10. שעיר במעלה עקרבים. יצאו בני עשו וכל אותם אנשים שברחו ונפלו לפני בני יעקב והשתחוו
xxxviii. 12, 13. לפניהם והתחננו להם עד שעשו עמם שלום ונתנום למס עובד:

תם מדרש ויסעו

APPENDIX III.

Syriac Fragment.

The following Syriac Fragment, entitled 'Names of the Wives of the Patriarchs according to the Hebrew Book called Jubilees,' is derived from a British Museum MS., Add. 12,154, fol. 180. It was first published by Ceriani in his *Monumenta sacra et profana*, Tom. ii. Fasc. 1, pp. 9–10. The following text is reprinted from Ceriani.

ܫܡܗ̈ܐ ܕܢܫ̈ܐ ܕܐܒܗ̈ܬܐ ܐܝܟ ܥܒܪ̈ܝܐ. ܐܝܟ ܡܐ ܕܟܬܝܒ ܒܟܬܒܐ ܗܿܘ ܕܡܬܩܪܐ ܝܘܒܠܐ

ܐܕܡ ܐܢܬܬܗ ܕܐܕܡ ܚܘܐ. ܘܐܢܬܬܗ ܕܩܐܝܢ ܐܘܢ܀ ܫܝܬ ܐܢܬܬܗ ܕܫܝܬ ܐܙܘܪܐ ܚܬܗ܀
ܘܐܢܬܬܗ ܕܐܢܘܫ ܢܘܡ ܚܬܗ܀ ܘܩܝܢܢ ܡܘܐܠܠܝܬ ܚܬܗ܀ ܘܡܗܠܠܐܝܠ ܕܝܢܐ ܒܪܬ
ܕܕܗ܀ ܘܝܪܕ ܒܪܟܐ ܒܪܬ ܕܕܗ܀ ܘܚܢܘܟ ܐܕܢܝ ܒܪܬ ܕܕܗ܀ ܘܡܬܘܫܠܚ ܐܕܢܐ ܒܪܬ ܕܕܗ܀
ܘܠܡܟ ܒܬܢܘܫ ܒܪܬ ܕܕܗ܀ ܢܘܚ ܐܢܬܬܗ ܕܢܘܚ ܐܡܙܪܐ ܒܪܬ ܕܕܗ܀ ܘܐܢܬܬܗ ܕܫܝܡ
ܨܕܩܬܠܒܒ. ܘܕܚܡ ܢܥܠܬܡܥܘܟ܀ ܘܕܝܦܬ. ܐܕܬܢܫܫ܀ ܢܘܚ ܐܢܬܬܗ ܕܐܪܦܟܫܕ ܪܣܘܐܝܐ
ܒܪܬ ܫܘܫܢ܀ ܘܩܝܢܢ ܡܠܟܐ ܒܪܬ ܡܕܝ܀ ܘܫܠܚ ܡܘܥܟ ܒܪܬ ܟܣܕ. ܡܟܬܒܐ ܒܪܬ ܕܕܗ܀
ܘܐܢܬܬܗ ܕܥܒܪ. ܐܙܘܪܐ ܒܪܬ ܢܒܪܘܕ܀ ܘܦܠܓ ܠܘܡܢܐ ܒܪܬ ܣܢܥܪ܀ ܒܬܘܪܐ ܦܠܓ ܐܪܥܘ
ܥܝܪܐ. ܘܣܪܘܓ ܡܠܟܐ. ܐܦܠ ܫܡܠܐܪ܀ ܢܚܘܪ ܐܢܬܬܗ ܕܐܟܒ ܐܝܣܟܐ ܒܪܬ ܢܣܪܐ܀
ܘܐܬܪܚ ܥܕܢܐ ܒܪܬ ܥܡܪ ܕܕܗ܀ ܕܐܒܪܗܡ ܒܪܬ ܢܚܘܪ. ܥܒܪܐ ܒܪܬ ܢܫܒܪ ܡܥܘܟܐ܀ ܕܐܒܪܗ
ܐܝܠܐ ܒܪܬ ܕܕܗ ܐܒܪܗ܀ ܘܡܠܟܐ ܒܪܬ ܥܝܪܐ ܡܥܟܐ ܐܒܪܗ ܠܒܢ ܟܠܡܐ ܕܐܟܘܫ܀ ܕܐܝܣܪ ܕܡ
ܘܐܢܫܝܗ ܘܫܟܡܝܗ. ܫܒܥܝܢ ܐܝܟ ܫܡܗ̈ܐ ܕܢܫܝܗ. ܕܟܢܘܢܝܐ ܕܡ ܕܫܟܡܝܗ. ܕܐܒܘܟ
ܐܪܐ܀ ܕܡܫܝܚܝ ܡܐܟܐ ܡܢܫܝܢܐ܀ ܕܟܘܒ ܫܟܝܡܐ ܡܢ ܒܢ̈ܝ ܐܪܡ܀ ܕܡܫܪܬ ܒܪܬ
ܒܬܘ ܡܢܫܝܢܐ܀ ܕܐܫܡܪ ܟܪܡܐ܀ ܕܟܡܟܝ ܐܪܣ܀ ܪܝ ܠܘܒ ܫܝܠܐ܀ ܘܙܒܘܠܘܢ
ܒܘܡܐ ܡܢ ܟܢܥ ܒܪܬܝ܀ ܘܕܢ ܡܟܠܐ܀ ܘܐܡܬ ܡܘܢܐ܀ ܕܒܘܢܐ ܐܣܟܐ܀ ܕܟܢܫܝܢ
ܟܡܫܠܐ܀ ܘܫܡ ܟܠܗ ܕܦܪܟܝ ܗܘ ܕܐܟܬܒ ܟܟܘܒܐ ܠܝܘܒܠܐ. ܐܝܟ ܐܟܪܐ ܕܝܢ
ܕܟܘܠܐ܀܀

ADDENDA ET CORRIGENDA.

On page v, line 9, for 'Fürst' read 'Treuenfels in Fürst's Literaturblatt des Orients'

After 'Here' in note 15, p. 9, add 'Sam.'

After note 15, p. 11, add 'Sam., LXX, and Onk. support the text in reading እምብእሲሃ፡ and thus imply מֵאִישָׁהּ in Gen. ii. 23.'

In note 21, p. 11, for 'So LXX, Syr., and Vulg.' read 'Mass. and Onk. support text by omitting (?) שנים after ויחי against Sam. (משנים), LXX, Vulg., Ps.-Jon.'

To note 8, p. 13, add 'This implies תְּשֻׁבָתֵךְ. So LXX ἡ ἀποστροφή σου; Itala *conversio tua;* Syr. ܗܦܘܟܟܝ against Mass. and Sam. תְּשׁוּקָתֵךְ; Symm. ἡ ὁρμή σου. Aq. reads ἡ συμμαχία σου, which implies רְשׁוּתֵךְ.'

On p. 22, line 12, emend ፍርሀትክሙ፡ into ፍርሀትክሙ፡ and change ወረኀይክሙ፡ with A into ወረኀይክሙ፡

To note 41, p. 26, add 'Text may be due to Eth. Vers.'

In notes 17–19, p. 35, for ולטעות read ולהטעות

To note 36, p. 42, add 'Sam., Syr., Vulg.' after 'Mass.'

In note 7, p. 50, for 'Mass. omits' read 'other authorities omit: text possibly due to Eth. Vers., which follows LXX.'

In note 19, p. 52, for 'and Sam. make' read 'makes,' and add at end, 'Sam. supports text save that for ወይከውን፡ it would require ወትከውን፡ and እምኔሃ፡ for እምኔሁ፡'

In note 2, p. 62, add 'and Eth. Vers.' after 'LXX,' 'Syr.' after 'Sam.,' and 'Onk. and Arab.' after 'Vulg.' Text is probably due to Eth. Vers.

In note 6, p. 62, for 'omits' read 'Syr., Vulg. omit.'

In note 9, p. 64, expunge 'Onk.' and add at end, 'Onk. combines both readings.'

In note 13, p. 72, for መዮዕል፡ read መዋዕል፡

To note 12, p. 86, add 'The two next words agree with LXX and Eth. Vers. Gen. xxv. 11 against Mass., Sam., Syr., Vulg. This is probably due to Eth. Vers.'

In note 5, p. 87, add 'Eth. Vers.' after 'LXX,' and at end, 'This is prob. due to Eth. Vers.'

In note 10, p. 88, after 'Mass.' add 'Sam. and Syr.'; for 'supports' read 'Eth. Vers. support'; and at end of note add 'This is probably due to Eth. Vers.'

On p. 95 add note 40[a] on ዐ"፡ ክ"፡ 'Text = *nudas cervices;* so LXX and Vulg., which presuppose נִגְלֹת instead of חֶלְקַת.' In line 9, p. 95, for 'branchia' read 'brachia'

To notes 20 and 39, p. 97, add 'This is probably due to Eth. Vers.'

On p. 97 add on አበይክ፡ in xxvi. 34, note 47[a], 'So A D with Mass. xxvii. 40 תָּרִיד; but B gives ኀበይክ፡ for ዐበይክ፡ = Sam. תאדר; but B is most probably corrupt, for ኀ and ዐ are constantly confounded in the MSS.; D corruptly reads እምዐበይክ፡ Syr. strangely gives ܬܬܘܐ = *penitentiam egeris;* LXX καθέλῃς = תוריד; Vulg. *excutias.*'

In note 30, p. 105, for 'omit ወአበገዐ፡' read 'omit ወአእሁምት፡' and for 'supports' read 'and Eth. Vers. support'

To note 42, p. 156, add 'Syr. supports አቡሁ but Mass. and Onk. give אבי, Sam. אביו; LXX omits.'

On p. 159 add note 23[a] on ሰፎንክ 'So Mass., Syr., Vulg., Onk.; but Sam., followed by LXX, gives צפון, and so Num. xxvi. 15.'

On p. 166 add note 22[a] on ስዝሐቅክ 'Syr. only supports the ዝ against Mass., Sam., LXX, Vulg., Onk.'

www.ingramcontent.com/pod-product-compliance
Lightning Source LLC
Chambersburg PA
CBHW032137230426
43672CB00011B/2365
* 9 7 8 3 3 3 7 3 1 5 9 8 6 *